Hans-Willi Weis

Denken, Schweigen, Übung

VERLAG KARL ALBER

Im Sinne des bei Adorno entliehenen »So gut wie nichts hat alles gut gemacht« geht dieses Buch einer spezifischen Kunst des Geringfügigen nach: der Übung des Schweigens nicht bloß der Worte, vielmehr auch der Gedanken. Die Erfahrung eines in der Moderne immer rastloser in sich kreisenden Denkens lässt die Hypothese wagen, dass ihm ein »Widerlager« fehlt und das Schweigen dieses »Andere des Denkens« sein könnte. Das Eine und das Andere, Denken und Schweigen, Diskurs und Übung – die Paradigmen gehören zusammen, gemeinsam könnten sie einem andernfalls sich in Redundanzschleifen erschöpfenden Denken neue Spannkraft verleihen.

Mit seiner beharrlich argumentierenden philosophischen Annäherung via Wittgenstein, Heidegger, Adorno und Benjamin an das Desiderat und die Praktikabilität der Unterbrechung lädt der Autor den Leser zu einem Exerzitium des Denkens ein, durch welches dem Exerzitium des Schweigens sein kultureller und intellektueller Stellenwert eingeräumt wird.

Der Autor:

Hans-Willi Weis (geb. 1951) ist promovierter Kultur- und Sozialwissenschaftler und seit seiner Erblindung hauptsächlich publizistisch tätig. Die Titel einiger von ihm jüngst veröffentlichten Beiträge lassen die Arbeitsschwerpunkte erkennen: »Aufhören können – Wittgenstein und das Unbehagen in der technischen Zivilisation«; »Kein Abschied vom Säkularen – Adorno und die intellektuelle Kondition in Sachen Religion«; »Der innere Turm – Versuch über die kommenden Intellektuellen«; »Hegel (k)ein toter Hund? – Freiheit und Gerechtigkeit als ›demokratische Sittlichkeit‹ im Kapitalismus«.

Hans-Willi Weis

Denken, Schweigen, Übung

Eine Philosophie des Geringfügigen

Verlag Karl Alber Freiburg / München

Gefördert durch die Udo Keller Stiftung Forum Humanum.

Originalausgabe

© VERLAG KARL ALBER
in der Verlag Herder GmbH, Freiburg im Breisgau 2012
Alle Rechte vorbehalten
www.verlag-alber.de
Umschlagmotiv: © DigitalStock/M. Yilmaz
Satz: SatzWeise, Föhren
Herstellung: CPI buch bücher.de GmbH, Birkach

Gedruckt auf alterungsbeständigem Papier (säurefrei)
Printed on acid-free paper
Printed in Germany

ISBN 978-3-495-48521-7

Inhalt

Vorwort 11

Einleitung: Schweigen als das Andere des Denkens 15

I

Das Schweigethema und sein erster prominenter Auftritt
in der modernen Philosophie: das Schweigegebot beim
jungen Wittgenstein 23

Wie bei Wittgenstein die Entscheidung für den Glauben die
Option Schweigepraxis überlagert 34

Wofür steht »das Mystische« bei Wittgenstein? 39

Zum »intuitionistischen Erkenntnisideal des
sprachlosen Sehenlassens« –
Eine Orientierungshilfe bei den folgenden Relektüren 45

II

»Denk nicht, sondern schau!« – Die Momente
schweigenden Gewahrseins der Sprache/ihres Gebrauchs
beim älteren Wittgenstein 53

Von der »lange gehüteten Sprachlosigkeit« zum schlussendlichen
»Sagen des Denkers« bei Heidegger 64

Inhalt

Heideggers Sigetik und der Eindruck des ›Double-bind‹ 69

Das Augenblickserlebnis des Dass: Doch noch Momente eines
eminenten Schweigens? 76

Die besinnliche Weile – eine zweite Bezugsgröße von
Heideggers ›anderem Denken‹ 85

Welterschließung, innerweltliche Praxis, Weltpause –
Habermas' unerlässliche ›moralphilosophische‹ Heidegger-Kritik
zu einer auf *übende Praxis* vorausweisenden erweitert 91

III

Epoché westlich philosophisch und östlich meditativ oder
die Epoché des Denkens und die des Schweigens 111

Der manifestierte Bewusstseinszustand eminenten Schweigens:
Losgelöstheit oder Samadhi 123

Zu Heideggers »Gespräch mit der ostasiatischen Welt« und
zum Vorrang der Praxis/Übung im Zen 130

Exkurs zu Heideggers »Feldweg« und der Wegmetaphorik
des Übens 144

Abgeschiedenheit und Intersubjektivität: die soziale Rückgebundenheit der einsamen Schweigeübung 149

IV

Säkularisierung religiöser und theologischer Semantiken als
Weichenstellung *zugunsten* einer Philosophie und Praxis
des Geringfügigen 155

Adornos Epoché des Eingedenkens und diejenige des Schweigens:
analog motiviert und methodisch konvergent 163

Versöhnung statt verwilderte Selbstbehauptung –
Adornos Utopie des erfüllten Zustands 169

»Der lange, kontemplative Blick« – ästhetische Reminiszenzen
eines Richtigen inmitten des Falschen 175

Befreiung von mythischem Wiederholungszwang:
Walter Benjamins »Versuch einer Technik des Erwachens« . . 189

Tigersprung ins Dickicht des Vergangenen oder Variationen
über Geistesgegenwart 203

Benjamins Wort von der »schwachen messianischen Kraft«
im Lichte eines *Noch Geringeren* besehen und reaktualisiert . . 212

Postscriptum: Exemplarische Unterbrecher, die Adressaten
unserer Kunde von der Kunst des Geringfügigen 221

Anmerkungen 226

Literaturverzeichnis 226

So gut wie nichts
hat alles gut gemacht

(Theodor W. Adorno, Der Schatz des Indianer-Joe
– Singspiel nach Mark Twain)

Vorwort

Habent sua fata libelli. Ebenso haben sie ihre Vorgeschichte. Die Vorgeschichte zu diesem Buch – des Umfangs wegen verbietet sich das Diminutiv – erstreckt sich über den Zeitraum eines Vierteljahrhunderts. So lange nämlich beschäftigt mich – nicht lediglich als eine akademische Frage, vielmehr als die Kardinalfrage der vernünftigen Einrichtung meines persönlichen Lebens – die Konfrontation zweier Paradigmen des Geistes, deren gern verkannte Komplementarität aufzuzeigen als der Grundgedanke zu diesem Buchprojekt beinahe genauso lange in mir herangereift ist. Das allen bekannte und vertraute Paradigma des Geistes ist das des Denkens und seiner elaborierten Ausprägungen in Wissenschaft, Philosophie und Kunst; völlig anders verhält es sich mit dem Paradigma, wie es vor allem östliche und fernöstliche Geistestraditionen kultiviert haben und das ich dasjenige des meditativen Schweigens nennen möchte, in seinen strengen Übungsgestalten ein *Nicht-denken* im Sinne der Unbewegtheit des Geistes bei vollständiger Wachheit und Aufmerksamkeit. Dass die Miseren unserer Gegenwart etwas damit zu tun haben könnten, dass die fast ausschließliche Kultivierung des Denkens zur extremen Vereinseitigung im Leben des Geistes geführt hat, ist die weiter reichende Hypothese, von der im Folgenden ausgegangen wird und die über das individuelle Interesse und eine persönliche Leidenschaft des Autors hinaus den Ausschlag gegeben hat, diese Arbeit endlich in Angriff zu nehmen.

Verglichen mit dem Handeln, zumal dem in der wissenschaftlich-technischen Zivilisation, erscheint Denken, erst recht ein »besinnliches Denken« nach dem Zuschnitt Heideggers, als ein ausgesprochen *geringes Tun*. Als ein *noch geringeres* verglichen mit dem Denken wiederum erweist sich die Meditation, verstanden als ein außerordentliches, weil auch gedankliches Schweigen – etwa im Stil des Zazen, eine Übung, wie ich sie seit bald drei Jahrzehnten praktiziere. Dieses disziplinierte Schweigen in der Abgeschiedenheit des stillen Sitzens ist jene *Kunst des Geringfügigen*, die im Folgenden thematisiert wird und von der ich zu behaupten

Vorwort

wage, dass sie nichts Geringes vermag. Gewissermaßen ihrer Sache gemäß gibt es zu dieser Kunst des Geringfügigen nach der Seite der dazu erforderlichen Fertigkeit – sozusagen das leiblich-mentale Setting betreffend – nur weniges zu sagen. Vorausgesetzt, dass man dem noch das Allerwichtigste hinzufügt: dies nämlich, dass man sie tatsächlich übt, Tag für Tag. Sodass ein ungeduldiger Leser sich die Frage, was es gleich anschließend mit der befremdlichen Rede von der *Schweigepraxis* auf sich hat im Prinzip auf der Stelle selbst beantworten könnte, hic rhodos hic salta. Ja, allein eine solche Antwort per Selbstversuch verspräche eine befriedigende zu sein in einer so eminent praktischen Angelegenheit.

Wenn es sich nach der praktischen Seite so verhält, woran liegt es, dass dennoch in der nämlichen Sache ein umfangreiches Buch entstanden ist? Auch diese Frage ist leicht zu beantworten. Denn mit der expliziten theoretischen Annahme, dass ihr wegen ihrer Bedeutsamkeit für das Leben des Geistes gesellschaftliche und kulturelle Tragweite zukomme, gehört die Erörterung der schweigepraktischen Kunst des Geringfügigen auch schon in das diskursive Register der theoretischen Reflexion, genau genommen dasjenige der Philosophie und ihrer Art und Weise nach dem Humanum zu fragen. Insbesondere nach dessen Gefährdungen in einer sozial und politisch immer wieder ›aus dem Ruder laufenden‹ Moderne. In diesem Diskurszusammenhang wäre eine individuelle praktische Beweisführung – sozusagen die persönliche Probe aufs Exempel, wie soeben vorgeschlagen – kein zureichendes Argument, sobald es darum geht, den, wie gesagt, nicht geringen Anspruch der hier zur Diskussion stehenden Kunst des Geringfügigen *allgemein zu begründen*. Wo derart Gründe zählen, wo es auf Argumente ankommt, die prinzipiell jeden Diskursteilnehmer zu überzeugen vermöchten – auf dass er eine Praxis wie die vorgeschlagene Schweigeübung überhaupt in Erwägung zieht –, konnte es für mich keinen glücklicheren Umstand geben als zu entdecken: dort, wo maßgebliche Stimmen der Philosophie des 20. Jahrhunderts – des Jahrhunderts der Extreme – den auch gegenwärtig anhaltenden Gefährdungen des Menschlichen nachgedacht haben, bewegt sie im Grunde dasselbe Motiv, wie es den Autor dieser Zeilen bei seiner kulturtheoretischen Hypothese zur meditativen Kunst des Geringfügigen umgetrieben hat: *dem Leben des Geistes einen Ausweg zu weisen aus der Einseitigkeit des Denkens.*

So möchte ich denn die Leser zu einem Exerzitium des Denkens einladen, durch welches dem Exerzitium des Schweigens der ihm gebührende intellektuelle wie kulturelle Stellenwert zuerkannt wird. Den intellektuellen Stoff zu dieser Übung liefern die Ansätze zu einer Philosophie des Geringfügigen bei Ludwig Wittgenstein, Martin Heidegger, Theodor W. Adorno und Walter Benjamin. Ich glaube im Einzelnen aufzeigen zu können, wie Philosophie hier *performativ* über sich selbst hinaus drängt zu eben der praktischen Kunst des Geringfügigen, wie ich sie in der strikten Form des meditativen Schweigens wiedererkenne.

Besonderer Dank geht an die »Udo Keller Stiftung Forum Humanum«, ohne deren freundliche Finanzierung einer Arbeitsassistenz der Autor als Erblindeter dieses Buchvorhaben schwerlich hätte realisieren können. Dank gebührt ebenso denen, deren großzügige Unterstützung nicht minder zum Gelingen des Projekts beigetragen hat.

Hans-Willi Weis   Bollschweil bei Freiburg, Februar 2012

Einleitung:
Schweigen als das Andere des Denkens

Schweigen – sollte dies das Andere des Denkens genannt werden dürfen, auf das es im »Leben des Geistes« (Hannah Arendt) ebenso ankäme wie auf das Denken? Das Andere des Denkens, ohne welches das Denken selbst Einbußen erlitte. Zumal heute, da das professionelle Denken trotz vielfach richtiger und wichtiger Einsichten weniger denn je auch zu den entsprechenden Verhaltensänderungen zu motivieren vermag und das nichtprofessionelle Denken unter der informationellen Dauerbeanspruchung durch die elektronisch-digitalen Medien zu gesammelter Aufmerksamkeit und konzentriertem Nachdenken immer weniger im Stande ist. – Dies als Frage aufzuwerfen und mehr noch es als Hypothese in den Raum zu stellen verlangt der Verständlichkeit halber vorweg dreierlei: zu präzisieren, was man sich unter Schweigen als dem Anderen des Denkens vorzustellen hätte; zweitens darauf aufmerksam zu machen, dass gewisse, mit dem Ausdruck ›das Andere‹ einhergehende Konnotationen auf unseren Gegenstand durchaus zutreffen; drittens zu erläutern, wie umfänglich wir den Begriff des Denken hier verstanden wissen möchten.

Schweigen soll in diesem Zusammenhang mehr bedeuten als einfach nicht zu reden. Das von uns gemeinte *außerordentliche* Schweigen würde das Schweigen der stillen Selbstgespräche einschließen, es wäre also auch ein gedankliches Schweigen bzw. ein Schweigen der Gedanken (die seit den Griechen geläufige Definition des Denkens lautet bekanntlich ›eine innere Zwiesprache der Seele mit sich selbst‹). Insofern herkömmlicherweise Schweigen nicht selten mit Nachdenklichkeit assoziiert wird, muss hier von Anfang an beachtet werden, dass die von uns ins Auge gefasste Kunst des *eminenten Schweigens* nicht der Pflege eines nachdenklichen Mit-sich-zu-Rate-gehens dient, keine Übung im Denken vorstellt, vielmehr – fürwahr ungewöhnlich und unvertraut – eine *Übung in Nicht-denken*.

Die Rede vom ›Anderen‹ hat unter den Denkern der Postmoderne Karriere gemacht. Was diese Rede bei ihnen hat zum Ausdruck bringen

Einleitung: Schweigen als das Andere des Denkens

wollen, sind unter anderem Konnotationen, die, sollten sie sich bei unserem Gebrauch des Ausdrucks ›das Andere‹ einstellen, ihre Berechtigung haben: sagen sie doch einiges aus über die kulturelle Wahrnehmungsperspektive, in der unser Gegenstand – Schweigen als das Andere des Denkens – vielen, wenn nicht den meisten von uns erscheinen wird. Als das Fremde, das Unvertraute, gar das Unheimliche und Bedrohliche, so stellt sich Michel Foucaults frühere Studie über »Wahnsinn und Gesellschaft« zufolge im kulturellen Konstrukt ›Wahnsinn‹ dem vernünftigen Denken die Andersheit der Vernunft und des Denkens dar. Bei Emmanuel Lévinas und Jacques Derrida erscheint die von ihnen jeweils fokussierte Andersheit als das trotz Nähe unendlich Ferne, das Uneinholbare, das sich stets Entziehende (in Gestalt der ›ethischen Tatsache‹ des anderen Menschen bei Lévinas oder in Gestalt des theoretischen Phänomens einer in der Schrift sich verbergenden ›Präsenz‹ bei Derrida, von der nur die ›Spur einer Spur‹ kündet).[1]

Es versteht sich von selbst, dass es bei unserem Vorhaben nicht darum gehen kann, Schweigen als das Andere des Denkens gegen dieses auszuspielen. Man muss kein Dialektiker sein um zu erkennen, dass es sich hier nur um die *Einheit* von Gegensätzlichem handeln kann, um Zusammengehörigkeit und Wechselseitigkeit: das Eine *und* das Andere. Vereinseitigung ist von Übel, ließe sich unsere Prämisse kurz zusammenfassen und wogegen sich unsere Überlegungen wenden, ist die Fraglosigkeit, mit der die westliche Zivilisation und ihre philosophische Tradition einseitig das Denken kultivieren. Ein bislang nicht beachtetes und nicht einmal formuliertes Vernunftpostulat, das fordern würde, dem Einen *wie auch dem Anderen* sein Recht zuzugestehen, Denken *und* Schweigen ›ihre Zeit‹ einzuräumen hätte gegenwärtig vielleicht zum ersten Mal die Chance, Gehör zu finden. Zwar lässt sich auch heute die weltweite Krise der Zivilisation als Wirkung empirisch analytisch nicht eins zu eins der Ursache eines in Ermangelung seines Anderen defizienten Denkens zurechnen[2]; aber angesichts der globalen Gefährdung einer humanen Zukunft müssten verantwortlich Denkende und Handelnde auch ohne eine wissenschaftliche Bestätigung mit Blick auf das ›mentale Steuerungsgeschehen‹ der menschlichen Kultur auf die Ausbalancierung gemäß der Maxime ›das Eine *und* das Andere‹ bedacht sein.

Unter dem Begriff des Denkens endlich wollen wir im Zusammenhang der vorliegenden Arbeit alle *sprachlichen* Vorgänge innerhalb unseres wachen Bewusstseins verstehen. Denken umfasst demzufolge die Gesamtheit innerer Zwiegespräche bzw. stiller Monologe, gleichgültig ob sie auch nur annähernd begrifflicher Stringenz genügen. Schon gar nicht dürfen wir also für unsere Zwecke mit einem auf seine professionalisierten Formen eingeschränkten Begriff des Denkens operieren; er umfasst stattdessen die gesamte Palette vom theoretischen Denken und der intellektuellen Reflexion über die Tätigkeit der produktiven Einbildungskraft oder der Fantasie bis hin zum ›Protodenken‹, der wie ein Hintergrundrauschen durch den Geist vagabundierenden unwillentlichen Selbstgespräche.

Denken *und* Schweigen, das Eine *und* das Andere – die beiden gegensätzlichen Paradigmen ergänzen einander. Dies kann aber nicht gleichzeitig geschehen, das ›und‹ kann nur durch ein Nacheinander realisiert werden, dadurch dass beidem ›seine Zeit‹ gewährt wird. Was im Falle des Denkens ohnehin keine Frage ist, da unser Geist die Tendenz hat, unentwegt zu denken, Selbstgespräche zu führen im weitesten Sinne, sodass allenfalls dem disziplinierten Denken bisweilen zu seinem Recht verholfen werden muss. Das Problem, ihm bewusst eine Zeit einzuräumen, stellt sich damit nicht für das Denken, sondern das Andere des Denkens. Und zwar notwendigerweise so, dass das Andere des Denkens das Denken, das professionelle und das nichtprofessionelle, in regelmäßigen Abständen zu unterbrechen hätte. Den Charakter der *Unterbrechung* besitzt das Andere des Denkens mit Notwendigkeit angesichts eines gewissermaßen von Natur aus rastlosen, ohne Unterlass denkenden Geistes. – Die absichtliche Unterbrechung des Denkens durch das Andere des Denkens ist einzig durch *Übung* möglich. Womit auch der Begriff der Übung – der Übung eines außerordentlichen Schweigens, das nur in der Übungsform bewusst praktiziert werden kann – in die Position eines Anderen des Denkens rückt. Das Eine *und* das Andere, die von uns für den ausgeglichenen Geist, für ein Leben des Geistes in der Balance gebrauchte Wendung, lässt sich also – abgesehen von ›Denken *und* Schweigen‹ – noch durch ein weiteres Gegensatzpaar konkretisieren, nämlich ›Diskurs *und* Übung‹.

Der Übungsbegriff, den wir hier verwenden, sollte nicht mit dem Begriff des ›Trainings‹ gleichgesetzt werden. Man trainiert, um sich fit zu machen, eine bestimmte Leistung erbringen zu können (klassischerweise den Sieg in einem sportlichen Wettstreit zu erringen).[3] Ist mit der gewünschten Fitness das Ziel erreicht, braucht nicht weiter trainiert zu werden oder nur gerade so viel, um sich in Form zu halten. In der Logik des Trainings indessen geht die Übung des Schweigens nicht auf, sie beschränkt sich nicht auf die Zielfunktion einer vermeintlich für sie konstitutiven äußeren Zweckdienlichkeit. Umgekehrt: nur dadurch, dass es zunächst einmal einen Zweck *in sich* hätte, dass ›Befriedigung‹ in ihm

Einleitung: Schweigen als das Andere des Denkens

selbst läge – wir werden sie (mit Wittgenstein) als die Befriedigung der metaphysischen Sinn-Intuition und des Glücks der Existenz identifizieren – vermöchte ein Sich-Üben im Anderen des Denkens dann auch – gleichsam wie ein Mittel zum Zweck – jenen positiven Einfluss auf das Denken zu entfalten, wie wir ihn uns der eingangs geäußerten Hypothese gemäß von einer kulturellen ›Implementierung‹ von Schweigepraktiken versprechen würden. – So wie wir es uns als kultivierte Exemplare unserer Gattung angewöhnt haben, Denken jenseits aller Nützlichkeitsgesichtspunkte für eine selbstzweckhafte Auszeichnung des Humanen zu erachten, sollten wir es so künftig nicht auch mit dem Anderen des Denkens halten, wie es sich in der das Denken – ein Leben lang – periodisch unterbrechenden Übung eines außerordentlichen Schweigens manifestierte?

Hannah Arendt war es, die fragte, was uns »zum Denken bringt«? Keine äußeren Zwecke, so ihre Antwort, dem »Leben des Geistes«, der obersten Stufe des Lebendigen, sei Denken schlicht »ein Bedürfnis«, und zwar das Höchste.[4] Analog kann von einem selbstzweckhaften Bedürfnis nach dem Anderen des Denkens, jenem außerordentlichen Schweigen, nicht ohne weiteres gesprochen werden. Vielleicht hängt es mit dem ›Begehren des Ich‹ als der spezifisch menschlichen Antriebsstruktur zusammen – evolutionsbiologisch lässt sich die Denkfunktion davon kaum abtrennen –, dass in einer Zivilisation, die das egoistische Begehren so sehr befeuert und dessen Durchsetzungswillen prämiert wie die heutige, ein Bedürfnis nach dem Anderen des Denkens – wiewohl es sich anthropologisch nicht ausschließen müsste – bei den meisten Menschen überhaupt nicht zu regen vermag. – Ein wenig anders mag es damit inzwischen auf der Ebene der gesellschaftlichen Kosten-Nutzen-Rechnung bestellt sein: Die beunruhigenden Anzeigen dafür, dass wir uns auf eine Gesellschaft der ›erschöpften Selbste‹ zubewegen sowie der nüchterne Gedanke an die damit verbundenen kollektiven Risiken und Folgelasten lassen unter sozialtherapeutischem Blickwinkel das Andere des Denkens, d. h. eine dasselbe kultivierende Praxis, auf einmal interessant erscheinen.[5]

Wenn von einem individuellen Bedürfnis nach dem *Anderen des Denkens* nicht gesprochen werden kann, so mittlerweile doch vom öffentlich artikulierten Bedürfnis nach einem *anderen Denken*, insbesondere in Politik und Ökonomie. Dieser gegenwärtig vernehmbare Ruf nach einem anderen Denken nimmt sich dabei mitunter aus wie das ferne Echo auf ein sehr viel früher geäußertes Unbehagen an der vorherrschenden Form modernen Denkens. Das *philosophische* Unbehagen, das wir meinen, reiht sich mit seiner Kritik am Denken in der Moderne und

Einleitung: Schweigen als das Andere des Denkens

seinen Suchbewegungen nach einem anderen Denken ein in eine ehrwürdige Tradition der Philosophie, die des Nachdenkens über das Denken, bei den Griechen ›noesis noesios‹ genannt. Was freilich nicht verhindert hat, dass jene grundsätzliche Kritik des Denkens innerhalb der ›Zunft‹ eine minoritäre Position geblieben ist.[6] – Nichtsdestoweniger haben wir uns dafür entschieden, die philosophische Suche nach einem anderen Denken, wie sie sich in nachgerade für klassisch befundenen Texten der Philosophie des 20. Jahrhunderts niedergeschlagen hat und nicht zuletzt durch die Menschheitskatastrophen eben dieses Jahrhunderts angestoßen worden ist, auf systematische Weise zum Ausgangspunkt zu nehmen für unsere Überlegungen in diesem Buch.

Es hat uns nämlich folgendes Kalkül geleitet: Falls unsere Hypothese zutreffen sollte – dass ohne das *Andere des Denkens* das Denken selbst auf Dauer Schaden nimmt, sei es wegen verhaltenspraktischer Unwirksamkeit (professionelles Denken) oder durch das Nachlassen seiner ›Spannkraft‹ (nichtprofessionelles Denken) –, müssten auch die von uns systematisch rekapitulierten philosophischen Bemühungen um ein *anderes Denken* früher oder später auf die Notwendigkeit stoßen, dem *Anderen des Denkens* Rechnung zu tragen. Sei es, dass diese Notwendigkeit von den Autoren explizit zugestanden wird; sei es, dass sie sich für den Leser auf indirektem Wege erweist, indem er Inkonsequenzen, Inkonsistenzen, Auslassungen, Aporien etc. in der Argumentation aufdeckt, als deren plausible Überwindung, Korrektur, Konjektur oder Lösung sich eben die Anerkennung der Notwendigkeit anböte, dem *Anderen des Denkens* um der Chance eines *anderen Denkens* willen Rechnung zu tragen. Wir verraten wohl nicht zu viel, wenn wir vorwegschicken, dass Letzteres der Fall sein wird und wir es infolgedessen mit einer ›symptomatischen‹ Lektüre oder Relektüre zu tun haben werden.

Unsere Aufgabe im Folgenden besteht also zum einen im hermeneutischen Geschäft der Textauslegung im Rahmen der soeben angedeuteten ›symptomatischen Lektüre‹. Wobei wir uns, wie es die Auswahl der Texte und die Riege der Autoren nicht anders erwarten lässt, auf eine *philosophische* Annäherung (an Schweigen als das Andere des Denkens) beschränken möchten.[7] Zum Anderen werden wir bei dieser (Re-)Lektüre gleichsam en passant die wenigen Richtlinien der *Praxis* des eminenten Schweigens eine nach der anderen zusammentragen. Es sind auch darum wenige, weil es sich im Falle der Schweigepraxis um eine veritable Kunst des *Geringfügigen* handelt.

Wir beginnen (I) mit einer Relektüre des jungen Wittgenstein. Im Anschluss an diese erste thematische Durchführung sortieren wir für die weiteren Relektüren unsere argumentativen Hauptlinien und deren terminologische Anker. So gerüstet, wenden wir uns in einem zweiten Block (II) dem späten Wittgenstein und dann vor allen Dingen Heidegger zu. Diese thematische Vertiefung zeigt anhand der Schranken von Heideggers Schweigeverständnis die Unzulänglichkeit des Versuchs eines *anderen Denkens*, der sich nicht zum Weg über *das Andere des Denkens*, sprich dem einer formellen Praxis eminenten Schweigens entschließen kann. Das anschließende Kapitel, das Habermas' Heidegger-Kritik radikalisiert, nimmt weitere begriffliche Differenzierungen vor und leitet über zum Schwerpunkt *Schweigepraxis* (III). *Übung* erweist sich als das philosophisch neu zu entdeckende ›geistige Format‹. – Während die Texte Wittgensteins und Heideggers bei der Lektüre die Aufmerksamkeit des Lesers auf die persönliche, die individuell-existenzielle Dimension des Schweigens und der Schweigepraxis gelenkt haben, machen in der abschließenden Relektüre (IV) die Texte Adornos und Benjamins auf deren gesellschaftliche und geschichtliche Dimension und die von den Autoren daran geknüpften säkular soteriologischen Aspekte aufmerksam. Licht fällt auf das Andere des Denkens als einer ›messianischen‹ Kunst des *Geringfügigen*.

I

Das Schweigethema und sein erster prominenter Auftritt in der modernen Philosophie: das Schweigegebot beim jungen Wittgenstein

»Sie [die Philosophie] soll das Denkbare abgrenzen
Und damit das Undenkbare./
Sie soll das Undenkbare von innen durch das Denkbare begrenzen.«
»Sie wird das Unsagbare bedeuten, indem sie das Sagbare klar darstellt.«
Ludwig Wittgenstein, Logisch-philosophische Abhandlung, 4.114 f.

Der Satz, mit dem der philosophische Newcomer Ludwig Wittgenstein seine zum Ende der zweiten Dekade des noch jungen 20. Jahrhunderts publizierte »Logisch-philosophische Abhandlung« beendet, wurde legendär: »Wovon man nicht sprechen kann, darüber muss man schweigen.«[1] Eingegangen in unseren philosophisch-literarischen Zitatenschatz wird er bei jeder passenden wie unpassenden Gelegenheit zum Besten gegeben. Wobei man so tut, als verstünde sich das in oder mit ihm Ausgesagte von selbst. – Auch auf das Rezeptionsempfinden in philosophischen Fachkreisen trifft zu: Die Lakonie, mit der diese Sentenz einen an sich schon lakonischen Text beschließt, hat etwas von der Entschiedenheit, mit der man einen ein für allemal unverrückbaren Pflock in die Erde rammt. Schwerlich findet man unter den großen Büchern der Philosophie eines, das mit einem stärker inszenierten Textende aufwarten würde. Sodass kaum anzunehmen ist, dass sich der Schlusssatz von Wittgensteins berühmter Abhandlung am Ende als rhetorischer Kalauer entpuppt, eine effektvoll in Szene gesetzte Trivialität.

»Wovon man nicht sprechen kann, darüber muss man schweigen.« Noch ohne Rücksicht auf den Textzusammenhang, worin der Satz bei Wittgenstein figuriert, wird ein klar Denkender, wenn er dies liest oder hört, zuerst einmal fragen, ob das Gesagte deskriptiv oder präskriptiv aufzufassen sei. Liegt eine Feststellung vor oder wird ein Postulat aufgestellt? Im ersten Fall hätte der Satz etwas von einem tautologischen Urteil nach der Art ›wer A sagt, sagt nicht B‹ (wobei aus dem »muss« der Beiklang eines Bedauerns herausgehört werden könnte). Wie eine

Das Schweigegebot beim jungen Wittgenstein

Forderung aufgefasst, beinhalten dieselben Worte die Möglichkeit, dem von ihnen Geforderten auch *nicht* nachzukommen, ergo zu sprechen statt zu schweigen. Was sich beim Beschreiben oder Konstatieren eines Sachverhalts, hier wäre es sogar ein logischer Sachverhalt, von vornherein ausschlösse. – Der Philosophiehistoriker Johann Kreuzer hat auf eben diese Fragen eine philosophisch schulgerechte und in sich schlüssige Antwort gegeben.[2] Die solide Sachlichkeit seiner Antwort fällt allerdings so *unspektakulär* aus, dass sie – sofern wir unserem Sprachgefühl vertrauen dürfen – schlecht zum Demonstrativen der Wittgenstein'schen Sprachgeste passt, mit der dieser seinen Text enden lässt. Sollte es der moralisch so skrupulöse Wittgenstein tatsächlich auf einen gegenstandslosen und also billigen Knalleffekt angelegt haben, der außerdem nur von denjenigen als ein solcher empfunden würde, die seine Abhandlung überhaupt nicht verstanden hätten?

Der Eindruck des spektakulären *und* sein faktisches Dementi durch Kreuzers sprachlogische Darlegung konzentrieren sich natürlich vor allem auf das Wort *schweigen* in Wittgensteins Satz. Es hängt offenkundig alles am adäquaten Verständnis der Bedeutung des Schweigens in diesem Zusammenhang. Ob man ihm *aussschließlich* jene Bedeutung beimisst, die ihm im Laufe der Philosophiegeschichte mit triftigen Argumenten *sprachphilosophisch* verliehen worden ist; oder ob man ihm darüber hinaus einen *außerordentlichen* Sinn beilegt, wie ihn unsere Rede von einem ›eminenten Schweigen‹ anzeigen soll, das sich durch Schweigepraxis manifestierte. – In beiden Fällen wird dann auch eine zweite Frage zu beantworten sein, die sich beim Lesen oder Hören des Wittgenstein'schen Satzes unmittelbar stellt. Kann es denn etwas geben, wovon man nicht sprechen kann, ein *Unaussprechliches* also? Wäre es damit nicht auch schon ausgesprochen? Unaufgelöst brächte ein derartiges Paradox Wittgensteins Satz ein weiteres Mal in den Verdacht des Dubiosen.

Werfen wir als erstes einen Blick auf Johann Kreuzers ›akademische Abkühlung‹ des Schweigethemas und der diesbezüglichen Wittgenstein'schen Sentenz und schlagen wir im Anschluss daran einen zu Kreuzers Schlussfolgerung – wonach das Thema Schweigen mit dessen *sprachinterner* Explikation erschöpfend behandelt wäre – alternativen Auslegungsweg ein, indem wir dem bei Wittgenstein sprachgestisch aufgeladenen Wort vom *Schweigen-müssen* einen *praktischen* Richtungssinn abgewinnen, auch wenn sich derselbe in der Intension des Verfassers der Logisch-philosophischen Abhandlung zunächst nur unvollkommen oder bloß rudimentär abzeichnen sollte. – Wie angedeutet geht Kreuzer zufolge das Phänomen Schweigen als ein menschliches Vermögen gänzlich in der innersprachlichen »Dialektik von Sprache und Schweigen« auf. Für das sprachbegabte Wesen Mensch besteht naturgemäß der Unterschied, »dass Sprache verlautet und Schweigen Stille meint und ohne Laut ist«, weswegen es auch genauso selbstverständlich Schweigen »nur innerhalb der Sprache« gebe. Das Schweigen ist sogar »ihre innere Bestimmung«, so Kreuzer, weil nur in diesem mit den Worten *gleichzeitigen* Schweigen das »Wortlose« virulent wird, das sie allererst eine Sprache und nicht lediglich ein Geräusch sein lässt. Schweigen kann also insofern der »Grund der Rede« genannt werden, als alle ihre Worte – schweigend – in einem sie begleitenden Wortlosen ›gegründet‹ sein müssen, um für den Redenden wie den Hörenden ein Verstehbares, Sprache zu sein. Die Philosophen gebrauchen für dieses Wortlose auch den Ausdruck »Erinnerung« (im Sinne von Wiedererkennen oder Sich-entsinnen), während die Psychologie von einem die verlautenden Worte stillschweigend unterfütternden Assoziationsfeld sprechen würde. Nichts anderes als eben dies, behauptet nun Kreuzer, habe man sich auch unter dem »Unaussprechlichen« bei Wittgenstein vorzustellen, wenn anders dieser Ausdruck kein »einfacher logischer Selbstwiderspruch« sein solle. Irrig wäre folglich die Vorstellung, »als bildeten Schweigen und Sprache einen Gegensatz: als stünde auf der einen Seite (der der Sprache) das Sagbare und auf der anderen Seite ein Unsagbares oder Unaussprechliches, dem das Schweigen gälte«. Mit einer solch irreführenden »Rede vom Schweigen würde ein Unsagbares jenseits der Sprache bedeutet: eine bloß nicht sagbare *Sprache des Schweigens*«. Kreuzer pointiert: »Schweigend kehrt das Unaussprechliche, das es allerdings gibt, in den Wendungen der Sprache wieder.« Oder in Anlehnung an ein Hölderlin-Wort: »Sprache ist diese Kehre der Stille.« In summa und mit ausdrücklicher Anspielung auf Wittgensteins einschlägige Sentenz: »Wenn man über das, wovon man nicht sprechen kann, schweigen muss, dann kann man das nur in der Sprache.«[3]

So immanent schlüssig, was das System Sprache anlangt, sich die Bedeutung des Schweigens innerhalb der Verschränktheit von Rede und Schweigen erschließt, wenn das Thema Schweigen damit für erledigt befunden wird, eskamotiert, ›invisibilisiert‹ diese Verfahrensweise just jenen Bedeutungs*überschuss* von Schweigen, den der pointierte Schlusssatz von Wittgensteins ›Tractatus‹ rhetorisch, sprachinszenatorisch signalisiert. Der erste, prominente Auftritt des Schweigethemas in der modernen Philosophie bliebe, jedenfalls in dieser Hinsicht, unbeachtet und unverstanden. – Um solcher Ignoranz im Folgenden zu entgehen, sind wir keineswegs darauf angewiesen, Wittgensteins Vita zum Beleg heranzuziehen. Dass er selber sozusagen den lebendigen Beweis für eine sprachanalytisch transzendente *überschießende* Bedeutung seiner Worte vom Schweigen erbringe: durch seine häufige Selbstinszenierung als ›mystischer Schweiger‹, seine Anachoresen in norwegischer Hütteneinsamkeit oder auf walisischer Wanderschaft – kurz, all die Zeugnisse für Askese und Exerzitium, die bei ihm das Bedürfnis, den Hang, die Sehnsucht nach Formen eines *außerordentlichen* Schweigens belegen, unverkennbare Suchbewegungen nach dem, was den Namen einer veritablen *Praxis* des Schweigens verdient. Für uns ist vielmehr die spannende Frage, inwieweit es gelingt, textnah an den genuin philosophischen Äußerungen des jungen Wittgenstein ein ›Hindrängen in der Sache‹ zu schweigepraktischen Übungsformen, technisch gesprochen die Anschlüsse oder Schnittstellen für Schweigepraxis nachzureichen.

Beleuchten wir dazu das dramaturgisch so effektvoll den Schlusspunkt seines philosophischen Jahrhundertbuchs setzende »Wovon man nicht sprechen kann, darüber muss man schweigen« im argumentativen Kontext eben dieses Werks. Ein Brief Wittgensteins an den Verleger L. von Ficker (aus dem Jahr 1919, noch vor Veröffentlichung des Manuskripts) enthält folgende Leseanleitung für das Buch: »Sie werden es nicht verstehen; der Stoff wird Ihnen ganz fremd erscheinen. In Wirklichkeit ist er Ihnen nicht fremd, denn der Sinn des Buches ist ein Ethischer. Ich wollte einmal in das Vorwort einen Satz geben, der Ihnen vielleicht ein Schlüssel sein wird: Ich wollte nämlich schreiben, mein Werk bestehe aus zwei Teilen: aus dem, der hier vorliegt, und aus alledem, was ich *nicht* geschrieben habe. Und gerade dieser zweite Teil ist der Wichtige. Es wird nämlich das Ethische durch mein Buch gleichsam von Innen her begrenzt ... Ich würde Ihnen nun empfehlen das *Vorwort* und den *Schluß* zu lesen, da diese den Sinn am Unmittelbarsten zum Ausdruck bringen.«[4] – Das Wichtige sei also das, was er »nicht geschrieben« habe, jener sozusagen fiktive zweite Teil des Buchs, dessen mit Schlusssatz Ziffer 7 (»Wovon man nicht sprechen kann ...«) anbrechende Leerstelle logisch-konsequent für das »Unaussprechliche« steht. Und dieses hat jetzt seine Bezeichnung erhalten: *das Ethische*.

Es hat etwas von einem Salto Mortale, mit dem Wittgenstein den Angesprochenen – seinen Verleger, diesen aber stellvertretend für das avisierte Lesepublikum – hier, eben noch auf dem gedanklichen Boden des Logisch-Philosophischen, plötzlich auf dem des »Ethischen« landen lässt. Ohne ›alles Federlesen‹ darüber, wofür wiederum diese Vokabel steht: Für *seine*, Wittgensteins Leser, ist allemal klar, dass es, gut aristotelisch, das Signalwort für *richtiges Leben* bedeutet. Nicht wie ein Begriff dahergesagt, eine Spielmarke des Denkens, sondern gleichsam wie eine Parole ausgegeben. Dass an dieser ›Sollbruchstelle‹ das Geschäft des Denkens und des theoretischen Sprechens ruht und etwas anderes seinen Einsatz hat. – Auch die zitierte Briefstelle, ihre Art und Weise, appellativ vom »Ethischen« zu reden als dem »Sinn« des Buches, der »Ihnen« – dem exemplarischen Leser – »in Wirklichkeit ... nicht fremd« ist, bedient sich einer Dramaturgie. Es drängt sich einem auf, sie mit dem zur damaligen Zeit aufkommenden Schlagwort vom ›existenziellen Ernstfall‹ zu typisieren. Ein »Absolutes« wird das, worum es geht, denn auch von dem ein Jahrzehnt später verfassten Vortrag »Über Ethik« genannt (auf den wir weiter unten zu sprechen kommen). Und dies Absolute ›emergiert‹ nur im Schweigen; der systemisch ans Relative ›gekettete‹ Kosmos der Sprache und der Schrift kennt mit Derrida zu sprechen einzig den unendlichen »Aufschub« letzter, absoluter »Präsenz«. Doch wie – nachdem die Wortpaare ›Unaussprechliches und Ethisches‹ sowie ›Absolutes und Schweigen‹ als das im doppelten Sinne letzte Wort von Wittgensteins Text verklungen sind – nimmt sich das ›richtige Leben‹ in Besitz, wie ergreift es sich selber? Sobald ›schweigen‹ kein Wort in einem Text mehr ist und andererseits auch nicht jenes ganz von selbst ›Mitlaufende‹ beim Sprechen bezeichnete, wo und wie fände es dann seinen praktischen ›Sitz im Leben‹, auf dass dieses ein ›richtiges‹ würde?[5]

Zum einen hätten wir also die gebieterische Aufforderung zu »schweigen«, in der sich das Thema oder Motiv der gesamten Abhandlung zusammenfasst, zum andern ein gestisch oder habituell Unauffindbares, weil von seinem einfachen Gegenteil, dem korrekten oder sinnvollen Sprechen, vollständig Absorbiertes, restlos Aufgezehrtes. Woher diese Ambiguität, wodurch manövriert der junge Wittgenstein sein Anliegen in diesen eigenartigen Zwiespalt?

Noch einmal zu seinem Brief, zu der darin gegebenen Empfehlung, neben dem Schluss mit dem Vorwort der Schrift zu beginnen. »Das Buch will also«, liest man da, »dem Denken eine Grenze ziehen, oder vielmehr – nicht dem Denken, sondern dem Ausdruck der Gedanken: Denn um dem Denken eine Grenze zu ziehen, müssten wir beide Seiten dieser Grenze denken können (wir müssten also denken können, was sich nicht denken lässt.) Die Grenze wird also nur in der Sprache gezogen werden können und was jenseits der Grenze liegt, wird einfach [sprachlicher] Unsinn sein.« – Wenn der Regelfall zutrifft, dass sich unserer Relektüre der Stoff oder das Material in der Perspektive der uns leitenden Fragestellung (an-)ordnet, so hätten wir hier eine heuristisch interessante Passage vor uns. Dementsprechend gelesen würde sich der junge Wittgenstein in der Logisch-philosophischen Abhandlung – indirekt oder zwischen den Zeilen bzw. es schlicht »bedeuten« wollend – um das mühen, was wir oben in unserer Einleitung mittels der Termini ›das Andere des Denkens‹ – wohlgemerkt nicht in der selbstwidersprüchlichen ontologischen Bedeutung eines ›undenkbaren Seienden‹, vielmehr der ›praxeologischen‹ des Nicht-Denkens als Übung – in den Fokus der Reflexion gerückt haben. Und auch bei ihm wäre es, weiter mit unseren Worten gesprochen, das Schweigen (als logische Konsequenz der mit Bezug auf das Andere des Denkens und Sprechens von ihm konstatierten Unsagbarkeit), das als der einzig mögliche Kandidat in die Position dieses Anderen einrückte.

Wittgensteins frühes Verdikt gegen das »Unsinn reden«, der Hinweis ist an dieser Stelle fällig, erstreckt sich (wie dem ›Tractatus‹ ausdrücklich zu entnehmen) auf das Terrain der Philosophie, die er, idealiter, noch wie selbstverständlich mit dem Attribut ›wissenschaftlich‹ versehen möchte. Und entsprechend muss auch das abschließende Schweigegebot der Logisch-philosophischen Abhandlung als primär an die Adresse der Philosophen resp. Logiker (und über diese hinaus sämtlicher Wissenschaftler) adressiert angesehen werden. Mehr noch aber als dem naheliegenden Zweck, sich die eigene Sicht auf Tatsachen und Sachverhalte (auf das »was der Fall ist«) nicht durch sprachlichen Unsinn zu verstellen, könnte die Warnung vor der Unsinnsrede einem ganz anderen Zweck dienen, der dem von der Wissenschaftlichkeitsaura seines Textes geblendeten Wittgenstein-Leser zunächst gar nicht in den Sinn kommt: dem Zweck nämlich, sich Raum zu bewahren und die Atmosphäre zu reinigen für *Poesie* einerseits und ›stille Einkehr‹ andererseits. Wittgensteins Affinität zum Rückzug in die Stille, zur meditativen Klausur, erwähnten wir bereits; seine Liebe zur Poesie mag die Fama illustrieren, derzufolge er seine Kollegen im »Wiener Kreis« wiederholt damit irritierte oder auch provozierte, dass er statt mit ihnen die knochentrockenen Probleme des »logischen Empirismus« hin und her zu wenden unvermittelt Gedichte rezitierte. Was demnach am meisten an der ›sprachlichen Disziplinlosigkeit‹ der Philosophen, an ihren die Grenze des Sagbaren missachtenden metaphysischen etc. Spekulationen, zu fürchten stünde, wäre sozusagen der Tatbestand einer fatalen Ersatzhandlung, geeignet, vom ›Eigentlichen‹, dem ›was existenziell Not tut‹ abzuhalten: von der Poesie und der Kontemplation, vom Ästhetischen und vom Ethischen. Der Wittgensteins Logisch-philosophische Abhandlung beherrschende und in ihrem ultimativen Schweigegebot kulminierende Geist des Purismus und des Asketischen – durchaus mit dem damaligen Zeitgeist konform, wie er unter den avantgardistischen Künstlern der »Wiener Sezession« verbreitet war – wäre mithin auf einen *außertheoretischen* Sinn oder Zweck ausgerichtet, auf die Ermöglichung einer existenziell bedeutsamen *Praxis*, deren Konstituentien offensichtlich die Stille und das Schweigen sind. Eine Stille und ein Schweigen, welche in eben diesem Praxiskontext erkennbar den Horizont von Sprachfunktionen transzendieren.

Das Gebieterische »Wovon man nicht sprechen kann, darüber muss man schweigen« fungierte dieser Auslegungsperspektive gemäß – mythisch versinnbildlicht – als ›Hüter der Schwelle‹ an der Pforte zu jenem von den prosaischen Sprachbildern – den »logischen Bildern«, die wir uns über »das Bestehen von Sachverhalten« (Ziffer 2 des ›Tractatus‹ zufolge) mittels vernünftiger Rede anfertigen – frei zu haltenden, ›heiligen‹ Raum des entweder kontemplativen Schweigens im Gewahrsein des Ethischen oder des poetischen Sprechens, eines nicht Tatsachen abbildenden und gleichwohl nicht unsinnigen Sprechens. Nur dann – sich des Urteils und der Aussage enthaltend, der bildlich reproduzierenden Gedanken und Sätze ledig – könne sich in diesem geistigen Raum ›etwas‹ *zeigen*, eben das Unaussprechliche, Unsagbare des Ethischen oder des Ästhetischen. Alles das, was sich sagen lasse, sei »klar« sagbar, dessen korrekte Abbilder der Welt (der Tatsachen) seien von den falschen eindeutig unterscheidbar. Nachdem Wittgensteins Abhandlung dies bis zur Präzisionsstufe logischer Formelsprache messerscharf dargelegt hat, folgt unerwartet in Ziffer 6.522, auch hier mit merklichem Willen zum dramaturgischen Effekt, der ›Clou‹ des Ganzen: »Es gibt allerdings Unaussprechliches. Dies *zeigt* sich ...«. Wobei Wittgenstein das sich zeigende Ethische und Ästhetische einander gleichsetzt. »Ethik und Ästhetik sind Eins«, hatte es bereits unter Ziffer 6.421 apodiktisch geheißen. – Der Geniestreich des jungen Wittgenstein kommt nicht ohne die Emphase der *richtigen Weltsicht* aus. Die Gretchenfrage ist nur, ob der ›Inhaber‹ der richtigen Weltsicht nach Maßgabe der ›traktarianischen Standards‹ sich damit *ohne weiteres* auch schon im ›Heilszustand‹ des *richtigen Lebens* befände. Man möge, so die erste Hälfte von Wittgensteins Botschaft, den Verstand und die Sprache philosophisch reinigen – d. h. den gemeinhin für Philosophie gehaltenen metaphysischen Unsinn destruieren, »Alle Philosophie ist ›Sprachkritik‹« (wie 4.0031 verlautet) – und anschließend das »Reinigungsmittel« beiseite tun, um schließlich mit einem quasi naturwissenschaftlich nüchternen Blick die Weltverhältnisse richtig zu sehen. »Meine Sätze erläutern dadurch, dass sie der, welcher mich versteht, am Ende als unsinnig erkennt, wenn er durch sie – auf ihnen – über sie hinausgestiegen ist. (Er muss sozusagen die Leiter wegwerfen, nachdem er auf ihr hinaufgestiegen ist.) Er muss diese Sätze überwinden, dann sieht er die Welt richtig.« So 6.54. Die Crux mit dieser anscheinend so bestrickenden Konklusion liegt darin, dass sie die ungedeckte Suggestion verbreitet, mit seiner richtigen Weltsicht würde der Betreffende auch bereits die Welt und sein Dasein in ihr *im Lichte ethischen Gewahrseins sehen.*

Die Ambivalenz, dass Wittgenstein einerseits ethische *Praxis* als überflüssig suggeriert, deren Überflüssigkeit aber durch nichts überzeugend darzutun vermag, durchzieht die gesamte Logisch-philosophische Abhandlung und tritt noch eklatanter zu Tage in den Vorarbeiten zu dieser. Schauen wir zunächst, was für Wittgenstein das Gegebensein *ethischen* (und prinzipiell in Eins damit *ästhetischen*) *Gewahrseins* beinhalten soll. In der Hauptsache: *Glück* und *Sinn.* – Zuerst zum Nexus zwischen Ethischem und Sinn.»Alle Sätze sind gleichwertig«, statuiert 6.4. Gemeint sind die die Welt beschreibenden Sätze. Sodass es unmittelbar darauf in 6.41 heißen kann:»Der Sinn der Welt muss außerhalb ihrer liegen.« Mit ihm wird bezeichnet, wie unter derselben Ziffer weiter ausgeführt, was die Zufälligkeit»alles Geschehens und So-Seins« innerhalb der Welt ›zu guter Letzt‹ *nicht* »zufällig« macht. Woraufhin 6.421 folgert:»Es ist klar, dass sich die Ethik nicht aussprechen lässt. Die Ethik ist transzendental.« Was, da dieser Sinn als Inhalt des Ethischen wie dieses »unaussprechlich« und»transzendental« ist, auf der Ebene des gelebten Lebens den Umstand erklärt, dass»Menschen, denen der Sinn des Lebens nach langen Zweifeln klar wurde, ... nicht sagen konnten, worin dieser Sinn bestand« (so Ziffer 6.521). Den Sinn der Welt und des Lebens»gefunden haben« verwiese also nicht auf ein logisches oder epistemisches Datum, sondern auf die *ethische Erfahrung oder Bestimmtheit oder Gestimmtheit sinnerfüllter Existenz.*

Glück, die andere inhaltliche Bestimmung des Ethischen bei Wittgenstein, kann auf dieser Interpretationsschiene als die *affektiv stärkste propriozeptive Erlebnisfacette sinnerfüllten Gegenwärtigkeins* umschrieben werden. So wie dieses Glücklichsein nichts mit Belohnung zu tun habe, behauptet Wittgenstein, so sein Gegenteil, das Unglücklichsein, nichts mit Bestrafung; jedenfalls dürften es »nicht Ereignisse sein«, konkrete Weltzustände, die über ethisches Glück oder Unglück entschieden.[6] – Obgleich für beide die *faktische* Welt unverändert dieselbe bleibt, sei»die Welt des Glücklichen ... eine andere als die des Unglücklichen.« Die Welt müsse also in dem Sinne»dann dadurch überhaupt eine andere werden«, dass sie»sozusagen als Ganzes abnehmen oder zunehmen«

werde (6.43) – dem Glücklichen würde sie weit und schön, dem Unglücklichen eng und hässlich. Allerdings, wer nach der bis zu diesem Punkt schlüssigen Darlegung gespannt auf eine Auskunft darüber wartet, *wie* der Glückliche zum Glücklichen, der Unglückliche zum Unglücklichen werde, der wird enttäuscht. Wohl deshalb, weil der Traktatschreiber hier selber ratlos gewesen ist. Das Problem allerdings hat er erkannt: »Der Mensch kann sich nicht ohne weiteres glücklich machen«, notierte Wittgenstein 1916 in sein Tagebuch.[7]

Wenn das Genie des jungen Wittgenstein schon nicht das Wie des ›großen Umschwungs‹ anzugeben vermochte, so hat es den Leser doch nicht über die Position, über das *Wo* der potentiellen Verwandlung im Zweifel gelassen. Unser ›Ich‹ begibt sich an diesen Ort durch Rückzug aus der Welt. Was von der Prämisse her gesehen – »*Wie* die Welt ist, ist für das Höhere vollkommen gleichgültig« (6.432) – nur folgerichtig erscheint: Das »Höhere«, der beglückende Sinn, »offenbart sich nicht in der Welt« (ebenda). – Unsere These: Wittgensteins Lokalisierung des Ethischen an der Grenze zur Welt kongruiert ›morphologisch‹ mit dem Ort der Welt*abgeschiedenheit*, wie ihn das Praxisreglement der Mystiker periodisch aufzusuchen empfiehlt. Die reale Rückzugsstätte des Mystikers würde jene theoretisch fingierte und also bloß gedachte Lokalität eines philosophischen Idealismus à la Wittgenstein allererst ins Irdische transponieren, vom Himmel auf die Erde holen. Das für ihn nur als ein außerweltliches, transzendentes oder metaphysisches in Frage kommende ethische Subjekt Wittgensteins müssen wir uns, konsequent zu Ende gedacht, als das im Schweigen seiner psychologischen Anhaftungen ans Weltliche, des Eigenwillens oder Begehrens entledigende Ich eines *Übenden* vorstellen. Das schweigend allmählich ›leer‹ gewordene Ich des mystischen Praktikers wäre als die ›Inkarnationsform‹ zu denken zur idealistischen Abstraktion eines körperlosen, immateriellen ethischen Subjekts in Wittgensteins Traktat.[8] Womit wir auch schon die in Wittgensteins Abhandlung von uns vermisste Antwort auf die so naheliegende Frage nach dem *Wie* der ethischen Transformation gleichsam nachgereicht hätten: *Schweigen in der Weise einer regelmäßigen Übung in Abgeschiedenheit*. Wobei es sich dann beinahe von selbst versteht, dass ein solches mentales Exerzitium am besten in der Körperhaltung des ruhigen aufrechten Sitzens ausgeführt wird. Ansonsten aber sollen hier Physiologie und Psychologie so wenig wie bei Wittgenstein Gegenstand unserer *philosophischen* Annäherung an jene Kunst des Geringfügigen sein. – Entscheidend bleibt für uns die Einsicht, dass die von Wittgenstein auf der Zielgeraden seiner logisch-philosophischen Abhandlung unter den Stich-

Das Schweigegebot beim jungen Wittgenstein

worten ›Glück‹ und ›Sinn‹ angepeilte ethisch-existenzielle Verwandlung nicht durch den Willen und eine Willensanstrengung herbeigeführt werden kann – wobei nach Wittgenstein die Glück und Sinn verbürgende Bejahung von Welt und Leben das Produkt eines ›guten‹ im Unterschied zu einem ›bösen Willen‹ wäre[9] –, sondern allein durch die beharrliche Askese der Schweigeübung auf den Weg gebracht werden könnte.

»Immer wieder komme ich darauf zurück, dass einfach das glückliche Leben gut, das unglückliche schlecht ist«, notierte Wittgenstein am 30.07.1916 in sein Tagebuch, das die wesentlichen Aussagen der logisch-philosophischen Abhandlung im Rohentwurf enthält.

Unter dem 11.06.1916 hatte er mit Blick auf die empirische Welt – die ›mir‹, wegen der Perspektivität meines Gesichtsfeldes, stets als die ›meine‹ (oder ›je meinige‹ mit Heidegger gesprochen) erscheint – bereits festgehalten, »dass etwas an ihr problematisch ist, was wir ihren Sinn nennen«. Der Glückliche nach Maßgabe Wittgensteins wäre glücklich, weil sich ihm eben dies Problematische auf Grund der Erfahrung erfüllter Gegenwart – fast möchte man sagen ›in Wohlgefallen‹ – aufgelöst hätte.

– Wäre es, so fragen wir bewusst rhetorisch, nicht verwunderlich, wenn derjenige, der – weil er, was den uns als Menschen umtreibenden Sinn der Welt anlangt, gewahr wurde, »dass dieser Sinn nicht in ihr liegt, sondern außer ihr« (das Tagebuch ebenda) – ein glückliches und darum gutes Leben führt, gegenüber demjenigen, der ein unglückliches Dasein fristet, nicht auch in einer besseren Ausgangslage sein sollte, was die *empirische Ethik* oder unser moralisches Handeln *in der Welt* betrifft?[10]

Mit dem Sagbaren das Unsagbare »bedeuten«, so die erklärte *strategische* Absicht der Logisch-philosophischen Abhandlung (4.115, als Motto unserem Kapitel vorangestellt). Verwirklicht wäre die Absicht bzw. jenes Bedeuten wäre in Erfüllung gegangen, wo nach dem Verklingen des Gesagten sich das Unsagbare, i. e. das unaussprechliche Ethische, dem Hörer resp. Leser sich *tatsächlich* »zeigt«. Tut es dies? Wittgenstein selber war alles andere als optimistisch: »Dieses Buch wird vielleicht nur der verstehen, der die Gedanken, die darin ausgedrückt sind – oder doch ähnliche Gedanken – schon selbst einmal gedacht hat«, schränkt bereits der erste, einleitende Satz des Traktats ein.[11] – Wo hakt es, woran scheitert das ambitionierte Vorhaben? Unserer Ansicht nach daran, dass hier dem Denken und dem Sprechen, dem philosophisch strengen Denken und dem ihm auferlegten disziplinierten Sprechen, die gesamte Bringschuld aufgebürdet wird. In der Konsequenz sogar die, zum glücklichen Bewusstsein und dem Gefühl der Sinnfülle zu verhelfen (als der geistigen Substanz des Ethischen in seiner positiven Realisierung). Würde dieses Kalkül aufgehen – dass das rechte Denken allein alles richtet –, erübrigte sich auch jede ethische Praxis, und sei es die ›geringfügigste‹, die der Schweigekunst. Doch nicht nur hat Wittgenstein sein in den Ziffern 4.114 f. verschlüsseltes ›Epiphanieversprechen‹ des Ethischen als ein auf dem ausschließlichen Denkweg seines logisch-philosophischen Traktats nicht Einlösbares im Vorhinein selbst eingesehen und mit dem ersten Satz des Vorworts der Abhandlung dem Leser dies auch zu erkennen gegeben; mit dem finalen »Wovon man nicht sprechen kann, darüber muss man schweigen« – gibt man sich wie wir nicht mit dem zu ›Sprachhygiene‹ anhaltenden Sinn der Worte zufrieden, sondern fasst sie wie ein Zen-Koan auf – hat er zudem, ohne sich wahrscheinlich dessen bewusst gewesen zu sein, in verschlüsselter Form den entscheidenden Wink gegeben: dass nämlich, um das Ethische, will sagen Sinn und Glück, ›zu manifestieren‹, *zum rechten Denken noch die rechte Praxis, die des eminenten Schweigens, hinzutreten muss.*[12]

Wie bei Wittgenstein die Entscheidung für den Glauben die Option Schweigepraxis überlagert

Noch 1929, gut 10 Jahre nach der logisch-philosophischen Abhandlung, schrieb Wittgenstein in sein Notizbuch: »Wenn etwas gut ist, so ist es auch göttlich. Damit ist seltsamerweise meine Ethik zusammengefasst.«[13] Bereits die logisch-philosophische Abhandlung ließ durchblicken, dass die Ethik bzw. das Ethische des jungen Wittgenstein mit dem Attribut ›religiös‹ einhergeht, ethisch *sein* soviel bedeutet wie *glauben*. Noch ehe wir uns dem zuwenden, was Wittgenstein mit ›Glauben‹ als einer mentalen Aktivität meint, dürfen wir bereits logisch darauf schließen, dass, wenn das Ethische bei ihm unaussprechlich ist, das mit diesem Ethischen konvergierende Religiöse es ebenso sein muss. Es muss *theologisch* – wahlweise *religionsphilosophisch* – so unsagbar sein, wie das Ethische philosophisch unsagbar. – Ein religiös konnotiertes Tätigkeitswort ›glauben‹ kommt in der Logisch-philosophischen Abhandlung nicht vor, wohl aber ein stellvertretendes Wort für Gott, nämlich »das Höhere« als eine Chiffre für den »Sinn der Welt«.[14] Wie philosophisch nichts über den »Sinn der Welt« gesagt werden kann, so religiös-theologisch nichts über »Gott«, beide Male gilt das »Wovon man nicht sprechen kann, darüber muss man schweigen«. Worin besteht dann die das Religiöse im ›ursprünglichen Sinne‹ ausmachende positive geistige Tätigkeit? Was heißt ›an Gott glauben‹, wenn man darunter nicht theologisches Spekulieren oder Metaphysik treiben verstehen soll? Fragen, die uns darum interessieren, weil wir vermuten, dass es ›Ersatzhandlungen‹ gibt, die daran hindern, Schweigepraxis als eine Handlungsmöglichkeit zu erkennen und diese Option zu ergreifen.

Natürlich kann man nicht so tun, als hätte Wittgenstein keine sonstigen Zeugnisse seiner Auffassungsweise hinterlassen; und also muss der Traktat auch im Lichte dieser Äußerungen gelesen werden. Das heißt sein Verfasser ist niemand anderer als derjenige, der in der Entstehungszeit des Traktats von ihn Umgebenden den Beinamen »der mit dem Evangelium« erhielt. Der schriftliche Nachlass belegt außerdem, dass Wittgenstein wohl bis ans Ende seines Lebens jener Anhänger eines

Wie ... die Entscheidung für den Glauben die Option Schweigepraxis überlagert

christlichen Glaubens (der gut kierkegaardianisch den periodisch wiederkehrenden Zweifel als seinen dialektischen Gegenpol einschließt) geblieben ist, zu dem er sich in der Zeit unmittelbar vor Abfassung der logisch-philosophischen Abhandlung entwickelt hat.[15] – Was ist infolgedessen den mit der Arbeit am Traktat parallelen Notizen (wie auch den im Verlauf seines späteren Lebens immer wieder festgehaltenen Reflexionen das Religiöse betreffend) über das Was und das Wie von Wittgensteins ethischem Glauben (das Wort hier stets als Verb aufzufassen) zu entnehmen? Unter dem 08.07.1916 heißt es im Tagebuch: »An einen Gott glauben heißt, die Frage nach dem Sinn des Lebens verstehen./ An einen Gott glauben heißt sehen, dass es mit den Tatsachen der Welt noch nicht abgetan ist./ An Gott glauben heißt sehen, dass das Leben einen Sinn hat.« Woraus man im Einklag mit Wittgenstein den Umkehrschluss wird ableiten dürfen, dass wer nicht an Gott glaubt, diesen Sinn nicht erfasst, dass erst mit dem Glauben Welt und Leben sich mit Sinn erfüllen. Zum anderen kann den Ausführungen des Tagebuchschreibers entnommen werden, dass Glauben für ihn den ethischen Willen mit dem Willen Gottes in Übereinstimmung bringen heißt: »Um glücklich zu leben, muss ich in Übereinstimmung sein mit der Welt. Und dies *heißt* ja ›glücklich sein‹./Ich bin dann sozusagen in Übereinstimmung mit jenem fremden Willen, von dem ich abhängig erscheine. Das heißt: ›ich tue den Willen Gottes‹.« (Ebenfalls 08.07.1916) Nicht mit dem eigenen ethischen Willen mit dem im So-sein bzw. der Faktizität der Welt manifesten Willen Gottes kongruent zu sein, mithin nicht zu glauben, drückt sich Wittgenstein zufolge in einem schlechten Gewissen aus (denn »das Gewissen ist die Stimme Gottes«), wir könnten auch sagen im unglücklichen Bewusstsein (der, weil er nicht glaubt, mit der Welt und dem Leben hadert und insofern in dem wenig komfortablen Zustand verharrt, »böse« zu sein). Endlich geht aus derselben Eintragung vom 08.07.1916 hervor, dass ethisch »gut« sein, glücklich sein, in Harmonie mit dem göttlichen Willen leben ein Leben in der ›Zeitfreiheit‹ des ›Nunc stans‹ (und dessen Befreiung von der Todesangst) bedeutet: »Nur wer nicht in der Zeit, sondern in der Gegenwart lebt, ist glücklich. / Für das Leben in der Gegenwart gibt es keinen Tod.«

Unser investigativer Leitfaden ist die Frage nach dem Wie des Sich-Hineinfindens in die Gestimmtheit des positiv Ethischen, des sinnerfüllten Daseins, auf die bzw. deren Möglichkeit hinzudeuten Wittgenstein die logische Ochsentour des Tractatus seinen Lesern anempfiehlt. Denn wenn der Normalfall der ist, dass der nämliche Sinn (die ersehnte Sinnerfüllung des Lebens, des ›Welthabens‹) »problematisch« ist, fragt sich

Wie ... die Entscheidung für den Glauben die Option Schweigepraxis überlagert

mit Wittgenstein (06.07.1916): »Kann man aber so leben, dass das Leben aufhört, problematisch zu sein? Dass man im Ewigen *lebt* und nicht in der Zeit?« Unser Favorit einer Antwort ist bekannt: Schweigen und Schweigepraxis, sie bieten sich als gangbarer Weg in ein ›zeitfreies‹ Gegenwärtigsein an. Wir wissen jetzt, dass Wittgenstein diese Option gar nicht in Betracht zieht, obwohl sie sich in gedanklicher Fortsetzung des Schweigegebots im Traktat doch angeboten hätte. *Glauben*, nicht schweigen, lautet seine Antwort. Derjenige, der »die Lösung des Problems« (der Sinnproblematik, des Gefühls der Sinnlosigkeit oder Sinnleere von Welt und Dasein) schließlich am »Verschwinden des Problems« bemerkt, kann bei ihm allein der *Glaubende* sein.[16] – ›Accademicaly correct‹ – weil noch der Solitär Wittgenstein den ›säkularen Comment‹ der Teilnehmer am philosophischen Diskurs der Moderne für eine Selbstverständlichkeit nimmt, der er sich stillschweigend anpasst – präjudiziert der von ihm für die Endredaktion freigegebene Text seiner Abhandlung diese Antwort, sprich die dezidiert *religiöse* Lösung selber nicht, sondern überlässt es dem zwischen den Zeilen lesenden aufmerksamen Leser, die Worte »Sinn« (der Welt), das »Höhere« und »Gott« dem in ihrer gedrängten Aufeinanderfolge geradezu suggestiven Verweisungszusammenhang entsprechend zu kombinieren: »Der Sinn der Welt muss außerhalb ihrer liegen«, statuiert Ziffer 6.41 und nur wenige Dezimalstellen weiter konstatiert 6.432: »*Wie* die Welt ist, ist für das Höhere vollkommen gleichgültig. Gott offenbart sich nicht *in* der Welt.« Woraus der Leser zwanglos schließen kann, dass für den Verfasser »Gott« und der »Sinn der Welt« austauschbare Begriffe sind. Eine Gleichsetzung, der freilich in allen ihren Konsequenzen nur der religiös Gläubige wird zustimmen mögen; wie denn Wittgenstein im Tagebuch auch folgerichtig die ›mentale Realisierung‹, die ›Verwirklichung‹ dieses Sinns durch das ethisch-metaphysische Subjekt und in eins damit »die Lösung des Problems des Lebens« ausdrücklich mit dem Glauben verbindet. Die im Tagebuch *explizite* Identifizierung von Gott und Welt- bzw. Lebenssinn liest sich im vollen Wortlaut (11.06.1916) so: »Den Sinn des Lebens, d. i. den Sinn der Welt, können wir Gott nennen./ Und das Gleichnis von Gott als einem Vater daran knüpfen./ Das Gebet ist der Gedanke an den Sinn des Lebens.« Und woran der Tagebuchschreiber beim Stichwort »Gebet« denkt illustrieren die von ihm in den verschlüsselten Partien seiner Aufzeichnungen im Wortlaut wiedergegebenen Beispiele, Gebete um Kraft, um Beistand und Schutz, um Erleuchtung, schließlich auch Demutsbekenntnisse und solche der Unterwerfung unter den göttlichen Willen.[17]

Wittgensteins »Gebet« als der »Gedanke an Gott« hat also ersicht-

Wie ... die Entscheidung für den Glauben die Option Schweigepraxis überlagert

lich nicht den Zuschnitt eines christlichen ›Gebets der Stille‹, von dem heute gelegentlich in Analogie zur (fern)östlichen Meditation die Rede ist und das man als Schweigepraktik verbuchen könnte. Die Entscheidung des jungen Wittgenstein, an den christlichen Gott zu glauben, trug nach Lage der Dinge das Ihrige dazu bei, dass Schweigepraxis als eine Option nicht in sein Blickfeld trat. – Einmal mehr wird damit deutlich, worauf für Wittgenstein das abschließende Schweigegebot seiner Abhandlung zielte: auf das Unterlassen jedweder Metaphysik, sei sie philosophischer oder theologischer Provenienz (Heidegger sollte später beides in den Begriff der »Ontotheologie« zusammenziehen). Von der Unterlassungsaufforderung *nicht* erfasst sehen wollte Wittgenstein offenkundig die *expressive* Sprache des Religiösen, d. h. das auf Frömmigkeitsausdruck in Gebet, Ritual und Zeremoniell gerichtete Sprechen.

Bleibt die Option Schweigepraxis als eine jederzeit offenstehende Handlungsmöglichkeit, die einen gangbaren Weg in jene seelisch-geistige Verfassung darstellt, wie sie das Optimum des Ethischen bei Wittgenstein beschreibt, generell ausgeblendet, entfällt nach unserem Dafürhalten die einzige rational nachvollziehbare Art und Weise angeben zu können, wie ein Mensch ›von hier nach dort‹ gelangen könnte – ein prozessuales Sich-einleben in den existenziell verwandelten Zustand, wie ihn Wittgenstein mit den Topoi Glück und Sinn umrissen hat. Übrig bleibt allein die Hoffnung auf ein irrational-übernatürliches Geschehen, das Hoffen auf so etwas wie die Gnade des *gelingenden* Glaubens. Wer nicht von sich aus, aktiv, zur übungsmäßigen Schweigepraxis greift und mit ihr das meditative Schweigen wählt, kann höchstens darauf hoffen, durch göttliche Gnadenwahl *gewählt zu werden*, auf das Ergriffenwerden vom Übernatürlichen vertrauen. Dies scheint in der Tat das angemessene Vokabular, was auch Matthias Kroß erkannt hat, der von der »Gnadenwahl« spricht, »die sich in der Gewinnung des Lebenssinns, der wiederhergestellten Übereinstimmung zwischen ›meiner‹ Lebensrichtung und der Form ›des‹ Lebens zeigt.«[18] – Der so fürwahr (mit Schleiermacher zu sprechen) sich in »schlechthinniger Abhängigkeit« Befindliche kann nur noch wie Wittgenstein in seinen Tagebüchern beten oder bitten: »Möge Gott mich erleuchten.« Eine Bitte, die das gleichzeitig an sich selbst adressierte Postulieren und Appellieren nur desto hilfloser erscheinen lässt: »Das ist die Schuld der falschen Lebensauffassung: Verstehe die Menschen. Immer wenn du sie hassen willst, trachte sie statt dessen zu verstehen. Lebe im innern Frieden. Aber wie kommst du zum innern Frieden? *Nur* indem ich Gott gefällig lebe.« (So im Tagebuch unter dem 06.05.1916.) Der in den

Wie ... die Entscheidung für den Glauben die Option Schweigepraxis überlagert

lakonischen Sätzen des Traktats so nüchtern angepeilte (indirekt »bedeutete«) ethische Wille des ›welthabenden‹ (fast möchte man lieber sagen des mit einer Welt/seiner Welt geschlagenen) metaphysischen Subjekts wird hier an der Empirie, der Lebenswirklichkeit des im Weltkrieg ›dienenden‹ Kriegsfreiwilligen Ludwig Wittgenstein, kenntlich als ein verzweifelter Wille zum Glauben. Einmal mehr verhält es sich gerade nicht so, dass der Sinn der Welt und des Lebens nach Absolvieren eines logischen Exerzitiums wie dem des Traktats gleichsam als reife Frucht vom Baum der Erkenntnis fällt; Sinnfülle ist vielmehr ausgeblieben und bleibt aus und an der Leerstelle besteht das grundlegende Lebensproblem, die metaphysisch basale Not der Existenz fort. Betroffen realisiert man, wie alles darauf hindeutet, dass Wittgenstein ein Leben lang nur den einen ›Ausweg‹ gesehen hat: »Der christliche Glaube – so meine ich – ist die Zuflucht in dieser *höchsten* Not.«[19]

Wofür steht »das Mystische« bei Wittgenstein?

»Wittgenstein war Mystiker«, heißt es kurz und bündig bei Thomas Rentsch.[20] Und auch Manfred Geier antwortet auf die Frage »Ludwig Wittgenstein ein Mystiker?« mit einem eindeutigen ja: »Ludwig Wittgenstein war zeit seines Lebens Mystiker; und seine Texte, das Frühwerk, das im ›Tractatus logico-philosohicus‹ verdichtet ist, und auch das sogenannte Spätwerk, wie es posthum besonders in den ›Philosophischen Untersuchungen‹ überliefert worden ist, sind mystische Werke im strengen Sinn des Wortes.«[21] Eine weitreichende Behauptung, deren Triftigkeit (insbesondere was die »Philosophischen Untersuchungen« angeht) wir, das erkenntnisleitende Interesse unserer Arbeit im Auge behaltend, nicht weiter nachgehen müssen. Zumal bei Wittgenstein nicht personalisierend vom Mystiker, sondern sachlich objektivierend vom »Mystischen« die Rede ist und zwar stets in der singularischen Schreibweise als »das Mystische«, ein zur auratischen Entität resp. Präsenz nobilitiertes Prädikat. – Drei Feststellungen über dieses »Mystische« trifft der Traktat: »Nicht wie die Welt ist, ist das Mystische, sondern dass sie ist«, befindet Ziffer 6.44, und unter 6.45 wird das Mystische mit dem »Gefühl der Welt als begrenztes Ganzes« identifiziert. Ein paar Absätze weiter (unter 6.522) wird zum Dritten das Mystische gleichgesetzt mit dem »Unaussprechlichen«, welches »sich zeigt«. Davor wurde die Unaussprechlichkeit der Ethik festgestellt, sodass implizit textlogisch via Unsagbarkeit gleichsam wie über ein Tertium comparationis das Mystische und das Ethische wiederum zueinander ins Verhältnis treten, bloß in welches Verhältnis? Und last but not least, was uns vor allem interessiert: Gibt das Mystische Wittgensteins zusätzlich Aufschluss bezüglich der Bedeutung des Schweigens, eventuell einen Fingerzeig hinsichtlich einer Praxis, einer Übungsweise desselben?

Zum ›Phänomen‹ des »Unaussprechlichen« gelangt die logisch-philosophische Abhandlung auf dem Weg ihrer Unterscheidung zwischen Sagen und Zeigen: Das, was nur gezeigt und nicht gesagt werden kann, ist per definitionem ein Unaussprechliches. Es muss laut Wittgenstein (in

Wofür steht »das Mystische« bei Wittgenstein?

Auseinandersetzung mit Bertrand Russels »Typenlehre«) eingeführt werden, um die Welt vollständig und wirklichkeitsgetreu beschreiben zu können. Insofern nun im Traktat von Unaussprechlichem stets nur mit Bezug auf dieses Sich-zeigende gehandelt und das Unaussprechliche zuletzt mit dem Mystischen gleichgesetzt wird, wäre demnach alles Sichzeigende auch ein Mystisches. Und da das vom Sagen sich unterscheidende Zeigen zuerst an der (nicht empirischen, sondern transzendentalen oder modalen) Erscheinungsweise der Logik innerhalb jeder Weltbeschreibung aufgewiesen wird, fühlen sich die meisten Exegeten von Wittgensteins Traktat genötigt, Logik und Mystik, das Mystische und das Logische mit Gleichheitszeichen zu versehen. Wenngleich die wenigsten es so vollmundig ausbuchstabieren wie Manfred Geier: »Gegen die Trennung von Logik und Mystik tritt Wittgenstein als logischer Mystiker, als mystischer Logiker auf den Plan der Philosophie.«[22] – Wozu führt dies? In letzter Konsequenz dazu, dass wir, weil logisch sprechende Wesen, allesamt wandelnde Mystiker sind, Schlafwandelnde gewissermaßen, weil sich die Allerwenigsten ihres logischen Mystikerseins beim Sprechen bewusst sind. Müssten sie sich dazu doch ständig 4.121 der logisch-philosophischen Abhandlung ins Bewusstsein rufen: »Der Satz zeigt die logische Form der Wirklichkeit./ Er weist sie auf.« Nochmals Manfred Geier: »Dieses Sich-Zeigen aber ist nichts anderes als ein Mystisches. Es ist die mystische Präsenz dessen, was wir immer schon verstehen und sehen, sobald wir uns sprachlich verständigen und sinnvoll miteinander kommunizieren.«[23]

»Die Logik erfüllt die Welt«, verkündet unter 5.61 der Tractatus logico-philosophicus. Vorausgesetzt es wäre so, dass der durch die Logik konstituierte Sinn der Tatsachen oder Sachverhalte und ihrer sprachlichen Abbilder ineins fiele mit jenem die menschliche Existenz erlösende, zum Glück befreienden Sinn des Ethischen, dann würde Ziffer 5.61 wahrlich eine den Evangelien gleiche frohe Botschaft mitteilen. Allein, es fehlt uns diesbezüglich der Glaube, wir vermögen nicht zu erkennen, dass die mit Logik erfüllte Welt sich uns per se auch schon als eine in der ›Fülle des Sinns‹ aufgegangene zeigt. Weswegen wir der Idee eines vom logischen sich unterscheidenden mystischen Sich-zeigens, wie sie bei Chris Bezzel anzutreffen ist, mehr Plausibilität abgewinnen können. »Dieses dritte, mystische Zeigen«, lesen wir bei ihm, »ist klar zu trennen von der aktiven menschlichen Satzsinnproduktion wie von der Spiegelbildlichkeit, die die Logizität der Welt aufweist und verbürgt. Es steht im Zusammenhang mit der philosophischen Frage nach dem ›Sinn der Welt‹, der Frage nach der ›Lösung des Rätsels des Lebens‹ (6.4312).« Und,

Wofür steht »das Mystische« bei Wittgenstein?

so könnte man hinzufügen, es steht im Zusammenhang mit der noch näher zu klärenden Art und Weise des Innewerdens dieser »Lösung«, eines der ›Fülle-des-Sinns-teilhaftig-werdens‹. Aber diesen Weg schneidet sich Bezzel dadurch ab, dass er zwar zwischen dem Logischen und dem Mystischen unterscheidet, dann aber doch »Wittgensteins Begründung des Mystischen im Logischen« beipflichtet.[24] Dass ohne die Logik als Stifterin einer strukturierten Tatsachenwelt sowie unserer dieselbe abbildenden Sprache wohl auch das Phänomen des Mystischen nicht in Frage käme, diese Begründung des Mystischen im Logischen erscheint zum einen trivial, tut zum anderen aber so, als müsste man Logik, Welt und Sprache nur intensiv genug philosophisch kontemplieren, um mystischer Sinnfülle teilhaftig zu werden. Das sich der philosophischen Betrachtung zeigende Dass von Welt und Sprache, dieses mystische Sichzeigen sei »weder ein physisches noch ein spirituelles«. Bezzel: »Wittgenstein unterstellt weder die Existenz eines – und sei es logischen – Geisterreichs noch spricht er von religiöser Gnade; er behauptet nur erstens, dass es das ›Mystische‹ gibt und dass es sich als ›Unaussprechliches‹ zeigt (und nur zeigt); zweitens, dass die ja sprechende (wenn auch nicht lehrende, sondern nur sprachkritisch erläuternde) Philosophie dieses Unsagbare/Unaussprechliche ›bedeuten‹ kann, dass es sich also im Ausgesprochenen als dessen Grenze zeigt.« – Auch bei Bezzel dreht sich die Argumentation merklich im Kreis: Das Mystische als »das Andere zum Logischen, zum Denkbaren, zum Sagbaren« soll in seiner Unaussprechlichkeit dennoch im Ausgesprochenen, dem ausgesprochenen Denkbaren und Sagbaren, enthalten sein – allerdings »im Ausgesprochenen eines poetischen Textes, nicht in irgendwelchen Beschreibungssätzen«. Freilich liefert der Traktat weder Beschreibungssätze noch poetisches Material; sodass, folgen wir der eigenwilligen Logik Bezzels, Wittgenstein ihn hätte gar nicht schreiben sollen, vielmehr einen poetischen Text oder einfach Gedichte hätte verfassen sollen, da nur in dichterischen Sprachschöpfungen das Mystische unausgesprochen enthalten ist und also sich würde zeigen können.[25]

Chris Bezzels interpretatorischer Kunstgriff, das bei Wittgenstein intendierte Mystische in ästhetische Produktivität und Poesie zu verlegen – die Dichtung mit ihrer Wesenseigenschaft im poetisch Gesagten essentiell Unsagbares aufscheinen zu lassen – zum Inbegriff des mystischen Exerzitiums, der mystischen Praktik zu erklären, lässt erneut, diesmal im Zusammenhang dessen, wofür »das Mystische« bei Wittgenstein steht, die Option Schweigepraxis dem Blickfeld entschwinden. Welch selbigen Effekt auch Manfred Geiers Statement hat, wonach es bei Wittgenstein »die Sprache und das Sprachliche« sein soll, »das den Raum des Mystischen öffnet und schließt«. Wenden wir uns daher schlussendlich, um in dieser Angelegenheit einen Schritt voran zu kommen, den über den Horizont der logisch-philosophischen Abhandlung zweifellos hinausgehenden Äußerungen Wittgensteins über mystische »Erlebnisse« zu. – In seiner »Lecture on ethics«, in der Wittgenstein 1929 zum Zwecke der Charakterisierung des Ethischen über den Unterschied zwischen relativer und absoluter Richtigkeit oder Bedeutsamkeit von etwas nachdenkt, gesteht er, dass es unmöglich ist, die legitime Verwendung von Ausdrücken wie »das absolut Gute« oder »absoluter Wert« zu plausibilisieren, ohne dabei auf »psychologische« Situationsschilderungen zu rekurrieren, auf die Wiedergabe »typischer Erlebnisse«. Sein persönliches »Erlebnis par excellence« für die Manifestation des ethisch Absoluten sei dies, »dass ich, wenn ich es habe, über die Existenz der Welt staune«.[26] Daran schließt er ein weiteres ihm vertrautes Erlebnis an: »Dies könnte man das Erlebnis der absoluten Sicherheit nennen. Damit meine ich den Bewusstseinszustand, in dem man zu sagen neigt: ›Ich bin in Sicherheit, nichts kann mir weh tun, egal, was passiert‹.«[27]

Zwei Beispiele also, über die er als erstes feststellt, »dass der sprachliche Ausdruck dieser Erlebnisse Unsinn ist«. Beide Male werde die Sprache missbraucht, »ein bestimmter charakteristischer Missbrauch der Sprache«, der sich durch »alle ethischen und religiösen Ausdrucksformen hindurchzieht«.[28] Der auch nicht korrigiert werde durch den Verweis auf »Gleichnis« bzw. »Allegorie« als angestammte sprachliche Ausdrucksmittel des Religiösen, wie Wittgenstein mittels ein paar weiterer, Sprachliches stets nur in der Abbildungsfunktion begreifenden Drehungen der Paradoxieschraube auf der restlichen Strecke seines Vortrags dartut. Wohl auch in der Erwartung, die Paradoxie werde blitzartig zur Einsicht ins Unsinnige der Versprachlichungsversuche des Religiösen resp. Ethischen führen. – Wer bei der Lektüre des Vortrags über Ethik zunächst vermutet, Wittgenstein wolle am Ende dafür plädieren, mit der Wiederholung seines ursprünglichen Schweigegebots aus der Logisch-philosophischen Abhandlung dem Gewicht zu verleihen und Raum zu geben, was in der hier verhandelten Sache (der des unaussprechlichen Ethischen) die angemessenere Verhaltensweise, die adäquatere ›Praktik‹ repräsentiert, dem Schweigen also – wer dies angenommen hat, wird enttäuscht: Wittgensteins Ethikvortrag schließt mit einer Rechtfertigung der vergeblichen Verbalisierungsbemühungen mit jener Pathosformel vom Anrennen gegen die Grenzen der Sprache, welches er bei aller Vergeblichkeit als »Zeugnis eines Drangs im menschlichen Bewusstsein« nicht anders als »hochachten« könne. Auch mit der Explikation der Bedeutung des Mystischen bei Wittgenstein rückt also das Schweigen keineswegs an eine prominente Stelle, wie man beim Assoziationsfeld des Begriffs Mystik zunächst hätte denken können. Dieses Ignorieren der adäquaten Bewusstseinseinstellung oder mentalen Funktion trägt wesentlich dazu bei, dass Wittgensteins »Mystisches« ausschließlich in einer Kontingenzperspektive erscheint, in Abhängigkeit entweder vom profan gedeuteten Zufall oder von einer religiös verstandenen Gnade – auf alle Fälle distanziert, entrückt oder entzieht es die mystische Erlebnissphäre in eine Kontingenzabhängigkeit, worin der Einzelne als Handlungssubjekt nicht vorgesehen ist, die ihn zum passiven Kandidaten eines Widerfahrnisses degradiert von mehr oder minder befremdlicher Anmutungsqualität. Das Mystische ist zur Aporie geraten: Es führt kein Weg zu ihm, der praktisch beschritten werden könnte. Was für umso bedauerlicher erachtet werden muss, als Wittgenstein mit der Kategorie Erlebnis(se) und exemplarischer Schilderungen im Ethik-Vortrag von 1929 immerhin einen in der logisch-philosophischen Abhandlung noch vermiedenen Schritt auf psychologisches und empirisches Terrain getan hat, zum ersten Mal das bis dahin strikt auf der Grenze der Welt gehaltene ethische Subjekt an Innerweltliches rückgebunden sein lässt. – *In der Welt sein und dauerhaft an sie rückgebunden, ohne auf heillose Weise involviert, verstrickt zu sein*, ist aber von jeher das Ideal einer nicht weltflüchtigen, nicht sektiererischen Mystik, die man vielleicht mit Musil eine »taghelle« nennen könnte. Wittgensteins ethisches, weltbejahendes »Gefühl des Mystischen« würde beim Mystiker dieses Typs seinen Niederschlag finden in Mitgefühl und Verantwortung für die Welt bzw. das Leben in ihr, erkennbar an einem dem gemäßen innerweltlichen Handeln. Um zu dieser ›Zeugenschaft‹ in der Lage zu sein, dürfte sich das Ich des Mystikers auf keinen Fall aufspalten in ein ›der Welt verfallenes‹ psychologisches Ich und ein irreales, bloß intelligibles, das wie in einem Glückskokon weltabgeschieden auf deren Grenze säße und ihrem Treiben in seliger Ungerührtheit zuschaute. Nur in einem Ich, dem es gelänge, beides zu integrieren, Nähe *und* Abstand zur Welt, dem könnte zuletzt auch das Glück beschieden sein, dass der von ihm erlebte und erlittene Sinn und Unsinn innerhalb der Welt von einem tragenden ›überweltlichen‹ Sinn grundiert würde, das von ihm erfahrene Zeitliche und Vergängliche in einem Überzeitlichen oder Zeitfreien aufgehoben wäre. »Wenn man unter Ewigkeit nicht unendliche Zeitdauer, sondern Unzeitlichkeit versteht, dann lebt der ewig,

Wofür steht »das Mystische« bei Wittgenstein?

der in der Gegenwart lebt«, steht unter 6.4311 in der Logisch-philosophischen Abhandlung zu lesen. Falls dieser Satz keine fiktionale Annahme, sondern eine reale Existenzmöglichkeit andeuten und diese wiederum nicht passiv der Zufälligkeit selbstvergessener Momente, wie es sie in ›außeralltäglichen Ekstasen‹ und selbst den Beschäftigungen des Alltags zweifellos gibt, anheimgestellt sein soll, dann will ein solches Versprechen auf dem Weg *existenzieller Praxis* eingelöst werden, durch eben jene Einübung und Schulung des Bewusstseins in ›mystischem Erleben‹, wie sie das Exerzitium des Schweigens mit seiner Kunst des Geringfügigen möglich macht.

Zum »intuitionistischen Erkenntnisideal des sprachlosen Sehenlassens« –
Eine Orientierungshilfe bei den folgenden Relektüren

1989, anlässlich Wittgensteins hundertstem Geburtstag, hielt auf der ihm und seinem Werk gewidmeten Tagung an der Frankfurter Universität – es hatten sich so namhafte Fachvertreter wie Richard Rorty und ausgewiesene Wittgenstein-Spezialisten wie Brian McGuiness eingefunden – Jürgen Habermas das Eröffnungsreferat. Darin zeichnet er unter dem Leitgedanken »Wittgenstein als Zeitgenosse« überblickshaft die bemerkenswerten Parallelen nach, die sich ihm zwischen Wittgensteins Denken und demjenigen des im gleichen Jahr 1889 geborenen Martin Heidegger wie auch dem des knapp 1 ½ Jahrzehnte jüngeren Theodor W. Adorno aufdrängen. »Unübersehbar ist das, was Wittgenstein von Heidegger und Adorno trennt. Gleichwohl treten diese drei aus der distanzierenden Sicht des Nachgeborenen in eine Konstellation, die auch Verwandtschaften erkennen lässt.«[29] – Gemeinsam sei ihnen das Motiv eines Denkens jenseits von Wissenschaft und Metaphysik, das geeignet erscheint, auf Fragen und Herausforderungen zu antworten, auf welche jene keine Antwort bzw. keine für uns Heutige noch befriedigende Antwort mehr zu geben im Stande sind. »Heidegger und Adorno führen ihre Kritik am vorstellenden und am identifizierenden Denken mit jeweils anderen Mitteln durch, aber sie zielen doch auf Ähnliches. Hier wie dort pendelt das philosophische Denken ruhelos zwischen Metaphysik und Wissenschaft, um einen ortlos gewordenen Wahrheitsgehalt, den jene nicht mehr festhalten und diese nicht aneignen kann, auf paradoxe Weise gleichwohl zu bergen. Wittgenstein, Heidegger und Adorno folgen demselben intuitionistischen Erkenntnisideal des sprachlosen Sehenlassens. Sie kehren die diskursive Rede gegen sich selbst. Sie wenden die Begriffe und die Sätze solange hin und her, bis dem Hörer blitzartig aufgeht, was sich nicht sagen lässt.«

Zunächst: Mit der dem philosophischen Triumphirat als das *inhaltlich* verbindende Denkmotiv zugeschriebenen »ortlos gewordenen Wahrheit« meint Habermas, unschwer erkennbar, jene ultimative existenziellmetaphysische Größe, für die beim jungen Wittgenstein, wie wir gesehen

Zum »intuitionistischen Erkenntnisideal des sprachlosen Sehenlassens«

haben, die Chiffre »Sinn der Welt« bzw. »Rätsel des Lebens« steht. Heidegger setzt für die existenzielle Unbekannte die Ausdrücke »Sinn von Sein« und »Wahrheit des Seins« ein, während Adorno in den »Minima Moralia« terminologisch unprätentiös vom »richtigen Leben« spricht, das es nicht gibt »im falschen« des unwahren Ganzen der über ihr Verfallsdatum hinaus perpetuierten Gesellschaft des ›ruchlosen äquivalenten Tauschs‹. – Der Grund des Ortlos-werdens der auf das Existenzielle oder den Lebenssinn zielenden Wahrheit ließe sich näher dahingehend bestimmen, dass sie in der *Sprache*, sei es der Metaphysik, sei es der Wissenschaften, nicht länger überzeugend symbolisierbar ist. Ihr ›Letztes‹ oder ›Höchstes‹ dürfte endgültig in ein Jenseits von entweder scientifisch-einzelwissenschaftlich oder philosophisch-metaphysisch/theologisch verbindlicher Sprachlichkeit und Diskursivität verbannt sein; oder, wenn man so will, in das Reich des *angemessen* nur mit Schweigen quittierbaren Wittgensteinschen Unsagbaren. Weshalb wir, apropos Wittgenstein, für Wahrheit auch lieber den Begriff Gewissheit einsetzen möchten.

Denn in seinen späten Ausführungen »Über Gewissheit« hat Wittgenstein überzeugend dargetan, dass wir von Wahrheit nur dort sprechen sollten, wo es um verifizierbare bzw. falsifizierbare Aussagen geht.[30] Wo dies überhaupt nicht der Fall ist, jemand als Sprecher in der Ersten-Person-Perspektive aber gar nicht an einem ihn betreffenden Sosein ernstlich zweifeln kann, solle man darum stattdessen von Gewissheit sprechen. Just dies gilt nun für das niemals sprachlich-kriteriell von außen und in der Dritten-Person-Perspektive, sondern ausschließlich in der Perspektive der ersten Person *gewissheitshalber* beurteilbare Vorliegen oder Nichtvorliegen existenzieller Sinnerfahrung, das je nur subjektiv gewisse Ja oder Nein einer »intuitionistischen Erkenntnis« des »Sinns der Welt«, der »Wahrheit des Seins« etc. – Streng betrachtet wäre also auch Habermas' Rede von »Erkenntnis« unzulässig, würde diese doch den Horizont sprachlicher Darlegbarkeit sowie von Intersubjektivität voraussetzen, was aber bei einem unsagbaren Sinn, einer nicht intersubjektivsprachlich vermittelbaren Wahrheit und mithin rein subjektiven Gewissheit gerade nicht der Fall ist.[31] Wir werden bei den nachfolgenden Relektüren und in den speziellen Kapiteln über Schweigepraxis (siehe Teil III) immer wieder an den Punkt der notwendigen Klarstellung gelangen, dass die das existenzielle Welt- und Selbstgefühl verwandelnde Grenzerfahrung des ›Ganz Anderen‹ eben wegen ihrer Situierung auf der Grenze des Sprachlichen keine Kognition im strikten Sinne bezeichnen kann und durch Schweigen die ihr gemäßeste rein mentale Ausdruckshaltung fände.

Zum »intuitionistischen Erkenntnisideal des sprachlosen Sehenlassens«

Dem genau besehen *nicht* kognitiven Gehalt der »ortlos gewordenen Wahrheit« entspricht es denn auch, wenn Habermas vom »Telos« der Bemühungen unserer drei philosophischen Charismatiker sagt, »nicht die Lösung von Problemen« sei, worum es gehe, »sondern deren Verschwinden«. Wobei er sich auf das folgende Wittgenstein-Diktum beruft, das uns im nächsten Kapitel noch eingehend beschäftigen soll: »Die Lösung des Problems, das *du* im Leben hast, ist eine Art zu leben, die das Problemhafte zum Verschwinden bringt.« Unsere Hypothese, die wir in Auseinandersetzung mit den einschlägigen Textauszügen plausibilisieren möchten, sei hier schon einmal vorweggeschickt: Die wirksamste und wegen des Methodischen einer *Übung* exakt beschreibbare und lehrbare Art und Weise, Probleme in der Dimension des Existenziellen nicht ihrer Lösung (was Reflexion und Diskurs bedingen würde), vielmehr ihrer *Auflösung* zuzuführen, läge just in jener Kunst des Geringfügigen, wie wir sie mit der Übung des Schweigens ins Auge fassen. – Wenn Habermas bemerkt, dass im Unterschied zur »Kritischen Theorie« Adornos und Horkheimers, die sich »auf eigenwillige Weise einem historischen Materialismus verschreibt, dem sich unter der Hand alle Motive in Geschichtsphilosophie und Gesellschaftstheorie verwandeln ... Wittgensteins leidenschaftliche Arbeit des Klärens in mystische Bezirke jenseits von Geschichte und Gesellschaft« ziele, so verlangt diese allzu vage Auskunft nach einer die Problematik schärfer durchdenkenden Stellungnahme. Hätte man sich bei dem Wort »mystische Bezirke« – statt mit ihm, wie es seine territoriale Konnotation suggeriert, die Vorstellung von einer ›Anderswelt‹ im Transzendenten zu verbinden – nicht wiederum eine *Praxis* vorzustellen? Freilich eine *noch geringere* als die von Habermas mit Blick auf das Triumvirat Wittgenstein, Heidegger, Adorno angedeutete des ›Wortmagiertums‹?

Jedoch zuerst noch einmal zur formellen Seite des von Habermas anhand seiner drei philosophischen Gewährsmänner aufgezeigten Motivs eines »intuitionistischen Erkenntnisideals des sprachlosen Sehenlassens.« »Auf paradoxe Weise« versuchten sie, so Habermas, den »ortlos gewordenen Wahrheitsgehalt« trotz allem »zu bergen«. Ihr Kunstgriff: »Sie kehren die diskursive Rede gegen sich selbst. Sie wenden die Begriffe und die Sätze solange hin und her, bis dem Hörer blitzartig aufgeht, was sich nicht sagen lässt.« Ein sprachliches Mittel also – die Paradoxierung logisch-propositionaler Rede – komme zum Einsatz, um das Unsagbare vor dem geistigen Auge eines Adressaten wie ein Blitz aufleuchten zu lassen. Der ›husserlianisierende‹ Ausdruck »intuitionistisch« bei Haber-

Zum »intuitionistischen Erkenntnisideal des sprachlosen Sehenlassens«

mas soll genau diese die Reflexion und ihre Vermittlungsschritte überspringende oder ausschaltende Unmittelbarkeit von Evidenz bezeichnen.[32] – Die von Habermas angedeutete Prozedur ähnelt frappant der sogenannten Koan-Praxis im Zen-Buddhismus, bei welcher der Lehrer seinem Schüler eine logisch unlösbare Rätselfrage aufgibt oder ihn so geschickt mit einer widersinnigen Rede konfrontiert, dass in beiden Fällen beim Schüler der Knoten der Reflexion sich unversehens entwirrt und ihm gerade dadurch unmittelbare Einsicht im Sinne existenzieller ›Wesensschau‹ zuteil wird. Wie hier die ›Erleuchtung‹ auf Seiten des Lehrers stets vorausgesetzt ist, so unterstellt auch die bei Habermas angedeutete deiktische Sprachakrobatik unserer philosophischen Charismatiker, dass diese ihrerseits immer schon ›Erleuchtete‹, in das ›Geheimnis der Existenz‹ Eingeweihte sind. Obgleich sie doch selber kaum auf dem nämlichen Weg, also durch die von ihnen gehandhabte Methode, initiiert worden sein dürften. Kurz, bei diesem Verfahren bleiben Fragen offen, die wir nicht einfach übergehen können.

Wie wäre es, wenn wir die von Habermas bei seinen Meisterdenkern entdeckte *rhetorisch-autoritative* Strategie der ›mystagogischen Ansprache‹ an einen aus immer schon ›irgendwie Eingeweihten‹ zusammengesetzten Schülerkreis – radikaler gedacht – in die genuine *Übungsstrategie einer Mystagogik in der ersten Person Singular* umwandelten? Eine Übung, welche nicht nur ohne die Autorität eines Meisters auskommt, sondern, wie die Übung des Schweigens, auch gar nicht anders als in ›Eigenregie‹, im Selbstversuch vonstatten gehen kann. Was im übrigen eine kompetente Einweisung in den Übungsablauf ebensowenig ausschlösse wie ermutigende, zum Nacheifern anregende Vorbilder.[33] Eine autoritäre Mystagogik jedoch vertrüge sich schlecht sowohl mit dem Geist wie mit der immanenten Logik jener Kunst des Geringfügigen. Es eignet ihr ein in der Sache gelegener demokratisch-egalitärer Grundzug, etwas pathetisch könnte man von einem diesbezüglichen Geburtsrecht aller Menschen sprechen ohne Ansehen eines Ausgewiesenseins in exzeptioneller geistiger Befähigung. Dass es leider *gesellschaftliche* Umstände gibt, die nicht unmaßgeblich mit darüber befinden, wer in unserer Gesellschaft von einem solchen Geburtsrecht Gebrauch macht, steht auf einem anderen Blatt (wovon im Postskriptum zu diesem Buch noch einmal kurz die Rede sein wird). – Mit der Feststellung, dass das Dreigestirn Wittgenstein, Heidegger und Adorno sein intuitionistisches Erkenntnisideal eines *sprachlosen* Sehenlassens durch *sprachliche* Mittel und nicht per Schweigepraxis anstrebt, hat seine Ursache darin – wir haben dies in unserer Einleitung vorweggeschickt –, dass ihr Philosophieren grosso

Zum »intuitionistischen Erkenntnisideal des sprachlosen Sehenlassens«

modo nicht dem Anderen des Denkens in Gestalt des Schweigens gilt, sondern einem ›anderen Denken‹, das freilich – wir hoffen dies in den nachfolgenden Relektüren hinlänglich deutlich machen zu können – in seinen Voraussetzungen, seinen Möglichkeitsbedingungen eben auf jene nicht in ihm selber liegende Ressource angewiesen scheint. Das, was sich uns somit darbietet, können wir eine Philosophie des Geringfügigen in statu nascendi nennen. Sobald man sich daran macht, ihr die Eierschalen abzustreifen, wird man nicht ein weiteres Mal die Theoriegestalt einer akademischen Philosophie vor sich haben, sondern die ganz und gar unakademische Konfiguration einer *Übung*, diejenige der schweigepraktischen Kunst des Geringfügigen.

Daneben sei für die nun mit einem Kapitel über den älteren Wittgenstein anstehende Fortsetzung unserer Relektüre als weitere Orientierungshilfe noch das Folgende mit auf den Weg gegeben. Der jeweilige Ansatz zu einem anderen Denken, den wir ein ums andere Mal erkunden, figuriert das eine Mal eher in der soeben in den Focus genommenen mystagogischen Funktion: als Werkzeug des alles entscheidenden geistigen Umschwungs in den »Fragen die uns existenziell bedrängen« und also von »unendlicher Wichtigkeit« sind (Habermas); das andere mal eher in der Eigenschaft eines diese Läuterung bereits voraussetzenden ›neuen Denkens‹, das der Welt, den Dingen und den Menschen in einem nicht vereinnahmenden, besitzergreifenden, herrschsüchtigen etc. Habitus nicht eigentlich wie Gegenständen entgegentritt, denen man nach Belieben auf die Pelle rückt, vielmehr ihnen wie in ihrem Sein zu respektierenden und folglich *zu lassenden* Seienden begegnet, sich ihnen mimetisch anpassend und doch zugleich Abstand wahrend. Exemplarisch für das andere Denken in der letzteren Erscheinungsform steht zweifellos dasjenige Adornos: Das »durch den Begriff über den Begriff hinaus« aus der Einleitung seiner »Negativen Dialektik« wird als Anweisung zur ›mikrologischen Versenkung‹ ins je Einzelne oder Individuelle der Erscheinungen gelesen werden müssen, ein kontemplatives Denken, das sich ihnen in der ›Dualunion‹ einer

›nahen Ferne bzw. fernen Nähe‹ in gleichsam gemäßigter Unio mystica »anschmiegt«. – So oder so, der sich voraussetzungslos gerierende Versuch eines anderen Denkens bleibt so lange mit einem ›Handicap‹ behaftet, wie sich seine Befürworter nicht dazu durchzuringen vermögen, sich dem Anderen des Denkens, dem Schweigen und einer formellen Praxis desselben gebührend zuzuwenden. Denn, um es zu wiederholen, wir würden einem anderen Denken nur dann die Chance einer

Zum »intuitionistischen Erkenntnisideal des sprachlosen Sehenlassens«

kulturell relevanten Einflussgröße beimessen, wenn es sozusagen den Weg über das Andere des Denkens nähme. Schließlich enthält Habermas' Tagungsbeitrag ein Tableau begrifflicher Gegensatzpaare, das für das andere Denken seines philosophischen Dreigestirns die jeweiligen Stichworte liefert. Dieser Gegenüberstellung zufolge verlieren bei Wittgenstein (dem des Spätwerks diesmal) »die Erfahrungswissenschaften ihre Normativität zugunsten eines Sprachspielpluralismus«; bei Heidegger werde »eine sich selbst behauptende Subjektivität zugunsten der neuen Gelassenheit«, bei Adorno/Horkheimer »die instrumentelle Vernunft zugunsten des mimetischen Eingedenkens der Natur« überwunden. Sprachspielpluralismus, Gelassenheit, Mimesis – eine antiszientifische Trias, die Habermas auch von einem »Ästhetischwerden der Theorie« (dieses nachmetaphysischen Philosophierens, könnten wir auch sagen) sprechen lässt.[34] – Ein zeitgenössisches Philosophieren, das um die an die existenzielle Grundproblematik der Conditio humana *grundsätzlich* nicht heranreichende, gewissermaßen auf bloß Sekundäres beschränkte Problemlösungskapazität des Szientismus, der empirischen (Natur-)Wissenschaften wie auch der hermeneutischen (Kultur-)Wissenschaften, weiß, ein solches Philosophieren renne, so behauptet Habermas, »gegen die Grenzen der Sprache an, um wenigstens indirekt auszudrücken, dass die Probleme des Lebens, obgleich unaussprechlich, von unendlicher Wichtigkeit sind«. Nur, so nochmals unser Einwand, allein schon diese Formulierung lässt nicht länger erkennen, ob dieses Anrennen auch weiterhin aus purer Verlegenheit erfolgt, oder ob es sich nicht bereits als eine Tugend (miss-)versteht. Dann stünde zu fürchten, dass wir es mit einem wahrlich endlosen Rennen zu tun hätten, d. h. einem niemals innehaltenden Sprechen; erst gar nicht zu denken an ein Innehalten eines inneren Schweigens halber. Zwar könnte, qua »Gelassenheit« im Atemholen und gelegentlicher »mimetischer« Verlangsamung, ein kontemplatives Moment in dieses Sprechen eingehen, aber bei diesem lediglich Sprachlich-kontemplativen bliebe es auch: keinerlei Anstalten zu einer sich nicht als Sprachspiel vollziehenden, reflexionsfreien Kontemplation, kein Schritt in Richtung Schweigepraxis. Mit unseren anschließenden Relektüren glauben wir aber gerade zeigen zu können, wie in den Texten die immanente Gedankenbewegung über sich hinaustreibt: von der philosophischen Reflexion zu einer praktischen Kunst, vom Diskurs zur Übung.

II

»Denk nicht, sondern schau!« – Die Momente schweigenden Gewahrseins der Sprache/ihres Gebrauchs beim älteren Wittgenstein

>»Möge Gott dem Philosophen Einsicht geben in das, was vor aller Augen liegt.«
>(Wittgenstein, 1947)

Habermas' kontextuelle Sicht auf Wittgenstein hebt mit dem »intuitionistischen Erkenntnisideal des sprachlosen Sehenlassens« auf *einen* Aspekt aus der Vielzahl möglicher interpretatorischer Gesichtspunkte einer je aktuellen Wittgenstein-Rezeption ab. Mit Bedacht lässt er Wittgensteins Spenglerianisch inspirierte Kulturkritik, das Lamento über den modernen Wertezerfall etc., das ihn zu einem »sehr deutschen Denker« mache, beiseite. Eine Seite, die Martin Gessmann in den Mittelpunkt seiner jüngsten Relektüre von Wittgenstein als *Moralisten* stellt, und bei der sich prompt zeigt, wie durch solch anders gelagerte Akzentuierung wiederum jener Habermas'sche Aspekt, den auch wir für unsere Zwecke favorisieren und gerade heute für aktueller denn je halten, nicht bloß marginalisiert, sondern ausgeblendet wird. Der pejorative Begriff der »Weltfremdheit«, mit dem Gessmann zur Kennzeichnung der moralistischen Außenseiterposition Wittgensteins operiert, diskreditiert insbesondere das im Traktat postulierte kontemplative Ich des transzendent Ethischen als ein der puren Verzweiflung über die Miserabilität entsprungenes Konstrukt, praktisch ebenso unlebbar wie theoretisch unhaltbar, und ›entsorgt‹ es auf die ›Giftmülldeponie‹ der antimodernistischen/antizivilisatorischen/antiwestlichen Ranküne, wie sie unter den Intellektuellen der »geistigen Mobilmachung« (Kurt Flasch) zur Zeit des Ersten Weltkriegs grassierte.[1] – Wir wollen stattdessen in diesem Kapitel denselben Wittgenstein in unserer ebenfalls *symptomatischen* Lektüre so ›gegenlesen‹, dass die unter moralistischem Vorzeichen inkriminierte ›Gebärde‹ – das, was Gessmann und andere pauschal als Wittgensteins ›Weltferne‹ denunzieren – in der zukunftsweisenden Perspektive einer ›unwillkürlichen‹ philosophischen Annäherung an das Desiderat einer das moderne Denken der Gegenwart ausbalancierenden

Die Momente schweigenden Gewahrseins der Sprache/ihres Gebrauchs

Schweigepraxis *positiv* lesbar wird. Der Schweigepraktiker flüchtete sich nicht in eine prinzipielle oder dauerhafte Weltfremde, vielmehr unterzöge er sich in regelmäßig wiederkehrenden Intervallen einer ›erholsamen Weltpause‹ – einer Denkpause in dem ganz wörtlichen Sinne eines Pausierens des Denkens, wie wir noch sehen werden –, um daraus ›an Haupt und Gliedern gekräftigt‹ ebenso regelmäßig wieder in die ›Weltzeit‹ einzutreten.[2]

Im Zurückliegenden sahen wir: Das finale Programm des Wittgenstein der logisch-philosophischen Abhandlung bestand in einem intuitiven Klarwerden des unsagbaren Sinns und des unaussprechlichen Werts von Leben und Welt – nach Gessmanns Worten im Wiederfinden des Wunderbaren in Gestalt einer »kristallklaren Logik und Ethik«, dem, »was Wittgenstein in seinen mystischen Momenten selbst erlebt haben mag«; nach Habermas' Diktion im »sprachlosen Sehenlassen« jenes die Existenz aufhellenden, in der modernen postmetaphysischen, wissenschaftlichen Welt »ortlos gewordenen Wahrheitsgehalts«, der allein es den in ihn Initiierten möglich macht, als im Wittgensteinschen Sinne ethisch Geläuterte »glücklich« zu leben, was immer ihnen in der Welt begegnen und in ihrem Leben widerfahren mag. Als wie prekär sich die Einlösung dieses ›idealen Programms‹ bereits in Wittgensteins Selbstkommentar zum Traktat darstellt, hatten wir gleichfalls gesehen: Der Parcour des Tractatus sei nur von den ganz Wenigen mitvollziehbar und in seiner stilistischen Brillianz ›kulinarisch‹ zu würdigen, die auch zuvor schon von der existentiellen Sinnintuition erleuchtet gewesen sind und also einer solchen Vorführung gar nicht bedürften, während dasselbe Programm beim Gros eines verständnislosen Publikums wirkungslos verpufft. Was in unserer Verdolmetschung so zu verstehen ist, dass sich das ›Wunder‹ des (mystisch, nicht logisch) Unsagbaren, das heißt des ethisch Unaussprechlichen zuletzt doch *nicht* instantan oder spontan zusammen mit dem klar Sagbaren einstellt, vielmehr ein Katalysator bzw. eine Praxis von Nöten erscheint, wofür bei Wittgenstein der religiöse Glaube steht, in den man auf kierkegaard‹sche Weise hineinspringt, sofern er einem nicht via Gnadenwahl in die Wiege gelegt wurde. – Die von uns in diesem Zusammenhang wie im weiteren Verlauf des Buches immer wieder ins Spiel gebrachte ›bessere Alternative‹ gegenüber dem von Wittgenstein gewählten religiösen Katalysator und seiner Frömmigkeitspraxis, der aus dem im Finale der Wittgensteinschen Abhandlung postulierten Schweigen zwanglos extrapolierbare *Praxisgedanke* des formellen Exerzitiums, erschien a priori chancenlos, weil er, so möchten wir sagen, nicht Teil unseres kulturellen Repertoires ist und ihn die neuzeit-

Die Momente schweigenden Gewahrseins der Sprache/ihres Gebrauchs

liche Rüstkammer des Philosophierens anscheinend ebenso wenig vorhält. Man könnte dieses *Praxis-* oder *Übungsmanko* die Malaise sämtlicher Versuche eines ›anderen Denkens‹ nennen, auf die man erst in jüngster Zeit von philosophischer Seite aufmerksam wird.[3] Nicht nur bei Wittgenstein, auch bei Heidegger, Adorno und Benjamin beobachten wir, wie ihre Inaugurationsversuche eines ›anderen Denkens‹ das Praxisdesiderat beinahe auf Schritt und Tritt *implizit* geradezu aufdrängen, wie sie allerdings in die Aporie und ins Prekäre abdriften (und so die weitgehende Folgenlosigkeit ihrer Bestrebungen vorausprogrammieren), weil ihr ›anderes Denken‹ dem ›Anderen des Denkens‹ mit regulärer Schweigepraxis als seinem Glutkern nicht den ihm gebührenden Platz zuweist, insbesondere nicht den methodischen Stellenwert. Was Wittgenstein betrifft, so sehen wir ihn in den unmittelbar auf die Publikation des Traktats folgenden Jahren in antiakademischer und weltflüchtiger Absicht prekäre *praktische* Suchbewegungen ausführen, am legendärsten die seines Volksschullehrer-Intermezzos in der tiefsten österreichischen Provinz. Doch wiederholen sich diese Sezessionsversuche mit melancholischem Ausgang, seine norwegischen und irländischen Waldeinsamkeiten oder Einsiedeleien, bis ans Ende seines Lebens und lassen sich für uns unschwer dekodieren als verzweifelte Ersatzhandlungen an der kulturellen Leerstelle jenes *weltintegrierten praktischen Exerzitiums*, für dessen Inbegriff wir die von uns hier und heute favorisierte Schweigeübung ansehen.

Kehren wir also im Folgenden ein letztes Mal zu Wittgenstein zurück, indem wir uns der nachtraktarianischen Periode seiner Sprachphilosophie zuwenden. Rekapitulieren wir dazu die Ausgangskonstellation des späteren Wittgenstein, wie sie sich ihm nach Abfassung des Traktats und auf dessen Basis darbot. Als die nochmals zuverlässige Vergewisserung von Weltwirklichkeit durch Sprache auf Grund einer logisch verbürgten Abbildbeziehung beider glaubte Wittgenstein alle epistemischen oder wissenschaftlichen Probleme »endgültig gelöst« (so die Vorrede zum Traktat). Damit gewonnen war ihm zufolge das berechtigte Vertrauen in die Verlässlichkeit empirisch-wissenschaftlicher Aussagen in eins mit der Unbegründbarkeit und Unhaltbarkeit *metaphysischer* Einlassungen und mithin aller wissenschaftlichen oder Systemphilosophie, deren Theoremen die philosophische *Sprachkritik* stets denselben Fehler nachweist: dass der jeweilige Verfasser derartiger Theoreme »gewissen Zeichen in ihren Sätzen keine Bedeutung gegeben hat« (6.53). *Nichts gewonnen* war damit allerdings in jener anderen, letztlich entscheidenden Angelegenheit, nämlich des metaphysischen Unbehagens, ja der Beunru-

Die Momente schweigenden Gewahrseins der Sprache/ihres Gebrauchs

higung angesichts existenzieller »Lebensrätsel«: Diese *Lebensprobleme* waren dadurch im Gegenteil »noch gar nicht berührt« (so Wittgenstein in 6.52 des Traktats). Sie harrten weiterhin bzw. erst noch ihrer Bewältigung seitens einer von woanders her zu beziehenden Glaubensgewissheit, durch deren geheimnisvolles Teilhaftigwerden im Individuum die in Folge einer wissenschaftlich-funktionalistischen Moderne ins Wanken geratenen überkommenen moralischen Standards einzig wieder revitalisiert werden könnten, Gebote wie dasjenige der Nächstenliebe etc., all das was Wittgenstein gern unter der Abbreviatur »Anständigkeit« zusammenfasste. Und so wie Wittgenstein in seinen persönlichen Aufzeichnungen zu erkennen gibt, wie schwer er sich selbst ein Leben lang mit der Aufgabe dieser Selbstmoralisierung oder Ethisierung getan hat, so ahnt denn auch der Leser nach der Lektüre des Tractatus, dass nach dieser Seite hin *überhaupt nichts und schon gar nichts endgültig gelöst ist.* – Wen wundert es also, dass es nur eine Frage der Zeit gewesen ist bis sich Wittgenstein erneut auf eine nunmehr veränderte ›philosophische Agenda‹ einlässt, die auch die Problematik von Sagbarem und Unsagbarem, von Sprechen und Schweigen neu und anders thematisiert.

Mit dem schon in der Traktatusvorrede eingestandenen Scheitern der von der Abhandlung selbst suggerierten metaphysisch-existenziellen Offenbarungswirkung auf den Leser war freilich auch bereits ein Schatten auf die rein logischen Partien der Arbeit gefallen; denn was nützte ein logischer Klarblick auf die Weltwirklichkeit, wenn mit ihm hinsichtlich der ›letzten Dinge‹ nichts gewonnen war. Was haben wir von einer »Klarheit als Selbstzweck«, wie sie Matthias Kroß bei Wittgenstein entdeckt und an ihm rühmt, wenn sich jene Formel lediglich auf die Klarheit banaler Tatsachen beschränkt, auf die Undurchdringlichkeit naturwissenschaftlicher Fakten usw.? Eher schon rührt Martin Gessmann an den wunden Punkt: »Auf den ›Wahrheitstafeln‹ [des Traktatus, H.-W. W.] sollte die logische Form der Welt angeschrieben stehen, das ›Gerüst‹ der Wirklichkeit, tatsächlich sieht der späte Wittgenstein nur noch die sprachliche Form des Käfigs aufgezeichnet, die uns von der Welt trennt, wie sie wirklich ist (oder von der wir nicht wissen können, wie sie wirklich ist, oder auch ob sie wirklich ist).«[4] Kurz, die Konsequenzen sind schlimmstenfalls klaustrophobischer Natur: Nachdem die metaphysischen Wahrheitsdogmen sprachkritisch entlarvt und destruiert sind und der brüchig gewordene religiöse Glaube keinen tragfähigen Ersatz bietet, sieht sich der Einzelne auf Gedeih und Verderb in die sprachlich verfasste Welt wie in einen Käfig eingeschlossen. – Nimmt man hinzu, dass es auch beim gewöhnlichen Sprechen noch oft genug an der Bedeutungs-

Die Momente schweigenden Gewahrseins der Sprache/ihres Gebrauchs

klarheit hapert, so ergibt sich zweierlei, von dem man sagen könnte, dass es für den späteren Wittgenstein offenbar Philosophie als Sprachkritik von neuem auf die Tagesordnung setzt: Zum einen das scheinbar ad infinito sich fortsetzende metaphysisch-ethisch motivierte »Anrennen gegen die Grenzen unserer Sprache« (wie es Wittgenstein am Ende seines Ethikvortrags ausdrücklich für ebenso unvermeidlich wie legitim erklärt) und zum anderen die ganz gewöhnliche, alltägliche »Verhexung unseres Verstandes durch die Mittel unserer Sprache« (wie es in §109 der »Philosophischen Untersuchungen« heißt). Zwei Aspekte, die bei der Lektüre nachtraktarianischer Wittgensteintexte auseinanderzuhalten sind, was nicht immer einfach ist, zumal Wittgensteins so schlichte wie eingängige Formel für sprachphilosophische Probleme »ich kenne mich nicht aus« (§123) hier nicht differenziert.

Den Verwirrungen des Denkens durch Klärung der Sprache zu Leibe zu rücken, dies ist die philosophische Motivation des jungen wie des älteren Wittgenstein; nur dass es sich beim Frühwerk des Traktats um eine logisch-sprachkritische Klärung handelt (Scheinprobleme durch mangelnde empirische Sachhaltigkeit der verwendeten Begriffe), im ›Spätwerk‹, insbesondere den »Philosophischen Untersuchungen«, dagegen um eine grammatisch-sprach*pragmatische* (mangelnde Handlungskompetenz von Sprechern in Sprachspielen).[5] Die grammatisch-sprachpragmatische Klärung verfährt *beschreibend;* Beschreibung des Sprachgebrauchs, nicht dessen Erklärung (im Rekurs auf eherne logische Gesetze) ist ihre Verfahrensweise. Die durch Beschreibung zu gewinnende Übersicht über den Sprachgebrauch, über die Regularien der verschiedenen Sprachspiele, soll nichts bis dahin Verborgenes aufdecken, nichts Unsichtbares ans Tageslicht befördern, sondern in den Blick nehmen was ohnehin *offen daliegt*. Wiederum geht es um geschärfte Aufmerksamkeit für etwas Sich-Zeigendes, das nur allzu gern übersehen oder missachtet wird (vgl. Ph. U. §109, 126 u. 129).[6] – Gibt es beim Befolgen der Wittgensteinschen Aufforderung, das an sich Offenkundige zu *beschreiben,* eine besondere Maßregel zu beachten? So ist es, sie lautet: »Denk nicht, sondern schau!« (und steht in §66 den Philosophischen Untersuchungen, wo es um das Erkennen von Ähnlichkeiten, sog. »Familienähnlichkeiten« geht). Wobei wir zwischen einer schwachen und einer starken Auslegung dieses Imperativs unterscheiden können: Dem schwächeren Verständnis nach sollen vorgefasste Erklärungen, abstrakte theoretische Schemata, fertige Begriffe u. dgl. während des Beobachtens und bei der anschließenden Beschreibung beiseite gelassen werden; In seiner starken Bedeutung fordert der Imperativ, zu schauen statt zu denken,

Die Momente schweigenden Gewahrseins der Sprache/ihres Gebrauchs

dazu auf, sich in einen Zustand gesteigerter Konzentration und Achtsamkeit zu versetzen und durch *gedankliches Schweigen* die gesprochene Sprache/einen bestimmten Sprachgebrauch mit höchster Aufmerksamkeit zu verfolgen.

Unversehens sieht man sich im operativen Zentrum von Wittgensteins zweitem Hauptwerk doch wieder mit dem Thema Schweigen konfrontiert, das dem ersten Anschein nach auf dieser Stufe gemeinsam mit dem traktarianischen Frühwerk abgetan schien. Diesmal geht es nicht um ein Schweigen in metaphysischer Hinsicht bzw. in Betreff des Unsagbaren von ethischer Dignität, sondern um ein operatives, d. h. anwendungsbezogenes Schweigen der Gedanken und begrifflichen Konzepte, um mittels solch schweigenden Schauens ganz alltägliche, sprachpragmatische Abläufe aufs Genaueste zu erfassen. – Dass Wittgensteins ›Sprachkontemplation‹ damit hohe und höchste Ansprüche an geistige Konzentration und Aufmerksamkeit stellt, muss nicht eigens unterstrichen werden. Auch nicht, dass die Wenigsten diesem Anforderungsprofil genügen werden, in unserer von den (Massen-)Medien beherrschten Gegenwart vielleicht noch in geringerem Maße als je in einer früheren Zeit. Jedenfalls wird, solange das nötige kulturelle ›tool‹ nicht zur Verfügung steht – wir denken an eine im kulturellen Alltag verankerte Schweigepraxis –, der Imperativ »denk nicht, sondern schau« die Momente schweigenden Gewahrseins auf die Sprache/ den Sprachgebrauch nicht einfach herbeizaubern können. Und so müssen wir denn Wittgensteins ›frommen Wunsch‹: »Möge Gott dem Philosophen Einsicht geben in das, was vor aller Augen liegt« als Ausdruck dieser Verlegenheit lesen.

Sie berührt allerdings den Lebensnerv von Wittgensteins Unternehmen der Klarheit oder vollkommenen Durchsichtigkeit, wenn man so will seiner Version des ›anderen Denkens‹. Denn es wäre ein Trugschluss, die Momente schweigender Aufmerksamkeit auf unsere Sprachhandlungen lediglich in der operativen Funktion als relevant zu erachten: Schweigen ist hier als ein Mittel *und* als etwas Selbstzweckhaftes im Spiel. Die Überwindung der Konfusion zu Gunsten der Übersichtlichkeit durch schrittweise philosophische Problemlösung mittels ›schauenden Nichtdenkens‹ stellt insofern *kein* Selbstzweck vor, als sie der Wiedergewinnung der Spontaneität des (Sprach)Handelns dient, etwas pathetisch gesagt: dem Fluss des Lebens (das sich zu einem Gutteil in Sprachspielen vollzieht). Was aber sollte mit spontaner Lebenstätigkeit und der Befreiung zu ihr anderes gemeint sein als ein steter Wechsel von Sprechen und Schweigen, Reflexion und Handlung, Hingabe an Aktivitäten und Rückzug in die Stille. Angefangen beim turnusmäßigen Ruhenlassen der philosophischen Klärungstätigkeit selbst, wie es § 133 der »Philosophischen Untersuchungen« ausdrücklich fordert: »... die Klarheit, die wir anstreben, ist allerdings eine *vollkommene*. Aber das heißt nur, dass die philosophischen Probleme *vollkommen* verschwinden sollen. / Die eigentliche Entdeckung ist die, die mich fähig macht, das Philosophieren abzubrechen, wann ich will. – Die die Philosophie zur Ruhe bringt, so dass sie nicht mehr von Fragen gepeitscht wird, die *sie selbst* in Frage stellen. Sondern es wird nun an Beispielen eine Methode gezeigt, und die Reihe dieser Beispiele kann man abbrechen.«[7] – Indes: Abbrechen wann immer man möchte, verselbstständigte, sinnentleerte Tätigkeitsmuster jeder Zeit unterbrechen können, gar ein geschichtliches Kontinuum aufbrechen (wie es Walter Benjamin vorgeschwebt hat) – dies sind ›mentale Qualifikationen‹, die weniger denn je als quasi natürliche Ressource unterstellt werden dürfen. Ein ›Therapeutikum‹, so möchten wir im Stile Wittgensteins mutmaßen, scheint unumgänglich, einem ununterbrochenen Denken und unausgesetzten Sprechen Paroli zu bieten. Und was böte sich dem nachdenklichen Geist als Therapie der Wahl da anderes an als die von uns zur Diskussion gestellte Schweigepraxis?

Unsere sich argumentativ auf zentrale Befunde von Wittgensteins Gesamtwerk stützende Aufwertung des Schweigens wird manch einen verblüffen, umso mehr als die spätere sprachpragmatische Wende des Verfassers der logisch-philosophischen Abhandlung und insbesondere der (so Habermas) antiszientistische Sprachspielpluralismus der »Philosophischen Untersuchungen« monothematisch und (ist man versucht zu sagen) monomanisch Sprache und Sprechen zum Gegenstand haben. Verlassen ist der Sprachpurismus des Tractatus, aufgewertet nicht das Schweigen sondern das Sprechen in der ganzen empirischen Reichhaltigkeit seiner ›lebensförmigen‹, kulturell ausgebildeten Spielarten. »Die Philosophie begrenzt das bestreitbare Gebiet der Naturwissenschaft«, verkündete wie in Stein gemeißelt Ziffer 4.113 des Traktats; außerhalb dieses Gebietes sollte die aufs Epistemische vereidigte Rede des Wissenschaftlers wie die des Philosophen schweigen. In den uns nach 1929 von Wittgenstein überlieferten Texten wird die gesicherte Referenz auf außersprachliche empirische Wirklichkeit als restriktives Kriterium sinnvoller Sätze und welthaltigen Sprechens fallengelassen: »Die Verbindung zwischen Sprache und Wirklichkeit ist durch die Worterklärungen gemacht, welche zur Sprachlehre gehören, sodass die Sprache in sich geschlossen, autonom bleibt« (»Philosophische Grammatik« I, § 55). Man darf sich also den autoreferentiellen Sprachspielen überlassen und kann sich getrost in die Obhut ihrer internen Sinnbezüge begeben. Man lasse sich bloß nicht irre machen von einem vermeintlich mangelnden sprachlichen Abbildcharakter mit Bezug auf die realen Gegenstände: »Die große Schwierigkeit ist hier, die Sache nicht so darzustellen, als *könne* man etwas nicht. Als wäre da wohl ein Gegenstand, von dem ich die Beschreibung abziehe, aber ich wäre nicht im Stande, ihn jemandem zu zeigen. – Und das Beste, was ich vorschlagen kann, ist wohl, dass wir der Versuchung, dies Bild zu gebrauchen nachgeben: aber nun untersuchen, wie die *Anwendung* dieses Bildes aussieht« (Ph. U. §374).[8] Ja, Wittgenstein gestattet sich sogar die frivol anmutende Ermunterung: »Scheue Dich *ja* nicht davor, Unsinn zu reden! Nur musst Du auf Deinen Unsinn lauschen«[9] – Dort, wo der Wittgenstein der ›sprachpragmatischen Kehre‹ ganz auf die Sprachbilder setzt und das gerechtfertigte Vertrauen in sie, haben in den vergangenen Jahren die literarisch-hermeneutischen Interpretationen seines Werks den Faden aufgenommen und mit ihrem Paradigmenwechsel von der Philosophie zur *Literatur* (den zuerst von Richard Rorty vorgenommenen Schwenk ›wittgensteinianisierend‹ fortschreibend) das Thema Schweigen und damit die Frage nach dem verloren gegangenen Praxisaspekt des Philosophierens einmal mehr marginalisiert (Philosophie als eine Form literarischer Tätigkeit – zugleich verwandt mit und unterschieden von novellistisch-fiktionaler Literaturproduktion – erfüllt für sich genommen noch nicht jenes Kriterium einer *existenziellen* Praxis).

Nirgends, auch nicht im Falle metaphysischer Grenzgänge oder eines Sich-hinauswagens in spekulative Zonen, veranlasst eine offensichtliche ›Verhexungsgefahr‹ von Seiten der Sprache die hermeneutische Wittgenstein-Lektüre noch zu sprachskeptischer bzw. sprachasketischer Zurückhaltung, weder wird Schweigen einmal als die bessere Alternative erwogen, noch dem Glauben die Lizenz erteilt auf Kosten einer möglicherweise ausgereizten Sprachkritik: Nur unverdrossenes Weiterschreiten auf den verschlungenen Pfaden der Sprache kommt in Frage.[10] – Näher am Original, näher bei Wittgenstein und dem sein Schaffen durchziehenden Zwiespalt (von Sprechen und Schweigen, Sprachvertrauen und Sprachvorbehalt, philosophische Sprachkritik und religiösem Glauben) operiert eine andere postanalytische Richtung der Wittgenstein-Auslegung, nämlich die der im Angelsächsischen unter dem Sammelnamen »New Wittgenstein« bekannten Autorengruppe. Bei ihnen wird im Zuge der Transformation von Philosophie in Literatur nicht nur die antiszientistische sondern vor allem die antimetaphysische oder besser metaphysikkritische Stoßrichtung der »Philosophischen Untersuchungen« (angeblich ganz in der Kontinuität des Tractatus) unterstrichen. Wobei das ursprüngliche Wittgensteinsche Motiv – nämlich zugunsten der per schweigendem Innesein des Unsagbaren sich vollziehenden Ethisierung des Individuums konsequent auf jedwede philosophische Moraltheorie zu verzichten – in der literarisierenden Interpretation des »New Wittgenstein« mit Blick auf die traktarianische Urfassung eine recht eigenwillige Note erhält: Noch die im Traktat modellierte, alles theoretisch Spekulative anstelle eines bloß noch Kontemplativen zurücknehmende ethische Außensicht auf die Welt, verkörpere etwas von der philosophisch-metaphysischen Allmachtsanmaßung, wie sie ja nicht erst vom späteren Werk, sondern quasi programmatisch bereits von der logisch-philosophischen Frühschrift als der Sündenfall verworfen werde. Konsequent durchgehalten sorge dieses Programm, so das Kalkül der bewusst alle Theorieansprüche des Philosophierens ›literarisierend‹ depotenzierenden Neuwittgensteinianer, genau für jene ›kreative Leere‹, die Raum schaffe für den Glauben, oder weniger vorbelastet ausgedrückt: für spirituelle Innerlichkeit (z. B. nach dem Vorbild von Thoreau oder Emmerson). Anders gesagt: Einzig das Literarische, zu dem sich die Philosophie freiwillig herunterstufe, generiere in seiner überbordenden Expressivität kreativsprachlich einen Abglanz der *philosophisch-theoriesprachlich* gerade nicht ausdrückbaren Sinnfülle der Welt und des Lebens. So schließt sich der Kreis zwischen ihnen, den Neuwittgensteinianern, und ihrem Mentor – und das von uns zuvor schon hinter einen solchen Lösungstyp gesetzte Fragezeichen bleibt bestehen.[11]

Kommen wir in der Causa Wittgenstein zu einem Abschluss und vergegenwärtigen uns dazu noch einmal die von ihm philosophisch in Angriff genommene Herausforderung, seinen von uns mit einem Fragezeichen versehenen Lösungstyp sowie die Alternative, die ebenfalls von uns in ersten Umrissen angedeutet worden ist. Welcher Herausforderung also stellt sich Wittgenstein? Brian McGuiness formulierte es auf der Frankfurter Wittgenstein-Konferenz von 1989 so: »Wittgenstein will die Klarheit des Blicks, durch die sich vermeintliche theoretische Hindernisse aus dem Weg räumen lassen und die uns die Möglichkeit gibt zur Auseinandersetzung mit wirklichen Problemen.« Nur, was ist unter den »wirklichen Problemen« zu verstehen? Auf diese Frage sowie die folgende mit ihr verwandte spitzt sich alles zu: Wann wären genügend sprachliche Scheinprobleme ausgeräumt sein, um wirklich frei oder reif zu sein für die Hinwendung zu jenem eigentlich Problematischen? Ähnlich wie die Freudsche Therapie (als von ihm so verstandene »talking cure« übrigens ebenfalls eine Sprachtherapie) plagt sich die Wittgensteinsche mit dem Dilemma von ›endlicher‹ oder ›unendlicher Analyse‹. »Aber dann kommen wir nie zu einem Ende«, fragt Wittgenstein im »Big Typescript« und antwortet: »Natürlich nicht, weil es kein Ende gibt.« Nur Unterbrechungen – oder soll man sagen Verschnaufpausen? – sollen möglich sein, um – vorübergehend – »Friede in den Gedanken« einkehren zu lassen. Um sich mit von Gedankengespinst nicht länger verhangener Sicht – »denk nicht sondern schau« – hernach dem nächsten (sprachlich generierten) Scheinproblem zu widmen. – Allerdings, wie es die ›Ironie der Geschichte‹ will, die ›schlechte Unendlichkeit‹ der sprachphilosophischen Sinnklärung muss insofern nicht bekümmern, als alle Sinnklärung zusammengenommen in der kardinalen Sinnfrage – der des metaphysischen Sinns der Welt und des existenziellen oder Lebenssinns, von Wittgenstein auch »Lebensrätsel« betitelt – ohnehin gar nichts auszurichten vermag. Die metaphysisch-ontologische und die existenziell-ethische Sinnproblematik – um damit die von McGuiness apostrophierten »wirklichen Probleme« durchaus im Geiste Wittgensteins zu identifizieren – transzendieren das Sprachliche und lassen sich allenfalls im Sprachlosen nicht ihrer Lösung sondern vielmehr ihrer Auflösung zuführen. Vor allem der frühe, aber auch der spätere Wittgenstein lässt in seinen Texten eine Ahnung von diesem Zusammenhang erkennen, bloß fehlt ihm ein *praktisches* Rüstzeug zu solcher Problemauflösung. Sein Lösungstyp (wenn wir es nochmals so nennen wollen) fällt daher unzulänglich und kompensatorisch aus: Neben der den Glauben und seine Frömmigkeit empfehlenden ›theoretischen Auskunft‹ handelt es sich um die sporadischen Weltfluchten und Anachoresen im Bereich ›praktischer Lösungsversuche‹.[12] Beides geht – das Prekäre dieser Lösungsstrategie unter den Bedingungen einer säkularen und technisch-urbanen Moderne allenthalben offenbarend – beim ›Moralisten Wittgenstein‹ einher mit dem Bedürfnis nach ›ideologischer‹ Distanzierung von dem ihn umgebenden Ensemble kultureller Lebensformen: »… so bleibt … die Tatsache bestehen, dass ich dem Strom der europäischen Zivilisation ohne Sympathie zusehe, ohne Verständnis für die Ziele, wenn sie welche hat.«[13]

Und worin bestünde zu guter Letzt die Alternative, wodurch könnte das von uns beklagte Defizit einer genuinen *Praxis* mit *problemauflösender* Wirksamkeit auf der existenziellen Sinnebene behoben werden? Was hätten wir uns unter der von Wittgenstein einmal wie folgt mit entwaffnender Schlichtheit formulierten und den Nagel auf den Kopf treffenden Konklusion vorzustellen: »Die Lösung des Problems, das Du im Leben siehst, ist eine Art zu leben, die das Problemhafte zum Verschwinden bringt./ Dass das Leben problematisch ist, heißt, dass dein Leben nicht in die Form des Lebens passt. Du musst dann dein Leben verändern, und

Die Momente schweigenden Gewahrseins der Sprache/ihres Gebrauchs

passt es in die Form, dann verschwindet das Problematische«[14] – So wenig es unter ›nachmetaphysischen Vorzeichen‹ (Habermas) noch angeht, aus dem in den ›kulturellen Wertsphären‹ real existierenden Sprachspielpluralismus das eine, substanziell richtige Sprachspiel ausfindig machen oder gar für jedermann verbindlich erklären zu wollen, so wenig ginge es an, eine bestimmte Lebensform als die in existenzieller Hinsicht veränderungsprobate, lösungsadäquate zu nominieren. So wie hinsichtlich einer friedlichen Koexistenz unterschiedlicher Sprachspiele innerhalb der Wertsphären von Wissenschaft, von Moral, Recht sowie Politik und von Expressivität und Ästhetik nur eine formal-prozedurale Verfahrensregelung in Frage kommt, so auch bezüglich der von uns gesuchten philosophischen Praxis im eminenten Sinne, d. h. eines existenziell transformatorischen Exerzitiums. Gefragt ist mit anderen Worten ein *Geringfügiges* und dessen Kunst. Die von uns für diese Funktion vorgeschlagene Schweigeübung repräsentierte nicht die endlich gefundene richtige Lebensweise, vielmehr ein formal-prozedurales Regulativ, eine ›Transzendentalpraktik‹ wenn man so will[15], die im Stande wäre, substanziell ganz verschiedene Lebenspläne, Lebenswege und -stile so zu verwandeln bzw. anzupassen, dass sie *sowohl* individuell und kollektiv lebbar und verträglich erscheinen *als auch* der Möglichkeit einer subjektiv gefühlten sinnerfüllten Existenz offen stünden, mit Wittgenstein gesprochen, dem Einzelnen die Perspektive eines ethischen, i. e. glücklichen Lebens eröffneten.

Von der »lange gehüteten Sprachlosigkeit« zum schlussendlichen »Sagen des Denkers« bei Heidegger

Wittgenstein starb 1951. Heidegger befand sich zu dieser Zeit in der Mitte seines zweiten Denk- und Werkzyklus', wenn man den ersten Zyklus 1927 mit dem frühen Hauptwerk, »Sein und Zeit«, als im Wesentlichen abgeschlossen betrachtet. Während sich dem jungen Wittgenstein im Frühwerk noch auf dem Boden einer »wissenschaftlichen Weltauffassung« (Rudolf Carnap) eine über deren Grenze hinausblickende Perspektive auf ein (wissenschaftlich) Undenkbares und Unaussprechliches öffnete, welches »sich zeigt«, hatte Heidegger schon in »Sein und Zeit« den Anspruch wissenschaftlichen Philosophierens – etwa nach dem Vorbild einer »Phänomenologie als strenger Wissenschaft« seines Lehrers Edmund Husserl – hinter sich gelassen und in der existenzial-ontologischen Analyse nach dem »Sinn von Sein« gefragt, was an Wittgensteins Rede vom »Sinn der Welt« resp. dem »Lebensrätsel« erinnert, dessen (Auf-)Lösung ihm wie nichts sonst von existenzieller Dringlichkeit erschienen ist. – Im Folgenden soll uns auch bei der Heidegger-Lektüre die Frage beschäftigen, inwieweit in den Texten, in denen vom Schweigen gehandelt wird, die Möglichkeit und die Notwendigkeit einer regelrechten Schweigepraxis ins Auge gefasst werden. Ob, mit anderen Worten, was bei Heidegger ein *anderes Denken* ausmacht nicht nach dem *Anderen des Denkens* als seine conditio sine qua non verlangt; ob die vom Heidegger der »Kehre« unverkennbar anvisierte Philosophie des Geringen, i. e. der rechten Worte, nicht auch einer spezifischen *praktischen Kunst des Geringfügigen*, sprich der Übung des eminenten Schweigens bedürfte, um sozusagen ganz bei sich anzukommen (selbst wenn der Denker von der Todtnauberger Hütte, wie sich herausstellen wird, nicht nur wie Wittgenstein über ein solches Junktim nichts verlauten lässt, sondern einen Zusammenhang gleichsam abwehrt oder verleugnet).

Wie unsere Kapitelüberschrift bereits signalisiert, hat sich bei Heidegger im Vergleich mit Wittgenstein bezüglich der Relation von Sprechen und Schweigen bzw. zwischen dem Unaussprechlichen oder Sprachlosen und dem Sagen des Sagbaren die Pfeilrichtung der Argumentation

Von der »... Sprachlosigkeit« zum ... »Sagen des Denkers« bei Heidegger

umgekehrt: Während vor allem beim jungen Wittgenstein der hauptsächliche Argumentationsstrang vom streng Denkbaren und klar Sagbaren hin zum sich zeigenden Unaussprechlichen und folgerichtig zum Schweigen verläuft, zielt bei Heidegger der argumentative Pfeil in der Hauptsache vom Sprachlosen oder Schweigen her auf das Sagen oder Sprechen hin. Im (in den 40er Jahren hinzugefügten) »Nachwort« zum Text des berühmten Metaphysikvortrags (»Was ist Metaphysik?«) lesen wir: »Aus der lange gehüteten Sprachlosigkeit und aus der sorgfältigen Klärung des in ihr gelichteten Bereichs kommt das Sagen des Denkers.« Aus dem Schweigen heraus zielgenau ins gravitätische Sagen also, nicht primär vom Sagen herkommend hinein ins Schweigen, bewegt sich die Schwerkraft des Heideggerschen Denkens. Wobei der die Mitte des zitierten Satzes bildende Topos eines »gelichteten Bereichs« wiederum wie im Falle Wittgensteins ein Sich-zeigen bzw. Sehenlassen ›bedeuten‹ will. Auch Heidegger scheint es also mit Habermas zu sprechen um die Bergung jenes »ortlos gewordenen Wahrheitsgehalts« zu gehen, der ins Zentrum dessen führt, was uns als Menschen *existenziell angeht;* und insofern diese von Heidegger so genannte »Wahrheit des Seins« nur durch ein aus dem Sprachlosen kommendes Denken zu bergen sein soll, läge wenigstens hierin der Übereinstimmungspunkt mit Wittgenstein. – Für letzteren, allemal den Verfasser des ›Tractatus‹, war das Unsagbare deckungsgleich mit dem (zumindest im strikt begrifflichen Sinne) Undenkbaren, sodass das dem »Unaussprechlichen« bei ihm korrespondierende Schweigen nicht lediglich als ein Innehalten mit dem nach außen vernehmbaren Sprechen zu verstehen wäre, sondern konsequenterweise auch als ein Zu-Ende-kommen mit dem inneren Sprechen zu sein hätte, ein Sich-entschlagen des begrifflichen Denkens sein müsste. Wobei sich uns die Frage stellte, ob die Emphase dieses Schweigegebots beim jungen Wittgenstein ihn, abermals folgerichtig, nicht zu einem förmlichen Exerzitium des Schweigens, einer *Übung* in Nicht-denken hätte führen müssen, anstatt lediglich zum ›Ebenenwechsel‹ vom begrifflichen Denken und Sprechen (der Wissenschaft oder Philosophie) hinüber zur poetischen Expressivität (wenn wir von der daneben sich bei Wittgenstein noch abzeichnenden Eröffnung eines Freiraums für ›Kontemplation generell‹ einmal absehen). Tatsächlich stellt sich dieselbe Gretchenfrage bei unserer Begutachtung des Verständnisses von Schweigen, wie es uns aus den Texten Heideggers entgegentritt: Sollte es sich auch bei dem von ihm in Betracht gezogenen Schweigen um einen bloßen Wechsel im *diskursiven Register* handeln? Soll heißen um die Verabschiedung des begrifflichen Denkens und Sprechens (wie es uns die Metaphysik gelehrt hat)

Von der »... Sprachlosigkeit« zum ... »Sagen des Denkers« bei Heidegger

zugunsten eines »dichterischen« oder »besinnlichen Denkens«, bei welchem zwar innersprachlich, d. h. durch das die Worte umstrahlende Wortlose, Schweigen zu höchsten Ehren gelangt, als ein *außerordentliches* jedoch ausgeblendet bleibt und also *Schweigen als Übung* wiederum gar nicht in Erwägung gezogen wird.

Schon ein paar weitere Sätze aus dem Metaphysikvortrag von 1929 und dem späteren Nachwort sowie aus der ebenfalls erst in den 40er Jahren vorangestellten Einleitung, die den von uns bereits zitierten Schlüsselsatz und insbesondere seine beiden Eckpfeiler, die »lange gehütete Sprachlosigkeit« und das »Sagen des Denkers« inhaltlich erläutern, geben zu erkennen, dass Heideggers ›Sprachlosigkeitsexerzitium‹ kaum ein eminentes Schweigen im formellen Sinne zum Inhalt hat. Soll doch bereits aus dem Schweigen und der Sprachlosigkeit eine »lautlose Stimme« ertönen, deren Tönen sogar als ein Rufen qualifiziert wird; »Widerhall« oder »Entsprechung« sollen jene Stimme und ihr Ruf im »anfänglichen« oder »wesentlichen Denken« finden, welches dasjenige sein soll, das im »Sagen des Denkers« verlaute. In Heideggers Schweigen also ›spricht es‹ und mitunter geht es laut in ihm zu, wenn wir – apropos »Ruf des Seins« – im Bild bleiben. Doch nicht nur ist das Schweigen hier ein sprechendes; das während seiner Dauer im »gelichteten Bereich« sich Zeigende – zu dessen Gewahrwerden die im Schweigen rufende Stimme auffordert (die visuelle und die auditive Metaphorik interferrieren bisweilen bei Heidegger) – wird konträr zu Wittgensteins Maxime des »Wovon man nicht sprechen kann, darüber muss man schweigen« gerade in den sprachlichen Bereich eingeholt und zwar als der hauptsächliche Zweck der Veranstaltung: »Das Denken, gehorsam der Stimme des Seins, sucht diesem das Wort, aus dem die Wahrheit des Seins zur Sprache kommt.«[16] – Noch einmal: Heidegger wie Wittgenstein (insbesondere der junge Wittgenstein) fokussieren in ihren Schriften etwas von existenzieller Dringlichkeit, von dem sie behaupten, dass es sich im Sprachlosen »zeigt« bzw. »lichtet«; doch während für den Wittgenstein der Logisch-philosophischen Abhandlung dieses menschlich ›Alles-Entscheidende‹, das von ihm so bezeichnete »Ethische« philosophisch-begrifflich in keine sinnvolle Aussage gefasst werden kann, wird es jetzt bei Heidegger zur Sprache gebracht und nur als ein Zur-Sprache-Gekommenes für wirklich oder ›ereignet‹ von ihm angesehen. Sodass hinsichtlich Heidegger Habermas' Kürzel vom »intuitionistischen Erkenntnisideal des sprachlosen Sehenlassens«, was das Sprachlose angeht, ins Zwielicht einer ›sprechenden Sprachlosigkeit‹ taucht.

Sicherlich ist es ein Leichtes, unser Dilemma dadurch für gegenstandslos zu erklären, dass man die zu hütende Sprachlosigkeit und das Pathos des Schweigens bei Heidegger auf denselben sprachlogischen Interpretationsrahmen herunter bricht, wie ihn uns Johann Kreuzer oben im Falle Wittgensteins angeboten hat. Aus Heideggers Texten lassen sich in der Tat genügend Anhaltspunkte für ein Schweigeverständnis nach dem Schema des Wechselspiels von Wort und Wortlosem beibringen, von verlautender Rede und gleichzeitigem Schweigen, sowohl auf Seiten des Sprechenden als auch eines Hörenden. Das in »Sein und Zeit« aufgeführte »Existenzial« der *Rede* hat es mit einem Schweigen ausschließlich in diesem Sinne zu tun, nämlich des die verlautenden Worte stillschweigend mitvollziehenden Sich-Entsinnens des damit Gemeinten oder Bedeuteten. Das Mehr als ein bloßes Stummsein verkörpernde, vielmehr nur im »echten Reden« mögliche Schweigen wird demgemäß in Sein und Zeit als »eigentliches Schweigen« bezeichnet.[17] – So weit so gut. Doch stellt sich heraus, dass – anders als in Sein und Zeit, wo das Existenzial der Rede unwillkürlich an einen *gemeinschaftlichen* Rahmen des Sprechens, an den *sozialen* Kontext von Gesprächen denken lässt (die sich vom gehaltlosen Geschwätz des »Man« abheben sollen) – in Heideggers späteren Arbeiten das Schweigethema an maßgeblichen Stellen unter einer Perspektive angegangen wird, die den Schweigenden in das einsame Gegenüber der Sprache als solcher versetzen, in ein quasi a-soziales, um nicht zu sagen autistisches tête-à-tête mit einem ebenso von seinen gesellschaftlichen Bezügen abgelösten mythischen Sprachwesen. Was dessen primordiale Sprache, für die Heidegger zuletzt den gleichfalls an Mythisches anklingenden Ausdruck »Sage« einführt, nun dem lauschenden Solitär zuspricht, werde von diesem *erschwiegen*. Und für dieses doch wohl über das gewöhnliche innersprachliche Schweigen hinausgehende *Erschweigen* scheint uns auch ein Terminus technikus zu stehen, auf den Heidegger zeitweise zurückgegriffen hat: der der *Sigetik* und des *Sigetischen*. Das nach der lange gehüteten Sprachlosigkeit endlich ergehende und dem *Anspruch* jener »Sage« *entsprechende* »Sagen des Denkers« muss demnach als das Resultat eines spezifischen Schweigens, nämlich des sigetischen Erschweigens aufgefasst werden.[18]

Im Begriff »Sigetik« steckt für Heidegger eine Verpflichtung: die des Gangs zur Quelle, zum Ursprungsort der Sprache. Es kann nur ein solitärer Gang sein, so wie auch der Aufenthalt am Zielort der eines Einzelnen sein muss, allein mit sich und der sprudelnden Quelle. Nur so kann jenes Schweigen vonstatten gehen, das bei Heidegger »erschweigen« heißt und dem all sein Ehrgeiz gilt: das Schöpferische – unmittelbar aus der Quelle schöpfende – Erschweigen seitens der Denker und der

Dichter. Seit der Hölderlin-Vorlesung von 1934/35 darf als Heideggers ›Programm‹ gelten »dem Wesen und Ursprung der Sprache als der Urdichtung« nachzusinnen.[19] – »Seit ein Gespräch wir sind und hören voneinander …« Die im Zusammenhang mit Heideggers Betrachtungen über Sprache und Schweigen gern herangezogene Hölderlinparaphrase dürfte infolgedessen eher geeignet sein uns auf eine falsche Fährte zu locken. Bei Heidegger geht es nicht primär um ein Gespräch im wortwörtlichen Sinne zwischen den Menschen; ja, es fragt sich, ob das, woran er denkt, sich überhaupt noch als ein Gespräch bezeichnen lässt: der »Zuspruch« der Sprache alias »Sage«, wie er an die einsame Empfangsinstanz eines Denkenden oder Dichtenden ergeht. Erst nachdem der Dichter oder Denker dem ihm Zugesprochenen nicht nur entsprochen hätte, sondern das Entsprechende auch verlautet haben würde, wäre er wieder in die ›soziale Zirkulationssphäre‹ eingetreten, in der allein das Gespräch unter Menschen seinen Ort hat, durch das wir voneinander hören und bei dem wir, wenn es gut geht, einander wirklich zuhören.[20]

Anspruch und Entsprechung oder präziser, auf Heidegger zugeschnitten *Zuspruch und Entsprechung* – diese Komplementarität ist das Gesetz, dem sich generell das westliche logozentrische Denken unterstellt, der Zugzwang unter den es sich setzt. Zweck des Denkens ist es, dem Anspruch oder Zuspruch der stummen »Sage« – wahlweise des Seins der Seienden – zu entsprechen; dafür legen Denker und Dichter sich ins Mittel, indem sie jeweils das rechte Wort und die rechten Worte erschweigen. Erfüllt ist der Zweck, sobald das Erschwiegene auch nach außen hin hörbar zu verlauten vermag. – Heideggers um das Wesen der Sprache kreisendes Denken des Denkens thematisiert Schweigen allenthalben als ein Mittel zum Zweck. Auch wenn das Schweigen die Erfüllung seines Zwecks weder beschleunigen noch erzwingen kann, weil das Vernehmen eines Anspruchs geduldiges Hinhören verlangt und Zuspruch ein Warten und seiner Harren ›gesetzmäßig‹ zur Bedingung hat, stehen die sie Erschweigenden trotzdem unter der Dauerbeanspruchung von Seiten jenes Zwecks. Und es wird eben dieser dem Denken, so wie er es versteht, wesensmäßig eingeschriebene und es *permanent* fordernde Auftrag sein, der für sich genommen dafür sorgt, dass bei Heidegger, der sich auf den Weg zur Sprache gemacht hat, *als das Andere des Denkens* Schweigen systematisch *nicht* in Erwägung gezogen wird.

Heideggers Sigetik und der Eindruck des ›Double-bind‹

»Nach Kierkegaard ist Heidegger der bedeutendste Denker des Schweigens in der Philosophie der Neuzeit«, versichert uns Günter Wohlfart einleitend in seinem Beitrag zu Heidegger in dem von Thomas Borsche 1996 herausgegebenen Sammelband »Klassiker der Sprachphilosophie«. Von unserer Warte aus gesprochen: Mit Heideggers mittleren und späten Texten liegt für die Philosophie des 20. Jahrhunderts neben der logisch-philosophischen Frühschrift Wittgensteins die zweite prominente Thematisierung von Wesen und Funktion des Schweigens vor; und zwar, wie wir voranstehend bereits sehen konnten, abermals mit der Anmutung eines über die innersprachliche Aufgabe des Schweigens – den Ergänzungszusammenhang zwischen Erinnerung und Äußerung, Wort und Wortlosem zu bewerkstelligen – ›irgendwie‹ hinausgehenden Bedeutungsüberschusses. Bezeichnend dafür der Eindruck des ›Double-bind‹, der sich beim Betrachten von Heideggers Sigetik einstellt. Auf den einen ›Sündenfall‹ von widersprüchlicher Botschaft haben wir gegen Ende des vorigen Kapitels aufmerksam gemacht: Indem auch für Heidegger Schweigen sich *in* der Sprache vollzieht und diese schwerlich abstrahiert von ihrem gemeinschaftlichen Vollzug im Gespräch vorgestellt werden kann, wird nahegelegt, dass auch das denkerisch anspruchsvolle ›erschweigende Schweigen‹ selbstverständlich in einen Gesprächsrahmen eingebettet ist; während dann jedoch Heideggers eigenwillige Konstruktion von Zuspruch und Entsprechung auf einsamem ›Horchposten‹ auf das Gegenteil schließen lässt. – Auf den anderen Fall einer widersprüchlichen Botschaft, für unser Anliegen aufschlussreicher, wollen wir in diesem Kapitel zu sprechen kommen und werden auch in den folgenden Kapiteln zu Heidegger immer wieder darauf zurückkommen: Einerseits wird das Schweigen für die zielgerichtete Anstrengung des Denkens in die Pflicht genommen, soll dann aber in seinem konkreten Vollzug von eben dieser Zielstrebigkeit abstehen, von der willentlichen Zweckverfolgung ablassen; bezogen auf das jeweils in Frage stehende »Sich-in-Schweigen-Üben« wird dessen strikte Unterwerfung unter den Zweck oder die Absicht der »Erschweigung« (einer »entsprechenden« Rede) bestätigt und bekräftigt *und* – gestisch oder vollzugspraktisch – die entgegengesetzte Haltung der Absichtslosigkeit oder Zweckentbundenheit ins Spiel gebracht. Und man ahnt bereits, welche Seite ›den Kürzeren zieht‹.

Das unter der Vollzugsperspektive des Schweigens zu beherzigende *Lassen* klingt bei Heidegger insbesondere dort an, wo er mit dem im Sprachfeld dem Schweigen benachbarten Ausdruck *Stille* und dessen grammatischen Formen spielt. Schweigen und Stille sind aber nicht wie Synonyme austauschbar, sondern die Stille rückt in die ›agierende‹ Position des Anspruchs oder Zuspruchs, auf die das Schweigen ›reagiert‹, indem es die fällige Entsprechung aus sich heraus prozessiert.»Das Schweigen entspricht dem lautlosen Geläut der Stille der ereignend-zeigenden Sage.« So Heidegger unmissverständlich im letzten der im Band Unterwegs zur Sprache versammelten Aufsätze.[21] – In einem der Figur von ›challenge and response‹ nachempfundenen Zusammenspiel der Stille und des Schweigens – zwischen dem stillen Sein als Nicht-menschlich-Seiendem, also der außermenschlichen Natur und der aus ihr gemachten Artefakte, und dem schweigenden resp. erschweigenden Entsprechungsvermögen des Menschen – beruht Heidegger zufolge alles Sprechen und Denken.»Nur insofern die Menschen in das Geläut der Stille gehören, vermögen die Sterblichen auf *ihre* Weise das verlautende Sprechen. Das sterbliche Sprechen ist nennendes Rufen, Kommen-Heißen von Ding und Welt aus der Einfalt des Unter-Schiedes.« Der Wirklichkeitsgehalt des Sprechens und die Wahrheitsfähigkeit des Denkens indes sollen gänzlich vom Gelingen eines hinlänglich *lassenden,* will sagen sich in seiner ›der-Funktion-Genüge-tun-wollenden‹ Eilfertigkeit zurücknehmenden Vollzugs der ›Schweigefunktion‹ abhängen.»Jedes echte Hören hält mit dem eigenen Sagen an sich. Denn das Hören hält sich in das Gehören zurück, durch das es dem Geläut der Stille vereignet bleibt. Alles Entsprechen ist auf das an sich haltende Zurückhalten gestimmt. Darum muss solchem Zurückhalten daran liegen, hörend für das Geheiß des Unterschiedes sich bereit zu halten. Das Zurückhalten aber muss darauf achten, dem Geläut der Stille nicht nur erst nach-, sondern ihm sogar vor-zu-hören und darin seinem Geheiß gleichsam zuvorzukommen.«[22]

Die ›Gestimmtheit‹ des *An-sich-haltenden-Zurückhaltens,* würde man sie nicht wie Heidegger in die Fluchtlinie der Entsprechung oder des denkerischen Sagens einspannen und auf diese Weise ›verzwecken‹, was besagte der seltsam gewundene Ausdruck anderes als das, worauf es mental beim *außerordentlichen* Schweigen ankommt? Wir können es geradezu als das Definiens des eminenten Schweigens bezeichnen, dass während der ihm eingeräumten Zeitdauer die Übenden, die Aufmerksamkeit auf den Atem gesammelt, *mit dem inneren Sprechen an sich halten*. Dieses *Lassen* zu ermöglichen hilft nicht bloß die Konzentration auf den Atem; ebenso wichtig ist die Wahl eines Übungsortes, an dem *Stille* herrscht – mit der diesmal nicht die heideggersche, die mit »Geläut« daherkommende gemeint wäre, sondern schlicht die Stille im alltäglichen Wortsinne des Gegenteils von Lärm und Geräusch.[23] *Abgeschiedenheit* ist die ehrwürdige Bezeichnung für diese raumzeitliche Modalität der Übung in eminentem Schweigen. Alles in allem ein Arrangement, welches es den *unter diesen Vorzeichen* Schweigenden ermöglichen soll, für die Dauer ihrer Übung einmal dem ehernen Gesetz von Anspruch und Entsprechung enthoben zu sein, jenem Zugzwang von Zuspruch und Entsprechung zu entraten, dem wir als Denkende ständig unterliegen. Die mit solch ›freiwilligem Entzug‹ *positiv* einhergehende Erfahrung ließe sich mit einem *Zeitfrei-in-der-Zeit-Sein* auf den kürzesten Nenner bringen; eine Erfahrung, deren Glücksgefühl wie kaum sonst ein Ereignis verwandelnd auf das Ganze der menschlichen Existenz auszustrahlen vermöchte. – Heideggers Texte lassen dazu das ›Geringe eines Wortes‹[24] vermissen. In der Sigetik, von der in ihnen die Rede ist, vermag sich das Potential eminenten Schweigens nicht zu entfalten, deren erschweigendes Schweigen hält es in seinem Innern wie in einer Kapsel verschlossen zurück. Man könnte auch sagen, was auf dasselbe hinauskommt, eine herrische Prärogative des Denkens hält das *Andere des Denkens* unter Verschluss.[25] Auf Heideggers Hauptroute – dem Unterwegs zur Sprache – will das *Diskursive* der *Übung* keinesfalls die Lizenz eines Gleichwertigen erteilen nach der Devise: das Eine *und* das Andere. Sollte es daran liegen, dass wo Heideggers Philosophieren oder sein Denken, von dem er lieber sprach, durch die Frage nach dessen Vollzugsform doch wieder beim Übungsthema ›zu landen droht‹ sich gelinde gesagt auffallend bedeckt hält? Jedenfalls würde dies die eine oder andere seiner skurril anmutenden ›Verbalisierungen‹ (»… lange Einsamkeiten und stillste Entzückungen am Herdfeuer des Seyns«) wie auch manche seiner ans Komische grenzenden ›Selbstinszenierungen‹ erklären.

* * *

Wo im Metaphysikvortrag (und seinen zeitversetzten Ergänzungen), der uns oben als Ausgangspunkt diente, die Dimension des *Vollzugs* angesprochen wird, deutet Heidegger in groben Strichen eine Verfahrensweise an, die wir eine *Praxis der Stimmungsregulation* nennen möchten – das ›innovative‹ Zugeständnis, wenn man so will, des Denkers in Punkto *nichtakademisches* Procedere oder *Übung*, auf das wir für den Rest dieses Kapitels noch einen Blick werfen möchten. Die Stimmung oder Gestimmtheit, in die sich der Denker durch bewusste Affektinduktion und -regulation selbst versetzt (weil er nur in dieser Verfassung die Chance erhalte, der »Wahrheit des Seins« teilhaftig zu werden), ist für den hier die Kierkegaardsche Spur aufnehmenden Heidegger die *Angst* (die er vom psychologischen Phänomen der Furcht unterschieden wissen will). Sie soll der Resonanzboden sein, die Antenne für jenes »Nichts«, dem sich das »Sein« angleicht, sobald es von allem ontisch Seienden entblößt in seiner ontologischen Wahrheit sich allererst erblicken oder sehen lasse (»… müssen wir uns auf die einzige Bereitschaft rüsten, im Nichts die Weiträumigkeit dessen zu erfahren, was jedem Seienden die Gewähr gibt zu sein«). Weil vor diesem Nichts, zu dem sich in der »Grundstimmung« der Angst alles Seiende verflüchtigt (später entdeckt und beschreibt Heidegger den gleichen Effekt an der Langeweile), sich das Dasein erst einmal ängstige, gehöre »Tapferkeit« dazu, die Angst angesichts des Nichts auszustehen statt vor ihr bei der nächstbesten Gelegenheit einer Ablenkung innerlich zu fliehen.[26] – Andere Wendungen in Heideggers Text indessen dementieren die Möglichkeit eines vorsätzlichen Sich-hineinversetzens in die Grundstimmung der Angst bzw. ein darauf gerichtetes Wollen und reduzieren die praktische Vorkehrung auf ein »Auf-der-Hut-sein«: nicht vor dem Nichts und der Angst, vielmehr umgekehrt davor, den jederzeit zu gewärtigenden Augenblick ja nicht zu versäumen, da einen jene Angst anfalle. Das »Nachdenken« müsse dazu »nur alles in die Gelassenheit der langmütigen Besinnung zurücknehmen«, eine Formulierung, die wieder den Bogen schlägt zu der uns bereits vertrauten von der über längere Zeit zu hütenden Sprachlosigkeit. Und es ist gerade diese für die Praxis der Stimmungsregulation penibel eingeforderte Zurückhaltung oder Verhaltenheit, so der Eindruck, die als Entschuldigung dafür herhalten muss, dass der Autor alles Nähere und Konkrete des Vollzugspraktischen oder Performativen im Nebulösen belässt. Ja, es finden sich Sätze, die sich wie eine Absage an jedwedes Ansinnen einer dezidierten Praxis lesen: »Dasjenige aber, was ein solches Denken auf seinen Weg bringt, kann doch nur das zu Denkende selbst sein.« Von sich aus vermöge das Denken, das Erschweigen können wir ebensogut als Synonym sagen, nie zum Sein und seiner Wahrheit vorstoßen; »wohl dagegen«, wie Heidegger im Nachwort betont, »das wesentliche Denken ein Ereignis des Seins«. Ein Credo, das einem ultimativen Verdikt gleichkommt: gegen die Möglichkeit einer existenziell transformatorischen Praxis. Eine solche Absicht diskreditiert sich unter Heideggers ereignisphilosophischen bzw. seinsgeschichtlichen Auspizien unweigerlich als Ausgeburt einer in Wollensmetaphysik gefangenen Subjektivität.

Die von Heidegger dem menschlichen Dasein angetragene »Wächterschaft des Seins« also lediglich eine rhetorische Figur? Den Heideggerschen Text-Stilblüten, vor allem aber der der Nachwelt überlieferten Heidegger-Ikonographie, mehr abzugewinnen vermag Cai Werntgen.[27] Speziell in den fotographischen Inszenierungen des Schwarzwald-Philosophen entdeckt er ein »gestisch-performatives Form-Apriori des Denkens«, einen bildlich verkörperten *praktischen* oder *Vollzugsaspekt*, mit dessen Anerkennung hinsichtlich des konventionellen Denk- oder Philosophiebetriebs geradezu strategische »Entdeckungen und Revisionen« einhergingen. Allem voran die Demonstration einer Gleichzeitigkeit von Gehalt und Vollzug, Zeigen und Sagen, statt ihres Auseinanderfallens in Signifikat und Signifikant, Bedeutung und Zeichen. Um an unsere eigenen Überlegungen anzuschließen: Das denkende/erschweigende Subjekt bei Heidegger ist nicht von einem gedachten/erschwiegenen Objekt separiert, das eine *ist* das andere – der »Sinn von Sein« bzw. die »Wahrheit des Seins« sind in keiner gedanklichen Vergegenständlichung oder sprachlichen Objektivierung zu haben, sondern nur in der und als ›Inkarnation‹ *gestisch-performativ* darstellbar.[28] – Nach Werntgen handelt es sich darum, »dezidiert auf der Spitze der Moderne« die pythagoräische Urszene der Philosophie und des Philosophen, den »Willen zur bloßen Theorie alias Kontemplation«, neu erstehen zu lassen: »Also keine Kunstfertigkeit, kein Wissen, sondern Sein, Philosoph *sein*.« In diesem Sinne interpretiert er das Paradigma Heidegger als »die Neuauflage und Neuverhandlung der Unterscheidung zwischen Philosophie als Existenz- und Lebensform und Philosophie als Kunstfertigkeit, als Technik ... Wenn Heidegger zurecht als der Denker der Seinsfrage gilt, dann doch auch weil in dem elementaren Sinne seiner berüchtigten Frage nach dem Sein die Frage oder besser das Problem mit akut ist, *was es heißt und wie es möglich ist unter modernen Bedingungen Philosoph zu sein, eine philosophische Existenz zu behaupten.«*

So wie den jungen Wittgenstein, wie von uns oben dokumentiert, hinsichtlich der individuellen Existenz obsessiv die Frage nach dem Wie der Transformation in ein *ethisches* Leben umgetrieben hat, so Heidegger nach dem Befund Werntgens die Frage, *wie* (nach einem »Vollzugssinn« fragend) der Einzelne die philosophische Seinswahrheit *lebe*, den ethisch-existenziellen Sinn von Welt und Sein *verkörpere*. Die Frage werde von Heidegger selber beantwortet vornehmlich durch das, was wir eben nicht als pure Selbstinszenierung oder Pose abtun und disqualifizieren sollten; denn »all das ist ... nicht einfach nur Pose oder Attitüde, sondern als Pose, als Figur und als Haltung untrennbarer Bestandteil der Seinsfrage, nämlich deren konsequente Formwerdung, deren konsequente Formpraxis«. Und diese seine These erhärtet und illustriert Werntgen dann an der kaleidoskopischen Einblendung von Szenen aus der Heidegger-Ikonographie, »Installationen, Performances, Aufführungen eines Denkens in Gesten und von Gesten des Denkens«: die Nachstellung der heraklitischen Ofenszene in der Hütte auf Todtnauberg, der Denker mit dem Zinkeimer am Brunnen Wasser schöpfend usw. usf.[29] – In der Tat kann Werntgen anhand einer beachtlichen Materialfülle das Ziel oder Ideal des existenziell verkörperten ›esse‹, des sinnerfüllt gelebten Seins – plastisch vor Augen gestellt durch »Deiksis, Zeigen und Index statt Referenz, Evidenz und Evokation statt Sinn (Zeichensinn, H.-W. W.), konkrete Situation statt universaler Abstraktion« – überzeugend darlegen. Was er vermutlich dadurch nicht vermag ist: den Weg aufweisen, wie einer seinerseits die von Heidegger präsentierte »Formlösung« (Werntgen) – die des »Lebensrätsels« in den Worten Wittgensteins – realisieren soll: nicht intellektuell sondern existenziell. Denn eines funktioniert sicher nicht: Dass jemand einfach die Heideggerschen Installationen und Choreographien für sich selber nachstellt und nachspielt, also Mimesis betreibt, schauspielernd in diese oder jene Pose schlüpft, beispielsweise an einem Schwarzwaldhang sich mit sinnendem Fernblick auf einer Bank niederlässt. Und auch der Hinweis darauf, dass jene Formlösung selbstverständlich prozessual aufzufassen sei und allerdings nur durch die entsprechende innere Haltung zu einer authentischen und nicht bloß chimärenhaften werde, könnte die ebenso schlichte wie berechtigte Frage: ›wie stelle ich das an?‹ nicht zufriedenstellend beantworten.

Die Frage nach dem ›wie man es anfängt‹ ist natürlich keine andere als die nach der *Praxis* – nicht allgemein oder pauschal der Lebenspraxis, vielmehr der Praxis im ausgezeichneten Sinne von spezifischer *Übungspraxis*, die eben nicht nur selbstbezüglich-selbstgenügsam verstanden werden darf, sondern auch zu etwas dient. Als Schweigepraxis aufgefasst nämlich dazu, an sich selbst einmal das ›mystische Gefühl‹ sinnhafter Existenz zu erleben (nicht abhängig vom Sinn oder Unsinn dieser oder jener Lebensumstände), um von da aus bei fortgesetztem Üben auszustrahlen auf das Lebensgefühl im Ganzen. So situativ und gestisch-performativ unspezifisch oder allgemein, wie sich nach Werntgen die Heideggersche »Formpraxis« darstellt, fehlt ihr, so unser Einwand, der *Schwerpunkt in einer Zugangspraxis par excellence.* Die beliebige Vielzahl des philosophischen ›esse‹, des Seins, im Heideggerschen Repertoire ist gerade der Haken bei der Sache: sie lässt den staunenden Zuschauer ratlos zurück, nicht wissend wie von hier nach da zu gelangen, von seinem eigenen Ufer ans jenseitige, wo der Meister seine Kunststücke in der anscheinend zauberischen Auflösung unserer Lebensprobleme vollführt.

»Ein Zeichen sind wir«, heißt es bei Hölderlin, »und haben in der Fremde die Sprache verloren.« Der (Werntgen weist darauf hin) von Heidegger wie ein Mantra wiederholte Vers spielt auf die incorporierte Unmittelbarkeit des Seins an, die man als die eine und immer gleiche Pointe all seiner in Texte oder in direkte Gebärden seiner Person investierten Anstrengung betrachten kann. Aber die in der Fremde verlorene Sprache im Hölderlin-Vers spielt ebenso auf das Dilemma an, das Menschen ›im Stande der Entfremdung‹ sich selber als das Zeichen, das sie *sind*, nicht ›lesen‹ können, ihre eigene Zeichenhaftigkeit und mithin Sinnhaftigkeit nicht zu realisieren vermögen. Also müssen sie – so nehmen wir den Faden gerne auf, um ihn weiterzuspinnen – als Exilierte das erst noch lernen. Und was stünde ihnen dabei anderes zu Gebote als die Mystagogik der Schweigeübung, von der man allerdings bei Heidegger nichts erfährt, weder dass es sie gibt, noch gar eine praktische Anleitung zu ihr. – Vielleicht deshalb nicht, weil Sein nicht eingeübt werden kann (so wenig wie das parmenideische Sein ein Werden kennt, das zu ihm hinführen würde, so wenig wie man absichtsvoll spontan sein kann, etc.)? Dies wären theoretische Bedenken, die sich wiederum vom Sein her, diesmal vom In-Übung-sein des Übenden aus, sogleich als nichtig oder belanglos herausstellen, ungefähr so wie sich die Paradoxien eines Xenon beim praktischen Nachvollzug zu Hirngespinsten verflüchtigen. Wir werden dem sich auf den Paralogismus stützenden Vorbehalt gegen eine Übungspraxis im Dienste der ›Seinserfahrung‹ noch einmal im Zusammenhang mit der zenbuddhistischen Schweigepraxis begegnen. Danach erst soll uns übrigens Heideggers mystagogisches Zugeständnis, wenn man es so nennen darf, beschäftigen: der »Feldweg«.

Das Augenblickserlebnis des Dass: Doch noch Momente eines eminenten Schweigens?

»... der das Seyn verwandelnde Einsprung in seine ursprünglichere Wahrheit«
(Heidegger, 1936)

Nach unserem kleinen Ausflug in sein »ungeschriebenes Werk« und einer Würdigung seines darstellerischen Talents zurück zu den Texten Heideggers – und damit notwendig der Schritt zurück vom »Sehen lassen« *in actu* zum referentiellen, gegenstandsbezogenen Sprechen von bzw. Schreiben über dasselbe, und das heißt weiterhin: jenes singuläre Sich-zeigen von Sein als solchem, der reinen Faktizität des Dass, um die allein es Heidegger im Grunde in seinen späten Vorträgen und Aufsätzen zu tun ist.[30] Die Zuspitzung allen Fragens und die Hinlenkung aller denkenden Aufmerksamkeit auf die Faktizität des puren Seins vollzog Heidegger mit rhetorisch mächtiger Gebärde im bereits hinlänglich herangezogenen Metaphysikvortrag von 1929: »Einzig der Mensch unter allem Seienden erfährt, angerufen durch die Stimme des Seins, das Wunder aller Wunder: dass Seiendes ist.« Dieses »dass«, mit dem die Faktizität des Seienden schlechthin konstatiert wird: das groß geschriebene *Dass* der Faktizität des Seins, dieses Dass führt, als solches in den Mittelpunkt der Aufmerksamkeit gerückt, zwangsläufig zu einem gleichzeitigen Abblenden, wenn nicht Ausblenden des *Was* (wahlweise ließe sich auch sagen des Wie) dessen, was sich an Seiendem oder als Seiendes eben noch gezeigt hat. Das Seinswunder auf seiner ›Absolutheitsspitze‹ wird ununterscheidbar von einem Mirakel des Nichts: »Das Sein lässt sich nicht gleich dem Seienden gegenständlich vor- oder hinstellen. Dies schlechthin Andere zu allem Seienden ist das Nicht-Seiende. Aber dieses Nichts west als das Sein« (Vortragsnachwort von 1943). – Das zeitweilige, bei Heidegger (wie wir gleich sehen werden) eigentlich nur augenblickshafte ›Dimmen‹ des Was zugunsten des Dass kompliziert nicht selten das adäquate Verständnis bestimmter Texte und Textpassagen; denn ihr Verfasser möchte einerseits – und zwar, wie schon gesagt, als hauptsächliches

Das Augenblickserlebnis des Dass

Anliegen – für das Augenblicks-Ereignis des Dass sensibilisieren, andererseits dadurch aber nicht nur nicht das konkret Seiende und damit das jeweilige Was vergleichgültigen oder der Achtlosigkeit überlassen, vielmehr gewissermaßen im Rückstoß der Dass-Erfahrung die diskreten Dinge und die an und mit ihnen erschlossene Welt – die in den »Riss des Unterschieds« Gerufenen, wie es in der späteren Diktion heißt – nur desto wesensgemäßer und strahlkräftiger in ihr »Scheinen« bringen.[31] Letzteres wäre sozusagen die Bewährungsprobe für das von Mal zu Mal aus dem Anderen des Denkens zurückkehrende andere Denken, in unsere eigene Terminologie übersetzt.

Das Bisherige hat unsere Recherche bezüglich Heidegger aktuell auf den Stand gebracht: Wenn es bei ihm ein Credo oder einen Generalnenner seines lebenslänglichen Philosophierens respektive Denkens gibt, so wäre dies, man könnte sich die knappe Feststellung wie die Aufschrift einer um alles von ihm Gedruckte geschlungenen Banderole vorstellen DER DENKER SAGT DAS SEIN. Er tut dies in einer permanenten Vollzugs*bewegung*, die ihren Ausgang nimmt von der schweigend erfassten wortlosen Zeige (der Sage des Seins selbst) und sich hinbewegt zum in Worten verlautenden Sprechen (dem Sagen aus dem Munde des Denkers). Ein Nacheinander, das auch Ausdruck findet in Heideggers formelhaftem Insistieren darauf, dass *vor* allem menschlichen Sprechen sich bereits ein Bereich *gelichtet* haben müsse, in welchen hinein jenes Sprechen erfolge. Nun ist aber streng betrachtet dieses *zuvor* Gelichtete bereits ›vollständig‹ das *Dass,* also die Faktizität des Seins, mithin das uns in diesem Kapitel speziell Interessierende; und, so müssen wir der Exaktheit halber hinzufügen, mit dem Fortgang der Vollzugsbewegung zum tatsächlichen Sprechen wäre ein Denkender immer schon im Begriff, sich von der reinen Faktizität des Dass *weg* zu bewegen. Zugespitzt formuliert: Sobald der Denker das Sein sagt – er die diesbezügliche Vollzugsbewegung vollendet – sagt er es auch schon nicht mehr. Eben diese Zuspitzung jedoch meidet Heidegger wie der Teufel das Weihwasser, maliziös gesagt. Müsste er dann doch gerade heraus zugeben, dass sich Sein nicht sagen lässt, sofern Sagen noch irgendetwas mit semantisch gehaltvoller Rede zu tun haben soll. – Dieser uneingestandene Zwiespalt des Projekts *Das Sein sagen* dient Rainer Marten als Heideggers offene Flanke, in die er mit seiner Kritik unbarmherzig hineinstößt: Nirgends werde »Sein in einem semantisch relevanten Sinne spezialisiert, differenziert oder gar evaluiert«.[32] Unsererseits wollen wir nachfolgend einige Äußerungen Heideggers daraufhin unter die Lupe nehmen, wie er sich – von der »allein in sich selbst schwingenden Fragwürdigkeit« (Marten)

Das Augenblickserlebnis des Dass

des Dass-Seins fasziniert, zugleich jedoch sich einer psychologisch deskriptiven Erläuterung dieser Erfahrung verweigernd – an der Darstellung des Augenblicks-Ereignisses der Faktizität des Dass abmüht, ohne auch nur mit einem Wort die Möglichkeit einer formellen Schweigepraxis in Erwägung zu ziehen, als würde er in diesem Fall auch schon die sich förmlich aufdrängende Notwendigkeit derselben einräumen müssen.

Dass Sein ist – wie sollte dies anders erfassbar sein denn als Konzentration auf pure, eigenschaftslose *Anwesenheit*, besser noch auf reines *Anwesen*, um Heideggers Begriffe zu verwenden. »Bei allen – erläuternden – Lichtmetaphern«, bemerkt Rainer Marten, »hat Heidegger zu ›sein‹ letztlich doch keine weitergehende und erhellendere Deutung zu geben gewusst als ›anwesen‹. So läuft denn auch alle Deutung von ›sein‹ wieder auf ›anwesen‹ hinaus und in es zusammen: ›das Anwesend in seinem Anwesen ..., / Anwest nämlich Anwesen ..., / dass anwest Anwesen ...‹. Das ist die reinste Orgie des Dass.«[33] Eine Stelle, die das quasi Apriorische, dieses Dass als des gelichteten Bereichs ›beschreibt‹, findet sich in »Der Ursprung des Kunstwerks«, Heidegger: »... über das Seiende hinaus, aber nicht von ihm weg sondern vor ihm her, geschieht noch ein Anderes. Inmitten des Seienden im Ganzen west eine offene Stelle. Eine Lichtung ist. Sie ist, vom Seienden her gedacht, seinder als das Seiende. Diese offene Mitte ist daher nicht vom Seienden umschlossen, sondern die lichtende Mitte selbst umkreist wie das Nichts, das wir kaum kennen, alles Seiende.« (Vgl. Holzwege, a.a.O. S. 41). – Dieser kreisförmigen Lichtung kann man – freilich nur als ein Denkender nach dem Vorbild des Denkers – allein in einem Augenblicks-Ereignis gewahr werden: aus der »Mitte des Seienden« für einen Augenblick von einem jeglichen Seienden absehend und bevor sogleich wieder irgendein Seiendes den frei gewordenen Blick auf sich zieht, in Bann schlägt. Es vermag nur in einem ausdehnungslosen Augenblick zu geschehen, weil die offene Mitte sich *ent*berge, indem sie sich *ver*berge (hinter den unseren Blick gefangen nehmenden Seienden). So weit die Darlegung des ›objektiven Sachverhalts‹, dessen, worum es sich beim Augenblicksereignis des Dass ›rein faktisch‹ handeln soll.[34]

In immer neuen Anläufen nähert sich Heidegger nun in seinen Texten dem, *wie dies* – denkerisch, darauf beharrt er – *geschieht;* wie jemand – der Denker – ohne, was unmöglich wäre, dazu eine Zeitdauer oder ›Verlaufszeit‹ in Anspruch zu nehmen, vielmehr ›keirologisch‹, im selben Augenblick, in den Ereignis-Augenblick des Dass *unvermittelt* eintritt. Immer wiederkehrende Verben – ›Tätigkeitswörter‹, falls man denn hier die Aktivität eines Tuns in Anschlag bringen soll –, die den Vollzug des

Wie spezifizieren, sind *vernehmen/ in die Acht nehmen, hüten, wachen* (das erste zugleich Heideggers Lieblingsübersetzung des griechischen *noein*, denken). So wie die drei genannten Worte denselben Vollzug bezeichnen, sind sie ihrerseits noch einmal mit einem gemeinsamen Vorzeichen bei Heidegger versehen: es möge jeweils *verhalten* vonstatten gehen – soll heißen der Denker müsse sich bei seinem Eintritt in das Augenblicks-Ereignis des Seins äußerster Zurückhaltung (was etwaige subjektive Anteile anlangt) auferlegen. – Erlauben wir uns zu fragen: Was »verhält« der Denker beim Wachen/Hüten/In-die-Acht-nehmen? Womit hält er sich zurück? Mit dem Denken (mit dem inneren Sprechen des ›Zwiegesprächs der Seele mit sich selbst‹)? Gar mit *jeglichem* Gedanken? Jedenfalls im Augenblick der sich ereignenden »Unverborgenheit«, alias »Wahrheit des Seins«. Und wäre just dies nicht ein Moment eminenten Schweigens?

Einer Bejahung dieser Fragen stehen zumindest deklarativ, wörtlich gelesen, die meisten Heidegger-Worte entgegen. »Dass je und jäh ein Denken ist, wessen Erstaunen möchte dies ausloten?« lautet eine Zeile in der Sentenzensammlung »Aus der Erfahrung des Denkens«.[35] Doch ebenso hartnäckig widerspricht, so meinen wir, bei genauem Hinsehen der Sachverhalt dem Deklarativen. Schon »Sein und Zeit« definierte den Begriff des »Augenblicks« als einen gegenstandsfreien und damit auch reflexionsfreien Zeitlichkeitsmodus: »›im Augenblick‹ kann nichts vorkommen, sondern als eigentliche Gegen-wart lässt er *erst begegnen*, was als Zuhandenes oder Vorhandenes ›in einer Zeit‹ sein kann« (§ 68, S. 338). In der zweiten der beiden Vorlesungen über das Denken von 1951/52 nun fallen die Worte vom »Sprung eines einzigen Blickes, der erblickt« – und als wäre dies die Wiederaufnahme jener frühen Definition von Augenblick heißt es vom Blicken dieses Blicks, dass es »nicht dem sinnlichen Auge verhaftet bleibt«. Und dies doch wohl deshalb nicht, weil das jetzt zu Erblickende eben kein beobachtbarer Gegenstand, noch eine auf ihn verweisende Symbolisierung ist, sondern die ihnen vorgängige und sie erst ermöglichende *Lichtung* oder *Offenheit*, wie sie augenblicklich-augenblickshaft aufblitzt. Die Art und Weise aber – und dies erst macht das Heideggersche Unternehmen so recht spannend wie es freilich auch für dessen unausweichliche Zwiespältigkeit sorgt –, wie Heidegger in seiner Vorlesung das Augenblicks-Ereignis als deren ›quod errat demonstrandum‹ dramaturgisch ansteuert, schließt performativ aus, dass es sich hier um etwas anderes handelt als eine *außertheoretische Erfahrung*, der die Evidenz eines von jedermann ›an sich selber‹ gleichsam empirisch verifizierbaren Experiments eignet. Etwas anderes also als

Das Augenblickserlebnis des Dass

ein logisches Rückschlussverfahren, welches lediglich eine Denknotwendigkeit (die der vorgängigen Lichtung oder Öffnung des Seins) *bloß theoretisch, als reine Reflexionsbestimmung* unterstellt.[36] Atemberaubend, wie Heidegger am Höhepunkt seiner Vorlesung auf dem *Erfahrungsmäßigen*, sozusagen der Probe aufs Exempel, insistiert – einem Erfahrungsmäßigen, das auch wenn man es phänomenologisch unter ›Intuition‹ oder kryptotheologisch unter ›Cognitio experimentalis‹ verbuchte, *eben das genaue Gegenteil zu einem Reflexionsmäßigen, kurz zum Denken* ausmacht; und zwar, andernfalls wäre es nicht so bemerkenswert, in einer *nicht-empirischen* (auf keinen sinnlichen Gegenstand oder dessen Symbolisierung bezogenen) Angelegenheit. Auch wenn letzteres interessanterweise – denn es ist das Entscheidende – nur wiederum als Implikation in Heideggers Worten enthalten ist und ihnen ihren Sinn verleiht: »Erblicktes lässt sich stets nur so ausweisen, dass es je und je erblickt wird.« Oder noch deutlicher: »Erblicktes lässt sich nie durch Anführung von Gründen und Gegengründen beweisen, solches Verfahren vergisst das Entscheidende, das Hinblicken.« So in der zweiten der beiden *Vorlesungen* »Was heißt denken?« (Tübingen 1954, S. 141 f.). – Nach unserer Textkenntnis liegt mit diesem »Hinblicken« in Heideggers Denkweg-Oeuvre die äußerste Annäherung an so etwas wie eine Schweigepraxis vor; und um ein *eminentes Schweigen* muss es sich bei solchem, dem Beweis durch Gründe und Gegengründe, mithin dem Diskursiven sich entziehenden Hinblicken allemal handeln. Gleichzeitig aber können wir Heidegger das Urteil nicht ersparen: Als Weg zu dieser *Erfahrung* kann man keine irreführendere Fährte legen als ihre Sache unter dem Titel *Denken* zu verhandeln, und sei es dem jenes seltsamen Komparativs des »denkenderen« Denkens. Hat Wittgenstein noch die Parole ausgegeben »denk nicht, sondern schau«, so kommt Heidegger nicht nur ein Imperativ »hinblicken statt denken« nicht in den Sinn, er erklärt das, bei dem es de facto um ein Nicht-denken geht, zum Nonplusultra des Denkens.[37]

Und: Statt sich den (auch kulturell alles andere als selbstverständlichen) Verhaltensrichtlinien einer Praxis gegenstandsfreier Meditation (ein anderer Ausdruck für Schweigepraxis) zuzuwenden und der beim Praktizieren sich manifestierenden Psychologie die gebührende Aufmerksamkeit zu schenken, führt Heidegger eine dritte, diesmal kinetische Metapher ein, die genauso wenig Aufschluss über die praktisch zu befolgenden Maßregeln gibt wie die das Visuelle und das Auditive bemühenden Metaphern des Sehens/Blickens und des Hörens (der Lichtung und ihrem Ereignis ist in der Regel die Seh-, der »Sage« die Hör-

Metapher zugeordnet). Die Bewegungsmetapher des »Sprungs« wird von Heidegger immer wieder bemüht, besonders penetrant in den »Beiträgen zur Philosophie«: Der Sprung soll dort ein »Absprung« sein vom immer schon Entsprungenen des »ersten Anfangs« zurück in dessen Ursprung, also der »Einsprung« in einen »anderen Anfang« (vgl. ebd. u. a. S. 179 ff.). – Terminologische Kunststücke ohne jeden Ertrag, das Gehabe eines Postulierens, das seine Hilflosigkeit nur schlecht verbirgt. Wer Heideggers Appell beim Wort nimmt und ins Schweigen springen möchte, wird sofort feststellen, dass er bloß von dem einen inneren Monolog in einen anderen gesprungen ist – man springt eben nicht ›so ohne weiteres‹ vom Sprechen ins Schweigen, insbesondere nicht vom inneren Sprechen der Gedanken in die wortlose innere Stille. Diese wäre Heideggers »Ort der Stille«, die »Gegend« des Ereignisses bzw. der Augenblick des allem Gedanklichen vorgängigen »Seins als solchem«, das darum auch *nicht denkend, d. h. in Gedanken erfasst sondern nur schweigend erfahren* werden kann.

Der Denker (halten wir uns an Heideggers Sprachregelung) »denkt« das Sein, indem er *nicht* denkt; und der Denker »sagt« das Sein, indem er *nichts* sagt (mit Worten etwas über etwas prädiziert). So kann man es auch sagen, reizt es einen da ironisch zu kommentieren. Oder im Rekurs auf den Eigentlichkeitsjargon der frühen Jahre: »Die eigentliche Rede, das eigentliche Sagen, die dem Wesen der Sprache als Augenblick des Ereignisses der Unverborgenheit entspricht, besteht somit im Schweigen – als ›beredtes Schweigen‹ bzw. als ›sagendes Nichtsagen‹.« So wohlwollend Günter Wohlfart.[38] Und noch einmal Heidegger im Original: »Die Sage lässt sich in keine Aussage einfangen. Sie verlangt von uns, die ereignende Be-wegung im Sprachwesen zu er-schweigen, ohne vom Schweigen zu reden.« Oder dasselbe in eine rhetorische Frage gekleidet: »Wer aber vermöchte es, vom Schweigen einfach zu schweigen?«[39] – Allerdings, so ließe sich mit Ausrufezeichen erwidern, denn so »einfach« schweigt es sich nun einmal nicht. Es bedarf dazu der förmlichen Askese, eines formellen Exerzitiums, dessen was wir Schweigepraxis nennen und worüber sich kontinuierlich auszuschweigen Heidegger offensichtlich gar keine Probleme bereitet …

Noch einmal zurück zum Augenblicksbegriff. Anders als noch in »Sein und Zeit« problematisiert ihn Heidegger in den späteren Zusammenhängen nicht eigens;[40] obwohl sich diesbezüglich dem Rezipienten der einschlägigen Texte Fragen stellen. Warum das Ereignis des Dass als Augenblicks-Ereignis vorgestellt werden muss, lässt sich noch anhand des für das Ereignis konstitutiven Entzugsgeschehens (»lichtende Verbergung« – ein Offenes, das sich im Moment seiner Öffnung auch schon wieder durch ein Verstelltwerden dem Blick entzieht) nachvollziehen. Aber macht dann Heideggers Forderung nach »Verhaltenheit«, nach einem Bleiben oder Verweilen »im Anfänglichen« des Ereignisses einen Sinn, wenn im augenblicklich Sich-entziehenden gar keine Aufenthaltsgelegenheit besteht?[41] Oder soll man es so verstehen, dass der das Verhaltenheitspostulat Befolgende je neue Augenblicke aneinanderreiht, *von* Augenblick *zu* Augenblick springt[42] (einmal davon abgesehen, dass das Wie und die Umstände des Springens bei Heidegger im Dunkeln bleiben)? – Fragen, die sich möglicherweise beantworten ließen, wenn man nicht wie Heidegger das Augenblicks-Ereignis des Dass letztlich doch nur als eine *ontologische Reflexionswahrheit* konzipieren würde, sondern es als ein übungspraktisches Erfahrungsdatum (der Schweigepraxis) ansähe. Könnte dann der ›empirische Selbstversuch‹ doch vielleicht zeigen, so unsere Hypothese, dass jenes Sich-entziehende, Sichverweigernde am Ereignis eine *reflexionsbedingte* Zwangsläufigkeit darstellt, hinfällig in dem Maße, wie die formelle Übungspraxis, die des Schweigeexerzitiums, durchgehalten wird. Nur in dieser Perspektive erscheint jenes von Heidegger stets ›irgendwie‹ verlangte *In-sein* als eine überhaupt realisierbare Erfahrung nicht des Denkens, sondern des Nichtdenkens oder eminenten Schweigens (wie wir dies unten im Kapitel über Losgelöstheit oder Samadhi näher ausführen).

Überraschend, dies verdient Erwähnung, die Übereinstimmung mit Wittgenstein im denkerisch bzw. ethisch angepeilten Ziel eines menschlichen Optimums: Der existenzielle Denker Heideggers und der ethisch Glückliche bei Wittgenstein streben beide eine zeitlich oder temporal definierte ›ideale‹ Befindlichkeit an – bloß dass diese einmal als *eigentliche Zeitlichkeit* (Heideggers Augenblick), das andere Mal als *Unzeitlichkeit* (Wittgensteins mystisches ›In-der-Ewigkeit-leben‹) nominell ausgewiesen wird.[43] Die zweite Kennzeichnung hat gewiss alle Plausibilität auf ihrer Seite (und steht im Einklang mit der Tradition der Mystik), während man der ersten in ihrer Künstlichkeit das Theoriekonstrukt ansieht. Meditations- oder Schweigepraktiker jedenfalls lehrt die Erfahrung, dass sich beim Übergang in den gedankenfreien Bewusstseinszustand eminenten Schweigens das ›Gefühl‹ der Unzeitlichkeit, Außerzeitlichkeit oder Zeitfreiheit einstellt (das Mystische ›nunc stans‹). – Auf seine kontraintuitive Etikettierung (als »eigentliche Zeitlichkeit« im Frühwerk und als eine »vierte Dimension der Zeit« im Spätwerk) verfällt Heidegger nur, weil er die Schweigepraxis und ihre Psychologie souverän ignoriert und die Abstraktionen seines ontologischen Theorieprogramms durchzieht.⁴⁴

Wer bis hierhin die Geduld aufgebracht hat, sich auf Heideggers Subtilitäten und die sie begleitenden Komplikationen einzulassen, dem mag es eine Hilfe sein, sich abermals das *existenzielle* Gewicht vor Augen zu halten, das das hier Verhandelte für sich in Anspruch nimmt. Das bohrende Fragen Heideggers nach dem Sein bzw. dem Ereignis *als solchem* und, dem korrespondierend, unsere eigene Frage nach dem *anderen des Denkens* (wie wir es im eminenten Schweigen zu erkennen glauben), sie zielen ins Herz jener »ortlos gewordenen Wahrheit« (Habermas), die noch in der nachmetaphysischen, durch die Wissenschaften dominierten Moderne Auskunft verheißt in letzten Sinnfragen von Welt und menschlichem Dasein. Für Ortlosigkeit (der existenziellen oder Seins-Wahrheit) kann man auch »Verborgenheit« oder »Verweigerung« sagen und die Heideggersche Denkbewegung in diesem Zusammenhang mit Peter Trawny als »esoterische Philosophie« klassifizieren.⁴⁵ Heideggers geheimes Versprechen mit Trawnys Worten auf den Punkt gebracht: »Wer in diesen Bezug hineingelange, empfange einen ungeheueren Exzess von Sinn.« Wer diese überwältigende Sinnfülle erfährt, findet die zuvor so bedrängenden Fragen nicht im strengen Sinne ›beantwortet‹ – man erinnert sich an Wittgenstein: wer den Sinn des Lebens gefunden habe, vermöge nicht zu sagen, worin er besteht –, vielmehr wird es erlebt, als sei ein Bedürfnis *gestillt* (mit allen positiven Konnotationen des Stillens: des Sättigens, der Befriedigung, der Ruhe). – Auf diesem Hintergrund erhellt einmal mehr auch die Bedeutung der Frage, *wie* in diesen »Bezug« zu gelangen wäre. Sicher nicht theoretisch, so unsere Antwort, vielmehr *praktisch*, via Schweigepraxis, wie wir annehmen. »Vielleicht lautet das Hauptwort von Heideggers Denken nicht ›Sein‹ sondern ›in‹, ›In-Sein‹ …« Wenn Trawny damit Recht hat, unterstreicht dies nur noch die Schlüsselstellung der Praxis; denn ein theoretisch gedachtes »In-Sein« (In-*Sein*) wäre keines, anders als das *praktisch erfahrene*.⁴⁶

Bleibt noch auf eine letzte Parallele zu Wittgenstein, zum Wittgenstein des Ethikvortrags von 1929, hinzuweisen. Auch für Heidegger konfrontiert das Augenblicks-Ereignis des Dass mit einem *Wunder* der Faktizität, das beim Erblickenden als unmittelbare, kognitiv-affektive Reaktion ein *Staunen* auslöst. Es soll, ähnlich wie bei Wittgenstein, die adäquate, die dem Anspruch und Zuspruch des Seins entsprechende Grundstimmung auf Seiten des Denkers sein; sodass die für diesen bei Heidegger gebräuchliche Generalformel zur Beschreibung seiner Aufgabe wie folgt von uns abgewandelt werden darf: *Staunend* sagt der Den-

Das Augenblickserlebnis des Dass

ker das Sein.[47] – Staunen, wir wiederholen uns, erweist sich wie bei Wittgenstein so auch in Heideggers Gebrauch als ein allzu behelfsmäßiger, zu wenig facettenreicher Ausdruck für das innere Erlebnis jenes wenn man so will ›Wunderbaren‹ – des ›Ganz Anderen‹ eines ›Der-Sorge-ledigseins‹, des von Angst und Hoffnung Befreit-seins.

Die besinnliche Weile – eine zweite Bezugsgröße von Heideggers ›anderem Denken‹

»Alles sinnende Denken ist ein Dichten ...«
(Heidegger, Der Weg zur Sprache, 1959)

Der Ausdruck *besinnlich* ist bekanntlich das von Heidegger selber gewählte Attribut für seine eigene Weise des Denkens (insbesondere im öffentlichen Vortrag vor größerem Publikum), besonders prägnant in der Opposition *besinnliches* versus *rechnendes* Denken.[48] Da das Besinnliche gar nicht ohne das ›epische Moment‹ geruhsamer Verlaufszeit vorgestellt werden kann, tritt es in Widerspruch, mindestens in ein Spannungsverhältnis, zur keirologischen Zeitform des Augenblicks, wie sie bestimmend ist für das Dass des Ereignisses bzw. des reinen Seins. Auf alle Fälle erhebt sich die Frage, wie beides, das Keirologisch-Ereignishafte und das Besinnlich-Verweilende, konzeptionell zusammengehen soll bzw. ob und wie sie sich als unterschiedliche Bezugsgrößen in Heideggers ›anderem Denken‹ miteinander vertragen. Heidegger lesend entdeckt man bald, dass die jeweils für das eine und das andere stehenden Begriffe oder Vokabeln merkwürdig ineinander fließen. So zeugt oder kündet gewissermaßen der Ereignis-*Augenblick* vom je schon *Weilenden* des Seins; denn eben dieses (in der Zwiespältigkeit seines Sich-lichtendenverbergens) soll es sein, das »anblickt, das heißt anblitzt *und damit anwest*« (die Kursivierung in dieser Paraphrase aus »Der Ursprung des Kunstwerks« durch uns). Wie gelangt Heideggers Denker – und zwar sowohl begrifflich reflektierend wie auch unmittelbar erfahrend – vom »Augenblick als dem Erblitzen des Seyns« (Beiträge zur Philosophie, S. 109) zum Sein als *verweilender* »Anwesenheit« (denn dieses Wort besagt dem Vortrag »Zeit und Sein« gemäß nichts anderes als »das stete, den Menschen angehende, ihn erreichende, ihm gerichtete Verweilen«)?[49]
    Manchmal stellt es Heidegger so dar – etwa in der Vorlesung »Der Satz vom Grund«, wo er seine Hörer mehrfach ausdrücklich auf den Verfahrenscharakter der Vorlesung als eine sich Schritt für Schritt intensivierende *Besinnung* aufmerksam macht –, dass das besinnliche Denken

in der keirologischen Erfahrung des Augenblicks-Ereignisses als seinem Höhepunkt und Ziel zu kulminieren habe. Dann läge es nahe anzunehmen, dass das durch diese Klimax hindurchgegangene Denken gegenüber dem vorherigen, ebenfalls bereits besinnlichen Denken, noch einmal etwas an Besinnungsqualität ›zugelegt hat‹. Was könnte das sein? Dass die vom Ereignis-Blitz Erleuchteten nun allererst ›wirklich‹ erkennen *was ist*? So wie dies jene in der Konditionalform gehaltene Frage aus »Der Weg zur Sprache« suggestiv unterstellt: »Wie, wenn das Ereignis ... zum *Ein-Blick* würde, dessen lichtender Blitz in das fährt, was ist und für das Seiende gehalten wird?« (Unterwegs zur Sprache, S. 264). Demnach vermöchte erst ein auf das Ereignis Folgendes, sozusagen *postkeirologisches* besinnliches Denken sich so recht auf Seiendes, d. h. die in ihrer »Welt« weilenden »Dinge«, zu besinnen. – Wenn so gelingende Besinnlichkeit von der Vorgängigkeit des den Denker erleuchtenden Ereignisses abhängt, dann wird für den *noch besinnlicher* Denkenden in spe die Frage nach der Zugänglichkeit des Ereignisses dringlich. Oder sollte das Ereignis prinzipiell gar nicht zugänglich, geschweige denn verfügbar sein? Heidegger sieht in der Tat für gewöhnlich alle Initiative auf Seiten des Ereignisses, auf der Seite des individuellen Denkers muss eben darum ein aktives Entgegenkommen nicht nur als zwecklos, vielmehr als abträglich angesehen werden, sodass passive Bereitschaft als die einzig angemessene Verhalten(heit)sweise erscheint. Die ganz besondere Note verleiht Heidegger diesem Abhängigkeitsverhältnis allerdings erst durch zwei weitere Merkwürdigkeiten. Zum ersten fasst er das Verhältnis des Denkers zum Ereignis als eine *Zugehörigkeit* auf:»Vom Ereignis er-eignet ein denkerisch-sagendes Zugehören zum Seyn und in das Wort ›des‹ Seyns«, wie es am Anfang der »Beiträge« heißt.[50] Zum zweiten – die eigentlich brisante Drehung – soll dieses ›es liegt alles am Ereignis‹ gar nicht als ein auf das vereinzelte Individuum beziehbares Geschehen verstanden werden, nicht als etwas, das individuell zeitlich am Ort dieses oder jenes einzelnen Denkers geschieht, sondern wenn überhaupt dann nur kollektiv zeitlich, also epochal oder »seinsgeschichtlich« – »niemand weiß, wann und wie ...«[51]

Wenn Heidegger – wiederholt durch den Kairos des Dass-Erlebnisses hindurchgegangen und so zur höherstufigen Besinnlichkeit befähigt – seinen Bremer Vortragszyklus Ende der 40er Jahre unter den Gesamttitel »Einblick in das was ist« stellte, so hatte das sich vom bloß für seiend *Gehaltenen* absetzende emphatische *Was ist*, diesmal nicht die Referenz auf das nackte Sein oder das Ereignis sans Phrase, sondern auf das Sein von *Seiendem:* auf die Dinge und die mit ihnen stets schon aufgespannte

Welt – eben auf das *Was* und weniger das *Dass* (um Rainer Martens Unterscheidung aufzunehmen und zugleich die Berechtigung seiner Behauptung anzuzweifeln, Heidegger sei es geradezu monomanisch um das Dass und nichts sonst gegangen, das Was habe ihn nicht interessiert). *Erst* mit diesem vom Sein als solchen zum *Sein von Seiendem* überblendenden besinnlichen Denken *im diskursiven Modus* schlägt legitimer Weise die große Stunde für das Wort, das besinnliche Sprechen oder Sagen also (das jetzt ein wirkliches Sagen bezeichnet und als solches nicht länger bedeutungsmäßig ununterscheidbar mit der ominösen ›Sage ohne Worte‹ verschwimmt). Nunmehr darf und muss *prädiziert*, etwas von etwas ausgesagt werden – freilich in aller Behutsamkeit: mit einer die Worte sorgsam (»verhalten«) *erschweigenden* Sprache, welche die Dinge weder wie auf Bestellung herbei zitiert noch sich ihrer überfallartig bemächtigt, sondern sie auf sich beruhen lässt in einer (so die »Beiträge«) »hellen Ferne des Seienden«. – In der Sammlung »Unterwegs zur Sprache« sowie den anderen dem Wesen von Sprache und Dichtung gewidmeten Texten lernt man den exquisiten Sprachdenker Heidegger kennen, dem auch diejenigen etwas abgewinnen können, die Heidegger ansonsten nicht sonderlich mögen. In dieser Domäne fällt es nicht schwer etwas anzufangen mit Metaphern wie derjenigen von der Sprache als dem »Haus des Seins«: Für uns ist erst einmal all das wirklich, was auch in der Sprache und als ein Sprachliches vorkommt; Was dagegen sprachlich nicht ›repräsentiert‹ ist, ist so gut wie nicht vorhanden, hat als womöglich dennoch Reales ›kein Sein‹ für uns. Womit indes nur erst die halbe Pointe der Heideggerschen Metapher von der Sprache als dem Haus des Seins getroffen wäre, denn wo die Worte rattern wie aus der Pistole geschossen, droht das Sein des jeweilig Seienden schon wieder auf der Strecke zu bleiben. Anders gesagt: Nicht pauschal ›die Sprache‹, vielmehr die deren gesprochene Worte idealiter umfangende Stille – aus der sie aufsteigen und in die hinein sie auch wieder verklingen – bietet den per Name und Wort ›aufgerufenen‹ Dingen oder Phänomenen das ihnen angemessene ›Obdach‹.

Also ist es – anders als der vordergründige Wortlaut des Heideggerschen Diktums von der Sprache als dem Haus des Seins suggeriert – gerade die Stille bzw. das Schweigen und damit das Moment des *Sprachlosen* im Gesamtprozess dessen, was menschliche Sprache genannt wird, wodurch Sein, d.h. substanzielle Wirklichkeit im Unterschied zur Scheinwirklichkeit leerer Worthülsen, sagen wir *sich einstellt* – nicht nur jenes ›Sein selbst‹, das als »offene Gegend« augenblickshaft aufblitzt, auch und insbesondere das Sein des Seienden, sprich all dessen, was wir gemeinhin die Wirklichkeit nennen. Die Stille und das Schweigen sind innerhalb unseres sprachlich verfassten Wirklichkeitszugangs die Garanten dafür, dass wir die uns begegnenden Dinge nicht *verdinglichen* und dass die Welt in der wir leben sich uns nicht zum seelenlosen Betrieb verhärtet. – Das berechtigte Anliegen von Heideggers besinnlichem Denken sowie dessen Modalitäten wären damit hinlänglich umrissen. Als problematisch, wir könnten auch sagen als paradox, empfinden wir den Umstand, dass Heidegger sein Motiv der Besinnlichkeit – das doch beim Einzelnen mit dessen Fähigkeit zum Stillwerden und zum Schweigen steht und fällt und heute mehr denn je auf eine dazu befähigende Schweigepraxis angewiesen erscheint – unbedingt unter den Signalworten *Denken* und *Sprache* meint präsentieren zu müssen, die beim Publikum, einem heutzutage medial geprägten zumal, nolens volens in die der Stille und dem eminenten Schweigen entgegengesetzte Richtung weisen.

Was endlich noch fehlt, um die Aussichten eines besinnlichen Denkens à la Heidegger als eine potentielle kulturelle Einflussgröße beurteilen zu können, ist die im Motto zu diesem Kapitel, nämlich »alles sinnende Denken ist ein Dichten«, angezeigte Zuordnung zu einer kulturellen Sondersphäre. Heidegger sorgt somit selber für das, was im Falle Wittgensteins von dessen Nachfolgern (insbesondere der Strömung des »New Wittgenstein«) bewerkstelligt worden ist: die ›Umwidmung‹ seines philosophischen Denkens in *literarische Produktion,* die Transformation von Philosophie in Literatur. Was jedoch an diesem Vorgang zu Heideggers Zeit vielleicht noch nicht absehbar gewesen sein mag, das dürfte gegenwärtig niemandem mehr entgehen: Dass im literarisierten Verständnis resp. in der Version als bildungsbürgerlich anspruchsvolles Literaturbetriebs-Segment Heideggers besinnlichem Denken endgültig ›der Zahn gezogen‹ ist, dass ihm keinerlei kulturelle Sprengkraft mehr innewohnt. – Die Versuchung der (Selbst)Gettoisierung oder Exotisierung als »dichterisches Denken« ist zugestandener Maßen groß, denn Heideggers besinnliche Denkweise ähnelt in der Gangart wie auch atmosphärisch einem gehobenen Poetisieren bzw. einer Poesie des hohen Tons, die nicht nur produktionsästhetisch auf die Stille als Inspirationsquelle angewiesen sein mag sondern auch rezeptionsästhetisch in der Atmosphäre eines feierlichen Schweigens zelebriert werden will. Umständlich werden die lange erschwiegenen Worte der Heideggerschen Prosa wie auf dem Silbertablett serviert, stets eingedenk einer ungeheuren Bedeutungsschwere und -fülle – »kein ding sei wo das wort gebricht«, den Abschlussvers von Georges Gedicht »Das Wort« versteht Heidegger als

Menetekel und Verheißung gleichermaßen. Wohl wissend und es ausdrücklich hinzufügend, dass zum verklingenden Wort die dem so gerufenen Ding erst seinen Anwesenheitsraum gewährende Stille gehört, diese also gewissermaßen das letzte Wort behält: »Das verlautende Wort kehrt ins Lautlose zurück, dorthin, von woher es gewährt wird ...«[52] Was wäre zu tun gewesen, damit sich eine Initiative in Richtung auf ein *anderes Denken* nicht selbst ›entschärft‹, kulturell neutralisiert hätte? Außer es zu unterlassen, sich freiwillig in die gesellschaftlich und kulturell marginalisierte Zone der Dichtung oder des Schöngeistigen zu begeben, hätte sie ihre Besinnlichkeits-*Zumutung* an das Denken *in allen soziokulturellen Segmenten* adressieren müssen. Die der *Reflexion überhaupt* zuzumutende Besinnlichkeit bestünde – dies gilt seither unverändert – nicht darin, sie zum »dichterischen Denken« anzuhalten (obgleich auch mit einer solchen Devise heutzutage manche Konstruktivisten etwas anzufangen wüssten), sondern sie mit der regelmäßigen Unterbrechung des eminenten Schweigens auszustatten, ihr die Schweigepraxis wie eine Transzendentalpraktik vorzuschalten bzw. ihr dieses Exerzitium kulturell zu implementieren. – Eine nach dieser Maßgabe angelegte Initiative hätte nicht zum Ziel ein lediglich segmental verankertes ›anderes Denken‹ neben dem gesellschaftlich Dominanten zu installieren; sie zielte vielmehr darauf, dass infolge einer im Prinzip in allen sozialen Subsystemen praktikablen und mithin jedem Denken zumutbaren Askese (Schweigepraxis) *alles Denken anders* würde.

»So gibt es denn zwei Arten von Denken, die beide jeweils auf ihre Weise berechtigt und nötig sind: das rechnende Denken und das besinnliche Nachdenken.« Diese der populären Schrift »Gelassenheit« entnommene Aussage Heideggers (Stuttgart 1959, S. 15) wird von Ute Guzzoni an zentraler Stelle ihrer Reflexionen über den »anderen Heidegger« so ausgelegt: »Doch diese beiden stehen nicht einfach nebeneinander, zumindest nicht, wenn wir das an zweiter Stelle genannte *besinnliche* Denken etwas weiter nehmen und allgemein als *Besinnung* verstehen. Die *Besinnung* bleibt nicht auf ihren eigenen Bezirk beschränkt, sondern richtet sich auf die *beiden* genannten ›Arten von Denken‹. Die Besinnung blickt zum einen auf das rechnende Denken, das weitgehend unsere Gegenwart bestimmt, *zurück*, um es in seinem Wesen zu bedenken und so in seiner Beschränktheit aufzuweisen und über es hinaus zu führen«.[53] – Wahrscheinlich liegt Guzzoni, Heideggers strategische Motive betreffend, mit dieser von ihr geteilten Rückwirkungsperspektive eines besinnlichen Nachdenkens auf die Beschränktheit des rechnenden Denkens ganz richtig. In der beobachtenden Retrospektive spricht nur leider vieles

Die besinnliche Weile

dafür, dass dieser inzwischen über ein halbes Jahrhundert laufende ›Versuch‹ die Einfluss- und Wirkungskapazitäten eines im ›kulturellen Überbau eingehegten‹ besinnlichen Denkens überschätzt. Unwillkürlich fällt einem unter kritischem Blickwinkel die von Hermann Lübbe, Odo Marquard, Norbert Bolz und anderen freilich affirmativ vertretene These von *Kultur als Kompensation* (einer einseitig auf wissenschaftlichen und technischen Fortschritt programmierten Moderne) ein. Böse gesagt: Eine kulturelle ›Wellness-Oase‹ hält für die Fortschrittsgeschädigten und Modernisierungsgeplagten jene ›Spielwiese‹ vor, wo das von der Besinnlichkeitsidee angemahnte *Schonen* und *Lassen* und *ursprünglichere Wohnen* usw., all das, wofür in den soziokulturell hegemonialen Hochleistungssektoren mit ihrem schonungslosen Ressourcenverbrauch und der bedenkenlosen Instrumentalisierung von Dingen und Menschen, keine Lizenzen vergeben werden.[54]

Neben diesem sicherlich schwerwiegenden Einwand im Grundsätzlichen der Anlage seines besinnlichen Vorhabens ließe sich als positives Resumée dessen, was wir zu Heideggers »Weile« zusammengetragen haben, anführen: Wenn wir in Heideggers dichterisch denkender Besinnlichkeit die auf das verlautende Wort zielende Poiesis etwas zurückfahren zugunsten der doch streckenweise immer wieder schweigsam sich vollziehenden Gesamtbewegung (wie sie sich in jenem zwischen Nähe und Ferne, Bestimmtheit und Unbestimmtheit, Identität und Differenz changierenden Zwischen von Wort und Ding abspielt), zeichnet sich eine originelle Beschreibung von dem ab, was gemeinhin *Kontemplation* genannt wird.[55] Wobei es sich zwar vornehmlich aber nicht ausschließlich um Ding-Kontemplation handelt; insofern mit den kontemplierten Dingen auch eine an und mit ihnen aufscheinende Welt in die Betrachtung eingeht, schematisiert Heideggers Modell gleichzeitig ein kontemplatives Weltverhältnis. – Dass letzteres als durchgängige Haltung zur Welt unter den heutigen Verhältnissen für Normalsterbliche nicht lebbar ist, tut der Gültigkeit des Modells für speziellen Situationsgebrauch (etwa in der Kunstbetrachtung) keinen Abbruch. Eher schon möchte man bedauern, dass Heidegger hier abermals – obwohl er zugibt, dass »das sinnende gegen das rechnende Denken unmittelbar nicht ankommt« – über die offensichtliche Unabdingbarkeit eines schweigepraktischen Exerzitiums als ›Vorschule des kontemplativen Blicks‹ kein Wort verliert und eher noch ein weiteres Mal mit dem ominösen seinsgeschichtlichen Globalereignis aus der Zukunft vertröstet.

Welterschließung, innerweltliche Praxis, Weltpause – Habermas' unerlässliche ›moralphilosophische‹ Heidegger-Kritik zu einer auf *übende Praxis* vorausweisenden erweitert

»Soll aber der Mensch noch einmal in die Nähe des Seins finden, dann muss er zuvor lernen, im Namenlosen zu existieren.« (Heidegger, 1946)

Nach Heidegger ist es die Dichtung (wie überhaupt das authentische Kunstwerk), die, indem sie gerade durch ihr »nicht-objektivierendes Sagen« (vgl. Gesamtausgabe Bd. 9, S. 74 ff.) in der kontemplativen Weile einen gelassenen Umgang des Menschen mit den Dingen stiftet, im emphatischen Sinne *Welt erschließt*. Die dichterisch denkende *Welterschließung par excellence* bringt – anders als das (zu objektiven Aussagen gerinnende) abstrahierende, vergegenständlichende Sprechen der Wissenschaft und auch anders als die (oft krud verdinglichende) Alltagssprache, die dem Sprecher immer schon Erschlossenes lediglich reproduktiv/repetitiv erschließt – die *Welt als solche* bzw. *als Ganze* in die Aufmerksamkeit. Dergestalt, dass man das Gefühl hat, etwas zuvor Unerschlossenes habe sich einem erstmals erschlossen und sich infolgedessen der Eindruck einer erweiterten und veränderten Welt einstellt. Um dieser Erfahrung Ausdruck zu verleihen, wird gern der Satz von Wittgenstein herangezogen (auch wenn dieser Satz in seinem Kontext, dem der logisch-philosophischen Abhandlung, auf das objektivierende Sprechen der Wissenschaften gemünzt ist), wonach »die Grenzen meiner Sprache die Grenzen meiner Welt« sind: Mit dem dichterischen oder dem besinnlichen Sprechen werden gewissermaßen die Grenzen unserer Welt ein Stück weit hinausgeschoben; wir erhalten ein ›Mehr‹ an Welt, das jedoch eher qualitativ denn quantitativ, d. h. als Intensitätssteigerung erlebt wird.[56]

Welterschließung (im Sinne des soeben explizierten emphatischen Versprechens) – auf dies eine Wort lautet auch jener Bonus, den Jürgen Habermas (in seinem schon erwähnten 1989er Vortrag) allen dreien: Heidegger, Wittgenstein und Adorno auf ihre Varianten eines ›anderen

Denken‹ gutschreibt: diese eigenartigen Zwitter aus philosophischer Reflexion und ästhetischer/kontemplativer Rezeptivität. An ihnen und den durch sie ausgelösten »zeitgenössischen Debatten«, so Habermas, werde ersichtlich, »welche Einsichten wir der Konzentration auf die weltbildende und augenöffnende, zugleich vorenthaltende Funktion der Sprache und der ästhetischen Erfahrung verdanken«. Und um jenes *qualtitativ* Welterschließende noch etwas näher zu charakterisieren, erläutert er: »Es geht Wittgenstein wie Heidegger und Adorno um die heilende Klärung des in der profanen Präsenz Verdeckten und Verpuppten, also um die Analyse eines Hintergrundes, der als solcher unaussprechlich ist. Diese Art weltklärende, welterschließende, weltverändernde Analyse richtet ihren Blick nicht auf *inner*weltliche Praktiken. Dieser Blick richtet sich nicht auf Probleme, die sich *in der* Welt stellen, folgt nicht der Richtung von Lernprozessen, die auf Herausforderungen *in der* Welt antworten.« – In letzterem erblickt Habermas neben dem Plus dieser Ansätze auch ihre Gefahr, die ihn diesen gegenüber skeptisch bleiben lässt: »Diese Skepsis richtet sich gegen eine Abdankung des problemlösenden philosophischen Denkens vor der poetischen Kraft der Sprache, der Literatur und der Kunst.«

Das von Habermas so genannte »problemlösende Denken« habe es mit *innerweltlicher Praxis* zu tun, so wie jenes »dichterische Denken« es plakativ gesprochen mit Welterschließung zu tun hat. Habermas' Mahnung, das problemlösende Denken innerhalb der Philosophie nicht preiszugeben, entspringt bei ihm aus der Befürchtung, Welterschließung einerseits und innerweltliche Praxis andererseits könnten sich einander gegenüber völlig verselbstständigen und gegeneinander vergleichgültigen. Eine Befürchtung, die er vor allem angesichts von Heideggers Version eines ›anderen Denkens‹ hegt. – Positiv ausgedrückt ist Habermas am »*Zusammenspiel* zwischen der innovativen Erschließung einer Welt und Lernprozessen in der Welt« gelegen. Bei Heidegger, so fürchtet er, gerate »die Interdependenz zwischen dem, was sich ereignet und dem, was wir uns selber zurechnen müssen«, aus den Augen. (Alle Zitate aus »Wittgenstein als Zeitgenosse«, a. a. O. S. 89f.)

Habermas' in den 80er Jahren ausformulierte Heidegger-Kritik hat ihren Brennpunkt in dem Vorwurf, dass dieser »die innerweltliche Produktivität handelnder Subjekte« nicht ernstnehme, und zwar als Folge eines (unter dem Titel »ontologische Differenz« firmierenden) Auseinanderreißens von apriorisch konstituierendem Weltverständnis (dank Sprache überhaupt) und dem in dessen Rahmen für *seiend* Befundenen resp. als »ontisch« Zugelassenen (dem tatsächlich Gesprochenen/Besprochenen). Dies zweite, die innerweltliche ›Sprach-Produktivität‹ der Individuen oder Subjekte (das »ontische« Moment der viel beschworenen »ontologischen Differenz«), werde bei Heidegger in seinen Möglichkeiten und Grenzen vollständig determiniert von der welterschließenden Ontologie des Seins oder Ereignisses und habe auch keinerlei Auswirkung, besitze nicht den geringsten Einfluss auf dieses Determinierungsgeschehen. – Wer sich in einem ›close reading‹ die Heideggerschen Texte vornimmt und auf exegetische Winkelzüge verzichtet, wird dieser Kritik beipflichten. So sehr Heidegger seinen Lesern und Hörern das »besinnliche Denken« ans Herz legt und sie vor der Besinnungslosigkeit und Hybris des »rechnenden Denkens« warnt, so wenig lassen seine seinsgeschichtlichen bzw. ereignisphilosophischen Basistheoreme einen Zweifel daran aufkommen, dass sich für das Eine oder das Andere zu entscheiden oder eine Ausgewogenheit beider Denkweisen anzustreben, keineswegs in der Hand der Menschen liegt, dass vielmehr der Furor des rechnenden Denkens sowohl als das ›Rettende‹ des besinnlichen Denkens ›seinskonstelliert‹ bzw. vom Ereignis »vorenthalten« oder »verweigert« sind, dass sie mithin als ein im Prinzip von den Menschen unbeeinflussbares *Geschick* anzusehen und anzuerkennen seien – wenn wir denn das von Heidegger geforderte ›dem Sein Gehör schenken‹ nicht als Einflussnahme missverstehen wollen. Von einem Missverständnis muss deswegen auf alle Fälle in Anbetracht der ›kulturkompensatorischen‹ und ›literarisierenden‹ Heidegger-Rezeption gesprochen werden, die nach dem von ihr bekundeten Selbstverständnis ihre Anstrengungen ja gerade als ein (nach Heidegger genau besehen Unmögliches) Antidot gegen den besinnungslos rechnenden Zeitgeist verstanden wissen möchte.

Tangiert Habermas' Kritik auch Heideggers Verhältnis zum Sprachlosen, seine Bezugnahme auf das Schweigen, was schließlich für unsere Fragestellung von Interesse wäre? Wie sich die Unschärfen und das Verschwommene in Heideggers Konzeption insgesamt fast unvermeidlich auch auf gewisse Momente der Kritik an ihr übertragen, wird besonders an diesem Punkt
fühlbar. Denn bei dem, was Habermas in dieser Hinsicht (bezüglich Schweigen und Sprechen) beanstandet, bleibt bisweilen offen oder ist schlicht unklar, ob es das *Sagen des Seins* seitens des Denkers (des Philosophen) oder das dichterisch denkende *Nennen des Heiligen* betrifft (Heideggers zwei ›Schubladen‹ des besinnlichen Denkens/Dichtens). Im Vollzug des einen wie des anderen soll Heidegger zufolge das Schweigen alias Erschweigen eine gewichtige Rolle spielen. Habermas' Beanstandung: Heidegger löse sich – und dies ist besonders mit Blick auf jenes

»intuitionistische Erkenntnisideal des sprachlosen Sehenlassens« gesprochen, das wir oben als formelhafte Orientierungsmarke unseren Relektüren mit auf den Weg gegeben haben – *nicht* »von der traditionellen Auszeichnung des theoretischen Verhaltens, des konstativen Sprachgebrauchs und des Geltungsanspruchs propositionaler Wahrheit« (Der philosophische Diskurs der Moderne, a.a.O. S. 166). – Und da beginnt in Anbetracht der internen Widersprüchlichkeit ihres Objekts die Kritik selber zu flimmern: obwohl sich »das Sein dem assertorischen Zugriff deskriptiver Sätze entzieht ... nur in indirekter Rede eingekreist und ›erschwiegen‹ werden kann« (ebd., S. 168).

Nun hat Heidegger selber zeitlebens in seinem Philosophieren, beim Bemühen um die »Sache des Denkens«, sich vom theoretischen Aussagesatz (vom ›logos apophantikos‹) abzustoßen versucht.[57] Und gewiss sprengt das dem »sinnenden Denken« inhärente dichterische Element den Rahmen jeder Prädikation; nur einem »dichterisches Denken«, das sich die Restriktionen des Theoretischen erlässt, erschließt sich durch sein besinnliches Sprechen und Schweigen im Wechsel die Möglichkeit, dass sich ihm die Welt und die Dinge *seiender* darbieten. – Andererseits strahlt bei Heidegger die genuin dichterische und erst recht die dichterisch denkende Erschweigung den zweifelhaften Charme einer hermetisch nach außen abgedichteten genialischen Zwiesprache aus zwischen dem wortlos sagenden (zeigenden) Sein und einem ihm einsam Entsprechenden; eine zunächst stumme Zwiesprache, die sich am Ende jedoch als Ertrag dieses denkerischen Dichtens in gesprochenen Worten niederschlägt, welche eine Aura von höchster Verbindlichkeit, Gültigkeit, ja Endgültigkeit umgibt. Und apodiktischer noch als alles Übrige endlich kommen Heideggers ›Aussagen‹ über die aufeinanderfolgenden seinsgeschichtlichen ›Formationen‹ daher, deren jeweils fundamentale (weil unhintergehbare und kollektiv verbindliche) Welterschließung den ›kleinen‹ Preziosen an Welt- und Bedeutungserschließung seitens der Dichter und Denker den jeweiligen Spielraum gewährt, aber auch die unüberschreitbare Grenze setzt. Die hier einmal gerade nicht »propositional gehaltlose Rede« vom Sein hat, da stimmen wir Habermas zu, »den illokutionären Sinn, Schicksalsergebenheit zu fordern.«[58]

Was bei Habermas dann *innerweltliche Praxis* heißt, wird nach alledem in Heideggers Denken keiner Beachtung für würdig befunden. Die genialen Denker und großen Dichter sind bei ihm vollauf damit beschäftigt, vom sich entweder vorerst noch verweigernden oder bereits ereignenden Sein *zu sagen*, im zweiten Fall der sich ereignenden Welterschließung ihre sprachliche Konfiguration zu verleihen – jenen künftigen

Horizont von Bedeutsamkeiten und Ausdrucksmöglichkeiten, innerhalb dessen Grenzmarkierungen sich dann alle prosaische innerweltliche Praxis wird abspielen müssen. Sodass diese damit ebenso nachrangig oder sekundär geworden wäre, wie die handelnden Individuen oder Subjekte von der Warte des Regisseurs oder Arrangeurs (Sein/Ereignis/Geviert) aus betrachtet ohnehin auf die Statistenrolle verwiesen sind, ohne Einfluß auf die gänzlich ›von woanders her‹ gegebenen (und auch wieder entzogenen) Weltfolien und Sinnskripte. Noch das einem speziellen Publikum (etwa dem von Heideggers öffentlichen Vorträgen) empfohlene »besinnliche Denken« hält sich als eine ausgezeichnete *Sprach*praxis, die von der Mitteilungs- und Kommunikationsfunktion bewusst abstrahiert, vornehm auf Distanz zu beiden Habermas'schen Kategorien innerweltlicher Praxis, d. h. sowohl zum strategisch-instrumentellen wie zum kommunikativen Handeln. – Durch eine doppelte Wertung sichert Heidegger seinem »besinnlichen Denken« die Distinktion und sorgt damit für dessen Distanzierung vom Handeln: Die erste Wertung ist eine negative, sie wertet alles Handeln dadurch ab, dass sie in ihm das »rechnende Denken« am Werk sieht, dass sie es als korrumpiert durch das Motiv der »Bestandssicherung« denunziert; mittels einer zweiten Wertung wird hingegen das distinguierte Denken der Besinnlichen seinerseits zum wahren Handeln aufgewertet.[59] Dass Heidegger außerdem seinen Denk- und Sprachmodus der Besinnlichkeit weitgehend monologisch (entlang der Mensch-Ding-Achse) modelliert, d. h. ohne wesentlichen Bezug auf die intersubjektive Sphäre kommunikativen Handelns, trägt ein übriges bei zur Entfremdung dieses Denkens und Sprechens vom realen Handeln.

Dass Heidegger ein Denken, Sprechen und Schweigen favorisiert, das sich gegen ein pauschal als »Machenschaft« diskreditiertes Handeln abschottet, missfällt Habermas nicht allein wegen der elitären Attitüde; es verkennt seiner Ansicht nach vor allen Dingen die Realdialektik von Welterschließung und innerweltlicher Praxis, die Wechselbeziehung zwischen »horizontbildender« Sprache und durch Handeln generierten »Lernprozessen«.

Ist in Heideggers »linguistischem Historismus«, so Habermas, das »sprachliche Weltbild ... ein konkretes und ein geschichtliches Apriori«, das »inhaltliche und variable Deutungsperspektiven unhintergehbar fest(legt)«, wobei sich »das konstitutive Weltverständnis ... unabhängig von dem (wandelt), was die Subjekte über die im Lichte dieses Vorverständnisses interpretierten Zustände in der Welt erfahren« und »was sie aus ihrem praktischen Umgang mit Innerweltlichem *lernen* können« –

dann möchte der Nachfahre der »Praxisphilosophie« in der Traditionslinie der Frankfurter Schule den willkürlich auseinandergerissenen Zusammenhang der Momente wieder herstellen: »Als kommunikativ Handelnde sind wir einer in die sprachlichen Reproduktionsbedingungen eingelassenen Transzendenz ausgesetzt, ohne ihr *ausgeliefert* zu sein ... Die sprachliche Intersubjektivität überschreitet die Subjekte, ohne sie *hörig* zu machen.« (So Habermas in Texte und Kontexte, a. a. O. S. 155 f., zuvor Der philosophische Diskurs der Moderne, a.a.O. S. 371 f.). – Habermas' sprachpragmatischer, auf Wittgenstein rekurrierender Gegenentwurf zu Heidegger hier in einer etwas ausführlicheren Passage: Problematisch sei »Heideggers Annahme, dass die ontologische Weltauslegung den Sinn des ontischen Geschehens in der Welt souverän bestimme. Gewiss eröffnet jede Umgangssprache mit der Ontologie, die ihrer Grammatik eingeschrieben ist, der Sprachgemeinschaft einen Horizont möglicher Deutungen. Ob sich die sprachlich entworfenen Möglichkeiten einer Welt auch in dieser Welt bewähren, ist aber eine andere Frage. Die grammatisch möglichen Äußerungen finden erst *ihren Sitz* in funktionierenden Sprachspielen, wenn es sich in der Praxis herausstellt, dass die semantisch festgelegten Gültigkeitsbedingungen auch faktisch erfüllt werden können. Das hängt nicht von der welterschließenden Kraft der Sprache ab, sondern von Erfolgen der innerweltlichen Praktiken, die durch sie möglich gemacht werden. Die Praxis in der Welt, die sich an Geltungsansprüchen orientiert und zu Lernprozessen führt, sedimentiert sich in Ergebnissen, die ihrerseits auf das welterschließende Hintergrundwissen zurückwirken. Gewiss verändert sich der Hintergrund, der der innerweltlichen Praxis eine Welt erschließt, kraft innovativer Sinnstiftung; aber diese verliert ihren bloß ereignishaften Charakter, wenn man sieht, wie solche Innovationen vom Druck der Probleme, die sich in der Welt akkumulieren, ausgelöst werden. Welterschließung und epistemologische Krisen in der Welt bilden einen Kreisprozess. Dieser nimmt den Veränderungen der Weltauslegung ihren zäsurenbildenden, globalen und schicksalhaften Charakter – und der Philosophie die Rolle eines Schicksalswächters« (Texte und Kontexte, S. 43).

* * *

Für unseren auf die Spur des Schweigens aufmerksamen Gedankengang stellt sich das zweipolige Modell von Habermas (wie es analog die Zweipoligkeit von Heideggers ontologischer Differenz aufnimmt) als zu einfach heraus – jedenfalls sofern wir versuchen wollten, unseren erkenntnisleitenden Gesichtspunkt dem einen oder dem anderen Pol einzugliedern: Eminentes Schweigen und Schweigepraxis stellen quasi eine dritte Kategorie vor, die sich funktionell weder der Seite der innerweltlichen Praxis noch derjenigen der Welterschließung zuschlagen lässt. – Um die ›Funktion‹ des eminenten Schweigens und der Schweigepraxis zu bezeichnen, schlagen wir den im ersten Moment gewiss enigmatisch anmutenden Begriff der *Weltpause* vor. Doch für rätselhaft oder in sich widersprüchlich hält man ihn nur so lange, wie man ihn auf die begriffliche Goldwaage legt und sich darauf versteift, dass mit dem Pausieren der Welt als der Möglichkeitsbedingung von allem Seienden auch die Möglichkeit der Pause implodiere. Sobald man jedoch die Probe aufs Exempel macht und sich der Schweigepraxis unterzieht, wird *erfahrbar,* so wagen wir zu behaupten, dass mit dem Aussetzen allen innerweltlichen Handelns (und des mit ihm einhergehenden Denkens) *und* mit der Enthaltsamkeit von welterschließendem Denken und Sprechen unser Wachbewusstsein in einen Zustand hinübergleitet, für dessen ›Beschreibung‹ (eigentlich bloß Bezeichnung) der Ausdruck Weltpause gar nicht schlecht gewählt erscheint.

En Detail: Die *Praxis* des Schweigens ist *keine* innerweltliche Praxis, da sie deren Handeln gerade *unterbricht*; als Unterbrechung verkörpert sie das Gegenteil bzw. das Andere zum (denkenden) Handeln in der Welt, wie es der Habermas'sche Terminus »innerweltliche Praxis« repräsentiert. So vermag Schweigepraxis als eine ›rahmende‹ und ›regulatorische‹ *Transzendentalpraktik* auf das Denken und Handeln innerhalb der Welt ›auszustrahlen‹: in der Weise eines ausgleichenden, harmonisierenden, ›enthysterisierenden‹, ›entneurotisierenden‹ etc. Effekts. – Ein Effekt, der nur dadurch ermöglicht wird und einzutreten vermag, dass das schweigepraktische Schweigen als ein eminentes Schweigen andererseits *nicht unmittelbar* welterschließendes Denken und Sprechen *bezweckt*. Allein im, wenn man so will, ›selbstzweckhaften‹ Schweigen stellt sich die geistige Klarheit ein und mit ihr jene Gelassenheit, wovon schlussendlich die positiven, ›Pathologien abbauenden‹ Effekte auf das Denken und Handeln ausgehen könnte.

Um den hier supponierten Wirkungszusammenhang zu verstehen (auf den zu setzen durchaus nicht der Zuhilfenahme des Irrationalen bedarf, da er sich sehr wohl vernünftig erklären lässt), mag es nützlich sein, uns an das Kürzel zu erinnern, mit dem Habermas das spezifische Potential des ›anderen Denkens‹ à la Heidegger, Wittgenstein und Adorno versehen hat: er sprach vom »intuitionistischen Erkenntnisideal des sprachlosen Sehenlassens«. Das ›Vermögen‹ dieses Erkenntnisideals bestehe darin, nicht Probleme zu lösen sondern sie *aufzulösen* – indem sie sich unter einer völlig veränderten Perspektive als gegenstandslos herausstellen und quasi von selbst erledigen. Wobei jene ›Scheinprobleme‹, verkürzt und plakativ gesprochen, einem an der existentiellen Sinnfrage laborierenden unglücklichen Bewusstsein entspringen. – Die *problemauflösende* Kraft jenes »intuitionistischen Erkenntnisideals des sprachlosen Sehenlassens« liegt nun nach Habermas in dessen *ästhetischer* Welterschließungsfunktion bzw. deren Aktualisierung. Bis dahin stimmt er mit Heideggers Verständnis von der Aufgabe eines ›anderen Denkens‹ überein. Kritisch setzt er sich von ihm ab erst durch eine Würdigung der innerweltlichen Praxis, deren sich anhäufende Probleme allein den Druck erzeugten, wie er zur Stimulation der Welterschließungsfunktion und zur Hervorbringung weltbildhafter »Innovation« erforderlich sei. Kulturell und gesellschaftlich reüssieren könne eine ›anders denkend initiierte‹ Weltbild-Innovation nur dadurch – ein weiterer Unterschied zu Heidegger –, dass sich »die sprachlich entworfenen Möglichkeiten einer Welt auch in dieser Welt bewähren«, dass »in funktionierenden Sprachspielen« der miteinander kommunizierenden Menschen »die semantisch festgelegten Gültigkeitsbedingungen auch faktisch erfüllt werden können«.

Und was unterscheidet wiederum unsere aktuelle Kritik von dieser früheren durch Habermas an Heidegger geübten Kritik? Vor allem das Gewicht, das wir dem gegenüber Welterschließung und innerweltlicher Praxis *Dritten* beimessen, der (sowohl von Heidegger wie von Habermas vernachlässigten bzw. nicht vorgesehenen) *Weltpause*. Wir trauen ihr die bei weitem größere Kraft der *Problemauflösung* zu, würden bei ihr und dem, was sie an innerem Perspektivwechsel, veränderter Selbst- und Weltwahrnehmung, hervorbringt, den effektiveren und nachhaltigeren Einfluss auf das menschliche Handeln in der Welt vermuten. Nicht primär sprachliche Kreativität, nicht an erster Stelle eine ästhetische Horizonterweiterung, sondern die am Ort des Einzelnen, jedes Einzelnen, regelmäßig vollzogene Unterbrechung der *Weltpause* verspräche auf Seiten der Individuen die innere Entlastung, diejenige ›Befreiung des Bewusstseins‹, wie sie die Hinwendung zum innerweltlich aufgelaufenen Problemdruck und eine erfolgversprechende Problembearbeitung gegenwärtig offensichtlich verlangt. – Innerhalb der von uns für vorrangig befundenen Herausforderung – der an die Beziehung *Weltpause und innerweltliche Praxis* statt Welterschließung und innerweltliche Praxis geknüpften Herausforderung – erhebt sich anders als bei Habermas nicht die Notwendigkeit, die einen neuen Sprach- und Welthorizont aufstoßende Intuition oder Vision einiger weniger Einzelner, einer kreativen Avantgarde, in kulturell verbreitete und gesellschaftlich relevante Sprachspiele zu überführen, um ihr Resonanz und Wirksamkeit zu verschaffen. Hier, wo es um die Relation zwischen dem *Anderen des Denkens und Sprechens* (anstatt derjenigen zwischen einem ›anderen Denken‹) und dem gewohnten Handeln und dessen eingeschliffenen Denk- und Sprachmustern geht, muss sich das Erste auf Letzteres *direkt* auswirken, sprich ohne dass diskursiv resp. argumentativ auf es Bezug genommen würde, im Tun und Lassen des Einzelnen, der Art und Weise seiner Intervention in geläufige Sprachspiele, in der Qualität seines Beitrags zum kommunikativen wie zum strategischen Handeln niederschlagen.

Unsere Erwartung wäre die, dass die praktizierte Weltpause, das schweigepraktisch geübte eminente Schweigen – auf dem Weg über das innerweltliche Handeln der durch sie existentiell verwandelten Einzelnen – erstarrte, in endlosen Wiederholungsschleifen leerlaufende Sprachspiele sowie in neuerungsresistenten Routinen und schlechten Gewohnheiten festgefahrene Lebensformen so in Bewegung bringt, dass sie in Richtung positiver Veränderung driften. Kein großartiger Welterneuerungsentwurf, keine sprachschöpferische Antizipation von »Innovationen« (Habermas), keine durch ein großes Kunstwerk oder eine geniale Dichtung inaugurierte Seins/Welt/Kultur-»Gründung« (Heidegger) – im Gegenteil: eher noch ein Nichts – denn einem solchen gleicht das ›Andere des Denkens‹ oder das Schweigen, die *Weltpause* – könnte, so unser Grundgedanke, zum Impulsgeber des Wandels werden, den toten Punkt eines negativen Status quo überwinden. – Ob die durch das schweigepraktische Nichts angestoßenen innerweltlichen »Lernprozesse« – gemäß der Habermas'schen Vorgabe »Welterschließung und epistemologische Krisen in der Welt bilden einen Kreisprozess« – danach auch am gegenüberliegenden Pol Wirkung zeigen und dazu beitragen, neue welterschließende Sprachhorizonte aufzustoßen, scheint uns einstweilen von geringerem Interesse: Spannender dürfte nämlich die Frage sein, ob am diesseitigen Pol des innerweltlichen Handelns allmählich ein Lernprozess auf die Inkulturation der schweigepraktisch gepflegten Weltpause hin in Gang kommt.

Fassen wir im letzten Drittel dieses Kapitels unsere aktuelle Kritik an Heidegger (lediglich in Teilen fußend auf der vormaligen von Habermas, wie soeben dargetan) der Übersicht halber in einer Reihe von Punkten zusammen, dergestalt dass unsere eigene Position daran weiter an Kontur gewinnt. Vorweg geschickt seien schon einmal die inzwischen

Habermas' ›moralphilosophische‹ Heidegger-Kritik

hinlänglich angeklungenen entscheidenden Oppositionen: Statt auf Welterschließung, sprachliche Welterzeugung, poetische Weltaufgänge setzen wir auf den *vorübergehenden Weltuntergang, die erholsame Weltpause;* statt auf sigetisches (wort-und-bedeutungserschweigendes) Schweigen auf *eminentes Schweigen;* statt elaborierter, ›feiertäglicher‹ Sprachpraxis *alltägliche Schweigepraxis.* – Eine sensible Lektüre von Heideggers Texten führt zu der Entdeckung, dass bei ihm beide Positionen anzutreffen sind, freilich die zweite bloß andeutungsweise, ansatzweise, keimhaft versteckt, überlagert, sogleich wieder zurückgenommen; während die zuerst genannte stets dominiert, nach Augenblicken der Unentschiedenheit sofort wieder die Oberhand gewinnt, sich am Ende auf ganzer Linie durchgesetzt hat. Sie ist es auch, der das Gros der Exegeten beipflichtet, in der Regel unter schlichter Ignoranz des ›rezessiven Merkmals‹; wir werden uns einige Anmerkungen dazu gestatten. Und auch darüber, was ›in Heidegger selber‹ eine mögliche Entfaltung der zweiten Position blockierte, wird noch ein Wort zu verlieren sein. Während ansonsten nicht gesondert hervorgehoben werden muss, dass eine immanent ansetzende Kritik wie die unsrige für den Kritisierten, trotz der manchmal harschen Worte, keine Herabsetzung bedeutet; eher schon eine Würdigung seiner Leistung und des durch sie denkend ›Erstrittenen‹.

Kritikpunkt Nr. 1: Im Brief »Über den Humanismus« steht der Satz (wir haben ihn als Motto diesem Kapitel vorangestellt):»Soll aber der Mensch noch einmal in die Nähe des Seins finden, dann muss er zuvor lernen, im Namenlosen zu existieren.« Der Satz ist auslegungsbedürftig und die Wortwahl lässt einen Auslegungsspielraum zu. Trotzdem lesen wir ihn (sozusagen durch unsere eigene Brille) auf Anhieb wie die bei Heidegger vielleicht ausdrücklichste Anerkennung der Notwendigkeit dessen, was für uns *Weltpause* heißt. Die Nennung der »Namen« (in der nicht personalen Gebräuchlichkeit von Eigenname) steht bei Heidegger für die nicht begrifflich vergegenständlichende Sprache, die allererst Welt erzeugt, Dinge erscheinen (»dingen«) lässt – womit im »Namenlosen« die Welt also noch gar nicht gegeben bzw. ›untergegangen‹ wäre oder für die Dauer dieser Namenlosigkeit ›pausieren‹ würde. Das »Namenlose« bei ihm auf diese Weise ›beim Wort genommen‹, läuft zwingend auf ein Schweigen im eminenten Sinne hinaus, auf das ›Andere des Denkens‹. Natürlich ist bei unserer Lesart von Heideggers Satz das Verb »existieren« irritierend, macht doch für uns der Aufenthalt im Namenlosen nur als ein immer wieder vorübergehender (auf die wiederholte schweigepraktische Übung beschränkter) einen Sinn. Und gänzlich im

Unbestimmten bleibt, was genau unter dem »noch einmal in die Nähe des Seins finden« zu verstehen wäre. In *unserem* Verständnisrahmen würden wir sagen: Im Namenlosen oder Sprachlosen geht dem Schweigenden ein (heideggerisch gesprochen) »Sinn von Sein« bzw. jene »Wahrheit des Seins« auf, worin das Selbst und die Welt in einem Licht erscheinen, das schlagartig aus der Dunkelheit eines unglücklichen Bewusstseins befreit. – Unsere Kritik an Heidegger: Mit dem, was auf einen Satz wie diesen (er ist nicht der einzige seiner Art) regelmäßig in Heideggers Texten folgt – nämlich der unvermittelte Übergang zur ›Tagesordnung der Namen‹, im Humanismusbrief (dem Kontext jenes Satzes) die Rede von der Sprache als dem »Haus des Seins« – widerspricht sich Heidegger selbst. Und entweder bemerkt Heidegger diesen Widerspruch nicht oder er sieht hier gar keinen Widerspruch (die zu konzedierende Auslegbarkeit des Satzes hält ihm allemal interpretatorische Auswege offen).

Kritikpunkt Nr. 2: Im »Namenlosen« die »Nähe des Seins« gefunden haben, würde bedeuten: Die stille, wortlose Sage des Seins hören, um sie daraufhin in vokalisierter Sprache, mit menschlichen Worten nachzusagen. Stellt sich die Frage: Ist dieses dem Sein Nachgesprochene jeweilig noch eine Sage vom Sein, vom Ereignis? Oder nicht immer schon die Kunde von einem Seienden? Beides! versichern uns eindringlich und fast ausnahmslos Heideggers Texte. Die »ontologische Differenz« von Sein und Seiendem soll es nur als »Einigkeit« in der »Zwiefalt« und vice versa geben. – Bedingung dafür, dass es gelingt, *dieses zusammen zu denken*, ist nun, wie Heidegger betont, dass das Sein/Ereignis *als solches* oder *eigens* gedacht werde (wenn anders man nicht in die »Seinsvergessenheit« der »metaphysischen« Denk- und Sprechweisen der Wissenschaften und der Philosophie abgleiten will). Würde dies aber nicht bedeuten, es (das Sein) *ohne* ein Seiendes zu denken, von Seiendem zu abstrahieren?[60]

Unsere Kritik: In Anlehnung an Wittgenstein könnte man sagen, dass Heidegger hier *sprachlich* gegen die Grenze des Denk- und Sagbaren anrennt mit der verwegenen Absicht (oder müsste man nicht sagen in der Illusion), das Außen dieser Grenze, die ›Transzendenz‹, noch in das Denken und die Sprache einzugemeinden: als Ursprache, als »Sage« oder »Zeige«. Bei ihm möchten das Denken und das Sprechen ein ihnen Transzendentes nicht gelten lassen; Heidegger kann das Sein nicht sein lassen als ›etwas‹, das nicht gedacht und gesagt werden kann, höchstens schweigend *erfahrbar* wäre.[61] Heidegger kann sich nicht dazu entschließen – obgleich er, wo es sich um den Grenzgang, jene ›kritische Zone‹, handelt, mitunter ausgesprochen akzentuiert den Ausdruck »erfahren« anstatt denken gebraucht –, im besagten Sinne zwischen *Reflexion* und *Erfahrung*, Denken und Nicht-denken (dem ›anderen des Denkens‹ oder Schweigen) klar zu unterscheiden.[62] – Die Unterlassung der ausdrücklichen Differenzierung zwischen Reflexion und nicht-reflektierender Schweigeerfahrung hat zur Folge, dass Heidegger – als hätte er sich infolge der Unterlassungssünde einer denkpsychologischen Sogwirkung ausgeliefert – gerade in jenen Momenten die Denktätigkeit befeuert, da doch ihr Anderes, die reflexionsfreie Erfahrung, allein noch den Zugang zur ›Sache‹ öffnen könnte: zu der des *eigens erfahrenen* Seins, zum Augenblicks-Ereignis des Dass. Wo das strikte Schweigeexerzitium als *praktischer* Behelf anstünde, zündet Heidegger ein Feuerwerk sonderbarer Wortschöpfungen und sprachlicher Wendungen; er liefert verkappte Reflexionsbestimmungen statt einer Praxisanleitung.[63]

Punkt 3 der Kritik: Wie Heideggers Seinsdenken hinsichtlich seiner »Sache des Denkens« für die Rezipienten nicht erkennbar, mindestens nicht deutlich genug *erfahren* und *reflektieren* auseinanderhält, schafft es Heidegger nicht, bei direkterer ›Ansprache‹ seines Publikums (in seinen Vorlesungen und Vorträgen) das verbal Gestische und Demonstrative nicht mit sachlich Ausgesagtem bzw. Begrifflich-Theoretischem zu amalgamieren (das »Illokutionäre« und das »Propositionale« auseinander zu halten, in der Terminologie der »Sprechakttheorie« von John L. Austin ausgedrückt). Was bei ihm ein »Wink« in die Seinserfahrung sein soll, wird häufig genug durch Reflexionsbestimmungen (das Sein oder Ereignis betreffend) überlagert und unkenntlich gemacht. Reflexionsbestimmungen, von denen Heidegger mitunter sogar bekennt, dass sie – wo es doch um die praktische Einweisung in den Erfahrungszugang ankäme – *nichts sagen*. Kurz, dem Heidegger der ›winkenden Worte‹ fährt der »Meister des Wagnisses des Begriffs« (so Rainer Marten) ständig in die Parade, wodurch unkenntlich wird, wohin gewunken und dass überhaupt gewunken wird.[64] – Immerhin übt Heidegger in diesem Punkt ganz en passant auch schon einmal Selbstkritik, wenn er die eine oder andere langatmige Besinnung als »Umweg« beargwöhnt. Dann heißt es lapidar: »Die Umwege können ... freilich den Sprung nicht ersetzen, noch gar vollziehen« (Der Satz vom Grund, a.a.O. S. 95). Und mehr noch, es könne sogar passieren, dass den diskursiven Umwege zum »Hindernis« werden »für dasjenige Denken, das sich eigens in das Ereignis einlässt«. Weshalb der Vortrag »Zeit und Sein« mit dem bemerkenswerten Eingeständnis schließt: »Ein Hindernis dieser Art bleibt auch das

Sagen vom Ereignis in der Weise eines Vortrags. Er hat nur in Aussagesätzen gesprochen.« (in: Zur Sache des Denkens, a.a.O. S. 25).
Kritikpunkt Nr. 4: Der augenfälligste der Heideggerschen Wort-Winke ist die bildliche Rede vom »Sprung« und vom »Springen«, darüber liest oder hört man auch nicht so leicht hinweg. Gleichzeitig, so unsere Kritik, lässt Heidegger vollständig im Dunkeln, wie seinem Wink *praktisch* zu folgen wäre. Wie man von Gedanke zu Gedanke, von einer Idee zu einer anderen, unter Umständen auch vom Zweifel in den Glauben springt (die aufs Mentale gemünzte Metapher vom Sprung stammt schließlich von Kierkegaard), all dies versteht sich von selbst und bedarf zur Ausführung keiner praktischen Anhaltspunkte. Wo es sich indes um den Übergang in einen veränderten Bewusstseinszustand handelt, erscheint die Sprungmetapher fehl am Platze: Man springt nicht vom Wachzustand in den Schlaf oder in den Traum, auch nicht vom Denken und Sprechen ins Schweigen (sofern darunter mehr als die kontrollierte Zurückhaltung der Worte, die uns auf der Zunge liegen, zu verstehen ist). Ein solcher nicht mittels Sprung sondern auf andere Weise zu vollziehender mentaler Zustandswechsel wäre derjenige von der Reflexion in die Erfahrung, wie er uns hier die ganze Zeit über beschäftigt. – Wo Heidegger seiner Aufforderung zum Sprung schon keinen praktischen Bezugssinn zu geben vermag, fordert er paradoxerweise noch dazu auf, solches Springen *zu lernen*. Um in die »völlig andere Ortschaft« des bis dato »Ungedachten« (des bei Parmenides höchstens schon einmal nominell Gesagten) zu gelangen, um in dessen »Element« zu gelangen, heiße es »springen lernen«. Im Vortrag »Was heißt denken?« sagt Heidegger: »Was zum Beispiel schwimmen heißt, lernen wir nie durch eine Abhandlung über das Schwimmen. Was Schwimmen heißt, sagt uns der Sprung in den Strom. Wir lernen das Element erst kennen, worin sich das Schwimmen bewegen muss.« Nichts aber versteht sich auf diese Weise von selbst, sobald es um den Eintritt in das Element jenes Ungedachten geht, den die »Unverborgenheit« *eigens denkenden* Bewusstseinszustand. Womit sich die von Heidegger seiner Zuhörerschaft aufgetragene Lernaufgabe im Zusammenhang eines ohnehin unvollziehbaren Sprungs als vollzugspraktisch leere Rhetorik herausstellt.[65]

Die Sprung-Rhetorik füllt bei Heidegger die Leerstelle der bei ihm nicht thematisierten Praxisfrage. Gewitzte Leser werden sie als ›Fehlcodierung‹ der Praxisproblematik entschlüsseln und als deren vielleicht deutlichste Spur in den Texten Heideggers erkennen. *Wir verstehen sie als die Spur, die auf das ›Andere des Denkens‹ hinweist, auf das Schweigen und die dazugehörige Übung*. – Heideggers Interpreten haben bislang wenig anzufangen gewusst mit seiner Metaphorik des Sprungs und des Springens, sie lassen sie als etwas forcierte verbale Geste links liegen. Willem van Reijen, der das nicht tut, pflegt, statt ihrem Wink einen praktikablen Richtungssinn zu verleihen, der aus der Verlegenheit heraus führte, seinen eigenen Verbalradikalismus. Heidegger habe den Anspruch, eine doppelte Verblendung – dass unser Denken »seinsvergessen« sei und auch noch dieses Vergessen vergesse – aufzudecken: »Die vollständige, Jahrhunderte andauernde hermetische Verblendung kann nicht durch eine Reform durchbrochen werden, eine Revolution muss her.« Heidegger sei allerdings davon überzeugt, »dass diese Revolution kein einmaliges Ereignis sein kann, sie muss auf Dauer gestellt werden«. Über das *Praktische* dieser Denkrevolution in Permanenz, den mentalen Vollzug und seine Bedingungen, schweigt sich van Reijen allerdings ebenso aus wie Heidegger selbst. Er belässt es bei der formelhaften, *vollzugspraktisch* nichtssagenden Erläuterung: »Der Ansatzpunkt für diese permanente (Selbst-)Revolution ist die Selbstreflexivität von Denken und Sein.«[66]

Dem an Entschluss- und Tatkraft appellierenden Wort-Wink des »Sprungs« korrespondiert (in den »Beiträgen«) der die Zäsur und den Neubeginn signalisierende Wink in den »anderen Anfang«. Die vom »Einsprung« in diesen »anderen Anfang« handelnden Textabschnitte schwelgen im Vorgefühl einer sich ankündigenden radikalen Kehrtwende, für die es sich in Bereitschaft zu halten gelte. Ein latent ›aktivistisches‹ Pathos, das in sich zusammenfallen *muss*, weil das von ihm ›irgendwie‹ beschworene Tun die *Bestimmtheit* eines Handlungsvollzugs oder der Praxis vermissen lässt. Und so wird denn auch von der Rezeption die mit Heideggers Rede vom »anderen Anfang« für einen Moment aufkommende Emphase einer radikalen Andersheit nicht aufgegriffen oder ernst genommen. »Der andere Anfang ist ein Anfang, zu dem man nie gelangt«, heißt es lapidar bei Günter Figal.[67] – Die im Ausdruck »anderer Anfang« mitschwingende Semantik einer in Aussicht gestellten Andersheit, die Heidegger selbst mangels eines praktischen Vollzugssinns (der nicht wieder auf Reflexion hinausliefe) nicht einlösen konnte und die infolgedessen auch von der Heidegger-Rezeption nicht aufgenommen worden ist *dennoch ernst nehmen,* dies würde dagegen auf die nach unserem Ermessen richtige Fährte leiten. Heidegger nannte das mit dem »anderen Anfang« verheißene Denken gelegentlich auch ein »anfängliches«. Natürlich koinzidiert das Anfängliche dieses »anfänglichen Denkens« mit Heideggers Leitintuition und Grundgedanken der primordialen »Unverborgenheit«, der »Lichtung«, dem »Zeit-Spiel-Raum«

vorgängig zu allem Weltsein- und jeglichem Dingsein-Können. Das Denken des »ersten Anfang« habe dieses Anfängliche immer gleich »vergessen«; das Denken des »anderen Anfangs« solle hingegen in seiner Nähe bleiben, ihm eingedenk sein. Ein »Andenken«, das genau besehen jedoch gar kein Denken wäre, da noch kein zu denkendes Etwas im Augenblick jenes Anfangens gegeben ist – mithin eine *schweigende* ›Andacht‹ sein müsste. Deren Schweigen wiederum kein »Erschweigen« von Worten sein dürfte, wenn anders und solange es im Anfänglichen »innestehen« möchte. Sodass dieses Schweigen identisch wäre mit unserem *eminenten Schweigen* als dem ›Anderen des Denkens‹. Kurzum, der realisierte »andere Anfang« liefe auf die Askese und das Exerzitium der *Schweigepraxis* hinaus. Der verwirklichte »andere Anfang« wäre die die Betriebsamkeit des »rechnenden Denkens« und mit Verlaub gesagt auch die Kunst des »besinnlichen Denkens« regelmäßig unterbrechende *Weltpause*.[68]

Letzter Kritikpunkt, Nr. 5: »Anderer Anfang« und »Einsprung« in denselben hin oder her, im Endeffekt desavouiert Heidegger selber die Sprung-Metaphorik und alles Winken, das nur Adressaten gelten könnte, die mit einem Minimum an Handlungsautonomie ausgestattet sind. Er desavouiert sie durch das bis zuletzt beibehaltene Axiom der dem Sein oder Ereignis zugeschriebenen souveränen Letztinstanzlichkeit, von der abhängen soll, was sich überhaupt »ereignet« bzw. was »es gibt«. – Aber würde diese Kritik nicht durch den Hinweis entschärft, dass alle Winke ja bloß solche in eine auf das Sein horchende Wachsamkeit seien, eine Zugewandtheit und Empfangsbereitschaft für das sich ankündigende Ereignis? Allein, es hilft nichts, noch diese Ausgeschlossenheit soll einzig als eine vom Ereignis ereignete durchgehen, als »Seinsgeschick«. Was bezogen auf den ominösen »Sprung« so viel hieße wie: Wenn einmal einer springen sollte, dann nur, insoweit er gar nicht wirklich selber springt, sondern gleichsam ›gesprungen wird‹. Wenn schon den »Göttern« ein *autonomer* Sprung verwehrt ist, um wieviel mehr den »Sterblichen«: »Die Frage nach der Wahrheit des Seyns ist freilich das Eindrängnis in ein Verwahrtes; denn die Wahrheit des Seyns – als denkerische ist sie das inständliche Wissen, wie das Seyn west – steht vielleicht nicht einmal den Göttern zu, sondern gehört einzig dem Abgründigen jener Fügung, der selbst die Götter noch unterstehen.«[69]

Trotz des rigorosen (selbst die Götter noch unter Kuratel stellenden) »Ereignis«-Vorbehalts, der jede Möglichkeit einer Weltveränderung, alle vorstellbare innerweltliche Praxis und Praxis der Weltpause kassiert, ereignet sich dann doch schon einmal, unbeschadet des noch ausstehenden

›Großereignisses‹, unter Heideggers tatkräftiger Mithilfe, von ihm als ihrem Mentor angestoßen, die Transformation der Philosophie (der »Aufgabe des Denkens«) in Literatur; in ein sich »unterwegs zur Sprache« dünkendes, nach Heideggers Zuschnitt zwischen deklarierter Selbstbescheidung und geistesaristokratischem Nimbus changierendes Dichter-und Denker-Zirkelwesen, das sich in den kulturellen Nischen der Gesellschaft (der technikbeherrschten »planetarischen Zivilisation« einrichtet). – So stellt sich, wie gründlich Heidegger auch mit dem *Es-kommt-alles-vom-Ereignis-Axiom* die Autonomie des Subjekts negiert und die individuelle Handlungsinitiative bestritten hat, dennoch das Flair des geistigen Vortrupps, der heimlichen Avantgarde mit der Aura des einsamen Progressismus ein. Günter Figal bringt dessen elitäres Ansinnen an Heideggers statt ohne Scheu zum Ausdruck: Da »begriffliche Bestimmungen, wie schwer zu verstehen sie auch sein mögen ... letztlich dem Anspruch der Verständlichkeit unterstellt [sind] und derart ... das Entzogene nicht wirklich angemessen zur Sprache bringen [können]«, bedeute Heideggers nachmetaphysische Philosophie ein Sich-einlassen auf »Dichtung als in eine Partitur des In-der-Welt-seins, deren politische Aufführung noch aussteht.« Denn: »Indem die Philosophie sich von der Dichtung sagen lässt, was die Zeit ist, sagt sie ihrer eigenen Gegenwart die Zeit, und zwar so, dass diese Zeit in der Erfahrung des dichterischen Möglichkeitsraumes als die eigene eingerichtet werden kann.«[70]

Wir wiederholen uns bloß, wenn wir abermals unsere Auffassung bekräftigen, dass das von einer solchen bildungsbürgerlichen Résistance gegen das in der »planetarischen Technik« sich austobende »rechnende Denken« ins Treffen geführte »andere Denken« nur als ein durch das ›Andere des Denkens‹ hindurchgegangenes eine Chance besäße. Jürgen Habermas hat mit Bezug auf Adornos unermüdliche Vortragstätigkeit (vor allem beim Rundfunk) im restaurativen Nachkriegsdeutschland in seinem Tagungsbeitrag »Wittgenstein als Zeitgenosse« von einer »verzweifelnd betriebenen Volkspädagogik« gesprochen. Wir könnten analog, die Parallele der Unermüdlichkeit Heideggers im Vortragen und Publizieren vor Augen, von einem aussichtslos betriebenen Initiationsritus in eine andere Weise des Denkens sprechen – eigentlich doppelt aussichtslos, nämlich durch die Prämisse des »Ereignis«-Vorbehalts *und* den von uns vermissten Durchgang durch das ›Andere des Denkens‹. – »Soll aber der Mensch noch einmal in die Nähe des Seins finden, dann muss er zuvor lernen, im Namenlosen zu existieren.« Isoliert für sich gelesen verführen diese Heidegger-Worte geradewegs dazu, sie zu Gunsten unserer Argumentation auszulegen, sie dem Plädoyer für Schweigepraxis ›in der Hauptverhandlung‹ gleichsam als das Votum einer Koryphäe zur Seite zu stellen. Im Kontext gelesen, im Zusammenhang des das Heideggersche Spätwerk theoriestrategisch dominierenden Ereignistheorems sehen wir uns stattdessen nur noch mit einer massiven Inkonsistenz konfrontiert. Wenn Habermas polemisch von Heideggers »vermurkstem Seinsdenken« spricht, dann möchte man ihm in Anbetracht des Skandalons solcher Inkonsistenz Recht geben.[71] Und doch sollte man sich vor dem Affekt in Acht nehmen, damit nicht das *Ärgernis* Heidegger die *produktive Denkherausforderung* Heidegger aus dem Feld schlägt. Das Verquere der Heidegger'schen Ereignishypostasierung mit ihren (so Habermas) »subjektauslöschenden« Implikationen ist nicht zuletzt deswegen ärgerlich, weil es just da für eine Blockade sorgt, wo dieses Denken so erhellend wie kein zweites an den kritischen Punkt der unsere Gegenwart beherrschenden Mentalität rührt. Jene Stelle, an der uns eine *praktische* (oder präziser ›transzendentalpraktische‹) *Initiative* (ein ›Anfangen‹ auf deutsch) von Nöten erscheint, die dank eigener intellektueller und Gefühlsressourcen auf einsichts- und handlungsfähige Subjekte angewiesen ist und also dadurch, dass man den Subjekten, Individuen oder Menschen auf dem Wege einer theoretisch begründeten Heteronomisierung ihre Ohnmacht bescheinigte, gerade blockiert würde. – So unklug es wäre, auf Heideggers ›Schwierigkeiten‹ mit gereizter Abwehr und affektiver Abwertung seines Denkens zu reagieren, so wenig hilfreich oder produktiv sind umgekehrt verbale Beschönigungen oder gar theoretisierende Verklärungen, wo es sich schlicht um Unzulänglichkeiten, ja um fatale theoriestrategische Fehlleistungen handelt. Wenn so etwa Jaques Derrida die konzeptionellen Sackgassen Heideggers mit reichlich nebulösen Wortgirlanden wie *etwas* sei *noch im Kommen begriffen* in seinen Texten in ›Komplikationen der Sache selbst‹ ummünzt, unvermeidliche Geburtswehen gewissermaßen, so macht er sich zum Komplizen der Konfusion, indem er seinerseits das objektivistische und ereignisrhetorische Paradigma bedient. Die zentrale Stellung, die das Fragen in Heideggers Denken einnimmt – »das Fragen ist die Frömmigkeit des Denkens«, verkündet der berühmte Schlusssatz des ebenso legendären Technikvortrags – hat Derrida dahingehend gedeutet, dass über alles bestimmte Fragen Heideggers hinaus bzw. darin mitschwingend vor allem *die Frage* virulent sei: die Frage eben nach jenem Unbekannten, jenem noch ausstehenden *Kommenden* (sprich nach Heideggers »Ereignis«), als dessen Platzhalter unter den Menschen sie figuriere und für dessen Empfangsbereitschaft bei den Fragenden sie einstehe.[72] Würden wir uns einem derartigen äußerst unbestimmten Adventismus anschließen, hieße dies abermals das hic et nunc konkret Mögliche *es anders anfangen* in den Wind schlagen.

Stellen wir am Ende dieser langen heideggerkritischen Betrachtungen noch eine Vermutung darüber an, was im *Denker* Martin Heidegger *qua kulturellem Typus* – trotz eines grandiosen Aufbruchs zu neuen Ufern und der Erkundung bis dato philosophisch unbetretenen Terrains – den Durchbruch zu der Einsicht in das Erfordernis einer last but not least dem Denken selber zugute kommenden Übungspraxis der Weltpause blockiert hat, was einen *Dissidenten* des philosophischen Schulbetriebs dennoch daran gehindert haben könnte, gedanklich wie realiter den wahrlich dissidenten ›Sprung‹ in die Praxis und zum Praktiker eines formellen Schweigeexerzitiums zu wagen und mehr noch sich zu dessen beredtem Fürsprecher zu machen.

Der *kulturelle Typus* ›*Denker*‹ – zumal wenn der zu dieser Kategorie Gehörende sich auf Augenhöhe mit Platon und Aristoteles bewegt – repräsentiert nicht bloß *das* Denken, sozusagen den Inbegriff des Denkens und ergo die *Metaphysik* (Heidegger bestand ausdrücklich auf dieser Identität), vielmehr verkörpert er es. Er lebt vor, was (wie Heidegger sich ausdrückt) *stellen* heißt: denkerisch feststellen, sagend einer Vorstellung Beständigkeit verleihen. Als eine ›Inkarnation‹ des nämlichen kulturellen Typus, so lässt sich mutmaßen, ist Heidegger den ›Stellcharakter‹ nie los geworden; und zwar auch dort nicht, wo er glaubte, Denken einer Verwandlung unterziehen zu können bzw. anders zu denken. Herausgekommen ist dabei stets nur wiederum ›denkerische Stellarbeit‹, wenn auch eine besonders sublime (wie dies bereits auf die husserl'sche Phänomenologie zutrifft, deren Schulung Heidegger durchlaufen hat). Mit seiner Redeweise von einer *Verwindung* der Metaphysik – weil diese *denkend* gar nicht überwunden werden kann – hat dies der paradigmatische Denker insgeheim auch eingeräumt. – Die Alternative zur Verwindung der Metaphysik, was allein schon sprachlich eine vergebliche Verrenkung assoziieren lässt: der stets vorübergehende praktische, *schweigepraktische* Ausstieg aus dem Metaphysischen, das geistig äquilibrierende ›Bad‹ im Anderen des Denkens, was zudem statt eines anderen ›Denkens des Denkens‹ einem durchaus welthaltigen anderen Denken zugute käme – diesen ›Befreiungsschlag‹ hat Heidegger vermutlich nicht zu führen vermocht, ist er dazu doch als wie auch immer ›verwundener Metaphysiker‹ kulturell-habituell zu sehr eingespannt gewesen nicht ins technische, wohl aber akademische *Gestell*.[73]

III

Epoché westlich philosophisch und östlich meditativ oder die Epoché des Denkens und die des Schweigens

Überall wo menschheitsgeschichtlich das Denken erst einmal zu einer arbeitsteilig ausdifferenzierten und professionell ausgeübten (meistens gruppensoziologisch resp. kasten- oder klassenspezifisch monopolisierten) Tätigkeit geworden war, eignete ihm eo ipso der Sonderstatus einer von allen übrigen Lebensäußerungen und Tätigkeiten entlasteten und aus dem durch diese repräsentierten Weltgetriebe herausgenommenen Beschäftigung. Es verlangte für seine Zwecke also immer schon so etwas wie das Einlegen einer Weltpause bei seinen Agenten oder Funktionären. Das, was Hannah Arendt von dem von ihr so verstandenen zweckfreien, selbstgenügsamen Denken sagt, gilt eigentlich von allen Arten anspruchsvoller geistiger Betätigung, auch den zweckgerichteten, eine gesellschaftliche Aufgabe erfüllenden: »Das Denken ist stets außer der Ordnung, es unterbricht alle gewöhnlichen Tätigkeiten und wird durch sie unterbrochen.«[1] Der »Rückzug, der allen Geistestätigkeiten eigen ist«, ist der aus einer sinnlichen, materiellen und dergestalt auch interessensmäßig geprägten Welt; erst einem späten und sehr abgeklärten systemtheoretischen Blick ›auf's Ganze‹ nivelliert sich dieser ›außerweltliche Status‹ von Denken, Erkennen und Wissen und er holt deren ›Funktionsbereich‹ als ein *soziales Subsystem neben anderen* in den einheitlichen Systemzusammenhang ›Welt‹ ein – für niemanden mehr gibt es eine Weltpause, lediglich das jeweilige Subsystem bedeutet in seinem Prozessieren die (entscheidungs- und handlungsstrategische) Zwangspause aller übrigen. – Die philosophiegeschichtlich letzte große, ebenso leidenschaftliche wie eigenwillige Anstrengung durch ein methodisches Sich-ausklinken aus den routinemäßigen Weltzusammenhängen und deren praktischer Interessengebundenheit mit ihren die Erkenntnis trübenden und ein sachlich adäquates (interessenneutrales) Urteilsvermögen korrumpierenden ›Verunreinigungen des Geistes‹ zum *Wesen* der Dinge, zu den *Sachen selbst* vorzustoßen oder durchzudringen und so doch noch epistemisch festen Boden unter die Füße zu bekommen, der sich dann auch innerweltlich als tragfähig erweise, diese *Wissenschaft überhaupt*

Die Epoché des Denkens und die des Schweigens

erst begründen sollende philosophische Anstrengung unternahm ein paar Jahrzehnte vor jener perspektivisch alles verändernden systemtheoretischen Umkodierung der Sichtweise Edmund Husserl mit seiner »phänomenologischen Methode«. Der temporären Selbstsuspendierung vom zweckdienlichen Handeln und den weltpraktischen Bezügen, die wir etwas salopp Weltpause genannt haben, gab er die vornehmere Bezeichnung *Epoché*.[2] Mit dieser »phänomenologischen Reduktion« soll die Welt in ihren uns bedrängenden Erscheinungen »eingeklammert« und für die Dauer der *Wesensschau* auf Abstand gehalten werden.

Die frühe, archetypische Vorlage zu dieser späten Husserlschen Apotheose der durch die abendländische Philosophiegeschichte hindurch kultivierten denkerischen Absonderung vom Weltbetrieb stammt von keinem geringeren als von Sokrates, von dem uns Xenophon wie in einer den Typus grell überzeichnenden Momentaufnahme jenes Urbild der Denk-Epoché überliefert hat: Wir sehen eine gleichsam zur Salzsäule erstarrte Gestalt vor uns, die über Stunden reglos auf der Stelle verharrt, aus der aber keineswegs der Lebensodem gewichen ist, die vielmehr alle Lebendigkeit nach innen in sich hinein gesogen hat, in die gesammelte Aktivität ihres Denkorgans, sodass der in diesem ›Standbild‹ noch immer verkörperte Mensch, den Geist ganz auf sich selbst gerichtet, sich taub zeigt gegen die nachdrücklichste Ansprache von außen (ein die Umgebung aufs Höchste irritierendes Verhalten, zumal wenn es sich der Legende nach in aller Öffentlichkeit zuträgt, und zwar während einer Wehrertüchtigungsveranstaltung). Damit war auf exemplarische Weise dem an sich selbst unsichtbaren, nicht sinnlich fassbaren ein nach außen hin sichtbarer, ein ›für die Augen der Welt‹ sinnlich manifester Ausdruck verliehen: die *philosophische Meditation* als ein *Bewusstseinsgeschehen* – im Rückblick so etwas wie der Glutkern des Philosophierens im Abendland, gepflegt seit Sokrates, verlaufend über die ›Stationen‹ Augustinus und Descartes und der klassischen Konfiguration nach zum Abschluss gebracht bei Husserl. Klassische Konfiguration soll heißen: ›noesis noesios‹, ›cogito me cogitare‹, ›denken des Denkens‹ zwar um seiner selbst willen, aber *seiner selbst als des tragfähigen, verlässlichen Grundes*, ›fundamentum inconcussum‹ (und sei es, weil dieses Denken insofern zu tragen vermöchte, als es auf Gott und den Gottesglauben verwiese bzw. die Sicht darauf frei gäbe). – So stellen wir, die wir ausgezogen sind, zum Exerzitium der schweigepraktischen Weltpause anzuregen, mit Befriedigung fest, dass nicht nur die Idee einer exerzitienmäßig zu beobachtenden Weltpause längst in der Welt ist, sondern sogar deren Praxis schon einmal, wenn auch in sehr speziellen Kreisen und beschränkt auf diese, Gang und Gäbe gewesen ist, nämlich als die Weltpause der abendländisch philosophischen *Denkpraxis*. Wodurch sich denn auch die Hürden für die Idee und die Praxis einer Weltpause anderer Art, wie sie sich heute eher nahe legt, will sagen die der *Schweigepraxis*, nicht als unüberwindlich erweisen sollten. Umso mehr als wir an Hand der folgenden Übersicht und im Anschluss daran etliche frappante Übereinstimmungen ›im Formalen‹, in der ›Konfiguration‹, ja selbst in der ›Wirkung‹ zwischen beiden Formen von Epoché zu erkennen glauben.

Die als erstes anzuführende Eigentümlichkeit der denkenden Weltpause betrifft nahe liegender Weise den Ort, den Boden, den Schauplatz, die Bühne, wo das unsinnliche, unsichtbare Geschehen des Denkens spielt: Man spricht diesbezüglich vom menschlichen Geist oder neuzeitlich vom *Bewusstsein* (präziser von Selbst- oder Ich-Bewusstsein, was die vom Körperlichen begrifflich geschiedene mentale Sphäre zusätzlich von einem ›niederen Seelenbereich‹, wie er auch den Tieren zugestanden wird, abhebt, so wie bereits Platon deswegen von der ›Denkseele‹ spricht). Das nur unter der Bedingung der alles Handeln unterbrechenden Weltpause überhaupt realisierbare, sich auf sich selbst beziehende Denken stellt (insofern es sich auf raumzeitlich Undarstellbares, mindestens physisch Abwesendes richtet), eine *reine* Bewusstseinserfahrung vor, im Unterschied zu den das Handeln und den Aufenthalt in der Welt begleitenden gewöhnlichen Bewusstseinserfahrungen und Denkvorgängen mit ihren raumzeitlichen Realien und physische Präsenzen repräsentierenden Inhalten, an deren mehr oder minder kurzen Leine sie ihren Auslauf haben. Im Mittelpunkt, im Brennpunkt, im Aufmerksamkeitsfokus der denkpraktischen Epoché stehen folglich *Bewusstseinsphänomene* (in diesem Fall ausnahmslos Gedanken), die von der Selbstbeobachtung als *ein nicht weiter Ableitbares und also Letztes (oder Erstes)* genommen werden müssen.

Als zweites stellt sich die Frage, wie das am bezeichneten Ort, d. h. im Bewusstsein, während des Denkens ablaufende Geschehen *als Bewusstseinsgeschehen* im Allgemeinen strukturiert ist. Es legt sich sogleich eine Zweipoligkeit der Struktur des Denkens nahe, die Unterscheidung zwischen dem Pol des Denkers und dem des von ihm Gedachten bzw. seiner Gedanken; Subjekt und Objekt sind die geläufigen Bezeichnungen dafür (der bei der Beschreibung von Denk- und Erkenntnisakten auf Subtilität bedachte Husserl zog die penibler diskriminierenden Kunstworte »Noesis« und »Noema« vor). Ganz selbstverständlich herrscht ein Vorrang des Objekts sowie ein ihm zu Gute kommender Vorrang des Methodischen, wodurch dem Subjekt Beliebigkeit und Willkür beim Denken und Erkennen untersagt sind; was für den ›Träger‹ des Subjekts nichts anderes heißt, als dass das denkende Individuum sein natürliches Begehren samt dessen sozial präformierten Abkömmlingen aus dem Spiel lässt, also den Epoché-Grundsatz wahrt. – Der die ›Was-Bestimmtheit‹ festlegende ›Vorrang‹ des Objekts wird auf der Seite des Subjekts wettgemacht durch dessen Vorrang in punkto Spontaneität oder Initiative: Das Objekt und Objekte überhaupt stehen so lange ›unbeachtet im Dunkeln‹ (ihr Gedanke ist nicht vorhanden), wie nicht das Subjekt als die zum Objekt komplementäre (innere oder introspektive) Beobachtungsinstanz tätig wird. Womit in der Rede von einer ›tätig werdenden Beobachtung‹ sich eine charakteristische Spannung bzw. eine Spannweite im Verständnis des Subjekt-Pols und seiner Funktion andeutet, diejenige nämlich zwischen Aktivität und Passivität resp. Rezeptivität.

Die Tätigkeit der Beobachtung (die Aktivität des Denkers) meint natürlich etwas anderes als das Handeln, das während der Epoché zusammen mit der Welt am Ort des Denkens und des Denkenden außer Kraft gesetzt ist. Jedoch gerade weil (wie Hannah Arendt unterstreicht) »diese Distanzierung vom Handeln die älteste [und stärkste, H.-W. W.] Bedingung [ist], die man für das Leben des Geistes aufgestellt hat«, färbt sie dergestalt auf das historische Verständnis des Subjektpols ab, dass diesem letztlich nur Passivität oder Rezeptivität angemessen zu sein scheint.[3] Sodass für das in der Epoché denkende Subjekt scheinbar allein die Rolle des reinen Beobachters oder des *Betrachters* in Frage kommt. Und da in der die spätere Tradition prägenden griechischen Philosophie die Denk-Epoché in der Lebensform ›bios theoretikos‹ deckungsgleich war, identisch mit einem Leben der Betrachtung oder der ›vita contemplativa‹, hat sich auf Grund dieses Einflussfaktors das Bild von der ›philosophischen Meditation‹ über die Zeiten hin (und ein letztes Mal prominent in der phänomenologischen Wesensschau à la Husserl) mit dem Charakteristikum der Schau, des Rezeptiven und des Kontemplativen verbunden. – Der nicht involvierte Zuschauer, der unbeteiligte Beobachter, der achtsame Zeuge, dies sind mithin vertraute subjektive Funktionsbedingungen innerhalb der Prozessstruktur der Denk-Epoché, wie wir sie in der westlichen Philosophie von Platon (für den das Ideal der ›Theorie‹ die Schau der höchsten Ideen gewesen ist) bis zu Hegel (bei dem das Denken im Idealfall der ›Selbstbewegung des Begriffs‹ lediglich zusieht) allenthalben antreffen – und also keineswegs, wie man bisweilen glauben möchte, exklusiv der östlichen Meditationspraxis zugehörige mentale Einstellungen sind, die nur für die Bewusstseinserfahrung der schweigepraktischen Epoché von Belang wären.

Die Epoché des Denkens und die des Schweigens

An dritter Stelle unserer Übersicht über sowohl die ›Essentials‹ wie auch die zu treffenden Vorkehrungen im Zusammenhang der Denk-Epoché möchten wir nach der ›Beteiligung‹ eines ›Faktors‹ fragen, der in den selbstbezüglichen methodischen Reflexionen der großen Denker aus der philosophischen Ahnengalerie kaum Erwähnung gefunden hat, so als sei er wie selbstverständlich ein Unbeteiligter: der Körper oder Leib des Denkenden. Wie ein als möglicher Störfaktor immer schon ausgeschaltetes ›Stück Welt‹, ein problemlos neutralisierbarer ›Rest materieller Wirklichkeit‹ ragt die leibliche Physis als unabkömmliches Substrat des Denkens, seiner ›immateriellen Ortschaft Bewusstsein‹, gleichsam in diesen mentalen Hoheitsbereich hinein. In Gestalt der Rodinschen Skulptur zeugt er als ›steinerner Gast‹ sichtbar für das Unsichtbare des Denkens; wie an ihr ebenfalls auf plastische Weise sichtbar wird, dass das ›epochale‹ Denken *leiblich* nicht gerade eine komfortable Verrichtung ist. – Dass der Leib trotzdem beim Denken stillhält (wie es jedenfalls der des Denkers tut), dazu scheint nicht einmal erforderlich, ihn willentlich in einer bestimmten und für das Denken zweckdienlichen Weise zu *halten*. Eine *Körperhaltung* bzw. *die* Körperhaltung des Denkens gibt es (Rodins Plastik zum Trotz) nicht. Der Leib des Denkers muss (entgegen jener legendären Erstarrung des Sokrates) nicht einmal in Bewegungslosigkeit verharren, wie schon das klassische Beispiel der Peripatetiker belegt, der denkenden ›Auf-und-ab-Geher‹ der Aristoteles-Schule. Es genügt demnach vollauf, darauf bedacht zu sein, dass sobald man sich ans ›Kopfwerk‹ des Denkens begibt die durchschnittlichen Nöte und Bedürfnisse des Leibes so weit befriedigt sind, dass auch an diesem ›Einfallstor der Welt‹ Ruhe herrscht – durchaus gemäß dem Motto ›mens sana in corpore sano‹ – wenn man denn unter körperlicher Gesundheit das ›Schweigen der Organe‹ versteht und dieses Schweigen im konkreten Fall mit ›leiblicher Selbstvergessenheit‹ während der Zeit des Denkens in Verbindung bringt. Dies reicht aus als hinlängliche Voraussetzung dafür, dass der platonische Denker ungestört ›das Zwiegespräch der Seele mit sich selbst‹ führen und der Denker nach dem Vorbild Hegels sich ganz der ›Anstrengung des Begriffs‹ hingeben kann.

Dass für die Höchstleistungen des philosophischen Denkens (wie auch für Spitzenleistungen des wissenschaftlichen Erkennens) eine unspezifische und völlig unspektakuläre Neutralisierung des Leiblichen genügt, mag uns die Sicherheit geben, dass die schulgerechte Denk-Epoché wohl auch keiner eingehenderen Berücksichtigung körperlicher Faktoren, keiner Sensibilisierung für subtile leiblich-mentale Rückkoppelungsschleifen bedarf (wie dies sehr wohl für die Epoché des Schweigens der Fall ist). – Die für die Epoché des Denkens unproblematische Unterbelichtung, um nicht zu sagen Ausblendung des leiblichen Substrats passt offenkundig auch eher als das Gegenteil zu dem seit frühester Zeit die Philosophie im Abendland umtreibenden und »von jeher dornigen Leib-Seele-Problem« (Hannah Arendt), das zweifellos mit für den schlechten Leumund des Körperlichen im Vergleich zum Geistigen gesorgt hat. Platon wollte im Körper nicht den Tempel sondern ein Gefängnis oder das Grab der Seele sehen (›soma sema‹ lautet das suggestive Wortspiel im Griechischen). Doch eine wirklich militante Leibfeindlichkeit am Rande der platonisch-neuplatonischen, der stoischen und schließlich der christlichen Hauptströmungen des Denkens und der Philosophie hat sich nicht gegen die gemäßigte Einseitigkeit des Leib-Seele-Dualismus durchzusetzen vermocht, um so indirekt womöglich auch das Denken selber zu schwächen durch die Unterminierung seines Substrats.[4] Und gegen Ende einer langen Tradition kommt es zu guter Letzt sogar in den Beiträgen zu einer *Phänomenologie des Leibes* (im Umkreis der Husserl-Schule) zur Rehabilitierung der Aufmerksamkeit für den ›verfemten Teil‹ (man vergleiche hierzu die empirisch-phänomenologischen Arbeiten von Hermann Schmitz wie einige Schriften des französischen Phänomenologen Maurice Merleau-Ponty).

Viertens weist die praktizierte Denk-Epoché – nicht in allen Fällen, aber keineswegs selten – habitualisierte, ja mitunter ritualisierte Ablaufsformen von exerzitienhafter Strenge auf. Man erkennt auf einen Blick: Professionelles Denken betreibt eine geistesathletische ›Disziplin‹, zu der es (bei sachgerechter Ausführung) nicht geringer Disziplin bedarf; der Denker unterzieht sich einer ›Übung‹, die wiederum Übung verlangt. Die hier im Ausdruck anklingende Selbstbezüglichkeit des Übens – sie erzeugt eine Steigerungsspirale des Könnens, so etwas wie einen »circulus virtuosus« – hat Peter Sloterdijk in seinem den Übungsgedanken ins Zentrum rückenden Buch über »Anthropotechnik« (Titel »Du musst dein Leben ändern«) ausführlich beschrieben.[5] Die Denk-Epoché macht allerdings (anders als die Schweige-Epoché) diesen formellen Feedback oder Lerneffekt auf Grund ihrer Ergebnisorientiertheit jedes Mal unsichtbar, er verschwindet im Inhaltlichen, im Resultat. – Wie jede Übung, jedes Exerzitium und jegliche Disziplin weist die Epoché äußere und innere Aspekte auf. Dass Paul Valéry vierzig Jahre lang allmorgendlich (bei reichlichem Kaffee- und Zigarettengenuss) an seinem denkbiographischen Tagebuch geschrieben hat, kennzeichnet den äußeren Rahmen dieser Epoché (Zeit, Ort, Utensilien); dass er anfangs seine intellektuellen Reflexionen, die ihn von Tag zu Tag beschäftigenden Gedanken, einer

Kunstfigur namens »Monsieur Teste« gewissermaßen als Sprachrohr in den Mund gelegt und als dessen geistige Elaborate zu Papier gebracht hat, macht das an der äußeren Übungsanordnung nicht zu entdeckende Stil-Prinzip der inneren, mentalen Ablaufsform aus. Bei weniger literarisch ambitionierten (Pascals »ésprit de finesse« verpflichteten) Exerzitien und sich stattdessen streng wissenschaftlich (sozusagen ›more geometrico‹) gerierenden Übungen – man denke an Descartes' methodischen Zweifel oder an Husserls Akribie der phänomenologischen Reduktion – nennt sich die interne, formale Prozedur und Richtschnur der Epoché kurzerhand die *Methode*.

Ein fünfter Aspekt, der das Methodische berührt und doch weiter und unspezifischer gefasst werden muss, betrifft die Zugangs- oder Eintrittsverfassung des Epoché-Aspiranten. Man könnte auch von der probaten Gestimmtheit oder der geeigneten ›phänomenalen‹ oder ›Anmutungsqualität‹ des Bewusstseins sprechen, die es erlaubt, in die Epoché einzutreten. Aristoteles brachte diese Bewusstseinsdisposition auf den einfachen Nenner einer natürlichen epistemischen Neugier; da ihm zu Folge alle Menschen von Natur aus nach Wissen streben, dürfte es für den Zweck der Epoché genügen, diese Neugier für den aktuellen Anlass, die Versuchsanordnung des kunstgerechten Denkens und Erkennens, zu wecken. Selbstredend sind sowohl depressive als auch euphorische Bewusstseinslagen schlecht geeignet für den sei es spontanen, sei es absichtsvollen Wechsel in jene zwar angeregte, aber intellektuell wie affektiv wohltemperierte Verfassung epistemischer Neugier, in jenen Aggregatzustand, den man etwas leger die ›Lust auf Denken‹ nennen könnte. Die sich aus dieser Energiequelle speisende *bleibend fokussierte Aufmerksamkeit* wäre schließlich das der Epoché förderliche ›Betriebsklima‹, mit dessen Aufrechterhaltung sich ein auf Ablenkung und Zerstreuung hin konditioniertes Bewusstsein zweifelsohne schwer tun wird. – Das von der rechten Gestimmtheit unterstützte Zustandekommen der Epoché und die Erfahrung des Gelingens eines disziplinierten Denkens üben ihrerseits einen stabilen ›synthonen‹ Einfluss auf die seelisch-geistige Gesamtverfassung aus. Je nach Temperament tragen sie zu einer die Existenz insgesamt grundierenden milden Melancholie, einer heiteren Gelassenheit oder einer im Herzen unerschütterlichen Lebensfreude bei, bisweilen angeweht von wiederkehrenden Momenten der Glückseligkeit. Besonders mit Blick auf diese epochébedingten eudämonistischen Einsprengsel trifft zu, was wir über den weltabgeschiedenen Ausnahmezustand des Denkens bei Hannah Arendt lesen: »Die Philosophen lieben dieses ›Nirgends‹, als wäre es ein Land (philochorein), und sie wollen alle

Die Epoché des Denkens und die des Schweigens

anderen Tätigkeiten fahren lassen um des ›scholazein‹ willen (des Nichts-Tuns, wie wir sagen würden), weil das Denken oder Philosophieren etwas so Süßes ist«.[6] Wird in der Denk-Epoché, in ihrer Erfahrung gesteigerter Lebendigkeit, gar ein nicht weiter ableitbarer, nicht mehr von woanders her zu begründender Eigensinn des Lebens fühlbar? Der ›Bewusstseinsphänomenalität‹ nach ähnlich und verwandt jenem Versprechen, wofür wir im Hinblick auf die Epoché des Schweigens uns probeweise eines Ausdrucks wie desjenigen vom ›Sinn des Seins‹ oder der Rede von einer ›die Existenz verwandelnden, postmetaphysisch ortlos gewordenen Wahrheit‹ bedient haben?

* * *

Szenenwechsel. Wir wenden uns der anderen, auf ähnliche Weise exerzitienmäßig durchzuführenden Weltpause zu, derjenigen der Epoché des Schweigens. Ihr maßgeblicher Schauplatz wäre wiederum das Bewusstsein; ihn optimal zu arrangieren dienen die äußeren, physischen Eckdaten der Übungsanordnung, mit deren Auflistung wir beginnen wollen.

– Im Unterschied zur Übungsepoché des Denkens, die keine spezifische Körperhaltung vorschreibt, entgegen der gern karrikierten Denkerpose nicht nach dem besonderen leiblichen Arrangement verlangt, handelt es sich bei der Übungsepoché des Schweigens um ein *spezifisch leiblich gestütztes mentales Exerzitium*, bei dem der Übende große Sorgfalt auf ein korrektes Einnehmen der vorgeschriebenen Körperhaltung verwendet. Deren Eckdaten sind erstens die Unbewegtheit des Leibes in der Position eines reglosen aufrechten Sitzens; zweitens die konstante Gerichtetheit des Blicks auf eine reizarme Fläche unmittelbar vor dem Sitzenden; drittens eine kontinuierliche und gleichmäßige Bauchatmung.

Da das Ziel oder der Zweck dieser Übung auf der mentalen Ebene liegt (wie bei der Denkepoché), werden die Gründe für die spezifische Weise der leiblichen Stütze einsichtig bei näherer Betrachtung der *geistig* einzunehmenden Übungshaltung während der Epoché des eminenten Schweigens. Sie, die geistige Anweisung, fordert vom Übenden Sammlung der Aufmerksamkeit auf den Atem und damit das Unterlassen jeder über diese Konzentration (auf den unwillkürlichen physiologischen Vorgang der Atmung) hinaus gehenden Aktivierung gedanklicher (intentionaler) Prozesse, was auch als meditative *Absichtslosigkeit* bezeichnet wird – denn anders als das entsprechende ›epochétische Setting‹ kann der ›Bewusstseinszustand eminentes Schweigen‹ nicht absichtlich, i. e. durch willentlich gerichtete geistige Aktivität, herbeigeführt werden. –

Die Epoché des Denkens und die des Schweigens

Überflüssig darauf hinzuweisen, dass wir mit diesen Eckdaten der Epoché des Schweigens ein ideales Standardmodell entwerfen, extrahiert aus dem Variantenspektrum östlicher Meditationspraktiken, empirisch am deutlichsten angelehnt an das zenbuddhistische Vorbild des *Zazen*[7]. Unnötig zu sagen auch, dass uns das Erbe der östlich meditativen Epoché so verallgemeinerbar und transkulturell ›verwertbar‹ dünkt wie umgekehrt die westlich philosophische Epoché des Denkens.

Wie also lernt man schweigen nach Maßgabe des von uns so bezeichneten eminenten Schweigens, des Schweigens auch der Gedanken? Indem man sich in regelmäßigen Abständen, wenigstens ein Mal pro Tag, zum stillen, unbewegten Sitzen in eine noch strengere Abgeschiedenheit, Klausur, Abschirmung gegen die unmittelbaren, sinnlichen Reize der Welt sowie ihrer an uns adressierten Ansprüche zurückzieht als dies bereits in der Epoché des Denkens geschieht. Man wird dabei bemerken, dass obzwar man das vorsätzliche Denken unterlässt (etwa jenes, um dessentwillen der Rückzug der Denkepoché erfolgt) die Gedankentätigkeit deswegen keineswegs aufhört. Vielmehr denkt ›es‹ weiter im Übenden; spätestens jetzt erhellt, weshalb es wenig Sinn macht, Denken – als dessen Anderes uns das Schweigen gilt, wie wir dies beginnend mit der Einleitung zu diesem Buch beharrlich darzulegen bemüht sind – aufs Urteilen zu reduzieren, auf die im Prädizieren resultierende für gewöhnlich absichtsvolle Reflexionstätigkeit, gar ihre disziplinierte Ausführungsform seitens der professionell Denkenden. Das hier sinnvollerweise in Ansatz zu bringende Verständnis von Denken, zu dem das eminente Schweigen das prominent Andere bildet, sollte die gesamte Palette intentionaler Akte umfassen, vom vorprädikativen Erfassen von Gegebenheiten bis zu deren reflektierter, logisch-begrifflicher Durchdringung. – Woraus sich für die Praxis der Schweigeepoché ergibt: Geschwiegen im vollen Sinne der Bedeutung von Schweigen als dem Anderen des Denkens würde, sobald außer einer noch irgendwie stringenten Gedankenaktivität auch die aktive Wahrnehmung (das ›Einsteigen‹ auf Sinneseindrücke mit erkundender Neugier) sowie die frei flottierende Imaginations- und Phantasietätigkeit – Freud sprach von »Primärprozessdenken« – zur Ruhe kämen.

Die *nur sitzende* Position erscheint als die am besten geeignete leibliche Haltung für die Zwecke einer Übung, die daraufhin angelegt ist, dass die unablässige Folge von Denk- oder Bewusstseinsakten (der ›cogitationes‹ nach der Descartes'schen und Husserl'schen Terminologie), angefangen mit der Wahrnehmungstätigkeit und den sich an sie heftenden Willensimpulsen (dem Ursprung des ›Begehrens‹) *wie von selber* zum

Die Epoché des Denkens und die des Schweigens

Erliegen kommen *bei gleichzeitiger Aufrechterhaltung geistiger Wachheit.* Das stetige Vor-sich-hinblicken unterbindet die sonst beim Wahrnehmen übliche Kinästhetik der Augen und des Kopfes, der gleichmäßige Atem bietet einen idealen Anker für die andernfalls in Gedanken und Eingebungen der Einbildungskraft schweifende Aufmerksamkeit und die Aufrichte des Oberkörpers (zusammen mit den geöffnet bleibenden Augen) bildet den Garanten der Wachheit.[8] – Doch mit welchem Recht kann bei einem derart sinnlich und gedanklich tendenziell entleerten Wachzustand noch sinnvoll von einem ›Erfahren‹ oder ›Erleben‹ gesprochen werden? Dies mus möglich sein, da Wachheit oder Bewusstsein notwendig mit Erfahrung oder Erlebnis verbunden ist, es sich dabei eigentlich um identische Ausdrücke handelt. Nur der traumlose Schlaf wird als solcher nicht erfahren oder erlebt und ist darum kein Zustand des Bewusstseins sondern der Unbewusstheit oder Bewusstlosigkeit. Was also wird beim eminenten Schweigen als einem Bewusstseinszustand – oder sagen wir lieber, das Prozesshafte berücksichtigend, beim epochétischen Unterwegs in dieses Schweigen – erfahren oder erlebt? Oder passender: *wie* wird dabei erfahren oder erlebt?

Bei der philosophischen Annäherung an Schweigen und Schweigepraxis, wie wir sie uns hier vorgenommen haben, empfiehlt sich angesichts des Diffizilen der kategorial analytisch zu erfassenden Bewusstseinsprozesse eine Anlehnung an Husserls transzendentalphänomenologischen Ansatz. Wolfgang Fasching hat es so in seinem überaus instruktiven Vergleich zwischen der Husserlschen Bewusstseinstheorie und der zenbuddhistischen Lehre vom Nicht-Geist vorgeführt und wir können daher an seine Ausführungen nahtlos anknüpfen.[9] – Was bei sämtlichen Bewusstseinsvorgängen,»in allem Erfahren immer schon geschieht, das phänomenale Sich-manifestieren der Wirklichkeit, soll selber zur Erfahrung gebracht werden«, so umschreibt Fasching den Sinn aller Zen-Übungen und damit zugleich das Nicht-Substanzielle des auf diese Weise Erfahrenen, dessen (wie es im Buddhismus heißt) *Leerheit.* Sodass das Erfahrene bzw. Erlebte nicht zu einem Vorgestellten, Gegenständlichen, Fixierten zu werden vermag; einem solchen – einem »Intentionalen«, einem Gemeinten oder Repräsentationalen –, worin sich der husserl'schen transzendentalen Analyse zufolge überhaupt Bewusstsein erst als ein Geschehnis oder eine Gegebenheitsweise ›fassen‹ lasse.

Man kann nun das allmähliche Der-Leerheit-Weichen des Intentionalen oder der Bewusstseinsinhalte im Verlauf der schweigepraktischen Übung als ein Hervortreten oder Zutagetreten von Bewusstsein/Erfahren/Erleben *als solchem* sich verständlich zu machen versuchen. In dem

Maße wie bei fortdauernder Bewusstheit Anwesendes aus ihr entschwindet, manifestiert sich gewissermaßen Anwesen selbst. »Die Sitzübung des Zen ist ein Innehalten mit der Beschäftigung mit anwesendem Seiendem, um so des Anwesens des Anwesenden selbst innezuwerden« schreibt Fasching. »Aber was ist dieses Anwesen? Es ist nicht selbst wieder ein dem Ich gegenüberliegender Gegenstand (also auch nichts, was man ›erlangen‹ oder ›haben‹ könnte), sondern nichts anderes als unser eigener Seinsvollzug ... Das besagte Innewerden kann folglich nicht in einer Gegenstandshabe bestehen, sondern umgekehrt in einem Rückzug aus jedem Gegenstandsbezug. Auf diese Weise wird in der Zen-Meditation das sogenannte *samadhi* erlangt: ein Bewusstseinszustand, der sich nicht ein Objekt gegenüberstellt, sondern in einem eigentümlichen gegenstandslosen Gewahrsein verharrt.« Und mit der »Gegenstandshabe« entfällt auch der diese ›Habende‹, das sich auf derselben (Objekt)Ebene wie die perzipierten Gegenstände konstituierende Ich. Der durch die Zen-Praxis manifestierte Nicht-Geist, *Mushin* auf japanisch, wäre somit ein Zustand des »Seiner [d. h. als eines konstituierten Ich, H.-W. W.]-nicht-bewusst-Seins.«[10]

Einer wie extremen Reizreduktion auch immer sich die Epoché des Schweigens, verglichen mit derjenigen des Denkens, unterzieht, ihre Weltpause bringt nicht auch das Welthafte, wie es mit allem Bewusstsein, Erfahren und Erleben einhergeht, zum verschwinden. Die Übenden fallen nicht in ein Nichts, wie wir es mit den Schwarzen Löchern der Astronomie assoziieren, es kommt zu keinem Blackout der Bewusstlosigkeit; gleichwohl behält das Pulsieren des Atems wie auch das Aufsteigen und Abklingen von Sinneseindrücken und Körperempfindungen dadurch, dass in ihrem Fließen *kein ›etwas als etwas‹ festgehalten* wird, den Charakter der Leerheit. Eminentes Schweigen heißt mit Faschings Worten ausgedrückt »die ursprüngliche Nichtgegenständlichkeit meines eigenen Seins unangetastet zu lassen«; worin »eine eigentümliche Weise des Selbstgewahrseins« liege: die »vorreflexive, nicht sich zum Gegenstand machende Selbstgegebenheit des Bewusstseins wird eigens erfahren«. Zusammenfassend: »Der Zazen-Praktizierende lässt also das Bewusstsein einfach ablaufen, ohne sich auf das Bewusstsein zurückzurichten, d.h. er verharrt im bloßen präreflexiven Selbstvollzug des Bewusstseins. Erst durch solche gezielte Nicht-Reflexion kann das ursprüngliche präphänomenale Sein des Erlebens aufleuchten«. – Die Thematisierung des für gewöhnlich Außerthematischen, wie wir dies hier gerade tun und wie es sich auch Husserls phänomenologische Methode zur Aufgabe gemacht hat, geschieht jedoch im Zazen bzw. der schweigepraktischen Übung nicht im selben, wörtlichen Sinne, vielmehr (so abermals Fasching) indem alles Thematisieren, Sich-auf-Gegenständerichten zur Ruhe kommt«. Husserls methodische Unternehmung sprengte nicht den Rahmen einer Epoché des Denkens, so wenig wie wir mit der unsrigen Gedankenarbeit dazu im Stande sind, obgleich diese dem quasi Anderen der Epoché des Denkens, der des Schweigens, gewidmet ist – aber eben ›thematisch‹: als einem Gegenstand der Reflexion, des Denkens.[11]

Der manifestierte Bewusstseinszustand eminenten Schweigens: Losgelöstheit oder Samadhi

Wenn das eminente Schweigen durch *Nicht-festhalten* von irgendetwas als ein identisch Seiendes innerhalb seines welthaften Gegebenseins, seines Bewusstseinsstroms, gekennzeichnet ist, so bietet es sich an, die klassische Bezeichnung für diesen Bewusstseinszustand, das Sanskritwort *Samadhi*, mit *Losgelöstheit* zu übersetzen.[12] Losgelöstheit zu erfahren dient nicht der Absicht, die theoretische Neugier durch die Hinzufügung einer ganz außergewöhnlichen Kenntnis zu unserem angesammelten Wissensschatz zu befriedigen; fragte jemand nach einer zum intentionalen Schweigen bzw. zu dessen Übungs-Epoché (und den mit ihr bisweilen verbundenen Mühen) motivierenden legitimen Absicht, so müsste man von einer säkularen Erlösungserfahrung sprechen. Wahlweise könnte man mit Wittgenstein von der ›problemauflösenden‹ und darum beglückenden Erfahrung sprechen *in die Form des Lebens zu* passen. – Was sich damit abzeichnet ist nichts weniger als das praktische zu Ende führen, sprich die Erledigung einiger der zentralen philosophisch theoretischen Fragen und Probleme, wie sie die vorangehende Relektüre Wittgensteinscher und Heideggerscher Texte aufgeworfen hat.

Wenn Wolfgang Fasching schreibt, »Zazen ist eine Technik, die zum Gewahrwerden des unmittelbaren Gegenwartsereignisses verhelfen soll«, dann gebraucht er – beiläufig – jenes Wort, welches Heidegger, wie wir gesehen haben, zum Codewort seiner Spätphilosophie erkoren hat und das bei ihm den Brennpunkt der zukünftigen »Aufgabe des Denkens« kennzeichnen soll. Man erinnert sich, wie Heidegger in immer neuen Anläufen bemüht war, diese ›Urszene‹ des Denkens angemessen zur Sprache zu bringen, das Denken zu denken, und als die dabei auftretende Schwierigkeit namhaft macht, dass es zum Wesen des Ereignisses – zur Natur seines »es gibt«, das allererst anwesend sein lässt, allem Seienden seine »Unverborgenheit« verleiht – gehöre, *dass es sich entzieht*, dass es im Sich-ereignenden in statu nascendi sogleich mit dessen Ereignetsein auch schon wieder verschwunden ist, vom Ereigneten verschluckt. – Wie das Durchschlagen des Gordischen Knotens – der Denk-

oder Reflexionsverknotung in diesem Fall – mutet jetzt angesichts dessen der Sprung in die schweigepraktische Übung im Stile des Zazen an. Mit Hilfe des epochetisch angebahnten und durch die Konzentration auf den Atem bedingten Sich-*ent*eignens (mit dem Effekt einer radikalen Minimierung des Ereigneten) finden sich die schweigepraktisch Übenden in das Hier und Jetzt des Wirklichkeits-Ereignisses, der welthaften Gegenwart *als solcher*, versetzt – entrückt, würden Mystiker sagen. Zu dem, das Heidegger geradezu manisch bestrebt war, *es eigens zu denken*, stellt der Zen-Meister Lin-chi als die *einzig nicht-denkend mögliche Erfahrung* lapidar fest: »Ihr könnt es nicht denken, noch könnt ihr euch davon trennen.«

Noch eine weitere Heidegger-Vokabel bietet sich uns in verändertem Licht dar, die des *Anfangs*, im Sinne seines »anderen Anfangs« bzw. des »Anfänglichen« der »Verhaltenheit« (als dem »Stil der Zukünftigen«, wie ihn die »Beiträge zur Philosophie« dunkel andeuten). Denn die Übungspraxis des eminenten Schweigens verleiht der Rede vom Anfänglichen einen konkreten, erfahrbaren Sinn. Wie Übende den Zusammenhang von Losgelöstheit und Anfänglichkeit erleben, verdeutlicht folgende Passage aus »Zen-Geist Anfänger-Geist«, den Unterweisungen des in den 1960er Jahren in den USA Westler in die Praxis des Zazen einführenden Shunryu Suzuki: »Wenn wir in der Haltung mit gekreuzten Beinen sitzen, gewinnen wir unsere ursprüngliche schöpferische Aktivität zurück. ... Wenn wir sitzen, sind wir nichts, wir erkennen nicht einmal, was wir sind; wir sitzen nur. Doch wenn wir aufstehen, sind wir da! Das ist die erste Stufe der Schöpfung. Seid Ihr da, dann ist alles andere da; alles ist auf einmal erschaffen. Wenn wir aus dem Nichts auftauchen, wenn alles aus dem Nichts [der Leerheit, H.-W. W.] auftaucht, dann sehen wir alles als frische, neue Schöpfung. Das ist nicht-anhaften.« – Wer aus dem Bewusstseinszustand des Samadi, dem Versunkensein in Losgelöstheit, auftaucht und in die manifeste Welt des Alltags zurückkehrt, hört, sieht und spürt *als wäre es das erste Mal* – eine geistige Frische, die endlich auch dem Denken, der anspruchsvollen Reflexion, zugute käme.[13]

Nun sollte zwischen einer Kurzzeit- und einer Langzeitwirkung der Übungspraxis des Schweigens unterschieden werden. Die besagte Frische des Geistes, die wiedergewonnene Spontaneität der Aufmerksamkeit, ihre neue Beweglichkeit und Spannkraft, auch die Tiefe und Nachhaltigkeit von Eindrücken und Empfindungen, sie wären zu den sich nach jeder einzelnen Übungsphase in unterschiedlichem Grad einstellenden kurzfristigen Effekten zu rechnen – sich dem Umstand verdankend, dass bereits nach dem einmaligen Üben der ›Filter‹ aus Ablenkung, Zerstreutheit, innerem Selbstgespräch, vorgefasstem Meinen usw. durchlässiger geworden ist.[14] – Der langfristige Effekt lässt sich am besten mit dem Begriff der *positiv gewandelten (Grund)Gestimmtheit* umschreiben, es stellt sich das ein, wofür wir zurückliegend die Abbreviatur der *existenzielle Probleme auflösenden Transformation* (des Bewusstseins) gebraucht haben. Der Ausnahmezustand der Losgelöstheit und sein ›Erfahrungsgehalt‹ – die Leichtigkeit oder Schwerelosigkeit des Gewahrseins, was Zen das »Abfallen von Leib und Seele« nennt, die Intuition von Friede und Güte ›am Grund allen Seins‹ – färbt sozusagen auf die alltägliche Befindlichkeit ab. Was den Übenden *mitfühlender* werden lässt gegenüber der in der Welt begegnenden Last der Sorge und dem Umfang kreatürlichen Leidens (worauf wir unten in den Abschnitten über Ethik und Mitmenschlichkeit eingehen).[15]

Nachdem wir die Wesenszüge des ›veränderten Bewusstseinszustand‹ der Losgelöstheit oder des Samadhi, in den der schweigepraktisch Übende von Mal zu Mal eintaucht, grob umrissen haben, lohnt es sich, noch einen gesonderten Blick auf zwei Facetten zu werfen, die wir bereits bei unserer Relektüre berührt haben: den Aspekt des inneren Zeitbewusstseins (im Samadhi) sowie die nicht-egologische Konstitution von Bewusstseinsphänomenalität bzw. mentaler Gegebenheit. Beide Male wird ein thematischer Komplex tangiert, der jeweils nach eigenständiger Behandlung verlangt und worüber auch bereits philosophische Untersuchungen angestellt worden sind.[16] Die bei beiden Fragekomplexen auftretenden Darstellungsschwierigkeiten rühren, so scheint uns, zum Teil daher, dass mit dem nur schweigeepochétisch (bzw. nach der Husserlschen Manier nur introspektiv) Erfahrbaren ›solches‹ in Theoriesprache übersetzt werden soll, ›was sich nicht sagen lässt‹. – Vergegenwärtigen wir uns zunächst nochmals die epochétische Experimentalsituation und ihre ideale Bewusstseinsdisposition: Mit dem Fallenlassen jeder kognitiven Absicht und allen Wollens oder Begehrens des personalen Ich stellt sich im Übungsverlauf sukzessive Losgelöstheit oder Samadhi als dessen ›finale Phase‹ ein – (Selbst)Gewahrsein ohne ein Gewahrtes, aber auch *ohne den Gewahrenden*. Wie schon die Erfahrung des ›es denkt‹ in den Anfangsstadien der Schweigeübung auf Nichtbeteiligung eines personalen Subjekts am Auftreten von Bewusstsein und Intensionalität schließen lässt, so gewinnt mit dem Erlebnis des reinen Gewahrseins oder der ›Leere‹ die Annahme von der *nicht-egologischen Konstitution von Bewusstseinsphänomenalität* erst recht Evidenz. Was der in tiefer Meditation Verharrende, mithin der eminent Schweigende erlebt, wessen er vor

Der manifestierte Bewusstseinszustand eminenten Schweigens

aller Vergegenständlichung zu einem Gewussten unmittelbar innewird, kann mit der objektivierenden Sprache der Husserl-Schule (und der hier an sie anknüpfenden aktuellen Philosophie des Geistes) als *Selbstphänomenalisierung* bezeichnet werden, eine ursprüngliche *Nondualität* des Bewusstseins, aus der die Zweiheit von Gegenstand und diesen wahrnehmendem Ich, die Differenz von Subjekt und Objekt, erst ersteht oder entspringt. Und zwar indem mit dem Auftauchen und der Identifikation, dem ›Festhalten‹, eines Gegenständlichen sofort und gleich-ursprünglich die Möglichkeit des Sich-Zurückbeugens, der Re-flexion, auf ein dieses Gegenständliche ›habendes‹ Subjekt durch die primordiale Selbstphänomenalisierung immer schon sozusagen in petto gehalten wird – und wodurch sich das so auf den Plan tretende Ich, indem die transzendentale ›Meinigkeit‹ psychologisch mit dem personalen Subjekt identifiziert wird, mit dieser seiner illusionären Substanzialität als ein Konstituiertes und keineswegs ein Bewusstheit und Kognition Konstituierendes ausweist.[17]

Sobald am tiefsten Punkt seines eminenten Schweigens im Übenden alle subjektiven und objektiven Präsenzen ›zu reden aufgehört haben‹ und vollkommene Stille in ihm eingekehrt ist, gewahrt sich das Gewahrsein gewissermaßen selbst. Mit Anklängen an die Heideggersche Lichtungs-Metaphorik umschreibt Wolfgang Fasching die Erfahrung der im Zazen resp. der Schweigepraxis *praktizierend vollzogenen* Nicht-Egologie wie folgt: »Dieses Insichleuchten des SEHENS ist also nichts anderes als die ›lebendige Gegenwart‹: sie ist die nicht-gegenständliche, ewig unfixierbare Selbstgelichtetheit der Welteröffnung. Im Zen geht es darum, dieser innersten, nicht-objektiven Seinsweise des Bewusstseins innezuweden – bzw., da ja dieses Innesein genau dieses Sein ist, sich in diesen Seinsvollzug ›einzuwohnen‹, die durch nachträgliche Objektivierung ständig geschehende Selbstverdeckung aufzuheben.« – Unseres Erachtens ist es dieses nur durch schweigepraktisches Üben zu gewährleistende ›Sich-einwohnen‹ ins Nicht-egologische, was bei solcher Art Übenden nicht nur das Mitgefühl verstärkt, sondern es ihnen auch erlaubt, sich angstfrei im sozialen Umgang mit anderen selbst weniger wichtig zu nehmen. Das mit mystischem Erleben gern in Verbindung gebrachte verhaltensethische »Zurücktreten von sich« (Ernst Tugendhat) wäre mithin nicht so sehr als Gehorsamsleistung gegenüber einer Moralforderung aufzufassen, vielmehr als eine Frucht von Übung, einer von Reflexion und also auch moralischer Reflexion freien Aufmerksamkeits- oder Achtsamkeitsübung.

Selbstvergessenheit, sei es die der Hingabe an eine Beschäftigung oder die mit dem schweigepraktischen Üben einhergehende, vermittelt stets auch den Geschmack von *ewiger Gegenwart;* der Glückliche bei Wittgenstein lebt in deren ›ewigem Jetzt‹, wir sprachen oben davon. Was genau hätte man sich darunter vorzustellen, welchen Aufschluss gibt uns diesbezüglich das Gewahrseins-Erlebnis eminenten Schweigens? – Erlebt wird – sobald es dem Übenden bei der Sammlung auf den Atem gelungen ist, das *Fixieren* zu vermeiden – eine fortwährende *Übergänglichkeit,* deren Übergehen, weil es weder ›von hier nach dort‹ noch ›von jetzt zu später‹ voranschreitet, als ein ›Übergehen im Selben‹ zu charakterisieren wäre, ein Gleiten auf dem Strom des Atems, etwas ›Fugenlosem‹, gerade nicht aus diskreten, äußerlich aneinander gereihten Zügen von Ein- und Ausatmungen zusammengesetzt.[18] Dieses anstrengungslose Ein-Atem-sein des schweigepraktisch Übenden wird von ihm als zeitlos oder zeitenthoben empfunden (besser: nachträglich vom Normalbewusstsein aus auf den Zustand der Losgelöstheit reflektierend so beschrieben), da wir die Zeit in ihrer Übergänglichkeit normalerweise – von selbstvergessenen Tätigkeiten, bei denen auch das Zeitgefühl wohltuend inexistent ist, abgesehen – entweder als schmerzlich rasches Verrinnen oder als lastend nicht vergehen wollendes Andauern empfinden. Ebenso aber wird Samadhi bzw. dieses tiefe, auch gedankliche oder intentionale Schweigen wie das Non-plus-ultra des Gegenwärtig-seins erfahren, und zwar einer fließenden Gegenwart, die nicht in äußerlicher Relation stehend zu Vergangenem und Zukünftigem erlebt wird. Also doch kein absolutes ›Jenseits von Zeit‹ – die präreflexiv in der Schweigeübung erfahrene Gegenwart müsste als ›zeithaft‹, jedoch nicht ›innerzeitlich‹ begrifflich gefasst werden oder wie Wolfgang Fasching die Zazen-Erfahrung konzeptualisiert: »Die Gegenwart *ist* das Geschehen des Vergehens und zwar des Vergehens ihrer selbst. Das Ruhen im Augenblick ist gerade kein Festhalten der Gegenwart, sondern ein Entgleitenlassen, wohingegen es das objektivierende Fixieren der verfließenden Jetztpunkte ist, dass die objektive Zeitlinie konstituiert. Das Festhalten der verfließenden Jetztpunkte hört auf, man ruht im Fließen.« Im Gegensatz dazu ist das durch unser Denken oder Reflektieren vorgenommene Sich-etwas-vergegenwärtigen immer schon aus der unmittelbaren Gegenwart aus- und mit der Aperzeption von ›Etwas als einem gegenwärtigen Etwas‹ in die objektivierte Zeit ›portionsweise‹ festgehaltener Zeitabschnitte eingetreten, in die Innerzeitlichkeit axial aufeinanderfolgender diskreter Jetztpunkte.[19] – Schweigepraktiker oder Meditierende werden auf Anhieb verstehen, was Dogen Zenji meint, wenn er in dem berühmten Zeit-Kapitel seines »Shobogenzo« von der Vergehen und

Werden einschließenden »Sein-Zeit« sagt, dass sie »die leuchtende Natur eines jeden Augenblicks« sei.[20] Die solchermaßen reflexionslos erlebte ›Augenblicks-Gegenwart‹ bedeutet keine Lokalisierung eines Jetzt *in* der Zeit (sozusagen ›herausgefischt‹ aus ihrem vorüberfließenden Kontinuum), man müsste diese Gegenwart als identisch mit ›Zeitigung überhaupt‹ kennzeichnen. Oder wiederum gemäß Faschings Konzeptualisierung des schweigepraktischen Erlebens von zeitloser Zeit: »Samadhi ist das Eintauchen in diese Dimension der nicht-gezeitigten Urzeitigung. In diesem Erfahren der Gegenwart als Zeitigungsereignis erfahre ich ein Vor-der-Zeit – das aber kein Jenseits der Zeit ist, sondern nichts anderes als das Sich-Ereignen der Zeit selbst.«[21]

Von hier aus rückblickend erklärt sich uns auch das Aporetische an Heideggers ›Augenblicks-Ereignis des Dass‹. Dieser beim Versuch, das Denken zu denken – anstatt nicht-denkend in das Andere des Denkens als den beständigen Strom des Übergänglichen ›einzutauchen‹ – der Reflexion abgetrotzten Abstraktion haftet nolens volens das Punktuelle der isolierten Jetzt-Takte unserer trivialen Zeitauffassung an, von der sie sich gerade abheben möchte. Zur *Flusserfahrung* der ewigen Gegenwart – dieser tatsächlichen, existenziellen Überwindung des trivialen Zeitverständnisses – klafft von der Seite des heidegger'schen Dass-Augenblicks ein unüberbrückbarer Hiatus, theoretisch und, da Heidegger sich allein schon dem Gedanken daran verweigert hat, praktisch, i. e. übungspraktisch.[22] Mit der Epoché des Denkens bricht niemand aus dem Bannkreis der intellektuellen Vertracktheiten des Zeit-Themas aus; eine befreiende und das persönliche Leben verwandelnde Erfahrung mit der Zeitlichkeit allen Seins bleibt der Epoché des Schweigens vorbehalten. Schließen wir etwas poetisch mit einem auf diesen Sachverhalt anspielenden Textauszug, den auch Heidegger gelesen haben könnte, hatte er doch nach eigenem Bekunden die Schriften des Autors, die Rede ist von D. T. Suzuki, gründlich studiert und war ihm sogar persönlich begegnet. »Das Leben aus Zen [aus dem übenden Schweigen der Gedanken, H.-W. W.] macht uns ein geheimnisvolles Etwas bewusst, das dem Zugriff des Verstandes entweicht. ... ›Feuchter Nebel auf dem Berge Lu, und Wellen wild bewegt im Che-Chiang; Bist du noch nicht dort gewesen, wirst du es sehr bereuen; Warst du erst dort und wendest wieder heim den Weg, wie nüchtern sehen dann die Dinge aus! Feuchter Nebel auf dem Berg Lu, und Wellen wild bewegt im Che-Chiang.‹ – Der feuchte Nebel auf dem Berg Lu und die wildbewegten Wellen des Che-Chiang bleiben die gleichen, ob du Zen hast oder nicht. Darum spricht der Dichter, dass es ›nichts Besonderes gibt‹, weder vor noch nach deiner Ankunft. Es ist die gleiche alte Welt mit oder ohne Zen. Und doch muss etwas neu sein in deinem Bewusstsein; sonst könntest du nicht sagen: ›Alles ist das gleiche‹. – Leben durch Zen löst sich also auf in das Bewusstwerden eben ›jener Kleinigkeit‹, die alle Zeit in deinem Geist war, die du aber nicht wahrnahmst. ›Diese Kleinigkeit‹ stellt sich als eine große Angelegenheit heraus, da sie deine ganze Lebenshaltung betrifft.« (D. T. Suzuki, Leben aus Zen, Frankfurt 2003, S. 17 f.).

Zu Heideggers »Gespräch mit der ostasiatischen Welt« und zum Vorrang der Praxis/Übung im Zen

Heidegger hat das von ihm wiederholt mit Blick auf die zukünftigen Wege des Denkens angekündigte »unausweichliche Gespräch mit der ostasiatischen Welt« (so wörtlich in Vorträge und Aufsätze, S. 43) seinerseits in der Hauptsache mit Japan geführt, posthum dokumentiert in dem von Hartmut Buchner edierten Band »Japan und Heidegger«[23] 1989. Hinter der politisch-geographischen Bezeichnung Japan verbirgt sich natürlich die geistesgeschichtlich-kulturelle Chiffre *Zen-Buddhismus*. Wobei die von ihr signalisierte mentale Prägung im Falle des Heidegger-Japan-Bezugs wiederum personell repräsentiert wird nicht – wie man es westlicherseits in der Zwischenzeit vielleicht eher erwarten würde – durch den einen oder anderen charismatischen Zen-Meister, sondern durch namhafte Gelehrte, wie Heidegger akademische Lehrer der Philosophie, namentlich die führenden Vertreter der sog. *Kyoto-Schule* (Kitaro Nishida, Keiji Nishitani, Hjime Tanabe, Shinchi Hisamatsu und in jüngerer Zeit Riosuke Ohashi). Das Interesse der Dialogpartner aneinander speist sich im vorliegenden Fall weniger aus einer faszinierenden Fremdheit oder Andersartigkeit der kulturspezifischen Ausprägung des Menschlichen, sondern umgekehrt aus der überraschenden Ähnlichkeit und Verwandtschaft gewisser Motive auf Seiten des kulturell Anderen und Verschiedenen, ihrer frappierenden Nähe zum Eigenen. – Um diese Übereinstimmung mit Hilfe philosophisch-terminologischer Kürzel zu benennen: Heidegger und Japan (i. e. seine Gesprächspartner aus der zenbuddhistisch inspirierten Kyoto-Schule) treffen sich mental, im Selbstverständnis ihres Denkens, in der Außerkraftsetzung (Heidegger) bzw. der Abwesenheit (auf japanischer Seite) transzendentaler Subjektivität (und ihres Subjekt-Objekt-Dualismus gegenständlich vorstellenden Denkens und Erkennens) sowie in der Negation sämtlicher (idealistischer, empiristischer, sensualistischer, materialistischer) Spielarten von Substanzmetaphysik. Was positiv umschrieben heißt, sie begegnen sich in einem Verständnis von Denken und Erkennen, von Wirklichkeits- und Wahrheitsgeschehen als (heideggerisch) »Aletheia«, als »Unverborgenheit« oder »Lichtung«, einer von menschlich-subjektivem Wollen und Bewirken nicht herbeizwingbaren, sich vielmehr ereignenden Welterschließung, die zu ihrer Ereigniswerdung den Menschen lediglich »braucht« (wie sich Heidegger ausdrückt). Japanisch-zenbuddhistisch gesprochen trifft man sich in der Denkvoraussetzung des Nicht-Selbst (der buddhistischen *Anatta*-Lehre), einer Selbstlosigkeit, deren »offene Weite« Dinge und Phänomene der Welt überhaupt erst in Erscheinung treten lässt, und zwar als stets vergängliche, weil von sich aus ohne Substanz (die buddhistische *Anicca*-Lehre).[24] Die Dialogpartner lassen schließlich sogar ihre Leitkonzepte sich ineinander spiegeln, d. h. die Begriffe *Nichts* und *Sein* versuchen – mal fernöstlich-buddhistisch, mal westlich-nachmetaphysisch – in letzter Instanz das Gleiche zu denken.[25] Sodass der (zen)buddhistischen Denkfigur des Nichts *(Nirvana)* oder der »ursprünglichen Leerheit« *(Sunyata)*, die gewissermaßen die Welt der Phänomene, der Dinge, gebiert und deren Formen auch wieder zurücknimmt, in sich zum Verlöschen bringt, Heideggers Denkbemühung aufs Innigste verwandt erscheint, das Sein nicht bloß als »Sein des Seienden«, sondern »als solches« zu denken. Was insbesondere auf die späten, um »das Ereignis« kreisenden Gedankengänge und die mehrfachen Anläufe zu ihrer sprachlichen Präzisierung zutrifft, in denen sich jenes für sich gedachte Sein als nichts anderes herausstellt, als dasjenige »Offene«, das »sein lässt«, der abgründige oder grundlose Grund, ja das letztinstanzliche »Nichts«, von welchem nur noch gesagt werden kann, dass es gewährt und entzieht, gibt oder versagt bzw. vorenthält.

So weit, so gut; aber wo ist bei dieser Auflistung der uns interessierende Gesichtspunkt der Praxis geblieben? Sollte es sich gar so verhalten, dass bei dieser westöstlichen Begegnung am ›Ort‹ des »Ereignisses« (Heidegger) bzw. des »Nichts« (Zen-Buddhismus) der Praxisaspekt abermals auf der Strecke bleibt? Einem intellektuell-akademischen Gedankenaustausch sieht man sozusagen schon Format halber eine gewisse Abstraktheit, um nicht zu sagen Theorie- oder Kopflastigkeit, gerne nach; beim Stichwort Zen aber sollte man dennoch erwarten, dass die Praxis gebührend in den Blick genommen wird.

So sehr das Phänomen Zen, nicht zuletzt als kulturhistorischer Gegenstand, der im wesentlichen als hermeneutisch zu erschließender Textkorpus (aus Lehre, Legende, Hagiographie und Poesie) überliefert ist, dem Betrachter ein schillerndes Bild vor Augen führt, das sich im einzelnen der verbindlichen Festlegung zu entziehen scheint, so deutlich schält sich bei aller überlieferungsbedingten perspektivischen Brechung doch die eine Konstante heraus, dass die differentia specifica von Zen, gewissermaßen sein Markenzeichen, stets und allerorten in der Art und Weise bestanden haben dürfte, in der er den Akzent auf die *Praxis* des »Nicht-Denkens« legt. – Geschichtlich hat sich Zen (auf chinesisch *Chan*) über eben diese Akzentsetzung in der zweiten Hälfte des ersten nachchristlichen Jahrtausends im mahajanabuddhistisch geprägten kulturellen Feld Chinas wohl allererst herausgebildet und zu einer der Hauptströmungen des dortigen Buddhismus entwickeln können, mit anschließender Ausbreitung nach Korea und Japan. Wahrscheinlich liegt man nicht falsch, wenn man sich den damaligen Entstehungszusammenhang der Zen-Schule mit uns geläufigen Verständnis- und Deutungsschemata etwa folgendermaßen vergegenwärtigt: Ein nach renommierten Schulrichtungen akademisch ausdifferenzierter, zu einer Art Hochscholastik aufgegipfelter und in selbstgenügsamer Gelehrsamkeit zu Ritualismus und Erstarrung neigender Mahajana-Buddhismus provoziert unter einigen seiner Adepten eine Bewegung »back to the roots«, zurück zum authentischen Vorbild des durch Meditation, durch Versenkung ins eigene Bewusstsein zum Erwachen gelangten historischen Buddha Shakyamun. Wobei die Reaktion auf den sich intellektuell verselbständigenden und in begrifflichen Abstraktionen ergehenden Erleuchtungsidealismus desto eher nach der Seite der verlebendigenden Konkretion und des praktischen Beim-Wort-nehmens ausfällt, als die Mahajana-»Metaphysik« in ihrem heißen Kern ja gerade um jenen Bewusstseinszustand kreist, der einzig und allein über das »Erwachen«, überhaupt nur auf dem Praxiswege einer gelingenden »Selbsterlösung« zu realisieren ist. Vielleicht darf man es so sagen, dass die historische Form des Buddhismus, auf die dann Chan oder Zen reagiert, zwar das existenziell befreiende Bewusstseinsideal der *Nondualität* (von Subjekt und Objekt) hochhält, aber eben bloß als ›Ideal‹, irgendwie abgeschnitten von der ›Wirklichkeit‹ des nichts desto trotz ›gespaltenen‹ oder ›mit sich zerfallenen‹ Bewusstseins.[26]

So zu sprechen heißt allerdings in Kauf nehmen, dass man sich zu einer verfänglichen Aussage hinreißen lässt; denn die Kluft zwischen Ideal und Wirklichkeit wäre ihrerseits einem ›unerleuchteten‹ Blickwinkel geschuldet, wenn denn mahajanabuddhistisch gelten soll, dass unser Bewusstsein immer schon erleuchtet ist, aus der »Buddha-Natur« gar nicht herausfallen *könne*. So wie Heideggers »Unverborgenheit« die allem unserem Wahrnehmen, Denken und Erkennen vorgeordnete Möglichkeitsbedingung sei, gleichgültig ob wir uns ihrer bewusst seien oder nicht. Anders gesagt, die Prämisse der Nondualität schließt hinsichtlich der basalen Bewusstseinsrealität (Heideggers »Unverborgenheit« bzw. »Lichtung« resp. mahajanabuddhistisch »Buddha-Natur« oder »Erleuch-

Zu Heideggers »Gespräch mit der ostasiatischen Welt«

tung«) ein Auseinanderdividieren nach Hier und Dort, Jetzt und Dann sowie Schlecht und Recht aus.

Dies wurde dann prompt als Argument – beim dem ›Erleuchtungsziel‹ geltenden Praxispostulat handle es sich doch wohl um einen eklatanten Selbstwiderspruch – seitens der theoriefixierten oder verkopften Betrachtungsweise gegen Zen und sein Insistieren auf Praxis des öfteren eingewendet. Davon haben sich Zen-Praktiker freilich nie beeindrucken lassen; denn der unvermeidliche logische Widerspruch, der (buddhistisch) den augenscheinlich unerleuchteten Geist für in Wahrheit längst erleuchtet erklärt, lässt sich nur in der Zuspitzung zum *performativen* Widerspruch *praktisch* austragen. (Eine Pointe, auf die wir zurückkommen werden). – An dieser Stelle genügt es festzuhalten, dass – sowohl von der Warte historisch-hermeneutischen Verstehens, wie aus dem aktuellen Interesse an Vorbildern für eine Hier und Heute zu belebende Schweigepraxis – einiges dafür spricht, den Zen-Buddhismus oder prägnanter das Phänomen Zen seinem Wesen nach ganz und gar als von der Emphase des Praxisgedankens her bestimmt und definiert zu begreifen. Wer folglich über Zen spricht, aber dessen Praxis des Nicht-Denkens (jap. *Munen* oder *Hi-shiryo*) aus dem Zentrum des Blickfelds an die Peripherie abdriften lässt, läuft Gefahr, nicht länger von Zen, sondern über etwas anderes – naheliegenderweise Mahajana-Philosophie oder Buddhismus im Allgemeinen – zu reden.

Nach diesen Präliminarien zur Zen-Praxis zurück zu unseren Dialogpartnern, zuerst der japanischen Seite, vertreten durch die Kyoto-Schule der Philosophie. Ihr Begründer Kitaro Nishida arbeitete seit 1911 (also schon rein zeitlich unabhängig von Heidegger und diesbezüglicher Kontakte) an seiner Version einer Verabschiedung des Transzendentalismus der Subjektphilosophie zugunsten einer Wirklichkeitskonstitution per Wechselseitigkeit (des Sich-ausformens und -bestimmens) gleichwertiger und gleichursprünglicher Einzelphänomene; woraus sogleich die Konvergenz seiner Bemühung mit dem Heideggerschen Ansatz eines die jeweiligen Seienden auf sein Offenes hin »versammelnden« Weltaufgangs erhellt. Bloß mit dem Unterschied, dass der ortlose Ort resp. grundlose Grund solcher Welt- oder Wirklichkeitswerdung bei Heidegger »Sein«, bei Nishida hingegen »das absolute Nichts« heißt. Wie dieser Begriff verdankt sich auch Nishidas die transzendentale Konstitutionslogik und den Subjekt-Objekt-Dualismus ablösendes Konzept des gleichzeitigen und wechselseitigen Ursprungs aller Erscheinungen dem spezifisch japanischen Hintergrund und also einem zenbuddhistisch geprägten geistigen Milieu. Nur – und hier möchten wir unser Bedenken anmelden

Zu Heideggers »Gespräch mit der ostasiatischen Welt«

– sind der Gedanke des Nichts oder der Leere *(Mu oder Sunyata)* und die Idee des »bedingten Entstehens« oder »Entstehens in Abhängigkeit« *(pratitiasamutpada, jap. engi)* mahajanabuddhistisches Allgemeingut, und der Rekurs auf sie bedeutet noch nicht die Bezugnahme auf das Ureigene des Zen, das diese Schule des Buddhismus gegenüber anderen Richtungen ausschließlich Charakterisierende. – Man möge uns nicht missverstehen, wir möchten die Genealogie von Nishidas Philosphie in ihren Grundlinien aus der Tradition des japanischen Zen-Buddhismus nicht in Abrede stellen. (Ebensowenig soll Nishida die praktische Zen-Erfahrung abgesprochen werden; in der Literatur ist von der Bestätigung eines Erleuchtungserlebnisses seitens eines Meisters im Jahre 1903 die Rede.) Wir machen lediglich auf Folgendes aufmerksam: Ein Versuch, wie derjenige Nishidas, die zenbuddhistische Grundstimmung philosophisch explizit zu machen, sie zu einer veritablen Philosophie auszuarbeiten, lässt im Ergebnis gerade das für Zen Konstitutive, seine *Praxis* des Nicht-Denkens, unweigerlich ins Hintertreffen geraten. Jedes philosophische Geschäft hat es nun einmal, mit Hegel gesprochen, mit der ›Anstrengung des Begriffs‹ zu tun, sodass die inkriminierte perspektivische Verzerrung gar nicht ausbleiben kann. Damit soll jedoch keineswegs grundsätzlich die Legitimität eines solchen Versuchs bestritten werden; wie wohl auch aus Nishidas Sicht die kulturelle Situation Japans um die damalige Jahrhundertwende mit einer grosso modo zur Konvention gewordenen Zen-Tradition hinreichend Gründe dargeboten haben mag, den geistig-kulturellen Modernisierungsweg über die aus dem Westen kommende Philosophie einzuschlagen.

Bis zur Unkenntlichkeit des eigentlichen *praktischen* Anliegens, also dessen, was Zen-Buddhismus im Kern ausmacht, verschiebt sich indes die Optik, betrachtet man die Rezeption Nishidas und der Kyoto-Schule im Westen. Ebendies bestätigt sich uns exemplarisch, sobald wir die Texte und Dokumente des Heidegger-Japan-Dialogs zu Rate ziehen. Der für die authentische Zen-Phänomenologie entscheidende Gesichtspunkt der Praxis spielt in dieser Debatte so gut wie keine Rolle mehr. Schon Nishida, der (gestorben 1945) Japan zeitlebens nicht verlassen hat, dessen Privatbibliothek aber gleichwohl die mit zahlreichen Notizen versehenen Klassiker der neueren philosophischen Strömungen Europas und Amerikas versammelte (Neukantianismus, Bergsonsche Lebensphilosophie, James'scher Pragmatismus, Husserl'sche Phänomenologie, schließlich auch Heideggers Hermeneutik der Existenz bis zu »Sein und Zeit«), bedient sich in seinem umfänglichen (nur zu einem geringen Teil bislang ins Deutsche übersetzten) Werk ganz selbstverständlich einer dem Europäer zugänglichen philosophischen Terminologie, und nur die rekursiven Schleifen (dass »das Subjekt die Umwelt gestaltet und die Umwelt das Subjekt gestaltet«) und gelegentliche paradoxe Wortkombinationen (wie »handelnde Anschauung«) lassen den fremden, fernöstlichen Geist sprachlich durchschimmern.[27] – Erst recht begegnet einem der vertraute akademische Duktus bei Nishidas Nachfolgern, zumal wo sich diese direkt an ihre westlichen Dialogpartner wenden. Was den uns beschäftigenden Zusammenhang betrifft, so hört sich das in K. Tsujimuras Festrede zu Heideggers 80. Geburtstag (gehalten 1969 in Messkirch) so an: Was durch das »Denken Heideggers ... fragwürdig wird, ist das, was wir [Japaner, H.-W. W.] je schon sind und was so von uns schon irgendwie in einer ungegenständlichen Weise verstanden ist und deshalb in der Wissenschaft und Philosophie ständig übersprungen bleibt. ... Deshalb entzieht sich die Sache seines Denkens in ihrer Wahrheit, sobald wir sie bloß vorstellen, erfassen und wissen wollen. ... Die höchste Sache seines Denkens, die vielleicht mit dem alten griechischen Wort *Aletheia* (Un-Verborgenheit) anzudeuten ist, könnte in Rücksicht auf die abendländische Philosophie und das heißt hier Metaphysik als ein der Metaphysik selbst verborgener Boden erfahren werden. So müsste die Sache selbst vom Denker eine Verwandlung des Denkens verlangt haben – nämlich die Verwandlung des philosophischen Denkens in ›ein anderes Denken‹. Erst durch dieses andere Denken, das heißt durch ›den Schritt zurück aus der Philosophie‹, ist das ›Eigene‹ des philosophischen Denkens und das heißt hier des Wesens der abendländischen Welt und ihrer Menschen ›eigens‹ erblickt worden ... Angesichts dieses Denkens mussten auch wir Japaner unumgänglich auf den vergessenen Boden unserer eigenen geistigen Überlieferung zurückgeworfen werden« (zit. nach Buchner, Japan und Heidegger, S. 162).

Der »eigene Boden«, auf dem die von Heidegger postulierte »Verwandlung des Denkens«, adressiert an das westlich-abendländische Denken, den japanischen Geist »zurückwirft«, ist natürlich der des Zen-Buddhismus. Und im einen wie im anderen Fall, bei Heidegger wie in punkto Zen, wäre bei der Transformation des Denkens die »Sache des Denkens«, um die es geht, die des *Nicht-Denkens*. Nur, Tsujimuras Worte halten die Aufmerksamkeit auf der Ebene begrifflicher Abstraktionen, als wäre damit in *dieser* Sache des Denkens das Wesentliche in den Blick genommen. In Wahrheit aber lassen sie es ungesagt, und zwar in beiderlei Hinsicht, nach der solches Sagen fällig wäre: Einmal hinsichtlich der geforderten Verwandlung des Denkens, dass diese nämlich nur durch *Praxis* konkret erfolgen und so wirklich werden kann; zum andern im

Zu Heideggers »Gespräch mit der ostasiatischen Welt«

Hinblick auf das in Resonanz tretende japanische Denken, dass dessen Zen-Vermächtnis unter diesem Blickwinkel gerade darin besteht, dass es eine derartige Praxis des Nicht-Denkens in der Übungstradition des *Zazen* vorhält (und, wie wir schon ausgeführt haben, sein spezifisches Gepräge und historisches Profil im Wesentlichen eben dieser Praxis verdankt).

Bemerkenswerterweise wird in Tsujimuras Rede gleich nach der soeben zitierten Passage zumindest die Einsatzstelle von Praxis indirekt dann doch thematisch. Zen-Buddhismus sei »nichts anderes als ein Durchblicken in das, was wir selbst sind«, und für dieses Durchblicken müssten wir »zuerst von allem Vorstellen, Herstellen, Nachstellen ... Machen und Wollen, kurz von allem Bewusstsein und dessen Tätigkeit ablassen und auf solchem Weg in dessen Quellgrund zurückkehren«, müssten also mit Zen-Meister Dogen gesprochen »zuerst den Schritt zurück lernen«. – Die Entsprechung hierzu bei Heidegger finde sich in dessen Exempel vom »blühenden Baum« aus »Was heißt Denken?«, wo er uns das Ablassen vom gegenständlichen oder vorstellenden Denken anhand des Experiments verdeutlicht, dass wir uns unsererseits einmal dem blühenden Baum gegenüberstellen, sodass sich dieser nun seinerseits »uns vorstellt«.[28] Wobei, so muss man ergänzen, dieses Experiment uns auf die Ebene der Erfahrung unseres *faktischen* Seins versetzt, spiegelbildlich zu dem zuvor genannten Durchblicken auf das, was wir immer schon sind, wie es der Zen-Buddhismus beinhaltet (oder sollte man sagen praktiziert?). Denn auf eben diese paradoxe Figur des *hin zu etwas, wo man je schon ist*, hebt Tsujimura gleich anschließend ab. Heideggers Ausführungen zum blühenden Baum kulminierten nämlich in der Aufforderung zu einem, so Tsujimura, »seltsamen Sprung«. O-Ton Heidegger: Wir müssen erst »auf den Boden springen, auf dem wir leben und sterben«, d. h. »auf dem wir eigentlich stehen«. Anders gesagt, sobald wir den *existentialen* Sachverhalt, dass der blühende Baum »sich uns vorstellt«, erfasst haben, seien wir aus dem Subjekt-Objekt-Bezirk, in dem sich auch Wissenschaft und Philosophie bewegen, heraus-»gesprungen«. Und da angekommen, wo wir in Wahrheit (Heideggers Wahrheit der »Unverborgenheit«) auch vorher bereits gewesen seien.

Tsujimura führt schließlich am Beispiel des Koans »Zypresse im Garten« aus, dass auch die berühmten zenbuddhistischen Rätselaufgaben beim Adressaten auf nichts anderes als auf diesen Bewusstseinssprung zielen. – Der Kommentar Tsujimuras zu Heideggers »seltsamem Sprung« stellt innerhalb des zwischen Japanern und Heidegger geführten Dialogs eine der wenigen Gelegenheiten einer Annäherung an die Praxisproblematik dar. Von dem zuletzt erwähnten Streiflicht auf die Koan-Praxis abgesehen, kommt es auch an dieser Stelle zu keiner ausdrücklichen Erörterung der Praxisfrage. Mag sich noch so sehr – da es den Kippschalter im Kopf nicht gibt, den man *der theoretischen Einsicht folgend* bloß umlegen bräuchte – der Praxisgedanke in der nahliegenden Frage nach dem *Wie* des Springens aufdrängen: es bleibt bei der bestenfalls indirekten, unausgesprochenen (für die westlichen Gesprächsteilnehmer müsste man vielleicht sogar sagen: der unbewussten) Annäherung an diesen Gedanken, oder – ironisch ausgedrückt – dabei, dass *der alles entscheidende Praxisaspekt* unter dem Inkognito des »seltsamen Sprungs« auf seltsame Weise abwesend anwest.[29]

Womit wir endlich bei Heideggers Part in jenem denkwürdigen Ost-West-Dialog angelangt wären. Aufschlussreich dazu der auch als solcher dialogisch angelegte Text »Aus einem Gespräch von der Sprache« (nachzulesen in »Unterwegs zur Sprache«, S. 83 ff.). Er geht auf eine reale Begegnung (mit dem Germanisten Tesuka) zurück, aber man gewinnt trotzdem den Eindruck, dass einem Heidegger vor allen Dingen das Stereotyp eines nach seinem persönlichen Gusto idealen japanischen Gesprächspartners vorführt, um so Wasser auf die Mühlen der eigenen Denk- und Sprachfiguren zu lenken.[30] Ein Fragender, sprich Heidegger, und sein Gegenüber, ein Japaner, umkreisen in einer gedanklichen Choreographie von äußerster Konzentration und sprachlicher Dichte das Urphänomen Sprache im Spannungsverhältnis der beiden Kulturen, der abendländisch-europäischen und der japanischen. Dass sich das Zwiegespräch just am »Gegenstand« *Sprache* entzündet und gedanklich abarbeitet, macht für Heidegger deshalb Sinn, weil die stille »Sage«, aus der heraus die Sprache spreche, von wo sie sich »uns zusagt«, auf den gleichen geheimnisvollen Ort zurückweise, aus dem sich auch der japanische oder Zen-Geist herleite und insbesondere seine Kreativität im künstlerischen und kulturellen Ausdruck speise. Und wie Heideggers Stille, sobald er sich ihr zuwendet, zu »läuten« beginnt und ihre Verlautbarung sich schließlich zu einer der wunderlichen heidegger'schen Wortperlen verdichtet, so beharrt der Fragende im »Gespräch von der Sprache« höflich aber bestimmt darauf, dass auch der Japaner auf das »stille Geläut« hören und in seiner Sprache »das gemäße Wort« (es lautet am Ende *Koto ba*) ihm entdecken möge. – Der Blick auf das, was uns aus seiner Vergangenheit überliefert ist – um an das oben Ausgeführte zu erinnern – legt unterdessen den Schluss nahe, dass im originären Zen die Erfahrung der Stille und des Nicht-Denkens anders geschieht und sich anders artikuliert. Sie geschieht zumeist und zunächst im Zusammenhang einer kon-

Zu Heideggers »Gespräch mit der ostasiatischen Welt«

kreten Praxis des Nicht-Denkens oder des eminenten Schweigens, die als eine gelingende die sprachlich verfassten Konzepte des Denkens und des Bewusstseins fürs erste fallen lässt und sich einer Stille aussetzt, die nicht unbedingt im nächsten Augenblick schon wieder laut oder verlautbarend wird. Es bedarf sogar des stets erneuten Eintretens in die Stille und das Schweigen, auf dass sich die Transformation im Denken oder der Bewusstseinswandel wie von selbst einstellen kann und nachhaltige Wirkung auf die Alltagsexistenz zeitigt. Und wenn es dann zur Artikulation der Erfahrung und dem Bezeugen des mit ihr einhergehenden Wandels kommt, so wird der Ausdruck, verbal oder nonverbal, ein je individueller sein. Das Zen-Erwachen äußert sich immer singulär und situativ, es gibt nicht das *eine* »gemäße Wort«, das für alle allzeit und überall das einzig richtige wäre.[31] Die Gemäßheit einer sprachlichen Äußerung, einer Gebärde, Geste oder Handlung bemisst sich nach der Geistesgegenwart, mit welcher die Betreffenden dem »So« ihrer Wirklichkeit begegnen, das sich (entsprechend der buddhistischen Doktrin von der Soheit, *Tathata*) von Moment zu Moment ändern kann. Eine Begegnung mit seiner individuellen Wirklichkeit, bei der der Einzelne bezüglich der ihm aufgegebenen Bewusstseinswandlung die Probe aufs Exempel derart zu bestehen hat, dass an seinem sprachlichen wie außersprachlichen Gebaren blitzartig und situationsgerecht ablesbar ist, dass er, mit Wittgenstein gesprochen, »in die Form des Lebens passt«, gleichviel mit welcher Lebenswirklichkeit er sich da gerade konfrontiert sieht. Es kann sich wohlgemerkt nicht darum drehen, den Gedanken oder die bloße Idee dieses Hineinpassens bzw. der existenziellen Adäquanz als die grundlegende Wahrheit menschlichen Daseins philosophisch auf ihren allgemein gültigen Begriff zu bringen (wie buddhistisch in den Mahajana-Sutras immer schon geschehen); vielmehr zielt das Spezifische der Zen-Praxis jenseits der Abstraktionssphäre philosophischer Allgemeingültigkeit und ihrer standardisierten Begrifflichkeit oder verbindlichen Wortwahl auf die lebendige Konkretion des Wahren, wie sie sich nur im einmaligen, unwiederholbaren Akt, in der anlass- und situationsabhängigen spontanen Lebensäußerung und ihrem kontextbezogenen und folglich ebenso variablen sprachlichen Ausdruck zu manifestieren vermag.

Weil nun Heidegger auch in jenem stilisierten Dialog mit einem japanischen Gesprächspartner statt der konkreten Form und ihrer praktischen Realisation nur die philosophisch allgemeine, also abstrakte Form der Wahrheit (des »Seins«, der »Sage« usw.) im Auge hat, deren situations*unabhängigen* »gemäßen« Wortausdruck er wie zuvor im eigenen jetzt im fremden kulturellen Bezugsfeld mit derselben sprachspekula-

Zu Heideggers »Gespräch mit der ostasiatischen Welt«

tiven Obsession aufzufinden hofft, genau darum bleibt, diesmal von Heideggers Seite her, dieser westöstliche Gesprächsversuch abermals zwiespältig: Mag sich sein ins Anfängliche zurückbohrendes Denken in seinem philosophisch allgemeinen Befund auch mit fundamentalen Einsichten der Mahajana-Philosophie berühren, an der Zen-typischen Praxis und Konkretion des Nicht-Denkens, die jenseits (oder diesseits) der philosophischen Abstraktion in den konkreten Wirklichkeiten des empirischen Individuums spielt, gehen Heideggers Ausführungen vorbei. Mit seiner archaisierenden, auf letztgültige Angemessenheit bedachten Sprachartistik, die naturgemäß zur gesprochenen Sprache auf Distanz geht, manövriert er sich im interkulturellen Gespräch mit Japan geradezu in einen diametralen Gegensatz zum in der Zen-Überlieferung hoch gehaltenen antiintellektualistischen »Alltagsgeist«, der als ein (dank schweigepraktischer Übung oder Praxis des Nichtdenkens) zur Wirklichkeit des jeweiligen »So« erwachter Geist sich in seinen Äußerungen problemlos der natürlichen oder Alltagssprache bedient. Dass dabei die eine und immer gleiche Wahrheit – will sagen, wie jemand »in die Form des Lebens passt« – nie in ein und derselben Weise, sondern nur immer anders lautend zur Sprache kommt, darauf hat Tsujimura in seiner oben zitierten Rede im Zusammenhang des Koan-Beispiels aufmerksam gemacht. Es hätte der Zen-Meister auf die existenzielle oder Sinnfrage des Schülers »nicht gerade diese Antwort zu geben brauchen: ›Zypresse im Garten‹« – er hätte, und einmal mehr unter anderen Begleitumständen, genauso gut irgendeine andere Antwort geben können, sagen wir: »Der dampfende Suppentopf über dem Herdfeuer«, oder in die Jetztzeit versetzt: »Das Zischen der Espresso-Maschine«. Jedenfalls hängt hier, anders als bei Heidegger, die Richtigkeit der Antwort nicht an der Gemäßheit eines nach Verbindlichkeit für Jedermann heischenden Wortlauts. – Der ins Auge springende Kontrast zwischen einer in den berühmten Zen-Dialogen (den sog. *Mondos*, die meistens zwischen Lehrer und Schüler stattfinden) begegnenden prallen Lebensfülle, Spritzigkeit des Gedankens und sprachlichen Drastik seines Ausdrucks auf der einen Seite und einem demgegenüber sich nicht selten grüblerisch ausnehmenden Ernst des »Nachdenkens« sowie einer bei solchem Vergleich erst recht gravitätisch, um nicht zu sagen umständlich anmutenden Sprache in den Texten Heideggers andererseits sollte den Teilnehmern wie auch den Kommentatoren des Heidegger-Japan-Dialogs eigentlich nicht entgangen sein, wird jedoch, wohl aus Gründen der Dezenz, nirgendwo problematisiert. Der dem Kontrast zugrunde liegende Unterschied zwischen der philosophisch angepeilten und damit notwendig abstrakt bezeichneten Wahrheit des Seins oder Daseins im Falle Heideggers und einer stets nur im alltäglichen Lebensvollzug auf je individuelle Weise konkret bezeugten Wahrheit wie im Zen hätte nämlich die westlichen Gesprächsteilnehmer gerade auf das eigentliche Anregungspotential innerhalb des japanischen Zen-Buddhismus aufmerksam machen können. Statt indessen den Fingerzeig der konkreten Poesie oder *lebensnahen* Dichtung der motivisch weit gefächerten Lehrbeispiele aus der Zen-Literatur zu beachten, der von der abstrakten Idee von Nondualität und deren *lebensferner* philosophisch-spekulativer Konzeptualisierung weg und in die Richtung von deren lebendiger Manifestation und damit nicht zuletzt auf die Praxisformen des Nicht-Denkens oder Schweigens zeigt, haftet die Aufmerksamkeit der am Dialog Beteiligten (wie derer, die ihn kommentiert und weiter geführt haben, soweit wir sehen) an Heideggers »dichtendem Denken« und der Projektion seiner Perspektivität des Fragens in die Motive der kulturellen Überlieferung eines fernöstlichen Denkens. Dieser Umstand blendet aber nicht nur allenthalben die Frage nach der *Praxis* aus, da jenes philosophische Dichten die Momente des Schweigens sofort mit dem heideggertypischen sprachspekulativen Impetus und wortschöpferischen Elan kurzschließt und also gleich wieder in die ohne Unterbrechung weiterlaufende Reflexion einholt. Mehr noch, anders als sonst die Dichtung provoziert ihre philosophische Nachahmung nicht nur – was legitim wäre – die Frage nach ihrer Wahrhaftigkeit oder Authentizität, sondern sie konfrontiert uns in Anbetracht ihrer »gemäßen Worte« stehenden Fußes mit der (theoretischen) Wahrheitsfrage und vollzieht infolgedessen eine Schließung, von deren Zumutung Dichtung für gewöhnlich (das Leben ist ernst, die Kunst heiter!) gerade entlastet.[32]

Dass die Zen-Erfahrung des Nicht-Denkens anders geschieht als die seines dichtenden Denkens, nämlich in raffiniert ersonnenen und über Jahrhunderte erprobten Praxiszusammenhängen, dürfte Heidegger trotz allem schwerlich entgangen sein. Dazu kommen gerade auch im »Gespräch von der Sprache« etliche Formulierungen der Auffassung im Zen wiederum viel zu nahe. So lässt er den Japaner über »eine Verwandlung des Denkens« sinnieren, »die sich allerdings nicht wie eine Kursänderung einrichten lässt und schon gar nicht als Folge eines Niederschlages von Forschungsergebnissen der Philosophie«, und konstatiert selber: »Die Verwandlung geschieht als Wanderung.« Und auf die Erläuterung seines Gegenübers, dass es sich hierbei um die Notwendigkeit »einer Wanderung in die Ortschaft des Wesens der Sage« handle, Heidegger lapidar: »Dies vor allem.« Jetzt also »Wanderung« als metonyme Metapher, als die Stellvertreterin der nicht direkt angesprochenen Praxis, und Heidegger zögert nicht, ihr (implizit) Priorität einzuräumen! Und dasselbe noch einmal, wo er zu bedenken gibt: »Der Botengänger muss schon von der Botschaft herkommen. Er muss aber auch schon auf sie zugegangen sein.« Letzteres, sozusagen der Hinweg der Wanderung, betrifft das Kernstück einer Praxis des Nicht-Denkens, den Weg in die Stille und das Schweigen. Oder wie Tsujimura das Erfordernis dieses rückläufigen Ganges in den »Quellgrund« des Geistes weiter oben auf den Punkt brachte: »… zuerst von allem Bewusstsein und dessen Tätigkeit ablassen.« – Daraufhin verblüfft es natürlich aufs Neue, dass im Gesprächszusammenhang des Heidegger-Japan-Dialogs, summa summarum, dieser »Hinweg« und mit ihm die *Praxis* des Nicht-Denkens resp. die Übungspraxis des Schweigens (kurz *Zazen*), nicht zum Thema wird. Stattdessen wird seitens der Teilnehmer, ob nun westlicher oder östlicher Provinienz, kurioserweise keine Gelegenheit ausgelassen, den »Rückweg« anzumahnen, also die Ankunft und den Aufenthalt im gewohnten Denkbetrieb und Weltgetriebe einzufordern. Wie eine diesbezügliche Bestätigung werden daher bei dem 1958 stattgefundenen interkulturellen Kolloquium »Die Kunst und das Denken« (dessen Protokoll ebenfalls im Band Heidegger und Japan nachzulesen ist) die dort anwesenden hiesigen Gelehrten die Worte des japanischen Gespächsteilnehmers und Zen-Gelehrten Hisamatsu aufgefasst haben: »Das Wesen des Zen besteht nicht in dem Weg des Hingehens, sondern im Weg der Rückkehr.« Der Satz resümiert eine etwas längere Ausführung von Hisamatsu, worin er den Sachverhalt darlegt und u. a. sagt: »Das Können in der Zen-Kunst bedeutet zweierlei: zum ersten wird der Mensch dadurch von der Wirklichkeit zum Ursprung der Wirklichkeit gebracht; die Kunst ist ein Weg, wie der Mensch in den Ursprung einbricht. Zum anderen hat die Kunst den Sinn, dass der Mensch, nachdem er in den Ursprung eingebrochen ist, zur Wirklichkeit zurückkommt. Das eigentliche Wesen der Zen-Kunst besteht in dieser Rückkehr. Diese Rückkehr ist nichts anderes als das Wirken, das Sich-ins-Werk-setzen der Zen-Wahrheit selbst.« (Buchner, Heidegger und Japan, S. 212) Sachlich mag dem nichts hinzuzufügen sein; nur hat es vermutlich an jener Deutlichkeit und Unmissverständlichkeit der Sprache gemangelt, um bei der versammelten Gelehrtenzunft etwas gegen das Vorurteil auszurichten, dass für unsere heutige Beschäftigung mit der zenbuddhistischen Tradition die jedem künstlerischen wie kulturellen Werk oder Ausdruck von Zen vorangegangene und für Zen schlechterdings konstitutive Praxis des Nicht-Denkens eine quantité négligeable sei, die man akademisch guten Gewissens vernachlässigen dürfe.

Und Heidegger? Woher bei ihm diese Ignoranz, als sei jedes direkte und unmissverständliche Benennen des Stellenwerts und der elementaren Funktion von Praxis im Zen mit einem Tabu belegt? Hegt er die Befürchtung, durch solche Fokussierung im Westen abermals eine stets auf dem Sprung befindliche metaphysische Subjektivität zu stimulieren, die sich diesmal dem Unterfangen zuwendet, ihre eigene Abdankung exerzitienmäßig herbeizuführen, womöglich herbeizuzwingen? Ist es die willensmetaphysische, selbstmanipulative »Machenschaft«, die er als drohendes Missverständnis in den Überlegungen zu einer Praxis des Nicht-denkens perhorresziert? Richtete sich doch auch seine Absage an die »Übernahme von Zen-Buddhismus oder anderen östlichen Weltanschauungen« im »SPIEGEL-Interview« wohl in erster Linie an die Adresse eines im Machbarkeitsglauben befangenen instrumentalistischen oder Strategiedenkens.[33] Oder fürchtet er eine quietistische Abdankung des Geistes bei der Nachahmung zenbuddhistischer Stille-Exerzitien, jenes Verdämmern in »mildem Stumpfsinn und buddhistischem Behagen« (Edmond Goncourt), wie es europäische Geistesgrößen »Indern und Orientalen« immer wieder unterstellt haben? Oder missfällt dem genialen Denker mit der heroischen Pose bloß das demokratische Element des Praxisgedankens? – Wahrscheinlich von allem etwas, könnte die Antwort lauten. Und dennoch hätte man mit ihr noch nicht die entscheidende Determinante getroffen. Verbirgt sie sich doch weniger in der subjektiven Disposition oder den Idiosynkrasien des Denkers als vielmehr in der Sachlogik seiner Profession. Kurz, uns scheint, dass Heideggers Schweigen zur Zen-Praxis letztlich in der Struktur des philosophischen Denkens begründet liegt, im ab ovo *sprachbezogenen* Ansatz aller Philosophie (beginnend mit Schlüsseltexten wie Platons *Theätet* oder *Sophistes*). Es mag Heidegger gelungen sein, die Metaphysik zu »verwinden«, dem *Logozentrismus* (der nach Derrida zugleich ein *Phonozentrismus* ist) entkommt er als »Denker« in der Nachfolge der abendländischen Philosophie dennoch nicht. Die Philosophie wie auch das nachmetaphysische Denken à la Heidegger haben ihre Raison d'être im *wahren Sprechen*, weshalb sie auch nicht, jedenfalls nicht zu oft oder zu lange (dem »si tacuisses, philosophos mansisses« des Boetius zum Trotz), schweigen dürfen, und eine Schweige-Praxis als Axiom bei ihnen nicht vorkommt. Gegen Ende des »Gesprächs von der Sprache« sind sich zwar die beiden Gesprächspartner darin einig, dass in einem gelingenden Gespräch zwischen den Kulturen »mehr geschwiegen als geredet würde«, bzw. dass das Schweigen »das stete Vorspiel zum eigentlichen Gespräch *von* der Sprache« bleiben müsse; und Heidegger fragt sybellinisch: »Wer vermöchte es, einfach vom Schweigen zu schweigen?« Nur orakeln gleich darauf beide schon wieder über die »Sage« und ihre »Botschaft«, welche sich nur »ereignen« können, und sofern sie sich ereignen als »ein Stillendes« auch die Stille stillen, soll heißen sie ins »Geläut« oder »gemäße Wort« überführen. Und auf die Frage, wer dieselben überhaupt zu »hören« vermöchte, »solange dem Menschen nicht jener Botengang rein gewährt ist, den die [sich dem Menschen zusprechende, H.-W. W.] Botschaft braucht«, dürfen wir uns selber die Antwort geben: Wenn irgendjemand, dann der große Solitär, der an der »Aufgabe des Denkens« sich beweisende einsame Heros, als welcher Heidegger sich vermutlich gesehen hat. Sodass man Sloterdijks Diagnose im Vortrag »Absturz und Kehre« beipflichten darf, die Heidegger trotz Verwindungsrhetorik und Kehre-Pathos in der Matrix »alteuropäischer Intellektualkultur« verortet, in der seit den platonischen Anfängen der Philosoph oder Denker sich als »Medium der Theophanie« versteht.[34] Mithin sein Selbstbewusstsein aus dem privilegierten Zugang zur Wahrheit und ihrem autoritativen und *verbindlichen* Sagen bezieht.

Exkurs zu Heideggers »Feldweg« und der Wegmetaphorik des Übens

Im Vorangehenden ist in Zusammenhang mit der Zen-Praxis wiederholt vom *Weg* die Rede. Zur Wegmetaphorik bei der Erläuterung des Praxisverständnisses – anders als etwa beim »Jakobsweg« handelt es sich beim Zen-Weg und anderen Übungswegen ja um einen bildlichen Ausdruck – sind eigens einige erläuternde Randbemerkungen angebracht. Das Bild vom Weg beschwört eine Ortsveränderung, eine Bewegung von hier nach dort; die Praxis des Nicht-Denkens verlangt aber geistige Präsenz, wendet sich dem Gegenwärtigen zu. So dass man streng genommen sagen muss: Der Weg *dieser* Praxis, die Übung in Nondualität, führt nirgendwo hin. Es sei denn man bezöge sich auf die von Heidegger des öfteren bemühte paradoxe Bedeutung, wonach es darum geht, endlich da anzukommen, wo man im Grunde je schon ist. Was aber die Zwiespältigkeit der Wegmethapher im Zusammenhang der Praxis des Nicht-Denkens bestätigen würde. Auch wenn man von einem inneren Erfahrungsweg spricht, der von der Unerfahrenheit in Nondualität in die Erfahrung derselben führt, bleibt die Paradoxie eines Erfahrungswegs bestehen, der lediglich den Nicht-Weg oder die Weglosigkeit erfahren lässt, weil einem, um an dem Ort zu sein, wo man immer schon ist, weder räumliche Distanz noch zeitliche Dauer zu durchmessen bleibt. Wer die gebräuchliche Rede vom Weg, sei es im Zen oder anlässlich der von uns vorgestellten Schweigepraxis recht verstehen will, muss dieses sprachliche Darstellungsdilemma im Auge behalten. – Zu den feinen Unterschieden gehört etwa der zwischen »Hinweg« und »Rückweg«, der uns oben in Hisamatsus Erläuterung der Zen-Tradition beschäftigt hat. Hinweg bezeichnet dort, wie sich nunmehr präzisieren lässt, das, was wir Übung nennen, also die reguläre oder formelle Praxis des Nicht-Denkens. Das »Hin« verweist folglich auf das »Geheimnis« der Nondualität. Der Weg als Hinweg führt in dieses Geheimnis ein; weshalb Michael von Brücks Charakterisierung der Zen-Praxis als eine vor allen Dingen »mystagogische« völlig korrekt ist.[35] Der Rückweg dagegen entspricht dem, was wir den Transfer dieser

Erfahrung in den Alltag nennen können. Wobei das Weghafte des »Zurück« gerade im Zen die reguläre und formelle Konnotation des Übens behält, insofern das Stichwort Rückweg dort eine ganze Palette abgeleiteter meditativer Disziplinen umfasst. Diese tragen denn auch im Japanischen den Beinamen »*Do*«, was (vom chinesischen *dao* sich herleitend) Weg besagt, und zumeist mit »die Kunst des …« ins Deutsche übersetzt wird. Und wenn Hisamatsu den Rückweg gegenüber dem Hinweg als die Hauptsache im Zen apostrophiert (konträr zum zuvor von uns erwähnten mystagogischen Dreh- und Angelpunkt des hin- oder einführenden Wegs), so hat er in einer bestimmten Hinsicht durchaus Recht: Ohne Transfer, ohne Lernerfolg, ohne alltagstauglichen Bewußtseinswandel könnte man das Praxisvorhaben als eitlen und mitunter mühseligen Zeitvertreib auch gleich bleiben lassen.

Und dennoch ist in Sachen Schweigepraxis und Nicht-Denken unbestreitbar, dass man nirgendwo hin muss, dass der beschworene Weg auf der Stelle tritt; dass Heideggers »seltsamer Sprung« nur stets wieder auf jenem Boden landet, auf dem wir ohnehin »leben und sterben«, um so einmal mehr zu bestätigen, dass wir nie woanders gewesen sind. Doch auch die Feststellung, dass wir uns immer schon am einzig möglichen Aufenthaltsort befänden, oder wie die Mahajana-Buddhisten unterstreichen, dass wir *allemal* erleuchtet seien, erweist sich als zwiespältig; sie steht nämlich in eklatantem Widerspruch zu der unbestreitbaren allgemein menschlichen Erfahrung existenzieller Verlorenheit, eines wiederkehrenden Gefühls von »Unpässlichkeit« im Leben, des Leidens an den grundsätzlichen Daseinsbedingungen von Krankheit, Alter und Tod. Der historische Buddha »erkor« der Überlieferung zufolge die nicht hinweg zu disputierende Tatsache des Leidens sogar zur ersten seiner »vier edlen Wahrheiten«. Was ihn unterdessen nicht nur nicht davon abgehalten hat, sondern im Gegenteil erst dazu veranlasst haben dürfte, den »Weg zur Überwindung des Leidens« als die vierte der edlen Wahrheiten auszuzeichnen – als die *praktisch entscheidende*, wie man hinzufügen könnte. – Wiederum mit der Konsequenz, dass sich jener logische Widerspruch (zwischen behauptetem ›immer schon‹ und augenscheinlichem ›noch nicht‹ des ›Erleuchtetseins‹) zu einem performativen werden muss, dass er in Handeln umgesetzt werden muss, in das »Gehen eines Wegs«, in die Übungspraxis des Nicht-Denkens oder des gedanklichen Schweigens, um sich als bloß scheinbarer Widerspruch wie ein Nebel in der Sonne zu verflüchtigen, wie die illusionären »Schleier der Maya« vor der Existenz weggeblasen zu werden, oder was sich sonst noch an poetisch-pathetischen Bildern zitieren ließe.

Exkurs zu Heideggers »Feldweg« und der Wegmetaphorik des Übens

Wir möchten den Abschnitt zur Wegmetaphorik nicht beenden, ohne zuvor den Blick noch auf einen anderen Weg geworfen zu haben, wir meinen Heideggers »Feldweg«. Gesellt er sich zum soeben umrissenen Format des meditativen Übungswegs in der Praxis des Nicht-Denkens bzw. unserer Schweigepraxis, oder handelt es sich eher um einen auf seine Weise exquisiten Weg der ›dritten Art‹? Schauen wir ihn uns etwas näher an. Vorweg steht schon einmal fest, dass Heideggers »Feldweg«[36] keine Metapher ist, dass er nicht nur bildlich zu beschreiten ist. Bloß, dass derjenige, der ihn geht, kein ›Landmann‹ oder gewöhnlicher Wanderer ist, sondern ein Denker. Oder in Heideggers Sinne präziser ausgedrückt: Es ist »das Denken«, das dem vom Feldweg gezogenen »Pfad« folgt. Schreiten wir also mit diesem den Heideggerschen Feldweg ab. »Was um den Weg sein Wesen hat, sammelt er ein«, lautet die erste für unsere Ausgangsfrage relevante Charakterisierung. Denn dass wir dieses vom Feldweg ausgehende »Sammeln« durchaus auch als innere Sammlung oder Konzentration lesen dürfen, ja sollen, wird von Heidegger in den unmittelbar folgenden Passagen mit ihren zivilisationskritischen Invektiven gegen den Zertreuungssog der modernen Lebensweise bestätigt. Sein Lamento kommt zu der Gleichung, »weglos« sein gleich »zersteut« sein (oder vice versa), so das Los der Umtriebigen, weil Entwurzelten der technischen Zivilisation. So dass der »Feldweg« das von uns aufgestellte Praxiskriterium eines *spezifisch leiblich basierten mentalen Trainings* im Prinzip erfüllt. Dagegen kann er dem anderen Kriterium, dem der Unbewegtheit des Leibes, naturgemäß nicht gerecht werden. Doch sollte man vielleicht konzedieren, dass das rhythmische Gehen dank der ihm eigenen psycho-physischen Harmonisierungstendenz den Leib in eine dem stillen und aufrechten Sitzen vergleichbare Schwerelosigkeit versetzt. Zuletzt könnte man Heideggers Feldweg auch die Erfüllung eines dritten Kriteriums, nämlich dem der Absichtslosigkeit, bescheinigen, verweilt doch auf ihm das Denken ohne Willensanstrengung mit seiner Aufmerksamkeit beim Hier und Jetzt sinnlich Anwesenden. Die »sanfte Gewalt des Feldweges« allein vollbringt das Werk der Verwandlung am Denken (seien doch mit ihrer Hilfe die Menschen sogar im Stande, »die Riesenkräfte der Atomenergie zu überdauern«). – Bemerkenswert schließlich, dass bei Heidegger noch das explizit wird, was neben den genannten Hauptkriterien der meditativen Übungspraxis, weil ohnehin aus dem Zusammenhang ersichtlich, seltener ausdrückliche Erwähnung findet: »das Einfache« und »das immer Selbe« oder Gleichförmige des Ablaufs. Durch eben dies sieht Heidegger bewerkstelligt, was wir den Reizentzug oder die Askese nannten. »Alles [ob nun die Seele, die Welt oder Gott,

Exkurs zu Heideggers »Feldweg« und der Wegmetaphorik des Übens

H.-W. W.] spricht den Verzicht in das Selbe. Der Verzicht nimmt nicht. Der Verzicht gibt.« Zum einen »die unerschöpfliche Kraft des Einfachen«. Zum andern gebe er als ein von allen Seiten her Zugesprochener durch eben diesen »Zuspruch«. Er, der Zuspruch, mache »*heimisch* [von uns hervorgehoben, H.-W. W.] in einer langen Herkunft«. So die abschließenden Worte von Heideggers Text. Und mit diesem Stichwort sind wir natürlich beim Kardinalthema der Praxis des Nicht-Denkens oder unserer Schweigepraxis angekommen, dem ›Heimischwerden in der Existenz‹ pathetisch gesprochen, der ›Wiederbeheimatung im Kosmos‹ im Augenblick eines in der Gedankenstille vollkommen geeinten Bewusstseins, oder weniger hochtrabend ausgedrückt der Versöhnung mit dem so oder so gearteten Alltäglichen, das im Großen und Ganzen unser Leben ausmacht. Auch diese Pointe des Übungswegs, die bewusstseinstransformierende und existentiell verwandelnde Erfahrung von Nondualität, lässt Heideggers »Feldweg« keineswegs vermissen. Der Zuspruch seines Feldwegs »erweckt« einen freien »Sinn«, der eine »letzte Heiterkeit« besitze, die eine »wissende« sei. Diese wiederum gründe, weshalb sie wohl eine wissende, aus Evidenz hervorgegangene ist, in »einem einzigen Einklang, dessen Echo der Feldweg schweigsam mit sich hin und her trägt«.

Heideggers »Feldweg« also das von uns bei ihm lange vermisste Praxisparadigma? Ein Beispiel für den klassischen Übungsweg in der zentypischen Praxis des Nicht-Denkens, bloß statt in Form der Sitzmeditation als Bewegungsmeditation – oder gibt es da ein Problem? In der Tat, das gibt es, jedenfalls so lange wir nicht in Heideggers Original die dort für den Feldweg *als Übungsweg essenziellen* pastoralen Parameter, das ländlich-vorindustrielle Kolorit, abziehen und damit gleichzeitig den antimodernen, antiurbanen Affekt aus ihm herausnehmen. Das betrifft Formulierungen wie »die Weite aller gewachsenen Dinge«, womit allem Artifiziellen die Welt erschließende Weite à priori abgesprochen wird. Und es betrifft die Behauptung, dass den Zuspruch des Feldwegs nur hören könne, wer »in seiner Luft geboren« und »Höriger seiner Herkunft« sei. – In der schon zitierten Rede »Absturz und Kehre« hat sich Sloterdijk in aller Ausführlichkeit und deutlich genug über Heideggers axiomatischen Provinzialismus ausgelassen. Seiner Spur der Kritik an Heidegger in diesem Punkt folgend lässt sich in unserer Angelegenheit festhalten: Die Wahrheit des »Feldwegs« als exemplarischer Übungsweg ist keine kategorische »Provinzwahrheit«, nicht im wörtlichen Sinne »eine Feldweg- und Hüttenwahrheit« (Sloterdijk). Die vom trotzigen Großstadtverweigerer aus dem Blickwinkel seiner vermeintlich heilen Provinz

Exkurs zu Heideggers »Feldweg« und der Wegmetaphorik des Übens

aufgestellte Gleichung, urbane Existenz gleich heillose Zerstreuung, sollte man keinesfalls mit unterschreiben; als beispielhafter Übungsweg müsste der »Feldweg« auch im Central Park oder im Englischen Garten möglich sein.[37] Nochmals: Hat Heidegger in dem kurzen lyrischen Textstück »Der Feldweg« die von uns bislang konstatierte Abstinenz gegenüber einer formellen Praxis des Nicht-Denkens oder des eminenten Schweigens wenigstens für dieses eine Mal aufgegeben? Darauf wird man antworten müssen, dass es *unsere* Lesart dieses Textes war, die wir vorgestellt haben, und dass auf einem andern Blatt steht, was Heidegger davon gehalten hätte. Schließlich kann man den Text mit geringerem interpretatorischen Aufwand so lesen, dass der »Feldweg«, wie in unserer Anfangsfrage angedeutet, eher einem Weg der ›dritten Art‹ gleicht. Heidegger war überzeugt, dass außer ihm kaum noch einer seinen »Feldweg« geht, die ihm (dem Feldweg) »Hörigen« sterben aus; sodass der Text mit dem elegischen Basso continuo für seinen Autor alles andere als ein Hinz und Kunz zugedachtes Praxismodell gewesen sein wird, und für ihn darum auch nicht ernstlich den Denker- oder Philosophenanspruch auf privilegierten Zugang zur Wahrheit gefährdet. Und wenn Sloterdijk »Heideggers ständige Sorge um eine Einführung ins wesentliche Denken durch propädeutische Ekstasen« (Absturz und Kehre, S. 40) hervorhebt, dann kann man das nur gelten lassen, wenn man die phänomenologischen Meditationen in den Vorlesungen (etwa die von Rüdiger Safranski so hoch geschätzte über die »Langeweile«) in diesem Sinne deuten will. Sei's drum, es dünkt uns, dass wir mit unserer Lesart des »Feldwegs« – um das geflügelte Wort des Meisterdenkers »das griechisch Gedachte griechischer als die Griechen zu denken« in gegensinniger Richtung abzuwandeln – Heidegger »unheideggerischer« ausgelegt haben als ihm Recht gewesen wäre.

Abgeschiedenheit und Intersubjektivität: die soziale Rückgebundenheit der einsamen Schweigeübung

Dass Denken und Leben, dessen kulturelle und gesellschaftliche Formbestimmtheit und die Weisen denkender Erschließung und Aneignung von Wirklichkeit, im Guten wie im Bösen, etwas miteinander zu tun haben, wird man wohl unwidersprochen voraussetzen dürfen. Bei einer Betrachtungsperspektive, die probehalber das Denken in die Funktion der unabhängigen und die Existenz in die der abhängigen Variablen einsetzt, interessierte am Ende vor allem die Evaluation: ob der nachweisliche Einfluss des Denkens auf unser Sein positiv zu werten wäre und also Anlass zu Optimismus gäbe, oder ob er umgekehrt kritisch beurteilt werden müsste und eher eine Quelle für Befürchtungen abgäbe. Eine ebensolche Wertung, diesmal mit Blick auf das *Andere des Denkens*, ein epochéhaft geübtes Schweigen, hat uns nun zu der vorliegenden Arbeit und unserer Fragestellung überhaupt motiviert: Unsere in der Einleitung zum Buch vorgetragene Hypothese verspricht sich vom Schweigen und der Schweigepraxis einen signifikant positiven Einfluss auf die basale Bewusstseinsverfassung, die mentale Gestimmtheit derer, die sich der schweigepraktischen Epoché und ihren Übungsregularien unterziehen; und dadurch verspricht sie sich *mittelbar* auch eine Wirkung auf das Intersubjektive oder Soziale, auf das gesellschaftliche Miteinander des Lebens der Einzelnen. Diese sekundäre, intersubjektive Auswirkung ließe sich zurückführen auf den primär eintretenden, subjektiven Geisteswandel, bewirkt durch eine *schweigend* erlebte, nicht diskursive sondern intuitive existenzielle Sinnevidenz (mithin unabhängig sowohl von einer philosophischen Reflexionsleistung als auch von einem religiösen Glaubensakt). – In dieser Nacktheit formuliert stellt unsere Hypothese zunächst nicht mehr als eine Behauptung dar, eine möglicherweise auf Sympathie stoßende Erwartung, insoweit ein wünschenswerter, sich durch ethisches Verhalten ins Werk setzender Konnex unterstellt wird zwischen Selbstveränderung und positiver Weltveränderung, zwischen einem individuellen und zutiefst innerlichen Sinn- oder Wahrheitsgeschehen und auf der anderen Seite einem im sozialen Außen, d. h. den intersubjektiven Beziehungen sowie den gesellschaftlichen Institutionen sich vollziehenden und bewähren müssenden Wandel zum Besseren. Kurz, wir müssen uns mit einer solchen Annahme noch etwas näher dahingehend erklären, wie wir uns der sozialen Rückgebundenheit eines so einsamen Exerzitiums wie der Schweigeübung gewiss sein können; denn diese Garantie bildet selbst noch einmal die Voraussetzung einer so kontraintuitiven Annahme wie der, dass ausgerechnet im Anderen des Denkens oder der Epoché des Schweigens für unsere Gegenwart *das* Potential moralischer Sensibilisierung und einer Humanisierung gesellschaftlicher Verhältnisse liegen soll.

Dass einem derart ›unkommunikativen‹ Vorgang wie dem in individueller Abgeschiedenheit praktizierten Schweigen – sei es die Abgeschiedenheit des Heideggerschen Feldwegs oder die des meditativen Sitzens in der Zurückgezogenheit vom ›Weltbetrieb‹ – günstige Effekte auf die durch Kommunikation, durch Formen sprachlicher Mitteilung und verbalen Austauschs bestimmte Sphäre der Intersubjektivität zugetraut werden (seit dem *linguistic turn* sind die Begriffe Intersubjektivität und *Sprachgemeinschaft* so gut wie deckungsgleich), leuchtet nicht ohne weiteres ein. Zumal sich auch noch der ›kognitive Ertrag‹ der meditativen Schweigeerfahrung, die von existenzieller Angst und Sorge befreiende ›intuitionistische Sinnerkenntnis‹ (um den Habermas'schen Ausdruck »intuitionistisches Erkenntnisideal« entsprechend abzuwandeln), sprachlicher ›Darstellbarkeit‹ verweigert, mangels vernünftiger Gründe (die man für sie ins Feld führen könnte) als letztlich nicht kommunikabel (gerade auch im Sinne intersubjektiver Übertragbarkeit) gelten kann. Das *ineffabile* der Mystiker dürfte mehr dieser Grundlosigkeit geschuldet sein als dass es ein Indiz wäre für eine jede Vorstellung überschreitende ›Ekstase‹, zu deren Beschreibung schlicht die Worte fehlten. – Andererseits liegt in dem irritierenden Befund – dass, was einsame Schweigepraxis ›Wohltätiges‹ am Individuum oder Subjekt ›wirkt‹ (wie es ein Meister Eckhart vielleicht ausgedrückt haben würde), mit einem Unkommunizierbaren konfrontiert – auch eine Entlastung an der Nahtstelle zum Intersubjektiven oder Gesellschaftlichen. Werden so doch Schweigepraktiker vor der Verlegenheit bewahrt, sich im Besitze eines Spezialwissens zu wähnen, das sie nur im Gewand des Propheten und als Glaubensartikel der Gesellschaft antragen könnten; und diese bzw. die Sprachgemeinschaft wiederum vor der Zumutung sich mit einem exklusiven Erkenntnisanspruch und einem durch sie nicht überprüfbaren Wissen anfreunden zu müssen. Mit anderen Worten, die meditative Schweigepraxis führt nicht in das kommunikations- oder verständigungstheoretische Dilemma von Geltungsansprüchen aus visionärer, mediumistischer oder anderweitig divinatorischer Quelle. Dessen ungeachtet hält sich angesichts philosophischer Grenzgänger auf der Demarkationslinie zum Unsagbaren wie Wittgenstein, Heidegger oder auch Adorno, wo sie (so Habermas) sprachlich um das »sprachlose Sehenlassen« einer »ortlos gewordenen Wahrheit« ringen, hartnäckig der Verdacht einer Art ›höheren Eingebung‹, wie sie allein dem Genie zuteil werden könne. Ohne entsprechendes Charisma, so hat es den Anschein, keine existenzerhellenden Erleuchtungen – der Visionär und der Prophet lassen grüßen (»Ein letztes Genie« betitelte der Soziologe Detlef Claussen seine Adorno-Hommage im Jahre 2003 zu dessen 100. Geburtstag). Unversehens findet man sich im Dunstkreis der Genieästhetik wieder, die einen ›Naturbonus‹ zu Erklärungszwecken heranzieht. Damit auch die Befähigung zur philosophischen Introspektion, zur Seinserfahrung à la Heidegger, zum buddhistischen ›Erwachen‹, zur mystischen ›Durchbruchserfahrung‹ und ihrer Bewusstseinstransformation erklären zu wollen, sollte sich indessen einer reflektierteren Herangehensweise verbieten, der schließlich auch unsere Skizze einer Bewusstseinsphänomenologie der Schweige-Epoché anderslautende Argumente an die Hand gegeben hat. Allgemein verständliche und für jedermann ohne Spezialqualifikation beobachtbare Regeln angeben, die ein transkulturell gültiges Setting der Schweigepraxis und ihrer Epoché stiften, bedeutet zugleich dem Obskurantismus, und sei es dem des Geniekults, einen Riegel vorschieben und mit dem transparenten und kontrollierbaren Prinzip *Dekorum* (im nämlichen Bereich des leiblich verankerten mentalen Übens) auf eine Kulturinstitution setzen, die zu Unrecht in Vergessenheit geraten ist. Auf dem außerästhetischen (nicht dem Künstlerischen zuzurechnenden) Terrain der hier verhandelten Bewusstseinspraxis ist eine solche Option alles andere als rückwärts gewandt oder gar reaktionär, eröffnet sie doch überhaupt erst so etwas wie den demokratisch-egalitären Weg in jene Erfahrung des Bewusstseins, von der man sagen möchte, sie sei das Geburtsrecht eines jeden Menschen.

Dass die regelgeleitete Übungspraxis eminenten Schweigens allen offen steht, so wie die Regeln konkret und formal operationalen Denkens uns allen unabhängig von einer besonderen Begabung zugänglich sind, heißt auch, dass beispielsweise Wittgensteins Andeutungen über »Unsagbares«, das »es gibt« und das »sich zeigt«, von jedem, der dies möchte, auf dem Wege des Selbstversuchs auf ihre Triftigkeit hin überprüft werden können. Was diesen Sachverhalt der regelgeleiteten Zugänglichkeit betrifft, tritt kein Nichtsprachliches als Hindernis der Mitteilung und des

Die soziale Rückgebundenheit der einsamen Schweigeübung

Weitersagens auf; im Gegenteil, Regeln sind von Hause aus sprachlicher Natur und so problemlos und zuverlässig kommunizierbar wie wenig anderes. Erst recht, wenn als Regel der Regelformulierung beherzigt wird: je kürzer und prägnanter, desto hilfreicher. Will sagen, der Minimalismus unserer Versuchsanordnung der disziplinierten Schweigepraxis, die Schlichtheit ihres leiblich-mentalen Arrangements, ist also kein Manko. So gesehen ist das in der Epoché geübte Schweigen kein umständliches Geschäft. – Aus dieser der sprachlichen Mitteilung zugänglichen Seite der Angelegenheit sollte jedoch nicht geschlossen werden, dass erst im Moment, da durch Unterweisung oder Anleitung der Regelkanon konkret von einer Person auf eine andere übertragen wird, das epochéhafte Schweigen als rein bewusstseinsimmanentes Geschehen lediglich post festum mit dem Intersubjektiven vermittelt würde. Wittgensteins Erklärung der Unmöglichkeit einer Privatsprache gilt analog auch für den Tatbestand der Regel. Es gibt keine Privatregel unabhängig vom *intersubjektiven* sprachlichen Kontext, aus dem heraus sie formuliert wird und der ihr Befolgen oder Nichtbefolgen allererst objektiviert und kontrolliert. Über den Regelgebrauch sind infolgedessen die schweigepraktische Epoché und ihr Bewusstseinsgeschehen a priori in den Horizont der Sprachgemeinschaft einbezogen.

Freuds Bemerkung zu Beginn von Das Unbehagen in der Kultur (die sich auf seinen Briefwechsel mit Romain Rolland bezieht) variierend, »aus dieser Welt können wir nicht fallen«, dürfen wir abschließend festhalten: Aus der Sprache, aus dem Horizont der Sprachgemeinschaft, kann niemand herausfallen, nicht einmal diejenigen, die sich wiederholt vorübergehend im Sprachlosen aufhalten, indem sie eminentes Schweigen praktizieren. Dies sollte die vom sozialmoralischen Gesichtspunkt her motivierte Befürchtung zerstreuen, dieselben möchten sich gegen die gesellschaftliche Natur des Humanen versündigen und wie fensterlose Monaden unempfindlich und gleichgültig gegeneinander und gegen den Rest der Welt in ozeanischer Gefühlsseligkeit dahintreiben. Vielmehr sind wir berechtigt umgekehrt zu fragen, ob nicht eine kontinuierliche Schweigepraxis den Voraussetzungen für ethische Sensibilität und moralisches Verhalten auf Seiten des Individuums gerade förderlich wäre, insofern sie von ihrer Anlage her eine Einübung ins »Zurücktreten von sich« bedeutet, wie Ernst Tugendhat in seinem Buch »Egozentrizität und Mystik« die mit der ›mystischen Bewusstseinsdisposition‹ gegebene Voraussetzung für ethischen Terraingewinn auf den Punkt gebracht hat.[38]

IV

Säkularisierung religiöser und theologischer Semantiken als Weichenstellung *zugunsten* einer Philosophie und Praxis des Geringfügigen

»Mein Denken verhält sich zur Theologie wie das Löschblatt zur Tinte. Es ist ganz von ihr vollgesogen. Ginge es aber nach dem Löschblatt, so würde nichts was geschrieben ist, übrig bleiben ...«
(Walter Benjamin)[1]

Mit einem Blick zurück auf das Bisherige gefragt: Eine in der Schweige-Epoche erlebte *mystische Kommunion*, bei der sprachliche Kommunikation vorübergehend in so etwas wie eine ursprüngliche Allverbundenheit zurückgenommen wäre sowie eine der Erfahrung sinnerfüllter Gegenwart, der Glückserfahrung des außerordentlichen Schweigens sich verdankende *Kontingenzbewältigung*, welche für die Auflösung existenzieller Problematiken sorgte, für die es Lösungen im üblichen Wortsinne gar nicht gibt, und was beides zusammen – mystische Kommunion und Kontingenzbewältigung – jene geistigen und seelischen Energien freisetzte, die nötig erscheinen, die ethisch bzw. moralisch immer wieder beklagten zwischenmenschlichen Aufmerksamkeitsdefizite zu beheben und Blockaden des Handelns, eines vernünftigerweise gebotenen Handelns zu überwinden, so wie es davor durch Kommunikation und Diskurs allein nicht möglich gewesen ist – sind das nicht Hoffnungen, wie sie zwangsläufig *theologischen* Kategorien entspringen, findet hier nicht unabweisbar ein Rückgriff statt auf das *religiöse* Erlebnisspektrum? Wir möchten dies verneinen und darauf bestehen, dass sich unsere bisherige Argumentation im Rahmen dessen gehalten hat, was Habermas »methodischen Atheismus« genannt hat, eine Leitplanke, die wir auch weiterhin keineswegs zu durchbrechen beabsichtigen. – Statt des soeben abgewehrten Bedenkens von Seiten eines philosophischen Agnostizismus oder atheistischer Epistemologie ganz allgemein könnte nunmehr aus der Gegenrichtung, aus der der Theologie und des Glaubens, ein Einwand gegen unsere Position vorgebracht werden, wie ihm Habermas schon einmal entgegengetragen ist. Für ihn kleidete er sich in das apodiktische Wort

Max Horkheimers: »Einen unbedingten Sinn zu retten ohne Gott, ist eitel«.[2] Dieses Diktum »verrät nicht nur ein metaphysisches Bedürfnis«, erwidert Habermas: »Der Satz selbst ist ein Stück jener Metaphysik, ohne die heute nicht nur die Philosophen sondern selbst die Theologen auskommen müssen.« Sie alle seien heute genötigt, jene »Unabdingbarkeit von Sinn« zuzugestehen, wie sie mit der Sprache und ihrer »Transzendenz von innen« apriorisch (oder transzendentalpragmatisch) vorausgesetzt werde; wenngleich diese sprachpragmatische »Unabdingbarkeit von Sinn« nicht dasselbe sei wie ein »unbedingter Sinn«, welcher eben nur einem »metaphysischen Bedürfnis« geschuldet sei. In durchaus analoger Weise reklamieren auch wir keinen nur unter metaphysischer Prärogative postulierbaren »absoluten« oder »unbedingten Sinn«, wenn wir der schweigepraktischen Übung und ihrer Epoché eine *Bereinigung* metaphysischer Sinnfragen und eine *Auflösung* existenzieller Problematiken (sofern sie einem Menschen sein gegenwärtiges Leben verdüstern und ihn an dessen Fortsetzung verzweifeln lassen) zutrauen (die ›negativen‹ Ausdrücke *Auflösung* sowie *Bereinigung* sollen gerade eine Provenienz aus traditioneller philosophischer Metaphysik, aus der ›Ontotheologie‹, dementieren; so wie sie andererseits signalisieren, dass es nicht um Verdrängung oder Verleugnung geht). Die im meditativen Schweigen erfahrbare existenzielle Unbeschwertheit oder ›Loslösung‹, die in der mystischen Communio erlebte Sinnfülle, sie sind in prädikativer Sprache nicht darstellbar, nicht anhand logischer Gründe ausweisbar, so wie dies die Metaphysik (auf dogmatische Weise) zu können für sich in Anspruch nimmt. Im Hinblick auf die im eminenten Schweigen als dem Anderen des Denkens aufblitzende Evidenz oder Intuition von einer »ortlos gewordenen Wahrheit« zu sprechen (wie wir's im Anschluss an Habermas getan haben) macht im übrigen nur einen Sinn, wenn solche Wahrheit nicht identisch ist mit derjenigen, die als präsumptive auch nachmetaphysisch in Religion und Theologie noch immer ihren Ort hat.[3]

Dies vorausgeschickt, lassen sich terminologische Überschneidungen des nontheistischen Vokabulars der Bewusstseinsphänomenologie unter den Bedingungen der Schweige-Epoché, der teilweise Gleichklang der Sprache einer Psychologie der Meditation mit religiöser Sprache und Begrifflichkeit gar nicht bestreiten, insbesondere derjenigen der sogenannten Negativen Theologie und ihres linguistisch inkommensurablen und insofern ›nichthaften‹ Gottes, jenes Gottes, welchen Meister Eckhart den »weiselosen« nennt. Zumal diese mystischen Theologien auch ihnen eigene mystische Praktiken kennen, wie etwa die des ›Gebets der Stille‹. Dessen Erfahrung fasst Bernhard Welte in seiner »Religionsphilosophie«

beispielsweise so zusammen: »Im stillen Raum der schweigenden Bereitschaft ist alles versammelt, die ganze äußere Welt, die ganze innere Welt (...). Die schweigende Sammlung öffnet sich über alle Welt hinaus in den Abgrund der Gottheit, die lautlos alles umfängt.« Wir bräuchten »Abgrund der Gottheit« nur etwa durch ›Tiefendimension der Stille‹ zu ersetzen, auf dass Weltes Äußerung als eine Umschreibung der genuinen Bewusstseinserfahrung unserer Schweige-Epoché durchgehen könnte. Auch die in Weltes Erläuterungen zum christlichen »Gebet des Schweigens« aufgeführten und in dieser Frömmigkeitsübung erlebbaren Attribute der Andersheit Gottes – »semper aliud«, »semper major« und »extra omne genus« – decken sich bewusstseinsphänomenologisch, sozusagen erlebnismorphologisch, mit der meditativen Tiefenerfahrung des ›Ganz Anderen‹. Der Transkategorialität mystischer Gotteserfahrung korrespondiert das Transkategoriale derjenigen mystischen Schweigeerfahrung, deren theoretische Selbstmodellierung einem »methodischen Atheismus« gehorcht – und entsprechend werden zum Teil dieselben Metaphern oder Chiffren benutzt, um das die Begriffssprache Übersteigende, die Struktur des Logos Sprengende dennoch sprachlich wenigstens anzudeuten.[4] – Aber wie sooft: Große Nähe weckt den Wunsch, erzeugt das Bedürfnis, desto penibler auf die Unterschiede bedacht zu sein. Ein sagen wir affektives Moment, die Eitelkeit der feinen Unterschiede sozusagen, was getrost – erst recht, wo es sich um das All-Eine der Mystik dreht – hintangestellt werden könnte, um das alle Differenzen überbrückende Gemeinsame, gar einen identischen Erfahrungskern, in den Mittelpunkt zu stellen, gäbe es da nicht sachlich-pragmatische Gründe, auf einem klar umrissenen *Zweierlei* statt des vorschnellen ›Einerlei‹ zu insistieren. Zwei Gründe für solche Beharrlichkeit möchten wir anführen. Zum einen hemmt die ›Verquickung‹ religiöser Mystik mit dogmatischen Glaubenslehren wie auch die offenbarungstheologische ›Kontamination‹ traditioneller philosophischer Mystik (jedenfalls von Teilen derselben) die Motivation zur *Praxis,* den Impuls, sich auf einen Weg der *Erfahrung* zu begeben; denn die lehramtlich feststehenden, katechetisch verkündeten Glaubensgewissheiten schließen im voraus alles an Wahrheit über das Göttliche ein, auch die Evidenz, wie sie von einem möglichen ›mystischen Erweckungserlebnis‹ ausgehen könnte, was soviel heißt wie dass es im Grunde überflüssig ist. Zum Zweiten bringt – manchem Vorurteil zum Trotz – die sogenannte postsäkulare Rückkehr der Religion geistig atmosphärisch keinen erkennbaren Vorteil für die Bildung sei es noch so bescheidener Nuclei einer abseits gängiger Verhaltensnormen und eingespielter Gewohnheiten durch praktizierende Ein-

Säkularisierung religiöser und theologischer Semantiken

zelne gepflegten Schweigekultur; der schier unerschöpfliche ›Denkstoff‹ der Erzähl- und Bildwelten des wiederkehrenden Religiösen wird auf die ohne Unterlass mahlenden Mühlen des Kommunikationsbetriebs und Medienpalavers geleitet. Für die zu wünschende Hinwendung Einzelner zum Exerzitium des Schweigens, dem *Anderen des Denkens,* darf man sich davon kaum etwas versprechen.

So wie wir in diesem Buch für unsere auf die Gegenwart und ihre Bedürfnisse zugeschnittene Konzeption mystischer Schweigepraxis uns argumentativ auf der Linie eines »methodischen Atheismus« glauben bewegen zu müssen, so erscheint es auch Ernst Tugendhat bei seiner philosophisch anthropologisch argumentierenden Wiederaufnahme der Tradition der Mystik »sinnvoll, heute Mystik und Religion zu trennen«, weil er die Religion und ihren Glauben an Gott für »mit der intellektuellen Redlichkeit heute nicht mehr vereinbar« hält. Für uns Heutige sei diese Trennung – und zwar auf dem Wege einer alternativen, d. h. für ihn anthropologischen Begründung der Mystik – auch tatsächlich möglich. »Während Eckhart beide [Mystik und Religion, H.-W. W.] zusammen sehen musste, weil es für ihn selbstverständlich war, sich ausschließlich als Adressat der Traditionen zu verstehen, in denen er sich gesehen hat, der philosophischen wie der biblischen. Die Idee einer anthropologischen Begründung bestand für ihn nicht.« Was hier bei Tugendhat »anthropologische« (somit nicht religiöse, nicht »supranaturale«) Rechtfertigung des Mystischen heißt, dem entspricht in unserem Argumentationsrahmen die *bewusstseinsphänomenologische* (sich gleichfalls auf natürliche statt auf übernatürliche Gegebenheiten stützende) Herleitung des mystischen Erlebens und seines schweigepraktischen Übungsarrangements.[5]

»Mystik«, so wie Ernst Tugendhat sie versteht, »ist nicht ein Gefühl und auch nicht eine Erfahrung, sondern ein Wissen und eine entsprechende Haltung.« Menschen können ihm zufolge das Faktum ihrer Sterblichkeit, ihrer Einsamkeit und ihrer eigenen relativen Unwichtigkeit für den Erhalt des Lebens im Ganzen und den Fortbestand der Welt bewusst »thematisieren« – d. h. sich diesen Herausforderungen *denkend reflektierend* stellen – und daraufhin in klarstem, diskursiv erläuterbarem »Wissen« sich zu einer ihr Ich dezentrierenden, den Anderen und der Welt öffnenden Haltung entschließen – auf Grund intellektueller Einsichten sich dazu durchringen, möchte man sagen – und so im Tugendhat'schen Sinne zu nicht religiösen sondern weltlichen Mystikern auf der Höhe der Zeit werden. Mit anderen Worten: Tugendhats säkularisiertes Mystikverständnis nimmt sich *intellektuell-kognitivistisch* aus, denn die den Mystiker als Mystiker ausweisende einstellungs- und verhaltenspraktische Umkehr oder Verwandlung (»affektive Ausgeglichenheit« plus »Zurücktreten von sich«) soll sich allein einem *rückhaltlosen Denken*, einer zur (Alters-)Weisheit gereiften Reflexion, verdanken. – Dieses in der Hauptsache intellektuelle Säkularisierungsprogramm einer religiös und theologisch imprägnierten Mystiktradition bleibt erkennbar hinter den von uns formulierten Anforderungen zurück, es mutet dem Denken gleichzeitig zu viel und zu wenig zu, überfordert und unterfordert es gleichermaßen. Mit der ihr zugedachten Schlüsselstellung als hauptsächlichem Motivationsfaktor bei der dem Mystiker abverlangten entschiedenen Ego-Relativierung und habituellen Zurücknahme des Selbst wird der Reflexion eine Bringschuld aufgebürdet, der genügen zu können – und zwar anthropologisch verallgemeinerbar – von ihr noch nirgendwo der Beweis erbracht worden ist. Anderseits wird mit diesem aller Wahrscheinlichkeit nach überhöhten Anspruch an es selbst dem Denken die ihm schon eher zuzumutende Anerkenntnis seiner Grenze nachgelassen, wie auch die Forderung an es unterbleibt, in der Konsequenz der ihm letztlich nicht zu ersparenden (recht verstandenen) Selbstresignation dem Anderen des Denkens, dem Schweigen, Raum zu geben und ihm seinen ›methodischen Platz‹, nämlich den der Übung oder des Exerzitiums, anzuweisen. Es genügt, so möchten wir behaupten, gegenwärtig und zukünftig nicht, die im religiösen Traditionsgewand uns überlieferte Mystik (nur) als eine epistemische Formation zu säkularisieren, sagen wir als Lebensweisheit, als philosophische Lebenskunst (als solche begegnet sie uns Grosso Modo bei Tugendhat) – wir müssen sie vor allen Dingen als eine eminent praktische Disziplin, eine nicht auf Wissen sondern *Erfahrung* abzielende Übungspraxis, sprich das meditative Schweigeexerzitium, säkularisieren.

Die Devise, nachaufklärerisch für Viele nicht mehr so recht überzeugende religiöse Gestalten des Geistes weniger als Diskursformat, Theorem oder Philosophem, interessanten Denk- und Diskussionsstoff zu säkularisieren, vielmehr vorrangig als *Praxisformat*, soll heißen eine vom Einzelnen in temporärer sozialer Zurückgezogenheit (Abgeschiedenheit) zu praktizierende leiblich-mentale Übung – sie gilt nun auch für jene bereits ›reflexiv‹ säkularisierten religiös-theologischen Theorieeinschlüsse, jene ›Flaschenpost‹ prophetisch-messianischer Botschaften, denen wir im Denken und in den Schriften von Theodor W. Adorno und Walter Benjamin begegnen, den nach Wittgenstein und Heidegger letzten beiden Protagonisten eines charismatischen Aufbruchs zu neuen Ufern, der Suche nach einem anderen Denken innerhalb der Philosophie des 20. Jahrhunderts, die wir auf dem uns noch verbleibenden Wegstück in unserer Untersuchungsangelenheit abschließend befragen möchten. Es handelt sich vornehmlich um den Topos der *Versöhnung* im Falle Adornos: Friede mit dem, was anders ist und in dieser seiner Andersheit, seinem »Nichtidentischen«, wahrzunehmen und anzuerkennen wäre; bei Benjamin um den ›Erlösungsgedanken‹ der *Unterbrechung:* geeignet, das negative Kontinuum einer Geschichte »aufzusprengen«, die einer einzigen Katastrophe gleiche, wirksam genug, Menschen vom Bann eines gleichsam mythischen Wiederholungszwangs zu lösen. – Während wir unterdessen aus gegenwärtiger Sicht auf die Dinge – und das heißt immer auch rückblickend auf das Scheitern der sozialrevolutionären politischen Bewegungen der Linken, das Desaster der in ihrem Namen staatsdespotisch inszenierten gesellschaftsutopischen Großexperimente – einen ›Ort der Verwirklichung‹, eine kulturell und gesellschaftlich vielleicht wirkmächtige ›Umsetzung‹ der bis dato bloß ideellen Säkularisate Unterbrechung und Versöhnung *unsererseits* nirgendwo sonst als *beim Individuum* suchen würden, konkret in der ihm als ›Anfang aller Anfänge‹ aufgegebenen *mikrologischen Praxis des Exerzitiums,* sind die Verwirklichungshoffnungen Benjamins und Adornos umgekehrt – wenngleich beider Ansätze bereits eine Philosophie und Praxis des Geringfügigen in statu nascendi enthalten – doch noch sehr auf die direkten Transformationseffekte *makrologischer Prozesse* gerichtet gewesen, gingen das Individuum und dessen Mentalität oder persönlichen Denkhabitus überspringend in die geschichtliche und gesellschaftliche Totale, folgten der gedanklichen Abstraktion geschichtsphilosophischer Spekulation. Die Makrologie, das dialektisch-spekulative Totalitätsdenken, beherrscht noch die ›Meditationen‹ des späten Adorno, der Ende der 50er Jahre im Aufsatz »Vernunft und Offenbarung« das mit Benjamin geteilte Säkularisierungskredo erneuert: »Nichts an theologischem Gehalt wird unverwandelt fortbestehen; ein jeglicher wird der Probe sich stellen müssen, ins Säkulare, Profane einzuwandern.« (Enthalten in »Stichworte, Kritische Modelle 2«.) Die ›Verwandlung‹, das ›Einwandern‹ ins Weltliche, Profane, bliebe (mindestens aus der sich verdüsternden Sicht des vorerst siegreichen Faschismus) einem Umschwung, einem dialektischen Umschlag der »gesellschaftlichen Totalität« (bei Benjamin der »Geschichte«) überantwortet, sozusagen einem weltlich intervenierenden Gott anvertraut, dessen rettendes Eingreifen von Seiten der menschlichen Individuen, gesellschaftlich handelnder Subjekte, allenfalls auf ein gewisses kritisches Quantum kollektiver gesellschaftlicher Praxis angewiesen wäre. Mit dem Eintritt der die Geschichte und die Gesellschaft in ihrer Totalität schlagartig zum Guten wendenden messianischen Apokalypse wären –

wie anders soll man es sich vorstellen – auch die Individuen von Grund auf verwandelt, so gut wie unabhängig von persönlicher Läuterung, der reflexiven, affektiven und motivationalen Selbsttransformation auf dem Wege einer zivilisierenden (Übungs-)Praxis in der Ersten Person Singular.

Eine zeitgenössischere, nicht länger wie bei Adorno und Benjamin apokalyptische, aber nicht minder emphatische Version einer säkularisierenden Bewahrung uneingelöster Humanpotentiale des Religiösen und der Theologie vertritt bis in jüngste Zeit Jürgen Habermas und hält dazu einleitend fest: »Das nachmetaphysische Denken kann sich selbst nicht verstehen, wenn es nicht die religiösen Traditionen Seite an Seite mit der Metaphysik in die eigene Genealogie einbezieht. Unter dieser Prämisse wäre es unvernünftig, jene ›starken‹ Traditionen gewissermaßen als archaischen Rest beiseite zu schieben, statt den internen Zusammenhang aufzuklären, der diese mit den modernen Denkformen verbindet. Religiöse Überlieferungen leisten bis heute die Artikulation eines Bewusstseins von dem, was fehlt. Sie halten eine Sensibilität für Versagtes wach. Sie bewahren die Dimensionen unseres gesellschaftlichen und persönlichen Zusammenlebens, in denen noch die Fortschritte der kulturellen und gesellschaftlichen Rationalisierung abgründige Zerstörungen angerichtet haben, vor dem Vergessen. Warum sollten sie nicht immer noch verschlüsselte semantische Potentiale enthalten, die, wenn sie nur in begründende Rede verwandelt und ihres profanen Wahrheitsgehaltes entbunden würden, eine inspirierende Kraft entfalten können?«[6] – Freilich bleibt auch er bei der intellektuell-akademischen Säkularisierung, der »Übersetzung« in »begründende Rede«, stehen; das Übersetzte wäre dann – gemäß Habermas' differenziertem Fortschrittsbegriff und dem politisch praktischen Meliorismus der kleinen Schritte – in der Gesellschaft, ihrer zivilen, politischen und medialen Öffentlichkeit, zu ›kommunizieren‹, wie es der Zeitgeistjargon ganz ohne augenzwinkernde Anspielung ausdrücken würde. Dies wäre uns – um es zu wiederholen – zu wenig; zu wenig radikal, so könnten wir auch sagen, die in Angriff genommene Säkularisierung unabgegoltener religiöser Wahrheiten nicht bis an die Wurzel sich reproduzierender menschlicher und gesellschaftlicher Negativität *im Aufmerksamkeits- und Denkhabitus* des Individuums vorantreibend – bis zu jenem quasi archimedischen Punkt also, wo die heute mehr denn je an erster Stelle notwendige *mental habituelle Selbstveränderungspraxis,* eine *übende Aufmerksamkeitspraxis,* anzusetzen hätte. Denn darin ist Adorno – wohlgemerkt dem späten, nicht dem jener überzogenen, sich selbst destruierenden Vernunftkritik der

»Dialektik der Aufklärung« – zuzustimmen, dass »Vernunft« bzw. »Rationalität«, wie er abermals in »Vernunft und Offenbarung« schreibt, »ihres eigenen naturhaften Wesens innewerden« muss, statt sich selber als ein »Absolutes« entweder »zu setzen« oder »zu verneinen« (letzteres mit der Konsequenz des Irrationalismus). Die adäquate Art und Weise aber für die Vernunft, hier dürfen wir auch *das Denken* sagen, sich des »eigenen naturhaften Wesens innezuwerden« (und beim Wort »naturhaft« überhören wir hier keineswegs Adornos antiaffirmativen, kritischen Impetus) wäre weniger die sich intellektuell selbstprüfende, selbstreflexive und diskursive Modalität, als vielmehr die *schweigepraktische, aufmerksamkeitspraktische,* die einer sich im Anderen des Denkens übenden Epoché, die einer disziplinierten Bewusstseinsschulung (wenn man so will neben derjenigen der Epoché des Denkens). Im letzten Drittel des Buches, auf dem noch vor uns liegenden Wegstück, wollen wir für die in einer jetzt zügiger voranschreitenden Relektüre Adornoscher und Benjaminscher Textauszüge uns begegnenden und bereits erwähnten Topoi *Unterbrechung* und *Versöhnung* den Nachweis führen, dass deren selbstredend praktische Wahrheit sich abermals nur würde einlösen lassen auf dem unkonventionellen Weg über den nämlichen Gesichtspunkt der *Achtsamkeitspraxis im Unterschied zum Diskurs,* des mentalen Exerzitiums an Stelle theoretischer Aufklärung; anstatt auf dem von den Charismatikern Adorno und Benjamin selber beschrittenen konventionellen Realisierungsweg über eine theoretisch und diskursiv mit voranzubringende abstrakte Heilsdialektik bzw. die gleichfalls intellektuell zu befördernde Durchsetzungsfähigkeit eines kollektiven politischen Subjekts.[7]

Adornos Epoché des Eingedenkens und diejenige des Schweigens: analog motiviert und methodisch konvergent

> Nur denken, das ohne Mentalreservat,
> ohne Illusion des inneren Königtums
> seine Funktionslosigkeit und Ohnmacht sich eingesteht,
> erhascht vielleicht einen Blick in eine Ordnung des Möglichen,
> Nichtseienden, wo die Menschen und Dinge an ihrem rechten
> Ort wären.
> Adorno (Wozu noch Philosophie)

An Revolution, linkshegelianisch-marxistisch als »Verwirklichung der Philosophie« gedacht und damit zugleich als Einlösung gewisser säkularisierter Hoffnungen der jüdisch-christlichen Heilsgeschichte, eine gemeinsam mit Benjamin bei der dialektisch-materialistischen Geschichts- und Gesellschaftsanalyse bis in die 30er Jahre hinein geteilte Perspektive, war für Adorno bereits ein Jahrzehnt später nicht mehr zu denken. Ihre Möglichkeit schien ihm endgültig vertan, zuschanden gegangen an den historisch-gesellschaftlichen Realitäten von Nationalsozialismus, Judenvernichtung, Weltkrieg und einem darauf folgenden Übergang in die »verwaltete Welt«, die der bürgerlich-kapitalistischen Restauration im Westen und die der stalinistischen Diktatur im Osten. Was nach dieser Vernichtung ihrer reellen Möglichkeit noch blieb, schien Adorno einzig das Eingedenken der ideellen Möglichkeit menschlicher Emanzipation und ungeschmälert humaner Verhältnisse. So die in ihrer Grundverfassung gleichbleibende Ausgangslage für die philosophische Reflektion, wie er publizistisch von ihr kontinuierlich Zeugnis abgelegt hat, beginnend mit den »Minima Moralia« (und der ebenfalls in den 40er Jahren entstandenen, gemeinsam mit Max Horkheimer verfassten »Dialektik der Aufklärung«) bis zur »Negativen Dialektik« (sowie der posthum veröffentlichten »Ästhetischen Theorie«). »Philosophie, die einmal überholt schien, hält sich am Leben, weil der Augenblick ihrer Verwirklichung versäumt ward«, lautet kategorisch der Einleitungssatz der »Negativen Dialektik« und leitet so die erneuerte Raison d'être der philosophischen

Adornos Epoché des Eingedenkens und diejenige des Schweigens

Denk-Epoché ausdrücklich aus dem Umstand ab, dass »die Veränderung der Welt misslang«. – Die zitierte einleitende Sentenz von Adornos spätem philosophisch-theoretischem Hauptwerk lässt sicherlich jeden unverzüglich aufhorchen, der bis hierhin unserer Argumentation in diesem Buch aufmerksam und hoffentlich nicht ohne eine gewisse Zustimmung gefolgt ist. Adorno tut nichts geringeres, als mit beinah logisch zwingende Verbindlichkeit heischendem Gestus die *menschlich richtige* Reaktion des Intellekts, eines kultivierten und sensiblen, nicht deformierten oder depravierten Geistes, auf so etwas wie den fundamentalen Wirklichkeitsschock, ausgelöst durch die unverkürzte Wahrnehmung der Negativität bestehender Verhältnisse, festzuhalten, förmlich festzuschreiben. Unser eigener Ausgangspunkt – wörtlich sowohl in den Einleitungssätzen am Beginn dieser Arbeit wie gedanklich auch immer wieder in ihrem Fortgang, so zuletzt vor allem in den das Ethische oder die Moral tangierenden Kapiteln – ist interessanterweise ebenfalls eine verstörende Defiziterfahrung in Anbetracht des kulturellen und gesellschaftlichen Insgesamt der Gegenwartsverhältnisse, sozusagen unseren atmosphärischen Eindruck von diesem Gesamtgeschehen betreffend, und, gleichsam in einem Atemzug damit, die Frage nach der menschlich angemessenen Antwort in dieser Situation bzw. auf ihre Herausforderung. Bloß, dass wir diese Frage anders beantworten als Adorno, dass sich unsere Vorstellung von der menschlich richtigen Reaktion in gewisser Hinsicht sogar konträr zu der seinigen verhält: Weil die von uns wahrgenommene und schmerzlich empfundene Negativität nicht unwesentlich mit bedingt erscheint durch die weitgehende Ohnmacht des Denkens – das Ungenügen der Reflexion, hinlänglich zu motivieren, Selbstveränderung in Gang zu bringen, Verhaltensumstellungen zu bewirken –, legt sich außer einem diesbezüglichen Bedürfnis, dem vorreflexiven unmittelbaren Impuls gewissermaßen, auch verantwortungsvollem Nachdenken, und warum also nicht auch dem diskursiven Raisonnement, als eine quasi verhaltensstrategisch intelligente Reaktion die Blickwendung auf das Andere des Denkens und dessen handlungspraktische Möglichkeit nahe. Während Adorno, der doch eine ähnliche Ohnmacht des Denkens als inhärentes Moment der seinerzeit herrschenden Negativität beklagt (einer ansonsten mit der heutigen vielleicht nur mehr marginal vergleichbaren Negativität), hartnäckig auf der – und kein Wort könnte hier passender sein – *Epoché* eines sei es auch ohnmächtigen Denkens als der für ihn allein in Frage kommenden rechten Weise menschlichen Reagierens besteht. Überraschend erscheint weniger Adornos Hartnäckigkeit, tatsächlich frappierend ist für uns die Entdeckung gewesen, dass seine veritable Denk-Epoché sich nicht nur nach der formalen Seite Askese und Exerzitium angleicht, vielmehr auch in ihrem *Reflexionsinhalt* mit dem *Erfahrungsgehalt* der Schweige-Epoché berührt.

Jenem selbst noch im Angesicht der Katastrophe beharrlich fortzusetzenden Denken gewähre auch weiterhin, so Adorno, nur die materialistisch gewendete dialektische Erkenntnislogik Hegels (als Abbild der immanenten Bewegungsgesetzlichkeit der Sache selbst) diejenigen Einsichten, auf die es ankomme, was in diesem Falle Durchblicke meint auf das, was einmal hätte sein können und sein sollen und dessen *eingedenk zu sein* darum allen human Denkenden aufgetragen sei. Drastischer formuliert: Die »vollendete Negativität«, die zur Totalität zusammenschießende Verkehrtheit aller Lebensverhältnisse, bringt in dialektisch erkenntnislogischem Umschlag, und nur durch diesen, die durch sie vernichtete Positivität zum Aufscheinen, lässt umrisshaft den Inbegriff des wahrhaft menschlichen Zustands aufblitzen, den zu veranschaulichen wiederum Bilder aus dem Traditionsbestand religiöser Imagination *einst* bemüht gewesen sind. In einem apokalyptischen *Jetzt* dagegen wäre dies, wie die Reanimation der positiven Religion ganz allgemein, die theologische Beschwörung des Offenbarungsglaubens und ähnliches, für Adornos Empfinden nichts als ideologische Verblendung: Nur die unverbrämt zur Kenntnis genommene Negativität des Bestehenden soll ihm zufolge einen wenn auch flüchtigen Blick auf das *Ganz Andere* erlauben. – Schaut man sich jedoch Adornos Epoché des Eingedenkens ein wenig näher an, entdeckt man mitunter, dass sie gar nicht so kognitiv voraussetzungslos bei der zu Tage liegenden Verkehrtheit, der empirischen Negativität oder manifesten Schlechtigkeit der Zustände mit ihrem Reflexionsprozess anhebt, wie dies das dialektische Schema als die durch Adorno selber autorisierte methodische Vorgabe suggeriert. Darüber hinaus ist zu registrieren, wie das ›In-Funktion-treten‹ der Dialektik des totalitären Einen und seines Ganz Anderen, böse gesagt Adornos Schwarz-Weiß-Dialektik, sowohl jede politische Handlungsabsicht, die darauf aus ginge, auch nur etwas vom intuitiv erfassten ›richtigen Leben‹ aus der Sphäre des Intelligiblen in materielle Wirklichkeit umzusetzen, von vornherein als illusorisch denunziert und besserwisserisch zurückweist; als auch mit ihrem kognitivistisch-intellektualistischen Gestus bereits im Vorfeld Anwandlungen einer Rezeption abwehrt, die versucht sein könnte, die vorgeführte Epoché des Eingedenkens in Richtung auf ein reguläres Exerzitium, eine meditative Übungsepoché, zu öffnen, die nur reflektierten oder Denkinhalte der ersten in die *Erfahrungsform* der letzteren zu überführen, in deren schweigendes Innesein, worauf sie ohnedies hin drängen, die Schwerkraft des Eingedenkens schon von sich aus hin tendiert. Ein Blick auf das letzte Stück der »Minima Moralia« muss im Folgenden als die eine Textprobe genügen, wie sie der begrenzte Raum auf diesen Seiten zu Illustrationszwecken gestattet. Das Stück trägt die Nummer 153, finalistisch gravitätisch *Zum Ende* überschrieben. Es beginnt mit den Sätzen: »Philosophie, wie sie im Angesicht der Verzweiflung einzig noch zu verantworten ist, wäre der Versuch, alle Dinge so zu betrachten, wie sie vom Standpunkt der Erlösung aus sich darstellten. Erkenntnis hat kein Licht, als das von der Erlösung her auf die Welt scheint ...« Tatsächlich behauptet Adorno hier als Bedingung der Möglichkeit von Erkenntnis (einer nicht empirisch-wissenschaftlichen, sondern der philosophisch-metaphysischen nach der uns individuell wie gattungsgeschichtlich angehenden Kardinalfrage nach Heil oder Unheil) die Notwendigkeit einer gleichsam dogmatischen Voraussetzung: Der erste Schritt seiner dialektischen Methode vollzieht sich regredient, die Aufmerksamkeit vom materialiter Gegebenen abwendend hin auf ein Intelligibles, und also nicht, wie man dialektisch-materialistisch erwarten würde, qua dialektischem Umschlag des Negativen ins Positive, des real existierenden Schlechten in sein erkenntnislogisch aufblitzendes Gegenteil. – Was die Methodik seiner Denk-Epoché anlangt, geht Adorno in Wirklichkeit so vor, dass das lediglich fingierte Positive, ein rein Ideelles, der bloß gedachte Zustand der Erlösung – und nur dieser – das nicht fingierte Reale, den tatsächlichen Weltzustand, als ein wahrlich heillos Negatives, Erlösungsbedürftiges, zu erkennen gibt. Es wird deutlich, dass sich Adorno in einem Zirkel bewegt, denn jeder der beiden zur Diskussion stehenden dialektischen Erkenntnisschritte erweist sich als die Bedingung des anderen, der soeben ausgeführte genauso wie der unter dem Kriterium materialistischer Dialektik einzig legitime progediente, welcher vom negativen Status quo auf das positive ›Noch nicht‹ vorausblickt. Freilich in Gang kommen soll diese reziproke dialektische Kippfigur, wie die zitierten Einleitungssätze zum Finale der »Minima Moralia« belegen – eher gut idealistisch denn konsequent materialistisch –, vom Pol der vorgestellten Positivität aus. Und zwar aus einer kognitiven Disposition, die für sich in Anspruch nimmt, vom ›erleuchteten‹ Standpunkt der »Erlösung« her wahrhaft erkennend auf das zu Erkennende, die realen Verhältnisse, zu blicken. Dies alles aber wiederum nicht, um zu einer die Verhältnisse revolutionierenden politischen Tat zu schreiten; es hieße den praktischen Spielraum der Situation gleich wieder gänzlich verkennen, wäre ein verhängnisvolles Missverständnis: »Aber es ist auch

Adornos Epoché des Eingedenkens und diejenige des Schweigens

das ganz Unmögliche, weil es einen Standort voraussetzt, der dem Bannkreis des Daseins, wäre es auch nur um ein Winziges, entrückt ist, während doch jede mögliche Erkenntnis nicht bloß dem was ist erst abgetrotzt werden muss, um verbindlich zu geraten, sondern eben darum selber auch mit der gleichen Entstelltheit und Bedürftigkeit geschlagen ist, der sie zu entrinnen vorhat.«[8]

Unbeschadet solch interner Widersprüchlichkeit der Adornoschen Denk-Epoché sind die konstruktiven Analogien zu derjenigen eines meditativen oder mystischen Schweigens nicht zu verkennen. Frappant die Nähe jenes – sei es nun vorsätzlich einzunehmenden oder dem achtsamen Beobachter »ohne Willkür und Gewalt, ganz aus der Fühlung mit den Gegenständen heraus« zufallenden – »Standpunkts der Erlösung«, jenes »Standorts, der dem Bannkreis des Daseins, wäre es auch nur um ein Winziges, entrückt ist«, zur Abgeschiedenheit, zur ›Entrückung‹, der disziplinierten Schweigeübung und ihrer befreienden, ›erlösenden‹ Bewusstseinserfahrung. Schwerlich lässt sich bei eingehender und ohne Ironisierungsabsicht mit intellektuellem Ernst vorgenommener Prüfung leugnen, dass Adornos Epoché des Eingedenkens und diejenige des Schweigens *als Exerzitien* methodisch konvergieren: Wenn wahrhaftes Eingedenken den »Standpunkt der Erlösung« *einnehmen* bedeutet, dann kann es nicht nur die Denkmöglichkeit des Erlöstseins, des erfüllten Zustands, reflektierend festhalten, es muss diesen ›Stand‹, dieses ›Sein‹, unmittelbar *verkörpern*, statt Erlöstheit gedanklich zu repräsentieren sie leiblich-mental *manifestieren*. Was um so weniger verwundern sollte, als beide Epochéen ohnehin analog motiviert sind: nämlich im einen wie im andern Fall vor dem Hintergrund spezifischer Ohnmachtserfahrung des Denkens. – Noch einmal: Was Adorno am Ende der »Minima Moralia«, seines Buches über das »Beschädigte Leben«, dasjenige welches »nicht lebt«, als die »im messianischen Lichte« daliegende Welt erblickt, ihr dialektisches Vexierbild von mal »vollendeter Negativität«, mal eben darin (ur)bildlich sich spiegelnder Heilsverfassung und Daseinserfülltheit – eine derartige kognitive Konstellation, ihr »intuitionistisches Erkenntnisideal des sprachlosen Sehenlassens« (mit Habermas zu sprechen), nähert sich unstrittig dem Exerzitium einer mystischen Imitatio, des erlebnismäßigen Hinein-versetzt-Werdens in den Zustand der Erlösung oder Befreiung; als die subjektive Erlebnis- oder Erfahrungsprämisse für eine erst dadurch überhaupt möglich erscheinende auch intersubjektive, zwischenmenschliche und gesellschaftliche Transformation in Richtung auf heilsamere Zustände, glücklichere Zeitläufte. Haben Küchenpsychologie und Ratgebergeschwätzigkeit

Adornos Epoché des Eingedenkens und diejenige des Schweigens

Worte wie diese auch rhetorisch verhackstückt und ideologisch missbraucht, ihr Erfahrungswert ist darum nicht widerlegt: Nur wer *übend* mit und an sich selber bereits die Erfahrung von Befreiung oder Erlösung gemacht hat – und wer dies möchte, kann dafür auch die verbal deflationierte Formel Ernst Tugendhats »affektive Ausgeglichenheit« oder altertümlich »Seelenruhe« einsetzen – vermag in diesem Geiste auch nach außen und auf seine Umgebung zu wirken. Hätte Adorno nur glauben können, dass noch etliche Andere seine individuelle Versuchsanordnung in apartem Messianismus wirklich praktizieren, es würde sich in ihm bereits wieder ein Keim von Hoffnung geregt haben. Statt den unserer Gegenwart anscheinend so fern gerückten Adorno jener Zeilen aus den »Minima Moralia« aus eben diesem Grund zu historisieren und ihn damit als lebendige Quelle intellektueller Anregung ad acta zu legen, drängt es sich uns förmlich auf, ihn mittels einer Lektüre zu aktualisieren, die sich auf dem Hintergrund *jetziger* Erfahrungen und *gegenwärtiger* Nöte zu einer radikaleren Auslegung seiner Worte entschließt, sich zutraut, diese heute besser zu verstehen als er sie verstanden hat, vormals hat verstehen können möglicherweise. Zum Beispiel wären aus seiner Absage an das »innere Königtum« des Denkens (siehe das Motto zu diesem Kapitel) heute radikalere, i. e. *übungspraktische* Konsequenzen zu ziehen, so wie auch die Epoché des Eingedenkens von einst sich heutzutage ihrer *schweigepraktischen* Radikalisierung anbequemen müsste.[9]

Versöhnung statt verwilderte Selbstbehauptung – Adornos Utopie des erfüllten Zustands

Wir sagten, Adornos Epoché des Eingedenkens, wie er sie in seinen Schriften beispielgebend ›vorexerziert‹, sei motiviert gewesen durch die spezifische Ohnmachtserfahrung des Denkens in Anbetracht der überwältigenden Negativität der Wirklichkeit unter den gesellschaftlichen und politischen Verhältnissen zuerst des Faschismus und Nationalsozialismus und danach der »verwalteten Welt«, sei es in ihrer bürgerlich-kapitalistischen oder stalinistisch-etatistischen Ausprägung. Weil das gesellschaftlich durchschnittliche Denken kein vor den Einflüssen des Äußeren geschütztes »Mentalreservat«, kein souveränes »inneres Königtum« darstellt, ist es seiner Umwelt preisgegeben und von der auf es eindringenden Negativität schließlich selber infiziert (und ein seinerseits ohnmächtiger Widerstandsakt, wie ihn die Epoché des Eingedenkens verkörpert, muss als das melancholisch stimmende Privileg des ideosynkratischen Intellektuellen angesehen werden, dem es einstweilen gelingt, zu widerstehen). Eine analytische Konstellation, die bei dem, der sie für diagnostisch valide befindet, die Vermutung nahe legt, dass dieses Los dem Denken, der menschlichen Vernunft, nicht erst ›seit gestern‹ zugestoßen sein könnte; dass er mit anderen Worten den Verdacht hegt, dem Denken und der Vernunft des Menschen könnte von jeher ein Mechanismus inhärent sein, der sie in ihrer naturwüchsigen Verfasstheit dazu verurteilt, stets ihrerseits in Machtspiele verstrickt zu sein, und was – solange solche Naturwüchsigkeit seitens der gewöhnlichen Selbstreflexion nicht durchschaut wird – sie umso mehr blind dem ausliefert, was in und mit ihnen vorgeht. Bekanntlich haben Adorno und Horkheimer in ihrer gattungsgeschichtlichen Analyse den Keim der menschheitlichen Fehlentwicklung, man kann ruhig auch des vernunft- oder denkgeschichtlichen Irrgangs sagen, in der Urgeschichte des Subjekts verortet, im phylogenetischen Prozess der Herausbildung der die Denkfunktion tragenden Ich-Identität. Dadurch, dass dieser über weite Strecken autodomestikative Prozess in gewalttätige Selbstbehauptung quasi entarte, und zwar des individuellen Selbst wie des kollektiven der Gattung, glauben Adorno und Horkheimer in ihm den pathogenen Nukleus der fehlgehenden Gesamtentwicklung ausfindig gemacht zu haben. Später (in seiner Negativen Dialektik) benutzt Adorno für diese den bislang missratenen Fortschritt der Menschheit verursachende ›Kernstörung‹ einmal den Ausdruck »verwilderte Selbstbehauptung«. – Dito, möchte man sagen: Das, worauf es mit dem während langer Perioden quälenden Mangels und drohender Vernichtung permanent unter Spannung gehaltenen und gerade dadurch gestählten, schließlich in unserer geschichtlichen Gegenwart von den Verlockungen überwältigenden Überflusses gewaltiger denn je angestachelten, zu allen Zeiten aber über sich selbst unaufgeklärten *Begehren des Ich* im Einzelfall wie in der Summe hinausläuft – kürzer als mit den Worten »verwilderte Selbstbehauptung« kann man es kaum zusammenfassen. In der buddhistischen Psychologie ist für denselben seelischen Mechanismus die formelhafte Kodierung *Gier, Hass und Verblendung* gebräuchlich; durch meditative Versenkung, durch Übungspraxis in Nicht-Denken, eröffnet sich indessen dem menschlichen Geist die Chance des *Erwachens,* von der Verblendung zur Einsicht zu gelangen, um daraufhin den Teufelskreis von nicht erfülltem Begehren und Hass (Frustration und Aggression, psychodynamisch gesprochen) zu durchbrechen.

Von einer mit der buddhistischen vergleichbaren Erlösungspragmatik kann bei Adorno gewiss keine Rede sein. Doch bezeugt er mit seiner eigenen Person die nicht völlige Unmöglichkeit, individuell den »Verblendungszusammenhang« momentweise zu durchstoßen, bei äußerster Geistesgegenwart durch den Irrsinn »verwilderter Selbstbehauptung« hindurch *Versöhnung* als dessen bestimmte Negation zu gewahren, in einer Art plötzlichen Hellsichtigkeit unvermittelt des ›Ganz Anderen‹ ansichtig, besser noch inne zu werden. – Sei's drum, Adorno bestand auf dem ›ex negativo‹, dass nur auf dem Weg über das zu Kritisierende etwas vom versöhnten oder erlösten Zustand erahnbar sein solle. Im Brennpunkt des zu Kritisierenden: die »Vernunft« – »ein Anderes als Natur und doch ein Moment von dieser«, ihre zentrale kategoriale Bestimmung. So Adorno in den einleitenden vernunftkritischen Passagen seiner Negativen Dialektik, den kritischen Leser einigermaßen ratlos zurücklassend. Wenn es sich so verhält – was wir schließlich auch unsererseits annehmen –, dass es eigentlich dieses ›Naturmoment‹ an der Vernunft oder am Denken ist – bei Adorno und Horkheimer unter dem Begriff *Selbstbehauptung des Subjekts* gefasst, von uns das *begehrendes Ich* genannt –, das individuell wie gesellschaftlich undurchschaut, unverstanden und fehlgesteuert zu »verwilderter Selbstbehauptung« mutiert –

wenn dies als die Ursache der die Kultur und die Gesellschaft destruktiv, katastrophisch in Mitleidenschaft ziehenden Pathologie der Vernunft, der abendländischen Rationalität, angesetzt werden muss: die unbegriffene und falsch oder verkehrt gehandhabte natürliche ›psychosomatische‹ Antriebsstruktur des Individuums, dann darf man sich Abhilfe auch nur von einem ›therapeutischen Eingriff‹ am pathogenen Herd selbst versprechen: dadurch, dass im Individuum die (einseitige) Steuerung über Herrschaft (die Beherrschung seiner selbst, der Anderen, der Umgebung) durch eine zweite Steuerung ergänzt würde, die Steuerung über Achtsamkeit, mentale Übung, Bewusstseinsschulung.[10] Aber gerade gegen diese individuelle Übungsintervention auf der nicht intellektuellen Ebene des Mentalen hätte Adorno Vorbehalte angemeldet, würde sie doch ganz etwas anderes vorstellen als eine dem hermetischen Verblendungszusammenhang abgetrotzte spiegelschriftliche Chiffre für Versöhnung, sie wäre stattdessen deren mikrologische Einübung, eine Manifestation des erfüllten Zustands genau an der Stelle, wo andernfalls einer verwilderten Selbstbehauptung auch weiterhin das Feld überlassen würde.

Weil Adornos Epoché des Eingedenkens das nicht will: keine ›Imitatio‹, keine exemplarische individuelle ›Inkarnation‹ des erfüllten Zustands (keine praktizierte »Heterotopie« mit Foucault zu sprechen) – deswegen kann sie gar nicht anders als eine Utopie desselben, des Zustands der Erlösung, zu ›beschwören‹. Adornos »Exerzitium des Ausharrens« (Habermas) gebiert, indem es das identifizierende Denken gegen dieses selber richtet »ohne den Ausbruch zu wagen«, so Rolf Wiggershaus, »die dünne Utopie einer ›angstlosen, aktiven Partizipation jedes Einzelnen‹, eines ›Ganzen‹, welches die Teilnahme nicht mehr institutionell verhärtet, worin sie aber reale Folgen hätte‹‹.[11] – Das Konkreteste, was die »dünne Utopie« des ›Ganz Anderen‹ zu bieten hat, sind (insbesondere was den Text der Negativen Dialektik angeht) schemenhafte Andeutungen der (den Unterschied von »richtigem Leben« und »falschem« wohl im Wesentlichen ausmachend) *richtigen Praxis*, d.h. jener der Versöhnung. »Praxis, auf unabsehbare Zeit vertagt«, wie die Einleitung zur Negativen Dialektik das Faktum der Unmöglichkeit von Praxis unterm herrschenden Realitätsprinzip abhakt, schrumpft in ihrer utopischen Verpuppung auf das Maß der Denkpraxis: Wenn die ›Praxis-DNA‹ eines künftigen wahren Lebens irgendwo überwintert, dann nach Adorno in der Praxis exemplarischer Reflexion. Oder wie sich Martin Seel ausdrückt: »Unter Bedingungen, in denen Autonomie bedroht ist, wird das Denken für Adorno zum Rückzugsgebiet der Autonomie – allerdings nur dann, wenn es sich dessen bewusst bleibt, dass das kontemplative Innehalten für sich genommen eine beschränkte Einübung menschlicher Selbstbestimmung bleibt.«[12] An Adornos kürzelhaften Bezeichnungen der für die rechte Praxis generell beispielhaften Reflexionspraxis fällt überraschend die naturalistische Schlagseite, der Rekurs auf eine sei es residuale oder potenziale Unversehrtheit von Natur am oder im Individuum auf. Auf diese vom ansonsten stets auf Vermitteltheit insistierenden Dialektiker plötzlich unterstellte natürliche Unmittelbarkeit von unbeschädigter oder nicht gefallener Subjektnatur, spielt Adorno an mit Ausdrücken wie »mimetisches Reaktionsvermögen«, »somatisches Moment« oder auch »vor-ichlicher Impuls« (so Negative Dialektik, S. 193 ff., 221 ff. u. a.). Ein zivilisatorisch nicht stranguliertes Moment von Sinnlichkeit, ein womöglich unter Sozialisationsschichten verschüttetes und von Identitätsverhärtungen erst einmal zu befreiendes Stück sensibler Rezeptivität seiner Leiblichkeit soll dem Subjekt jene integrale und erfüllende, lustvolle und beglückende, mit einem Wort *versöhnte* Begegnung mit »Natur« ermöglichen, wie sie die Utopie des dialektisch Anderen der »Naturbeherrschung« den Menschen verspricht.[13] Auf diese im Organismus unter den zivilisatorischen Verhärtungen quasi überwinternden Residuen von natürlicher Resonanzfähigkeit auf alles ihn Umgebende müsste sich eine statt auf rabiate Selbstbehauptung auf Versöhnung ausgehende (Reflexions-)Praxis gründen.

Von der Kontrastfolie des idealistischen »Trugs konstitutiver Subjektivität«, ihrem »selbstherrlichen Geist«, stößt sich Adorno ab und skizziert die Utopie der versöhnten Praxis, gleichbedeutend mit der Anerkennung eines Vorrangs des Objekts, des Anderen, des Fremden. Für diese radikale Absetzbewegung von allem Bemächtigungsgebaren sowohl der ideellen wie der materiellen Praxis hat Adorno, wie man weiß, den Begriff des *Nichtidentischen* eingeführt. Die Leidenschaft seiner Version eines *anderen Denkens* gilt »jener Nichtidentität, zu der nicht allein das Bewusstsein, sondern eine versöhnte Menschheit zu befreien wäre«, wie er programmatisch in der Negativen Dialektik bekennt. »Wer alles, was ist, zur reinen Aktualität dynamisieren möchte, tendiert zur Feindschaft gegen das Andere, Fremde, dessen Name nicht umsonst in Entfremdung anklingt ... Der versöhnte Zustand annektierte nicht mit philosophischem Imperialismus das Fremde, sondern hätte sein Glück daran, dass es in der gewährten Nähe das Ferne und Verschiedene bleibt, jenseits des Heterogenen wie des Eigenen.« (ebd., S. 191 f.). Oder, wie er noch einmal an anderer Stelle schreibt: »Wäre Spekulation über den Stand der Versöhnung erlaubt, so ließe in ihm weder die ununterschiedene Einheit von Subjekt und Objekt noch ihre feindselige Antithetik sich vorstellen; eher die Kommunikation des Unterschiedenen ... Friede ist der Stand eines Unterschiedenen ohne Herrschaft, in dem das Unterschiedene teilhat aneinander.« (Stichworte, Frankfurt 1969, S. 153) Gewährleisten soll den die Unterschiede respektierenden und Kooperation zwischen ihnen verstattenden *Vorrang des Objekts* wider Erwarten nicht ein Weniger, sondern ein *Mehr an Subjekt*. Adorno: »In schroffem Gegensatz zum üblichen Wissenschaftsideal bedarf die Objektivität dialektischer Erkenntnis nicht eines Weniger sondern eines Mehr an Subjekt. Sonst verkümmert philosophische Erfahrung.« (Negative Dialektik, S. 50). Möchte man bereits beim ersten Postulat, Vorrang des Objekts, einwenden, nicht jedes Objekt, nur behutsam genug angegangen, sei ein freundliches, kooperatives, so bereitet diese zweite Forderung, das gleichzeitige Mehr an Subjekt, erst recht eine Verständnisschwierigkeit. Sicher ist bei Adorno mit dem Plus an Subjektivität wiederum die das Begriffliche übersteigende (subjektive ›Zusatztätigkeit‹ der) »Mimesis« gemeint, das hingebungsvolle Sich-anschmiegen an eine klassifikatorisch irreduzible Andersheit der Objekte; aber dass er sie wie ein vom Schatten der herrschenden Verhältnisse ungetrübtes und jederzeit aktualisierbares Naturtalent im »somatischen« Repertoire der Individuen einfach voraussetzt, dieser unvermittelte Naturalismus will nicht einleuchten. – Das »Mehr an Subjekt« im Interesse des Vorrangs der Objekte – um ihnen: Dingen, Naturerscheinungen, anderen Menschen, »der Welt«, wie Tugendhat abkürzend sagen würde, den Vortritt zu lassen – bleibt davon abgesehen allemal ›utopisch‹ unter den ›Knappheitsbedingungen‹ des Selbstbehauptungsregimes (gleichviel ob man es als materiellen Lebenskampf ansetzt oder als »Kampf um Anerkennung«, Rivalität um »Selbstverwirklichung«). Und Adorno würde dem nicht widersprochen haben. Das an der katastrophengeschichtlich grell vor Augen gestellten Falschheit und Verhängnishaftigkeit des Identitätsdenkens in einer widerständigen Reflexionsanstrengung »spiegelschriftlich« entzifferte Richtige oder positive Andere, das *nichtidentifizierende* Denken, dessen ausschlaggebende Leistungsanforderung eben in jenem »Mehr an Subjekt« bestünde – dieses andere Denken will ja doch nur pars pro toto den generell zur Utopie verurteilten »erlösten Zustand« exemplifizieren, seiner als des »auf unabsehbare Zeit« Vertagten in spezieller Epoché beispielhaft eingedenk sein.

Der dem wie auch immer theoretisch zu fassenden »Mehr an Subjekt« von Adorno idealiter angewiesene Platz war in Wirklichkeit besetzt: durch ein Zuviel an Subjekt, an *egozentrischem* Subjekt, das nur eines will, sich der in Reichweite befindlichen Objekte bemächtigen, der

Dinge, seiner Mitmenschen, der Natur. Das ist auch heute, ein halbes Jahrhundert nach den Reflexionen der Negativen Dialektik, nicht anders, und vielleicht muss man dies als das ›Natürliche‹ analytisch veranschlagen. Und das Denken zeigt sich diesem ›Naturzustand‹ gegenüber heute so ohnmächtig wie damals. An ihm scheitern noch die reflektiertesten Versuche eines *anderen Denkens*, dieses kommt nicht auf gegen die feindlichen Besatzungsmächte. – Aufs Neue führt so auch die Relektüre Adornos zum toten Punkt, in die uns mittlerweile vertraute Sackgasse. Und erneut fällt es schwer, noch länger der Frage auszuweichen, ob, wo ihr mit dem Denken nicht beizukommen ist, jener mentalen Okkupation nicht vielleicht mit dem *Anderen des Denkens* begegnet werden könnte, mit der Subversion des Schweigens, dessen sachte die Schichten abtragende ›Räumarbeit‹ ein ums andere Mal ein Areal freiwerden ließe, auf dem sich das ganz andere Mehr an Subjekt überhaupt erst zu entfalten vermöchte. Ja, müsste man nicht die Übung des Schweigens selbst für das Mehr an Subjekt ansehen, ohne dessen Aufwand alles Weitere, nicht zuletzt ein anderes Denken, erst gar nicht vorstellbar ist? *Dieses* Mehr an Subjekt – worunter man sich ganz konkret auch die Ich-Stärke voraussetzende Autonomiefähigkeit zum ›abweichenden Verhalten‹ der Askese und des Exerzitiums vorzustellen hätte – drückte sich im ›Weniger und immer Weniger‹ der Schweigeübung aus, ihrer ›Kunst des Nichts‹; nach einer denkbar radikalen Reduktion von Intentionalität wäre das schweigepraktische Mehr an Subjekt *nichts als Aufmerksamkeit*, ungetrübtes, hellwaches Bewusstsein. Das Mehr an Subjekt dieser reinen Achtsamkeit wird niemand naturalistisch mit ›unbefleckter somatischer Rezeptivität‹, mit ›Bewusstsein im Naturzustand‹ verwechseln, umso weniger als es je und je das Produkt disziplinierten Übens darstellte. Was übrigens schon im originär adorno'schen Kontext nicht anders zu verstehen gewesen ist: Wenn Habermas von Adornos »Mimesis« oder »Hingabe« ans Objekt sagt, dass sie eine »ganz vom Besitzenwollen gelöste« sei, so besagt dies implizit, dass kein Unmittelbares, vielmehr ein kulturell Vermitteltes, ein auf Grund vorgängiger Bewusstseinsschulung erst zu Erbringendes gemeint ist. Das Glücken des mimetischen Wahrnehmens und Erkennens, das Gelingen eines nichtidentifizierenden Denkens erforderte das stete psychische und mentale Sich-lösen von einer unwillkürlich aufs Neue einschnappenden Egozentrik. Die Spontaneität oder Unmittelbarkeit des »mimetischen Reaktionsvermögens«, der aufnahmebereite reine oder leere Spiegel des Bewusstseins, wäre eine durch Übungspraxis vermittelte Unmittelbarkeit, Natur, die Nicht-Natur ist, wie es formelhaft im Zen heißt.[14]

»Der lange, kontemplative Blick« – ästhetische Reminiszenzen eines Richtigen inmitten des Falschen

»Denken heißt identifizieren. Befriedigt schiebt begriffliche Ordnung sich vor das, was Denken begreifen will.

Bewusstlos gleichsam müsste Bewusstsein sich versenken in die Phänomene, zu denen es Stellung bezieht.

Entäußerte wirklich der Gedanke sich an die Sache ... so begänne das Objekt unter dem verweilenden Blick des Gedankens selber zu reden.«

Adorno (Negative Dialektik, Einleitung)

Das Adornos negativ-dialektischem Philosophieren vorschwebende Erkenntnisideal »voller unreglementierter Erfahrung im Medium begrifflicher Reflexion« lässt keinen Zweifel an der epistemischen ›Ressortzugehörigkeit‹ und kognitiven Ambition seines intellektuellen Unternehmens: es bleibt ein genuin philosophisches, das sich nach wie vor um Erkenntnis in einem durchaus metaphysischen Register bemüht, und dessen Präzeptor es gewiss nicht gern gesehen hätte, wenn jemand den Anspruch seines Vorhabens fälschlicherweise auf Literatur heruntergestimmt haben würde.[15] Die Einsicht, zu der die philosophisch verpflichtende Orientierung an Wahrheit Adorno als erstes nötigt, ist, wie wir gesehen haben, die, dass innerhalb eines alles vereinnahmenden und es kontaminierenden »Ganzen«, welches sich der noch nicht korrumpierten Aufmerksamkeit als »das Unwahre« zu erkennen gibt, das Wahre gar keinen Platz hat, im wörtlichen Sinne utopisch geworden ist und dem bestenfalls die solitäre Kritik eines kritischen Solitärs eingedenk zu sein vermag. Die sich dieser primären Einsicht bald hinzugesellende zweite Entdeckung aber sollte sein, dass es dem Totalitätsprinzip zum Trotz neben der vereinzelten intellektuellen Epoché des Eingedenkens die eher materialen Einschlüsse, Residuen, Nischen eines sich dem Identitätszwang widersetzenden Anderen gibt: es sind ästhetische und künstlerische Reminiszenzen eines Richtigen inmitten des Falschen. Und an diesem Punkt verwandelt sich dann Adornos Philosophie in ästhetische Theorie und ein Stück weit auch in Literatur(theorie) – es vollzieht sich das, was Habermas das »Ästhetischwerden der Theorie« genannt hat. – Musik, Bildende Kunst und (schöne) Literatur sind gewissermaßen von Hause aus Anwendungsgebiete des geistigen wie des praktischen Vermögens der »Mimesis«, das Können der Kunst lebt von jenem nichtidentifizierenden Sich-ins-Benehmen-setzen mit ihrem ›Material‹, wie es Adorno vom Prinzip her auf der abstrakten Ebene philosophischer Reflexion dargelegt hat. Diese seine (theoretische) »Philosophie der Kontemplation« stößt im Bereich von Kunst und Ästhetik nicht nur auf ihre kongeniale Illustration, sondern wurde von Anfang an in intimer Auseinandersetzung mit Beispielen insbesondere avantgardistischer Kunstproduktion entwickelt.[16]

Mit dem Begriff des Kontemplativen – Adorno selber benutzt den Begriff wiederholt – betreten wir ein mentales Grenzgebiet, das Gelände des Übergangs vom Denken, der Reflexion, zum schweigenden Bewusstsein ohne begriffliche und überhaupt sprachliche Kristallisationen der Aufmerksamkeit. Wir positionieren uns damit, was die Definition des Kontemplativen anlangt, innerhalb eines ziemlich variablen Begriffsfeldes, das einen breiten hermeneutischen Spielraum lässt und allerlei Vagheiten mit sich bringt. Indem wir das Kontemplative als eine intermediäre Zone definieren, in der sich der Geist hin und her bewegt zwischen Reflexion und gedanklichem Schweigen, wo zumal begriffliches Denken und reine Anschauung einander abwechseln, glauben wir der tatsächlichen Konfiguration des Wortfeldes Kontemplation und dem Gebrauch der entsprechenden Vokabeln in philosophischen Texten der jüngeren Vergangenheit und nicht zuletzt bei Adorno am nächsten zu kommen. Wobei, und auch für diesen Zusammenhang steht in besonderer Weise Adorno ein, die Affinität der Geistestätigkeit der Kontemplation, ihr ›Bewegungsgesetz‹, dem mentalen Modus des Künstlerischen, der geistigen Verfassung des Kunstschaffenden wie derjenigen des Kunst Genießenden, auf der Hand liegt. – Es liegt uns allerdings viel daran, das Kontemplative deswegen nicht auf die Domäne der Kunst und ihrer Ästhetik zu begrenzen. »Nun scheint mir aber«, so Wittgenstein in einem seiner Aphorismen, »gibt es außer der Arbeit des Künstlers noch eine andere, die Welt sub specie aeterni einzufangen. Es ist – glaube ich – der Weg des Gedankens, der gleichsam über die Welt hinfliege und sie so lässt, wie sie

Ästhetische Reminiszenzen eines Richtigen inmitten des Falschen

ist – sie von oben vom Fluge betrachtend.«[17] Der so in gebührendem Abstand und in luftiger Höhe die Welt überfliegende Geist ist der kontemplative; und der, was er dabei sieht, begrifflich nicht festnagelnde Gedanke ist als der die Welt in ihrem ewigen Sosein unangetastet lassende zugleich der sich immer wieder selber lassende, sich unterbrechende und mithin der schweigenden Betrachtung Platz machende Gedanke. (Für Spinoza, an den Wittgensteins Bemerkung anknüpft, war die mit dem »sub specie aeternitatis« angesprochene Betrachtung, also die Kontemplation, keine kunstästhetische Spezialität, sondern identisch mit dem genuin Philosophischen.)

Es empfiehlt sich an dieser Stelle ein Seitenblick auf Hannah Arendts Begriffsverwendung von Kontemplation; Der in ihrem Buch »Vita Activa oder Vom tätigen Leben« vorgetragene Ansatz hat über fachphilosophische Zirkel hinaus Beachtung gefunden und darum ihrer Begriffsbestimmung des Kontemplativen in Opposition zum Tätigen Popularität verliehen. Am Ende der von ihr überblickshaft skizzierten geistesgeschichtlichen Genealogie des Begriffs steht ihr zufolge ein Verständnis desselben, das sie folgendermaßen auf den Punkt bringt: »Die Vita contemplativa, sofern sie sich als Gegensatz zu der Vita activa versteht, besteht wesentlich in der Negation gerade des werktätigen Lebens, dessen Aufgabe es ist, zu fabrizieren und herzustellen, der Natur Gewalt anzutun, um sterblichen Menschen eine Stätte auf der Erde zu errichten und das nun gleichsam umgedreht wird in ein Leben der Gewaltlosigkeit und Un-tätigkeit, das alles, was ist, so lässt, wie es sich der Betrachtung darbietet, um sich selber in der Nachbarschaft des Unvergänglichen und Ewigen anzusiedeln.« Das sich dergestalt von einer seit Beginn der Neuzeit in der Hauptsache »werktätigen« Vita Activa (mit ihren nicht selten gewalttätigen und zerstörerischen Folgen für Natur und Mensch) als deren Gegenteil abhebende Kontemplative weist nun bei Arendt als sein auffälligstes Merkmal neben Passivität bzw. Untätigkeit die Abwesenheit des Denkens auf, das ja als eine innere Weise höchsten Tätigseins gleichsam noch ein Departement der Vita Activa bildet. Dieser kategorische Ausschluss des Denkens (der Denktätigkeit) aus der Wirksphäre der Kontemplation (der Anschauungsuntätigkeit) soll auf Platon und Aristoteles zurückgehen: »So wie der Krieg um des Friedens willen stattfinde«, referiert sie die Auffassung der beiden Klassiker des griechischen Philosophierens, »so müsse jede Art von Tätigkeit, selbst noch die Tätigkeit des Denkens, um einer absoluten Ruhe willen stattfinden und in ihr gipfeln. Was immer Körper und Seele bewegt, die äußeren wie die inneren Bewegungen des Sprechens und des Denkens müssen zur Ruhe kommen im Betrachten der Wahrheit. Und dies galt nicht nur für das Sich-Zeigen der griechischen Seinswahrheit, es blieb gültig auch für die christliche Offenbarung der Wahrheit durch das Wort eines lebendigen Gottes.« Kurz, »absolute Ruhe« einer Anschauung der einen, ewigen und absoluten »Wahrheit« halber, dies ist Hannah Arendts Verständnis von »Kontemplation im präzisen Sinne«.[18] – Kontemplation nach Arendts antikisierender Deutung entspräche demnach unserer disziplinierten Schweigepraxis, die sich ja ebenfalls als das völlige Zur-Ruhe-kommen der Gedankenbewegung definiert, als Nicht-denken. Um nochmals mit ihren Worten daran zu erinnern: »... Denken und Kontemplation sind natürlich keineswegs dasselbe. Für die Überlieferung war das Denken ein inneres Sich-Bewegen in Gedankengängen und als solches der direkteste und sicherste Weg, der schließlich an seinem Ende zur Kontemplation, dem Anschauen eines Wahren führte. Denken hatte seit Plato, und vermutlich seit Sokrates, als der innere Dialog gegolten, in dem der Mensch mit sich selbst zu sprechen vermag ...; und obwohl dieser Dialog nach Außen nicht in Erscheinung tritt, ja sogar voraussetzt, dass alle nach außen gewandten Aktivitäten und Bewegungen stillgelegt sind, so ist er selbst doch immer noch eine Tätigkeit und sogar ein höchst intensives Tätigsein. Die äußere Unbewegtheit des Denkenden hat nichts gemein mit der absoluten Passivität, der vollkommenen Stille, in der gerade auch der innere Dialog mit mir selbst zum Schweigen gekommen ist, und die der Überlieferung zufolge die Grundvoraussetzung für das Sich-Zeigen des Wahren ist. ... einer Wahrheit ..., die selbst jenseits alles denkenden Sprechens oder sprechenden Denkens liegt und daher in Worten auch nicht mehr gefasst werden kann. Worte sind, wie Plato meint, zu ›schwach‹ für das Wahre, das daher überhaupt in der Rede nicht gefasst werden kann, und Aristoteles bestimmt das höchste Vermögen des Menschen, den Noos, als eine Fähigkeit, der sich das zeigt, ›von dem es einen Logos nicht gibt‹.«[19]

Auf dem Arendtschen Begriffspaar Vita activa und Vita contemplativa lastet die Hypothek ihrer gräzistisch-traditionalistischen Nomenklatur und macht sie für unser Empfinden unbrauchbar, um die für das Existenzielle in Gegenwart und Zukunft relevanten Unterscheidungen zu verdeutlichen. Eine im gedankenfreien Anschauen der einen, einzigen und immerwährenden Wahrheit kulminierende Vita contemplativa in Alternative zur Vita activa in deren soundsovielter moderner oder postmoderner Metamorphose, derartiges ist als lebbare Form schwer vorstellbar. Die von uns so bezeichnete Transzendentalpraktik des gedankenfreien Schweigeexerzitiums versteht sich nicht in jenem Sinne als eine

Ästhetische Reminiszenzen eines Richtigen inmitten des Falschen

›Vita‹, will keine für sich lebbare Existenzform sein in Opposition zu anderen Lebensformen. Vielmehr möchte sie einem unvermeidlich auch und vielleicht in erster Linie aktiven Leben, wie es sich seit dem Eintritt in die industrielle Moderne bis auf den heutigen Tag nach und nach globalisiert hat, ein seiner humanen Lebbarkeit dienliches Modul ›implantieren‹, ohne welches Facetten der Menschlichkeit – allseitige Friedfertigkeit, Gespür für Gerechtigkeit, Sinn für Maß und Mitte bei Zielsetzungen und Projekten, bessere Verträglichkeit mit außermenschlichem Leben und einem endlichen Naturganzen – in ihm allzu leicht auf der Strecke bleiben könnten. Ein Übungsmodul, welches uns Heutige überhaupt erst wieder befähigen würde, Intervalle oder Zonen kontemplativen Lebens innerhalb des durch die zeitgenössische Vita activa dominierten Daseins Wirklichkeit werden zu lassen. – Mit dieser nicht totalisierenden (nicht auf alle Bereiche unseres Lebensvollzugs ausgedehnten) Auffassung von kontemplativem Leben wären wir wieder bei einem Kontemplationsverständnis angelangt, das der mentalen Form nach ein Zwischenreich bezeichnet, worin der Geist gelassen und spielerisch zwischen Denken und Schweigen, Reflexion und bloßer Anschauung hin und her wechselte. Und mit diesem Verständnis endlich auch bei Adorno, dessen Ausführungen zum Kontemplativen auf eben jenes interpolare Bewegungsmuster des Mentalen abheben.

Die quasi obligatorische Stelle, die Adornos Auffassung von Kontemplation gerafft zum Ausdruck bringt, findet sich in den »Minima Moralia« und lautet: »Der lange, kontemplative Blick …, dem Menschen und Dinge erst sich entfalten, ist immer der, in dem der Drang zum Objekt gebrochen, reflektiert ist. Gewaltlose Betrachtung, von der alles Glück der Wahrheit kommt, ist gebunden daran, dass der Betrachtende nicht das Objekt sich einverleibt: Nähe an Distanz«.[20] – Freilich, auf eine dem Verfasser unwillkürlich unterlaufende sprachliche Zwiespältigkeit aufmerksam zu machen, können wir uns dennoch nicht entschlagen: Wenn Adorno hier den »Drang zum Objekt«, d. h. unser auf dessen Vereinnahmung gehendes Begehren oder auch nur unsere auf seine Taxierung zielende Absicht, durch Reflexion gebrochen sein lässt, dann sollten wir darunter durchaus statt eines begrifflichen Urteilsvorgangs eine anschauend-innehaltende Spiegelung der Situation im nunmehr kontemplativ Hinblickenden verstehen; denn auch der nur begriffliche Drang zum Objekt, dessen Fixierung durch den lediglich im Kopf des Betrachters sich bewegenden Begriff, würde in der kontemplativen Einstellung, in der gelassenen Verweildauer des nicht länger begehrlichen Blicks, gehemmt oder unterbrochen.

Unschwer zu erkennen, dass auch Adornos kontemplative ›Objektbeziehung‹ auf einer Askesepraxis beruht: derjenigen des Abstehens davon, sich des Objekts zu bemächtigen, es sich gar »einzuverleiben«. Erst aus solcher Enthaltsamkeit erwachse ›wahre Befriedigung‹, gerade die kontemplativ gewahrte Distanz gewähre die Nähe des wahrhaft erfüllten Zustands. Das kontemplative Nähe-an-Distanz-Verhältnis befreit sowohl das Subjekt aus seiner klaustrophobischen Abgeschlossenheit, erlöst es gewissermaßen von sich und seinen Obsessionen, wie es andererseits auch dem Objekt gleichsam die Freiheit schenkt, sich sozusagen ohne Reserve zu offenbaren, ganz das zu sein, was es seiner Natur oder dem Wesen nach ist – und eben dadurch den es Betrachtenden so zu bezaubern und zu beglücken, wie dies ein Wegfall jeder Abständigkeit oder die ultimative Verschmelzung niemals vermöchte.[21]

Paradigmatisch für das, was es heißt, dass der Kontemplierende den Gegenständen seiner Betrachtung quasi die Freiheit schenkt, sich ohne Gefährdung ihrer selbst unverstellt zu zeigen, soll nach Adorno die Art und Weise sein, in der sich Objekte der Kunst der kontemplativen Betrachtung darbieten und erschließen. Die Selbstoffenbarung des künstlerisch Dargebotenen (seinem Wahrheitsgehalt nach, versteht sich) geschieht nun Adorno zufolge im Wesentlichen – man könnte heideggerianisierend auch ›ursprünglich‹ oder ›anfänglich‹ sagen – *nicht im Medium der Sprache;* oder an Wittgenstein angelehnt formuliert: Kunstwerke offenbaren ihre Wahrheit nicht mittels Worten und Begriffen, diese *zeigt sich* dem schweigenden Betrachten bzw. in ihm. »Etruskische Krüge in der Villa Giulia sind sprechend im höchsten Maß und aller mitteilenden Sprache inkommensurabel. Die wahre Sprache der Kunst ist sprachlos, ihr sprachloses Moment hat den Vorrang vor dem signifikativen der Dichtung, das auch der Musik nicht ganz abgeht.«[22] – Dass die Sprache der Kunst *sprachlos* sei, behauptet Adorno unter Berufung auf einen »Doppelcharakter« von Sprache: »Vermöge ihres Doppelcharakters ist Sprache Konstituens der Kunst und ihr Todfeind.« Die Kontradiktion der sprachlosen Sprache handelt sich ein, wer – Heidegger lässt grüßen – auch noch ›die Zeige‹, den stummen Ausdruck und mithin den ganzen Möglichkeitsraum des *deiktisch* Auffassbaren in einen metaphorisch erweiterten Sprachbegriff aufnimmt und dessen übertragenen oder uneigentlichen Geltungsbereich man dann von dem der eigentlichen Sprache, also der signifikativen oder mit Worten und in Begriffen verlautenden, absetzen muss.

Urbild der wortlosen und nichtbegrifflichen Sprache ist, wie könnte es anders sein, die Sprache der Natur, so wie das Naturschöne gemäß

Ästhetische Reminiszenzen eines Richtigen inmitten des Falschen

Adorno der unverlierbare Archetyp selbst eines noch so naturfernen Kunstschönen bleibt. »Das Lückenlose, Gefügte, in sich Ruhende der Kunstwerke ist Nachbild des Schweigens, aus welchem allein Natur redet.« Wenn Kunstwerke so nur schweigend reden, dann sind sie auch nur durch konzentriertes Schweigen, ein Schweigen auch des gedanklichen Zu-sich-selber-sprechens seitens des Rezipienten vernehmbar. Mittels der kontemplativen Einstellung versetzt sich der Kunstbetrachter allererst in die der stummen Ansprache wie die ihrer Rezeption einzig angemessene *schweigende Aufmerksamkeit*. – Trotzdem ist für Adorno damit der Vorgang der Kunstrezeption, emphatischer gesprochen das kunstästhetische Wahrheitsgeschehen, nicht abgeschlossen. Denn: »… erscheinende Natur will Schweigen, während es jenen, der ihrer Erfahrung fähig ist, zum Wort drängt, das von der monadologischen Gefangenschaft für Augenblicke befreit.«[23] Nachdem der Kontemplierende in sich das Begriffsbesteck beiseite getan hat und auch das sonstige Wortgemurmel in ihm weitgehend verstummt ist und er dank diesen Moments konzentrierter Stille die sprachlose Sprache des von ihm Betrachteten vernommen hat, der wortlos von ihr zum Ausdruck gebrachten Wahrheit ›intuitiv‹ inne geworden ist – nach erfolgter Bewegung hin zur Seite des Schweigens, des Sprachlosen,»drängt« es ihn (wie es bei Adorno heißt) bzw. stößt ihn eine Art Repulsion in die Bewegung zurück zum Sprachlichen, zurück ins Vertraute mentale Wortgestöber und die Werkstatt des Begrifflichen, sodass das Zwischenreich des Kontemplativen einmal nach beiden Richtungen durchmessen worden wäre.

Spannend danach sicher die Frage nach dem Geltungsanspruch des zuletzt gewonnenen Begriffs respektive wie er sich zur schweigend erfahrenen Wahrheit im ›monadologischen Augenblick‹ des Höhepunkts der stillen Betrachtung verhält. Und soll man den jeweils aktuellen Begriff nur wie einen vorübergehenden Hafen vor der erneuten kontemplativen Ausfahrt verstehen? Womit, so fragen wir weiter, die nur prozessual adäquat aufgefasste und praktizierte Kontemplation jene Forderung des ›negativen Dialektikers‹ einlösen würde,»das von den Begriffen Unterdrückte, Missachtete und Weggeworfene mit Begriffen aufzutun, ohne es ihnen gleichzumachen«? Adorno konstatiert einerseits die Unzulänglichkeit alles Begrifflichen:»Die meinende Sprache möchte das Absolute vermittelt sagen, aber es entgleitet ihr in jeder einzelnen Intention, lässt eine jede als endlich hinter sich zurück.« Andererseits genügt ihm die begriffslose Sprache der Kunstwerke »in der der Gehalt selber offenbar« [wird] *keineswegs:* »Musik trifft es unmittelbar, aber im gleichen Augenblick verdunkelt es sich, so wie überstarkes Licht das Auge blendet, welches das ganze Sichtbare nicht mehr zu sehen vermag.«[24] – So vehement Adorno die Beschränktheit, das Verstellende, ja Gewaltsame der Begriffe herausstreicht, so sehr fürchtet er auf der anderen Seite, dass eine sich dem Sprachlosen und dem Schweigen – dem rein »Mimetischen« in seiner Terminologie – anheim gebende Aufmerksamkeit im »Grauen des Diffusen« endet (als abschreckendes Beispiel steht ihm sowohl Bergsons Begrifflichkeit grundsätzlich in den Wind schlagender Intuitionismus vor Augen wie auch Heideggers seinsontologisches Ursprungs- und Unmittelbarkeitsgeraune, wie er es selber entsprechend pejorativ ausgedrückt haben würde). Weshalb auch kontra Wittgenstein seine trotzige Gegenrede nicht verwundert, negativ dialektisches Philosophieren müsse sich *gerade* vornehmen, das Undenkbare zu denken und das Unsagbare auszusprechen.

Die sich am Kunstwerk entzündende kontemplative Erfahrung, die ihren Anstoß dem Anderen des Denkens, dem Anderen der Begriffe und der Diskursivität, verdankt und deren unmittelbare Evidenz von der schweigenden Anschauung und nicht von der Seite des Begrifflichen herrührt, diese Ausgangserfahrung erachtet Adorno für unvollständig, defizient, solange sie von der momentan unterbrochenen diskursiven Bewegung noch nicht wieder in ihren Bereich des Gedanklichen und der Versprachlichung zurück- bzw. eingeholt worden ist. Kategorisch statuiert seine Ästhetische Theorie (S. 197): »Genuine ästhetische Erfahrung muss Philosophie werden oder sie ist überhaupt nicht.« Gleich einem kategorischen Imperativ muss der Forderung aus der Einleitung der Negativen Dialektik (S. 21) offenbar Genüge getan werden, »das von den Begriffen Unterdrückte, Missachtete und Weggeworfene mit Begriffen aufzutun, ohne es ihnen gleichzumachen«. Wie Adorno für das den nichtbegrifflichen Ausdruck, die sprachlose Sprache, des Kunstwerks gewahrende Schweigen, die schweigend betrachtende Wahrnehmung, kein besseres Adjektiv als »bewusstlos« einfällt – »bewusstlos gleichsam müsste Bewusstsein sich versenken ...« –, muss er der dem Begrifflichen abgekehrten Seite des Kontemplativen misstrauen als einem Moment, in welchem länger als nötig sich aufzuhalten die Gefahr des Sich-verlierens in Bewusstlosigkeit heraufbeschwören müsste. – Der allzeit sprungbereite Verdacht auf ein ›sacrificium intellectus‹, auf versteckte Geistfeindschaft, den Adorno allem Nichtbegrifflichen und Nichtsprachlichen gegenüber hegt, ist jedoch lediglich die negative oder Kehr-Seite seiner positiven Grundsatzentscheidung, welche Philosophie und Ästhetik auf *Erkenntnis* verpflichtet. Adornos programmatische Devise, »das Begriffslose mit Begriffen aufzutun, ohne es ihnen gleichzumachen« – was

Ästhetische Reminiszenzen eines Richtigen inmitten des Falschen

nach ihm insbesondere Aufgabe der kontemplativen Einstellung sein soll – müssen wir als eine kognitiv intendierte begreifen, sie hat sich der Verpflichtung aufs Noetische unterworfen, möchte am Erkenntnisertrag gemessen werden. »Unverhüllt ist das Wahre der diskursiven Erkenntnis, aber dafür hat sie es nicht; die Erkenntnis, welche Kunst ist, hat es, aber als ein ihr Inkommensurables.« Auf den berühmten Passus von Kants Erkenntniskritik anspielend erläutert Albrecht Wellmer diesen Satz aus der Ästhetischen Theorie (S. 191) treffend mit den Worten: »So wie der Unmittelbarkeit der ästhetischen Anschauung ein Moment der Blindheit, so haftet der Vermittlung des philosophischen Gedankens ein Moment der Leerheit an; nur gemeinsam können sie eine Wahrheit umkreisen, die sie beide nicht aussprechen können.« Oder, noch deutlicher: »Nicht-diskursive und diskursive Erkenntnis wollen beide das Ganze der Erkenntnis; aber gerade die Spaltung der Erkenntnis in nicht-diskursive und diskursive bedeutet, dass beide jeweils nur komplementäre Brechungsgestalten der Wahrheit fassen können.«[25]

Wird gerade auch das Kontemplative in erster Linie unter dem Gesichtspunkt seiner Dienlichkeit für Gegenstandserkenntnis begutachtet, strategisch eingespannt für den Zweck der *kognitiven* Wahrheitsgewinnung, so entsteht jenes Problem, an dem man sich wahrscheinlich die Zähne ausbeißen wird: das Problem eines Hiatus zwischen Anschauung und Begriff, dessen Kluft es irgendwie zu schließen gälte. Um darin nicht sogleich die Quadratur des Kreises erblicken zu müssen, soll »die gewaltlose Überbrückung der Kluft zwischen Anschauung und Begriff, zwischen Besonderem und Allgemeinem, zwischen Teil und Ganzem« der utopischen Perspektive eines versöhnten Ganzen vorbehalten sein, wie es in den dem Nichtidentischen Rechnung tragenden »Erkenntnisformen von Kunst und Philosophie« zunächst nur antizipiert werde, so Wellmer. Die Kalamität, in die sich der Kognitivismus, die Erkenntnisfixiertheit, der Kontemplation bei Adorno hineinmanövriert, verdeutlichen auch die folgenden Sätze Wellmers: »Im Kunstwerk kommt die Wahrheit sinnlich zur Erscheinung; das macht seinen Vorrang vor der diskursiven Erkenntnis aus. Aber gerade *weil* die Wahrheit im Kunstwerk sinnlich erscheint, ist sie der ästhetischen Erfahrung auch wieder verhüllt; da das Kunstwerk die Wahrheit nicht aussprechen kann, die es zur Erscheinung bringt, weiß ästhetische Erfahrung nicht, was sie erfährt. Die Wahrheit, die im aufblitzenden Moment der ästhetischen Erfahrung sich zeigt, ist als konkrete und gegenwärtige zugleich ungreifbar … Wäre … der Wahrheitsgehalt der Kunstwerke in den Augenblick der ästhetischen Erfahrung eingeschlossen, so wäre er verloren, die ästhetische Erfahrung nichtig.«[26]

Ästhetische Reminiszenzen eines Richtigen inmitten des Falschen

Was nichts anderes hieße, als dass das Prekäre des Versuchs, eine epistemische Wahrheit aus dem Akt der Kontemplation zu destillieren, der kontemplativen Erfahrung insgesamt mit dem Vorwurf ihrer Nichtigkeit droht. Wenn man, wie Adorno es vorführt, Kontemplation an die ›kurze Leine‹ ihres Erkenntnisertrags und ihrer gegenständlichen Wahrheit legt, so bescheinigt man ihr mit dieser bloß relativen Bedeutsamkeit zugleich ihre relative Unerheblichkeit. Entschiedene Fürsprache für eine Rehabilitierung des Kontemplativen sähe anders aus. Und wie hätte man sich ein Hinausgehen über Adornos kognitivistische Restriktion und seine Zaghaftigkeit in dieser Angelegenheit vorzustellen? Und zwar über das hinaus, was diesbezüglich an unserer Relektüre Adornos bereits ablesbar war, nämlich die Verabschiedung von der Vereidigung des Kontemplativen auf Gegenstandserkenntnis und kognitive Wahrheit, darauf, dass der Kontemplierende sich als der bessere oder gewissenhaftere Noetiker beweisen müsse; etwas, das nicht nur unserer Einschätzung nach nicht gutgehen kann.[27] – Was also wäre abweichend von Adorno in Sachen Kontemplation geltend zu machen? Dies: *Der weitaus wesentlichere Ertrag des »langen, kontemplativen Blicks«, seiner »Versenkung ins Einzelne«, seines Verweilens »vorm Kleinsten«, läge in dem mit eben diesem Vollzug erfahrenen Gleichnis der Fülle und des Sinnhaften. Der noch zu hebende Schatz des Kontemplativen (der Kunstbetrachtung wie der zweckfreien Betrachtung im Allgemeinen) wäre ihre ethisch-existenzielle Wirkung und nicht ihr metaphysisch-ontologischer Gewinn.* Entsprechend meinen auch die in unserer Kapitelüberschrift genannten und Adornos Ausdrucksweise paraphrasierenden »ästhetischen Reminiszenzen eines Richtigen inmitten des Falschen« weniger ein auf eine Gegenstandserkenntnis bezogenes ›Richtig oder Falsch‹, als vielmehr das *ethisch-normativ* Richtige (beziehungsweise Falsche) einer *Lebenspraxis.*

Der am kontemplativen Schauen unter kognitivistischer Perspektive stets zuerst und hauptsächlich hervorgehobene Wesensblick fürs Betrachtete entfaltet – was einer ›Theorie des Kontemplativen‹ möglicherweise erst auffällt, wenn sie ihre Fixierung auf den Erkenntniszweck und die dadurch bedingte Blickverengung aufgibt – seine eigentliche oder nachhaltige Wirkung nicht am betrachteten Objekt sondern dem Subjekt der Betrachtung: Nicht das aufs kontemplierte Objekt verweisende *was es ist* als vielmehr das am Kontemplierenden selber feststellbare *wie es ist,* also die veränderte subjektive Verfassung während der kontemplativen Einstellung, wäre jetzt die wirklich frappierende Entdeckung, die

Kontemplation auch für uns Gegenwärtige bereit hielte. Wie beim Exerzitium der Schweigeepoché (die als mystische Praktik ›die Augen schließt‹, die sensorischen ›Außenfühler‹ einzieht) liegt bei der Kontemplation und ihrem schweigenden Betrachten (bei dem die Augen geöffnet, die Sinne auf Gegenständliches gerichtet sind) das Potential *im Vollzug selbst* beschlossen, er versetzt das Subjekt oder Individuum (im Falle der Kontemplation lediglich über die ›betrachtende‹ Gegenstandsbeziehung vermittelt) mental oder psychosomatisch in diejenige Verfassung, für die Adorno die (freilich nicht bloß subjektiv sondern objektiv gemeinte) Bezeichnung *erlöster/erfüllter Zustand* gebraucht hat – und für den er wiederum vor allem Charakterisierungen ex negativo wie Befreiung von (sozialer) Gewalt und (Natur)Zwang, Freiheit auch vom psychischen Überlebenskampf (um Anerkennung), ein Jenseits von Angst und der ›Ungerechtigkeit des Todes‹ u. a. m. heranzieht. – Das in diesem Sinne Selbstzweckhafte des Kontemplativen lieferte ein viel ›durchschlagenderes‹ Motiv für eine kulturelle Rückbesinnung auf kontemplative Praktiken als Adornos Engführung über ihre Zweckdienlichkeit für objektive Erkenntnisse resp. ontologische Wahrheit. Die primär ethisch-existenzielle Wahrheit (und wenn man so will Erkenntnis) – also den ›Geschmack‹ von Sinnfülle und ewigem Leben am und im Subjekt, als Bewusstseinszustand, erfahren – realisieren oder anerkennen, ermöglichte es zudem, ein Dilemma zu vermeiden, in das Adornos alle praktischen Vermittlungsschritte abschneidende Transposition des Erlösungstelos in die Utopie unweigerlich hinein führt. Säkularistisch und antitheologisch am soteriologischen Ziel festhaltend wollte Adorno nicht länger Immanenz und Transzendenz durch einen unüberbrückbaren Abgrund (wie im traditionell Religiösen) geschieden sehen, handelte sich jedoch mit seiner Projektion des erlösten Zustands (einer klassenlosen Gesellschaft) ins Utopische, einen anderen Chorismos ein, wie Albrecht Wellmer richtig bemerkt, den »Abgrund zwischen geschichtlicher und messianischer Zeit« (was nebenbei ein Rückfall in traditionelle Metaphysik wäre, wie ebenfalls Wellmer zu Recht anmerkt).[28] Dieses dilemmatische Sich-reproduzieren von Unüberbrückbarkeit respektive Unvermittelbarkeit würde just durch die Anerkennung der ethisch-existenziellen Relevanz von Kontemplation vermieden, dadurch dass kontemplativ die messianische Zeit ›hier und heute‹ anbräche, ›mikrologisch‹ in der erlebten Zeitlosigkeit der Kontemplierenden. Solch ›subjektiver Vorschein‹ des erlösten Zustands strahlte – so die von uns gehegte Erwartung – von den betreffenden Personen auf das sie umgebende ›Objektive‹ aus; denn dies liegt in der Erfahrung der ethisch-existenziellen Wahrheit des Kontemplativen (wie analog der ›ungegenständlichen‹ Übungsepoché des Schweigens), dass sie quasi nach ihrer Totalisierung verlangt – was sich im Entstehen einer psychisch-motivationalen Disposition in den kontemplativ Erfahrenden oder meditativ Übenden niederschlägt und wofür in den großen spirituellen Traditionen die Worte *Mitleid* und *Mitgefühl* in Gebrauch sind. Trifft dies zu, dürfte sich hier Adornos auch in der Einleitung der »Negativen Dialektik« geäußerte Befürchtung aufs Ganze gesehen wohl kaum bewahrheiten: »Etwas so empfangen, wie es jeweils sich darbietet, unter Verzicht auf Reflektion, ist potentiell immer schon, es anerkennend, wie es ist.«

Erinnern wir uns nach diesem kurzen Ausflug in die Gefilde von Adornos ästhetischer Theorie an jene überschwängliche Versicherung aus den »Minima Moralia«, wonach Erkenntnis »kein Licht« habe, »als das von Erlösung auf die Welt scheint«, so möchten wir meinen, dass die extreme These sich halten ließe, wofern man sie exklusiv auf die von uns namhaft gemachte ethisch-existenzielle Erkenntnis (und Wahrheit) bezöge. Diese teilte(n) sich der kontemplativen Erfahrung (ebenso wie der meditativen Schweigeerfahrung) ›intuitiv‹ mit, durch »sprachloses Sehenlassen«, sodass es in diesem Fall nicht berechtigt wäre, das »Jenseits des Begriffs« anzukreiden (wie Wellmer es getan hat, freilich unter anderen, nämlich nicht ethischen sondern ontologischen Voraussetzungen). – Daneben stellen wir, wo auf dem Gebiet ontischen Erkennens man ohne begriffliche Wahrheit und ihre diskursiv zu begründenden Urteile schwerlich auskommt, nicht in Abrede, dass der bei Menschen und Dingen absichtslos verweilende kontemplative Blick in punkto kognitiver Sensibilität oder Wahrnehmungsschärfe dem eilfertigen Urteil unseres üblichen, begrifflich identifizierenden Denkens so manches Mal einiges voraus haben dürfte. Allerdings wird sich die kontemplativ vollzogene und behutsamer urteilende (weil umsichtiger das »Nichtidentische«, zeitgenössischer ausgedrückt die Aspekte Pluralität und Perspektivität berücksichtigende) »revisionäre Metaphysik« (Udo Tietz) am Prüfstein der Intersubjektivität bewähren müssen, sich also genau der kommunikativen Sphäre aussetzen müssen, die von Adorno stets scheel angesehen worden ist, weil er sie der Korrumpierung durch Interessen und der Anfälligkeit für Zerstreuung und Unterhaltung glaubte überführen zu können.[29]

Eine Lanze brechen für die ethisch-existenzielle Übung des Schweigens und eine ihr verwandte kontemplative Praxis – wäre dies, so fragen wir uns nach den zurückliegenden Adorno gewidmeten Abschnitten, am Ende vielleicht doch nicht ganz unverträglich mit einer in seinem Geiste fortgeführten, auf drängende Gegenwartsfragen reagierenden philosophischen Reflexion? Das Apodiktische seiner Verneinung der Möglichkeit einer eingreifenden (nicht theoretischen) Praxis nach dem »Misslingen« der versuchten Weltveränderung (wahlweise deren »Versäumnis«), wie es einem aus den förmlich zu erratischen Blöcken gemeißelten Sentenzen seiner großen Theoriewerke entgegen tritt, milderte er schließlich bereits in manchen der mündlich vorgetragenen Arbeiten (und nicht zuletzt der unzähligen Gesprächsbeiträge) unüberhörbar ab. Deutlich sind Zwischentöne zu vernehmen, die vehement Einspruch erheben gegen den Fatalismus des Mitmachens, gegen ein blindes Weitermachen wie bisher.

Adorno in einem Gespräch mit Max Horkheimer und Eugen Kogon von 1953 über »Die Menschen und der Terror« leidenschaftlich: »Es gehört zu der jetzigen Situation dazu, dass sie einen dämonischen Schein dadurch hervorbringt, dass alle Elemente in ihr, alles was diese gesellschaftliche Wirklichkeit überhaupt ausmacht, zusammengeschlossen sind, einen Zusammenhang bilden, der so aussieht, als ob man ihm überhaupt nicht ausweichen könnte. Und dieser Charakter der Totalität der Wirklichkeit, das, was wie eine Höllenmaschine aussieht, das ist es dann wahrscheinlich, was im Bewusstsein der Menschen den Glauben hervorbringt, es ist etwas, was über ihren Köpfen eben als eine bloße Fatalität sich abspielt. Darauf würde ich zweierlei Dinge sagen: Nämlich erstens, dass man sehen soll, dass diese Fatalität selber etwas Gesellschaftliches ist, nämlich die Verdinglichung aller Beziehungen zwischen den Menschen und dass in dem Augenblick, in dem die Menschen an den Grund dieser Verdinglichung, an den gesellschaftlichen Grund heranrühren, dass dann dieser Zustand zu verändern ist. Zweitens aber würde ich daraus ableiten, dass nämlich der Glaube, dass der Einzelne oder wenige Menschen nichts vermögen, selber nur reflektiert, dass man eigentlich bereits vor dieser verdinglichten Welt kapituliert, dass man die Segel streicht. Im Augenblick, in dem man aber gesehen hat, in dem man wirklich eingesehen hat, dass dieser Zustand ein von Menschen und zwar vom Zusammenhang der Gesellschaft produzierter ist, in dem Augenblick hört auch der Glaube auf, dass man blind ausgeliefert sei und er schlägt notwendig um in eine Bewusstseinslage, in der man wieder daran denkt, von sich aus etwas dazu beizutragen, dass die Welt menschenwürdig wird.« (Unsere Transkription, H.-W.W). – Ähnlich entschieden und mit nicht geringerer Emphase wendet sich (in einem Gespräch der gleichen Sendereihe) sein Weggefährte Max Horkheimer gegen Selbstparalyse, gegen das Sich-fügen ins angeblich Unabänderliche: »Die Menschen machen auch jetzt noch ihre Geschichte, nur wissen sie es nicht. Sie entscheiden sich auch jetzt noch, aber sie entscheiden sich dazu mitzumachen. Die Menschen sind heute von der Verwaltung erfasst, aber sie müssten es nicht sein« (im Gespräch mit Adorno und Eugen Kogon zum Thema »Die verwaltete Welt oder die Krise des Individuums« aus dem Jahr 1958). Es sind übrigens Horkheimers nachgelassene »Notizen«, die akribisch festhalten, wo immer in der Geschichte des 19. und 20. Jahrhunderts die richtige Unterbrechung der falschen Kontinuität im Denken und Handeln unterblieben ist und dadurch die Herrschaft der Verdinglichung und die Verselbstständigung der Verhältnisse immer rasanter voranschreiten konnte. Dem gibt es nichts hinzuzufügen außer: Wie bei allen diesen Gelegenheiten Unterbrechung einst möglich war, so besteht sie der Möglichkeit nach auch heute, zumal und zuforderst als jene Übungspraxis des eminenten Schweigens, die selber ihrem Vollzugssinne nach Unterbrechung bedeutet, Einstand der Zeit.[30]

Befreiung von mythischem Wiederholungszwang: Walter Benjamins »Versuch einer Technik des Erwachens«

»Dass es so weiter geht *ist* die Katastrophe. Sie ist nicht das jeweils Bevorstehende sondern das jeweils Gegebene, die Hölle ist nicht, was uns bevorstünde, sondern dieses Leben hier.« (Walter Benjamin)[31]

Der Denker par Excellence der Unterbrechung unter den Philosophen und Intellektuellen des vorigen Jahrhunderts heißt Walter Benjamin. Der Unterbrechung im Kleinen wie im Großen: der psychologischen, im individuellen Geist angesiedelten, sowohl als der historischen, menschheitlich-kollektiv stattfinden sollenden. Beschäftigen wird uns, ob und wie beide Ebenen der Unterbrechung bei Benjamin miteinander verschränkt zu denken sind; und dann, unsere Standardfrage, wie sehr (oder auch nicht) die von ihm erwogenen konkreten (und zunächst natürlich psychologischen) Formen des Unterbrechens dem von uns ins Spiel gebrachten paradigmatischen Modus des eminenten Schweigens nahekommen, ob dessen Übungsweise, unsere Schweigepraxis, als die von Benjamin noch verfehlte ›Lösung‹, als der von ihm vergeblich gesuchte ›Passpartout‹ in punkto Unterbrechung betrachtet werden könnte.

Wer – was in der frühen Rezeptionsgeschichte, also den 1960er und 70er Jahren nicht selten der Fall gewesen ist – mit Benjamin'schem Gedankengut durch die Lektüre seiner »Thesen über den Begriff der Geschichte« in Berührung kommt, stellt fest, dass hier der Gedanke an Unterbrechung auf einen als katastrofisch erlebten historischen Fortschritt zielt. Benjamins verstörende Zuspitzung – Fortschritt per se als Schicksalsschlag und das davon gezeichnete Leben als Höllenfahrt – haben wir diesem Kapitel epigrammatisch vorangestellt. Die vor diesem Hintergrund herbeigesehnte Unterbrechung müsste nichts weniger als den Kontinuitätsbruch schlechthin auf der geschichtlichen Makroebene bewerkstelligen. Dies stets zusammen mit der Frage, was an der eintretenden Bruchstelle dann nach dem Ende jenes desaströsen Fortschritts zu folgen hätte, eine zeitversetzte Wiederaufnahme des Vorherigen verböte sich ja von selbst. – Da für den in seinen späteren Jahren marxistisch orientierten Benjamin der Gang der Geschichte entscheidend davon abhing, dass in der Gegenwart ein historisches Subjekt sui generis, nämlich das Proletariat, auf den Plan getreten war, hätte man sich – rational kalkulierend – die Unterbrechung im Großen und ihren Bruch mit der fatalen Fortschrittsdynamik so vorzustellen, dass er das Resultat der eingreifenden Praxis bewusst handelnder Subjekte darstellte oder anders gesagt: dass ihm ein Sinneswandel der vielen Einzelnen vorangehen müsste, ergo die Unterbrechung des gewohnten Denkens und Handelns von je konkreten Individuen. Sodass es folgerichtig erscheint, bei den von Benjamin geprüften psychologischen Gestalten des Unterbrechens bzw. auf der Mikroebene des Subjekts mit der auszugsweisen Relektüre seiner Texte zu beginnen. Was zählt alles zu diesen Benjamin'schen Unterbrechungen und was geschieht mental oder *aufmerksamkeitspraktisch* an den Bruchstellen, worin besteht das Intermittierende, das die ansonsten sich verhängnisgleich abspulenden Geistesroutinen vorübergehend unterbricht? Und, last but not least, wie oder wodurch kommt es zu derlei Unterbrechungen?

Denn obgleich eine Unterbrechung mentaler Quasi-Automatismen und mehr noch die Auflösung eingeschliffener Wahrnehmungs-, Denk- und Reaktionsmuster in den seltensten Fällen einfach willentlich beschlossen und ohne weiteres in die Tat umgesetzt werden kann, so hat dies auch für Benjamin keineswegs bedeutet, dass sie nur als Widerfahrnis in Frage kämen, als etwas, das man sich allenfalls, seiner harrend, sehnlichst herbeiwünschen mag. Anders würde er nicht von einer *Technik* gesprochen haben, was, das Gegenteil passiven Zuwartens, zwar nicht schlichte Herstellbarkeit impliziert, aber doch das Treffen von Vorkehrungen oder Ergreifen von Maßregeln intendiert, wie sie für das *erwartbare* Eintreten des Gewünschten unabdingbar erscheinen. Der Entschluss zur Technik oder Methode (zur Praxis in unserer Terminologie) und seine disziplinierte Ausführung wären sozusagen der aktive Part der Unterbrechung; dieser öffnete, im Bild gesprochen, einen Türspalt, durch den das ›eigentlich Unterbrechende‹ einzutreten vermöchte. – Je mehr sich Ende der 30er Jahre Benjamins Ausblick auf die unmittelbare Zukunft verdüsterte, schwand allerdings sein ›Glaube‹ an die Geschichtsmächtigkeit eines »Türen öffnenden« historischen Subjekts und es blieb nur die allein noch theologisch gespeiste Hoffnung auf das ›gnädige Widerfahrnis‹ der das weltgeschichtliche Debakel souverän ›von außen‹ terminierenden Ankunft des Messias.

Kategorial gesehen wird mit dem Terminus Unterbrechung ein *zeit-*

liches Phänomen thematisiert, unterbrochen werden kann ganz allgemein nur etwas zeitlich Fortlaufendes – sodass Unterbrechung wohl jedes Mal als eine Art *Einstand der Zeit* empfunden wird. Was aber ist das für eine Zeit, die da anhält, wenn wie in dem hier debattierten, Benjamin‹sche Texte zugrunde legenden Zusammenhang, Unterbrechung als das Gewünschte, gar Ersehnte anzusetzen ist? Still stünde mit dem Eintritt *dieser* Unterbrechung die linear und quantitativ voranschreitende, die verräumlichte, homogene oder leere Zeit; die als diejenige des Kontinuums katastrofischen Fortschritts sich zudem als eine fortgesetzte Zertrümmerung von Ressourcen und eine anhaltende Frustration menschlicher Sehnsüchte darbietet, eine für die meisten ›unerfüllte‹ Zeit ruinösen und also verqueren Sinn- und Glücksstrebens. Die stillgestellte Zeit des ersehnten Interruptus, des (und jetzt meinen wir es psychologisch und nicht bloß historisch) »aufgesprengten« Geschichtskontinuums, wäre umgekehrt der Augenblick des Wieder-möglich-werdens qualitativer Zeitlichkeit (jenseits des Zeitstillstands der Wiederholung des Immergleichen), nach Bergson die einzig ›wirkliche‹ Zeit. – Diese zeitstrukturelle Doppelung in ›Einstand der Zeit‹ (eines fortwährenden Zeitstillstands der Wiederkehr des ewig Gleichen) und Aufspringen neuer, qualitativer Zeitlichkeit versucht Benjamin mit Hilfe der Analogie des »Erwachens« zu fassen. Die zur ›Anbahnung‹ dieses speziellen Erwachens zu treffenden Anstalten heißen bei ihm deshalb »Technik des Erwachens«. Unschwer ersichtlich, dass diese formale Beschreibung seiner »Technik« wie auch die von ihr ins Werk zu setzende Zeiterfahrung genau so auf die von uns favorisierte ›Technik‹, das Schweigeexerzitium, zutreffen.

Das Bemühen, sich dessen zu vergewissern, was die Analogie des Erwachens – nicht Metapher sondern »Denkbild«, wie diese Art von (»unsinnliche Ähnlichkeit« unterstellendem) theoretischem Konstrukt bei Benjamin heißt, sodass mit »Erwachen« nur erst das Signalwort für einen höchst komplexen Verweisungszusammenhang gegeben ist – an »Technik« der ›Aufmerksamkeitsjustierung‹ impliziert und an ›Materialem‹, i. e. veränderten Wahrnehmungsweisen und neuen Erfahrungsmöglichkeiten, abdeckt, dies Bemühen nun sieht sich bei seiner Auswertung der vorliegenden Texte mit nicht geringen Schwierigkeiten konfrontiert. In den ›Komplex Erwachen‹ spielen bei Benjamin nach Heiner Weidmann »ganz verschiedene Diskurse« hinein: »Theorie des Erzählens (nach Proust) und Geschichte (nach Marx), Psychoanalyse (nach Freud) und (mit dem Surrealismus) Theorie der Moderne.«[32] Wenn man auch bei ein-

Walter Benjamins »Versuch einer Technik des Erwachens«

gehender Lektüre konzedieren mag, dass die heterogenen Diskurse dabei »auf evidente Weise« zusammentreffen, wie Weidmann schreibt, so vermisst man jedoch den systematischen Charakter, es unterbleibt in Benjamins Original die theoretische Vermittlung zwischen den Diskursen und wegen des fragmentarischen Zustands eines Großteils des überlieferten ›Rohmaterials‹ (vor allem des »Passagenwerks«) vermisst der Leser bisweilen auch die interne Konsistenz. Die Lektüre erschwerend treten hinzu diachrone Bedeutungs- und Akzentverschiebungen in den Benjamin'schen Begriffen. – Kurzum, die Relektüre kommt hier gar nicht an begrifflicher Vereindeutigung vorbei und ebenso wenig an eigenmächtiger Nachbesserung in puncto Systematik, ohne sich im einen wie im andern Fall einer Übereinstimmung mit den Benjamin‹schen Intensionen gewiss sein zu können. Eine unumgängliche hermeneutische Freizügigkeit, die noch nichts mit immanenter Kritik zu tun hat, wenn sie gleichwohl unsere im einen oder anderen Punkt abweichende Sicht der Dinge ankündigen mag.

Was also hat es mit dem Benjamin‹schen »Erwachen«, ›technisch-praktisch‹ wie ›mental-zuständlich‹, auf sich? Zuerst einmal ist festzuhalten, dass für Benjamin zwischen Traum(Schlaf) und Erwachen bzw. Wachheit – wohlgemerkt nicht physiologisch aufgefasst, vielmehr denk-bild-theoretisch – nicht die eine, strikte Trennlinie verläuft, was beide zu klar voneinander geschiedenen ›Mentalverfassungen‹ erstarren ließe. Stattdessen geht er von einem kontinuierlichen Übergang des einen Zustands in den anderen aus, was in jedem von ihnen das Auftreten gradueller Intensitätsabstufungen supponiert. Explizit bezieht sich hier Benjamin in seinen umfangreichen Notizen und Vorarbeiten der von ihm geplanten Arbeit über die »Pariser Passagen« auf das metapsychologische Konzept vom »Unbewussten« der Freudschen Psychoanalyse: Das Kontinuum an Modifikationen der Wahrnehmung oder mentalen Ausrichtung wird durch den Anteil an Unbewusstheit bestimmt; so entstehen Zustände eines »von Schlaf und Wachen vielfach gemusterten, gewürfelten Bewusstseins«.[33] – Von Erwachen auf der Ebene eines jeweiligen Tagbewusstseins resp. der aktuell gegebenen Geistesverfassung würde man demnach sprechen, sobald davor unbewusste bzw. Schlaf- oder Traumanteile von Relevanz die Schwelle zur bewussten Wahrnehmung überschritten und einer reflektierenden Bearbeitung zugeführt würden. Beiseite lassen möchten wir an dieser Stelle Benjamins Prämisse aus der ›Passagenarbeit‹: »Wir fassen den Traum 1) als historisches, 2) als kollektives Phänomen.«[34] Wir halten vorerst an der Voraussetzung eines individuellen Traumgeschehens und des subjektiven Erwachens aus demselben als einem gerade gewesenen und nicht historisch zurückliegenden fest. Denn eben dies tut auch Benjamin in anderen Überlegungszusammenhängen seiner Texte (einmal von der Frage abgesehen, ob seine Konstruktion des historischen und kollektiven Träumens und Erwachens nicht doch auch wieder auf individuell-subjektive Mit- bzw. Nachvollzüge rekurrieren müsste). Das so vorgestellte individuelle Erwachen (resp. die so aufgefasste psychologische Unterbrechung) ist offenkundig ein Erwachen in die (erweiterte) Reflexion, sein Aufmerksamkeitsgewinn eine qualitative Steigerung der Gedankentätigkeit – auf gar keinen Fall ein Erwachen nach der orthodox- oder altbuddhistischen Manier in ein Verwehen der Gedanken, ins Nirwana, in ›windstille Seeligkeit‹.

Das Benjamin‹sche Erwachen beruht auf einem gedanklichen und mithin auch einem sprachlichen Vollzug; Erwachen macht sich an dem und in dem Moment eines verstärkten Einsetzens der Reflexion bemerkbar. Präzise erläutert Sigrid Weigel: »Das Erwachen als Zwischenstellung zwischen Traum und Wachen ist die Möglichkeitsbedingung eines Denkens, das das in den vorausgefundenen Bildern verdichtete Begehren weder denunziert noch es aufhebt oder rational auflöst, sondern die Erregungen und die Faszination in das Denkbild mit aufnimmt ...« Damit spielt sie auf das durch Benjamin angezielte ›mentale Produkt‹ dieses Vorgangs an, das das vorherige Dunkel blitzartig erhellende »Denkbild«, seine den vorangehenden Traum über sich selbst aufklärende Einsicht in bislang verborgene oder unklare Zusammenhänge des Wünschens und Wollens, zuvor nicht wahrgenommene Perspektiven des Handelns bzw. einer eingreifenden, die Verhältnisse verändernden Praxis.[35]

Der kognitiv-diskursive, sprachlich kodierte und von Benjamin als »dialektisch« apostrophierte Charakter der mit dem Erwachen ins Bewusstsein schießenden Denkbilder soll den jeweils vorgängigen und nunmehr transformierten mentalen Traumzustand als einen in schlafwandlerischem Wiederholungszwang befangenes, in Redundanzschleifen in sich kreisendes, quasi sistiertes Bewusstsein zu erkennen geben, welches auch nur ein gleichförmig sich wiederholendes Handeln erlaubt. Und insofern dabei ein inneres Skript das Subjekt zur Endlosreproduktion undurchschauter Wahrnehmungs-, Denk- und Verhaltensmuster verurteilt, kann mit Recht von *mythischem* Wiederholungszwang gesprochen werden – das Individuum erzählt sich stillschweigend immer wieder die gleiche Geschichte, welche die Richtschnur seines Handelns starr festlegt. Wobei selbstredend die individuelle Erzählung durch die soziokulturellen Narrative und deren realgesellschaftliche Performanz präformiert wird, wie auch wiederum die Kollektiverzählungen über die subjektiv adaptierten Nacherzählungen tradiert und in ihrer performativen Verbindlichkeit stabilisiert werden. – Außer dieser prosaischen, wenn man so will individual- und sozialpsychologisch normalisierten Rede von mythischem Wiederholungszwang stößt man in den Schriften Benjamins auf einen starken Begriff des Mythos und mythischer Zwanghaftigkeit. In ihr findet sich der vergleichsweise sanfte mentale Zwang der in den ›Bewusstseinsschlaf‹ und seine immer gleichen Träume wiegenden narrativen Rückkoppelungsschleifen zur manifesten physischen Gewalt amplifiziert. Mythos steht dann für den schicksalhaften Kreislauf von Schuld und rächender Vergeltung, für die Opferung Unschuldiger im Sündenbock-Ritual, kurz: für bewusstlose Naturverfallenheit, den Moloch von Fressen und Gefressen-werden.[36] *Diese* Gestalt mythischer Zirkularität hat für Benjamin die Menschheit keineswegs in grauer Vorzeit hinter sich gelassen, er sieht sie, kurz vor seinem Freitod sogar im Extrem, sich in der Gegenwart des 20. Jahrhunderts fortzeugend: »… die Hölle ist … dieses Leben hier«.

Gleichviel, ob man es ihm als eine konzeptuelle Inkonsistenz ankreiden oder umgekehrt als Feinfühligkeit im Aufspüren einer in der Sache selber virulenten Ambiguität gutschreiben wird: Benjamins Mythosbegriff wechselt gerade in der starken Bedeutung wie ein Vexierbild seinen Mitteilungsgehalt und Mythos steht mit einem Mal für die Erinnerung an ein ›Goldenes Zeitalter‹, das wie ein utopischer Vorschein der erlösungsbedürftigen Menschheit den Weg in eine befreite Zukunft weisen soll.[37] Und wiederum gleichviel, ob man ein breiteres Verständnis des Mythischen im Sinne narrativ verankerter repetitiver Zwanghaftigkeit zugrunde legt oder einen offen gewalttätigen, terroraffinen Konsequenzialismus als den Inbegriff von Mythos ansetzt und als das geschichtlich gerade Dominante veranschlagt: Benjamin scheint bei nicht wenigen Gelegenheiten die beidemal konträre Mythosauffassung von der Imago oder Vision des ›erlösten Zustands‹ als die exemplarische Erfahrung des Erwachens ansetzen zu wollen. Ein mythologisch versinnbildlichtes Arkadien respektive ein mythisches Sinnbild des Glücks wäre dann als materialer Erfahrungsinhalt des den zirkulären Kontinuitätsbann des negativ Mythischen brechenden »dialektischen Bilds« zu begreifen; sein (so Benjamins Begriff) »Bildraum« würde den oder die ›profan Erleuchteten‹ – Benjamin selber gebrauchte bekanntermaßen den Ausdruck »profane Erleuchtung« – augenblicklich in eine »messianisch geladene Jetztzeit« versetzen, in der die praktische Verwirklichung der Utopie unmittelbar auf der Tagesordnung stünde. Der »Bildraum« des dialektischen oder Denkbilds wäre gar nicht getrennt vom ›Realraum‹, den es aufspannt;

und dieser Raum wäre einer der Praxis oder der Aktivität, in dem sogleich immer auch (politisch) gehandelt würde. – Ein Zweifaches ist daran ablesbar. Einmal bildet sich der im unterbrechenden Denkbild gebündelte Erfahrungsgehalt nicht im Kontemplativen, er besteht aus Aktivität (und sei es fürs erste auch bloß antizipiertem Handeln). Zu Recht bemerkt Sven Kramer, dass wenn Benjamin von seinem Bildraum sage, er sei »kontemplativ überhaupt nicht mehr auszumessen«, er den Aufenthalt in diesem Raum als eine Aktivität bestimme.[38] Zum andern liegt auf der Hand, dass damit in der denkbildlichen Unterbrechung (ihres Griffs in die Speichen des mythischen Zeitrads) *im selben Moment* auch schon die ›neue Zeit‹ angebrochen ist; dass mit unseren Worten ›Weltpause‹ und ›Welterschließung‹ zusammenfielen, dass ein kontemplatives Verweilen der Aufmerksamkeit ›in der Bresche‹ nicht vorgesehen ist, es vielmehr – wiewohl ›ganz anders‹ – ›gleich weitergehen‹ soll (was auf der kollektiven politischen Handlungsebene im Unterschied zu der beim Einzelsubjekt verorteten Unterbrechung oder ›Erwachenstechnik‹ auch schwerlich anders vorstellbar wäre).

Neben dieser, man könnte eventuell sagen ›spruchreifen‹ Fassung der von Benjamin anvisierten Technik des Erwachens bzw. dieser dominierenden Konzeption von transformatorischer Unterbrechung – die als an Bild und Sprache gebundene Weisen der Einflussnahme aufs Mentale sich »inhaltlich« konträr verhalten zum Schweigen als der von uns präferierten Weise –, entdeckt man, verstreut über Benjamins weitläufiges Werk, auch eine Beschäftigung mit solchen Aufmerksamkeits- oder Bewusstseinszuständen (denen ebenfalls der Tatbestand der Unterbrechung eignet und das Prädikat des Erwachens gebührte), in denen das Kognitive und praktisch Aktivierende hinter eher kontemplative oder rein stimmungsmäßig erhebende, mit Adorno zu sprechen »elevatorische« Wahrnehmungsmodi zurücktritt. Dabei handelt es sich um mystische Ekstasen (besser noch ›Enstasen‹) gesteigerter, ›nicht alltäglicher‹ Präsenz wie auch um die profanen Erleuchtungsmomente des »nichtnarkotischen« Rauschs. Und in dieser Kategorie von Erwachenserfahrungen würde dann neben dem Welterschließenden (qua Sprache und kommunikativem Handeln) auch in einem gewissen Sinne der Weltpause ihre ›beschauliche Weile‹ eingeräumt. Wie auch in diesem Fall nur das leibhafte Individuum und kein abstraktes Kollektivsubjekt als der Erfahrungsträger zur Debatte steht (von kollektiv angebahnten und begangenen kultischen Anlässen abgesehen, wie sie nach Benjamins Bekunden in einer säkularen Moderne ohnehin im Schwinden begriffen sind). – Zwei auf dieses Segment *veränderte Bewusstseinszustände* Bezug nehmende

Walter Benjamins »Versuch einer Technik des Erwachens«

Auslegungsversuche mögen uns hier beim Zurechtfinden in Benjamins Textedickicht behilflich sein und die Materialsichtung und Bewertung erleichtern: Axel Honneths Ausführungen die »Wiedergewinnung verschütteter Erfahrungsweisen« in Benjamins Arbeiten betreffend (und die für diesen nicht zuletzt wegen einer geschichtsspekulativen Absicht von Interesse sei), sowie die von Norbert Bolz zusammengetragenen und in einen systematischen Interpretationszusammenhang gebrachten zahlreichen ›Statements‹ von Benjamin über den Rausch.[39]

Nach Benjamin brachte der Übergang in den industriellen Kapitalismus und die Etablierung seines kulturellen Überbaus eine Verarmung menschlicher Erfahrung mit sich; die anthropologisch im Menschen angelegte Palette an Erfahrungsmöglichkeiten wurde auf das schmale Band utilitaristisch verwertbarer Wahrnehmungsmodi reduziert. Beschnitten wurde das ungeschmälerte Erfahrungspotential des Menschen um die »magischen Erfahrungsformen«, wie Honneth sie in seinem Benjamin-Aufsatz summarisch klassifiziert (und wohl auch seinerseits als integralen Bestandteil »einer unverkürzten Weise der menschlichen Erfahrung« anerkennen würde). Sehr früh schon habe sich Benjamin an einer Überwindung des von Kant für verbindlich erklärten engen Erfahrungsbegriffs der (mechanischen) Wissenschaften versucht: gegenüber Diltheys Programm der historisch-hermeneutischen Wissenschaften und darüber noch entschieden hinausgehend suche er »den Leitfaden für die Bestimmung eines komplexeren Begriffs der Erfahrung, nämlich nicht an Formen des kommunikativen Wissens sondern an Weisen der magischen Welterschließung zu gewinnen; es ist nicht die hermeneutische Erfahrung des Verstehens eines fremden Sinnzusammenhangs, sondern die Erfahrung einer Beseeltheit aller Wirklichkeit, die er zum leitenden Bezugspunkt seiner Analyse macht«. Anders wie bei dem eine Subjekt-Objekt-Trennung behauptenden gängigen Erfahrungsmodells werde hier »die Wirklichkeit im Ganzen als Feld subjektiver Kräfte erlebt«; Benjamin führt Beispiele aus ethnographischem Material an und verweist auf die Dokumentation außergewöhnlicher Wahrnehmungsphänomene seitens sowohl der klinischen wie der Religionspsychologie.[40] – Wenn Axel Honneth zur Charakterisierung der von Benjamin herangezogenen Wahrnehmungsweisen einer ›participation mystique‹ sich der Begrifflichkeit des »Sozialen« und des »Kommunikativen« bedient – »dass eine wirkliche Erfahrung zu machen nur heißen kann, die Welt plötzlich als ein soziales Feld von Analogien und Entsprechungen zu erleben« –, so mag das diese Begriffe – zumal den des Kommunikativen, der ja in der auch für Honneth prägenden Habermas-Tradition doch dem Bereich des menschlich Intersubjektiven vorbehalten ist – ein wenig strapazieren, kann aber andererseits als korrekter Fingerzeig auf den Umstand begriffen werden, dass jene Wahrnehmungs- und Erfahrungsformen innerhalb des Sprachlichen angesiedelt sind.[41] Honneths anderer, ebenfalls den terminologischen Gepflogenheiten der Frankfurter Schule sich verdankender Sammelname für den gleichen Phänomenkomplex, den der »nichtinstrumentellen Formen von Erfahrung«, deutet mit dem ›ex negativo‹ auf die Ursache für den von Benjamin beklagten geschichtlichen Abfall vom einstmaligen Erfahrungsreichtum hin: Mit dem Dominantwerden, ja beinahe der Ausschließlichkeit zweckgebundenen Denkens und Handelns, also einer instrumentellen Weltorientierung im Zuge des Rationalisierungsprozesses der industriell-kapitalistischen Moderne, geht die Zurückdrängung bis hin zum schließlichen Verlust nicht-instrumenteller Einstellungen, kurz der moderne Erfahrungsschwund einher. Benjamin stützt sich in dieser Hinsicht, was die ›Modernisierung des Bewusstseins‹ anlangt, auf die zeitdiagnostischen Befunde etwa von Ferdinand Tönnies' sowie von Georg Simmels Sozial- und Kulturgeschichte; was die Verlust- oder Defizitanzeige betrifft folgt er lebensphilosophischen Konzepten resp. Umschreibungen Bergsons wie auch Ludwig Klages'; und es ist dieser, nach der Blickrichtung des Erwachens hin dann von Neuem belangvolle Erfahrungshorizont, der wahrscheinlich Benjamins Interesse erregt.[42] – Zu Benjamins ›unterbrechungssignifikanten‹ Paradebeispielen des (facetten)reicheren Wirklichkeitskontakts gehören: die Momente des realen Aufwachens aus dem Schlaf, in denen die auf den Erwachenden einströmenden Umweltreize noch nicht gemäß der Alltagsroutine gefiltert sind; die noch nicht wie beim Erwachsenen konditionierte und nach dem Realitätsprinzip strukturierte Seelen- und Geistestätigkeit bei Kindern; die ungerichtete ›zerstreute‹ Aufmerksamkeit des sich treiben lassenden Flaneurs; die Selbstvergessenheit bei packender Lektüre oder das Versunkensein beim Musikhören (oder selber Musizieren wie überhaupt bei hingebungsvoller künstlerischer Produktion); last but not least der Rausch.

Wie wären diese ›außerordentlichen‹ Zustände mit ihren ›magischen‹ Momenten über die negative Bestimmung als »nicht-instrumentell« (oder »nicht zweckgebunden«) *aufmerksamkeits- oder bewusstseinstheoretisch* korrekt zu bezeichnen? Weil er sich zu stark auf den erfolgskontrollierten, zweckrational *gerichteten* bzw. *konzentrierten* ›Normalzustand‹ als Kontrastfolie fixiert, bleiben Honneths Kennzeichnungen einer ungewollt Defizienz signalisierenden Begriffssprache verhaftet. So spricht er von Zuständen »geringerer Konzentration« oder auch »halbwachen Bewusstseinszuständen«, von »Situationen geringerer Konzentration oder der Halbwachheit«, summa summarum von Bewusstseinszuständen *verminderter Aufmerksamkeit.* – Wir schlagen dagegen vor, von Zuständen *ich-dezentrierter Aufmerksamkeit* zu sprechen (von einer »Lockerung des Ichs« ist in Benjamins Surrealismus-Aufsatz die Rede). Und auch wenn Honneth von »herabgesetztem Wachbewusstsein« spricht, ist dies eine unglücklich gewählte Formulierung, geht doch mit einer ich-dezentrierten Einstellung eine gesteigerte Aufmerksamkeit für niederschwellige Reize einher, gleichsam eine ›Überwachheit‹; wie ansonsten, wäre es anders, auch Benjamins Zentralgedanke vom Erwachen nicht mehr länger plausibel erschiene. Dies vorweggeschickt, stimmen wir Honneths Kurzbeschreibung für jenen Aufmerksamkeits- oder Bewusstseinsprozess zu, der geeignet erscheint, die ›Alltagstrance‹ zu unterbrechen und den Benjamin'schen Kriterien des Erwachens genügen dürfte: »Zugleich mit der zweckgerichteten Aufmerksamkeit schwindet in solchen Augenblicken oder Zuständen auch das begleitende Bewusstsein, von der sinnlichen Umwelt als ein Mittelpunkt bewussten Agierens, also als Handlungssubjekt abgehoben zu sein.« Diese Situationen »bringen es mit sich, dass wir uns nicht mehr einer verfügbaren Welt von Tatsachen entgegengesetzt erleben, sondern tendenziell mit jenem Strom von Sinneseindrücken verschwimmen, der ohne die übliche Kontrolle der Intelligenz auf uns eindringt« (ebenda, S. 8).

Inwieweit allerdings diese idealtypische Schematisierung von der Wirklichkeit gedeckt würde bzw. dem gemäße psychologische Realitäten sich zielstrebig herbeiführen ließen bleibt höchst ungewiss und erscheint mehr noch als für die Zeit Benjamins unter unseren heutigen Gegenwartsbedingungen äußerst zweifelhaft. Zweifelhaft auch die diesen veränderten Bewusstseinszuständen seitens Benjamin zuerkannte Leistung, in eine Sphäre zu versetzen, »in der das wahre surrealistische Gesicht des Daseins zum Durchbruch kommt«, eine auch von Honneth übernommene Bewertung. Wie Adorno arbeitet Benjamin hier mit dem Begriff der Mimesis und stellt »weitläufige Spekulationen« über das mimetische Vermögen an, wie Honneth (ebenda Seite 9) festhält: »Damit ist für die Frühgeschichte zunächst eine Fähigkeit gemeint, die menschliche Wesen in der Angst vor Naturgefahren ausgebildet haben, um sich durch Anähnelung an das bedrohliche Objekt in die Sicherheit der Unsichtbarkeit zu bringen; von ihr aber ist nach Benjamins Überzeugung im Laufe der geschichtlichen Entwicklung nur der subjektivistische Rest geblieben, der uns in die Lage versetzt, zwischen Gegenständen unserer sinnlichen Umwelt spontan Ähnlichkeitsbeziehungen herzustellen. Je geringer nun, so scheint Benjamin zu denken, im alltäglichen Daseinsvollzug die zweckgebundene Aufmerksamkeit ist, desto eher wird diese uns mitgegebene Fähigkeit freigesetzt, sinnliche wie aber auch unsinnliche Korrespondenzen wahrzunehmen.« – Hinter dem Benjamin'schen Interesse an alternativen Bewusstseinseinstellungen, die der Rationalisierungsprozess der Moderne fortlaufend marginalisiert, erkennen wir auch bei ihm die Virulenz des Motivs vom ›anderen Denken‹, verwandt sowohl Adornos Impuls zu einem Denken des »Nichtidentischen« wie auch Heideggers Leitidee vom »besinnlichen Denken«: einem durch sensibilisierte Wahrnehmung und intensivierte Erfahrung veränderten Denken jenseits von Verzweckung und technischer Verwertbarkeitsimperative. Und auch Benjamin verkennt, so geben wir abermals zu Protokoll, dass ein ›anderes Denken‹ ohne das ›andere des Denkens‹, ohne dessen bereinigende Kernerarbeit sozusagen, erst gar keine Perspektive besäße. Ein Einwand, der die ans »Mimetische« der veränderten Bewusstseinszustände anknüpfende Spekulation, wonach ein subtiles kognitives Potenzial der konkreten Gegenstandserkenntnis in ihnen schlummere, sekundär erscheinen lässt; ganz davon abgesehen, dass nach unserem Urteil die Pointe dieser Zustände und ihrer besonderen Aufmerksamkeitseinstellung in der – epistemisch neutralen – Erfahrung sinnerfüllter Gegenwart läge, einer nicht von Sprachlichem und dessen Semantik abhängigen Sinn- oder Lebendigkeitserfahrung, welche ihrerseits erst die Voraussetzung für unverschlissene Sprache und revitalisierte Bedeutungen schaffen würde.

Betrachten wir auf dieser Bewertungsfolie noch Benjamins Äußerungen über den Rausch, wie sie Norbert Bolz (in seinem Beitrag »Illumination der Drogenszene«) zusammengetragen und in ihren weiteren Bedeutungszusammenhang gestellt hat.[43] Benjamin – kein leidenschaftlicher Opiumesser wie De Quincey zwar, doch ähnlich wie Beaudelaire dem Haschischrausch nicht abgeneigt – trifft für seine Zwecke die Unterscheidung zwischen dem für gewöhnlich *narkotischen* Rausch, der sich kulturell und gesellschaftlich systemstabilisierend auswirkt und der als eine die Normalität befördernde ›Ventilsitte‹ von Seiten der Herrschenden noch stets und allerorten zugelassen und regulär vorgesehen gewesen ist, und dem *illuminierenden* Rausch, der nicht länger als »Treibstoff im Dienste der Normalisierung, sondern als Sprengstoff zur Herbeiführung des wirklichen Ausnahmezustands« wirkt, wie Bolz die Benjaminsche Akzentsetzung drastisch in Worte fasst. – Die Unterscheidung zwischen dem gewöhnlichen Rausch und dem Betäubenden und Benebelnden seines Trunkenheitsschwindels einerseits und dem illuminierenden Rausch und dessen der Epiphanie gleichenden heiligen Nüchternheit andererseits lässt das Gemeinsame aller Rauschzustände unangetastet: ihren intermittierenden resp. unterbrechenden oder eben »Ausnahme«charakter (wir könnten auch ›Epoché‹charakter sagen); dass ihre »Traumzeit« (Bolz gebraucht den von H. P. Duerr eingeführten Terminus) den »leeren Zeitablauf« der Alltagsmechanik »arretiert«, den Berauschten ›auf der Spitze der Gegenwart‹ hält; dass jeder Rausch drittens eine Bilderflut erzeugt, ergo ein *Bilderrausch* ist – seine Epoché folglich das Gegenteil derjenigen des Schweigens, welch letztere in die Bilderlosigkeit, in die Leere führt.

»Profane Erleuchtung« bei Benjamin meine, so Bolz (ebenda S. 224) thesenhaft: »Der Rauscherfahrung eine intelligible Struktur wahren.« Gelte »der Traum als unklar«, so der illuminierende Rausch »als ein Zustand, in dem sich Traum und Klarheit decken«. Und weiter: »Vielleicht wäre es zu viel gesagt, die profane Erleuchtung mit Gnosis gleichzusetzen. Aber unzweifelhaft verhält sich die profane Erleuchtung zum narkotischen Rausch, wie das dialektische Bild zum mythischen.« Was heißen soll, dass das dialektische Bild (und mit ihm der profan erleuchtende Rausch) das homogene Zeitkontinuum aufbricht und den Berauschten aus dessen ewiger Gleichförmigkeit herauskatapultiert, während das mythische Bild (und der narkotisierende Rausch) den Wiederholungszwang perpetuiert. – Es fragt sich, wie realistisch dieses benjamin‹sche Kalkül des ›rauschhaften‹ Erwachens gewesen ist; und ebenso, was von seiner Einschätzung des Drogenrauschs als eine »Vorschule« (Bolz) der profanen Erleuchtung aus heutiger Sicht zu halten ist.

Das illuminatorische Propädeutikum des Drogenrauschs gemäß Benjamin begründet Bolz (S. 226) so: »Die Droge bringt Farbe in das Grau in Grau des Denkens, versetzt es in Trance und disponiert für den Augen blick des Neuen: ›die plötzliche Differenz des Kaleidoskops‹«, wie er Deleuze paraphrasiert. »Was Benjamin am Drogenrausch fasziniert, ist die Suspension der Selbsterhaltung. Eine unterhalb der Bewusstseinsschwelle liegende Bildproduktion schickt dem Berauschten Bilder in Präsenz, die dekonzentriert wahrgenommen werden. Wie im Film apperzipiert er die Bilderfolgen ohne [zweckgebunden gerichtete, H.-W. W.] Aufmerksamkeit.« (S. 228). Auf den Gedanken, dass die Rauschintensität vom Narkotikum bis zur heiligen Nüchternheit führt, haben Benjamin die Surrealisten gebracht: »Der Drogenrausch ist für Benjamin Ursprung der surrealistischen Erfahrung und materialistischen Inspiration in dem dialektischen Sinne, dass die höheren Formen der profanen Erleuchtung aus ihm herausspringen.« – Die surrealistische Erleuchtung aber verdankt sich der ›Flutung des Bewusstseins‹ mit Bildern, und es ist eben diese ›Schleusenöffnung‹, die in der Hauptsache auch für Benjamin die Droge als Erleuchtungspropädeutikum prädestiniert:»Die Droge lässt Benjamin nur als Vorschule der profanen Erleuchtung gelten, weil ihre Bildwelt den Berauschten nicht zugleich in einem politischen Handlungsraum funktionieren lässt. Doch als Vorschule immerhin, denn die Droge bringt ›contemplation at its height‹«, wie Bolz (S. 229) diesmal Aldious Huxley's »The Doors of Perception« paraphrasiert. Und weiter: »So übernimmt sie [die Droge, H.-W. W.] in der Subkultur eine der mittelalterlichen Klostermeditation analoge Funktion: sie macht ihre Subjekte ›der Welt und ihrem Treiben abhold‹«, wie er schließlich Benjamin selber zitiert. Ganz offenkundig von der bald einsetzenden Desillusionierung in Anbetracht der kulturindustriell in Regie genommenen Bilderproduktion und –verwertung noch nicht erfasst, überlässt sich Benjamin allzu optimistischen Erwartungen hinsichtlich einer von Daseinsnöten und aller Zweckdienlichkeit befreiten Fantasie. Zu einer Zeit, da die Bilder des Films gerade einmal ›das Laufen gelernt‹ hatten, war für ihn kaum absehbar, dass irgendwann das ›Kino im Kopf‹ von Jedermann so zur Routine der »Erlebnisgesellschaft« werden sollte, wie das Grau in Grau des Maschinenalltags zur Gesellschaft der ersten und zweiten industriellen Revolution.[44]

Was die Vorschule des Drogenrauschs noch von der Illumination der ›großen Ausnahme‹, dem definitiven Bruch mit dem bis dahin kulturell sanktionierten mythischen Wiederholungszwang, trennt, ist, dass seine Traumzeit in der Kontemplation des ›Bildersegens‹ verharrt, statt wie die ›Wachzeit‹ des wahrhaft Erleuchteten unmittelbar in die politische Aktion zu münden bzw. in die Entscheidung zu derselben. Bolz (S. 229) pointiert: »Das Verhältnis von Rausch und Revolution lässt sich in einem einfachen Bild darstellen. ›Fumer l'opium, cest quitter le train en marche« (Cocteau) – der Drogenesser springt aus dem fahrenden Zug der Zeit, der Revolutionär zieht die Notbremse. Doch auch abspringen bedeutet: die Norm verlassen, exzedieren. Und im Exzess eröffnet die Droge einen Raum, in dem alle Phänomene so extrem vorliegen, wie es die Konstruktion der Idee [dieses Umbruchs, H.-W. W.] erfordert.« Insofern mache die Droge, auch wenn sie »den Berauschten der Gefahr einer Remythisierung aussetzt«, als »Ausstieg aus der Normzeit« für Benjamin »überhaupt erst Erfahrungen möglich«.[45] Die wirkliche »politische Antithese« aber zum stets noch kontemplativen Bildraum der Droge sei für ihn, so Bolz (S. 230) weiter, der »Bildraum des Surrealismus« gewesen,

Walter Benjamins »Versuch einer Technik des Erwachens«

den er »hundertprozentig« genannt habe, »weil er von Moralia und Theologumena purgiert ist«. – Erst der surrealistische ›Bilderseher‹ galt Benjamin als jener rauschhaft *Erwachte*, dem sein Bildmaterial sich augenblicklich zur *Idee* der ultimativen Befreiung fügt, welche wiederum ebenso direkt zum politischen Handeln dränge, zum ›Ziehen der Notbremse‹ statt dem wiederholten ›Springen aus dem fahrenden Zug‹ des regelmäßig die Droge Konsumierenden.

Was zuvor schon an Honneths Ausführungen über die ›Magie‹ – im Wesentlichen eine Bildmagie – der veränderten Bewusstseinszustände erkennbar gewesen ist, wird noch deutlicher an dem von Bolz in Sachen Rausch Ausgeführten: Benjamin setzt auf die Mobilisierung, Dynamisierung, Beschleunigung der Bilder als hauptsächlichem Katalysator des Erwachens; er glaubt an die Möglichkeit, die Schockerfahrung der extrem beschleunigten Bilderfolge (paradigmatisch der Film mit seinen »chocks«) ›revolutionär zu wenden‹. Nochmals Bolz (S. 225): »Gefahr rafft die Zeit der Bilderfolgen, die im Gedächtnis bereitliegen; der Schock stellt sie still, ihre Sukzession schlägt in Dezision um. Dieses Augenblicks mächtig zu sein, definiert leibliche Geistesgegenwart. Was für den Einzelnen die Lebensgefahr, ist in der Geschichte die Krise, die das historische Subjekt am extremsten exponiert. – Benjamins Erwachenstechnik zur Brechung des mythischen Wiederholungszwangs – soweit das bisherige Ergebnis unserer gerafften Lektüre einschlägiger Texte entlang dem von Honneth und Bolz an die Hand gegebenen Leitfaden – setzt also auf Imagination und Reflexion als die Katalysatoren der Unterbrechung und der Freisetzung spontanen und situativ angemessenen Handelns. Dergestalt dass, ein letztes Mal Norbert Bolz (ebenda), »das echte Bild des Vergangenen« – wir hatten oben dargelegt, wonach für Benjamin das Vergangene in sich verkapselt immer auch das mythische Bild paradiesischen Glücks mit sich führt – »den Augenblick des Handelns illuminiert«. Wohingegen im Falle des für die Absicht der Unterbrechung von uns präferierten Schweigeexerzitiums, dem statt Imagination und Reflexion das eminente Schweigen zum Katalysator der Illumination wird, es das jetzt erst wieder mögliche *authentische Bild des Gegenwärtigen* wäre, das zu zwanglosem Tun oder Lassen motivierte.

Tigersprung ins Dickicht des Vergangenen oder Variationen über Geistesgegenwart

»Die Mode hat die Witterung für das Aktuelle, wo immer es sich im Dickicht des Einst bewegt.«
»Die beste Tendenz ist falsch, wenn sie die Haltung nicht vormacht, mit der man ihr nachzukommen hat. Und diese Haltung kann der Schriftsteller nur da vormachen, wo er überhaupt etwas macht: nämlich schreibend.«
(Walter Benjamin[46])

Bevor wir zur Konklusion schreiten und unser abschließendes Urteil sprechen über Benjamins »Technik des Erwachens« respektive ihre Tauglichkeit für den Zweck der Unterbrechung im Kleinen wie insbesondere im Großen, will sagen auf der globalen Ebene eines katastrofisch verlaufenden Fortschritts – ehe dies zureichend fundiert geschehen kann, müssen wir zur korrekten Evaluation des zusammengetragenen Materials eine analytische Differenzierung nachtragen. Im Begriff der Unterbrechung, wie wir ihn vorangehend auf das Anschauungsmaterial diverser Typen veränderter Bewusstseinszustände angewendet haben, muss zwischen den alternativen Strategien entweder der Konzentration oder der Dissoziation, der Sammlung oder Zerstreuung, der Vertiefung oder Flüchtigkeit unterschieden werden. Lassen wir nach Maßgabe dieses Unterschieds die Palette von Benjamins Beispielen des Erwachens bzw. der Unterbrechung Revue passieren, so ist ein Überhang der dissoziativen Unterbrechungsstrategie gegenüber der konzentrativen feststellbar. Die dissoziative arbeitet mit zerstreuenden Bildern, mit Assoziationsflucht und schnellen Wechseln, um die mentale Fixierung auf die immer gleiche Bildergeschichte des Gewöhnlichen und Routinemäßigen aufzulösen, um deren Monotonie zu (unter)brechen. Während das Exempel für konzentrative Unterbrechung die auf den Atem gesammelte, bildlose Meditation wäre, also die von uns als Strategie der Wahl befürwortete Epoché des eminenten Schweigens. – Heute leuchtet die Favorisierung der konzentrativen Unterbrechungsstrategie um so mehr ein, als die zu unterbrechende Monotonie oder die zu konterkarierende mythische Zwanghaftigkeit ihrerseits aus Dissoziation, Zerstreuung, Ablenkung, Oberflächlichkeit, permanenter Aufmerksamkeitsflucht besteht. Doch die ersten Anzeichen dafür, dass die Zukunft der Moderne immer mehr *eine Kontinuität aus lauter Diskontinuitäten* sein würde, ihre Monotonie eine der vergleichgültigten dissoziativen Unterbrechung in Permanenz, sind bereits für Benjamin und seine Zeitgenossen sichtbar gewesen. Das Großstadtleben, die Mode, der Film, von deren nervöser Fiebrigkeit und energetisierenden Schocks, sich der Medientheoretiker avant la lettre Walter Benjamin sichtlich fesseln ließ, markieren die Anfänge jenes »rasenden Stillstands«, von dem gegen Ende des Jahrhunderts Paul Vierilio gesprochen hat.

Mit anderen Worten, Benjamin lebte und arbeitete unter Realitätsbedingungen, die seine Vorstellung von dem, was Unterbrechung hieße, zum Tanzen bringen musste: Einerseits ließ das noch merkliche Beharrungsvermögen bzw. die Trägheit überkommener Herrschaftsverhältnisse eine dissoziative Unterbrechungsstrategie plausibel und angebracht erscheinen; andererseits nahmen aber bereits die sich in der soziokulturellen Wirklichkeit selbst etablierenden Formen dissoziativen Unterbrechens derartig an Fahrt auf, dass gleichzeitig ein unwillkürliches Bedürfnis nach An- und Innehalten spürbar wurde, das Gefühl, ab und an die Notbremse ziehen zu müssen – und das eigentlich die Strategie der konzentrierenden Unterbrechung nahelegen würde. Was eine solch widersprüchliche Konstellation an geistiger Irritation, Gefühlsambivalenz und handlungsstrategischen Dilemmata in den Köpfen zeitgenössischer Künstler und Intellektueller ausgelöst hat, kann man sich ausmalen, liest man, was Jürgen Habermas in »Die Moderne – ein unvollendetes Projekt« zur Situationskennzeichnung geschrieben hat: »... die Orientierung nach vorne, die Antizipation einer unbestimmten, kontingenten Zukunft, der Kult des Neuen bedeuten in Wahrheit die Verherrlichung einer Aktualität, die immer von neuem subjektiv gesetzte Vergangenheiten gebiert. Das neue Zeitbewusstsein, das mit Bergson auch in die Philosophie eindringt, bringt nicht nur die Erfahrung einer mobilisierten Gesellschaft, einer akzelerierten Geschichte, eines diskontinuierten Alltages zum Ausdruck. In der Aufwertung des Transitorischen, des Flüchtigen, des Ephemeren, in der Feier des Dynamismus spricht sich eben die Sehnsucht nach einer unbefleckten, innehaltenden Gegenwart aus. Als eine sich selbst negierende Bewegung ist der Modernismus ›Sehnsucht nach der wahren Präsenz‹.« – Und Habermas' kritische und damit auch benjaminkritische Beurteilung mündet in einen Passus, der mit einer der luziden Sentenzen Adornos schließt: »Die anarchistische Absicht, das Kontinuum der Geschichte aufzusprengen, erklärt die subversive Kraft eines ästhetischen Bewusstseins, das sich gegen die Normalisierungsleistungen von Tradition auflehnt, das aus der Erfahrung der Rebellion gegen alles Normative lebt und sowohl das moralisch Gute wie das praktisch Nützliche neutralisiert, die Dialektik von Geheimnis und Skandal fortgesetzt inszeniert, süchtig nach der Faszination jenes Erschreckens, das vom Akt der Profanierung ausgeht – und zugleich auf der Flucht vor deren trivialen Ergebnissen. So sind nach Adorno ›die Male der Zerrüttung das Echtheitssiegel von Moderne; das, wodurch sie die Geschlossenheit des Immergleichen verzweifelt negiert; Explosion ist eine ihrer Invarianten. Antitraditionalistische Energie wird zum verschlingenden Wirbel: Insofern ist Moderne Mythos, gegen sich selbst gewendet; dessen Zeitlosigkeit wird zur Katastrophe des die zeitliche Kontinuität zerbrechenden Augenblicks‹.«[47]

Die so am Ende paradoxerweise durch den maschinentechnisch (kinematografisch usf.) inszenierten Bilderzauber und dessen alles vereinnahmenden und als Müll sofort wieder ausspeienden Abwechslungsfuror hindurch sich remythisierende Moderne noch einmal mittels einer dissoziierenden Strategievolte parieren zu wollen, mochte zu Zeiten Benjamins verführerisch gewesen sein, konnte aber, so ist man vom Standpunkt des inzwischen eines Besseren Belehrten zu sagen versucht, nicht gut gehen. Ein Negativurteil, das die ganz spezielle benjamin‹sche Variante eines derartigen Versuchs – die dissoziativ verursachte Fortschrittskatastrophe per Dissoziation zu beenden – mit einschließt. Denn eben diese Art von paradoxer Intervention ist es gewesen, die Benjamins zentrale theoretische Anstrengung – im Zusammenhang der Fragment gebliebenen Mammutarbeit des Passagenwerks – mit ihrem »Versuch einer Technik des Erwachens« zu leisten probierte. Dass es bei dieser singulären Form von Denkepoché – einer Sprachpraxis mithin – um eine ausgesuchte *Schreibtechnik* geht, haben wir oben bereits festgehalten. Vollständig aber wird die Auskunft über das, was sich Benjamin unter seiner Erwachenstechnik vorgestellt hat, erst, wenn wir hinzusetzen, dass der ›Stoff‹ jener Schreibtechnik geschichtliche Ereignisse und deren historiographische Überlieferung sind. Kurz: eine *umstürzende Methode der Historik*, wie man terminologisch an ihn angelehnt formulieren könnte, hat sich Benjamin unter der Chiffre »Technik des Erwachens« vorgestellt. Im Unterschied zu der eine gleichgültige Masse von ›fakta bruta‹ ansammelnden offiziellen Geschichtswissenschaft – der Historismus und seine Schule als ihr Paradigma – lautet bei Benjamin statt Faktensammlung (um zu zeigen ›wie es wirklich gewesen ist‹) das Schlüsselwort *seiner* Historik »Eingedenken«: eine regelrecht dramatisch inszenierte Weise, sich mit einem nicht beliebigen, sondern ganz bestimmten Vorgang oder Geschehnis der Vergangenheit so ins Benehmen zu setzen, dass daraus für das Hier und Jetzt des Beobachters etwas Praktisch-Relevantes folgt. Im Originalton: »Was hier [mit der projektierten Passagenarbeit, H.-W. W.] im folgenden gegeben wird, ist ein Versuch zur Technik des Erwachens. Ein Versuch, der dialektischen, der kopernikanischen Wendung des Eingedenkens inne zu werden ... Die kopernikanische Wendung in der geschichtlichen Anschauung ist diese: man hielt für den fixen Punkt das ›Gewesene‹ und sah die Gegenwart bemüht, an dieses Feste die Erkenntnis tastend heranzuführen. Nun soll sich dieses Verhältnis umkehren und das Gewesene zum dialektischen Umschlag, zum Einfall des erwachten Bewusstseins werden. Die Politik erhält den Primat über die Geschichte ...«[48] – Das aus dem (historistischen) ›Traumschlaf‹ einer Vergangenheit als bunter Bilderfolge beliebig vermehrbarer Episoden *erwachende* »Eingedenken« soll seinen Niederschlag im »dialektischen Bild« finden als einer Art Schrift gewordener Objektivierung. Womit ausgesagt ist, dass der Benjamin'sche Bildbegriff keine Repräsentations- oder Abbildfunktion für sich reklamiert, vielmehr das (Denk)Bild als eine Schrift konzeptualisiert, die sich letztendlich auf nichts Geschriebenes bezieht. Oder wie Sigrid Weigel dieses Zusammenspiel von »Figuren des Denkens und der sinnlichen Wahrnehmung« bzw. »mit Blick auf Gedächtnis und Geschichte« von »Figuren der Erinnerung mit der gegenwärtigen Wahrnehmung« in Benjamins diffizilem Bilddenken erläutert: »Dort, wo er das Bild nicht als [widerspiegelndes] Drittes [zu den Realitäten des Einst und des Jetzt, H.-W. W.] umschreibt, bezeichnet er es als eine Konstellation: ›Bild ist dasjenige, worin das Gewesene mit dem Jetzt blitzhaft zu einer Konstellation zusammentritt.‹ ([GS]V.1/576). Tritt das Bild erst in der Konstellation in Erscheinung, so eignet ihm ein Moment der Ursprünglichkeit – im Sinne einer Unvorgänglichkeit, einer Übersetzung ohne Original – das am deutlichsten den Unterschied zur Abbildfunktion von Bildern markiert. Am explizitesten kommt dies in Benjamins Beschreibung der *mémoir involontaire* zum Ausdruck: ›es handelt sich (...) in ihr um Bilder, die wir nie sahen, ehe wir uns ihrer erinnerten‹ ([GS]II.3/1064)«[49]

Folgendermaßen also hätte idealiter die unter der Bezeichnung »Technik des Erwachens« von Benjamin inaugurierte revolutionäre Methode der Historik zu funktionieren: Während der durch die Mode und ihre ›Nouveautées‹ schlaftrunken und mechanisch vorgemachte triviale

Rückgriff auf Vergangenes (die Vergangenheit als Kulissenwelt und Maskeradenmagazin) lediglich *phantasmagorisch* das Neue und den Neuanfang vortäuscht und in Wahrheit Mentalität und Handeln unverändert lässt, würde der, wie Benjamin sich auszudrücken pflegte, »Tigersprung in die Vergangenheit«, wie ihn das sich im Denkbild kristallisierende Eingedenken vollzöge, Denken und Tun augenblicklich aus dem gewohnten Geleise werfen, auf einen Schlag das Weltbild *dekonstruieren*, zu dem sich bis dahin stets gleichförmig die Bilder der Welt verdichteten. Mit der die Welt *anders* lesbar machenden ›Bilderschrift‹ des Denkbilds würde auf der Stelle dem Wiederholungszwang Einhalt geboten und die Zukunft wäre zum ersten Mal offen für den rettenden wie auch den wahrhaft schöpferischen Eingriff. – Benjamins Rechnung wäre auch dann nicht aufgegangen, hätte sich eine erkleckliche Zahl von ›Anwendern‹ seiner Technik des Erwachens unter der damaligen intellektuellen Avantgarde gefunden: Die Aufmerksamkeitsschulung der Massen, die er der Reizüberflutungserfahrung des Großstadtgetriebes, der Mode und vor allem des Bildmediums Film beimaß, sollte keineswegs einem Erwachen nach seinem Gusto den Boden bereiten; das Resultat ist vielmehr eine *geistlose* Geistesgegenwart des Bilderkonsums gewesen, mit deren Resonanz die geistig alles andere als voraussetzungslose Geistesgegenwart Benjamin'scher Denkbilder niemals hätte rechnen können.[50]

Was wäre nach alledem der Stand in der Gretchenfrage einer Annäherung an das ›Andere des Denkens‹, der Frage, wie nahe Benjamins Suchbewegung nach einer umwälzenden Bewusstseinstechnik unserem Motiv des Schweigens kommt? Mehr noch als mit der Rede vom Erwachen begibt sich Benjamin mit seiner expliziten Fokussierung auf *Geistesgegenwart* – der »Tigersprung« ist die einprägsame Metapher dafür – in den engeren Bezirk meditativer Aufmerksamkeitspraktiken. Warum gelingt ihm – seine den beschleunigten Bildern der industriellen Medientechnik geschuldete Faszination jetzt beiseite gelassen – dennoch nicht der Durchbruch von einer Epoche des Denkens zu derjenigen des Schweigens? Am nächsten ist er ihr gelangt, wo er notierte: »Zum Denken gehört ebenso die Bewegung wie das Stillstehen der Gedanken. Wo das Denken in einer von Spannungen gesättigten Konstellation zum Stillstand kommt, da erscheint das dialektische Bild. Es ist die Zäsur in der Denkbewegung.« Eine Zäsur freilich, die vom Denkbild – einer Schrift notabene – ausgefüllt wird, also wiederum einem Gedanklichen.[51]
– Carolin Duttlinger hat, über »Walter Benjamin und die Kontemplation« forschend, einiges an Material zusammengestellt, das die ›denk-

biographische‹ Schranke bei Benjamin – dass er sogar »das Stillstehen der Gedanken« als gedanklichen resp. schriftsprachlichen Akt konzipiert – etwas näher beleuchtet.[52] In seinem frühen, 1920 geschriebenen Aufsatz »Über das Grauen« warnt Benjamin vor einer Fehlform des Kontemplativen, die er »profane Kontemplation« nennt und die den Lebensvollzug auf nicht hilfreiche, weil abstumpfende und lähmende Art und Weise unterbricht: eine Unterbrechung *ohne* Geistesgegenwart, die Versunkenheit in einem Tiefsinn, der die Grauen erregende Absurdität der Welt nur bekräftigt, mit Benjamins Worten »die Trostlosigkeit der irdischen Verfassung« perpetuiert; eine Paralyse, aus der heraus kein eingreifend verändernder Schritt erfolgt, eine Unterbrechung, aus der nicht der plötzlich zupackende Tigersprung hervorschnellt. Kontrastiert wird diese, im späteren Buch über das barocke Trauerspiel als melancholische Versenkung beschriebene Kontemplation mit der religiösen des Gebets: »Die einzige Art von Geistesgegenwart, welche Bestand hat und nicht [durch umherschweifende Aufmerksamkeit oder Abdriften in Tiefsinn, H.-W. W.] untergraben zu werden vermag, ist die der heiligen Versunkenheit, etwa der des Gebetes.« Eine gerade nicht auf Kosten weltzugewandter Geistesgegenwart gehende Stabilität der Betrachtung, die allein durch ihren sprachlichen Anker gewährleistet werde, den Dialogcharakter des Gebets. – In seiner »Erkenntniskritischen Vorrede« zum »Ursprung des deutschen Trauerspiels« macht nun Benjamin dieses Strukturmerkmal religiöser Kontemplation zum Vorbild mustergültiger philosophischer Reflexion: nämlich nach dem »dialektischen Modell«, so Duttlinger, »einer in sich ruhenden, aber gleichzeitig nach außen durchlässigen Versenkung«. Eine Versenkung in Lektüre, Textarbeit, Studium, allem voran auf dem Gebiet der Historie. »Ausdauernd hebt das Denken stets von neuem an, umständlich geht es auf die Sache selbst zurück. Dies unablässige Atemholen ist die eigenste Daseinsform der Kontemplation. Denn indem sie den unterschiedlichen Sinnstufen bei der Betrachtung eines und desselben Gegenstandes folgt, empfängt sie den antrieb ihres stets erneuten Einsetzens ebenso wie die Rechtfertigung ihrer intermittierenden Rhythmik.« Zu diesem Auszug aus Benjamins »Vorrede« hält Duttlinger fest: »Der Traktat erscheint hier als die der religiösen Kontemplation entsprechende Textgattung; Benjamin beschreibt diese Kontemplation als diskontinuierliche, dabei aber rhythmische Form der Betrachtung, die sich stufenweise und wiederholt anstatt kontinuierlich und zielgerichtet in ihren Gegenstand vertieft. Durch das Bild des Atmens gewinnt diese Versenkung eine körperliche Dimension.« Und weiter: »Liegt … der philosophischen Betrachtung eine immer wieder von Neuem ansetzende Kontemplation der Details zugrunde, so vermittelt erst die schriftliche Darstellung diesen Denkprozess an den Leser. Zwar liegt der Kontemplation der Rhythmus des Atmens zugrunde, aber das diesem Rhythmus gemäße Kommunikationsmedium ist nicht die gesprochene Rede, sondern die Schrift, denn nur diese hat die Eigenschaft, ›mit jedem Satze von neuem einzuhalten und anzuheben‹.«[53]

Liest man die Anweisungen fürs Procedere der philosophischen Betrachtung aus der »Erkenntniskritischen Vorrede« so, als handelte es sich zugleich um eine Anleitung zur »Technik des Erwachens«, dann dürfte man damit richtig liegen.[54] Das den Vergleich der »Atempause« (in der Schweige-Epoché der reale, physiologische Anker der Aufmerksamkeit!) für seinen sich rhythmisch unterbrechenden Gang bemühende Vorgehen »der insistierenden, ab- und von neuem wieder ansetzenden Beschäftigung mit demselben Gegenstand in der philosophischen Kontemplation« (Duttlinger) dürfte sich mit dem gedanklich immer wieder innehaltenden Vorgehen decken bei der wiederholten Zuwendung zu diesem oder jenem Detail des Vergangenen, wie es die auf eingedenkendes Erwachen eingeschworene »Methode der Historik« vorsieht. Durch methodisches Sich-unterbrechen beim Denken Distanz herstellen zum eben Gedachten, Desidentifikation (buddhistisch gesprochen ›nicht anhaften‹) statt Identifikation; wiederholte Denkbemühung um ein und dieselbe Sache anstelle kontinuierlicher Systematisierung und möglichst konsistenter Darstellung. Kurzum, so Benjamin, Ermunterung zu einer »fruchtbaren Skepsis«, wiederum »dem tiefen Atemholen des Gedankens zu vergleichen, nachdem er ans Geringste sich mit Muße und ohne die Spur einer Beklemmung zu verlieren vermag« – auf dass, wie man hinzufügen könnte, einmal jener keirologische Geistesblitz zünde, welcher augenblicklich zum »Tigersprung« ansetzen lässt.[55] – Dass es indessen, um sich ans *gedanklich Geringste* frei und mit Muße verlieren zu können, zunehmend erforderlich werden könnte, sich methodisch in intermittierenden Abständen dem *noch geringeren des eminenten Schweigens* zu überlassen, diese ›gestisch‹ schon zum Greifen nahe liegende ›Rückung‹ sollte sich im Geist des *Denkers* und des von jüdischer Schriftgelehrsamkeit beeinflussten *homme de lettre* Benjamin nicht einstellen.

Der als öffentlicher – heute würde man sagen ›medialer‹ – ›Einspieler‹ von Denkbildern fungierende Intellektuelle war das professionelle Ideal, dem sich Benjamins literarisch-essayistische Arbeitsweise verpflichtet fühlte. In seinem Aufsatz »Der Autor als Produzent« schrieb er: »Die beste Tendenz ist falsch, wenn sie die Haltung nicht vormacht, in der man ihr nachzukommen hat. Und diese Haltung kann der Schriftsteller nur da vormachen, wo er überhaupt etwas macht: nämlich schreibend.«⁵⁶ Und was Benjamin von der Mode behauptete, ist übertragbar auf den schreibenden Historiker, der gemäß Benjamin an prominenter Stelle als einer jener ›vormachenden Intellektuellen‹ anzusehen wäre: Die Mode bzw. der Historiker »hat die Witterung für das Aktuelle, wo immer es sich im Dickicht des Einst bewegt« – anders gesagt: der Tiger springt, sobald die Witterung das entsprechende Signal auslöst. – Der anders als der im Grunde verschlafene Universalgelehrte, anders als dieser träge ›Wissensbeamte‹, ohne Ballast hellwach und agil auf den schwankenden Planken der Gegenwart balancierende benjaminsche Intellektuelle, allzeit sprungbereit, um im rechten Moment und am richtigen Punkt mit *seinen* Mitteln zu intervenieren, erfüllt die Kriterien eines *positiven Barbarentums*. Benjamin: »Barbarentum? In der Tat. Wir sagen es, um einen neuen, positiven Begriff des Barbarentums einzuführen. Denn wohin bringt die Armut an Erfahrung den Barbaren? Sie bringt ihn dahin, von vorn zu beginnen; von Neuem anzufangen; mit Wenigem auszukommen; aus Wenigem heraus zu konstruieren und dabei weder rechts noch links zu blicken. Unter den großen Schöpfern hat es immer die Unerbittlichen gegeben, die erst einmal reinen Tisch machten.«⁵⁷

Das Anfängliche, das Wenige, die Konzentration auf Wesentliches – verblüffend die Übereinstimmung mit Heideggerschen Intensionen bis in die Wortwahl – ist jedoch nicht nur und nicht einmal primär auf das Formale dieser ›entschlackten‹ Denkepoché gemünzt; vielmehr auf ihren Inhalt, das Denkbild, ein Sprachlich-semantisches sui generis, ein ›erlesenes Skript‹, welches das Handeln so instruiert, dass es zur radikal unterbrechenden, zur Zäsur setzenden revolutionären Tat wird, welche Katastrophe in Heil, Unglück in Glück, ein Leben unter der Höllenprein des Fortschritts in eines gleichsam paradiesischer Zustände umwandelt. Das Semantische, dem Benjamin dieses Ungeheure an aufschließender Kraft und Praxisinspiration zutraut, soll in Form utopischer Einschlüsse im mythischen Erbe der Menschheit enthalten sein, auch als messianische Einsprengsel in ihren Kulturgütern (Kunstwerken usw.), die unter der desolaten Fortschrittsnormalität lediglich wie Trophäen von den Siegern mitgeschleppt würden. Und die ›heilsgeschichtliche‹ Wende der Unheilsgeschichte ereigne sich, sobald die avantgardistischen ›Vormacher‹ vom Typ des intellektuellen Barbaren diese mit Jetztzeit geladenen semantischen Goldadern im Gebirge der Tradition – mit dem ›Edelmetall‹ als solchem müssen sie vertraut sein, sodass sie intuitiv anscheinend nur noch die Stelle zu wählen haben, an der zu graben sei – geistesgegenwärtig ›zur Explosion‹ bringen; dies die Initialzündung zum revolutionären Flächenbrand des danach massenhaften Erwachens.[58] – Mit Recht hat Jürgen Habermas dieses auf Geschichte und Politik bezogene Praxisverständnis Benjamins »zutiefst antievolutionistisch« genannt. Nicht nur wird, indem ein in sich nicht weiter differenzierter Fortschritt pauschal der Katastrophe zugeschlagen wird, geschichtliche Entwicklung geleugnet; auch die unterbrechende Intervention reift nicht heran, ist kein Produkt einer Entwicklung, nicht an evolutionär günstige Umstände geknüpft, sie soll allein Ausfluss der allzeit möglichen Geistesgegenwart sein. Und als gleichermaßen unvermittelt wird die politische Wirksamkeit der initialen geistesgegenwärtigen Aktion unterstellt. Jedoch: »Eine Kritik, die zum Sprung in vergangene Jetztzeiten ansetzt, um semantische Potentiale zu retten«, so Habermas, »hat eine höchst vermittelte Stellung zur politischen Praxis. Darüber hat Benjamin hinreichend Klarheit sich nicht verschafft.«[59] Geistesgegenwart allzu kontextfrei und als mit einer unrealistischen politischen Wirkmächtigkeit ausgestattet gedacht – diese zutreffende Benjamin-Kritik seitens Habermas verlangt allerdings die Ergänzung: dass andererseits Benjamin Geistesgegenwart auch wieder nicht radikal genug gedacht hat, um es mit dem Dämon der Moderne aufnehmen zu können.

Benjamins Wort von der »schwachen messianischen Kraft« im Lichte eines *Noch Geringeren* besehen und reaktualisiert

Was meinen wir, wenn wir vom ›Dämon‹ der Moderne sprechen, mit dem es die unter ihren Vorzeichen Lebenden aufzunehmen hätten? Natürlich den alle und alles in sich hineinreißenden Strudel oder Wirbel der Modernisierung, den im wahrsten Sinne des Wortes rücksichtslosen, ebenso sehr ökonomisch wie technologisch begründeten Sachzwang zum Neuen, zur Innovation, zum Fortschritt eben, der nicht selten einem Tornado gleich Schneisen der Verwüstung zurücklässt. Entsprechend wäre, wie Adorno von Benjamin sagt, die »Darstellung der Moderne als des Neuen, des schon Vergangenen und des Immergleichen in Einem ... das zentrale philosophische Thema und das zentrale dialektische Bild [in dessen unvollendet gebliebenem Passagenwerk, H.-W. W.] geworden«[60]. Der kapitalistischen Moderne, »eine Naturerscheinung« nach Benjamins Diktion, wäre »ein neuer Traumschlaf« über die Welt gekommen und »in ihm eine Reaktivierung der mythischen Kräfte«, so abermals Benjamin. Und wenn er bei seinen Charakterisierungen mit drastischen Worten nicht spart, so tut man sich in Anbetracht der nach wie vor ungebrochenen, ja sich um ein Vielfaches beschleunigenden Modernisierungsdynamik dennoch schwer, ihn der Übertreibung zu zeihen: »Das Moderne, die Zeit der Hölle. Die Höllenstrafen sind jeweils das Neueste, was es auf diesem Gebiete gibt. Es handelt sich nicht darum, dass ›immer wieder dasselbe‹ geschieht ... sondern darum, dass das Gesicht der Welt, das übergroße Haupt, gerade in dem, was das Neueste ist sich nie verändert, dass dies ›Neueste‹ in allen Stücken immer das nämliche bleibt. Das konstituiert die Ewigkeit der Hölle und die Neuerungslust des Sadisten. Die Totalität der Züge zu bestimmen, in denen dies ›Moderne‹ sich ausprägt, heißt die Hölle darstellen.«[61] – Mit diesem Dämon, diesem Quälgeist und seiner Drangsal, glaubt Benjamin es mit Hilfe der Wachheit oder Geistesgegenwart des Denkbilds aufnehmen zu können, des »im Jetzt der Erkennbarkeit aufblitzenden Bilds« eines Gewesenen, das im Unterschied zu historischen Haupt- und Staatsaktionen ein Geringes, meist nicht mehr als etwas bloß Flüchtiges vorstellt. In dieser Geringfügigkeit eines Eingedenkens, der Unscheinbarkeit eines Sprachlichen und seiner schriftlichen Fixierung, erweist sich der zum dialektischen Tigersprung bereite Intellektuelle laut Benjamin (so die Fünfzehnte der »Thesen über den Begriff der Geschichte«) »Manns genug, das Kontinuum der Geschichte aufzusprengen« und damit vor aller Augen das negativ Mythische samt dessen Schrecken zu destruieren. Er (also der eingedenkende Intellektuelle) entsinnt sich dabei (so die Zweite der Thesen) jener »*schwache[n]* messianische[n] Kraft«, wie sie »jedem Geschlecht« mitgegeben ist und »an welche die Vergangenheit Anspruch hat«.

Um das Epitheton ›messianisch‹ hier richtig zu verstehen, genügt es fürs Erste, das Stammwort ›Messias‹ mit ›Erlöser‹ (und im Hinblick auf das Stückhafte des Menschlichen darüber hinaus mit ›Vollender‹) zu übersetzen. Die »messianische Kraft« wäre mithin als eine erlösende (und vollendende) zu denken – mit Wirkrichtung auf die Tragödien menschlichen und gesellschaftlichen Unglücks (unter Benjamins Akzentuierung insbesondere auf vergangenes, historisch zurückliegendes Leiden). Das in der Alltagssprache *und* in der Philosophie (der antiken vor allem) übliche Wort für den im benjaminschen Sinne von der Fortschrittshölle erlösten Zustand heißt ›Glück‹: nach Glück strebe die geschichtliche Menschheit (befeuert von der Energie des Begehrens danach im Einzelmenschen), so wie Glück auch die Zusage des Messianischen an die erlösungsbedürftige Gattung sei. – Erstmals ausgedrückt findet sich dies in einem frühen, Anfang der 20er Jahre geschriebenen Benjamin-Text, dem »Theologisch-politischen Fragment«, von Benjamin-Forschern für die »Urzelle« seines gesamten Werks befunden und grundlegend für seine Messianismusauffassung sowie die Verhältnisbestimmung von Politik und Theologie.[62] Ein Blick in diesen Texttorso zeigt, dass Benjamin eine messianische Politik (mit einer veritablen ›politischen Theologie‹ im Hintergrund) ablehnt und darum Differenzierungen im Messianismusbegriff und seinem Gebrauch vornimmt.[63] Es kündigt sich bereits die für das Spätwerk relevante Unterscheidung zwischen dem theologisch Messianischen des »Gottesreichs« und einem profan Messianischen im Diesseits an, welch letzterem die »*schwache* messianische Kraft« zugehört, wie sie in bestimmten geschichtlichen Zeit- und Handlungsmomenten wirksam sein soll. – Dem zweiten Absatz des Fragments zufolge sei von der Beziehung des Profanen »auf das Messianische ... eine mystische Geschichtsauffassung bedingt« (deren Gegenbegriff die apokalyptische der politischen Theologien wäre). Womit die spannende Frage auftaucht, wie man sich dieses mystische Geschichtsverständnis und sein Messianisches näher vorzustellen hätte. Auf jene Weise, wie es die später konzipierte »Technik des Erwachens« bzw. das »Eingedenken« der Denkbilder vorführt, wäre sicher die nächstliegende Antwort. Nun folgen aber im frühen Textbruchstück jene kryptischen Worte, die zwar nicht die Schwächen des späten Konzepts, der »dialektischen Methode der Historik«, wettmachen, sich uns dafür jedoch als Vorlage anbieten, an Benjamins Versuch diejenige Korrektur anzubringen, die von der Warte unseres eigenen Vorschlags für eine adäquate Praxis der Unterbrechung nötig erscheint. Auslegungsbedürftig und in unserem Sinne – d. h. dem auf das ›Andere des Denkens‹ abhebenden Paradigma – auslegungsfähig sind im Besonderen die Worte vom *glücklichen Untergang* und seiner »weltlichen restitutio in integrum«; diese sei im Unterschied zur »geistlichen restitutio in integrum, welche in die Unsterblichkeit einführt« keine einmalige, vielmehr die ein ums andere Mal zu wiederholende eines »ewig Vergehenden«, sodass Benjamin kurz von der »Ewigkeit eines Untergangs« spricht. Und besonders dunkel schließlich, dass dieser »Rhythmus« des »in seiner räumlichen, aber auch zeitlichen Totalität vergehenden weltlichen« nichts anderes als »Glück« sein soll – der weltliche Untergangsrhythmus eben der »Rhythmus der messianischen Natur« sei, denn »messianisch ist die Natur aus ihrer ewigen und totalen Vergängnis«. Der Gipfel indes die Zumutung, diese Vergängnis »zu erstreben«, d. h. in ihr eine *praktische Aufgabe* zu erblicken (die Benjamin wiederum politisch versteht, als »die Aufgabe der Weltpolitik«).[64]

Wir müssen demnach fragen, was das für ein »Kommen des messianischen Reiches« sein könnte, das die »mystische Geschichtsauffassung« anvisiert, ja mehr noch *praktiziert?* Per Definitionem kein (in apokalyptischer Perspektive) ultimativer Anbruch des Reichs Gottes. Was also für ein »Kommen« soll das bei Benjamin sein, wenn es im Fragment heißt: »Das Profane ... ist zwar keine Kategorie des Reichs, aber eine ... seines leisesten Nahens«? Wieder könnte man sich unter dieser Umschreibung die den katastrofischen Fortschritt beendende revolutionäre ›Glückspolitik‹ des eingedenkenden Erwachens vorstellen. Um dieser Schablone gemäß »die Beziehung zwischen der ›profane[n] Ordnung des Profanen‹ und dem ›messianische[n] Reich‹ denken zu können, müssen die beiden Ordnungen von ihrer Zeitlichkeit her verstanden werden. Dem ›Kommen des messianischen Reiches‹ korrespondiert der ›Untergang‹ der ›profanen Ordnung des Profanen‹. Dieses Verhältnis ist aber nicht als zeitliche Abfolge zu denken, sondern als Gleichzeitigkeit. Anders als die apokalyptische Zeitauffassung, die zwischen diesem Äon und dem kommenden Äon, zwischen Geschichte (als Mangel) und Erlösung (als Fülle), streng scheidet und einen radikalen Bruch zwischen beiden annimmt,

214

widerspricht die ›mystische Geschichtsauffassung‹ einem mechanischen Zeitverständnis des Nacheinanders verschiedener isolierter Abschnitte auf einer Zeitachse.«[65] Will sagen in einem diskontinuierlich-keirologischen Zeitsinne müsste das Messianische gedeutet werden, wie es in der Rede von der »messianischen Stillstellung des Geschehens« vermöge der »schwachen messianischen Kraft« des Eingedenkens und seiner ›politischen Umsetzung‹ gemeint ist. Eine Lesart, die unter der »Ewigkeit eines Untergangs« den historisch zeitlichen Modus einer vom Fortschrittsvirus befreiten Geschichte verstünde: permanenter Aufschub des finalen Welt-Endes im Reich Gottes. – In seiner Präferenz für den mystischen Messianismus statt eines apokalyptischen ging Benjamin mit seinem Freund Gershom Scholem und dessen Akzentsetzungen innerhalb der jüdischen Glaubensexegese konform. Nur dass dieser an der »messianischen Zeit« noch stärker ihre Qualität als »ewige Gegenwart« hervorgehoben und am mystischen Nunc stans seine Kraft der Verwandlung betont hat. Die im Zeichen solcher Verwandlung stehende »messianische Zeit« garantiert ja im mystisch-theologischen Verständnis die Gegenwärtigkeit des Kommens der »kommenden Welt«, i. e. des Messias.[66] Benjamins »Stillstellung der Gedanken« innerhalb des vom Geschichtskontinuum »abgesprengten« monadologischen Denkbild lässt sich ohne Schwierigkeit als eine profane Version eben dieses religiösen Verwandlungsmotivs deuten.

Habermas fasst seine Kritik dieser an dieser benjaminschen Verbindung von Mystik und Geschichte, Geistesgegenwart und Historie, so zusammen: »Meine These ist, dass Benjamin seine Intention, Aufklärung und Mystik zu vereinigen, nicht eingelöst hat, weil der Theologe in ihm sich nicht dazu verstehen konnte, die messianische Theorie der Erfahrung für den Historischen Materialismus dienstbar zu machen.« Trotz bester Säkularisierungsabsicht sei Benjamin zu sehr Theologe geblieben, der profan aufklärerische Impetus nicht konsequent genug durchgeführt. »Dem Historischen Materialismus, der mit Fortschritten in der Dimension nicht nur der Produktivkräfte, sondern auch der Herrschaft rechnet, kann eine antievolutionistische Geschichtskonzeption nicht wie eine Mönchskapuze übergestülpt werden.« Benjamins eindimensionaler (auf die Produktivkraftentwicklung als Destruktionsmechanismus fixierter) Fortschrittsbegriff differenziere nicht, wie es erforderlich wäre, nach den keineswegs synchronen Entwicklungsdimensionen »Wohlstand, Freiheit und Glück«, weshalb ihm der historische Sinn für die profanen Fortschritte verkümmere. Nur sofern er dies getan hätte – die materiell-ökonomische, die politisch-rechtliche und die ethisch-existenzielle Di-

Benjamins Wort von der »schwachen messianischen Kraft«

mension als separate, ungleichzeitige Fortschrittsgrößen zu prüfen –, hätte er, so darf man Habermas' These extrapolieren, »die messianische Theorie der Erfahrung für den historischen Materialismus dienstbar« machen können.[67] – Habermas' Kritik ist dahingehend zuzustimmen, dass Benjamins mystisch messianische Praxis der Unterbrechung qua Tigersprung ins Vergangene einzig und allein die von einem »semantischen Potential« (Habermas) transportierte ›Glücksvision‹ zu retten imstande wäre; und damit rein gar nichts auszusagen vermöchte über die zur gesellschaftlichen Verwirklichung nötigen Strategien, d. h. die politischen Handlungsschritte. Eine Ignoranz für die Notwendigkeit »zweckrationalen Handelns« im Bereich des Politischen, die bei Benjamin bis zuletzt dem frühen anarchistisch-nihilistischen Credo geschuldet sein dürfte (endet doch das Theologisch-politische Fragment mit den Worten, dass die Methode der Weltpolitik »Nihilismus zu heißen hat«).

Soweit Benjamins den Hebel der konzentrativen Unterbrechungsstrategie nicht an der breiten Front des gegenwärtig Geschehenden, sondern am Unauffälligen, am *Geringen* längst vergangener und übergangener Einsprüche und Zeugnisse des Widerstands gegen die Walze der Fortschrittsmechanik ansetzende Praxisvision und ihre Mobilisierung der den Lebenden jeweils zu Gebote stehenden »*schwachen* messianischen Kraft«. Und soweit auch Habermas' berechtigte Kritik an der politischen Unvermitteltheit dieses mystisch messianischen Interventionsmodells, an der Nicht-Verallgemeinerbarkeit – der Nicht-Kommunizierbarkeit, wie es der heutige Chargon wohl ausdrücken würde – dieser intellektuellen Avantgardestrategie. – Wie stünde es mit dem Versuch, Benjamins Wort von der »schwachen messianischen Kraft« nunmehr im Kontext der von uns vorgeschlagenen Übungspraxis des Schweigens aufzugreifen und im Lichte von deren *Noch Geringerem* zu reaktualisieren? Ein Versuch, davon sind wir überzeugt, in dessen strategischer Anlage das ›Andere des Denkens‹ und das Denken in ein komplementäres Verhältnis zueinander träten, die Epoché des Schweigens und die des Denkens sich zur belebenden Sequenz im »Leben des Geistes« verbänden, »Mystik und Aufklärung« in Übereinstimmung wären (was Habermas bei Benjamin vermisst hat).

Einen das geschichtliche Unglückskontinuum abrupt aussetzenden ›glücklichen Untergang‹ mit seiner ›weltlichen Wiederherstellung‹ (»restitutio in integrum«) – die *transitorische* Wiederherstellung unversehrter, integraler Lebendigkeit – soll (in der Sprache seines »Theologisch-politischen Fragments«) bei Benjamin das an einem historisch geringen sich entzündende Eingedenken seiner Denkepoché bewirken. Das Wort

Benjamins Wort von der »schwachen messianischen Kraft«

von der weltlichen Wiederherstellung, einer Wiederherstellung ›mit Verfallsdatum‹, und das mit dieser einhergehende Glücksgefühl ließen sich ›viel realitätsnäher‹ auf die ein *Noch Geringeres*, nämlich Nicht-Denken oder das ›Andere des Denkens‹ praktizierende Schweigeepoché anwenden.[68] Und worauf würde die Sprachfigur von der »Ewigkeit eines Untergangs« besser passen als auf die in steter Wiederholung zu übende ›Weltpause‹, dieser schweigepraktische ›Weltuntergang‹ in ›endloser‹, lebenslanger Folge. Die Regelmäßigkeit der Aufeinanderfolge einer Exerzitienpraxis, auf welche auch das Benjamin‹sche Wort vom »Rhythmus der messianischen Natur« zu beziehen Praktizierende des eminenten Schweigens gar kein Problem hätten. Ist es doch die beglückende Erfahrung erfüllter Gegenwart, die sich mit dem Übungsrhythmus der Schweigepraxis verbindet – die Erfahrung zwar nicht unbedingt des von den Gläubigen und der Theologie gemeinten »Reiches« – des Himmelreichs in den sakralen Schriften –, »aber eine seines leisesten Nahens« innerhalb des Profanen, wie es in Benjamins Fragment heißt. – Als ein durchaus mystisch messianisches Exerzitium beansprucht die Schweigepraxis, anders als Benjamins »Technik des Erwachens«, nicht zugleich eine Praxis des Politischen zu sein. Die ebenfalls »schwache messianische Kraft« dieses Übens macht sich stattdessen bemerkbar in einer allmählichen existenziellen Verwandlung der Übenden, die dergestalt vermittelt die subjektiven Voraussetzungen auch für gesellschaftliches und politisches Handeln veränderte. Dies heißt: dem aus der Semantik der Bilderflut und der Unausgesetztheit des Sprachlichen heraus unversehens zuschlagenden »Gott des Gemetzels« werden Energien entzogen; Schweigepraktisch übend ereignet sich, mit Ernst Tugendhat zu sprechen, ein »Zurücktreten von sich« – Mitgefühl, »Empathie«, wird, über das zivilisatorisches Minimum hinaus, möglich. Als ›Weltpause‹ ist die Schweigeübung *de facto* eine Praxis der Entschleunigung, das methodische, systematische Abrücken von vermeintlichen Handlungs-, Innovations-, Fortschrittsimperativen – und in Gestalt dieser Askese hat sie es je schon mit dem ›Dämon der Moderne‹ aufgenommen, ohne Modernisierung per se zu dämonisieren.

* * *

Wir haben auf dem nun hinter uns liegenden Weg eine *philosophische* Annäherung an das ›Andere des Denkens‹, ans Schweigen als einer praktischen Kunst des Geringfügigen, unternommen. Damit entschieden wir uns unter anderem gegen die *religiöse* Annäherung, wie sie auch möglich gewesen wäre (wie schon in der Einleitung angemerkt). Deutlich geworden sein sollte insbesondere nach der Kapitelfolge zu Walter Benjamin, mit der wir dieses Buch mit seiner ›symptomatischen Lektüre‹ klassischer Texte der Philosophie des 20. Jahrhunderts, die im Nachhinein besehen samt und sonders so etwas wie eine Philosophie des Geringfügigen in statu nascendi darstellen, abschließen wollen, dass die Entscheidung gegen die religiöse Annäherung nicht der Willkür entsprungen ist, für uns vielmehr ein fundamentum in re, einen guten Grund in der Sache selber hat. Wie Adorno und mehr noch Benjamin beim Versuch ihres sich jeweils am Geringfügigen oder Mikrologischen entzündenden ›anderen Denkens‹ einerseits auf überlieferte »theologische Gehalte«[69] rekurrieren und andererseits auf der ausschließlich säkularen oder profanen Deutung bzw. ›Verwendung‹ solcher Gehalte bestehen, so erachten wir es auf ähnliche Weise als unabdingbar, die von uns zur Debatte gestellte praktische Kunst des Geringfügigen, in der das ›Andere des Denkens‹ zum Tragen käme, *nicht* als eine religiöse Praktik aufzufassen und sie *nicht* in theologischen Begriffen zu beschreiben (jedenfalls solange diese nicht explizit säkularisiert, ›profanisiert‹ sind), obgleich und wie vielfältig unser Modell der Schweigepraxis ›Vorgänger‹ in Gestalten des religiösen Exerzitiums aufweisen mag. – Mit anderen Worten: Unsere Abstinenz vom wortwörtlich Religiösen und unser Verzicht auf theologische Terminologie bei der Deskription der schweigepraktischen Übung auf den zurückliegenden Seiten geschahen nicht nur, aber auch im Geist der Adorno'schen Rede von einer »Säkularisierung der Theologie um ihrer Rettung willlen«.[70] Von der das festgefahrene Denken und ein stupide konditioniertes Handeln regelmäßig unterbrechenden Übung der Schweigeepoché, der erhebenden Erfahrung ihres sinnerfüllten Gegenwärtigseins, darf mutatis mutandis behauptet werden, was Adorno von Benjamins profaner Erleuchtungstechnik der Denkbilder gesagt hat: »Alle Macht des Denkens versammelte sich in Benjamin, um solche Augenblicke zu bereiten, und an sie allein ist übergegangen, was einmal die Lehren der Theologie verhießen« – *alle Kraft des Schweigens versammelt sich in der Geistesgegenwart seiner Übungsepoché als der Grundlage jeder Erneuerung von Geist und Leben und erfüllt damit jenen Zweck, dem auch das religiöse Exerzitium dienen sollte.* Und wenn wir uns an Benjamins Bemerkung erinnern, dass nach der Zukunftsvorstellung der Juden »jede Sekunde die kleine Pforte [war], durch die der Messias treten kann«, so dürfen wir es wagen, am Ende unserer langen Reihe von Argumenten für das ›Andere des Denkens‹ und die Schweigepraxis, auch diese Worte dahingehend abzuwandeln, dass es nunmehr heißt: *ihre*

Benjamins Wort von der »schwachen messianischen Kraft«

an Nichts haftende Geistesgegenwart ist den eminent Schweigenden die kleine Pforte, durch die der Messias treten kann – profan gesprochen und prosaischer *die befreiende Unterbrechung, das beglückende Innehalten, die welterneuernde Weltpause.*[71]
Das letzte Wort jedoch soll Benjamin gehören und zwar mit einem Wort – einem Textstück –, dem es just um die soeben markierte Umakzentuierung zu tun ist, die Wendung der Aufmerksamkeit weg von der *Vorstellung* des Zukünftigen hin zum *leibhaftig als Gegenwart Ankommenden.* »Wer weise Frauen nach der Zukunft fragt, gibt, ohne es zu wissen, eine innere Kunde vom Kommenden preis, die tausendmal präziser ist als alles, was er dort zu hören bekommt.« So beginnt das Stück »Madame Ariane – zweiter Hof links« aus der »Einbahnstraße« und fährt fort: »Ihn leitet mehr die Trägheit als die Neugier, und nichts sieht weniger dem ergebenen Stumpfsinn ähnlich, mit dem er der Enthüllung seines Schicksals beiwohnt, als der gefährliche, hurtige Handgriff, mit dem der Mutige die Zukunft stellt. Denn Geistesgegenwart ist ihr Extrakt; genau zu merken, was in der Sekunde sich vollzieht, entscheidender als Fernstes vorherzuwissen. Vorzeichen, Ahnungen, Signale gehen je Tag und Nacht durch unsern Organismus wie Wellenstöße. Sie deuten oder sie nutzen, das ist die Frage.« Ehe die Zukunfts*vorstellung* »ein Mittelbares, Wort oder Bild, ward, ist ihre beste Kraft schon abgestorben, die Kraft, mit der sie uns im Zentrum trifft und zwingt, kaum wissen wir es, wie, nach ihr zu handeln. Versäumen wir's, dann, und nur dann, entziffert sie sich. Wir lesen sie. Aber nun ist es zu spät.« – Wo im Alltag Geistesgegenwärtigkeit nicht bloß um des Überlebens sondern um *erfüllter Lebenszeit* willen gefordert ist, kommen Reflexion und Sprache – *Nach*denken und sprechen *über* – jedes Mal zu spät. »Der Augenblick ist das kaudinische Hoch, unter dem sich das Schicksal ihm beugt. Die Zukunftsdrohung ins erfüllte Jetzt zu wandeln, dies einzig wünschenswerte telepathische Wunder ist Werk leibhafter Geistesgegenwart. Urzeiten, da ein solches Verhalten in den alltäglichen Haushalt des Menschen gehörte, gaben im nackten Leibe ihm das verlässlichste Instrument der Divination. Noch die Antike kannte die wahre Praxis, und Scipio, der Karthagos Boden strachelnd betritt, ruft, weit im Sturze die Arme breitend, die Siegeslosung: Teneo te, Terra Africana! Was Schreckenszeichen, Unglücksbild hat werden wollen, bindet er leibhaft an die Sekunde und macht sich selber zum Faktotum seines Leibes. Eben darin haben von jeher die alten asketischen Übungen des Fastens, der Keuschheit, des Wachens ihre höchsten Triumphe gefeiert. Der Tag liegt jeden Morgen wie ein frisches Hemd auf unserm Bett; dies unvergleichlich feine, unver-

Benjamins Wort von der »schwachen messianischen Kraft«

gleichlich dichte Gewebe reinlicher Weissagung sitzt uns wie angegossen. Das Glück der nächsten vierundzwanzig Stunden hängt daran, dass wir es im Erwachen aufzugreifen wissen.«

Postscriptum: Exemplarische Unterbrecher, die Adressaten unserer Kunde von der Kunst des Geringfügigen

»… doch schon ein bisschen quälend, scheußlich quälend, so ein Leben ohne Unterbrechung.«
(Jean Paul Sartre, Geschlossene Gesellschaft)

Erinnern wir uns: In seiner im Voranstehenden mehrfach herangezogenen Synopse »Wittgenstein als Zeitgenosse« bescheinigte Jürgen Habermas dem Triumphirat philosophischer Denker, dem wir mit diesem Buch eine eingehendere Relektüre gewidmet haben, ein esoterisches Selbstverständnis. Denn: »Sie alle, Wittgenstein, Heidegger und Adorno, adressieren, was sie für ihre eigenen Einsichten halten, an verstreute Einzelne, die bereit sind, sich in ein neues Denken initiieren zu lassen, nicht an die Kommunikationsgemeinschaft der Forscher oder die Kooperationsgemeinschaft der Bürger.« Was sich in Wittgensteins Einleitungssätzen seines »Tractatus« folgendermaßen liest: »Dieses Buch wird vielleicht nur der verstehen, der die Gedanken, die darin ausgedrückt sind – oder doch ähnliche Gedanken – schon selbst einmal gedacht hat.« Oder noch einmal im Vorwortentwurf einer späteren Arbeit: »Dieses Buch ist für diejenigen geschrieben, die dem Geist, in dem es geschrieben ist, freundlich gegenüberstehen. Dieser Geist ist … ein anderer als der des großen Stromes der europäischen und amerikanischen Zivilisation. … Ich schreibe also eigentlich für Freunde, welche in Winkeln der Welt verstreut sind.« Und nicht viel anders Heidegger: »Niemand versteht, was ›ich‹ hier denke … Und der, der es einstmals begreifen wird, braucht ›meinen‹ Versuch nicht; denn er muss selbst den Weg dahin sich gebahnt haben.«[72] – An wen richten wir uns mit diesem Buch? Die Frage stellt sich, bei einer kommentierenden Relektüre großen Teils esoterischer Texte aus der Feder bekennender Esoteriker. Bleibt uns anderes übrig, als einzuräumen, dass wir uns mit dem Ansinnen Schweigen gleichfalls im Esoterischen bewegen? Dass wir uns mit dieser Zumutung, wie es Habermas von unseren Mentoren sagt, »von institutionalisierter Wissenschaft und politischer Öffentlichkeit [abwenden]«?

Postscriptum

Gleichwohl bedeutet ein Buch über einen noch so esoterischen Stoff verfassen und veröffentlichen immer auch eine (so nochmals Habermas) »exoterische Anstrengung«. Wer also könnten die vornehmlichen Adressaten unserer Botschaft vom Schweigen als Übung sein? Wenn wir auch nichts dagegen einzuwenden hätten, falls jemand es mit Nietzsche halten möchte und behaupten wollte, sie müsse wohl an alle und an keinen adressiert sein. – Gefragt also, wer im Speziellen die Adressaten unseres Vorschlags für ein Experiment mit der Schweigeübung als einer Transzendentalpraktik sein könnten, würden wir jene ›verstreuten Einzelnen‹ anführen, die wir an anderer Stelle die virtuelle Gruppe der kommenden Intellektuellen genannt haben.[73] Um wen handelt es sich?

Eine Betriebsbedingung moderner Gesellschaften und des Lebens in ihnen, der kein vernünftiger Mensch widersprechen wird, besagt: Unterbrechung ist unmöglich. Die Weltgesellschaft lässt sich nicht anhalten, etwaige Kurskorrekturen müssen ›bei voller Fahrt‹ vorgenommen, Reparaturen ›bei laufendem Motor‹ ausgeführt werden. Was für's große Ganze gilt, trifft cum grano salis auch auf das heutige Individuum zu: Wer sich eine Unterbrechung oder gar Stillstand leistet, riskiert abgehängt zu werden, ›fliegt aus dem Spiel‹. Exklusion ist die Strafe für mutwillige Unterbrechung, dasselbe Los wie im Falle derjenigen, die ohne ihr Zutun, nämlich von der Gewalt der Verhältnisse, unterbrochen werden. Die Unbarmherzigkeit der materiellen Wirklichkeit, die Unverrückbarkeit des Realen, spricht gegen eine Idee, gegen die Wahrscheinlichkeit ihrer Durchsetzung ›auf breiter Front‹, die von den Einzelnen erwartet, dass sie mit der Schweigeübung Unterbrechung systematisch in ihren Alltag einbauen. – Die solchermaßen noch am wenigsten sich gefährdeten, wenn es sie denn gibt, sind diejenigen, die traditionell »Denker« heißen. Insoweit sie von Berufs wegen die Epoché des Denkens üben, ist ihnen die regelmäßige Absentierung vertraut, wie auch ihre etwaige Folge, eine gewisse Marginalisierung und die Rolle des Eigenbrötlers oder Sonderlings. Von Hause aus bringen sie die geistige Beweglichkeit mit, eine Idee wie die hier vorgestellte nach den verschiedenen Seiten hin zu erfassen und sie gegebenenfalls authentisch in die Praxis – eine Übungspraxis in der Ersten Person – umzusetzen; wobei sich das ›getreulich‹ (neben der methodisch korrekten Versuchsanordnung) vor allen Dingen auf die Beachtung der Differenz zum Religiösen bezöge, auf die Separierung der Transzendentalpraktik des Schweigeexerzitiums von den Ritualen und Kulthandlungen eines (theistischen) Glaubensbekenntnisses. Könnten sich also nicht wenigstens dergestalt zugleich Marginalisierte und Privilegierte das zumuten, was sie den übrigen niemals zumuten würden, da es für diese den Ruin bedeuten könnte: die (unmögliche) Unterbrechung.

Die Raison d'etre des Denkers in der gesellschaftlichen und politischen Rolle des Intellektuellen bestand bisher darin, dass er nicht im eigenen Namen spricht und überhaupt nicht in dem irgendeines Sonderinteresses, vielmehr im Namen eines universellen Anliegens, einer menschheitlich ›gerechten Sache‹. Und er tat dies, indem er für die Anderen dachte, an deren Statt Ideen, Gedanken, Argumente hervorbrachte und sie öffentlich vortrug. – Wenn Denker oder Denkende von Profession heutzutage für sich die Notwendigkeit erkennen, auch das Andere des Denkens, das eminente Schweigen, zu praktizieren, so geschieht dies weder uneigennützig noch in einer Stellvertreterfunktion. Ohne die Übungs- oder Askesepraxis des Schweigens droht im digitalen Zeitalter mit seiner Aufgeregtheit in Permanenz dem Denken und seiner Epoché das Aus, womit jene im elementaren Eigeninteresse der Denkenden an ihrer professionellen Ressource läge. Und anders als das Denken, das sich auf bestimmten Gebieten anderen abnehmen und zu ihrem Nutzen exklusiv professionell betreiben lässt – obgleich es idealiter in der Ersten Person Singular vollzogen werden sollte – kann das Schweigen als Übung niemals stellvertretend von den einen für die anderen ausgeübt werden. Seine individuelle Praxis kann höchstens als beispielhaft oder beispielgebend für alle angesehen werden. Sodass wir sagen könnten, dass mit dem sich schweigepraktisch in Unterbrechung übenden Denker potentiell ein neuer Intellektuellentypus auf den Plan träte, der des exemplarischen Intellektuellen. Sie würden das praktizieren, von dem wir behauptet haben, dass es im Prinzip für jedermann ein Desiderat darstellt, was jedoch, wenn sie es ihnen gleichtäten, bei den meisten einstweilen mit einem Selbstgefährdungsrisiko einherginge.

Das schlichte Wort Unterbrechung ist im vorliegenden Kontext zugegebenermaßen ein Understatement, eine alltagssprachliche Untertreibung. Die sequenzielle schweigepraktische Unterbrechung – die zuvor einmal gebrauchte Rede von der Weltpause deutet sprachlich auf die anders geartete Dimensionierung hin – ist kein nur negativ bestimmter Vorgang, ihm eignet die positive Bestimmung der existenziell transformierenden Sinnerfahrung, die der methodisch unterbrechenden Schweigeepoché ihre spirituelle Dimension par exzellence verleiht. – Vielleicht könnte man sagen, dass es die Tragik der bestehenden gesellschaftlichen Konstellation und der sie spiegelnden psychologischen Blockadesituation ausmacht, dass für ein die systematische Unterbrechung wagendes Durchschnittsindividuum die Sanktionsmechanismen des Realitätsprinzips ›greifen‹ und den Abbruch des Selbstversuchs besiegeln, bevor noch die verwandelnde Erfahrung des so gut wie nichts hat alles gut gemacht zum Tragen kommt.

Mithin handelte es sich bei unserer Disziplin des Schweigens oder Habermas' intuitionistischem Erkenntnisideal sprachlosen Sehenlassens nicht um eine nur privilegierten Zugang gestattende Geheimlehre, um kein priesterlich gehütetes »Aditon«, das sie mit einer in der Natur der Sache gelegenen Aura des Esoterischen versehen würde; es sind ein kulturell programmiertes Desintersse sowie der Umstand, dass wo sich ein Interesse regt seine Wahrnehmung durch gesellschaftliche und sozialpsychologische Mechanismen blockiert wird, welche die nämliche Praxis de facto zur Esoterik verurteilen.[74] Die postmetaphysisch ortlos gewordene Wahrheit einer die Welt und die Existenz beglückend aufhellenden metaphysischen Sinnerkenntnis, die nicht diskursivierbar ist und nur gedanklich schweigend im und als Vollzug erfahren werden kann, gehört zum egalitären Geburtsrecht aller Menschen; weshalb ein elitäres Initiationsgehabe in diesem Punkt als das bloßgestellt zu werden verdient, was es ist, pure Mystifikation. So kann schließlich auch nur dann diesbezüglich von exemplarischem Verhalten gesprochen werden, wenn prinzipiell alle dem Beispiel folgen können – beziehungsweise könnten, wenn kontingente Umstände (nicht die hohepriesterlichen Wächter eines sakralen Einweihungszeremoniells) dem nicht entgegen stünden.

Eine letzte, nach Lektüre unseres Buches den Leser eventuell noch beschäftigende Sachfrage könnte die nach dem Verhältnis zur philosophischen Lebenskunst sein, wie sie seit längerem wieder en vogue ist. Wir möchten uns mit dem Hinweis auf die Bezeichnung Transzendentalpraktik begnügen, mit der wir der von uns anvisierten Praxisform praxiologisch-kategorial ihren Sonderstatus zugewiesen haben. Dieser verbietet es, die Übung des Schweigens unter die sehr weitgehend inhaltlich-thematisch sich festlegenden, unter Kultur- und Traditionsbeständen weltanschaulich-normativ auswählenden Ansätze philosophischer Lebenskunst zu subsumieren. Stattdessen könnte man sagen, das disziplinierte Schweigen – in gewisser Weise komplementär zur Übung oder Praxis des Denkens aufgefasst – erscheint uns heute eine Bedingung der Möglichkeit für gute Praxis überhaupt, d. h. für sowohl strategisch gelingendes als auch moralisch vertretbares Handeln auf unterschiedlichsten Feldern; damit auch die Rahmenbedingung oder Voraussetzung für die Belange der Ethik des guten Lebens und, je nachdem, des darauf gerichteten Unterfangens der Entwürfe philosophischer Lebenskunst.[75] – Das Geringfügige der Transzendentalpraktik Schweigeexerzitium wäre unbedingt freizuhalten von jeglicher Vermengung mit substanziellen Praktiken, selbst noch von der bekenntnishaften Anbindung an weltanschauliche, religiöse, wissenschaftliche etc. Überzeugungen. Von den Übenden dieser Weisheitspraktik ließe sich mit Francois Jullien sagen: »Der Weise hängt an keiner Idee«.[76]

Eine allerletzte, einer durchaus nicht indiskreten Neugier des Lesers geschuldete Frage mag sich vielleicht nach Namen erkundigen, nach solchen, die mit dem Zeugnis ihrer Person die soeben aufgewiesene Perspektive einer exemplarischen Intellektualität beglaubigen möchten. Zahlreiche Namen ließen sich nennen. Wir begnügen uns mit zwei, die auch publizistisch ihre Haltung dokumentiert haben, einem Philosoph und einem Belletrist oder Romancier. Der Philosoph, Ernst Tugendhat, ist zuvor (im Kapitel ›Säkularisierung ...‹) bereits zu Wort gekommen. Hier möchten wir ihn mit einer sehr persönlichen Äußerung aus einem Rundfunkgespräch wiedergeben, in der er seinen Wunsch ausdrückt, ein ›Könner‹ in der Übung des Schweigens zu werden: »Die Mystik besteht für mich im Wesentlichen darin, dass man von sich selbst zurücktritt und ein stärkeres Bewusstsein statt nur von sich selbst und seinen Wünschen zu haben von der Welt im Ganzen hat. Ich würde gerne jemanden finden, der mich das Meditieren lehrt. Ich leide eigentlich darunter, dass ich von mir allein aus diese Konzentration, auf das Nichts gewissermaßen, nicht gut fertig bringe. Also das praktische Problem habe ich noch nicht für mich gelöst.«[77] – Der Belletrist, der Romancier Tim Parks, schildert in seinem autobiographischen Bericht »Die Kunst stillzusitzen«, wie ihn die Wucht seines seelischen und körperlichen Leidens an einem rastlosen Aktivismus auf den Weg der ›Aufhebung des Leidens‹ gebracht hat. »Heutzutage frisst der Geist den Körper auf. Wir sind zu Hirnvampiren geworden, die sich selber den Lebenssaft aussaugen ...« In Worten, erzählend, führt ein Intellektueller vor, wie er – exemplarisch – der tödlichen Gefahr mit *so gut wie nichts* begegnet: mit der Übung des *immer tiefer in die Arbeit der wortlosen Konzentration*.[78]

Anmerkungen

Einleitung: Schweigen als das Andere des Denkens

[1] S. 16 Einem möglichen Missverständnis sei sogleich vorgebeugt: Das Andere, mit dem wir es beim Schweigen als dem ›Anderen des Denkens‹ zu tun haben, wird von uns im Sinne der *bestimmten Negation* aufgefasst und verwendet, nicht in dem eines ›Ganz Anderen‹, wie es in den poststrukturalistischen Kritiken der Subjektphilosophie erneut zu Ehren gekommen ist (sozusagen den Faden der Negativen Theologie im Gebrauch dieses Ausdrucks aufnehmend). Unsere Verwendung der Rede vom Anderen gemäß der bestimmten Negation (des Denkens *während* der Übung des eminenten Schweigens, sodass eben die Praxis des Übens dieses bestimmte Andere verkörpert) geschieht unbeschadet dessen, dass die Erfahrung des schweigenden Nicht-denkens *psychologisch* von den darin Geübten gern als eine Erfahrung des ›Ganz Anderen‹ beschrieben wird. Auskunft über das ›Andere‹ und das ›Ganz Andere‹ im poststrukturalistischen resp. Postmoderne-Diskurs gibt Michael Wimmer, Der Ort des Anderen im philosophischen Diskurs der Moderne, in: Thomas Jung u. a. (Hrsg.), Vom Weiterlesen der Moderne, Bielefeld 1986.

[2] S. 16 Um nichts lediglich hypothetisch Angenommenes (wie in unserem Fall), vielmehr um ein *seinsgeschichtlich* Faktisches, etwas unabhängig von einem empirisch wissenschaftlichen Befund längst Feststehendes handelt es sich in dieser Angelegenheit einzig bei Heidegger: Die »Technik« und die von ihr hervorgebrachte globale Zivilisation bedeuten ihm die *Vollendung* der »Metaphysik« – womit die von der »planetarischen Technik« ausgehende Bedrohung des Humanen direkt auf eine Denkformation zurückgeführt wäre. »… bleibt nicht das Wesen des Menschen, bleibt nicht seine Zugehörigkeit zum Sein, bleibt nicht das Wesen des Seins immer noch und immer bestürzender das Denkwürdige? Dürfen wir, wenn es so stehen sollte, dieses Denkwürdige preisgeben zugunsten der Raserei des ausschließlich rechnenden Denkens und seiner riesenhaften Erfolge? Oder sind wir daran gehalten, Wege zu finden, auf denen das Denken dem Denkwürdigen zu entsprechen vermag statt, behext durch das rechnende Denken, am Denkwürdigen vorbeizudenken? Das ist die Frage. Es ist die Weltfrage des Denkens. An ihrer Beantwortung entscheidet sich, was aus der Erde wird und was aus dem Dasein des Menschen auf dieser Erde.« Martin Heidegger, Der Satz vom Grund, Stuttgart 1957, S. 210 f. – Eine auf ähnliche Weise philosophisch spekulative Generalthese haben Max Horkheimer und Theodor W. Adorno in ihrer »Dialektik der Aufklärung« verfolgt, allerdings mit mehr Aufgeschlossenheit für materiale einzelwissenschaftliche Unterfütterung bzw. Einsehen in das Erfordernis derselben. Wir haben im Folgenden dieses Gemeinschaftswerk des Gründerduos der »Frankfurter Schule« bewusst vernachlässigt und uns auf die für unsere spezielle Fragestellung ergiebigeren Texte Adornos konzentriert.

Anmerkungen

Für einen ersten Überblick, sowohl was Heideggers ›Denken des Denkens‹ als auch Horkheimers und Adornos Vernunftkritik in ihrer »Dialektik der Aufklärung« anlangt, eignet sich Wolfgang Welsch, Vernunft – Die zeitgenössische Vernunftkritik und das Konzept der transversalen Vernunft«, Frankfurt 1996, S. 74–98, sowie S. 141–164.

³ S. 17 Mit dieser klaren Absetzung unseres Übungsbegriffs von dem des Trainings setzen wir uns gleichzeitig von Peter Sloterdijk und seinem diesbezüglich nicht differenzierenden Übungsverständnis ab (von seinem auf dem »Anthropotechnik«-Konzept basierenden naturalistischen Interpretationsrahmen ganz zu schweigen). Leistungswille und Zielstrebigkeit (Sloterdijk spricht von »Vertikalspannung«) haben ihre Berechtigung auf den diversen Feldern ›innerweltlicher‹ Bewährungsproben. Die differentia specifica des Übens bei der *Übung* des außerordentlichen Schweigens besteht gerade im ›Herausfallen‹ aus den für unser Tun in der Welt maßgeblichen kategorialen Bestimmungen des Wollens, der Absichtlichkeit, der Zweckhaftigkeit. Das minimale Können oder die geringfügige Kunst dieses quasi weltlosen Übens liegt in seinem durch das besondere Übungsarrangement begünstigten *Lassen*. Das Andere des Denkens, das gedankliche Schweigen, kann nicht willentlich herbeigeführt werden; das ›Verwehen‹ der mentalen Selbstgespräche oder Unbewegtheit des Geistes bei vollkommener Aufmerksamkeit kann nur dank günstiger äußerer wie innerer Umstände (für die wir allerdings Sorge tragen können und müssen) sich wie von selbst einstellen.

⁴ S. 18 Hannah Arendt, Vom Leben des Geistes 1 – das Denken, München 1979, S. 130 ff. Wir kommen auf ihren Gedankengang zurück in unserem Kapitel ›Epoché westlich philosophisch und östlich meditativ oder die Epoché des Denkens und die des Schweigens‹.

⁵ S. 18 Die Diagnose vom »erschöpften Selbst« stammt von dem psychoanalytischen Gesellschaftstheoretiker Alain Ehrenberg. Ihre sozialdiagnostischen Thesen und ihre sozialphilosophischen Implikationen werden seit Jahren in der Scientific Community breit diskutiert. Alain Ehrenberg, Das erschöpfte Selbst – Depression und Gesellschaft in der Gegenwart, Frankfurt/New York 2004. Ders., Das Unbehagen in der Gesellschaft, Berlin 2011. – Zur Rezeption siehe z. B. Christoph Menke u. Juliane Rebentisch, Hrsg., Kreation und Depression – Freiheit im gegenwärtigen Kapitalismus, Berlin 2010. Eine verwandte Diagnose stellt der Essay von Byung-Chul Han, Müdigkeitsgesellschaft, Berlin 2010.

⁶ S. 19 Bezüglich ihrer Zeitgenossenschaft auch im Denken hat Jürgen Habermas mit Blick auf Wittgenstein, Heidegger und Adorno von den »Konturen eines sehr deutschen Philosophierens« gesprochen. Habermas, Ludwig Wittgenstein als Zeitgenosse, in: Ders., Texte und Kontexte, Frankfurt 1991, S. 85. Seiner Substanz nach ist dieses Philosophieren jedoch alles andere als kontinentaleuropäisch beschränkt oder gar provinziell; für diesen Fall hätten wir uns bei unserem Unternehmen auch kaum darauf eingelassen. Außerdem hat das Minoritäre der Position dieses philosophischen Denkens im internationalen akademischen Philosophiebetrieb nichts mit seinen nationalen Entstehungslokalitäten zu tun.

⁷ S. 19 Andere Wege der Annäherung wären der literarisch-belletristische (außer Handke, in dessen Büchern es ja immer wieder um das Schweigen und dessen ›Augenblicke der wahren Empfindung‹ geht, ließen sich hier sicher viele andere Namen anführen); die theologische Annäherung, vor allem von Seiten der sogenannten Negativen Theologie (eine der umfangreicheren Arbeiten zum Thema etwa Claudia Edith Kunz: »Schweigen und Geist – Biblische und patristische Studien zu einer Spiritualität des Schweigens«, Freiburg 1996); die weniger bekannte psychoanalytische Annäherung, an die kürzlich Caroline Neubaur erinnert hat unter Bezugnahme auf Theoreme bei Bion und Winnicott: Schweigen, Stille, Reverie – Erscheinungsformen einer sakralen und psychoana-

Anmerkungen

lytischen Kategorie (Vortrag bei der Heinrich Böll Stiftung, Bremen 2009); schließlich und vor allem die neurowissenschaftliche mit so illustren Vertretern wie Wolf Singer (vgl. z. B. das Gespräch mit ihm in: Ulrich Schnabel, Die Vermessung des Glaubens, München 2008, S. 266–281) im Verbund mit der neurophilosophischen, vertreten u. a. durch Thomas Metzinger (vgl. z. B. sein Buch Der Egotunnel – Eine neue Philosophie des Selbst: Von der Hirnforschung zur Bewusstseinsethik, Berlin 2009).

I

[1] S. 23 Ludwig Wittgenstein, Tractatus logico-philosophicus, in: Ders., Werke Bd. 1, Frankfurt 1984, S. 9 ff. Im Folgenden geben wir der Einfachheit halber bei Zitaten aus der Logisch-philosophischen Abhandlung im Fließtext Wittgensteins Nummerierung seiner Sätze an (verzichten also auf den Seitennachweis hier im Anmerkungsteil).

[2] S. 24 Johann Kreuzer, Es gibt allerdings Unaussprechliches, in: Der blaue Reiter – Journal für Philosophie, 2/1997, S. 19 ff. Eine thematische Vertiefung liefert Kreuzers detaillierte Nachzeichnung von Augustins Verständnis des Schweigens in seiner Studie: Pulchritudo – Vom Erkennen Gottes bei Augustin, München 1995, insbes. S. 241–273.

[3] S. 25 Johann Kreuzer, Es gibt allerdings Unaussprechliches, a. a. O. S. 19 u. S. 21. – Augustinus' Begriff des »inneren Worts« (»verbum intimum«) im Sinne der Sprachlichkeit von Erinnerung (als Wiedererkennen oder Sich-Entsinnen) unter der Prämisse der *einen* Sprache (mit der wir nicht nur sprechen, sondern auch denken) auslegend, erläutert Kreuzer in Pulchritudo (siehe vorangehende Anm.) noch einmal minutiös die Rolle des Schweigens in der Sprache, im Funktionszusammenhang unseres Sprechens. Das »innere Wort« lässt sich selbst *nicht sagen* und ist somit ein anderer Ausdruck für jenes »Wortlose«, das stillschweigend mit dem Wort und den Worten einhergehen muss, wenn diese wirklich verstehbar, aussagekräftig sein sollen. Vice versa gilt aber genauso, dass das »innere Wort« oder Wortlose des verlautenden Worts bedarf, »es braucht seine Äußerung«; worin bereits beschlossen liegt, dass es ohne verlautende Rede auch kein Schweigen gibt, sondern lediglich Stummheit. Bei allem Sprechen und Denken haben wir es mit einem *synchronen* Wechselverhältnis von »Äußerung« und »Erinnerung« zu tun.»Das innere Wort ist eine Bezeichnung für das stille Sich-auf-sich-selbst-Beziehen des Denkens, das lautlos in der Sprache geschieht. ... Sich auf sich selbst beziehend ist das Denken in der Erinnerung im Wort. Das stillschweigende Gespräch des Geistes mit sich selber ist zwar stillschweigend, aber es ist ein ›Gespräch‹, es vollzieht sich (stillschweigend) im Wort und nur im Verlauten der Wörter.« Pulchritudo, a. a. O. S. 249 f. Beim äußeren Gespräch entsteht mit Bezug auf die zwischen den Gesprächsteilnehmern ausgetauschten Worte eine »Unschärferelation« hinsichtlich des mit ihnen einhergehenden Wortlosen: das stillschweigende »innere Wort« fällt bei jedem ›ein klein wenig‹ anders aus. – Logisch zwingend kommt Kreuzer in Sachen Schweigen zu einem Ergebnis, in dessen Licht besehen die Idee von einem eminenten Schweigen, wie wir sie in unserem Buch verfolgen, als ein Ding der Unmöglichkeit erscheinen muss. »Was schweigend berührt wird und sich im Augenblick des Schweigens fasst, führt nicht zu einem Schweigen als einem Verstummen. Was im Schweigen berührt wird, darf nicht ›verschwiegen‹ werden (Conf. I,4,4: et vae tacentibus). Was im Schweigen ›ist‹, erfordert unablässig Sprache. Es ist nur als Sprache: als der Anspruch und die Aufgabe der Sprache. ... »›Sprache‹ verdankt sich der Stille, die wir dank ihr zu erinnern vermögen. Insofern ist sie Verwirklichung, ›Bringen‹ von ›Dank‹. Sie ist Entsprechung des in ihr

Anmerkungen

sich erhaltenden Schweigens. Das Schweigen ist nicht die Grenze des (sprachlich) Äußerbaren, nicht eine Mauer, die die Erinnerung umgibt. Es ist als der Ursprung von Sprache in der Erinnerung, als Prinzip von Sprache mitten in dieser. Es ist der Grund der Sprachlichkeit der Erinnerung. Das Unaussprechliche ist unaussprechlich in der Sprache, dem wechselseitigen Sich-Übersetzten von Erinnerung und Äußerung.« Pulchritudo, a. a. O. S. 273 f.

So stimmig Kreuzers innersprachliche Explikation des Schweigens zweifelsohne ist, als eine Erläuterung des »Unaussprechlichen«, wie es Wittgenstein in seiner Logisch-philosophischen Abhandlung exponiert, scheint sie uns unzureichend. Mit Blick auf den frühen Wittgenstein sieht er hinweg über den Unterschied der philosophischen Theorie- und Diskurssprache (zumal deren Reglementiertheit nach Wittgensteinscher Manier) zur Alltagssprache und mehr noch zur poetischen Sprache in Dichtung und Literatur. Denn anders als in der Wissenschaftssprache, die sich im Kern um Information und Informationsaustausch dreht, kommt Wortloses resp. Unaussprechliches so recht erst in Literatur und Poesie zum Tragen, denen es gerade nicht um Informationsaustausch geht, vielmehr die facettenreiche Mitteilung mit ihrem Strahlenkranz an Assoziationen das Ausschlaggebende bildet. Wenn demgegenüber der junge Wittgenstein in seiner die wissenschaftliche Sprachaskese auf die Spitze treibenden Arbeit das »Unaussprechliche« emphatisch für das Motiv und Ziel eben dieser Anstrengung erklärt, sollte dann nicht mit diesem »Unaussprechlichen« mehr und anderes intendiert sein als was Kreuzer ausschließlich darunter verstanden wissen möchte? – Umgekehrt darf sich Kreuzer (Es gibt allerdings Unaussprechliches, a. a. O. S. 21) zurecht auf einen *nicht das philosophische Metier und dessen wissenschaftliche Diktion betreffende literaturtheoretische* Äußerung Wittgensteins berufen, jene nämlich in dessen Kommentar zu Ludwig Uhlands Gedicht »Graf Eberhards Weißdorn«: »Wenn man sich nicht bemüht das Unaussprechliche auszusprechen, so geht *nichts* verloren. Sondern das Unaussprechliche ist, – unaussprechlich – in dem Ausgesprochenen *enthalten!*« Hier dürfte Wittgenstein tatsächlich dasselbe meinen wie Kreuzer (Pulchritudo, a. a. O. S. 263), wo er Günter Wohlfart wie folgt zitiert: »Der Gesang ist über die Stille ... gespannt. Er ist sprechend vor Stille. ... Die Stille ist der Grundton der dichterischen Rede. Sie ist durch Stille getönt, ›stilltönend‹. ... Der göttliche Moment der Stille tönt wider in der Dichtung.« Freilich schwingt in jenem Uhland-Kommentar Wittgensteins *zugleich* dasjenige »Unaussprechliche« mit, das er in der Logisch-philosophischen Abhandlung als das »Ethische« apostrophiert. Denn in dem alten Kreuzritter Graf Eberhard stellt uns das Gedicht einen ›glücklichen Menschen‹ vor Augen, der am Lebensabend den *unaussprechlichen ethischen* »Sinn des Lebens« erkannt hat – der also eine *existenzielle Verwandlung* durchlaufen hätte, von der wir im Folgenden behaupten, dass sie (von Zufall, Widerfahrnis, Gnade abgesehen) nur die Frucht von *Übung* sein kann, derjenigen nämlich eines nicht nur innersprachlichen, vielmehr *außerordentlichen* Schweigens.

[4] S. 26 Brian F. McGuiness/Georg Henrik von Wright (Hrsg.), Wittgenstein Briefwechsel mit B. Russell etc., Frankfurt 1980, S. 96 f. Die Briefstelle enthält noch die Erläuterung: »Das Ethische wird durch mein Buch gleichsam von innen her begrenzt.« Wobei das etwas unbestimmte »von innen her« das ›Innen‹ des Sprachlichen meinen könnte, was dann hieße: Das Unaussprechlich des Ethischen wird durch die im Traktat mittels strenger Sinn- und Klarheitskriterien dem überhaupt Sagbaren gezogene Grenze »bekränzt«. Oder anders ausgedrückt: Das Wittgenstein zufolge Welttranszendente des Ethischen liegt als ein Unsagbares an der Grenze des Sagbaren, d. h. jenseits dessen, was in der Sprache bzw. dem »sinnvollen Satz« als dem sinnlichen Ausdruck des logischen Gedan-

Anmerkungen

kens, einzig und allein darstellbar ist. So dass sich im Rückschluss Wittgensteins radikale Konsequenz von selbst verstünde. Transzendentes (man könnte auch sagen Metaphysisches) wie das von ihm so verstandene Ethische trotzdem versprachlichen zu wollen hieße unsinnige Sätze äußern, sprachlichen Unsinn in Kauf nehmen.

[5] S. 27 Nach einem Gespür für diese Problematik fahndet man in der Wittgenstein-Literatur vergebens. Zur Illustration von deren Tenor in Betreff des »Ethischen« im systematischen Zusammenhang von Wittgensteins ›Tractatus‹ hier nur das folgende Zitat: Wittgenstein »begreift ... das im Traktat formulierte Projekt der logisch formalen Strukturanalyse selbst als Ausdruck einer ethischen Einstellung. So kann sich diese Ethik im Text nur *zeigen*, denn die traktarianische Ethik ist nicht etwas Grundlegendes, das auch auf andere Weise als die im Traktat vorliegende Weise hätte zum Ausdruck gebracht werden können.« Matthias Kroß, Klarheit als Selbstzweck – Wittgenstein über Philosophie, Religion, Ethik und Gewissheit, Berlin 1993, S. 128.

[6] S. 30 Wessen Handlungen von einem glücklichen Bewusstsein begleitet sind, der erfahre eine intrinsische Belohnung. 6.422 räsoniert: »Es muss zwar eine Art von ethischem Lohn und ethischer Strafe geben, aber diese müssen in der Handlung selbst liegen.« Und es sei »auch klar, dass der Lohn etwas Angenehmes, die Strafe etwas Unangenehmes sein muss.«

[7] S. 31 Ludwig Wittgenstein, Tagebücher 1914–1916, in: Ders., Werke Bd. I, Frankfurt 1984, S. 171. Wenige Eintragungen später hält er eine Idee dazu fest, wie der Glückliche zu seinem Glücklichsein kommen könnte, die auf den antiken ›bios theoretikos‹ zurückgreift: »Wie kann der Mensch überhaupt glücklich sein, da er doch die Not dieser Welt nicht abwehren kann?/ Eben durch das Leben der Erkenntnis./ Das gute Gewissen ist das Glück, welches das Leben der Erkenntnis gewährt./ Das Leben der Erkenntnis ist das Leben, welches glücklich ist, der Not der Welt zum Trotz./ Nur das Leben ist glücklich, welches auf die Annehmlichkeiten der Welt verzichten kann./ Ihm sind die Annehmlichkeiten der Welt nur so viele Gnaden des Schicksals.« Ebd., S. 89 ff.

[8] S. 31 Dieser Vorschlag für eine ›Erdung‹ von Wittgensteins luftigem Konstrukt könnte dieses durch eine rationale Erklärung vor seiner Diskreditierung als pure Luftspiegelung philosophischer Spekulation retten. Es wäre dann ersichtlich, was man sich *praktisch* vorzustellen hätte, wo die logisch-philosophische Abhandlung darauf besteht, dass das metaphysisch-ethische Subjekt »die Grenze – nicht ein Teil der Welt« markiere; dass das »philosophische Ich« der Ethik nicht mit dem psychologischen Ich identisch ist, dass mit ihm »nicht der Mensch, nicht der menschliche Körper, oder die menschliche Seele« gemeint ist, »von der die Psychologie handelt.« (5.641)

Unter derselben Ziffer ist ferner zu lesen: »Das Ich tritt in die Philosophie dadurch ein, dass die ›Welt meine Welt ist‹«. Wittgenstein ist hier dabei, die teilweise Wahrheit des »Solipsismus« durchzuspielen. In 5.64 ist er zu dem Resultat gelangt: »Das Ich des Solipsismus schrumpft zum ausdehnungslosen Punkt zusammen, und es bleibt die ihm koordinierte Realität.« Dieser ausdehnungslose Punkt, zu dem Wittgensteins solipsistisches Ich an der Grenze der Welt zusammenschrumpft, würde nun wiederum nicht nur die fiktionale Örtlichkeit seines transzendentalen ethischen Subjekts kennzeichnen, sondern ebenfalls das ›psychologisch entleerte‹ Ich des Schweigepraktikers, für den in einem nicht mehr psychologischen, vielmehr mystischen Sinne nunmehr ein ›solus ipse‹ gilt. – Mit seinem ›welthabenden‹ und dieses ›Welthaben‹ *rein beobachtende* Ich-Punkt seines ethischen Subjekts hat der junge Wittgenstein – soweit wir sehen neben dem frühen Husserl einzigartig in der modernen abendländischen Philosophie – jene meditative oder kontemplative Bewusstseinseinstellung getroffen, die in der Psycho-

Anmerkungen

logie der Meditation (der Schweigepraxis mit unseren Worten) diejenige des »Zeugen« genannt wird, eines im Idealfall von den Attraktionen und Repulsionen des Begehrens nicht länger affizierten reinen Beobachters (bzw. jenes Selbstgewahrseins, von dem später im Kapitel über Losgelöstheit oder Samadi die Rede sein wird).

Im Übrigen kann Wittgensteins Bestreiten des erkennenden und wollenden Subjekts als etwas, dem ein Referent in der Weltwirklichkeit zugeordnet werden könnte, als Absage an entscheidende Implikationen der Subjektphilosophie gewertet werden. Mit der Annulierung einer konstitutionsphilosophischen Ich-Instanz depotenziert er auch das willentlich über die Welt und ihre Bestände verfügende Ich oder Subjekt. Wie bei Schopenhauer der auf etwas andere Weise zurückgenommene Wille es erlaubt, die Möglichkeit der willensfreien, kontemplativen Welteinstellung philosophisch ernst zu nehmen, so auch im Falle Wittgensteins. Sein hinsichtlich der Konkretionen von Welt nichts wollender ethischer Wille akzentuiert und präferiert, unüblich innerhalb des abendländischen philosophischen Denkens, die Haltung des Lassens gegenüber derjenigen des Machens. Die kulturell inkorporierte Haltung des Lassens würde mental vom Schweigen befördert, so wie diejenige des Machens eine Affinität besitzt zum aktiven Modus des Mentalen, wie die Reflexion und das Sprechen ihn repräsentieren. – Für einen je nachdem anzustrebenden Ausgleich der kulturellen Disproportion zwischen Machen und Lassen innerhalb unserer durch den Aktivismus der westlichen Moderne geprägten Globalkultur wären die nicht länger subjektphilosophischen bzw. Subjektivität in ihrem Obwaltens- und Verfügenshabitus radikal beschneidenden und dennoch nicht als vernunftfeindlich oder irrationalistisch klassifizierbaren Positionen Wittgensteins und Schopenhauers – die eine im Schweigegebot des Traktats kondensiert, die andere in der kontemplativen Idee eines willensberuhigten »besseren Bewusstseins« sich zusammenfassend (siehe zu diesem Begriff aus Schopenhauers handschriftlichem Nachlass die Ausführungen von Rüdiger Safranski, Schopenhauer und die wilden Jahre der Philosophie, München, Wien 1987) – wichtige philosophisch-diskursive Argumentationsstützpunkte.

Mit Blick auf Wittgensteins Spätphilosophie hat Ernst Rudi Fischer die Positionalität des Ich recht gut rekapituliert: »Das Ich wird aus der therapeutischen Haltung der Spätphilosophie heraus – entsprechend der epistemologischen Voraussetzung – als *sprachliches Phänomen* ›behandelt‹ und das heißt als das Personalpronomen ›Ich‹. Damit scheint das Ich seine Sonderrolle endgültig verloren zu haben, es ist ein Wort wie jedes andere, mit dem Unterschied, dass um diesen Begriff eine Fülle von philosophischen Problemen entstanden sind. Das metaphysische Ich des Tractats kommt also unter die Räder der sprachanalytischen Phänomenologie Wittgensteins. Es wird aufgelöst in viele verschiedene Gebrauchsweisen, als das Subjekt des Sprachgebrauchs, das sich mit ›Ich‹ auf sich selbst bezieht. ›Ich‹ benennt so wenig eine Person, wie ein psychologisches Prädikat ein ›inneres Objekt‹. Auch denotiert ›Ich‹ nicht den *Besitzer* mentaler Prädikate. Was aber ist dann dieses ›Etwas‹, worauf ich mich mit ›Ich‹ beziehe? Auch hier sagt uns die Grammatik, *was* ein ›Gegenstand‹ ist. Das Wort ›ich‹ bedeutet nicht dasselbe wie ›L. W.‹, selbst wenn ich L. W. bin, noch bedeutet es dasselbe wie der Ausdruck ›die Person, die jetzt spricht‹. Das bedeutet jedoch nicht, dass ›L. W.‹ und ›ich‹ zwei verschiedene Dinge bedeuten. Es bedeutet nichts weiter, als dass diese Wörter verschiedene Instrumente in unserer Sprache sind. Da Wittgenstein den ontologischen Bereich durch die Grammatik konstituiert sieht, ist das philosophische Problem um das Ich nicht primär als ontologisches zu begreifen, sondern als grammatisches. Dies wiederum begründet die ›Auflösung‹ des Problems in Analysen zur Grammatik des Gebrauchs der 1. Person Sin-

Anmerkungen

gularis. Das Ich als Subjekt des Sprachgebrauchs tritt erst als sprechendes oder schreibendes Subjekt *in Sprachspielen* in Erscheinung. Als solches hat es seinen Ort und seine Identität erst als Zug *in einem Sprachspiel*. Außerhalb eines solchen, isoliert von seinem kontextuellen Lebenselixier eines Sprachspiels, ist es nicht bestimmbar und wird zu jenem geheimnisvollen Ich, das die Tradition aus ihm machte.« Und, die Differenz zu Kants Transzendentalismus betreffend: »Insofern in Kants Ansatz der Rekurs auf subjektive Vermögen (Vermögenspsychologie) integraler Bestandteil der Transzendentalphilosophie ist, ist damit schon ein wesentlicher Unterschied zu Wittgensteins philosophischer Methode gekennzeichnet, denn sie hat keinen Ankerpunkt in einer transzendentalen Subjektivität und kann in diesem Sinne auch keine Transzendentalphilosophie sein. Mit dem von Wittgenstein eingeleiteten *linguistic turn* ist die Sonderstellung des transzendentalen Selbstbewusstseins unterminiert und das Verstehen der Welt als genuin sprachliches in den Blickpunkt der Analyse gerückt. Danach gibt es keinen privilegierten, unmittelbaren Zugang des Ich zu sich selbst, und das transzendentale Subjekt, dem der frühe Wittgenstein in durchaus Kantischer Manier noch eine Sonderstellung einräumte, verliert seine privilegierte Position. Der Zugang zum Ich denke ist allemal der Zugang über den Satz ›Ich denke‹.« (Hans Rudi Fischer, Wittgenstein und die Frage nach dem Subjekt, in: Ders. (Hrsg.), Ludwig Wittgenstein – Supplemente zum hundertsten Geburtstag, Heidelberg 1989, S. 18 ff. u. 23 f.) – Wir werden in Teil III über das Procedere und die internen Abläufe bei der meditativen Schweigepraxis (im Kapitel über die ›Epoché des Schweigens‹ sowie dem über ›Losgelöstheit oder Samadhi‹) im Einklang mit diesen Erläuterungen sehen: Das disziplinierte mentale Schweigen bringt nicht die Aktivität einer illusionären Ich-Instanz bzw. Subjektsubstanz vorübergehend zur Ruhe, vielmehr lässt es den inneren Selbstlauf des Sprechens sozusagen auslaufen – das leerlaufende ›es spricht‹ erhält mittels eines dafür geeigneten leiblich-mentalen Arrangements Gelegenheit ›aufzuhören‹, um in solchen Intervallen den Geist wieder zu einem ›leeren Spiegel‹ der Aufmerksamkeit werden zu lassen.

[9] S. 32 Interessant zu sehen, dass der gute oder böse ethische Wille bei Wittgenstein, da er im üblichen, gegenständlichen Sinne überhaupt nichts will, gar kein ›psychologischer‹ Wille mehr wäre; dieser wäre in der Perspektive der Schopenhauer'schen Willensmetaphysik immer schon der *verneinte* Wille. Es kann sich bei Wittgensteins ethischem (guten oder bösen) Willen nicht mehr um eine kognitiv motivierte volative geistige oder Seelenbewegung handeln, sondern nur noch um eine quasi emotive Befindlichkeit des Bewusstseins, eine Gestimmtheit oder ein »Gefühl«, wie sich Wittgenstein tatsächlich ausdrückt: die Gestimmtheit bzw. das Gefühl des entweder glücklichen oder unglücklichen (ethischen) Bewusstseins in Anbetracht der Welt »als begrenztes Ganzes« (wie der Ausdruck dafür in 6.45 lautet).

[10] S. 32 Unsere rhetorische Frage lenkt die Aufmerksamkeit auf das die Ethik des richtigen Lebens transzendierende *soziale* Feld der Sittlichkeit oder Moral. Eine von uns ursprünglich vorgesehene Kapitelfolge über die Zusammenhänge zwischen Schweigepraxis, Intersubjektivität und Ethik/Moral musste aus Umfangsgründen aus dem vorliegenden Buch ausgegliedert werden und ist als Supplementband in Vorbereitung.

Die radikale Transzendentalität des Ethischen in Wittgensteins ›Tractatus‹ konfrontiert allerdings mit einer provokanten Indifferenz- bzw. Gleichmütigkeitsforderung. Diese von ihrem nicht involvierten Draußen lediglich Stellung nehmende Ethik käme nicht nur ohne ethisches Handeln aus, sie ließe auch innerhalb der Welt kein ethisches Handeln vorkommen, das Gegenstand sinnvollen philosophischen Sprechens und Urteilens sein könnte. Nimmt man den Traktat beim Wort, so ›entsteht‹ (›emer-

Anmerkungen

giert‹ würde man heute sagen) das Ethische an der Grenze der Welt und es ›endet‹ auch dort. Es fände seine Befriedigung, Erfüllung und Rechtfertigung in der reinen Zuständlichkeit eines (im Angesicht des Welt- und Lebensganzen) glücklichen Bewusstseins. – Dabei halten wir Wittgensteins Abstinenz in Punkto innerweltliche Ethik bzw. Moral unter seinen Prämissen für durchaus nicht zwingend. Es erscheint im Gegenteil sogar plausibel, dass jemand, nachdem er sich in den Zustand des Ethischen versetzt hat, wie er Wittgenstein als jene absolut positive Gestimmtheit vorschwebt (oder nachdem er Dank welcher Gnade auch immer in ihn hineingelangt ist), nun auch *in der Welt* (bzw. in psychologischer Perspektive) ein anderer Mensch geworden ist, sozusagen mit Haut und Haaren und Seele ein anderer. Man könnte sagen: Mit Wittgensteins Augen betrachtet liegt im transzendent Ethischen der archimedische Punkt auch im Hinblick auf das immanent Ethische oder die Moral. »Wenn das gute oder böse Wollen eine Wirkung auf die Welt hat, so kann es sie nur auf die Grenzen der Welt haben, nicht auf die Tatsachen, auf das, was durch die Sprache nicht abgebildet, sondern nur in der Sprache gezeigt werden kann./ Kurz, die Welt muss dadurch überhaupt eine andere werden./ Sie muss sozusagen als Ganzes zunehmen oder abnehmen, wie durch Dazukommen oder Wegfallen eines Sinnes« (05.07.1916). Sobald dieser transzendental verortete positive ethische Wille als »mein Wille die Welt durchdringt« (11.06.1916), vermöchte auch ein ›guter psychologischer Wille‹ *innerhalb* der Welt vielleicht etwas auszurichten. Wodurch Wittgensteins resignative Bemerkung im selben Tagebuch-Eintrag mindestens relativiert würde: »Ich kann die Geschehnisse der Welt nicht nach meinem Willen lenken, sondern bin vollkommen machtlos. Nur so kann ich mich unabhängig von der Welt machen – und sie also doch in gewissem Sinne beherrschen – indem ich auf einen Einfluss auf die Geschehnisse verzichte.«

[11] S. 32 Folgerichtig – wenn die je schon Eingeweihten die wahren Adressaten sind – denn auch der nächstfolgende Satz der Vorrede: »Es ist also kein Lehrbuch. – Sein Zweck wäre erreicht, wenn es einem, der es mit Verständnis liest, Vergnügen bereitete.«

[12] S. 33 In der akademischen Wittgenstein-Interpretation fehlen durchweg diesbezügliche Hinweise. Allenfalls wird Wittgensteins Versicherung des sich zeigenden Ethischen mit vorsichtigen Fragezeichen versehen, wie es beispielsweise Joachim Schulte tut: »Wer vermittels der Scheinsätze des *Tractatus* eingesehen hat, wo die Grenzen der Sprache, der Welt, der Wissenschaft liegen, ist imstande, die Welt als begrenztes Ganzes zu schauen. Er kann so ein Gefühl von diesem begrenzten Ganzen empfinden ...« Und: »Die Einsicht in die so aufgezeigten Grenzen ist nicht ein rundheraus mitteilbarer Fund. Sie lässt sich nur auf dem Weg über unsinnige Erläuterungen erringen. Wer diesen Weg zurückgelegt und erkannt hat, warum die Erläuterungen unsinnig sind, ist dann vielleicht imstande, die Welt richtig zu sehen; und vielleicht ist er dann auch imstande, sie sub specie aeterni, nämlich als begrenztes Ganzes zu sehen.« Joachim Schulte, Wittgenstein – eine Einführung, Stuttgart 2001, S. 91 ff. Oder ders. S. 93: »Wittgenstein tut nicht so, als könne er das Unsagbare verständlich mitteilen. Darstellen oder durch Umschreibungen erläutern kann auch die Philosophie nur das, was sich sinnvoll sagen lässt; erfüllt sie diese Aufgabe, gelingt es ihr vielleicht, das Unsagbare anzudeuten als das, was jenseits der Grenze liegt.«

Nach Matthias Kroß, einem oben bereits erwähnten Wittgenstein-Spezialisten, begreift Wittgenstein (ob auch der Leser wäre zu fragen) »das im Traktat formulierte Projekt der logisch-formalen Strukturanalyse selbst als Ausdruck einer ethischen Einstellung«. (vgl. Klarheit als Selbstzweck, a.a.O. S. 128). Die Frage, ob was für das Selbstverständnis des Verfassers gilt auch für die Auffassungsweise des Lesers unterstellt wer-

Anmerkungen

den kann, wird von ihm in den folgenden Ausführungen leider übergangen: »Die Untersuchung der Logik der Sprache koinzidiert mit einem dieser Untersuchung zugrunde liegenden ethischen Impuls, der die Textualität des Traktates bestimmt ...« Oder: »aus der Voraussetzung, dass dem Vorwort und ... dem Schlusssatz des Traktates implizit die Auffassung zugrunde liegt, dass das Ethische und die Logik koinzidieren, lassen sich die textualen Eigentümlichkeiten des Traktates ... erklären.« Kroß' Rede von der »Koinzidenz von Logik und Ethik« ist jedoch auch sachlich mindestens unpräzise: Höchstens könnte man sagen, dass das Ethische mit der Geltungsgrenze der Logik koinzidiere. – Ebenso fragt sich beim Folgenden, wer hier postuliert: »Die Ethik muss bereits im ›ersten Teil‹ vollständig enthalten sein und zum Ausdruck kommen. Wäre sie nicht vollständig enthalten und ließe sie sich auf eine andere Art zum Ausdruck bringen, bräche das Programm des Traktates in sich zusammen. So aber sind für Wittgenstein bereits Aufbau und Gestalt der Abhandlung der Spiegel des Ethischen ...« (a.a.O. S. 17f. u. S. 24)

Den das Textverständnis möglicherweise befördernden ästhetischen Aspekt, den wir mit Absicht beiseite gelassen haben, schätzt Kroß seiner Rolle nach wie folgt ein: »Nur derjenige, der imstande ist, im Akt der Lektüre die Textur des Traktates zu konstruieren bzw. zu rekonstruieren, wird beim lesen das von Wittgenstein versprochene Vergnügen empfinden. Ohne Frage trägt eine solche Situierung des Textes in den Kontext der Lektüre ein ästhetisches Moment, das diesseits aller Brillanz des Stils, des Arrangements der einzelnen Gedankenbausteine und der darstellerischen Fähigkeiten des Autors darin zum Ausdruck gelangt, dass der Leser in diejenige ›Gestimmtheit‹ versetzt und in ihm jenes ›Gefühl‹ hervorgerufen wird, das den Schreiber zur Abfassung seines Textes bestimmte« (a.a.O. S. 29). Es wird leider nicht deutlich, ob Kroß dem Ästhetischen tatsächlich zutraut, einen auf das Formvollendete und Poetische im Traktat ansprechenden Leser in das Gefühl des Ethischen in dessen voller, bei Wittgenstein implizierten Tragweite zu versetzen. Wir würden einen solchen Optimismus nicht teilen, weshalb wir uns auch gestatten, im Zusammenhang unserer Fragestellung die bei Wittgenstein explizite Gleichsetzung von Ethik und Ästhetik mit ihrer noch einmal ganz eigenen auszuklammern.

Chris Bezzel schreibt in seiner vorzüglichen Wittgenstein-Monographie, das den Bereich der Ethik einschliessende »dritte mystische Zeigen« sei »klar zu trennen von der aktiven menschlichen Satzsinnproduktion wie von der Spiegelbildlichkeit, die die Logizität der Welt aufweist und verbürgt« und das »im Zusammenhang mit der philosophischen Frage nach dem ›Sinn der Welt‹, nach der ›Lösung des Rätsels des Lebens‹« stehe. Sagt Bezzel damit auch, dass mit dem logischen Sich-zeigen noch nicht ›automatisch‹ das dritte, mystisch-ethische Sich-zeigen einhergeht? Es scheint so, wenn er schreibt, dass der mystisch-ethische Bereich beginne »wo das begrenzte Sagen abgelöst wird vom schweigenden Sehen«. Wer an der Grenze der Logik und des Sagbaren nicht schweigend innehält, würde trotz allem zuvor logisch Gezeigten und Gesagten nichts Ethisches sehen, dieses würde sich ihm nicht in der Folgerichtigkeit des davor Gesagten wie von selbst zeigen. Dafür spricht auch Bezzels Kommentierung von Wittgensteins Bemerkung anlässlich eines Uhland-Gedichts, der zufolge »nichts verloren« gehe, wenn man sich nicht bemühe das Unaussprechliche auszusprechen, weil eben das Unaussprechliche »unaussprechlich in dem Ausgesprochenen enthalten« sei: »Wohlgemerkt, im Ausgesprochenen eines poetischen Textes, nicht in irgendwelchen Beschreibungssätzen.« – Dennoch zieht auch dieser Wittgenstein-Fachmann eine Schweigepraxis erst gar nicht in Erwägung, Wittgensteins »Postulat einer Ethik des Schweigens« stellt sich ihm näm-

Anmerkungen

lich als eine utopische Forderung dar: »Da die ›richtige Methode der Philosophie‹ noch nicht gelebt werden kann, muss auch Wittgenstein noch an sich unsinnige ethische Sätze formulieren, z. B. das ebenso ethische wie unsinnige Schweigegebot des 7. Tractatus-Satzes. Der Satz ist auch zu lesen als Postulat einer Ethik des Schweigens, die allerdings, so sehr sie sich gegen das allgemeine und repressive Geschwätz über Ethik richtet, im Zeichen des mystischen ›Gefühls der Welt als begrenztes Ganzes‹ positiv die Utopie erkenntnis- und lebenspraktischer Unmittelbarkeit entwirft, eine erst jenseits unserer Zivilisation vorstellbare ›Veränderung der Lebensweise, die alle diese (philosophischen wie ethischen) Fragen überflüssig macht‹.« Hier und heute Schweigen zu praktizieren hätte demnach ohnehin keinen Sinn, solange der verlangte zivilisatorische Kontext als Zukunftsmusik zu gelten hat. Vgl. Chris Bezzel, Wittgenstein zur Einführung, Hamburg 1988, S. 87 ff. u. S. 93 ff.

[13] S. 34   Wittgenstein, Ludwig, Vermische Bemerkungen, in: Ders., Werke Bd. 8, Frankfurt 1984, S. 454.

[14] S. 34   Im Tagebuch, in dem sich Wittgenstein keine Zurückhaltung im Gebrauch religiöser Termini auferlegt, heißt es unumwunden: »Den Sinn des Lebens, d. i. den Sinn der Welt, können wir Gott nennen./ Und das Gleichnis von Gott als einem Vater daran knüpfen.« Tagebücher 1914–1916, a. a. O. S. 167.

[15] S. 35   Ein Katalysator von Wittgensteins ›Bekehrung‹ während seiner Dienstzeit beim Militär am Beginn des Ersten Weltkriegs ist nach einhelliger Auffassung der Wittgenstein-Forschung die Lektüre von Lev Tolstois Büchlein »Erläuterungen des Evangeliums« gewesen. Das Bändchen wird 1915 das erste Mal in den verschlüsselten Passagen des Tagebuchs erwähnt (die nach seinem Tod unter dem Titel »Geheime Tagebücher« veröffentlicht worden sind). Matthias Kroß: »Das mystische Christentum des russischen Schriftstellers und Sozialreformers ließ Wittgenstein die eigene »Arbeit« in einem neuartigen Licht sehen – es brachte ihn davon ab, Philosophie als einen Versuch zu begreifen, ein adäquates Bild der Welt zu entwerfen, und führte ihn zu dem seither dominierenden Gedanken, die Probleme der Philosophie als Lebensprobleme zu sehen. Die »Lösung« philosophischer Probleme des Denkens und der menschlichen Existenz erscheint nunmehr als eine Frage der *Erlösung* sowohl der Philosophie wie auch der Menschen, die sich zur Auseinandersetzung mit philosophischen Problemen getrieben fühlen.« (Klarheit als Selbstzweck, a. a. O. S. 36). – Die Emphase, mit der der junge Wittgenstein von der Lösung der (Lebens)Probleme spricht, kann darum auch als Ausdruck des bei ihm immer wieder auflodernden leidenschaftlichen Willens zur Imitatio Christi gedeutet werden.

In seiner viel beachteten Wittgenstein-Monographie datiert Ray Monk Wittgensteins Hinwendung zum Religiösen bereits in das Jahr 1912, nachdem dieser bei einem Wienaufenthalt in den Semesterferien die in seiner österreichischen Heimat spielende Komödie »Die Kreuzlschreiber« gesehen hatte und von der dort dargestellten religiösen Erweckungsszene tief berührt gewesen sein muss. Monk: Zwar sei das Stück selbst mittelmäßig gewesen, doch einer der Protagonisten habe gesagt, was auch in der Welt geschehe, *ihm* könne nichts Schlimmes widerfahren, *er* fühle sich vom Schicksal und von den Umständen unabhängig. Diese Gelassenheit habe ihm – Wittgenstein – die Augen geöffnet, so dass er Religion erstmals für möglich hielt. Wittgenstein hielt zeit seines Lebens daran fest, sich ›absolut aufgehoben‹ zu fühlen sei das Wesen des religiösen Erfahrung.« – Noch auf eine weitere Inspirationsquelle macht Monk aufmerksam: »Wenige Monate nach dem oben zitierten Gespräch mit Russell las er *Varieties of Religious Experience* von William James und schrieb Russell am 22.06.1912: ›Dieses Buch

Anmerkungen

tut mir *sehr* gut, womit ich nicht sagen will, dass ich bald ein Heiliger sein werde, doch ich bin mir einigermaßen sicher, dass es mich ein wenig weiterbringt auf einem Weg der Besserung, auf dem ich gern noch *sehr viel* weiterkommen würde: Es hilft mir nämlich, glaube ich, mich von der *Sorge* freizumachen ...‹.« (Ray Monk, Wittgenstein – Das Handwerk des Genies, Stuttgart 1992, S. 68)

Die Erwägung, ob der Wittgenstein der frühen Tagebücher und des Tractatus als Vertreter einer »negativen Theologie« einzustufen wäre, dass etwa sein Gottesverständnis mit demjenigen der »Docta-Ignorantia-Lehre« eines Nikolaus von Cues vergleichbar sei, hält Thomas Macho in seinem ausführlichen Einleitungskommentar zu einer Textauswahl Wittgensteins für fragwürdig. Macho führt stattdessen den Hinweis von Jacob Taubes an, »Wittgensteins Tractatus gleiche einem manichäischen Text aus dem 4. nachchristlichen Jahrhundert«. (Siehe Thomas Macho, Einleitung, in: Wittgenstein – Ausgewählt und vorgestellt von Thomas H. Macho, München 1996, S. 63 ff.).

[16] S. 36 Matthias Kroß zufolge »besteht Wittgensteins Anliegen im Traktat gerade darin, den religiösen Glauben als ein Moment der ›richtigen‹ Weltsicht, auf das die logischformale Analyse von Tatsachen und deren Abbilder deutet, verstehbar zu machen. Und er befreit ihn von den Problemen, in die sich seit der rationalistischen Religionskritik z. B. der Aufklärung die Theologie und anschließend die Religionsphilosophie verstrickt hat.« – Was aber heißt hier, den religiösen Glauben als Teil der richtigen Weltsicht »verstehbar« zu machen? Kroß behilft sich mit der unseres Erachtens wenig überzeugenden Unterscheidung eines philosophischen und eines religiösen Parts: Der philosophische offenbare das »Dass« der von Gott geschaffenen Welt und lasse darüber staunen; der religiöse Part zeige ihre »Sinnhaftigkeit« als Ingrediens des richtigen Sehens. »Der Glaube hingegen bringt das Erstaunen über die Sinnhaftigkeit der Welt zum Ausdruck. Zu diesem Staunen gehört ein ›metaphysisches Ich‹, das der logische Ort ist, in dem sich die Logizität der Welt und der Bilder und zugleich die Sinnhaftigkeit der Welt und der Sinn von Modellen der Welt zu spiegeln vermögen. Der philosophischen Betrachtung allerdings geht es um dieses ›Ich‹ in der Hinsicht, dass sich in ihm die logisch-strukturelle Isomorphie zwischen der Logizität der Tatsachen und der Logizität der Bilder von Tatsachen manifestiert. Für die religiöse Betrachtung ist das ›Ich‹ Koinzidenzpunkt der Sinnhaftigkeit des Lebens und der Sinngebungsmöglichkeiten, die in den Modellen der Welt beschlossen liegen ...« (Klarheit als Selbstzweck, a. a. O. S. 104 u. 105 f.)

Es hilft aber alles nichts: Dass die Logizität der Welt, ihre logische Sinnhaftigkeit, innerweltliche Sinngebungen erlaubt, garantiert gerade nicht (wie Kross suggeriert) das Sich-einstellen des »Gefühls« der Sinnerfülltheit, sprich der religiös-metaphysischen Sinnhaftigkeit der wie auch immer logisch angelegten menschlichen Sinnprojekte! Für die reine, kalte Logizität einer Welt könnte auch ein Teufel verantwortlich sein, logisch strukturiert könnte man sich auch eine grausame und metaphysisch vollkommen sinnleere Welt vorstellen. Hier kann nicht die Logizität als solche Gewissheit schaffen (dazu reicht ihr »Zeigen« eben nicht hin!), wie an der ›Causa Wittgenstein‹ ablesbar vermag dies offenbar nur der Glaube (Schweigen und Schweigepraxis einmal außer Betracht gelassen). Der Glaube jedoch kann niemals ein logisches Produkt sein, er ist (auch jenseits von Konvention und Sozialisation) Entscheidungssache, hängt ab von einem *Sprung*.

[17] S. 36 Siehe v. W. Baum (Hrsg.), Geheime Tagebücher 1914–1916, Wien 1991, Seite 21 u. 42; S. 33 u. 58, S. 48 u. 69 ff.; S. 22; S. 26, 35, 39, 71. – Wilhelm Vossenkuhl bemerkt diesbezüglich: »Seine religiösen Äußerungen in den Tagebüchern zwischen 1914 und

Anmerkungen

1916 sind allesamt inbrünstig, nicht distanziert, sondern tief gläubig.« (Vgl. derselbe, Ludwig Wittgenstein, München 1995, S. 294.)

[18] S. 37 Matthias Kroß: »Den christlichen Glauben annehmen zu können, ist letztlich ein Akt der Gnadenwahl ...« (Klarheit als Selbstzweck, a. a. O. S. 110) – Mit dem Dezisionismus des »Sprungs in den Glauben« verträgt sich der Gnadenwahl-Gesichtspunkt dergestalt, dass darüber, ob ein Springender mit seinem Sprung sicher im Glauben landet, von einer höheren Instanz entschieden wird bzw. je schon entschieden worden ist.

[19] S. 38 Vermische Bemerkungen, a. a. O. S. 514. Die vollständige Passage, niedergeschrieben ca. 1944, lautet: »Der Notschrei kann nicht größer sein, als der eines Menschen./ Oder auch keine Not kann größer sein, als die, in der ein einzelner Mensch sein kann./ Ein Mensch kann daher in unendlicher Not sein und also unendliche Hilfe brauchen./ Die christliche Religion ist nur für den, der unendliche Hilfe braucht, also nur für den, der unendliche Not fühlt .../ Der christliche Glaube – so meine ich – ist die Zuflucht in dieser höchsten Not./ Wem es in dieser Not gegeben ist, sein Herz zu öffnen, statt es zusammenzuziehen, der nimmt das Heilmittel in sein Herz auf.« – Indem Wittgenstein im Tractatus logico philosophicus eine Demarkationslinie zwischen (sprachlichem) Sinn und (sprachlichem) Unsinn zieht, erinnert er an Kant, der in seiner Philosophie ebenfalls das Geschäft der Grenzziehung betreibt. Kants Kritizismus möchte der populären Erläuterung zufolge unserem Reflexionsgebrauch und also dem Wissen eine Schranke setzen, um dadurch Platz zu schaffen für den Glauben. Könnte man nach dem Vorangehenden folgern, dass der frühe Wittgenstein mit seiner Destruktion von Metaphysik und Philosophie als Lehre oder System ein ebensolches Programm verfolgt? Wenn dieses kantische Motiv so direkt auch nicht in seiner Absicht gelegen haben sollte, so könnte man doch in der Rückschau urteilen, dass Wittgensteins Anstrengung im Endeffekt darauf hinauslief. Auf der Strecke bleibt bei alldem die Idee des Schweigens, wie sie der Schlusssatz der Logisch-philosophischen Abhandlung in unseren Augen zunächst so vielversprechend exponiert.

[20] S. 39 »Wittgenstein war Mystiker. Sein Philosophieren, das zu Recht als ein lebenslanges Ringen bezeichnet wurde, kann von seinem Lebensvollzug nicht geschieden werden. Sein mystisches Selbst- und Weltverständnis bekundete sich jedoch nicht in einem schwärmerischen religiösen Enthusiasmus, sondern in Schweigen, Zurückgezogenheit und in einem Philosophieren, das von den letzten Dingen in sehr *indirekter* Weise zeugt. Seine mystische Existenzhaltung ist darüber hinaus von einem tiefen Bewusstsein der *Sünde* des Menschen begleitet ...« (Thomas Rentsch, Heidegger und Wittgenstein, Stuttgart 2003, [erweiterte Ausgabe, erstmals 1985], S. 288f.)

[21] S. 39 Und weiter: »Mystisch allerdings nicht im Sinne eines mysteriösen, verschwommenen Geheimnisses, das kaum zu entziffern ist; mystisch auch nicht im Sinne einer bestimmten religiösen Dogmatik oder spiritualistischen Schleudermeinung – sondern mystisch in einem äußerst präzisen Sinn, der bei Wittgenstein für die unverwechselbare Physiognomie seines Denkens und Lebens ebenso verantwortlich ist wie für den eigentlichen Gehalt all dessen, was er geschrieben hat im Zeichen eines tiefen geistigen und sittlichen Leidens.« (Manfred Geier, Das Sprachspiel der Philosophen – Von Parmenides bis Wittgenstein, Reinbek bei Hamburg 1989, S. 158).

[22] S. 40 Das Sprachspiel der Philosophen, a. a. O., S. 164. – Ferner heißt es bei Geier: »Nichts anderes als diese hartnäckige Konzentration auf das Zeigbare, das als solches nicht sagbar ist, weil es jeder Sagbarkeit als Bedingung ihrer Möglichkeit differentiell vorausliegt, kennzeichnet den mystischen Sprachlogiker Wittgenstein. Ihn interessiert primär nicht, was in einer unbegrenzten Fülle von Sätzen sinnvoll über alle möglichen Tat-

Anmerkungen

sachen der Welt, über alles, was der Fall ist, gesagt werden kann. Das überlässt er den Wissenschaftlern. Ihn interessiert vielmehr, wie es überhaupt sagbar ist vor dem Hintergrund einer Sprachlogik, die immer schon, in jedem einzelnen Satz, zeigt, was sich in der Sprache spiegelnd präsentiert.« (S. 170)

[23] S. 40 Am schärfsten dürfte Eddy Zemach in seinem Aufsatz über das Mystische bei Wittgenstein die Identität der Begriffe Logik, allgemeine Form, Satzform, Gebietsgrenze, Gott und das Mystische gemäß der Textualität von Wittgensteins Traktat gefasst haben: »The concept form is identical (...) with the concept limit. A generalized proposition is the form of a certain domain and its limit. A completely generalized proposition gives us a description of a certain domain as a limited whole. (5.5262) Thus ›the mystical‹ is ›the feeling of the world as a limited whole‹. (6.45) ›The mystical‹, or God, is not how the world is but that it is. (6.44) Since the world is the totality of facts, its most general characteristic held in common by all facts, viz., factuality, is revealed to be nothing but the general form of the proposition. The form world, or God, is the ›fact‹ that there are facts, and that there are all the facts (positive and negative). But such a ›fact‹ about facts is obviously a formal concept, which cannot be named or described. (4.126–4.1273) / To be a limit of a domain means to be the general form, i. e. the possibility of this domain.«
– Dann folgt die ihren Implikationen nach äußerst fragwürdige Schlusskaskade: »With respect to the total domain, to be a form is to be its sense. Since form and essence are identical, God is the sense and the essence of the world. The essence of the world, i. e., the totality of facts, is the general form of the proposition. Thus the general form of the proposition is identical with the concept God. »Eddy Zemach, Wittgenstein's Philosophy of the Mystical, in: The Review of metaphysics 18, 1964, S. 46.

Der mit Gott als dem Sinn der Welt identifizierte logische oder Formsinn kann – wenn mit ihm wiederum das Mystische in der Hauptsache umschrieben sein soll – nichts anderes als eine logische Abstraktion sein, ein bei aller Unsagbarkeit bzw. Undenkbarkeit bloß gedachter Sinn, kein ›gefühlter‹. Das logisch Mystische, dies beachtet Zemach nicht (und reproduziert so die bei Wittgenstein angelegte Ungereimtheit), vermag lediglich ein verqueres, weil im Grund undenkbares/unsagbares ›Gedanken-Mystisches‹ zu ergeben. Mag er sich auch auf den Kopf stellen, ein solcher Gedanke des Mystischen ist nicht das Gefühl des Mystischen, und er ist auch außer Stande Letzteres hervorzubringen.

Für ebenso unbefriedigend halten wir Matthias Kroß' Version des Verkoppeltseins von Logik und Mystik bei Wittgenstein. »Der Traktat ist ein philosophisches Werk sub specie aeternitatis«, so behauptet er, »dessen ›Mystizismus‹ keine besondere Erfahrung in der Welt markiert, sondern die logische Möglichkeit von Erfahrung zum Gegenstand hat.« Das philosophische Staunen soll also nach Kroß nicht erfahrungsbedingt und noch weniger übungsgeneriert, vielmehr unmittelbare Folge der Logik sein. Vgl. Kroß, a. a. O. S. 77 ff. u. S. 213. – Wilhelm Vossenkuhl wiederum konstruiert eine übergreifende »Domäne« des Unsagbaren, die sozusagen als Teilmengen zum einen das Logische und zum anderen das Mystische enthalten soll. Dies ließe immerhin die Möglichkeit zu, dass sich das logisch Unaussprechliche ohne weiteres zeigte, das mystisch Unaussprechliche dagegen, wie wir vermuten, einer ›translogischen‹ Erfahrung bedürfte. Vgl. Vossenkuhl, Ludwig Wittgenstein, a. a. O. S. 100.

Ältere Arbeiten zum Problemkreis Logik und Mystik aus dem angelsächsischen Sprachraum hat Rolf-Albert Dietrich in seiner Dissertation, Logik und Mystik – Untersuchungen über den Begriff des ›Mystischen‹ in Wittgensteins ›Tractatus‹, Göttingen 1971 durchgesehen und ausgewertet. Weitere Beiträge zum Aspekt des Mystischen im

Anmerkungen

Werk Wittgensteins werden erwähnt und kommentiert bei Matthias Kroß, Klarheit als Selbstzweck, a. a. O. u. a. S. 212 f.

[24] S. 41 Alle hier zitierten Stellen sind dem Unterkapitel »Das Mystische« in Chris Bezzel, Wittgenstein zur Einführung, a. a. O. S. 87 ff. entnommen. Dort heißt es zum Verhältnis Logik und Mystik: »Wittgenstein, das zeigt der Gesamtzusammenhang, ist kein ›Mystiker‹, nicht nur im tradierten Sinne nicht. Er ist weder logischer Mystiker noch mystischer Logiker. Allerdings: in einem, freilich irreführenden Sinn, könnte man von einer ›logischen‹ Mystik sprechen; nämlich dann, wenn man reflektiert, dass Wittgenstein ›das Mystische‹ *logisch* begründet, wenn auch negativ. Für ihn ›folgt‹ das Mystische aus der Begrenztheit von Denk- und Sagbarkeit, das Mystische gibt es nur, wenn die Bildtheorie richtig ist, wenn es stimmt, dass die Welt in ihrem WIE (und nur darin) deskriptiv abbildbar ist und dass jede Sprachform ihr notwendig logisches Wesen zur Erscheinung bringt. Aber das Mystische *ist* nichts Logisches …« – Das Mystische »negativ« im Logischen begründet sein lassen besagt wohl so viel wie, dass das Logische eine notwendige aber keine hinreichende Bedingung für das Sich-zeigen des Mystischen darstellt; womit wiederum in der Frage nach der ›Emergenz‹ des Mystischen oder der Verwirklichung des positiv Ethischen à la Wittgenstein nichts gewonnen wäre.

[25] S. 41 Ohne es explizit zu machen (vielmehr den Anschein des Gegenteils erweckend) argumentiert Bezzel mit Wittgenstein gegen Wittgenstein (anhand einer Briefstelle gegen das, was die Endfassung des Traktats verkörpert), erst Recht wo er abschließend »die Utopie eines befreiten ästhetisch-ethisch-philosophischen Vernehmens als dem Ende jeder repressiven wie metaphysischen ›Vernunft‹« andeutet. Im Kontext: »Vergegenwärtigt man sich, dass Wittgenstein einen an Sprache gebundenen engen, rational-deskriptiven Begriff des ›Denkens‹ vertritt, dann ist die philosophische ›Anschauung‹, das philosophische ›Gefühl‹ der Welt als einer begrenzten Einheit, die ›mystische‹ alternative zur Rationalität. Das anschauende Gefühl als Sehen des sich zeigenden Unaussprechlichen –, ist es die Utopie eines befreiten ästhetisch-ethisch-philosophischen Vernehmens als dem Ende repressiven wie metaphysischen ›Vernunft‹?« – Bezzel will auf eine ästhetisch-kontemplative Einstellung analog Platons ›theorein‹ hinaus. Die »mystische Anschauung der Welt durch ästhetische Produktion« führe »wie auch immer« auf die »höhere Ebene des Mystischen, wo das begrenzte Sagen abgelöst würde vom schweigenden Sehen«. Sodass zu guter Letzt das Schweigen doch noch Erwähnung findet. »Das Sehen wird als philosophische Sinnerkenntnis erst jenseits von Sprache erreichbar.« Allerdings ohne auf das *praktische Wie* jener »intensiven Aktivität, ja ethisch-ästhetisch-philosophische(n) Lebenshaltung« einzugehen, wie sie »im schon inflationär missverstandenen siebten Hauptsatz des Tractatus« postuliert sei. Vgl. Chris Bezzel, Wittgenstein zur Einführung, a. a. O. S. 87 ff.

[26] S. 42 Vortrag über Ethik, in: Joachim Schulte (Hrsg.), Ludwig Wittgenstein Vortrag über Ethik, Frankfurt 1989, S. 14. – Der Satz in Wittgensteins Vortrag geht weiter: »Dann neige ich dazu, Formulierungen der folgenden Art zu verwenden: ›Wie sonderbar, dass überhaupt etwas existiert‹, oder ›Wie seltsam, dass die Welt existiert‹.

Wittgensteins Worte geben klar zu verstehen, dass das von ihm gemeinte Staunen nicht wie eine quasi natürliche Reaktion auf das zur Kenntnis genommene »Dass« der durch eine logische Isomorphie von Tatsachen und Sprache ermöglichten Welt aufzufassen ist, wie man dies den meisten Wittgenstein-Auslegungen entnimmt. Nur wem, wie Wittgenstein sagt, *dieses Erlebnis* zuteil wird, kommt in dieses seltsame Staunen über das Dass der Welt. Nicht ein durch irgendwelche Reflektion auf das Dass der Welt bewirktes Staunen erzeugt das »Gefühl des Mystischen«, alles hängt vom *Erlebnis* ab –

239

Anmerkungen

und dieses von der Laune oder Gunst der Umstände wahlweise vom Geschenk göttlicher Gnade (beides Wittgensteinsche Lesarten); es sei denn man räumte unserer eigenen Arbeitshypothese Kredit ein, die mystisches Erleben als die Frucht kontinuierlicher Übung, des meditativen Schweigens, in Betracht zieht.

Die Verwendung des Ausdrucks Staunen (oder Erstaunen) – zudem paradoxaler Weise gebraucht für etwas (Welt bzw. ›Welthaben‹), von dem man sich gar nicht vorstellen kann, es könnte ebensogut nicht sein bzw. ganz anders sein – muss auf jeden Fall als Verlegenheit angesehen werden; Wittgenstein operiert mit einer für den von ihm beabsichtigten Zweck so hoffnungslos unterdeterminierten Vokabel, dass damit beinahe nichts ausgesagt ist. Auch der Verweis auf das sprichwörtlich philosophische Staunen (griechisch ›thaumazein‹) hilft letztlich nicht weiter. Eher als ein Sich-wundern wäre es schon eine wundersame, ja eine wunderbare Empfindung zu nennen: dieses plötzliche Aussetzen allen Kopfzerbrechens (und Herzzerbrechens) über das Was und Wie der Welt und den Sinn des Lebens – ein ›man weiß nicht wie‹ Hinein-katapultiert-sein in die »Lösung« (des Welt- oder Lebensrätsels) bei anhaltender Konfrontation mit den Tatsächlichkeiten der Welt und des Daseins als »Aufgabe« (der Gestaltung und Bewältigung), um Wittgensteins Ausdrücke im Traktat (6.4321) zu benutzen. Wobei das Wundersame oder Wunderbare der Empfindung sich eben der großen Erleichterung verdankte, welche jener Lösungszustand, das ›Abfallen jeglicher Sorge‹, nach sich zöge. Sodass das von Wittgenstein im Vortrag an erster Stelle genannte Staunen als »Erlebnis« schwerlich isoliert erfahren werden dürfte, unabhängig von dem als zweites Beispiel erwähnten Erlebnis eines Gefühls absoluter Sicherheit oder Geborgenheit – beides lässt sich wohl nur analytisch voneinander unterscheiden, man müsste darin vielmehr integrale Momente der Wirklichkeit mystischen Erlebens erblicken.

Zur Zeit des Ethikvortrags lag übrigens bereits ein Konzeptualisierungsversuch von Modi religiösen Erlebens vor, der sich auch an den mystischen Erlebnisaspekten abarbeitet: die schon damals in akademischen Fachkreisen breit rezipierte Studie des Religionsphänomenologen Rudolf Otto über »Das Heilige«. Ottos Terminologie folgend wäre das spezifisch Mystische (sozusagen eine Sondererfahrung im Spektrum möglicher religiöser Erlebnisweisen) eine Art transreflexive, direkte Begegnung mit dem »Anderen« oder dem »Heiligen« und wegen der nicht mehr symbolisch vermittelten Direktheit oder Unmittelbarkeit eine Begegnung mit dem (im Verhältnis zu jeder Form von Reflexion) Ganz Anderen. Einzig diese stets unversehens eintretende ›Inständigkeit‹ im ›Ganz Anderen‹ vermöchte, betrachtet man es in der Perspektive dieser religionsphänomenologischen Begrifflichkeit, jenes Erstaunen oder jene Verwunderung hervorzurufen, die bei Wittgenstein gemeint sind. Das in den Religionen umkreiste Andere des Heiligen nennt Rudolf Otto das »Numinose«, das, weil an sich oder im Kern der menschlichen Vernunft nicht assimilierbar, das göttliche »Geheimnis« schlechthin sei. Mythologie und Religion verleihten ihm dennoch symbolischen Ausdruck, sodass Formen seiner menschlichen Anverwandlung entstünden, in welchen es als »Tremendum« und als »Fascinans«, als ein zugleich Erschreckendes oder Unheimliches und Anziehendes oder Betörendes dem religiös empfindenden Menschen gegenübertrete. Seine ausnahmsweise unmittelbare Begegnung im Spezialfall des Mystischen erklärt sich Otto so, dass er das Mysterium gleichsam für die Form des Numinosen nimmt, die sich dann im mystischen Erleben ›rein‹ aktualisiere, d.h. ohne das mit seinen religiös-reflexiven Aneignungs- und Veranschaulichungsformen einhergehende Entsetzen und/oder ekstatische Eingenommensein. Er schreibt: »Die Momente des tremendum und des mysteriosum sind in sich doch bestimmt verschieden, und das Moment des Mysteriösen

Anmerkungen

im Numinosen kann im Gefühlserlebnis ... überwiegen, ja so stark in den Vordergrund treten, dass das Moment des tremendum neben ihm fast abklingt. Das eine kann gelegentlich auch für sich ganz allein das Gemüt hinnehmen ohne dass das andere mit eintritt.« Interessant zu sehen, dass auch Otto vom »Mirum« bzw. vom »Mirabile« spricht, das ein Sich-wundern ohne einen eigentlichen Gegenstand auslöse: »Das Mysterium minus des Momentes des tremendum können wir näher bezeichnen als das Mirum oder das Mirabile. Dieses mirum ist an sich noch nicht ein admirandum. (Dazu wird es erst durch die später zu nennenden Momente des fascinans und des augustum.) Noch nicht das ›Bewundern‹ sondern nur erst das ›Sich Wundern‹ entspricht ihm. ›Sich wundern‹ kommt aber ... von *Wunder* und bedeutet in seinem ersten Sinne: im Gemüte von einem Wunder, einem Wunderding, einem mirum betroffen sein. Das Sich Wundern im echten Sinne ist also ein rein im Gebiete des numinosen Gefühles liegender Gemütszustand, und nur in abgeblasster und verallgemeinerter Form wird es zum Erstaunen im Allgemeinen.« Kurz, es entfällt bei der genuin mystischen Gemütsbewegung die Anmutungsqualität des Erschreckenden (eines numinos Unheimlichen), wo (wenn wir jetzt wieder an die bei Wittgenstein unterschiedenen Momente des Mystischen denken) gleichzeitig die Anmutung »es kann mir nichts geschehen« mit im Spiel ist. – Ob allerdings mit der ausgefeilteren Terminologie Ottos, heikel wie alles Terminologische auf diesem Gebiet, gegenüber der offenkundig unterkomplexen bei Wittgenstein etwas für das von außen an die mystische Erlebnisphänomenologie herantretende Verständnis gewonnen ist, mag an dieser Stelle dahingestellt bleiben. (Die Zitate aus: Rudolf Otto, Das Heilige, München 1979, S. 29) Stillschweigend wäre damit auch schon klargestellt, dass Wittgensteins Äußerungen im Ethikvortrag im Unterschied zur Rudolf Ottoschen *Konzeptualisierung mystischen Erlebens überhaupt* noch sehr nahe dem unmittelbaren Ausdruck einer inneren Erfahrung sind (einer Ausdrucksweise, die er exemplarisch an der Schmerzerfahrung und dem Ausdruck derselben in den »Philosophischen Untersuchungen« in extenso beleuchtet); zwar bedient sich der unmittelbare Ausdruck, soweit er sprachliche Reaktion auf das Erleben/das Erlebte ist, der Worte eines erlernten Sprachspiels, stellt jedoch kein wissenschaftlich-distanziert objektivierendes Sprachspiel wie dasjenige des Religionsphänomenologen Rudolf Otto dar. Eingedenk dessen, dass das mystische Erleben die Sphäre des Unsagbaren betrifft, könnte man Wittgensteins auf wenige Worte beschränkte Verbalisierung seiner Erlebnisse als das noch gerade Zulässige akzeptieren, während so gesehen Rudolf Ottos elaborierte Versprachlichung wohl schon eine illegitime Grenzüberschreitung wäre, bereits den Rubikon zur Unsinnsrede überschritten hätte (Vgl. dazu bei Joachim Track, Lebensform, Bild und innere Erfahrung. Zur Bedeutung von Wittgensteins Interpretation religiöser Äußerungen, in: Wilhelm Vossenkuhl, Von Wittgenstein lernen, Berlin 1992, insb. S. 164ff.).

Auf eine besondere Pointe oder eigentümliche Drehung in der Auffassung des Staunens bei Wittgenstein hat Martin Gessmann in seiner Arbeit über den »Moralisten« Wittgenstein hingewiesen. Im Vortrag über Ethik wird nämlich das schiere Dass-Sein der Welt als Stimulus des Staunens oder der Verwunderung beiläufig und leicht überhörbar mit der »Existenz der Sprache selbst« gleichgesetzt. Was insofern nicht überrascht, als uns die Welt in ihrer je konkreten Faktizität nur durch die Sprache und ihre Logik vermittelt gegeben ist. Das Ganze bekommt nun aber dadurch eine spezielle Wendung, dass Wittgenstein das Staunen über das Dass von Welt und Sprache traditionell in der Glaubensgewissheit »Gott hat die Welt erschaffen« ausgedrückt findet. Damit wäre jedoch sofort wieder ein Schritt weg vom reinen Dass (der Welt) hin zum ›Wie und Was‹ getan und also auch hin zur *sprachlichen* Erkennbarkeit und Beschreibbarkeit in reli-

Anmerkungen

gionspraktischer Sprache, wenn nicht gar in Theologie oder philosophischer Metaphysik. Dieses Staunen wäre nicht länger ein im Sprachlosen sich ereignendes und verharrendes ›mystisches Mirabile‹ … Aus Wittgensteins Vortragstext können wir nichts entnehmen über die Umstände von dessen eigenem mystischen Erleben, d. h. inwieweit sein Zugang zum Mystischen über eine ›pietistische Innerlichkeitspraxis‹ verlaufen ist oder sich – religionsunabhängig – einem spontanen Ereignis von sinnerfüllendem ›Alleinheits-Gefühl‹ verdankt. – Für die Herausnahme des Staunens aus dem Bereich eines strikten Ineffabile und des mit ihm einhergehenden Schweigens im Falle des glaubens- bzw. frömmigkeitsinduzierten Staunens über Welt/Sprache/Logik als ›Schöpfung Gottes‹ würde der ›geistesgeschichtliche‹ Verweisungszusammenhang sprechen, auf den Martin Gessmann aufmerksam macht: »Erich Heller hat vor mehr als 40 Jahren Wittgensteins Staunen vor dem Wunder einmal … als ›Teil an einem vor-Kantischen metaphysischen Glauben‹ identifiziert: ›dem Glauben nämlich, dass es, wenn auch nur in einem aufs genaueste definierten und eng begrenzten ›Bezirk des menschlichen Verstehens, eine in der Natur des Seins begründete Entsprechung zwischen der menschlichen Erkenntnisfähigkeit und dem Wesen der Welt gibt.‹« … Das ›eng Begrenzte‹ des Bezirks menschlichen Verstehens ist freilich der Preis, der für die Wiederkehr solchen Erstaunens und Gottvertrauens in der Moderne zu zahlen ist. Die alte Metaphysik lässt sich zunehmend nur noch in Abstraktionen übersetzen, und je weiter sich das Gebiet der Wissenschaften und ihrer Entzauberungen ausdehnt, um so begrenzter sind die Felder, in denen sich Sprache und Welt zur Deckung bringen lassen.« (Martin Gessmann, Wittgenstein als Moralist – Eine medienphilosophische Relektüre, Bielefeld 2009, S. 37)

[27] S. 42 Prägend für Wittgensteins Auffassung vom Mystischen (insbesondere den Aspekt des »mir kann nichts geschehen« betreffend) muss der Besuch des volkstümlichen Theaterstücks »Die Kreuzelschreiber« von Ludwig Anzengruber gewesen sein, in dessen Mittelpunkt ein mystisches Erweckungserlebnis steht. Thomas Rentsch ist überzeugt, dass die Aufführung Wittgenstein »tief erschütterte« und auf ihn die Wirkung einer »mystischen Grenzerfahrung« hatte. Rentsch gibt die einschlägigen Passagen des Stücks im Wortlaut wieder (vgl. Heidegger und Wittgenstein, a. a. O. S. 318 ff.) – Deutlich wird, wie die mystische Epiphanie hier an ein persönliches Widerfahrnis geknüpft ist, das dem christlichen Archetyp von Tod und Auferstehung folgt. »Zunächst erkennen wir die Situation des *Hochmuts*, des Trotzes. Ihr folgt die *Verzweiflung*. (Auch für Luther und Kierkegaard war sie Voraussetzung, geschichtliche Bedingung des Gottvertrauens.) Es ist die Verzweiflung an allem innerweltlich Seienden – an der Welt der Tatsachen. Und dies Geschehen ist existentiale Möglichkeitsbedingung für eine Epiphanie: *die Auferstehung der Wirklichkeit in anderer Gestalt*. Anastasis und Epiphanie sind eins … Das weltverfallene, hochmütige oder verzweifelte ich ist das ›cor incorvatum in se‹, das sich in sich krümmend seine Form nie erreicht. Keine Reflexion-in-der-Welt erreicht Gott. Robert Spaemann schreibt: ›Reflexion führt deshalb zur Verzweiflung. Und aus dieser erst geht die totale Transzendenz der einen Liebe hervor.‹« (Rentsch, a. a. O. S. 320). Unnötig zu betonen, dass in diesem christlich gefärbten Mystikverständnis das mystische Schweigen und erst recht eine formelle Praxis desselben hinter traditioneller Glaubens- und Gebetspraxis zurücktreten (jener ›Pietismus‹, auf den auch Wittgensteins geheime Tagebucheintragungen schließen lassen).

[28] S. 42 In den genannten Fällen sprachlicher Missbrauch deshalb: Staunen ist nur möglich bei etwas, von dem ich mir vorstellen kann, dass es auch anders sein könnte (was von der Nichtexistenz der Welt inklusive meiner selbst nicht gesagt werden kann); eine absolute Sicherheit und Unverletzbarkeit meiner Person kann mit Rücksicht auf ihre leiblichen

Anmerkungen

und seelischen Existenzbedingungen, ohne die sie nicht wäre, schlechterdings ebenfalls nicht behauptet werden.

[29] S. 45   Jürgen Habermas, Ludwig Wittgenstein als Zeitgenosse, in: ders.: Texte und Kontexte, Frankfurt 1991, S. 85 (Alle weiteren von uns zitierten Textstellen ebd. S. 84 ff.). – Den allen drei Denkern gemeinsamen allgemeinen Kontext umreißt Habermas folgendermaßen: »Ob es uns gefällt oder nicht, diese drei Denker verbindet das, was Henrik von Wright veranlasst hat, Wittgenstein vor dem Hintergrund der angelsächsischen Welt einen »Mitteleuropäer« zu nennen. Henrik von Wright hat 1977 aus Wittgensteins Nachlass »Vermischte Bemerkungen« ausgewählt und diese in einem eigenen Buch auf erhellende Weise kommentiert. Neues Licht fällt damit auf die kulturkritischen Antriebe und religiösen Wurzeln von Wittgensteins Denken. In diesem Licht zeichnen sich die Konturen eines sehr deutschen Philosophierens ab, welches Wittgenstein *auch* in die Nähe von Heidegger und Adorno rückt.«

[30] S. 46   Siehe Ludwig Wittgenstein, Werkausgabe (Suhrkamp) Band 8, Frankfurt 1984, S. 113 ff. – Gerade auch für unsere Argumentationszwecke (die ultimative Sinnerfahrung die Welt und Leben betreffend) eine gute Zusammenfassung bietet Hans Rudi Fischer, Wittgenstein und die Frage nach dem Subjekt, a. a. O. S. 15 f.: »Ein für unseren Zusammenhang wesentliches Ergebnis von Wittgensteins Analysen um das »Ich« ist die Differenzierung zwischen 1. und 3. Person Singular Präsens, die Wittgenstein hinsichtlich der ›psychologischen Verben‹ einführt. Bei der Analyse der Sprachspiele über innere Zustände weist er die zwischen 1. und 3. Person bestehende epistemische Disparität auf: Die Verwendung dieser Verben ist hinsichtlich Dritter durch Beobachtung zu verifizieren/falsifizieren, die der 1. Person dagegen nicht. Wenn ich also einem Dritten etwa ›Wut‹ zuschreibe, so gebrauche ich äußere Kriterien, wie etwa sein rotes Gesicht, seine geballten Fäuste, seine Sprache u. ä. Gerade wegen dieses notwendigen Gebrauchs von Kriterien besteht auch prinzipiell die Möglichkeit der falschen Zuschreibung; d. h. es ist möglich, dass die Person gar nicht diesen ›inneren Zustand‹ hat, sondern einen anderen. Dies gilt nun nicht für mich selbst, da ich mir meine Bewusstseinszustände nicht anhand von Kriterien zuschreibe und als bestimmte identifiziere. Es gibt also solche ›objektiven‹ Kriterien für mich nicht. Wenn ich also sage, dass ich Wut habe, so ist die Frage, woher ich dies ›weiß‹ sinnlos. Ich schreibe mir meine Bewusstseinszustände *kriterienlos* zu; insofern ist es auch sinnlos, im Hinblick auf die eigenen Bewusstseinszustände von *wissen* zu reden. Descartes hat mit der Identifikation von Wissen (Wahrheit) und Gewissheit der Tradition nach ihm lange die Einsicht versperrt, dass es sich dabei um kategorial verschiedene Konzepte handelt. Wittgenstein hat auf diese Differenz insbesondere in *Über Gewissheit* hingewiesen, er scheint aber bereits im Tractatus diesen Unterschied implizit zu machen. Es handelt sich dabei um die Gewissheit, die als grammatische ins Sprachspiel über Bewusstseinszustände der 1. Person sozusagen ›eingegossen‹ ist. Das heißt, unsere Sprachspiele mit psychologischen Verben funktionieren bei Selbstzuschreibungen der 1. Person so, dass ein Zweifel *logisch ausgeschlossen* ist.«

[31] S. 46   Man ist versucht zu sagen, Habermas selber weiß es besser, wie die folgende Äußerung belegt: »Das ganz andere lässt sich nur in unbestimmter Negation bezeichnen, nicht erkennen.« (Vgl. Philosophisch-politische Profile, Frankfurt 1987, S. 176). – Ungeachtet dessen beobachtet man freilich einen überschwänglichen Gebrauch des Wortes Erkenntnis gerade dort, wo jene letzten (Sinn)Gewissheiten angesprochen sind, angefangen bei der »cognitio dei experimentalis« der mittelalterlich-christlichen Theologie. Was so lange unproblematisch erscheinen mag, wie gleichzeitig das »Ineffabile« dieses alle rationalen Maßstäbe übersteigenden ›Erkannten‹ nicht missachtet wird.

Anmerkungen

³² S. 48   Habermas wiederholt hier beinahe wörtlich die Erklärung Adornos zur Funktionsweise von Walter Benjamins »Denkbildern«: »Was nicht im üblichen Stil sich beweisen lässt und doch bezwingt, soll Spontaneität und Energie des Gedankens anspornen und, ohne buchstäblich genommen zu werden, durch eine Art von intellektuellem Kurzschluss Funken entzünden, die jäh das Vertraute umbeleuchten, wenn nicht gar in Brand stecken.« Theodor W. Adorno, Benjamins ›Einbahnstraße‹, in: Ders., Noten zur Literatur, Frankfurt 1974, S. 681.

³³ S. 48   Muss eigens erwähnt werden, dass von den in diesem Buch zugrunde gelegten Prämissen aus jegliches Gurutum und alles schulmäßige Gewese, wie sie auch beim ›Fetisch Meditation‹ in der Esoterikszene und im Selbstverwirklichungsmilieu allenthalben anzutreffen sind, als ein Gräuel erscheinen? Wir haben das Nötige dazu in früheren Publikationen ausgeführt: Hans-Willi Weis, Exodus ins Ego – Therapie und Spiritualität im Selbstverwirklichungsmilieu, Zürich/Düsseldorf 1998; sowie ders., Spiritueller Eros – Auf den Spuren des Mystischen, Petersberg 1998.

³⁴ S. 50   »Alle drei sind unterwegs zum Ästhetischwerden der Theorie.« (Texte und Kontexte, a. a. O. S. 88) – Habermas hat sich bei dieser Formulierung von einer bio-bibliographischen Reminiszenz leiten lassen, dem Andenken an Adornos posthum veröffentlichtes Werk »Ästhetische Theorie«, das wie eine Summe des Adorno'schen Oeuvres, insbesondere in punkto »mimetisches Denken«, aufgefasst werden kann. Die Unzulänglichkeit der Rede vom »Ästhetischwerden der Theorie« wird bei der folgenden Äußerung von Habermas spürbar: »Wittgenstein, Heidegger und Adorno wollen Effekte erzielen, die am ehesten ästhetischen Erfahrungen gleichen … Ohne über die Kreativität des Künstlers zu verfügen, muss sich der Philosoph doch eine Aufgabe zutrauen, die der poetischen Welterschließung nahekommt.« Die sprachlos aufblitzende existenzielle Sinnintuition, die Habermas zuvor als das Erkenntnisideal der ›Initiationsphilosophie‹ ausgemacht hat, würde, als Chiffre für eine Praxis oder Übung nach unserem Verständnis gelesen, genau besehen keine »Welt« erschließen, erweiterte nicht die bestehenden Horizonte, sondern veränderte ums Ganze die Stellung des Einzelnen zu der ihm immer schon erschlossenen Welt: indem ihn die existenziellen Sinnfragen nicht länger plagten und ihn fortan sein Leben nicht mehr mit ›unglücklichem Bewusstsein‹ führen ließen. Im Übrigen riefe es, wollte man von ›ästhetischer Schweigepraxis‹ sprechen, alle möglichen schiefen und irreführenden Assoziationen hervor.

II

¹ S. 53   Siehe Martin Gessmann, Wittgenstein als Moralist – Eine medienphilosophische Relektüre, Bielefeld 2009. – Nach ihrer Stilisierung durch den Autor sind Moralisten stets Einzelkämpfer auf verlorenem Posten, jedenfalls in the long run. Vergeblich ficht der Moralist für die Verteidigung ideeller Werte, die vielleicht einmal Gültigkeit besessen haben, aber längst unter die Räder einer materiellen Fortschrittsdynamik geraten sind. Allenfalls gelingt es dem Moralisten für eine Weile, sich seine so besiegelte objektive Verzweiflungsgeschichte subjektiv zu verhehlen; und sei es – wie bei Wittgenstein paradigmatisch dadurch, dass er eine blinde und subjektlose Weltwirklichkeit mit einem ebenso vollständig entwirklichten Ich zusammendenke, welch Letzteres zum imaginären Asyl jeglicher Idealität, aller Werte und allen Sinns werde. Gessmann zu dieser die ›Realität‹ auf der einen, ein ›Nichts‹ auf der anderen Seite übrig lassenden Konstellation bei Wittgenstein: »Noch mitten in der Entstehungszeit des *Tractatus* reflektiert Witt-

Anmerkungen

genstein in diesem Sinne auf seinen eigenen philosophischen Werdegang. ›Der Weg, den ich gegangen bin, ist der: Der Idealismus scheidet aus der Welt als unik die Menschen aus, der Solipsismus scheidet mich allein aus, und endlich sehe ich, dass auch ich zur übrigen Welt gehöre, auf der einen Seite bleibt also *nichts* übrig, auf der anderen Seite als unik *die Welt*. So führt der Idealismus streng durchdacht zum Realismus‹ (TB15.10.16).« Konträr zu unserer eigenen, in den vorangehenden Kapiteln versuchten innovativ-perspektivischen Relektüre von Wittgensteins Konstrukt eines desinvolvierten Ich auf der Grenze der Welt liest Gessmann dieselbe Figur als Ausdruck kompletter Ratlosigkeit und vermag schließlich im den Traktat beschließenden Schweigegebot nichts anderes als den dazu passenden theatralischen Gestus zu erkennen: »Jene Instanz, die zuvor idealistischer Welt-Wiederholer war, ist jetzt nur noch anonyme Koordinate in einem selbstgenerierten System … ›Das denkende, vorstellende Subjekt gibt es nicht‹ mehr (TLP5.631). Man kann das so verstehen, wie es die Kommentare wollen, dass nämlich damit nur gesagt sein sollte, dass man die Struktur der Wirklichkeit, das Transzendentale, für das das Ich einsteht, nicht erkennen kann wie einen Gegenstand oder einen Sachverhalt in der Welt. Man kann es aber auch so deuten, dass hinter dem ›reinen Realismus‹ der Strukturen es überhaupt kein Subjekt mehr geben kann, dem irgendeine Strukturleistung für die Welt zugesprochen werden dürfte, weil sie in der Realität schon ohne jede Fremdeinmischung von statten geht. … Das wird die letzte Lektion sein, die ein ursprünglich idealistischer Wittgenstein aus der Weltkriegserfahrung zieht, die so zuletzt als eine ›Apokalypse der Realität‹ erscheint. Das finale Schweigegebot über das, ›wovon man nicht sprechen kann‹ (TLP7), ist nichts anderes mehr, als jene Endzeiterfahrung zum letzten Wort der Philosophie gemacht.« (Wittgenstein als Moralist, a.a.O. S. 101).

[2] S. 54 Eine mit der von uns intendierten ›Denk- und Weltpause‹ formal analoge Struktur skizziert Gessmann in seinen Ausführungen, wo er die von der hermeneutischen Wittgenstein-Lektüre (etwa bei E. Heller und bei R. Bubner) fortgesetzte Tradition der philosophischen Meditation referiert: »Jeder Philosoph, der ›semel in vita‹ von der Welt Abstand nimmt, eine Zäsur setzt als ›Epoché‹, hat sich irgendwann genug besonnen und folgt dem Drang, doch noch einmal in die Welt zurückzukehren, schon nur um zu sagen, wie es wirklich ist. Das Detachement und die Entfernung ist das eine, um den Andrang der Welt und die Aufdringlichkeit der Dinge fernzuhalten; das andere ist das, was sich daraus ergibt. Wer als Philosoph gelten will, muss der Entwertung aller Gegenstände wieder eine Neubewertung folgen lassen, er muss aus dem Staunen über die Nichtigkeit der Welt eine Mutmaßung über ihre Richtigkeit generieren … Keiner, so scheint es vor Wittgenstein, will wirklich nur Meditieren um des Meditierens willen und dabei vollkommen absent bleiben; er will mit einer neu gewonnenen Einsicht die Welt verbessern, oder, wenn dies nicht geht, zumindest besser erklären.« (Wittgenstein als Moralist, a.a.O. S. 134)

[3] S. 55 Längst aufmerksam geworden, so müssten wir uns verbessern, was den nunmehr bereits vor einem Vierteljahrhundert verstorbenen Michel Foucault angeht. Mit Fug und Recht gebührt ihm bei der Wiederbelebung des auf die Lebensführung des Einzelnen bezogenen Praxisgedankens innerhalb der Philosophie die Prominentenrolle. Gewissermaßen zünftig knüpft er seine »Ästhetik der Existenz« an die großen Vorbilder der Antike (Stoa etc.) an. Zahlreich sind inzwischen auf diesem Gebiet die Arbeiten von Schülern aus seinem Umkreis; hingewiesen sei nur auf das hervorragende Buch von Pierre Hadot, Wege zur Weisheit oder Was lehrt uns die antike Philosophie? Frankfurt 1999.

Anmerkungen

In den Fußstapfen solcher Wiederbesinnung auf den Praxisaspekt des Philosophierens bewegt sich hierzulande außer den unter der Flagge der *philosophischen Lebenskunst* segelnden Autoren (allen voran Wilhelm Schmid) vor allem Peter Sloterdijk mit seinen jüngsten Publikationen zum philosophisch lange in Vergessenheit dahindämmernden Komplex *Übung und Askese*. Leider droht jedoch bei ihm der Übungsbegriff in der Überfülle der Anwendungsgebiete und historischen Beispiele zu zerfasern: Wo sich tendenziell allem und jedem Übungscharakter attestieren lässt, steht am Ende nichts mehr in einem präzisen Sinne als paradigmatische Übung oder beispielhaftes Exerzitium vor Augen, es fehlt sozusagen die Zuspitzung auf den strategischen Punkt. Mit anderen Worten, es bleibt das Kenntlichmachen der Schweigepraxis als dem zentralen Exerzitium ›in der Not der Gegenwart‹ dabei auf der Strecke. (Vgl. Peter Sloterdijk, Du musst dein Leben ändern – Über Anthropotechnik, Frankfurt 2009 sowie unsere kritische Stellungnahme diesbezüglich, Hans-Willi Weis, Anthropotechnik, Immunologie, Übung – Zu Sloterdijks neuem Religionsdesign, in: Theomag – Das (Internet)Magazin für Kunst, Kultur, Theologie, Ästhetik, Heft 59, 2009.

[4] S. 56 Gessmann weiter: »Das Fazit wird sein: Anstatt einer Übertragung metaphysischer Sicherheiten ins Sprachliche, handelt es sich umgekehrt nur um eine Rückprojektion sprachlicher Sicherheiten ins Metaphysische … [Der Moralist] sieht sich mit der begründeten Vermutung konfrontiert, dass er sein Unternehmen schon nicht mehr als Philosoph formulieren kann, der den Ausgang aus dem Käfig der Sprache tatsächlich gefunden hätte, sondern weiter nur als dessen Insasse … Was er als unabhängige Wahrheit jenseits der veränderlichen Sprachkonventionen anvisiert hatte, ist in Wahrheit nur ein diffuses Außen, das er als solches wiederum nur durch die ›Gitter‹-Strukturen des gängigen Sprachverkehrs hindurch wahrnimmt. Was es in Wahrheit sein könnte, erscheint nur als ein geniales Sichausmalen dessen, was aus der bedrängten Binnensicht heraus noch erstrebenswert schiene.« – Mit welch ›bösem Blick‹ Gessmann Wittgenstein unter die Wiederverzauberungskünstler einsortiert und so vorschnell das ›mentalrevolutionäre Potential‹ in dessen ›mystischem Anteil‹ übergeht, verdeutlichen die folgenden Sätze: »Der erste Teil der Strategie der modernen Moralisten besteht … darin, das gewöhnlich Gewordene und längst Normalisierte nicht mehr, wie man sich es denken müsste, qualitativ ganz anders und erneuert erscheinen zu lassen, denn das entzieht sich schon nachhaltig seinen Möglichkeiten. Es kann nur noch darum gehen, es in Form einer Stilisierung und ausgefeilten Fiktion so darzustellen, dass es auf eine der Zeit angemessene Weise neue Nahrung für den alten Wunderglauben an die Metaphysik gibt.« (Wittgenstein als Moralist, a.a.O. S. 48 f. und 51).

[5] S. 57 Wie ein Vorausblick auf den Abschied von der logischen Analyse und die Hinwendung zur sprachpragmatischen liest sich ein Satz aus 6.211 des Tractatus: »In der Philosophie führt die Frage: ›Wozu gebrauchen wir eigentlich jenes Wort, jenen Satz?‹ immer wieder zu wertvollen Einsichten.« Zu diesen werkinternen Entwicklungen siehe u. a. Wilhelm Vossenkuhl, Wittgenstein, a.a.O. S. 303 ff.

[6] S. 57 Die Art von Konfusions-Diagnose und Übersichtlichkeits-Therapie, wie sie der spätere Wittgenstein in seiner Sprachphilosophie betreibt, wird durch William W. Bartley mit folgender Kurzbeschreibung wiedergegeben: »Die Art von Irrtum, die Wittgenstein für die Quelle philosophischer Verwirrung hält, ähnelt sehr stark derjenigen, die zeitgenössische analytische Philosophen als ›Kategorienfehler‹ beschreiben, auch wenn Wittgenstein selber diesen Begriff nicht verwendet. Will man Kategorienfehler vermeiden, so muss man die Umgangssprache in allen Einzelheiten studieren, muss man Sprache im Zusammenhang aller ihrer Verschränkungen mit dem Leben, dem Verhalten, der

Anmerkungen

Natur untersuchen ... Mithilfe detaillierter ›rein beschreibender‹ Studien des ›Hinzunehmenden, des Gegebenen‹ versucht Wittgenstein zu erklären, wie man den ›richtigen Gebrauch‹ verschiedener Ausdrücke innerhalb eines gesellschaftlich festgelegten ›Sprachspiels‹ oder einer Lebensform erwirbt; indem man diesen richtigen Gebrauch erlernt, lernt man die Regeln des Spiels, in dem die Ausdrücke auftreten. Die Sprache wird ihre Grenzen überschreiten oder ›feiern‹, wie Wittgenstein sagt, wenn bestimmte Arten von Ausdrücken außerhalb ihres eigentlichen Feldes oder Anwendungsbereichs gebraucht werden. So verlegt sich die philosophische Kritik darauf zu zeigen, wie die Sprache von ihrem richtigen Platz abschweifen kann, um sie dann in ihren angemessenen Zusammenhang zurückzuversetzen.« (William Warren Bartley, Wittgenstein – ein Leben, München 1983, S. 150f.) – Ergänzend dazu und mit Blick auf das veränderte ›Leistungsprofil‹ der Philosophie als Disziplin Vossenkuhl:»Die Philosophie ist als Beschreibung des Sprachgebrauchs im Stande kognitiver, wissenschaftlicher Unschuld. Sie weiß nichts Besonderes, weil sie nicht erklärt. Sie hat nur Übersicht über das, was Wörter und Sätze sagen können, was wir mit ihnen offensichtlich und beschreibbar tun können. Die Philosophie tut – wenn sie als übersichtliche Darstellung betrieben wird – selbst nichts Besonderes mit ihnen. Sie hat kein eigenes Anliegen, verfolgt keine Zwecke jenseits von Klarheit und Übersicht. Sie stattet uns mit keinen besonderen Kenntnissen aus, die uns die Welt oder die Menschen vertrauter machen. Vor allem wissen wir selbst dann, wenn wir Klarheit und Übersicht haben, nicht, wie wir künftige, neue Probleme lösen können... Selbst wenn die Philosophie alle ihre Probleme gelöst und das ›Bewusstsein der Unordnung‹ (BT 421) überwunden hat, ist noch nichts gewonnen, nichts Neues entdeckt oder erkannt. Klarheit und Übersicht können durchaus kognitiv trivial sein. Sie sind es gewöhnlich nicht. Einfachheit ist nicht gleich Trivialität. Die Philosophie müsse Knoten in unserem Denken auflösen, ihr Resultat müsse einfach sein, das Philosophieren ›aber so kompliziert wie die Knoten, welche es auflöst‹ (Z 379, § 452).« (Vossenkuhl, Wittgenstein a. a. O., S. 308 f.)

[7] S. 59 Die Wendung »sie selbst« suggeriert so etwas wie die Bewahrungswürdigkeit einer ›Philosophie als solcher‹ nach Erledigung sämtlicher philosophischen Scheinprobleme alias Sprachkonfusionen. Wilhelm Vossenkuhl zählt in der Kontroverse um ein mögliches Ende der Philosophie nach erfolgreicher Verrichtung aller anstehenden philosophischen Tätigkeitsaufgaben zur Fraktion derer, die damit nicht auch schon die ›Philosophie selbst‹ für abgetan halten. Was auch nach der sprachpragmatischen Wende der Spätphilosophie »bestehen bleibt, ist die Domäne des klar Sagbaren der Naturwissenschaften. Die Isomorphie der Intensionen und Extensionen, die für Logik und Ontologie eine gemeinsame Grenze festlegt, bildet im Tractatus aber nicht nur den Bestand des klar Sagbaren sondern gleichzeitig auch den des klar Denkbaren.« Diese »Synchronie des Sag- und Denkbaren« werde aufgehoben, die »Reflexion über die Regeln des Sprachgebrauchs« in den Philosophischen Untersuchungen setze voraus, »dass wissenschaftlich unexakte Bedingungen des sprachlichen Verhaltens, eben Regeln, sinnvoll erforschbar sind«. Es verschiebe sich infolgedessen nicht die Grenze des klar Sagbaren, wohl aber die des Denkbaren. Dies lasse sich (was Wittgenstein in seinen Farbreflexionen tue) an der Farbwahrnehmung illustrieren: Qualifikationen bzw. Urteile wie »leuchtend« bedeuteten zwar keine physikalisch-wissenschaftlich klaren Aussagen, seien jedoch als Wahrnehmungen durchaus *keine* unsinnigen Gedanken. »Die Grenze der wissenschaftlichen Ontologie ist nicht mehr die Grenze dessen, was sinnvoll gedacht werden kann. Wenn es etwas nicht gibt, ist es damit nicht schon undenkbar oder unvorstellbar. Nur wegen dieser Öffnung der Grenze kann es das Problem geben, warum etwas, was es nicht

Anmerkungen

gibt, nicht denkbar ist. Farbrätsel sind keine wissenschaftlichen Rätsel, weil sie sich erst jenseits der Grenze des wissenschaftlich Klärbaren stellen. Sie gehören ausschließlich in die Domäne der Philosophie.« – Indem er mit dieser Schlussfolgerung einer mit ›spezifisch unwissenschaftlichen Wahrnehmungsphänomenen‹ angefüllten Domäne für eine Philosophie mit eigenständigen positiven Inhalten reklamiert, hat Vossenkuhl auf seine Weise, könnte man sagen, die Philosophie literarisiert, ohne explizit von ihrer ›Hinüberrettung‹ auf das ›Festland der Literatur‹ oder einfacher gesagt der Hermeneutik zu sprechen. Ansonsten bleibt nach unserer eigenen speziellen Blickrichtung hin festzuhalten: Das beim jungen Wittgenstein noch virulente Thema Schweigen wie auch der noch durch die späteren Texte Wittgensteins vagabundierende aufs Existenzielle zielende Praxisaspekt des Philosophierens finden bei dieser Transaktion längst keine Berücksichtigung mehr. (Vgl. Wilhelm Vossenkuhl, Wittgenstein über Farben und die Grenzen des Denkbaren, in: ders. (Hrsg.), Von Wittgenstein lernen, Berlin 1992, S. 96 ff.)

[8] S. 60 Man vergleiche auch §47 der »Philosophischen Bemerkungen«: »Die Selbstverständlichkeit der Welt drückt sich eben darin aus, dass die Sprache nur sie bedeutet und nur sie bedeuten kann. Denn da die Sprache die Art ihres Bedeutens erst von ihrer Bedeutung von der Welt erhält, so ist keine Sprache denkbar, die nicht diese Welt darstellt.« In solchen Äußerungen entfernt sich Wittgenstein natürlich denkbar weit von seinen früheren Mahnungen vor unsinniger bzw. leerer Rede. Pointierte Aussagen wie die zitierte sollten jedoch nicht zu der Meinung verleiten, der spätere Wittgenstein verfalle sozusagen ins andere Extrem. Eine ausgewogene Berücksichtigung des Gesamtkonvoluts der nachgelassenen Wittgensteinschen Texte gelangt zu einer moderaten Einschätzung. So etwa Wilhelm Vossenkuhl in seiner exemplarischen Auswertung der den Farben gewidmeten Reflexionen Wittgensteins.

Ansonsten hat Hidé Ishiguro schlüssig dargelegt, »warum die Theorie der Gegenstände des Tractatus, nämlich die sogenannte Bildtheorie, ebenso eine Theorie des Sprachstehens und des Sprachgebrauchs ist, wie eine Referenztheorie, und warum eine Theorie des Sprachstehens gleichzeitig eine Theorie der Darstellung dieser Welt sein muss«. Dass es nicht möglich sei »einen Gegensatz zwischen der Bildtheorie des Tractatus und der Gebrauchstheorie der Bedeutung der Philosophischen Untersuchungen festzustellen«. (Vgl. Ishiguro, Die Beziehung zwischen Sprache und Welt im früheren und späteren Wittgenstein, in: Wilhelm Vossenkuhl, Hrsg., Von Wittgenstein lernen, Berlin 1992, S. 28).

[9] S. 60 Wittgenstein, Vermischte Bemerkungen, a.a.O. S. 530. Mit dieser zugespitzten Formulierung, könnte man sagen, hat sich der späte Wittgenstein wohl am weitesten vom sprachasketischen Rigorismus seiner Frühschrift entfernt. Und gleichermaßen fern erscheint von hier aus auch der Gedanke an ein Schweigen, das mehr bzw. etwas anderes wäre als ein Horchen auf den Unsinn, den einer gerade von sich gegeben hat.

[10] S. 60 Martin Gessmann charakterisiert die hermeneutische Wittgenstein-Auslegung wie folgt: »Die philosophische Hermeneutik will ... von der Vorstellung ausgehen, dass die philosophische Leere zuletzt doch nur von einer philosophischen Lehre überwunden werden kann. Konkret heißt das, das Staunen über die Verstellungskräfte der Sprache, ihre Potenz zur ›Verhexung des Verstandes‹ nicht als Motiv für deren Überwindung zu nehmen (in welche Richtung auch immer), sondern vielmehr als einen nachhaltigen Grund zur Vertiefung in das Medium Sprache. Hermeneutik im allerweitesten Sinne geht davon aus, dass wir zuletzt den Schein niemals wirklich überwinden können, sondern nur Mittel und Wege finden, damit angemessen umzugehen. Und wenn die Sprache das Medium ist, in dem sich das Wesen der Dinge verklärt, muss es auch im Wesen

Anmerkungen

der Sprache liegen, dass sich die Dinge wieder klären. Von außerhalb zumindest kann eine brauchbare Hilfe nicht mehr erwartet werden. Hermeneutik ist so die Lehre von der Selbsthilfe in der metaphysischen Krise aus eigenen Bordmitteln. Es gibt nur konsequente Immanenz, keine Transzendenz.« (Wittgenstein als Moralist, a. a. O. S. 126).
Als Vertreter der hermeneutischen Wittgenstein-Deutung sind zu nennen: Rüdiger Bubner, Wittgenstein als meditativer Denker, in: ders., Antike Themen und ihre moderne Verwandlung, Frankfurt, 1992. – Erich Heller, Die Reise der Kunst ins Innere, Frankfurt, 1966. – Manfred Frank: Wittgensteins Gang in die Dichtung, in: ders./G. Soldati, Wittgenstein – Literat und Philosoph, Pfullingen, 1989.

[11] S. 61 Zu den Hauptvertretern des »New Wittgenstein«, die auf diese Weise nach dem Ende verbindlicher philosophischer Theorie nach neuen Inspirationsquellen spiritueller Orientierung in den erbaulichen Schriften der Transzendentalisten und ihrer Naturmystik suchen, zählen: James Conant, Frege and Early Wittgenstein, in: A. Crary/ R. Read (Hrsg.): The New Wittgenstein, London/New York, 2000 sowie ders., Kierkegaard, Wittgenstein and Nonsense, in: T. Cohen/P. Guyer/ H. Putnam (Hg.), Pursuits of Reason, Lubbock/Texas, 1993. – Cora Diamond, Ethics, Imagination and the Method of Wittgenstein's Tractatus, in: A. Crary/R. Read (Hg), The New Wittgenstein, London/ New York, 2000.

Unser Einwand gegen ihre Spielart eines ›anderen Denkens‹ aus dem Geist eines literarisierten Wittgenstein: dass es ohne gleichzeitig das ›Andere des Denkens‹ sprich Schweigen ›kunstgerecht‹ zu praktizieren kaum Chancen hat, korrigierend oder limitierend auf das vorherrschende Denken einzuwirken – diesen Einwand möchten wir auch gegen den Neuwittgensteiniander Stanley Cavell und seinen etwas anders gelagerten Ansatz erheben. Cavell setzt, in manchem an Nietzsche erinnernd, auf Erlösung (nicht zuletzt auch von den falschen Versprechen abstrakter Philosopheme) durch Affirmation des Alltäglichen und seiner Ästhetik. (Siehe Stanley Cavell, Die Alltagsästhetik der ›Philosophischen Untersuchungen‹, in: J. Gibson/W. Huemer, Wittgenstein und die Literatur, Frankfurt 2006; ders.: Der Anspruch der Vernunft – Wittgenstein, Skeptizismus, Moral und Tragödie, Frankfurt 2006)

[12] S. 62 Der Gerechtigkeit halber wollen wir nicht verschweigen, dass es neben Wittgensteins eskapistischen Tendenzen bei ihm durchaus auch Ansätze zu einer in die Welt hineingenommenen Askese gibt. Dass diesseits mönchischer Weltabkehr *weltintegrierte* Praktiken eines in den Alltag eingelassenen Exerzitiums der Stille und Abstandnahme sehr wohl denkbar sind. Hierzu zum einen eine frühe Tagebucheintragung: »Nur eines ist nötig: alles was einem geschieht betrachten zu können; sich sammeln …« Zum andern eine spätere Äußerung, ein Ratschlag an seinen Freund Drury, nicht unähnlich der Verschreibung einer ›mentalhygienischen Selbsttechnik‹: »… dass Sie sich immer, wenn es nötig ist, eine Ruhepause gönnen und sich sammeln« (zit. nach R. Rhees (Hrsg.), Ludwig Wittgenstein: Portraits und Gespräche, Frankfurt 1987, S. 260 u. 141).

Diese Äußerungen zeugen gewiss von einem anderen Geist als dem einer radikalen gnostischen Abrechnung mit der Welt in toto, wie die folgende Notiz reflektiert: »Wenn ich ›have done with the world‹, so habe ich eine amorphe (durchsichtige) Masse geschaffen, und die Welt mit ihrer ganzen Vielfältigkeit bleibt, wie eine uninteressante Gerümpelkammer, links liegen./ Oder vielleicht richtiger: das ganze Resultat der ganzen Arbeit ist das Linksliegenlassen der Welt. (Das In-die-Rumpelkammer-werfen der ganzen Welt).« Wittgenstein, Vermischte Bemerkungen (1931), a. a. O. S. 463.

Mit Henry van Wrights Veröffentlichung der »Vermischten Bemerkungen« ist aber auch deutlich geworden, wie stark auf Wittgenstein selbst noch in den späteren

249

Anmerkungen

Jahren die Anziehungskraft der ›Option Glauben‹ wirkte. Sie stellt er als eine nur »leidenschaftlich« zu erfassende und zu ergreifende der Option »Weisheit« entgegen, die nur allzu nüchtern und distanziert Ratschläge erteilt, die man ebenso gut annehmen wie auch lassen kann (was dann wohl auch für unsere Weisheitsoption Schweigepraxis gelten würde). »Es kommt mir vor, als könne ein religiöser Glaube nur etwas wie das leidenschaftliche Sich-entscheiden für ein Bezugssystem sein. Also obgleich es *Glaube* ist, doch eine Art des Lebens, oder eine Art das Leben zu beurteilen. Ein leidenschaftliches Ergreifen *dieser* Auffassung. Und die Instruktion in einem religiösen Glauben müsste also die Darstellung, Beschreibung jenes Bezugssystems sein und zugleich ein ins-Gewissen-reden. Und diese beiden müssten am Schluss bewirken, dass der Instruierte selber, aus eigenem, jenes Bezugssystem leidenschaftlich erfasst. Es wäre, als ließe mich jemand auf der einen Seite meine hoffnungslose Lage sehen, auf der andern stellte er mir das Rettungswerkzeug dar, bis ich, aus eigenem, oder doch jedenfalls nicht von dem *Instruktor* an der Hand geführt, auf das zustürzte und es ergriffe.« So 1947. – Kein Wittgenstein-Interpret hat die Deutung seiner Philosophie in einer Art religiösen Engführung derart ausschließlich auf diesen Gedanken gegründet als Walter Schweidler: Alle philosophische Klärungsarbeit geschehe nicht der »Verbesserung der Sprachtheorie« (und letztendlich einer erfolgreicheren Sprach- oder Kommunikationspraxis) zuliebe,»sondern auf Grund der Irregeleitetheit philosophierender Menschen, die von ihrem wahren Impuls abgebracht und auf das Feld der Metaphysik abgedrängt werden, statt die wahre Lösung der ihnen begegnenden Lebensprobleme einfach entgegenzunehmen«. Ohne in antireligiöse Polemik verfallen zu wollen, reizt es uns zu erwidern: Nur hält man nach der Demut solch einfacher Entgegennahme nicht erst gegenwärtig vergeblich Ausschau und vermutlich wäre die nämliche Gemütsverfassung unter den Funktionsbedingungen demokratisch-emanzipierter Gesellschaften als Sozialcharakter nicht einmal wünschenswert. (Vgl. Walter Schweidler, Wittgensteins Philosophiebegriff, Freiburg/München 1983, insb. S. 162 ff.)

[13] S. 62 Aus einem Vorwortentwurf für eine geplante Veröffentlichung von 1930. Vgl. Vermische Bemerkungen, a.a.O. S. 459. Zu Wittgensteins Kulturkritik siehe auch Hans-Willi Weis, Aufhören können – Wittgenstein und das intellektuelle Unbehagen in der technischen Zivilisation, in: Kommune – Zeitschrift für Politik, Ökonomie, Kultur, 3/2011, S. 74 ff.

[14] S. 63 Wittgenstein, Vermischte Bemerkungen, a.a.O. S. 487.

[15] S. 63 In Analogie zu Karl-Otto Apels »Transzendentalpragmatischen« Argumenten möchten wir den von uns vorgestellten Argumentationsansatz in Sachen Schweigepraxis *transzendentalpraxeologisch* bzw. *-praktizistisch* nennen. Es liegt auf der Hand, dass *meditative Schweigepraxis als Transzendentalpraktik* nicht Weltfremdheit und nicht fuga mundi zur Bedingung hat, dass sie sich im Gegenteil mitten im Leben situiert, statt der großen Weltentsagungsgebärde täglich die ›kleine Weltpause‹ praktiziert. – Zur Parallele des Formal-Prozeduralen zwischen einer regulativ gedachten Schweigepraxis und der Kommunikationspraxis in demokratisch-pluralistischen Gesellschaften siehe Jürgen Habermas, Nachmetaphysisches Denken, Frankfurt 1988.

[16] S. 66 Zu den von uns zitierten Auszügen aus dem Metaphysikvortrag von 1929 vgl. »Was ist Metaphysik?«, Frankfurt 1998 (15. Auflage).

[17] S. 67 Sein und Zeit, Tübingen 1986, Paragraph 34 S. 164 f. Ein vom ›Standardmodell‹ etwas abweichendes Verständnis von Schweigen bekundet sich dann allerdings in den Ausführungen zum Gewissen, die in Sein und Zeit die einzig spezielleren Einlassungen über das Schweigen beinhalten. Überdies zeigt sich dabei eine Analogie zum »Ruf des

Anmerkungen

Seins« im Metaphysikvortrag dergestalt, dass auch der Anruf des Gewissens an uns schweigend ergeht. Daher hier in aller Kürze Heideggers Konzeption des Gewissens. Anders als man bei dem Wort Gewissen, das gemeinhin mit durch Sozialisation verinnerlichten moralischen Normen assoziiert wird, erwarten würde, ruft das bei Heidegger gemeinte Gewissen dem angerufenen »Dasein« im Grunde nichts Bestimmtes zu, »sondern es ist aufgerufen zu ihm selbst, das heißt zu seinem eigensten Seinkönnen«. Eben wegen dieses nicht vorhandenen *Worüber* der Gewissensansprache brauche diese nicht in vernehmbaren Worten zu sprechen: »Das Gewissen redet einzig und ständig im Modus des Schweigens.« Woraus hervorgeht, dass der Redemodus des ›gewissenhaften‹ Schweigens nicht in einem inneren Zwiegespräch, einem intern geführten Diskurs besteht, sondern wie bei dem uns vertrauten Gewissen sich als ein unbedingter Ruf artikuliert, den man wegen der Unverhandelbarkeit seiner wie aus einem Nirgendwo ergehenden Aufforderung mit Heidegger als »unheimlich« charakterisieren mag. Zu unseren Zitaten aus »Sein und Zeit«, a. a. O. Paragraphe 56 ff. – Wenn das schweigsam redende Gewissen – so wie Heidegger dasselbe versteht: als Anruf des Daseins, der dieses in sein eigenstes Selbst-sein-Können ruft – keiner Verlautbarung bedarf oder mangels eines diskursiven Inhalts auch gar nicht in verlautende Rede gebracht werden kann, heißt dies dann, dass dem Ruf des Gewissens anders als jenem Ruf des Seins kein Sagen entspricht, so wie letzterem das »Sagen des Denkers« entsprechen soll? Oder müsste man es so formulieren: Heideggers Ausführungen über das Gewissen in »Sein und Zeit« – ein Daseinsgewissen, das den Einzelnen zu »Entschlossenheit« und »Eigentlichkeit« aufruft –, diese Ausführungen selber *sind* das Zur-Sprache-kommen des schweigenden Gewissens und seines Rufens. Ja, wird man am Ende Analoges vom Ruf des Seins und seiner Wahrheit konstatieren dürfen: dass Heideggers eigene Texte den verbindlichen Wortlaut von dessen Wahrheit verlautbaren?

[18] S. 67 »Die Sprache gründet im Schweigen«, versichert noch einmal einer der Schlusssätze in Heideggers posthum veröffentlichten Beiträgen zur Philosophie, Frankfurt 1989, S. 510. Ebd. S. 79 hieß es bereits: »Das Wesen der ›Logik‹ … ist daher die Sigetik. In ihr erst wird auch das Wesen der Sprache begriffen.«

Günter Wohlfart kommentiert: »Das das ›Seyn selbst als Ereignis‹ bedenkende ›anfängliche Denken‹ nennt Heidegger ›sigetisch‹ in der ausdrücklichsten Besinnung gerade erschweigend‹« (Günter Wohlfart in: Tilman Borsche, (Hrsg.), Klassiker der Sprachphilosophie – Von Platon bis Noam Chomsky, München 1996, S. 394). – Ergo ist das Erschweigen des sigetischen Schweigens ein *Denken* und auch das erschweigende Schweigen darf somit nicht mit jenem außerordentlichen Schweigen verwechselt werden, das bei uns das *Andere des Denkens* heißt. Dass die Erschweigung die Logik der Philosophie sei, muss also so verstanden werden, dass die Philosophie auf durchdachte, reflektierte Weise zu ihren Worten und Begriffen, zu ihrem »Sagen« gelangt – wie man es eigentlich auch nicht anders erwartet, möchte man hinzufügen. Dass dieses schweigend-erschweigende Mit-sich-zu-Rate-gehen des Denkers oder Philosophen, seine *entsprechende* Reaktion auf jene wie auch immer geartete *Ansprache*, kaum ohne das Dazwischen des beratschlagenden inneren Zwiegesprächs auskommen dürfte, lässt Heidegger an der zitierten Stelle unerwähnt. Deshalb etwa, weil das innere Zwiegespräch auf das je schon vorgefundene Sprechen und seine sich gewohnheitsmäßig einstellenden Worte zurückgreift, mithin alles andere als im hehren Sinne ursprüngliche Wort- und Sprachschöpfung bedeuten würde? Und wäre *diese* Logik im Sinne des Logos als aussagendem Sprechen dann noch Ergebnis einer Sigetik gemäß der von Heidegger suggerierten fundamentalen Deutung des Begriffs?

Anmerkungen

[19] S. 68 Der Text dieser Vorlesung findet sich in der Heidegger-Gesamtausgabe, GA 39, S. 218. Das für den mittleren und späten Heidegger des Sprachdenkens stets paradigmatische Schweigen ist dasjenige, wie es Dichtung und Poesie (produktions- wie rezeptionsästhetisch) zu ihrer Voraussetzung haben. Sodass das sich ihm verdankende Sagen des Dichters oder Poeten und das »Sagen des Denkers« als wesensverwandte Weisen ursprünglichen schöpferischen Sagens in nachbarschaftlicher Nähe zueinander stünden. – Man erinnert sich an die Briefstelle Wittgensteins, wo er sich zu einem Gedicht Uhlands äußert: »Wenn man sich nicht bemüht das Unaussprechliche auszusprechen, so geht *nichts* verloren. Sondern das Unaussprechliche ist, – unaussprechlich – in dem Ausgesprochenen *enthalten!*« Was Wittgenstein hier über den *literarischen/poetischen* Modus des Sagens äußert, reklamiert Heidegger für die *denkerische* Weise des Sagens (die sich bei ihm mit ihrer besinnlichen Gangart dem dichterischen Sagen annähert): »Das Höchste denkerische Sagen besteht darin, im Sagen das eigentlich zu Sagende nicht einfach zu verschweigen, sondern es so zu sagen, dass es im Nichtsagen genannt wird ...« (Heidegger, Nietzsche, Bd. I, Stuttgart 1961, S. 471).
   Eine der sprachphilosophisch ergiebigsten Gedichtauslegungen Heideggers ist Stefan Georges Gedicht »Das Wort« gewidmet. Dessen erste Strophe lautet: »Wunder von ferne oder traum/ Bracht ich an meines landes saum/ Und harrte bis die graue norn/ Den namen fand in ihrem born –/ Drauf konnt ichs greifen dicht und stark/ Nun blüht und glänzt es durch die mark ...« Solch dichterischem »Harren« auf das rechte Wort aus dem »Born« ist Heideggers denkerisches Harren nachgebildet, die »lange gehütete Sprachlosigkeit« des sinnenden Philosophen oder Denkers; und auch dessen schlussendliches »Sagen« soll von der ›Pulchritudo‹ des Wortes wie eine Aura umstrahlt sein, wie für das dichterische Sagen soll auch für das des charismatischen Denkers gelten: »Nun blüht und glänzt es durch die mark ...«. Vgl. Martin Heidegger, Unterwegs zur Sprache, Stuttgart 1959, S. 162 ff.

[20] S. 68 »Heidegger war überhaupt kein Mensch für Gespräche ...« So der Bescheid des hundertjährigen Hans-Georg Gadamer im Gespräch mit Stefan Krass (in dessen Rundfunk-Feature »Mit einer Hoffnung auf ein kommendes Wort« über ein Gespräch zwischen Paul Celan und Martin Heidegger in Todtnauberg 1967, SWR2-Archiv).

[21] S. 70 Heidegger, Unterwegs zur Sprache, Stuttgart 1959, S. 262. Wiederum schien es Heidegger angebracht, den Leser daran zu erinnern, dass das besonders vom Denker geforderte Schweigen sich in einem logisch apriorischen Sinne *vor* einem zwischenmenschlichen Gespräch bewährt haben muss; dass die Stille, auf deren Geläut das Schweigen des Denkers zuallererst zu reagieren hat, nicht die innerhalb von Gesprächen läutende ist, sondern die im Alleinsein ihm beggnende »Sage« oder »Zeige« bzw. deren stummer An- oder Zuspruch. Und darum lautet der dem zitierten vorausgehende Satz: »So ist denn auch das Schweigen, das man gern dem Sprechen als dessen Ursprung unterlegt, bereits ein Entsprechen.«

[22] S. 70 Unterwegs zur Sprache, a.a.O. S. 32, davor S. 30. Über das immerhin für ein »besinnliches Denken« nach Heideggers Gusto Vorteilhafte einer Anbindung der Logik an die Sigetik hält Stefan Raueiser scharfsichtig fest: »Für den üblichen Sprachgebrauch ist die Bedeutung des logos als Sinngehalt des Gesprochenen beherrschend. Das Ereignis des Gesprochenwerdens an sich bleibt dagegen nebensächlich. Damit aber wird Sprache zum Instrument der Mitteilung wie des Zum-Ausdruck-Bringens. Gerade das aber verbietet (sich) das Schweigen: Da es nicht zu Worte kommt, kann es auch keine verobjektivierbare Botschaft transportieren. Der Vorhandenheitscharakter des Schweigens tritt gegenüber seiner Ereignishaftigkeit zurück. Schweigen ist stets ein Vorgang – eben ein

Anmerkungen

›Erschweigen‹«. Stefan Raueiser, Schweigemuster, Frankfurt 1996, S. 149 f. – Dies möchten wir allerdings mit der Einschränkung versehen, dass sich das erschweigende Schweigen als wortloser Vollzug dann doch im ›Vollzogenen‹ eines Wortes niederschlagen, also im Sagen resultieren soll, wenngleich einem nicht streng begrifflich objektivierenden Sagen sondern einem dichterisch ›Vielsagenden‹ bzw. *Zu-denken-gebenden*. Weshalb Raueiser (ebd.) mit Recht eine englischsprachige Stimme (S. Bindeman, Heidegger and Wittgenstein – The Poetics of Silence, Washington 1981) mit der Feststellung zitiert: »Keeping silent does not mean not thinking; it means rather not knowing, not defining, leaving open in order for thinking to take place.« Wie sehr Heidegger das ›exquisite‹ Erschweigen der Denker und Dichter in der dienenden Funktion einer Hebamme des rechten Sagens versteht, verdeutlicht die Gegenüberstellung der folgenden beiden Bemerkungen von ihm. Zuerst aus Unterwegs zur Sprache (a. a. O. S. 266): »Die Sage lässt sich in keine Aussage einfangen. Sie verlangt von uns, die ereignende Bewegung im Sprachwesen zu er-schweigen, ohne vom Schweigen zu reden.« An anderer Stelle (Wozu Dichter? in: Holzwege, Frankfurt 1950, S. 295) wird klargestellt, dass dies das Schweigen nicht von der Verbindlichkeit seiner ›Bringschuld‹ befreit: »Dichter und Denker sollen nicht im Schweigen verharren, sondern einen Hauch wagender sein und das Verschwiegene sagen.«

[23] S. 71   An eine auch wortwörtlich zu verstehende Stille bei Heidegger wäre allenfalls im Zusammenhang dessen zu denken, was die folgende Passage an kontemplativer, d. h. stiller Betrachtung dessen ›was ist‹ andeuten mag: »In die Ruhe bergen ist das Stillen. Der Unter-Schied stillt das Ding als Ding in die Welt./ Solches Stillen ereignet sich jedoch nur … insofern das Stillen dem Ding Genüge gönnt, Welt zu verweilen. Der Unter-Schied stillt zwiefach. Er stillt, indem er die Dinge in der Gunst von Welt beruhen lässt. Er stillt, indem er die Welt im Ding sich begnügen lässt. In dem zwiefachen Stillen des Unter-Schiedes ereignet sich: die Stille.« Unterwegs zur Sprache, a. a. O. S. 29.

[24] S. 71   »… wo in Denken den Schritt zurück ins Geringe versuchte …«. So, als ein »Geringes«, charakterisierte Heidegger das angemessene Sagen des Denkers, dessen Ins-Wort-bringen ihm zufolge durch eine »Nachbarschaft« zur dichterischen Wortschöpfung gekennzeichnet ist. Die Paraphrase – konkret beziehen sich Heideggers Worte auf das ihm von Paul Celan zugesandte Gedicht »Todtnauberg« – ist einem bislang unveröffentlichten Brief Heideggers an Paul Celan entnommen (vom 30. 01. 1968), den Stefan Krass in seinem Rundfunk-Feature »Mit einer Hoffnung auf ein kommendes Wort« über eine Begegnung zwischen Paul Celan und Martin Heidegger in Todtnauberg 1967 (SWR2-Archiv) vollständig wiedergibt.

[25] S. 71   Der bei Heidegger alles beherrschende Primat des Denkens, für den sich schon der Gedanke an eine Übung in Nicht-Denken bzw. im Nicht-Sprachlichen oder Sprachlosen von vornherein desavouiert, hat auch auf die Schüler des Meisters seine Wirkung getan. Dem an Heideggers Philosophie interessierten Schweizer Psychiater Medard Boss etwa – dem Sprachdenker und der Psychiater sind einander anlässlich der »Zillikoner Gespräche« mehrfach begegnet – erschienen nach einer Reise auf dem Subkontinent die im indischen Kulturraum geübten Mentalpraktiken des Nichtsprachlichen derart abwegig, abseits des ›denkverbindlichen Sprachwegs‹, dass er deren Adepten rundweg unter Psychoseverdacht gestellt hat.

[26] S. 72   Als ein Beispiel für jene schwer genießbare Melange aus Heroengebärde, Ernstfall- und Opferrhetorik – von der uns übrigens auch Passagen aus den Kriegstagebüchern des jungen Wittgenstein Kostproben liefern, es handelt sich offenkundig um ein Generationsphänomen – der Wortlaut folgender Stelle aus dem Metaphysik-Vortrag: »Dieses

Anmerkungen

Denken antwortet dem Anspruch des Seins, indem der Mensch sein geschichtliches Wesen dem Einfachen der einzigen Notwendigkeit überantwortet, die nicht nötigt, indem sie zwingt, sondern die Not schafft, die sich in der Freiheit des Opfers erfüllt. Die Not ist, dass die Wahrheit des Seins gewahrt wird, was immer auch dem Menschen und allem Seienden zufallen möge. Das Opfer ist die allem Zwang enthobene, weil aus dem Abgrund der Freiheit erstehende Verschwendung des Menschenwesens in die Wahrung der Wahrheit des Seins für das Seiende. Im Opfer ereignet sich der verborgene Dank, der einzig die Huld würdigt, als welche das Sein sich dem Wesen des Menschen im Denken übereignet hat, damit dieser in dem Bezug zum Sein die Wächterschaft des Seins übernehme.« – Eine rein rhetorisch beschworene Askese ohne eine verbindliche Praxisanweisung, vielleicht noch dazu einladend, sich eine x-beliebige Fantasie auszumalen, wie dies auf ähnliche Stilblüten Heideggers anspielend beispielsweise Manfred Geier tut: »Montag, den 30. Dezember 1929, in einer Hütte im Hochschwarzwald. Tag für Tag und die Nächte hindurch hatte es geschneit. Draußen war das trübe Nichts, die Welt in grauweißer Watte dicht verpackt. Allein saß Heidegger in seinem Arbeitszimmer, weitab vom Getriebe der Menschen. Sein Blick, in ein verschleierndes Nichts gehend, verlor sich leicht zum verträumten Schlummer ... Unsichtbar die Welt des Seienden. Vom nächsten Nadelholz nur ab und zu etwas zu sehen, das sich rasch wieder im Gebräu weißer Phantasmagorien verlor. ... Ein leichtes Frösteln begleitete den Augenblick, in dem Heidegger sich dem Weiß des verbergenden Entzugs überließ. Er kam ins Schwärmen. Unheimlich wurde es ihm. Alle Dinge seiner vertrauten Umgebung versanken mit ihm in eine Gleichgültigkeit, rückten von ihm weg und bedrängten ihn zugleich durch ihre Unbestimmbarkeit. Es blieb kein Halt. Es blieb ihm nur dieses »kein«, in dem sich ihm das Nichts offenbarte. Alles entglitt ihm in der Vision eines übersinnlichen Weiß. Heidegger schwebte in Angst, aber er fürchtete sich nicht. Er fühlte sich nicht festgehalten durch etwas Bestimmtes, worin er sich befand. ... Er versank in eine leere und tiefe Stille und wusste weder zu denken noch zu sagen, was ist. ... Als Heidegger wieder zu sich kam, ließ die Sonne, halb durchbrechend, die durch das Schneeabenteuer unheimlich gewordene Gegend diamanten aufblitzen. Seine Angst war gewichen; und in der Helle des Blicks, den die frische Erinnerung trägt, musste er sich sagen: wovor und worum er sich geängstigt hatte, war eigentlich – nichts.« – Gegen das abschreckende Beispiel des die Grenze des Denk- und Sagbaren missachtenden »Mystagogen Heidegger« bringt Manfred Geier den auf »entbergende Inszenierung« verzichtenden vorbildlichen »Mystiker Wittgenstein« in Stellung: Menschlich bescheiden und moralisch integer verharre er »diesseits der Grenze des Sagbaren, die nur der Gewalttätige mystagogisch zu überspringen vermag, einbrechend in das Undenkbare und Unsagbare, um von ihm aus verführen zu können«. (Siehe Manfred Geier, Der Mystiker und der Mystagoge, in: Hans-Rudi Fischer (Hrsg.), Ludwig Wittgenstein, Köln 1989 S. 105 f. und S. 120 f.)

[27] S. 73 In einem Vortrag hat er mit Bezug auf diese Art von Selbstdarstellung bei Heidegger die griffige Unterscheidung zwischen deren Phänotyp und Genotyp gebraucht: »... möchte ich ... einen zweiten Blick auf die Heideggersche Denkform riskieren, nämlich hinter dem einschlägigen performativen Phänotyp des herrischen Dezisionisten, des naturfrommen Salontirolers, des mysteriösen Weisen von der Hütte die Spur eines zweiten, positiven Genotyps verfolgen, für den ich die Formel des Performativen vorschlage ...«. Das *Performative* versteht Werntgen im Sinne dessen, was bei uns schlichter das *Praktische* heißt. »Gesten des Denkens – Heidegger after Duchamps«, Stuttgart 2009, als Audiodatei im Internet, http://www.podcast.de/episode/1190035)

Anmerkungen

[28] S. 73 Werntgen im Vortrag: »Das Gestisch-Performative besteht somit als Chiffre für die Verwandlung des dualen, bipolaren Paradigmas der Tradition mit seinen strikten Entweder-Oder-Unterscheidungen in ein Kontinuum multipler Gleichzeitigkeiten … Es steht zweitens für eine Diffusions- und Emersionslage des Subjekts, das sich aus seiner klassischen, vormodernen Vorstellungs- und Repräsentationsposition in einem konfrontativen Davor und Dagegen auflöst und sich nunmehr verteilt, auflöst und verteilt in ein mehrstelliges Ereigniskontinuum von Menschen, Dingen und Zeichen, das konstitutiv auf einen Zuschauer geöffnet ist …« In diesem Sinne behauptet meine Rede vom gestisch-performativen Apriori jedenfalls metaphorisch die Funktionsstelle eines Tertium datur, also das Faktum eines Dritten und Mittleren zwischen den Unterscheidungen der klassischen Ontologie und Logik; und als eine solche dritte Dimension des Denkens werden von dort aus viele polemische, streithafte Tangenten in vielen Debatten der Gegenwart sichtbar unmöglich: sei es der von Derrida entfachte Streit um die mediale Vorherrschaft von Stimme und Schrift als Leitmedium des Denkens, oder sei es in der Neurologie, die zunehmend auch auf den Handlungscharakter der Kognition stößt. Der zweite Teil von Werntgens Vortragstitel lautet »Heidegger after Duchamps«, weil er seine gestisch-performativ akzentuierte Heidegger-Interpretation auf der Folie der kunsttheoretischen Konzeption des »Ready Made« entwickelt. Das auf nichts jenseits von ihm verweisende Kunstobjekt, das rein vom Kontext her als solches definiert wird, zeige eine strukturlogische Parallele zum kontextuell-situativ generierten selbstbezüglichen Sein bei Heidegger. Werntgen versteht das Ready-Made-Prinzip als über den Kunstsektor hinaus wirksames »Form-Apriori« der Moderne und ihres Denkens überhaupt: Umstellung von Referenz auf Selbstbezüglichkeit, von Repräsentanz auf Präsenz, von Universalität auf Kontextualität. Dass dieser Paradigmenwechsel als machtvolle säkulare Tendenz auch höchst fragwürdige Entwicklungen zeitigt, sollte unseres Erachtens dabei nicht außer Acht gelassen werden (ein selbstreferenzieller Medienbetrieb, dem die »Inhalte« am Ende völlig beliebig, austauschbar und gleichgültig werden, mag dafür ein abschreckendes Beispiel sein). Wenn wir unsererseits die Schweigepraxis als *Transzendentalpraktik* charakterisieren, so macht das Epitheton ›transzendental‹ nur einen Sinn, wenn es auf der anderen Seite weiterhin die ›empirischen‹ Praktiken des Denkens, Sprechens, der Alltagskommunikation und der Wissenschaften gibt, die zu wesentlichen Teilen *nicht nur* selbstbezüglich nach der Analogie eines Ready-Made sind.
  Dass die »Seinsfrage« überhaupt nicht reflektierend-theoretisierend, sondern nur ›gestisch denkend‹ gestellt werden könne, darauf beharrt übrigens auch Rainer Marten in seiner freilich fundamental heidegger-kritischen Arbeit »Heidegger lesen«. Zum Beispiel: »Die Seinsfrage lebt … gänzlich von ihrer Inszenierung und Dramatisierung.« Rainer Marten, Heidegger lesen, München, 1991, S. 35 ff.

[29] S. 74 Zu der zuletzt genannten Szene erläutert Werntgen: »Er präsentiert sich uns noch profaner, noch banaler beim Wasserschöpfen. Und wieder den Verdacht der peinlich kitschigen Symbolinszenierung: Brunnen, Quelle, Ursprung. Aber auch hier ist die Konstellation komplizierter.« Auch hier erweise sich die Geste als eine »performativ vollzogene Entmetaphorisierung«. Denn generell würden Denken und Denker tendenziell ununterscheidbar: »… dass der Denker selbst zum Zeichen wird, er wird zu einer Plastik, zu einer Skulptur des Denkens; Geste ist die Form eines Plastisch-werdens des Denkens, und damit lässt sich sagen, … das pythagoreische ›esse‹, Philosoph sein, für den Philosophen besteht in einer performativen Transitivierung der Copola, also darin, dass der Philosoph zum Zeichen *wird*, als Zeichen, als Deiksis, als Geste existiert.« Und

Anmerkungen

insofern der wasserschöpfende Philosoph/Denker in dieser wie auch in anderen Szenen gerade kein Reflektieren/Denken über vollziehe, werde ein »Nicht-Denken« performativ veranschaulicht – ein gedankliches Schweigen im Tun, das nur auf diese schweigende Weise in sich den unsagbaren Sinn von Sein existenziell zu realisieren vermag, wie wir es mit unseren Worten umschreiben würden.

[30] S. 76 Die nämlichen Texte erzeugen an gewissen Stellen eine Aura unmittelbarer Demonstration, auch wenn es sich genau genommen nicht um eine solche handelt, sondern nach wie vor um Reflexion, wenn auch eine mit einhergehender ›Anmutung der Sache selbst‹. Verwirrung entsteht an diesen Punkten dadurch, dass die phänomenologische Demonstrationsmethode für Seiendes: »das was sich zeigt, so wie es sich zeigt, von ihm selbst her sehen lassen« hier unzulässigerweise auf den ›singulären Fall‹ des Sehenlassens von Faktizität überhaupt, damit nicht von einem Seienden sondern von Sein als Solchem, übertragen wird. Das phänomenologische »zu den Sachen selbst« findet via Reflexion und Sprache statt – ›Sein selbst‹ dagegen, so möchten wir behaupten, lässt sich ›methodisch‹ nur via Schweigepraxis, jenseits von Reflexion und Sprache sehen/erfahren (weder »noesis« noch »noema«, kein gedanklich-sprachliches Erkennen und kein von diesem erkannter Gegenstand).

Unlängst hat sich, dies nur als Apercu, Karl-Heinz Bohrer in einem autobiographisch angelegten Rundfunkgespräch zur ›Erlebnismystik‹ des *schieren Dass* bekannt und sie als eine Art von Rousseau'scher »Rêverie« kategorisiert. Wobei er sich zunächst von Gottfried Benns literarisierendem »Gegenglück des Geistes« absetzt: »… was mein Glück war hier in diesem [sich auf eine vorangehende Äußerung beziehenden] Kontext [war] das Glück der Erinnerung, der Präsenz von Vorstellungen wie der Madeleine, nicht im Sinne einer philologischen Affirmation eines großen literarischen Augenblicks, sondern eben an die Glücksvorstellung einer Gegenwärtigkeit von Natur und von Gegenständen, nicht von Ideen, sondern von Gegenständlichkeit und einer bestimmten ›Rêverie‹, wie sie Rousseau angesichts eines schieren Wahrnehmens von Naturgeräuschen und des Elementaren [thematisiert hat]. Das sind für mich Glücksvorstellungen, *Glückswahrnehmungen*, die aber keine Gegenposition zum Geist sind; aber sie sind nicht vermittelt durch den Geist, sondern sie sind vermittelt durch ein Apriori. Und mir scheint, dass diese Gegenständlichkeit, diese *Wahrnehmung*: dass ›etwas geschieht‹, wie immer bedeutsam das auch sein mag, ohne dass man das identifiziert … etwas [ist], was übrigens mich auch wiederum zum Surrealismus zurückbringt, der mal gesagt hat, es ist nicht, dass ich weiß *was* geschieht, sondern *dass* etwas geschieht. Aber in diesem Falle … ist das eine Vorstellung dessen, was die französischen Impressionisten in ihre wunderbaren Bilder gebracht haben, weshalb ich eigentlich den französischen Impressionismus, in der *schieren Gegenständlichkeit* einer Blume, in der *schieren Gegenständlichkeit* eines normannischen Himmelaufrisses für mich glückhafter empfinde als noch so interessante Motive des deutschen Impressionismus.« So Karl-Heinz Bohrer in SWR2 ›Zeitgenossen‹ vom 12.12.2011 (unsere Transkription). Bemerkenswert die Klarheit, mit der Bohrer zu Protokoll gibt, dass es sich beim Erleben des schieren Dass um keine Leistung »des Geistes« – wir würden lieber sagen *des Denkens* – handelt!

[31] S. 77 Dieser wohlwollend verdeutlichenden Heidegger-Auslegung würde der intime Heidegger-Kenner Rainer Marten höchstwahrscheinlich widersprechen. Ihm zufolge kapriziert sich Heidegger dermaßen auf das Dass, dass ihn das Was von vorn herein gar nicht interessiere und dass ihm die Was-heit bestimmter Dinge, insbesondere ihre Relevanz für ein »gutes Leben«, vollkommen gleichgültig sei. Siehe Rainer Marten, Heidegger lesen, a.a.O. z.B. S. 20: »Die Verleihung des ontologischen Prädikats ›eigentlich‹ an die

Anmerkungen

reine Dass-Faktizität schließt gutes Leben und gutes Sein von dem, was existential verstanden ›gut‹ ist, methodisch aus.« – Martens forcierte These leugnet bzw. ignoriert das unseres Erachtens bei Heidegger virulente ungeklärte Spannungsverhältnis zwischen dem Dass- und dem Was-Pol; dem wenn man so will ›mystagogischen‹ Insistieren auf dem Augenblicks-Ereignis des Dass als dem unbestreitbaren Kulminationspunkt oder der Intensitätsklimax seines obsessiven Seins/Ereignis-Fragens und andererseits dem allein von diesem Blutkern her seine Energie beziehenden Sprachkontemplativen, jener Temperiertheit des besinnlichen Denkens im engeren Sinne, welchem man die in Augenscheinnahme der Was-Seite an den »dingenden Dingen« schwerlich absprechen kann. Es ist die bei Heidegger mindestens subkutan virulente Polspannung zwischen dem augenblickshaft erfahrenen Anderen des Denkens und dem sich nur quasi als eine ›epische Weile‹, als gehaltvolles Sprechen realisierenden anderen Denken, gemäß unserer eigenen Terminologie und Deutung. Ein Nexus, auf den zahlreiche Heidegger-Sätze in den unterschiedlichsten Phasen seiner Textproduktion anspielen, z. B. der folgende: »... der zerstörte Bezug zum Sein als solchem ist der eigentliche Grund für unser gesamtes Missverhältnis zur Sprache.« (Einführung in die Metaphysik, Tübingen 1987, S. 39).

[32] S. 77 Zunächst stellt Marten dies für den Heidegger der Fundamentalontologie von »Sein und Zeit« fest: »Es besagt durchweg nichts weiter als ›zu sein‹, ›sein Sein zu sein‹. Wir müssen uns, um das erheblich zu finden, nur immer wieder vergegenwärtigen, dass Heidegger nicht eine Theorie des existierenden ›Dasein‹ entwickeln möchte, um es als eine Realität und Faktizität unter anderen zu fassen. Dieser Ontologe hat vielmehr vor, selbstengagiert ›Dasein‹ philosophisch als das zu entwerfen, dessen ›Existenz‹ nur je selber geistig zu ergreifen und eben zu sein ist.« (Heidegger lesen, a. a. O. S. 20).

[33] S. 78 Martens Kommentar geht weiter. »Die Dinge, die für Heidegger das Anwesende ausmachen, sind so gut wie weg. Das Sein selbst herrscht, kein Was und Etwas (Etwas als Etwas) verunreinigt das reine Sein.« (Heidegger lesen, a. a. O. S. 175)

[34] S. 78 Wir möchten nicht versäumen darauf hinzuweisen, dass die Rede vom Dass und seiner reinen Faktizität keine Heideggersche Terminologie ist; sie hat sich allerdings in der Sekundärliteratur über weite Strecken als Benennung für das Geschehensmoment des laut Heidegger *allem Seienden vorgängigen Seins als solchem* eingebürgert. Rainer Marten zu dieser Frage der Terminologie: »Heidegger selbst hätte seine Philosophie niemals als Drama der Faktizität und dabei als einseitige Philosophie des Dass-seins (des Ereignetseins des Dass) sehen und zugeben können.« Allerdings: Marten ›entzaubert‹ Heidegger dann, indem er die Dass- und Was-Relation rein theoretisch expliziert, man habe es hier ausschließlich mit »Reflexionsbestimmungen« zu tun. »Er denkt das Sein, soweit es nur geht, ungeschieden. Das ›ist‹ in den beiden Sätzen ›der Hörsaal *ist*‹ und ›der Hörsaal *ist* beleuchtet‹ ist ihm dasselbe. Er ist der Überzeugung, sein eigener Seinsbegriff liege *vor* der Unterscheidung von Dass und Was. Doch das ist eben nur eine neue, für sein Denken grundlegende Version dessen, was nach dem Schema des Dualismus des Einen Prinzips zu deuten ist: Das Dass birgt selbst das Verhältnis von Dass und Was.« (Heidegger lesen, a. a. O. S. 193) – Marten eskamotiert damit gerade jene Zwiespältigkeit in Heideggers Ansatz (indem er ein mögliches *Erfahrungsmoment* jenes Dass erst gar nicht in Erwägung zieht), die diesen unter unserem Blickwinkel überhaupt erst wirklich interessant macht. Wir werden darauf zu sprechen kommen.

[35] S. 79 Heidegger, Aus der Erfahrung des Denkens, Stuttgart 1954. Das nur wenige Seiten umfassende Büchlein stellt in der Regel aus nur einem Satz bestehende aphoristische Notate aus dem Jahr 1947 zusammen.

Anmerkungen

[36] S. 80 Heideggers Beharren auf dem Begriff *Denken* (»Sache des Denkens«, »Aufgabe des Denkens« usw.) und seiner eigenen Identität als »Denker« wird allerdings erklärlich, sobald man in Rechnung stellt, welche tiefsitzenden Vorurteile, um nicht zu sagen Denkverbote, sich in unserer Kultur, in ihrem Verständnis von Geistigkeit, gegen die Vorstellung von der Möglichkeit eines Nichtdenkenden und gleichwohl geistig präsenten Bewusstseinszustandes seit jeher richten: dergestalt, dass die Philosophie ein Aufhören des Denkens schlankweg mit geistigem Tod assoziiert. »... ohne das Denken ist der menschliche Geist tot«, so Hannah Arendt (Aristoteles auslegend) in »Vom Leben des Geistes«. Nach ihrem eigenen Verständnis ist das Denken »der Lebensmetapher folgend« eine beständig in sich kreisende »Sinnsuche ..., die für den Menschen als denkendes Wesen das Leben begleitet und erst mit dem Tode endet«. (Hannah Arendt, Vom Leben des Geistes – Das Denken, München 1979, S. 128.)

Daher überrascht es nicht, dass auch die religiöse und die philosophische Mystik im Westen grosso modo *Denkmystik* ist. Für das Beispiel Augustinus kann Johann Kreuzer dies (etwa gegen den anders lautenden Deutungsversuch durch Karl Albert) schlüssig belegen. In Buch XII der »Bekenntnisse« denke Augustin eine »intellektuelle Kreatur«, welche die Ewigkeit als schöpferisches Prinzip von Zeit *denkend erkennt*. »Mir kommt es bei Augustins Überlegungen zu einer ›intellektuellen Kreatur‹ darauf an, dass er mit diesem geschaffenen Intellekt eine Beziehung zwischen schöpferischer Ewigkeit und dem Zeitlichen, das sich aus dieser hervorgegangen denkt, zu explizieren versucht.« Die »immer stehende Ewigkeit« – das schweigepraktisch oder meditativ *nicht-denkend* erfahrbare Unzeitliche – lasse sich für Augustins »intellektuelle Kreatur« (i. E. den Menschen) nur intellektuell oder denkend »sehen«, und zwar »blitzartig aufleuchtend«. »Zu dem, was in der Zeit nur zugleich und verborgen ist, lässt sich ›im Blitz eines erzitternden Blicks‹ gelangen.« Johann Kreuzer, Pulchritudo, a. a. O. S. 117 u. 138. Oder Originalton Augustinus: »Wenn das so ist, was ist dann, glücklich zu leben, anderes, als das Ewige durch Erkennen zu haben? Das Ewige nämlich ist es, von dem allein zu Recht geglaubt wird, dass es dem Liebenden nicht genommen werden kann; und es ist zugleich das, das man nicht anders denn durch erkennen hat. (..) Der Geist soll also auch mit seinen übrigen Teilen dieses Große (das Ewige) lieben, das im Denken zu erkennen ist.« Zit. nach Johann Kreuzer, Pulchritudo, a. a. O. S. 145

[37] S. 80 Heideggers – jetzt also im Irrealis gesprochen – ›hinblickendes Nicht-denken‹ hätte Wittgensteins ›schauendes Nicht-denken‹ (das ja gegenständlich gemeint ist, wenn auch auf sprachperformative ›Gegenstände‹ bezogen) sogar an Radikalität übertreffen können: Gilt es doch dem Ereignis der Lichtung und damit dem Spielraum selbst, in dem überhaupt erst »Sprachspiele« (Wittgensteins Objekte des nichtdenkenden Schauens) ihre ›Inszenierung‹ haben; nur Heideggers Hinblicken brächte den Blickenden mit dem ins Spiel – dem Spielraum oder »ursprünglich Freien der Gegenwart« –, worin alles nur irgend Gegenständliche »beruht« (wie es Heidegger auszudrücken pflegt).

[38] S. 81 Günter Wohlfart, Der Augenblick – Zum Begriff der ekstatischen Einheit der Zeitlichkeit bei Heidegger, in: Allgemeine Zeitschrift Philosophie Jg 7 (1982), S. 51.

[39] S. 81 Die Zitate aus: »Unterwegs zur Sprache« (S. 266 und S. 152). Andere Stellen, in denen Heidegger das Verhältnis von Sein und Sprache/Prädikation gleichfalls im Sinne der Nicht-Aussage festhält, sind: »Alles liegt einzig daran, dass die Wahrheit des Seins zur Sprache komme und dass das Denken in diese Sprache gelange. Vielleicht verlangt dann die Sprache weit weniger das überstürzte Aussprechen als vielmehr das rechte Schweigen.« (Über den Humanismus, Frankfurt 1949, S. 36) Sowie: »Das Sein ist das Gesagteste und zugleich die Verschweigung.« (Grundbegriffe, in: Gesamtausgabe

Anmerkungen

Bd. 51, S. 64) – Als Fazit ließe sich sagen: Der Denker, der das Sein sagt, schweigt sich entweder aus oder er beschränkt sich auf Tautologien der Art »das Sein west«, »das Ereignis ereignet«, »Welt weltet«, »Dinge dingen« etc. Dasselbe nochmals verklausuliert: »Allein, das Sagen sagt nicht *vom* Seyn etwas ihm allgemein Zu-kommendes, an ihm Vorhandenes aus, sondern sagt das Seyn selbst aus ihm selbst ...« (Beiträge zur Philosophie, a. a. O. S. 473).

[40] S. 81 In »Sein und Zeit« wird der Augenblicksbegriff nicht anlässlich des Ereignisses sondern der »Entschlossenheit« thematisch akut. Bereits für die dem »Dasein« seine »Eigentlichkeit« verleihende »Entschlossenheit« erhebt Heidegger das Postulat, *sich in ihr zu halten*, also eine dem Wortsinn von Augenblick zuwiderlaufende Forderung: »Die in der eigentlichen Zeitlichkeit gehaltene, mithin *eigentliche Gegenwart* nennen wir den *Augenblick*. Dieser Terminus muss im aktiven Sinne als Ekstase verstanden werden. Er meint die entschlossene, aber in der Entschlossenheit *gehaltene* Entrückung des Daseins an das, was in der Situation an besorgbaren Möglichkeiten, Umständen begegnen.« (§ 68, S. 338). – Ohne in den bestimmten Entschluss (und die seiner Ausführung gewährte Zeit oder Dauer) umzuschlagen, soll sich das eigentliche Dasein *im Augenblick* seiner Entschlossenheit (zum Entschluss) *halten*. Auch hier schon fragt sich, wie dies zusammengehen soll, das Augenblickshafte der Entschlossenheit mit einem An-sich-halten/Sich-zurückhalten, bei welchem der Wortsinn von Halten unweigerlich eine zeitliche Dauer assoziieren lässt. Das Dilemma deutet sich auch in Otto Pöggelers Kommentar an: »Der Augenblick ist *kairos*, scharf wie die Schneide des Messers, ja diese Schneide ist so scharf, dass keine ›Gehalte‹ auf ihr Platz haben. Schon in der ›Hermeneutik der Faktizität‹ hielt die Aufmerksamkeit auf den Vollzugssinn eine positive Würdigung des Gehaltsinnes fern. In *Sein und Zeit* ist der Augenblick, wie Platon unter dem Beifall Kierkegaards gesagt hat, ein ... Nichts. Freilich weist *Sein und Zeit* hin auf die ›Situation‹, aber die Einheit von Augenblick und Situation kann nur gedacht werden als der Sturz aus der Eigentlichkeit des Augenblicks in das uneigentliche Bedrängtsein durch das situativ Begegnende.« (Der Denkweg Martin Heideggers, Stuttgart 1963, S. 209 f.).

[41] S. 82 Als eine *ontologische Reflexionsbestimmung* konzipiert schließt Heideggers »Ereignis« auf Grund seiner Doppelnatur von Lichtung und Verbergung per Definitionem *zeitliche Dauer* aus. Ein Im-Ereignis-verweilen kann es demzufolge nicht geben, da mit dem »Einblitz« des Ereignisses *augenblicklich* das von und mit ihm Ereignete einhergeht. Dass Heidegger an diesem Dilemma – sich als das Sein sagender Denker möglichst in diesem jungfräulichen Sein zu halten, aber andererseits das Sein als ein von Seiendem immer schon eingeholtes konzipieren zu müssen – herum laboriert, darauf deutet eine gravierende Veränderung am ursprünglichen Text im 1943 hinzugefügten Nachwort des Metaphysikvortrags von 1929 hin. Der betreffende Satzteil lautete zuerst: »... dass das Sein wohl west ohne das Seiende ...« In den späteren Fassungen wurde daraus: »... dass das Sein nie west ohne das Seiende ...« Letzteres also das genaue Gegenteil des Vorherigen! – Für Schweigepraktiker oder die gegenstandsfreie Meditation Praktizierende lösen sich derlei theoretische Haarspaltereien in Luft auf: Sie erfahren, nicht in tiefer Meditation oder im eminenten Schweigen tatsächlich jene gedankliche Leere eintritt, deren Nichts (wir werden später von *Leerheit* sprechen) mit jenem (bei Heidegger fraglichen) *Sein ohne ein Seiendes* durchaus verglichen werden könnte.

[42] S. 82 Von einem Sich-wiederholen des Augenblicks oder der Augenblicke spricht übrigens Johann Kreuzer mit Bezug auf die Augustinische ›Denkarbeit‹ am Problem von Zeit und Ewigkeit und dessen denkerischer ›Augenblickserfassung‹ als des Prinzips göttlicher Schöpfungstätigkeit. »Die Augenblicke des Erblickens, der sich aufklärenden Gegenwär-

Anmerkungen

tigkeit der Ewigkeit dauern nicht in der Zeit. Sie können sich wiederholen.« Augustins Beschreibung belege, »dass es nicht um einen ›einmaligen‹ Augenblick des Erblickens der Ewigkeit (oder ›Weisheit‹) Gottes geht. Der Augenblick wird jeweils jetzt im Vorübergehen erblickt. Dieser Augenblick oder diese Augenblicke des Erblickens (Erspürens, ›Schmeckens‹) der Ewigkeit lassen sich, weil sie das Gegenwärtigste sind, nicht festhalten. Sie gehen – und mit ihnen unser Erblicken der Ewigkeit im Augenblick – vorüber.« Dass dieser vorübergehende Augenblick kein einmaliger, sondern ein sich ständig wiederholender ist, kann bei der Vereidigung auf die Reflexion oder das Denken, wie Augustinus sie sich und uns auferlegt, gerade nicht durch eine Übung in Nicht-Denken, nicht in einer zeitfreien meditativen Bewusstseinseinstellung erfahren oder erlebt werden! Kreuzer unmissverständlich: »Der Augenblick hat mit der Sehkraft des Geistes, mit einem ›Sich-selbst-ansichtig-Werden‹ der Aufmerksamkeit des Denkens zu tun.« Ergo müsste sich ein Denken in Permanenz permanent auf der Höhe seiner äußersten Möglichkeit halten! Vgl. Johann Kreuzer, Pulchritudo, a. a. O. S. 166, davor S. 170.

[43] S. 82 Der Terminus »Unzeitlichkeit« (wie auch der der ›Zeitfreiheit‹) bietet sich für die subjektive Erlebnisbeschreibung im nicht-denkenden, meditativen oder kontemplativen Bewusstseinszustand als der passende Ausdruck an (im Unterschied zu Heideggers »eigentlicher Zeitlichkeit«). Wie, so unser Empfinden, bei Wittgenstein sich die Logik nicht wie bei Heidegger (in diesem Punkt Husserl treu bleibend) gegen die deskriptive Psychologie abdichtet. »Wenn man unter Ewigkeit nicht unendliche Zeitdauer, sondern Unzeitlichkeit versteht, dann lebt der ewig, der in der Gegenwart lebt.« Muss bei diesem Satz aus der Logisch-philosophischen Abhandlung nicht beachtet werden, dass das von Wittgenstein gebrauchte Verb nicht ›denken‹ sondern ›leben‹ lautet? Hier geht es nicht darum, das Unzeitliche (oder die Ewigkeit im Sinne »eigentlicher Zeitlichkeit«) zu *denken*, vielmehr darum, unzeitlich zu *leben*, was zugleich den kategorialen Sprung von der Logik in die Ethik anzeigt. Und als ein *Erleben* (wir erinnern uns, in seinem Ethik-Vortrag spricht Wittgenstein von »Erlebnissen«, die er selbst oder andere schon einmal gehabt haben) ist das Ethische legitimerweise beschreibender Psychologie zugänglich. – Auf einer restriktiv logischen Sichtweise beharren zu müssen glaubt dagegen Johann Kreuzer, Pulchritudo, a. a. O. S. 107 Anm. Freilich: Die psychologischen Erfahrungswerte (etwa die der Psychologie der Meditation) können auf keinen Fall der logischen Deskription zuwiderlaufen. So wird man beispielsweise das Erleben von Zeitfreiheit in der Meditation nicht als die Auslöschung von Erinnerung beschrieben finden: Erinnerung als Quelle unseres Zeitgefühls verschwindet beim Erleben meditativer oder kontemplativer Unzeitlichkeit bzw. Zeitfreiheit nicht; es sind lediglich keine ›diskret Erinnerten‹ in der rein gegenwärtigenden Aufmerksamkeit, aber es bleibt Erinnerung als das Empfinden ›retentionaler Weite‹ (auch ›protentionaler Weite‹) erhalten.

[44] S. 83 Gemäß »Sein und Zeit« ist »die Zeitlichkeit der vorlaufenden Entschlossenheit ein ausgezeichneter Modus ihrer selbst«, und zwar derjenige, an dem gegenüber den vertrauten Modi (auch Erstreckungen oder »Ekstasen«) von Gegenwart, Vergangenheit und Zukunft die Zeitlichkeit »phänomenal ursprünglich« erfahrbar werde. Dieses »ursprüngliche Phänomen der Zeitlichkeit« stoße in der »vulgären Zeiterfahrung« natürlich auf Unverständnis. So in §61 (S. 304). Und dann §68 (S. 338): »Die in der eigentlichen Zeitlichkeit gehaltene, mithin *eigentliche Gegenwart* nennen wir den *Augenblick*. Dieser Terminus muss im aktiven Sinne als Ekstase verstanden werden. Er meint die entschlossene, aber in der Entschlossenheit *gehaltene* Entrückung des Daseins an das, was in der Situation an besorgbaren Möglichkeiten, Umständen begegnet.« Obgleich nun das »Jetzt« als »zeitliches Phänomen, das der Zeit als Innerzeitigkeit zugehört« sich

Anmerkungen

vom Augenblick unterscheiden soll, wird der Augenblick keineswegs als außerzeitig konzipiert. Für das durch seine *existenziale Temporalität* bestimmte »Dasein« soll es wohl schlechterdings keine Außerzeitlichkeit geben (weshalb Heidegger auch das Mystische ›nunc stans‹ als ›Zeitverewigung‹ im Sinne des »vulgären Jetzt« denunziert). – Das Konstruierte an dieser Heideggerschen »Ekstase« des Daseins in die »eigentliche Zeitlichkeit« sowie des Postulats, sich in deren Augenblick *zu halten*, nimmt Rainer Marten aufs Korn. »›Entschlossenheit‹ ist das, was letztlich ›hält‹: sie hält das ›Dasein‹ in seiner ›Ekstase‹ und ›Entrückung‹, und zwar so, dass sie die ›Gegenwart‹ ›in die Zukunft und Gewesenheit‹ hält. Das ist ein echt erdachter Zusammen-halt. Wir spüren förmlich die Ganzheit: ›Zukünftigkeit‹ (die ›ganze‹) und ›Gewesenheit‹ (die ›ganze‹) und ›Gegenwart‹ (die erfüllte und ›eigentliche‹). Nichts steht aus. Die Zeit, besser: die Zeitlichkeit des ›Daseins‹ hält an sich« (Heidegger lesen, a. a. O. S. 51).

Dass sich die Zeit in Gestalt der »eigentlichen Zeitlichkeit« des Augenblicks im Grunde *unzeitlich* ›zeitigt‹, diesen Stolperstein schleppt Heideggers Zeit-Denken über alle Weg/Werk-Phasen mit sich. Das seinem Wesen nach Unzeitliche soll die dem nackten Sein zugehörige »Zeit« sein. In den »Beiträgen« heißt es: »… dann ist, für einen Augenblick, das Er-eignis Ereignis. Dieser Augenblick ist *die Zeit des Seins*.« (Beiträge, a. a. O. S. 508).

In Heideggers Spätwerk (das Zitat aus den »Beiträgen« deutet es bereits an) wird das »Ereignis« zum großen ›Zeitiger‹. Das Ereignis »ereignet« im Augenblick des Dass die Zeit im Sinne jener ›ursprünglichen Zeitlichkeit‹ gemäß »Sein und Zeit«. Im Vortrag »Zeit und Sein« heißt es: »Das Geschick, darin es Sein gibt« – das Geschick, dem das Ereignis zuteil wird, können wir hinzufügen – »beruht im Reichen der Zeit.« Wobei die gereichte Zeit sich in die 3 Dimensionen von »Anwesen« gliedere: nämlich die des »gewesenen«, des »gegenwärtigen« und des »zukünftigen« (Anwesens). »Ankommen, als noch nicht Gegenwart, reicht und erbringt zugleich nicht mehr Gegenwart, das Gewesen, und umgekehrt reicht dieses, das Gewesen sich Zukunft zu. Der Wechselbezug beider reicht und erbringt zugleich Gegenwart.« Die *Einheit* dieses dreifachen Reichens (von Zeit) will nun Heidegger auch diesmal wieder als eine vierte Zeitdimension verstanden wissen: Die »Einheit der Zeit« zeige sich in einem »Zuspiel jeder für jede«, das »sich als das Eigentliche im Eigenen der Zeit« erweise. Oder er spricht kurz vom »lichtenden Reichen des vierdimensionalen Bereiches«. (Heidegger, Zeit und Sein, in: Zur Sache des Denkens, Tübingen 4. Aufl., 2000, S. 14 ff.). – Dieter Thomä hält diese Vierheit für konstruiert, sie sei gewollt, um die Parallelität zum »Geviert« herzustellen, indessen vier »Weltgegenden« das Ereignis gewissermaßen emaniert. Thomä vergisst an diesem Punkt darauf hinzuweisen, dass Heideggers vierte Zeitdimension von seiner Warte des das Sein bzw. Ereignis *als eines solchen* sagenden Denkers mindestens insofern nicht gewaltsam ist, als er seinem früheren Konzept der eigentlichen Zeitlichkeit die Treue hält. (Siehe Dieter Thomä, Die Zeit des Selbst und die Zeit danach – Zur Kritik der Textgeschichte Heideggers, Frankfurt 1990, S 865 ff.)

[45] S. 83 Peter Trawny, Adyton – Heideggers esoterische Philosophie, Berlin 2010, S. 9. – Leider jedoch misst Trawny der Klassifikation *Esoterik* zu viel schulgerechte Bedeutung bei, sodass er mehr Geheimnisvolles in Heideggers Ansatz ›hineingeheimnist‹ als wir dies in der Perspektive einer ›dekonstruktivistischen‹ Lektüre für nötig halten. Zunächst hält seine Interpretation der »Beiträge zur Philosophie« zurecht fest: »Heideggers Erörterung des Verhältnisses von ›Sprache und Seyn‹ gehört zu den schwierigsten und stärksten Elementen der ›Beiträge zur Philosophie‹. In ihr wird deutlich, dass die esoterische Initiative des Philosophen auf Überlegungen zurückgeht, die alte und älteste phi-

Anmerkungen

losophische Probleme betreffen. Im Grunde geht es um die Frage, wie sich eine Wahrheit sagen lasse, die bereits in ihrem Gesagtwerden ihr Wahrsein verliere. Es handelt sich um das alte Rätsel, wie das Unsagbare gesagt, das Unprädizierbare prädiziert werden kann, ohne seine ihm nötige Integrität zu verlieren.« (ebd., S. 46) Freilich suggeriert diese Fragestellung bereits, eine solche Prädikation könnte sensu strictu möglich sein, was wir als eine reflektierte Prämisse – gerade nach der sprachphilosophischen Selbstreflexion modernen Philosophierens – glauben ausschließen zu müssen. Weshalb auch Trawnys daran anschließende Fragen in der bewussten Anknüpfung an Mythologeme in ein jenen Sachverhalt, nämlich Unsagbarkeit, trübendes Fahrwasser geraten: »Was geschieht in jenem Adyton, aus dem die Stimme der Pythia ertönt?« Es erscheint uns nachgerade nicht hilfreich, das Unsagbare mit dem mythologischen Bild vom »Adyton« zu ›veranschaulichen‹, auch weil es zu einer falschen Auratisierung führt: »Das Adyton ist das Unzugängliche, Unbetretbare; Bereich eines griechischen Tempels, in dem sich das Allerheiligste befand. Ort eines Ortes also, der sich ohnehin von den gewöhnlichen Orten unterscheidet. Eine solche Ordnung ruft nach Annäherung.« (ebd., S. 7)

Im vermeintlichen Adyton (des Unsagbaren) ›geschieht‹ nichts und deshalb lässt sich ›darüber‹ auch nichts sagen. Anstatt die »Generationen von Neoplatonikern und Mystikern« beschäftigende Frage, »wie sich das Unaussprechbare aussprechen lassen könne ohne einer Profanierung zu unterliegen« ein weiteres Mal beim Wort zu nehmen, hätte sie Trawny ›entauratisieren‹ sollen: Es geht nicht um ein heiliges Versus das Profane, wie es auch nicht um ein für Menschen überhaupt Unzugängliches geht, vielmehr ein für *Denken* und *prädikatives Sprechen/Sagen* Unzugängliches und *allein dem eminenten Schweigen Zugängliches.* Sodass wenn in diesem Zusammenhang dennoch von einem ›Sagen‹ gesprochen werden soll, es sich nur um das Sagen im Sinne des Hinweises handeln kann: darauf, dass hier kein Denken/Philosophieren/Theoretisieren sondern eine Ethik/Askese/Übung geboten wäre, diejenige der *Schweigepraxis*. Diese hätte insofern überhaupt nichts Esoterisches an sich, als sie von jedermann ›kunstgerecht‹ praktiziert werden kann, und zwar ohne dass sie sich in eine Aura des Heiligen zu hüllen bräuchte.

Nach Trawny ist das »Adyton ... ein den gewöhnlichen Sterblichen unzugänglicher Ort der Genesung, der Stärkung, Zuflucht für den Geschwächten und Verletzten. Nur durch die Entscheidung des Gottes wird ein Mann oder eine Frau zugelassen« (ebd., S. 7). Die Schweigepraxis, so möchten wir dem entgegenhalten, ist eine den »gewöhnlichen Sterblichen« *zugängliche* Askese oder Übung der ›Revitalisierung von Leib, Seele und Geist‹, die nicht von der »Entscheidung des Gottes« sondern von unserer eigenen abhängt. – Weil prinzipiell für alle zugänglich, ist die Schweigepraxis auch nicht wie Trawnys unzugängliches Adyton ein *Atopos*, ein Nichtort – da sie von jedermann überall in gemäßer raum-zeitlicher ›Abgeschiedenheit‹ ausgeübt werden kann, könnte man ihr eher noch das Attribut *pantopisch* verleihen. Immerhin führt Trawnys Rede vom Atopos am Ende seines Büchleins seine anfängliche Behauptung ad absurdum: »Heideggers Philosophie ist der Gang zu diesem Adyton, der versucht zu denken, was in ihm geschieht.« (ebd., S. 8). In ihm geschieht eben nichts und es gibt auch nichts zu denken. Oder nochmals Trawny mit den abschließenden Worten seines Buchs: »Das Zeugnis des Unzugänglichen bzw. der Atopia ist ein unmögliches ... das wahre Zeugnis müsste an einem Ort geschehen, der sich als unzugänglich erweist. Es gibt niemanden, der berichten könnte, was im Adyton oder im ›Ereignis‹ geschieht. Es gibt aber den Zeugen, der für diesen Abwesenden zeugt.« (ebd., S. 109 f.) Alle eminenten Schweigepraktiker wären solche Zeugen, die zeugen, ohne dass sie etwas zu berichten hätten ...

Anmerkungen

⁴⁶ S. 83 Bei Trawny heißt es an der entsprechenden Stelle weiter: »... noch anders, aber auch schon so gedacht wie jenes ›In-Sein‹ von ›Sein und Zeit‹ (§§ 12/13). Es gibt jedenfalls eine ganze Flut von Worten, von ›In‹-Worten, wie ›Innigkeit‹, ›Inständigkeit‹, ›In-begriff‹, ›Inmitten‹ und ›Inzwischen‹, Formulierungen wie ›Ins-Werk-setzen der Wahrheit‹ oder ›im-Wort-sein‹. Wenn es wohl zu weit gehen würde, den Vorrang des ›Seins‹ zu bezweifeln, so lässt sich doch mit guten Gründen sagen, dass Heideggers Denken die ›Innigkeit‹ sucht, die ›Innigkeit‹ im gewöhnlich Unzugänglichen, dem Fremden und dem Befremdlichen, das beim Erscheinen des Eindringlings etwas von seiner Fremdheit einbüßt. Doch dieser Eindringling gebraucht keine Gewalt, er wartet vielmehr darauf, zugelassen zu werden.« (Adyton, a.a.O. S. 9) – Leider erfährt man bei Trawny nichts Näheres über dieses ›Warten auf ein Zugelassen-werden‹, auch er weicht der erforderlichen Konkretisierung der Praxisfrage aus, bzw. es scheint sich ihm eine solche Frage gar nicht zu stellen. Nicht zuletzt wegen dieser Auslassung bekommt seine Rede vom »Adyton« einen mythologisierenden und mystifizierenden Beiklang. Ja, er verfällt selbst bisweilen in den nichtssagenden Jargon: »Für Heidegger ist das Denken ein unablässiger Gang zum Adyton, *eine immer noch ausstehende Antwort auf die Un-Möglichkeit ihrer selbst.*« Gemeint ist die Philosophie: »Die Zukunft der Philosophie könnte davon abhängen, ob sie diese ausstehende Antwort, diese Offenheit, ist oder nicht.« (ebd., S. 13)

⁴⁷ S. 84 Zurecht weist Rainer Marten auf die Differenz zu Wittgenstein hin, für den das Staunen eine *mystische* Gefühlsqualität darstellt, während Heidegger seinen Begriff des Staunens mit Mystik nicht in Verbindung gebracht sehen möchte. Unsererseits vermuten wir in dieser Berührungsangst sein peinliches Darauf-bedacht-sein, nicht unversehens in die Nähe der Theologie zu geraten. Marten: »... Heidegger sieht in dem ›Warum das Warum?‹, das dem ›Wunder aller Wunder‹ entspricht, ›dass überhaupt Seiendes ist und nicht vielmehr Nichts‹, selber keine Mystik, sondern die selbst noch über Leibniz und Schelling hinausgehende ins Äußerste getriebene Frage der Metaphysik. Er selbst will darum auch nicht beim Staunen bleiben. Das ›Er-staunen‹ sei Sache des ›ersten Anfangs‹. Der ist in seinem Ende. Deshalb versteht er die ›äußerste‹ Frage der Metaphysik bereits als Übergangsfrage. Für den ›anderen Anfang‹ sieht er statt des ›Er-staunens‹ das ›Er-ahnen‹ vor.« (Heidegger lesen, a.a.O. S. 222 ff.) Wobei die Semantik des »Erahnens« einigermaßen dubios erscheint. Auffällig, dass wie das Staunen auch die Ahnung für Heidegger zu dieser Zeit durch eine dem »Tremendum und Fascinans« bei Rudolf Otto nahekommende in sich gegenstrebige Doppelnatur charakterisiert sein soll: Die Ahnung »ist in sich Schrecken und Begeisterung zugleich ...« (Beiträge, S. 22). Anscheinend will Heidegger an dem frühen Angst-Konzept aus dem Metaphysik-Vortrag von 1929 festhalten: Die Angst soll es sein, die in den ›großen Augenblick‹ (der Nichts/Seinserfahrung) hineinkatapultiert, der dann – hat man sich katapultieren lassen bzw. zum ›waghalsigen Sprung‹ losgelassen – in Euphorie umschlägt (sodass nach dieser Lesart in einem zeitlichen Nacheinander das Moment der Begeisterung auf dasjenige des Schreckens folgen würde). – Günter Wohlfart gibt einen wichtigen Fingerzeig, er auf »die Zusammengehörigkeit des Augenblicks und der Sprache des Schönen« aufmerksam macht, die allerdings von Heidegger nicht nur in »Sein und Zeit« unberücksichtigt bleibe. Dem Metaphysikvortrag von 1929 zu Folge (ebd. S. 32) sei es, so Wohlfart, die Angst, die den Augenblick auf dem Sprung halte und uns das Wort verschlage. »Der Augenblick ist nicht als dasjenige gefasst, das uns in der Lage sein lässt, die Erfahrung des Schönen zu machen, nicht als Augenblick auf das Schöne, sondern als Augenblick auf die Situation des Handelns« (vgl. Der Augenblick, a.a.O. S. 54). Wenn wir hier

Anmerkungen

die »Erfahrung des Schönen« als Definiens der Augenblickserfahrung nicht im kunstästhetischen Sinne restriktiv verstehen, sondern als das Erleben einer tiefen existenziellen Bejahung, der Versöhnung und des Friedens, dann wird unmittelbar ersichtlich, wie Heideggers Vorentscheidung für die Angst als die allein das Augenblickserlebnis aufschließende ›Stimmung‹ mit jener auf Frieden, Versöhnung und existenzielles Grundvertrauen gestimmten ›Erfahrung des Schönen‹ kollidieren würde. Später erst, wenn wir recht sehen, hat Heidegger die Vorstellung, dass das »Wesentlich-werden im Denken der Angst« als Vehikel bedürfe, wie es den Anschein hat, aufgegeben oder davon Abstand genommen. Sodass jetzt auch einmal – zaghaft und noch immer schwankend – die ›Vision‹ der Erfahrbarkeit eines *grundlegend Guten* (das ›Früher‹ oder ›Anfänglicher‹ als noch das früheste oder ursprünglichste Zugleich von Gut *und* Böse wäre) begegnet: in seiner Trakl-Interpretation nämlich aus »Unterwegs zur Sprache« (»Die Sprache im Gedicht – Eine Erörterung von Georg Trakls Gedicht«, S. 35 ff.). Dort führt plötzlich die ›besinnliche Wanderschaft‹ (»das dunkle Wandern der blauen Seele«) in die »Abgeschiedenheit« der »frühesten Frühe«, soll heißen »dorthin, wo alles anders zusammengekommen, geborgen und für einen anderen Aufgang verwahrt ist«. Und von der in die Verklärung dieser Abgeschiedenheit eingegangenen poetischen Figur bei Trakl (»Ellis«) sieht sich denn auch Heidegger zu bemerken veranlasst, dass sie sich in dieser Sphäre »spielend, *aber nicht ängstlich*« (von uns kursiv) bewege. Zugegeben: Dieser abschiedliche »lautere Geist«, der als das »Versammelnde« die »Zwietracht und das Böse stillt« und also unvermeidlich in die Nähe der christlichen Gottesidee und deren *caritas est deus*–Zusicherung führt, muss denjenigen auf ein denkbar heikles Terrain führen, der zwei Jahrzehnte zuvor bei seiner ›Verkündung‹ eines »letzten Gottes« als dem »ganz Anderen, gegen die Gewesenen, zumal den christlichen« noch eben dagegen polemisiert hat (vgl. »Beiträge zur Philosophie«, a. a. O. S. 403).

[48] S. 85 Geschärft hat Heidegger seinen Begriff von Besinnung in Abgrenzung zum Begriff der Wissenschaft (der Theorie, der Methode). Besinnung öffne sich dem eigentlich Fragwürdigen und also Denkwürdigen, anstatt im ›übergriffigen‹ Modus des *Stellens* der Natur oder der Dinge zu verfahren. So in Wissenschaft und Besinnung, abgedruckt in Vorträge und Aufsätze, Pfullingen 1954. Dort (S. 64) sagt Heidegger u. a. über sein Verständnis von Besinnung: »Eine Wegrichtung einschlagen, die eine Sache von sich aus schon genommen hat, heißt in unserer Sprache sinnan, sinnen. Sich auf den Sinn einlassen, ist das Wesen der Besinnung. Dies meint mehr als das bloße Bewusstmachen von etwas. Wir sind noch nicht bei der Besinnung, wenn wir nur bei Bewusstsein sind. Besinnung ist mehr. Sie ist die Gelassenheit zum Fragwürdigen.« Auf den für Heideggers Begriff des Denkens zentralen Nexus ›Anspruch und Entsprechung‹ anspielend schließt der Text mit den Worten: »… selbst dort, wo einmal durch eine besondere Gunst die höchste Stufe der Besinnung erreicht würde, müsste sie sich dabei begnügen, eine Bereitschaft nur vorzubereiten für den Zuspruch, dessen unser heutiges Menschengeschlecht bedarf. Besinnung braucht es, aber nicht, um eine zufällige Ratlosigkeit zu beheben oder den Widerwillen gegen das Denken zu brechen. Besinnung braucht es als ein Entsprechen, das sich in der Klarheit unablässigen Fragens an das Unerschöpfliche des Fragwürdigen vergisst, von dem her das Entsprechen im geeigneten Augenblick den Charakter des Fragens verliert und zum einfachen Sagen wird.«

[49] S. 85 In »Sein und Zeit« gibt es im Zusammenhang mit der die eigentliche Zeitlichkeit ergreifenden Entschlossenheit den »gehaltenen Augenblick« (S. 349). Von ihm ist auch als dem »vorlaufend wiederholenden Augenblick« die Rede (S. 391). So wie sich gemäß dem Frühwerk die Entschlossenheits-Augenblicke ›aneinanderreihen‹ lassen, kann man

Anmerkungen

sich dies allerdings schlecht vom keirologischen Ereignis-Augenblick im Spätwerk vorstellen, dieser lässt sich wohl kaum »entschlossen«, also vom Willen her, wiederholen. Otto Pöggeler merkt an, dass das (in »Sein und Zeit«) »verborgen wirkende Motiv, den Augenblick leer zu halten ... die Analyse in Widersprüche [verwickelt]« (vgl. »Der Denkweg Martin Heideggers«, a. a. O. S. 210). Günter Wohlfart, der nach der Sprachlichkeit des Augenblicks bei Heidegger fragt, erhält wie Pöggeler und wie dieser »Sein und Zeit« diesbezüglich befragend wegen den dort intern auftretenden Komplikationen keine klare Antwort auf seine Frage (vgl. Ders., Der Augenblick, a. a. O. S. 45 f.). – Eine gute Übersicht über die internen Entwicklungen von Heideggers Zeitbegriff bietet Dieter Thomä (auf den Seiten 865 ff. seiner Studie »Die Zeit des Selbst und die Zeit danach«, a. a. O.). Unter anderem lässt sich hier verfolgen, wie bei Heidegger Augenblick und Weile, das Keirologische und Chronologische, konzeptuell mehr nebeneinander her als miteinander vermittelt auftreten. Die »Weile« sieht Heidegger jeweils an das »Ding« gebunden, an ihm soll sie sich »eröffnen« – woran für unsere das Schweigen thematisch im Blick behaltende Perspektive interessant ist, dass damit ein zeitlich andauerndes, ›weilendes‹ Schweigen, das auf ein eminentes *ohne Dingfokus* (also leer) vorgestellt werden muss (unsere Schweigepraxis im strikten Sinne), per Definitionem unmöglich wäre. Sobald (bei Heidegger) Sein »geschieht« sind auch schon Dinge im Spiel. »Das Geschick, darin es Sein gibt, beruht im Reichen der Zeit«, heißt es im Vortrag »Zeit und Sein«: Die gereichte Zeit ist immer eine mit einem Seienden ›gefüllte‹; das beim späten Heidegger sich als »Geviert« (von Erde und Himmel, Sterblichen und Göttlichen) realisierende »Ereignis« soll stets nur um ein Ding als seine »Mitte« sich manifestieren (vgl. ausführlich Thomä, a. a. O. S. 847 ff.).

[50] S. 86 *Zugehörigkeit* bildet die bei Heidegger konstante Modalität des Menschen bzw. des Daseins in Bezug auf alles Übrige (ob als Sein, Ereignis, Geviert oder wie auch immer gefasst). Feststellbar sind allerdings Differenzierungsgrade nach der Art und Weise, wieviel ›Selbstständigkeit‹ dem Menschen innerhalb dieser Zugehörigkeit zugebilligt wird. In der mittleren Phase (40er Jahre) figuriert das Dasein/der Mensch als »Hüter des Seins« (vgl. vor allem den Humanismusbrief), eine Funktionsbezeichnung, die bei aller ›Hörigkeit‹ dem einzigen Souverän »Sein« gegenüber doch eine gewisse herrschaftliche Wichtigkeit (die einer übertragenen Treuhänderschaft wohl eher als einer verliehenen Vasallenschaft) signalisiert. Noch einmal in Punkto Autonomie zurückgenommener erscheint die Rolle der »Sterblichen« in der quadrigischen Struktur des »Gevierts«, vielleicht auch bloß weil sie hier nur als eine (für sich genommen ganz und gar unselbstständige) von vier Positionen eines ausschließlich einheitlich funktionierenden ›Ereignismechanismus‹ figurieren. Ähnlich bewertet es Dieter Thomä (ebd.): »Diese Doppelrolle nach Guzzoni: ›Die Sterblichen, die selbst ein Moment, eine ›Gegend‹ im vierfach gefügten Aufriss der Welt ausmachen, lassen dieses Geviert zugleich allererst sein, indem sie ihm in den Dingen, bei denen sie sich aufhalten und mit denen sie es zu tun haben, einen Ort und damit eine Offenbarkeit verstatten.‹« – Die Funktion des Menschen liegt allerdings nur in den früheren, nicht in den spätesten Texten darin, ›Orte‹ und ›Offenbarkeiten‹ zu bereiten. Dann ergibt sich ein Ort ›*durch die Brücke*‹ selbst, das ›Ding‹ ist ›von sich her (...) gelichtet und [hat sich] in seinem dabei mitgebrachten Licht (...) ihm‹, dem Menschen, ›gezeigt‹.« (Das Selbst und die Zeit danach, a. a. O. S. 848). – Die Überwindung der Subjekt-Objekt-Gegenüberstellung und das generelle Aufgeben der Subjekt-Objekt-Begrifflichkeit in Verbindung mit der später hinzutretenden ›Umstellung‹ vom *Machen* auf das *Lassen* depotenzieren für unser Empfinden logisch-konzeptuell die mögliche Eigenständigkeit und den etwaigen Eigensinn

Anmerkungen

von Subjekten bzw. Individuen derart drastisch und permanent, dass von ihren Prämissen aus gesehen ein *Praxisansatz* wie der unsrige sich eigentlich von vornherein verbietet oder sich aufs Höchste verdächtig macht. (Siehe auch dazu wiederum Dieter Thomä, a. a. O. S. 850: »Mit der Wendung vom ›Machen‹ zum ›Lassen‹ wendet sich Heidegger auch gegen die ›praktische‹ Auszeichnung des Daseins, dessen ›besorgender‹ und ›handelnder‹ Zugriff auf das Seiende unweigerlich für eine Einseitigkeit stand. Dies wird nun von einem ›Lassen‹ abgelöst, das nur mehr dazu dient, das in der ›Symmetrie‹ verspannte ›Ding‹ zu zeigen.«) Da aber die völlige Annulierung eines ›subjektiven Faktors‹ selbst für Heidegger schwer durchzuhalten ist, begegnet man bei ihm in diesem Punkt andauernd Zwiespältigkeiten und Unentschiedenheiten. So gibt es in den »Beiträgen« eine Art Heroisierung oder Genialisierung des singulären großen Denkers, der dem Kommenden vordenkt, die noch nicht gebahnte Bahn bahnt etc. – allerdings nicht ohne dafür einen ebenso als heldisch stilisierten Preis entrichten zu sollen, nämlich den der angeblichen Selbstaufopferung: »Zu Zeiten müssen jene Gründer des Abgrundes im Feuer des Verwahrten verzehrt werden, damit dem Menschen das Da-sein möglich und so die Beständigkeit inmitten des Seienden gerettet werde …« (Beiträge zur Philosophie, a. a. O. S. 7).

[51] S. 86 So die in dem ein paar Zeilen weiter oben von uns zitierten Satz weggelassene Paranthese: »Wie, wenn das Ereignis – niemand weiß, wann und wie – zum *Ein-Blick* würde, dessen lichtender Blitz …« – Zum Ereignis als seinsgeschichtlichem Epochalgeschehen ist bei Heidegger vor allem im Zusammenhang seiner Spekulation über einen sich in der »Technik« bereits ankündigenden und diese Endstufe der Metaphysik schließlich ablösenden ›neuen Äon‹ die Rede: als dem in der Technik sich vorbereitenden *Ereignis* etc. Davor hat er in den »Beiträgen zur Philosophie« das »Walten des Ereignisses« auf das Kollektiv »das Volk« bezogen: »Dieses Volk ist in seinem Ursprung und seiner Bestimmung einzig gemäß der Einzigkeit des Seyns selbst, dessen Wahrheit es einmalig an einer einzigen Stätte in einem einzigen Augenblick zu gründen hat« (Beiträge, S. 97 – bei dieser völkischen Orts-Zeit des Ereignisses dachte Heidegger noch in den späten 30er Jahren an das Volk der Deutschen, speziell dieses soll von der »Einzigkeit des Seyns« angesprochen sein). Endlich soll das Ereignis – gleichsam als seine Emanation, möchte man sagen – auch noch die Geschichte des Abendlandes umfassen bzw. bedeuten, den Bogen vom Anfang bis zum Ende der Metaphysik, deren Untergang möglicherweise ein »anderer Anfang« folgen werde … Auch in dieser seinsgeschichtlichen Perspektive wäre das Ereignis ein (wie Trawny sagt) »Ekszess«, ein Übermaß von (intentionalem) Sinn.

[52] S. 89 Die zitierte Stelle lautet vollständig: »Nunmehr dürfen wir, in der Nachbarschaft zum dichterischen Wort denkend, vermutend sagen: Ein ›ist‹ ergibt sich, wo das Wort zerbricht. Zerbrechen heißt hier: Das verlautende Wort kehrt ins Lautlose zurück, dorthin, von woher es gewährt wird: In das Geläut der Stille, das als die Sage die Gegenden des Weltgeviertes in ihre Nähe be-wegt./ Dieses Zerbrechen des Wortes ist der eigentliche Schritt zurück auf den Weg des Denkens.« (Unterwegs zur Sprache, S. 216) – *Erklärtermaßen* von *Denken* und *Sprechen* handelnd handelt Heidegger doch unablässig von der Stille und vom Schweigen, das von ihm der Nomenklatur halber (er möchte eben unbedingt unter den Namen *Denken* und *Sprache* die ihn bewegende Sache vortragen) in Kauf genommene Paradox.

Günter Wohlfart sieht die Bedeutsamkeit von Heideggers Sprachphilosophie sogar an diese herausragende Stellung des Schweigens geknüpft: »Die Einsichten Heideggers in das Verhältnis von Sprache und Dichtung, insbesondere im Hinblick auf die

Anmerkungen

zentrale Rolle des beredten Schweigens der Dichtung, machen ihn zu einem der Großen in der Sprachphilosophie. Das Wort großer Dichtung ist *aufgehobene, lautere Stille*, ein *Durchdringen* der Stille im doppelten Sinne. Der Dichter ist im Wort beim Schweigen.« In: Tilman Borsche (Hrsg.), Klassiker der Sprachphilosophie, a. a. O. S. 393) – Die der anspruchsvollen Dichtung wie dem besinnlichen oder dichterischen Denken Heideggers gemeinsame und für sie beide integrale bzw. konstitutive Art und Weise des Schweigens ist das (siehe Wohlfart) *beredte Schweigen*. Mit Heideggers Terminologie können wir es auch das *sigetische* nennen, das sozusagen im Dienst des Wortes stehende (seiner *Erschweigung* dienende) Schweigen. Auch hier spielt also ein von diesem Zweck (der Erschweigung) entbundenes *eminentes Schweigen* bei Heidegger keine Rolle: Bei ihm würde derjenige im höchsten Maße schweigen, der *in seinem Sagen* gleichzeitig ein Ungesagtes/Unsagbares als ein solches, d. h. als Ungesagtes/Unsagbares, zur Erscheinung bringt. Wenn Heidegger diesbezüglich (in der oben zitierten Passage) vom »Zerbrechen des Wortes« spricht, so hat dies etwas von Verbalradikalismus: Der Bruch führt nämlich keineswegs in das Sprachlose eines eminenten Schweigens, sondern ins »Geläut der Stille«, dessen »Sage« jederzeit erneut »entsprochen« werden kann durch die Erneuerung des gerade zerbrechenden oder zerbrochenen Worts. Von einem eminenten Schweigen, das sich in seiner Stille selber genügte und nach einer gewissen Dauer auch ohne ›produktiv‹ erschwiegene Worte wieder zu Ende ginge, um der normalen mentalen Aktivität zu weichen, ist hier wie auch sonst bei Heidegger weit und breit nichts zu erkennen. Das »Zerbrechen des Wortes« ist für Heidegger bereits »der eigentliche Schritt zurück auf dem Weg des Denkens« – ein weiterer Schritt, derjenige in ein schweigepraktisch geübtes eminentes Schweigen und damit ins *Andere des Denkens*, wird von ihm nicht mehr erwogen.

[53] S. 89   Ute Guzzoni, Der andere Heidegger, Freiburg/München 2009, S. 79. Das Hinausführen über die Beschränktheit des rechnenden Denkens, der »Vor-Blick«, sei, so Guzzoni weiter, »das ›besinnliche Nachdenken‹ im engeren und eigentlichen Sinne«.

[54] S. 90   Das von Heidegger an die Nachwelt übergebene Textmassiv ist derart weitläufig und zerklüftet, dass man mühelos Gelegenheit findet, bestimmte Textstellen mittels anderer zu dementieren. Folgendes Statement aus den »Beiträgen« (S. 187) etwa liest sich wie das vorweggeschickte Selbstdementi der späteren Orientierung (des besinnlichen oder dichterischen Denkens) auf den gehobenen Kultur- und Literaturbetrieb: Für die »Wandlung und Rettung der abendländisch bestimmten Geschichte« soll gelten: »Die künftigen Entscheidungen fallen nicht in den bisherigen, auch von den Gegenbewegungen noch innegehaltenen Bereichen (›Kultur‹– ›Weltanschauung‹), sondern der Ort der Entscheidung muss erst gegründet werden und zwar durch die Eröffnung der Wahrheit des Seyns in seiner vor allen Gegensätzen bisheriger ›Metaphysik‹ liegenden Einzigkeit.« Mit dem Entscheidungsort und dessen Gründung meint Heidegger wohl kaum, wie man dies hineininterpretieren könnte, ein je individuelles Sich-gründen via schweigepraktischer Übung; höchstwahrscheinlich denkt er an die kollektive seinsgeschichtliche Gründung, die ganz ohne Zutun der Individuen und ihrer Praxis einst als epochales Ereignisgeschick daherkommen soll. – Willem van Reijen urteilt zur Problematik in diesem Zusammenhang: »Inwiefern sich Heideggers Neigung zu Doppeldeutigkeiten und die dichterische Sprache der späten Aufsätze ... fördernd oder hemmend auf die weitere Rezeption auswirken werden, bleibt abzuwarten.« (Martin Heidegger, Paderborn 2009, S. 116). Nach unserer Einschätzung hat sich die Rezeption weitgehend für die eine Tendenz entschieden, die wir auf die Formel *Philosophie als Literatur* gebracht haben (im Unterschied, um der anderen Tendenz eine ebenso griffige Abkürzung zu

Anmerkungen

verpassen, zur »Philosophie als Wink ins Andere des Denkens«). Heideggers gern zitierte Abgrenzung, wonach *der Denker das Sein sagt* und *der Dichter das Heilige nennt*, enthält eigentlich schon implizit, dass ein »dichterisches Denken« die Gewichte zu Ungunsten der »Sage des Seins« wird verschieben *müssen*. Zu denen, die geneigt sind, die im beharrlich wiederholten Zusteuern auf den Ereignis-Augenblick und seine Dass-Spitze zum Ausdruck kommende radikale Seite von Heideggers Denkansatz zu relativieren und diesen somit zu einer in Dichtung, Literatur und Kunst im Prinzip seit jeher gepflegten Sprachbesinnung zu ermäßigen, zählt Günter Figal. Diese Entradikalisierung oder ›akademische Normalisierung‹ bewirkt Figal, indem er die *gesamte* Heideggersche Denk- und Demonstrationsbemühung auf den dichterischen und im weiteren Sinne künstlerischen Produktionsprozess abbildet – eben davon gäben Heideggers späte Texte eine luzide Beschreibung. Figal zitiert u. a. aus der dazu natürlich passenden Hölderlin-Vorlesung Heideggers aus den 30er Jahren, z. B. wo dieser ein Heraklit-Fragment erläutert: »›Der Herr, dessen Spruchort zu Delphi ist [Gott Apollo] sagt weder, noch verbirgt er, sondern *winkt*‹. Das ursprüngliche Sagen macht weder nur unmittelbar offenbar, noch verhüllt es einfach nur schlechthin, sondern dieses Sagen ist beides in einem und als dieses Eine ein Winken, wo das Gesagte auf Ungesagtes, das Ungesagte auf Gesagtes und zu Sagendes weist ...« (Heidegger – Gesamtausgabe, Bd. 39, S. 127 f.). Figal bemerkt dazu was auch wir festhalten würden: »Nicht von ungefähr erinnert diese Charakterisierung des göttlichen ›Winkes‹ an das, was Heidegger über die dichterische Sprache gesagt hatte. Sofern gerade in ihr Gesagtes und Ungesagtes ineinanderspielen, kann sie Artikulation einer Erfahrung sein, die sich bei aller Bestimmtheit nach menschlichen Maßstäben nicht verrechnen lässt« (Günter Figal, Heidegger zur Einführung, Hamburg 1992, S. 167). – Wir würden jedoch in sachlicher Hinsicht zweierlei einwenden. Zum einen, dass hier ein idealisierend-idealtypisches Bild von Dichtung beschworen wird. Zum zweiten, dass die hinter diesem Idealtyp zurückbleibende ›real existierende‹ Dichtung/Literatur/Kunst der Gegenwart nicht nur nicht jenem hehren Anspruch gerecht wird, sondern selber vielerorts vom Bazillus des ›rechnenden Denkens« befallen ist – dass auf sie projizierte Vorstellungen von Muße, Beschaulichkeit, Kontemplation usf. eher ein Klischee bedienen als der Realität zu entsprechen.

So ist nach unserem Dafürhalten Figals Versuch wenig überzeugend, den Spekulationen Heideggers im Anschluss an Hölderlins »wo aber Not ist wächst das Rettende auch« Plausibilität zu verleihen. Auch wenn, so meint er, beim späten Heidegger der Kunst keine »kulturgründende« oder weltstiftende Rolle mehr wie noch im Kunstwerkaufsatz der 30er Jahre zugetraut werde, sei sie darum noch nicht ohnmächtig. Figal Heidegger zitierend: »›Weil das Wesen der Technik nichts Technisches ist, darum muss die wesentliche Besinnung auf die Technik und die entscheidende Auseinandersetzung mit ihr in einem Bereich geschehen, der einerseits mit dem Wesen der Technik verwandt und andererseits von ihm doch grundverschieden ist‹. Und: ›Ein solcher Bereich ist die Kunst‹ (V[Vorträge]A[Aufsätze], 39). Heidegger fasst also jetzt die Möglichkeit ins Auge, dass das ›Rasende‹ der Technik von sich aus, aus sich heraus zum Stillstand kommt, und damit nimmt er einen Gedanken auf, den Ernst Jünger am Schluss seines Buches über den *Arbeiter* ausführlich entwickelt hatte. Dass die Technik von sich aus, sich heraus zum Stillstand kommt, heißt nichts anderes als dass sie ›künstlerisch‹ wird. Das wiederum ist möglich, weil sie gleichen Ursprungs ist wie die Kunst, denn Kunst und Technik sind Weisen der póiesis, sie sind, wie Heidegger sagt, Weisen des ›her- und vorbringenden Entbergens‹ (VA 38)«. (Figal, a. a. O. S. 174). – Heideggers ontologisch

Anmerkungen

hergeleitete Wesensverwandtschaft zwischen Technik und Kunst als Weisen des »Entbergens« mag wiederum Seinsdenker beeindrucken, so möchte man sarkastisch bemerken, kaum jedoch das Realitätsprinzip des technischen Fortschritts; letzteres zwingt der Kunst die eigenen Sachzwangbedingungen auf, bevor es sich von einer ›autonomen Kunst‹ am rasenden »Fortriss« hindern lässt.

[55] S. 90 Eine Weise »dem Weltspiel als Verhängniszusammenhang zu widerstehen«, fasst Rüdiger Safranski schön zusammen, »ist für Heidegger die *Inständigkeit* des besinnlichen Denkens. Früher nannte man das Meditation, ›vita contemplativa‹ – Ausdrücke, die Heidegger für sein eigenes Unternehmen nicht gelten lassen will. Diese *Inständigkeit* rückt Heidegger in die Nähe des einfachen Lebens.« (Ein Meister aus Deutschland – Heidegger und seine Zeit, München/Wien 1994, S. 382). – Ausdrücke wie Kontemplation und Meditation verschmähte Heidegger wohl deshalb, weil er sie als Relikte des metaphysischen Denkens und seiner Begrifflichkeit erachtete.

Die Verwandtschaft der »Weile« mit dem Kontemplativen bringt einer der Sinnsprüche von »Aus der Erfahrung des Denkens« aufs Konziseste zum Ausdruck: »Im Denken wird jeglich Ding einsam und langsam« (a.a.O. S. 17). – Das Stichwort Kontemplation gibt uns Gelegenheit, einen Aspekt von Heideggers besinnlicher Weile im Unterschied zum Ereignis-Augenblick des Dass nachzutragen. Mit der sich am Ding und als Ding kristallisierenden *Weile* entbirgt bzw. offenbart sich Sein als *Sinnlichkeit*. Das als Dass-Augenblick aufblitzende Sein als solches oder nackte Sein liegt demgegenüber noch vor der Differenz von Sinnlichem und Unsinnlichem; wobei die Sinnlichkeit der besinnlichen Weile sich nicht lediglich auf das Haptische einer physischen Ding-Präsenz erstreckt, sonder auch auf mentale Dinge, wie sie von der produktiven und reproduktiven Einbildungskraft geistig erzeugt werden. Das Dass-Ereignis wie das eminente Schweigen dürfen nicht umgekehrt als unsinnlich oder abstrakt (nach Art gedanklich-symbolisierender, begrifflicher Abstraktionen) klassifiziert werden – sie sind eben weder-noch: nicht das eine, nicht das andere, diese Differenz eröffnet sich erst im Bereich des Ereigneten bzw. Seienden.

Wenn Ute Guzzoni gerade anlässlich von Heideggers Kunstauffassung, die ja ins Zentrum der (künstlerischen) Ding-Kontemplation das *Sinnliche der Offenbarkeit des Seins* hervorhebt, dann hat sie natürlich Recht was das besinnliche oder dichterische Denken des späten Heidegger anlangt; Unrecht indessen bezüglich der gerne unterschlagenen ›radikalen Seite‹ in Heideggers Ansatz, d. h. der sich am keirologischen Dass entzündenden ›ursprünglicheren‹ Seinserfahrung (die auch die des eminenten Schweigens wäre, sofern man denn diesbezüglich von Seinserfahrung und nicht lieber von Erfahrung des Nichts oder der Leere sprechen möchte). Guzzoni unterstreicht noch einmal, was Heidegger im »Ursprung des Kunstwerks« hinsichtlich der Seins-Lichtung und deren Offenheit ausgeführt hat, dass diese nämlich nur an Seiendem »Ständigkeit« gewinne, also eine »Weile« nur mittels die Dinge zu zeitigen im Stande sei. Heidegger: »Die Offenheit dieses Offenen, d. h. die Wahrheit, kann nur sein, wie sie ist, nämlich diese Offenheit, wenn sie sich einrichtet und solange sie sich selbst in ihr Offenes einrichtet« (Der Ursprung des Kunstwerks, in: Holzwege, Frankfurt 1957, S. 49). Zu beanstanden wäre von unserer Seite an dieser Aussage Heideggers bzw. Guzzonis, dass hier eine wechselseitige Abhängigkeit von Sein und Seiendem unterstellt wird, welche die Möglichkeit einer Seinserfahrung als Erfahrung von *Leere* (sprich die Erfahrung mentaler Stille während des strikten, auch gedanklichen Schweigens) streng genommen ausschließt. Denn vom Kunstwerk sagen, dass »so das Ereignis der Unverborgenheit als solches aufscheint«, erweckt jedenfalls den Eindruck, dass Sein *als solches* nur am Ding, d. h. *an*

269

Anmerkungen

Seiendem aufscheinend erfahren werden könne (vgl. Der andere Heidegger, a. a. O. S. 140 ff.). – Erinnert sei nochmals an die schon erwähnte Stelle in der zweiten der beiden Vorlesungen über das Denken von 1951/52, wo vom »Sprung eines einzigen Blickes, der erblickt« die Rede ist mit dem ausdrücklichen Zusatz, dass das Blicken dieses Blicks ein solches sei, das »nicht dem sinnlichen Auge verhaftet bleibt«.

[56] S. 91 Mit dieser kontemplativen und/oder ästhetischen ›Wahrnehmungserweiterung‹ von Welt wird ›kompensiert‹, was Habermas die *kognitivistische Reduktion* im okzidental vorherrschenden Weltverhältnis des Menschen genannt hat. Die Vernunft bleibe »ontologisch, erkenntnistheoretisch oder sprachanalytisch auf nur eine ihrer Dimensionen eingeschränkt … und zwar ontologisch auf die Welt im Seienden im ganzen (als die Gesamtheit der vorstellbaren Gegenstände und der bestehenden Sachverhalte); erkenntnistheoretisch auf das Vermögen, existierende Sachverhalte zu erkennen oder zweckrational herbeizuführen; und semantisch auf die Tatsachen feststellende Rede, in der assertorische Sätze verwendet werden – und kein Geltungsanspruch außer dem der foro interno verfügbaren propositionalen Wahrheit zugelassen ist.« (Der philosophische Diskurs der Moderne, Frankfurt 1985, S. 362 f.)

[57] S. 94 Schon der junge Freiburger Privatdozent Heidegger ›fahndet‹ für die Philosophie nach einer nicht-vergegenständlichenden (und also prädikationskritischen) Sprechweise (z. B. in der Vorlesung »Phänomenologie des religiösen Lebens« von 1920, wo er in den Apostelbriefen so etwas wie eine ungegenständliche ›direkt artikulierende‹ Sprache zu entdecken glaubt). Dass *vom Sein sagen* nicht Aussagen *über* das Sein machen bedeuten könne, betonen dann die »Beiträge« prononciert an etlichen Stellen. »Nicht mehr handelt es sich darum, ›über‹ etwas zu handeln und ein Gegenständliches darzustellen, sondern dem Er-eignis übereignet zu werden … Hier wird nicht beschrieben und nicht erklärt. Hier ist das Sagen nicht im Gegenüber zu dem zu Sagenden, sondern dieses selbst als die Wesung des Seins.« Sowie: »Allein, das Sagen sagt nicht *vom* Seyn etwas ihm allgemein Zu-kommendes, an ihm Vorhandenes aus, sondern sagt das Seyn selbst aus ihm selbst.« (Beiträge, S. 3 ff. und S. 473). – Eindeutig auf die Absage ans Prädikative in den folgenden Sätzen aus dem späten Buch über die Sprache: »Die Sage versammelt als das Be-wegende des Weltgeviertes alles in die Nähe des Gegen-einander-über und zwar lautlos, so still wie die Zeit zeitigt, der Raum räumt, so still, wie der Zeit-Spiel-Raum spielt.« Sowie: »Die Sage lässt sich in keine Aussage einfangen, sie verlangt von uns die ereignende Bewegung im Sprachwesen zu er-schweigen ohne vom Schweigen zu reden« (Unterwegs zur Sprache, a. a. O. S. 215 u. S. 267).

[58] S. 94 Habermas weiter: »Ihre [der propositional gehaltlosen Rede vom Sein, H.-W. W.] praktisch-politische Seite besteht im perlokutionären Effekt der inhaltlich diffusen Gehorsamsbereitschaft gegenüber einer auratischen, aber unbestimmten Autorität.« (Der philosophische Diskurs der Moderne, a. a. O. S. 168) Die als Schickungen des souveränen Seins hypostasierten sprachlichen Horizonte (geschichtlicher Welterschließung), die Heidegger quasi prädikativ konstatiert, stellen eben keine argumentativ durch Reflexion belegte oder belegbare Erkenntnis dar. »Also muss das Denken, das die ontologische Differenz als Leitfaden benützt, eine Erkenntniskompetenz *jenseits* der Selbstreflexion, jenseits des diskursiven Denkens überhaupt in Anspruch nehmen. Nietzsche konnte sich noch darauf berufen, die Philosophie ›auf den Boden der Kunst zu stellen‹; Heidegger bleibt nur der versichernde Gestus, dass es für Eingeweihte ›ein Denken gibt, das strenger ist als das begriffliche‹.« (ebd., S. 163). – Nicht begründbare und also auch nicht kritisierbare bzw. widerlegbare Feststellungen zu treffen, dies Famose bringt vielleicht

Anmerkungen

Heideggers Erschweigung zuwege; eminentes Schweigen dagegen, wie wir es verstehen, meldet erst gar keine Aspirationen auf eine solche Unmöglichkeit an.

[59] S. 95 »Überlegungen darüber, wie sich das überall noch metaphysische und nur metaphysische Vorstellen in wirksamer und nützlicher Weise zur unmittelbaren Aktion im täglichen und öffentlichen Leben bringen lasse, schweifen im Leeren. Denn je denkender das Denken wird, je entsprechender es sich aus dem Bezug des Seins zu ihm vollzieht, um so reiner steht das Denken von selbst schon in dem einen ihm allein gemäßen Handeln ...« (So die 1949 nachgetragene Einleitung zum Metaphysikvortrag von 1929, S. 14). – Dieter Thomä macht auf den biographisch bedingten ›Komplex‹ Heideggers aufmerksam: Die besinnliche oder dichterisch-denkende »Wendung zum Namen« sei eine »Gegenfigur zu der Emphase von Willen, Arbeit und Handeln, mit der Heidegger selbst 1933 angetreten war«. Durch die mit der *Kehre* eingeleitete Orientierung aufs *Sprachwesen* entziehe er sich »seinem eigenen praktischen Trauma aus dem Jahr 1933.« Es sei eine »Selbstvernichtung des Handelns«, die mit Heideggers Pathos des Lassens und der Besinnlichkeit einhergehe. »An dessen Stelle tritt ein an der Sprache orientierter Zugang zu den Dingen.« (Vgl. Die Zeit des Selbst und die Zeit danach, a. a. O. S. 858 ff.)

Willem van Reijen gibt in der nämlichen Sache folgende Erläuterung: »Heidegger sieht die Verabschiedung der Ontologie als eine revolutionäre Neuerung. Handeln ist nun nicht mehr etwas, das als Bewirken verstanden werden kann. Es hat mit Kausalität, Effizienz und Legitimation nichts zu tun. Es ist vielmehr ein Vollbringen, d. h. etwas in die Fülle seines Wesens zu entfalten. ›Das Denken vollbringt den Bezug des Seins zum Wesen des Menschen. Es macht und bewirkt diesen Bezug nicht‹.« (Martin Heidegger, a. a. O. S. 72; das Heidegger-Zitat hat er dem Humanismus-Brief entnommen).

[60] S. 101 Derjenige, der in seiner eigenen Auslegung und sprachphilosophischen Weiterführung Heideggers »Ontologische Differenz« am konsequentesten als einen ›hermetischen Relationismus‹ (weder ein Seiendes ohne das Sein noch dieses ohne irgendein Seiendes) gedacht hat, ist Jacques Derrida. Das Insistieren auf der *Unmöglichkeit* eines quasi selbstständigten, aus der ontologischen Differenz (d. h. der Verklammerung mit Seiendem) herausgelösten Seins bildet die (Heidegger in Schutz nehmende) argumentative Basis seiner schon Mitte der 60er Jahre geführten Auseinandersetzung mit der heideggerkritischen Position von Emanuel Lévinas (Ethik vor Ontologie, statt wie umgekehrt bei Heidegger mit der Folge der Installierung einer Gewalt generierenden Ursprungsinstanz namens Sein). Seit Platons Dialogen (insbesondere des *Sophistes*) sei jegliche *Andersheit* je schon ins Denken und Sprechen hineingenommen: »Das griechische Wunder ... ist die für jedes Denken auf immer geltende Unmöglichkeit, seine Weisen, einem Ausdruck des Hl. Johannes Chrysostomos zufolge, als ›die Weisen‹ von Auswärts‹ zu behandeln. ... indem es die Andersheit im Allgemeinen im Herzen des Logos aufnahm, hat sich das griechische Denken des Seins auf immer gegen jede abolut *überraschende* Konvokation geschützt.« Ergo gibt es weder die externe Andersheit des Empirismus (sein ›factum brutum‹, das Absolute eines außerhalb der Sprache an sich existierenden Seienden), noch die metaphysisch externalisierte *Archie/Arche* (Gesetz/Ursprung) eines ›Sein an sich‹. »Es gibt keine Sprache ohne Denken und ohne Sage *des* Seins. Da aber das Sein nichts außer dem bestimmten Seienden ist, erschiene es als solches nicht ohne die Möglichkeit der Sprache. Nur das Sein *selbst* lässt sich denken und sagen.« Womit es *jenseits* (oder diesseits) des Denkens und Sagens zur Chimäre würde. – Und dann zur Entkräftung von Lévinas' Befürchtung: »Das Sein selbst ... befiehlt nichts und niemandem. Da das Sein nicht der Herr des Seienden ist, ist sein

Anmerkungen

Vor-Rang (ontische Metapher) keine Archie.« Weshalb »die sicherste Befreiung von der Gewalt« für Derrida die stets erneute »Infragestellung« des Ursprungsphantasmas ist, das Uns-immer-wieder-wach-rütteln aus dem Traum der *Präsenz* eines Absoluten, wie man vielleicht sagen könnte. (Jacques Derrida, Die Schrift und die Differenz, Frankfurt 1976, S. 233 f., S. 218 u. S. 214) Wir meinen, dass man das Derridasche Prinzip des *nichts außerhalb des Textes* ernst nehmen muss und es möglichst präzise ›lesen‹ sollte. Seine Grundintuition besagt dann, dass »das Sein außerhalb des Seienden zu denken *nichts* zu denken heißt« und dass »es ebenfalls nichts zu *denken* heißt« (ebd., S. 218) – was exakt die ›Geschäftsgrundlage‹ des Exerzitiums der Schweigepraxis umreißt, für das wir plädieren: Im eminenten Schweigen wird, weil in ihm nicht *gedacht* wird, *nichts* ›gedacht‹, auch kein Unaussprechliches/Unsagbares alias Sein. Wenn nur im Text (durch Denken und Sprechen) die Simulation eines an sich Seienden erzeugt werden kann, so lässt sich auch ein absolutes Sein allenfalls textlich simulieren, außerhalb des Textes zerfällt es, ›ist nichts‹.

– Bloß nach diesem ›d'accord‹ (dass »diese Differenz ursprünglich ist«) bleibt noch immer bestehen, dass wir Menschen nicht nur als Texte durch die Welt laufen. Auf der Folie dieser nicht weg zu disputierenden ›Faktizität‹ möchten wir doch zu bedenken geben: Gerade ausgehend von Derridas Prämisse, »wir leben in und aus der Differenz« (ebd., S. 234), blicken wir in Sorge auf die transtextuelle *praktische* Ebene des innerweltlichen Handelns und fragen, ob insbesondere dem gegenwärtigen Denken die Differenz seines ›bestimmten Anderen‹ (des Schweigens) nicht gut täte …

[61] S. 101 Wenn wir bezüglich Heidegger und seinem Bemühen, das Sein oder Ereignis, die ›Transzendenz‹ zu allem Seienden bzw. Ereigneten, in den Horizont von Sprache und Denken hineinzunehmen, sagen: ›anders als Wittgenstein …‹, dann müssen wir dies allerdings mit einer Einschränkung versehen. Das an seine Grenze stoßende Denk- und Sagbare beim jungen Wittgenstein meint das exakt begriffliche, objektivierende Denken und Sprechen der (Natur)Wissenschaften; während von diesem Denken und Sprechen Heidegger sich immer schon distanziert und für das von ihm angesetzte »Sprachwesen« eine viel weitere und zugleich (wie er behauptet) »strengere« Sprache als die begriffliche, auf Vergegenständlichung zielende in Anschlag bringt. – Das »Unaussprechliche«, das es dem Wittgenstein des »Tractatus« zufolge »allerdings gibt«, auf das *Ungesagte eines Gesagten* (in vollendeter Form das Prinzip des poetischen Sprechens) zu beziehen resp. zu beschränken, mag gerechtfertigt sein als antimetaphysische/anti-»ontotheologische« Deflationierung. Diese hat andererseits zur Folge, dass das mit Wittgensteins »Unaussprechlichem« angezielte *Ethische* (als eine praktische Verwandlung der Existenz) genau so deflationiert, d. h. nicht länger als eine Möglichkeit und eine Aufgabe exponiert wird, der sich zuzuwenden gälte; denn jenes »es gibt allerdings Unaussprechliches« behauptet ja nicht das Vorhandensein eines Etwas, vielmehr vollführt es eine verbale Geste, die uns zu einem praktischen Schritt veranlassen möchte – etwa dem zur Schweigepraxis, so wie unsere Relektüre anlässlich dieser Studie ihren Impuls versteht und aufnimmt.

[62] S. 102 Rainer Marten unterrichtet uns darüber, dass Heidegger in seiner lebensphilosophisch beeinflussten »Frühzeit zwischen ›theoretisch‹ und ›erlebnishaft‹, letzteres als existentialontologische Kategorie (vor-)verstanden« unterscheidet. Heideggers Urfrage nach dem Sein lasse sich »eben in einem gewöhnlichen Sinne gar nicht stellen, sondern, wie Heidegger sagt, allein ›er-leben‹.« (Vgl. Marten, Heidegger lesen, a.a.O. S. 38 u. 40). Das Wort »Seinserfahrung« taucht ein einziges Mal in der Einleitung zum Metaphysikvortrag auf, es bleibt die Ausnahme und avanciert nicht zu einem Heidegger-

Anmerkungen

schen Standardterminus. Bewusst das Verb »erfahren« eingesetzt statt »denken« – »fragen und erfahren« etwa – findet man vor allem in den »Beiträgen zur Philosophie«. So etwa: »Aber die Wesung der ursprünglichen Wahrheit ist nur zu erfahren, wenn dieses sich selbst gründende und Zeit-Raum bestimmende gelichtete Inmitten ersprungen ist ...« (S. 330).

Noch einmal einen kurzen, gleichwohl hervorstechenden Auftritt hat der Erfahrungsbegriff in Heideggers Spätwerk in den einleitenden Absätzen des Vortrags »Das Wesen der Sprache« in »Unterwegs zur Sprache«. Die stehende Wendung lautet dort: *mit der Sprache eine Erfahrung machen*. Wobei er sich zunächst wieder von einem subjektivistisch missverstandenen Machen distanziert und betont, dass uns diese Erfahrung widerfahren müsse, so, »dass es uns trifft, über uns kommt, uns umwirft und verwandelt«. Interessant zu sehen, dass die Verwandlungskraft dabei am Erfahrungsmoment festgemacht wird: »Wir ... können alsdann durch solche Erfahrungen verwandelt werden, über Nacht oder mit der Zeit.« – Natürlich hätte Heidegger auf entsprechende Nachfrage hin versichert, dass er eine *Denk*erfahrung meine (und Erfahrung insofern dann doch kein Anderes und kein Mehr gegenüber der Reflexion bedeuten würde). Und die Erfahrung soll ja auch mit der Sprache und nicht mit dem uns interessierenden *Sprachlosen* des eminenten Schweigens vonstatten gehen. Unterdessen wird die Schärfe dieses Unterschieds zuletzt dennoch wieder gemildert, da die Erfahrung mit der Sprache im Sinne Heideggers gerade in den ›schweigsamen Zonen‹ der Sprache angesiedelt sein soll. »Mit der Sprache eine Erfahrung machen heißt dann: uns vom Anspruch der Sprache eigens angehen lassen, indem wir auf ihn eingehen, uns ihm fügen.« Kurz, die Erfahrung soll nicht dem immer schon verlautbarenden Sprechen gelten, vielmehr der lautlosen »Sage«, der in der Stille sich ereignenden »Zeige«, dem innersprachlichen Schweigen, pardon, »Erschweigen« ... »Was zu tun übrig bleibt, ist, Wege zu weisen, die vor die Möglichkeit bringen, mit der Sprache eine Erfahrung zu machen ... In Erfahrungen, die wir *mit* der Sprache machen, bringt sich die Sprache selbst zur Sprache. Man könnte meinen, das geschähe doch jederzeit in jedem Sprechen. Allein, wann immer und wie immer wir eine Sprache sprechen, die Sprache selber kommt dabei gerade nie zum Wort.« (Alle Zitate aus Unterwegs zur Sprache«, a.a.O. S. 159 ff.) Wege, die wiederum solche der Reflexion sind – und des (davon) Sprechens (»... in der Weise begangen, dass die mögliche Erfahrung der Sprache ihrerseits zur Sprache kommt«).

Rainer Marten scheint uns unter den Heidegger-Interpreten derjenige, der sich von Anfang bis Ende seines Kommentars dagegen wehrt, einen Unterschied zwischen Denken/Reflexion und unmittelbarer Erfahrung zuzugestehen. Weshalb sein Kommentar auf eine einzige Rebellion gegen die scheinbare Zumutung einer geradezu monströsen Abstraktheit hinausläuft, der gesamte Heidegger verdampft ihm zu einer endlosen und gebetsmühlenhaft wiederholten Tautologie, der der Faktizität des Dass, des *es gibt* ›es gibt‹. Statt als *Wink* in eine ›eigens zu machende Erfahrung‹ als Reflexionsbestimmung verstanden, wie ein theoretischer Begriff gedeutet, können Sprachfiguren wie die erwähnte tautologische natürlich nirgendwo anders hinführen als in die Eiswüste der Abstraktion (schon auf Seite 23 beklagt er die »an sich glanzlose Idee der Faktizität«). Und so nimmt es nicht Wunder, dass er im Schlusssatz seines Kommentars sein abschließendes und vernichtendes Urteil über Heideggers denkerische Obsession in dem Drei-Buchstaben-Wort *öde* kondensiert: »Die Öde, die sich im ›Sein selbst‹ ausbreitet und verbirgt, hält er ein Denkerleben lang zu sehen aus, indem er dasselbe in immer neuen Aufführungen so rein wie nur möglich Sprache und Gedanke werden lässt.«

Anmerkungen

(Heidegger lesen, a.a.O. S. 238). – Heidegger, die Meditierenden im Buddhismus, die Mystiker allesamt Masochisten? Ist es möglich, dass sie sich an dem immer selben Begriffsknochen, den sie ein Lebtag kauen, gütlich tun? Psychologisch halten wir das für wenig wahrscheinlich.

[63] S. 102 In Rüdiger Safranski hinterlassen Heideggers ›Worthubereien‹, besonders die der »Beiträge zur Philosophie«, den Eindruck, er wolle mittels Wortmagie die Ergriffenheit vom Ereignis bzw. die Seinserfahrung herbeizwingen, sich selbst und seine Leser in die Ekstase der von ihm so genannten »Grundstimmung« hineinreden. »Heidegger füllt Seite um Seite mit den Sätzen seines Seins-Denkens, aber da diese Grundstimmungen, wie Heidegger selbst betont, selten und augenblickshaft sind, so kommen diese Sätze allzu häufig eben nicht aus der Stimmung, sondern versuchen umgekehrt, diese Stimmung herzustellen. Das ist das Wesen der Litanei, mit der der abtrünnige Katholik Heidegger ja vertraut war. Die BEITRÄGE sind sein Rosenkranzgebet. Deshalb die formelhaften Wiederholungen, die Leier, die nur dem monoton vorkommt, der nicht davon berührt und *verwandelt* wird. Auf die Verwandlungskraft kommt es an, und dabei kann die Drehorgel der Sätze eine wichtige Rolle spielen. Denn was sind die geleierten Sätze anderes als Sätze, mit denen nichts mehr gesagt wird und in denen sich deshalb das Schweigen ausbreiten kann.« Heideggers Pseudoschweigen der »Erschweigung«, wie Safranskis Spürsinn klar erkennt. Sehr schön bringt er die Ambiguität von Heideggers Unternehmen auf den Punkt: Eine ›Message‹ von tiefer Einsicht, die das ›Medium‹ indes permanent konterkariert, das die Botschaft transportiert. Safranski: »Im Jubel [der Seinserfahrung, H.-W. W.] wird das Dasein zu jenem Himmel, in den die Welt und die Dinge kommen, wenn sie in ihrem staunenswerten ›Daß‹ erscheinen./ Um diese *offene Stelle* des Daseins bewahren zu können, muss das Denken sich zurücknehmen und darauf achten, dass diese Offenheit nicht mit Vorstellungen aller Art zugestellt wird. Das Denken soll ruhe geben und *still* werden. Aber aus der Paradoxie des wortreichen Erschweigens findet Heidegger nicht heraus.« (Ein Meister aus Deutschland, a.a.O. S. 359 und S. 367).

Weniger überzeugend dagegen Peter Trawnys Auflösungsversuch von Heideggers zentralem Dilemma (ebenfalls anhand der »Beiträge«): »Wenn die Sprache und ihr Ursprung, die ›große Stille‹ (angenommen, es gäbe einen solchen Ursprung der Sprache), sich gegenseitig ausschließen, wenn überall, wo gesprochen wird, wo es Bedeutungen gibt (und wo gibt es keine?), vom Ursprung dieser Bedeutungen im wahrsten Sinne des Wortes keine Rede sein kann, dann könnte es nach Heidegger doch sein, dass die Sprache in ihrem Verhältnis zum Ursprung in einem bestimmten, gleichsam flüchtigen Moment aufgefangen werden könnte. Im Verlassen des Unzugänglichen und Unsagbaren komme ›das Wort auf den ersten Sprung‹ (Beiträge, S. 36). Wo die Sprache notwendig ihren vorsprachlichen Ursprung verstellt, kann das ›Wort‹ dennoch in statu nascendi erscheinen. Wo es keine Sprache des Ursprungs geben könne, gebe es vielleicht doch eine *entspringende Sprache*. Die ›Beiträge zur Philosophie‹ wollen ein solches ›Wort‹ auf den ersten Sprung‹ sein.« – Just solche Jungfräulichkeit oder Spontaneität, so möchten wir dagegenhalten, geht dem Arbiträren, der Gewolltheit, von Heideggers Urworte-Kaskaden in den »Beiträgen« ab. (Vgl. Trawny, Adyton, a.a.O. S. 49).

[64] S. 102 Wer ein wenig mit buddhistischem Schrifttum vertraut ist, wird eine gelegentliche Ähnlichkeit der späten Texte Heideggers mit mahayanabuddhistischen Schriften bemerken. Riskieren letztere doch eine vergleichbare Gratwanderung zwischen Lehre oder Doktrin im Reflexionsmodus und praktischer ›Unterweisung‹, Fingerzeige auf den Erfahrungsmodus der meditativen Übung. Wer jene Schriften ohne Rücksicht auf diesen

Anmerkungen

zweiten Sinnzusammenhang liest, missversteht sie als metaphysische Aussagesysteme. Es passiert das, was auch bei der Heidegger-Lektüre bei rein intellektueller Rezeption geschieht: Was als Abschied von der Metaphysik intendiert wurde, wird qua Rezeptionsmodus de facto in die ›Textklasse Metaphysik‹ zurückverwandelt. Um es kurz zu machen, die hauptsächliche Parallele in Sachen Heidegger und Buddhismus spielt sich auf dieser ›Gelehrsamkeitsebene‹ ab; nicht auf derjenigen der Praxis, die für den Buddhismus insgesamt ebenso belangvoll ist und der ein ähnliches Gewicht einzuräumen wir seitens Heidegger vermissen (sein den eigenen Schriften vorausgeschickter Appell »Wege, nicht Werke« verhallt in dem von seinem eigenen Werk geschaffenen intellektuellen Resonanzraum).

Auf der Ebene der konzeptualisierten »Wesensschau« weist das mahayana-buddhistische »Herz-Sutra« (Prajnaparamita-hrdaya-sutra) vielleicht den frappantesten Berührungspunkt mit Heideggers Verbalisierungsanstrengung im Zusammenhang des Augenblicks-Ereignisses auf (»lichtende Verbergung« etc.). Hebt doch das Sutra mit dem Passus an: »Form ist Leere, und Leere ist ebenso Form. Form ist nicht verschieden von Leere, Leere ist nicht verschieden von Form. Was Form ist, das ist Leere, was Leere ist, das ist Form.« (zit. nach Michael von Brück/Dalai Lama, Weisheit der Leere – Sutra-Texte des indischen Mahayana-Buddhismus, Zürich 1989, S. 239). – Was das Sutra »Leere« nennt korrespondiert ganz offensichtlich mit Heideggers »Unverborgenheit«, »Lichtung«, der »offenen Gegend«, in der überhaupt erst »Anwesendes« – buddhistisch »Form« – in seine »Anwesenheit« gelangen kann. Die jeweilige Form »west« nur soweit und solange an, wie ihr die Leere dazu Raum und Zeit »gewährt«, um mit Heideggers Wortwahl zu operieren. Wie buddhistisch gedacht die Leere nicht sichtbar, aber potentiell den Reichtum oder die Fülle der Formen in sich trägt, so denkt Heidegger das Offene der Unverborgenheit als »Lichtung des sich verbergenden Bergens« (Das Ende der Philosophie und die Aufgabe des Denkens, in: Zur Sache des Denkens, Tübingen 1969, S. 71 ff.). Zu den Termini (buddhistisch) Leere und (Heideggerisch) Lichtung/Offenheit/Unverborgenheit gesellen sich in beiden Konzeptualisierungsweisen Ausdrücke wie »Ruhe«, »Stille« u.a.m. Hierzu Heidegger: »Aber die Ruhe ist, eigentlich gedacht, nicht der Ausfall, sondern die Versammlung der Bewegung, jene Versammlung, die erst aus sich Bewegung entschickt und im Entschicken die Bewegung nicht bloß entlässt und wegschickt, sondern gerade einbehält. Demnach beruht die Bewegung in der Ruhe.« Sowie: »Sein und Grund sind aber nicht ein leeres Einerlei, sondern die verborgene Fülle dessen, was zunächst im Seinsgeschick als Geschichte des abendländischen Denkens zum Vorschein kommt.« (Der Satz vom Grund, Stuttgart 1957, S. 144 u. 184).

In der buddhistischen Tradition haben hartgesottene Praktiker die Konzeptualisierungsversuche einer ›ultimativen Wahrheit‹ stets mit Argwohn betrachtet; wohl wissend, dass die diesbezüglich lediglich intellektuell-konzeptuell Wissenden – weil ohne die erforderliche singuläre Erfahrung – immer noch Unwissende sind. Ihre Mahnung lautet daher: »Der Besen, der das Bewusstsein von der Scheinwelt seiner eigenen Gedankenkonstruktionen reingefegt hat (also die Lehre von Leere)«, so Michael von Brück, »darf aber nun selbst nicht übrigbleiben, denn er ist ebenfalls nicht-substanziell: Das Denken selbst muss zum Schweigen kommen, damit die Wirklichkeit sprechen kann, d.h. auch die Lehre von der Leere muss immer wieder entleert werden, sonst hat man die Sache nicht erfasst.« (Einleitung zu »Weisheit der Leere«, a.a.O. S. 39). – Übrigens steht in den »Beiträgen« (S. 188) eine Äußerung, die als eine Warnung vor jenem ›Besen‹ gelesen werden könnte, obgleich Heidegger sie als Philosoph und Autor natürlich nicht wirklich zu beherzigen vermag: »Vor allem muss die Verborgenheit des Anfäng-

Anmerkungen

lichen gewahrt werden. Zu vermeiden ist jede Verunstaltung durch Erklärungsversuche, da alles Erklärende notwendig den Anfang nie erreicht, sondern nur zu sich herabzieht.« Immerhin lässt der Schreibende bzw. der Vortragende schon einmal auf den Einwand hin, dass zirkuläre Erläuterungssätze wie »das Ereignis ereignet« eigentlich nichts sagten, durchblicken: »Es besagt auch nichts, solange wir das Gesagte als einen bloßen Satz hören und ihn dem Verhör durch die Logik ausliefern.« Nichtsdestoweniger hält er das Gesagte als »Anhalt für das Nachdenken« für durchaus brauchbar; es dient als »Wink« in die Erfahrung, nicht eigentlich dazu, sie dem noch Unerfahrenen sprachlich zu vermitteln. Dieser muss die so erst angesagte und als solche für ihn noch ausstehende *Erfahrung* erst selber machen.

[65] S. 103   Vom *Lernen müssen* spricht Heidegger auch an anderen Stellen, so etwa im Vortrag »Bauen, Wohnen, Denken«, wo er sagt, dass die Sterblichen »das Wohnen erst lernen müssen« (enthalten in »Vorträge und Aufsätze«, Pfullingen 1954, S. 139 ff.). Auch in diesem letzten Beispiel bleibt das Wort »lernen« der praktischen Bedeutung nach leer, so wie die abschließenden Worte des Vortrags dunkel bleiben: »Wie, wenn die Heimatlosigkeit des Menschen darin bestünde, dass der Mensch die *eigentliche* Wohnungsnot noch gar nicht *als die* Not bedenkt? ... Wie anders aber können die Sterblichen diesem Zuspruch entsprechen als dadurch, dass sie an *ihrem* Teil versuchen, von sich her das Wohnen in das Volle seines Wesens zu bringen? Sie vollbringen dies, wenn sie aus dem Wohnen bauen und für das Wohnen denken.« (ebd., S. 156). – Peter Trawny findet im »esoterischen Denken Heideggers«, dessen Niederschlag in den »Beiträgen« zumal, »eine pädagogische Reflexion«. Die Zitate, die dies belegen sollen, zeugen aber höchstens von einer pädagogischen Reflexion *ohne jede Didaktik*. »Woher aber soll die Erziehung zum wesentlichen Denken kommen«, frage Heidegger und antworte, sie komme »aus einem Vor-denken und Gehen der entscheidenden Pfade«. Bloße Floskeln unseres Erachtens auch was Trawny selbst in punkto Didaktik anführt: »Die esoterische Didaktik versammelt sich in der *Authentizität* des Lehrers. Das Denken verlangt nach Glaubwürdigkeit: ›Wer gar im Bereich des anfänglichen Denkens Lehrer sein will, der muss die Verhaltenheit des Verzichtenkönnens auf ›Wirkung‹ besitzen, der darf sich nie täuschen lassen durch den Scheinerfolg des Genannt- und Beredetwerdens‹.« (siehe Trawny, Adyton, a. a. O. S. 65 f.).

[66] S. 104   Van Reijen, Martin Heidegger, a. a. O. S. 115. Eine Leerformel in punkto Praxis auch der Satz: »Die selbstreflexive Kritik des Denkens zielt auf ein Gleichgewicht zwischen dem, was wir klassisch als Subjekt und Objekt bezeichnen.« Und genau so unbestimmt der voranstehende Verweis auf eine »neue Sprache«: »Widersprüche im klassischen Sinn (›Das Sein ist das Nichts‹) sind bei der Entwicklung einer neuen Sprache, mit der die Verblendung durchbrochen werden kann, unumgänglich.« (Ebd. S. 116; ebd. S. 98: »... ein Denken, in dem das Sein und das Nichts in einer permanenten Selbstreflexivität gedacht werden«; sowie S. 108 die Sprache betreffend, Heidegger verfolge ein »revolutionäres Programm«). – Wir verkennen nicht, dass in van Reijens Revolutionsbegriff hier die lateinisch-mittelalterliche Konnotation von ›revolutio‹ gleich Umwälzung/Umdrehung mitschwingt. Dieses Kreisende soll das Selbstreferentielle von Heideggers ontologischer Differenz (der beständige Rückgang des Einen ins Andere, von Sein in Seiendes und umgekehrt) abbilden. Was freilich an der von uns beanstandeten Nicht-Beantwortung der Vollzugsfrage nichts ändert: Van Reijen appelliert an die Reflexion, ihr In-sich-kreisen zu reflektieren – d. h. das Denken kreist wie bei jeglicher Reflexion weiterhin in sich selbst, sodass auch diese Denkrevolution im Verbalradikalismus stecken bleibt und ihre ›Praxis‹ gar nichts anderes sein kann als Nichtpraxis.

Anmerkungen

Im Übrigen wäre noch Jaques Derrida anzuführen, der sich mit einigen seiner späten Arbeiten als Lordsiegelbewahrer eines schlechterdings theoretisch Inkommensurablen in Heideggers Denken hervortut. Das solchermaßen Sperrige, das sich der ›akademischen Normalisierung‹ widersetzt, erblickt er in Heideggers Radikalität des Fragens; der Radikalität nicht einer bestimmten Was- oder Wie-Frage und auch nicht die der Gesamtheit der von Heidegger gestellten Fragen, vielmehr die im Gewahrwerden des Fragens als Ur- und Ursprungsgestus des Denkens selbst und einem diesem ›Initium‹, diesem Denkanfang ›Sich-vereignet-wissen‹ und mehr noch ›Sich-in-ihm-Halten‹ zum Ausdruck kommende Radikalität. Bei dieser These knüpft Derrida an den Schlusssatz von Heideggers Vortrag »Die Frage nach der Technik« an, demzufolge »das Fragen ... die Frömmigkeit des Denkens [ist]« (vgl. Vorträge und Aufsätze, a. a. O. S. 40). Also spricht Derrida von der »Frage der Frage«, vom »Privileg des Fragens, der Frageform, des fragenden Wesens, der Würde, die sich wesentlich dem Fragen verdankt«. Modi des Fragens wie »Befragen« und »Erfragen« unterscheide zwar Heidegger: »Aber er hat, wie mir scheint, *fast* nie davon abgelassen, das Höchste und Vortrefflichste des Denkens mit der Frage gleichzusetzen, mit der Entschlossenheit zur Frage ..., mit ihrem Anruf, mit ihrer Hut – darin besteht die ›Frömmigkeit‹ des Denkens«. Das radikale Heideggersche Fragen führe in eine und halte sich in einer »früheren Frühe« (ein Heidegger-Ausdruck); dieses »Früheste der Frühe, ihr bestes Versprechen«, sei »von Geburt an anders« als der immer schon mit bestimmten Fragen und Antworten daherkommende (und als Denktradition uns überlieferte) Ursprung des Denkens, »all der Testamente, all der Versprechen, all der Ereignisse, all der Gesetze und Bestimmungen, die unser Gedächtnis bilden«. Mit dieser Radikalität der Frage glaube Heidegger noch einmal sämtliche vorangehenden Denkrevolutionen zu revolutionieren: »Der Kreis, der über den Tod, den Untergang, das Abendland zum Früheren zurückführt, der Kreis, zu dem das *Gespräch* zwischen Heidegger und Trakl hinleitet, soll gänzlich verschieden sein von analogen Kreisen oder Revolutionen, von dem, was bisher als Kreis oder Revolution gedacht worden ist«. (Zitiert aus: Vom Geist – Heidegger und die Frage, Frankfurt 1992, S. 16 f. und S. 125 f.). – Derrida gibt nun selber zu bedenken: Dass die Radikalität des Fragens »auf der einen Seite *mehr* oder *besser* zu versprechen, zu grüßen, zu retten scheint, da sie ein völlig Anderes anruft und herbeiruft. Eine Ankündigung, die provozierender, erschütternder, unerwarteter ist. Auf der anderen Seite aber scheint diese Bahn, scheint dieser Weg ungangbar zu sein, mag er auch das Ungangbare selbst darstellen« (ebd., S. 126). Das »ungangbare Selbst«, wir können uns die Spitze nicht verkneifen, ist dieser Weg als *Denk*weg und *Text*weg; als sich selbst perpetuierender ›Sermon‹ oder ›niemals endendes Gespräch‹ (über das Fragen, Hören, Hüten, Andenken etc.) ist er das ›Performativ‹, welches davor bewahrt, dass ein mögliches anderes ›Performativ‹, das der *Schweigepraxis* (nennen wir es dasjenige der ›Gangbarkeit‹), in den Blick kommt und gegebenenfalls als praktische Option wahrgenommen und ergriffen würde.

[67] S. 104 Vgl. Heidegger zur Einführung, a. a. O. S. 169. Figal rechtfertigt seine Behauptung folgendermaßen: Da mit dem anderen Anfang nur die beständig auf uns zukommende unbestimmte Zukunft gemeint sein könne, er infolgedessen der Offenheit dieser Zukunft zuliebe nicht auf abschließende Weise fixiert werden dürfe, müsse es beim ersten Anfang und seiner Fortsetzung bleiben, während der andere so etwas wie ein permanent fliehender Horizont bedeute. – Wenn man, wie es Figal hier tut, Heideggers mehrdeutiges Wort vom »anderen Anfang« inhaltlich-substanziell vereindeutigt (eine bestimmte Neueinrichtung der Welt), ist seine These (dass solche definitive Neueinrichtung

Anmerkungen

einer Fixierung des an sich offenen Geschichtsprozesses gleich käme) natürlich plausibel.

[68] S. 105 *Anders anfangen* im von uns verstandenen *transzendental praktischen* Sinne verlangt nicht das Beginnen mit einem *bestimmten* Anderen, wie einschneidend dieser spezifische Neubeginn auch wäre; vielmehr wiederholt die anders anfangende Transzendentalpraktik des Schweigeexerzitiums diszipliniert die immer gleiche Übung und schafft dadurch ein mentales Milieu, ein geistiges Klima, das wünschenswerte oder notwendige Neuanfänge auf welchem Gebiet auch immer erleichtert, vielleicht überhaupt erst zulässt (dank der schweigepraktisch erfolgenden ›Dekonditionierung‹ im Bewusstsein).

Sofern wir das Andere des anderen Anfangs nicht bloß in der Relation zu einem ›ersten Anfang‹ verstehen möchten, sondern mit dem Epitheton darüber hinaus assoziieren, dass dieser Anfang auch seinem Zweck nach die Intention einer Andersheit ins Spiel bringt (der ›Anfang eines Anderen‹ wäre) – so gesehen ließe sich an Überlegungen von Ute Guzzoni anschließen, die versuchen, so etwas wie das *eigens Andere* oder *das Andere selbst* zu denken, ein *Anderes, das an ihm selbst anders ist,* mithin ein Anderes außerhalb des Bezirks der Relationsbegriffe wäre, das seine Andersheit nicht aus der Negation dieses oder jenes ›Einen‹ bezöge, demgegenüber es ein Anderes wäre. Insoweit das ›intendierte‹ Andere des transzendentalpraktisch aufgefassten anderen Anfangs in der Tat diese Eigenschaft aufweist, bleibt zugleich festzuhalten: Zu *denken* im Stande sind wir nur *relationale* Andersheiten, die Andersheit des an ihm selbst anderen überschreitet die Grenze zum Undenkbaren und Unsagbaren, das es (wenn wir nochmals an Wittgensteins »es gibt allerdings Unaussprechliches« erinnern dürfen) höchstens *schweigend, i. E. nicht-denkend zu erfahren* gälte. Womit wir Guzzonis »ontizistische« (ihre Selbstcharakterisierung) Herangehensweise bereits hinter uns gelassen hätten; denn letztere macht das an ihm selbst Andere jeweils fest an Erstaunlichem und Befremdlichem, wie es uns an diesem oder jenem Seienden aufscheint. Guzzonis an ihm selbst Anderes meint die am erstaunlich bzw. befremdlich Seienden aufscheinende *Nichthaftigkeit,* peilt das im Staunen und Irritiertsein über die Dinge und die Welt manifest werdende »Zwischenreich des Nichthaften« an. Wiederum möchten wir zu bedenken geben, dass diese Weise, die Aufmerksamkeit zu schärfen für das *Anderssein der Welt überhaupt* (Guzzoni), uns unter dem ›herrschenden Realitätsprinzip‹ so lange wenig aussichtsreich erscheint, wie nicht die *direkte schweigepraktische Begegnung mit beglückender Nichthaftigkeit als solcher, die Tiefenerfahrung einer erholsamen und revitalisierenden Weltpause den übermächtigen Bann der Positivität bricht.* Ehe dies nicht geschieht, bevor nicht die Weltpraxis qua Transzendentalpraktik aus ihrer Erstarrung in Gewohnheit und Routine ›erwacht‹, das Kontinuum des Stets-weiter-wie-gehabt ›aufsprengt‹, werden noch so beredt vorgetragene literarische Sensibilisierungsversuche für das an den Dingen und in der Welt aufscheinende Anderssein wie der von Guzzoni höchst wahrscheinlich und bedauerlicherweise im Sande verlaufen. Wo die »mediale Moderne« (ein Begriff von Claus-Artur Scheier, vgl. Anm. weiter unten) um uns her und gleichermaßen in unserem Innern für einen ›Dauer-Talk‹, ein unausgesetztes Sprechen sorgt, das Lücke/Leere/Intervall erst gar nicht mehr aufkommen lässt (dasselbe gilt vom Sehen, der äußeren und inneren Bildproduktion) – unter solchen Bedingungen muss sich die Forderung nach einem *erzählenden, evozierenden, erstaunlichmachenden* Sprechen (Guzzoni) prekär ausnehmen … (Vgl. Ute Guzzoni, Wege im Denken, Freiburg/München 1990, S. 94 ff.).

[69] S. 105 So die Beiträge S. 6. – Extreme Aussagen wie diese lassen erkennen, dass Heidegger

Anmerkungen

als ein Initiations- und Zeremonienmeister des ›anderen Denkens‹ immer schon resigniert haben *muss* in seinem geschichtlichkeitsphilosophischen Ornat. Schon die Bereitschaft und die Absicht oder der Wille zum ›Umdenken‹ sollen letztlich abhängen vom lückenlos und gesellschaftsweit waltenden Ereignis der Meta- oder Megaklasse und dessen souveränem Gewähren oder Nicht-Gewähren. Vorhersagbar frustriert Heidegger jedes Mal seine wie in einer Engführung auf den »Sprung« zusteuernde Argumentationskette mit dem Bescheid, dass »wir«, das anonyme Kollektiv der modernen technischen Zivilisation, »noch nicht zugelassen« seien, womit er im Endeffekt bei den Adressaten für einen lähmenden Attentismus sorgt. Erinnert sei an die die individuelle Initiative frustrierende Wendung aus der Einleitung des Metaphysikvortrags (S. 10): »Was ein solches Denken auf seinen Weg bringt, kann doch nur das zu denkende selbst sein. Dass das Sein selber und wie das Sein selbst hier ein Denken angeht, steht nie zuerst und nie allein beim Denken. Dass und wie das Sein selbst ein Denken trifft, bringt dieses auf den Sprung, dadurch es dem Sein selbst entspringt, um so dem Sein als solchem zu entsprechen.« Die Absage an die Initiative zugunsten des Attentiven explizit auch in der Vortragsfassung von »Was heißt denken?«: »Gesetzt die Behauptung, dass wir noch nicht denken, sei wahr, dann sagt sie zugleich, dass unser Denken sich noch nicht eigens in seinem eigentlichen Element bewege und zwar deshalb, weil das zu-Denkende sich uns entzieht. Was sich auf solche Weise uns vorenthält und darum ungedacht bleibt, können wir von uns auch nicht in die Ankunft zwingen, selbst den günstigen Fall angenommen, dass wir schon deutlich in das vordächten, was sich uns vorenthält. So bleibt nur eines, nämlich zu warten, bis das zu-Denkende sich uns zuspricht« (in Vorträge und Aufsätze, a. a. O. S. 139). Das bei diesem Zuspruch gedanklich zu ergänzende ereignis- bzw. seinsgeschichtliche Vorzeichen verurteilt die nachgeschobene Versicherung, »durch solches Warten sind wir bereits denkend auf einem Gang in das zu-Denkende unterwegs«, zur bloß rhetorischen Geste, aus der für den Hörer oder Leser *praktisch* nichts folgt.

In extenso erörtert Heidegger selber seine Auffassung von »Seinsgeschick« in den Vorlesungen zum »Satz vom Grund«. Hier lässt er seiner geschichtsphilosophischen bzw. geschichtlichkeitsphilosophischen Spekulation freien Lauf: »Heute scheint sich der Entzug des Wesens des Seins zu vollenden«, erfährt man auf Seite 100 und auf der folgenden: »Darin liegt eine Bürgschaft dafür, dass das Denken erst im äußersten Entzug des Seins das Wesen des Seins erblickt.« Der von allem individuellen Denken und Handeln unabhängige Umschwung fände also statt, sobald die Zeit der ›vollendeten Sündhaftigkeit‹ erfüllt ist. Dann bringe sich das »Einfache und Selbe« (des »Zeit-Spiel-Raums«) »zu seiner Zeit zur Sprache« und sei auch erst dann zu »erblicken« (ebd. S. 131). – Am schwindelerregendsten jedoch zweifellos Heideggers Schlingerkurs zwischen schlichter Heteronomie (von Seiten des »Ereignisses«) und einem konzeptionell schwerlich zu vermeidenden menschlichen Autonomierest in den »Beiträgen«, wie u. a. S. 8: »Wenn aber das Ereignis zur Weigerung und Verweigerung wird, ist dies nur der Entzug des Seyns oder die Preisgabe des Seienden ins Unseiende oder kann die Verweigerung (das Nichthafte des Seyns) im Äußersten zur fernsten Er-eignung werden, gesetzt, dass der Mensch dieses Ereignis begreift und der Schrecken der Scheu ihn in die Grundstimmung der Verhaltenheit zurück- und damit schon in das Da-*sein* hinausstellt?/ Das Wesen des Seyns als Ereignis wissen, heißt die Gefahr der Verweigerung nicht nur kennen, sondern zur Überwindung bereit sein. Weit voraus das Erste hierzu kann nur bleiben: das Seyn in die Frage zu stellen.«

Unsere Argumentation gegen das autonomiefeindliche »Ereignis«-Theorem Hei-

279

Anmerkungen

deggers bleibt bezogen auf die Initiative zu dem, was wir Praxis/Schweigepraxis nennen. Dass das mentale Geschehen *unter den Versuchsbedingungen der Praxis bzw. während derselben* nicht durch die Autonomie eines Subjekts ›hergestellt‹, ›gemacht‹, gar ›erzwungen‹ werden kann, ist selbstredend – dieses Bewusstseinsgeschehen ist mit anderen Worten *kontingent*. Nicht für das Aufnehmen der Schweigepraxis, wohl aber hinsichtlich des *innerpraktisch* sich Ereignenden treffen dem Prinzip nach Peter Trawnys Worte zu: »In Heideggers Wahrheitsverständnis findet damit eine radikale Entmachtung der kognitiven und linguistischen Leistungen des Menschen in Bezug auf ihr Wahrsein statt. Was das ›Wissen‹ sucht, kann es nicht aus sich selbst hervorbringen. Vielmehr befindet sich das ›Wissen‹ zu dem, nach dem es fragt, in einem ›Verhältnis‹, ohne dieses ›Verhältnis‹ kontrollieren zu können.« Trawny registriert die Ungereimtheit bei Heidegger: »So deutet Heidegger einerseits die ›Grundstimmungen‹ als eine Art von epochaler Atmosphäre, die über das Dasein komme gleichsam wie das sich ändernde Wetter. Andererseits denkt er die ›Grundstimmungen‹ wie poietische Möglichkeiten, in denen ein bestimmtes Denken und Leben stattfinden könne, den Sinn einer ›Grundstimmung‹ beanspruchend.« Demnach sei »unsere Empfänglichkeit« für das Andere auch ein »Aspekt der Erziehung« – wie man, nimmt man sich die interpretatorische Freiheit, allerdings die Unebenheiten des Originals glätten kann. (Vgl. Adyton, a.a.O. S. 56 f., S. 71).

[70] S. 106   Vgl. Heidegger zur Einführung, a.a.O. S. 155. – Unsere Reserviertheit gegenüber den Tendenzen zur Literarisierung der Philosophie, dies sei dem rechten Verständnis halber angemerkt, erstreckt sich nicht auf eine berechtigte *Sorge um die Sprache;* etwa wie sie Claus-Artur Scheier in seinen instruktiven Überlegungen zur »medialen Moderne« in den Blick nimmt: Unter deren Bedingungen müssten wir in Zukunft mehr denn je uns als »Treuhänder der Sprache« verstehen, eine unverkennbar auch vom späten Heidegger und dessen Sprachdenken mit inspirierte Position. Scheier vertraut darauf, »dass es eine Rettung in der Sprache vor der Sprache gibt durch die Sprache« – ein Vertrauen, das zu teilen wir umso eher geneigt wären, wenn dem »durch die Sprache« noch ein ausdrückliches *und durch das disziplinierte Schweigen* hinzugefügt würde. (Siehe Claus-Artur Scheier, Bilder, Etyms, Icons – Zur Sprache der medialen Moderne, in: A. Hübener, J. Paulus, R. Stauf (Hrsg.): Umstrittene Postmoderne. Lektüren, Heidelberg 2010, S. 47–59.

[71] S. 107   So in einem auf Jaques Derrida antwortenden Beitrag unter dem Titel »Wie die ethische Frage zu beantworten ist: Derrida und die Religion«, in: Jürgen Habermas, Ach Europa – Kleine politische Schriften XI, Frankfurt 2008, S. 62. Volker Gerhardt, der ebenfalls hart mit Heidegger ins Gericht geht, kleidet sein Urteil in das Wort von der »Schwundstufe des Adventismus« als dem Endergebnis der »inneren Lähmung dieses Denkens«. Gerhardt, der anders als Habermas »Subjektauslöschung« für eine übertriebene Befürchtung bzw. in der Konnotation der Rede vom ›Tod des Subjekts‹ für modische Exaltiertheit hält, moniert vor allem die Heraufbeschwörung einer »archaischen Schuld, die jedem zukommt, der von sich aus etwas will«. Heideggers Ausführungen begleitet in der Tat die Suggestion, jedwede selbstbewusste Praxis stehe bereits unter dem Verdikt der Willenshybris, könne nur Unfug hervorbringen und ihre ›Macher‹ mit Schuld beladen. (Vgl. Volker Gerhardt, Der Rest ist Warten – Von Heidegger führt kein Weg in die Zukunft, in: Ders., Exemplarisches Denken, München 2009, S. 71 ff.)

[72] S. 107   Derridas Absicht ist es gewesen, »deutlich zu machen, was *nach meinem Eindruck* in Heideggers Texten in der Schwebe, unbestimmt, also noch in Bewegung ist und,

Anmerkungen

zumindest für mich, *im Kommen*«. (So z. B. in: Vom Geist – Heidegger und die Frage, Frankfurt 1992, S. 15). Mit dem Ausdruck »im Kommen« versucht sich Derrida an einer anderen Umschreibung für das, was bei Heidegger »Ereignis« heißt. Wie dieses soll *was im Kommen ist* der »Ordnung des Vermögens« entzogen sein, von uns nicht zu »kontrollieren«. »Denn falls es sie gibt, die singuläre Ereignishaftigkeit dessen, *was* geschieht und (mit) mir geschieht, oder dessen, *der* da unversehens kommt und über *mich* kommt ..., *wenn* es also dergleichen gibt, dann setzt es einen Einbruch oder einen Ausbruch voraus, der den Horizont sprengt, der jede performative Regelung, jede Vereinbarung und jeden von einer Konventionalität beherrschbaren Kontext *unterbricht.*« Das Denken, welches wie dasjenige Heideggers um Ereignisse, besser um ›das Ereignis‹ kreise, sei ein »Denken des unmöglichen Möglichen«. (Vgl. Die unbedingte Universität, Frankfurt 2001, S. 72 f.) – Wir würden Derrida gerne gefragt haben, ob in allen Fällen tatsächlich nur die ›Wahl‹ besteht zwischen unverfügbarem Ereignis (von dem wir auf Grund seiner gänzlichen Unbestimmtheit eigentlich noch nicht einmal sagen können, dass man darauf nur warten könne) und dem »Phantasma der souveränen Verfügung«. In Hinsicht auf das von uns in diesem Buch vorgestellte ›Übungsperformativ‹ der Schweigepraxis macht eine ausschließliche Alternative nach dem vorherigen Muster Derridas keinen Sinn.

[73] S. 108   Unabhängig von der hier angesprochenen kulturell-typologischen Prägung spricht auch Elmar Weinmayr ohne Umschweif von Heideggers »unverwundener Metaphysik«, d. h. er beschränkt sich auf den innertheoretischen Zusammenhang der Unausweichlichkeit auf Grund des (onto-)logischen Vorhabens *denkend* (und sprechend) ›zum Ursprung durchzustoßen‹. Das Heidegger'sche Projekt mit dem zenbuddhistischen Ansatz vergleichend und beide in eben diesem Punkt einander kontrastierend schreibt er sich auf einen Beitrag K. Tsujimuras beziehend: »Im Unterschied zum zen-buddhistischen Denken und Sprechen aus dem Ursprung [erfahren in der Zen-Übung schweigenden Nicht-Denkens, H.-W. W.] gehe Heideggers Denken und Sprechen aus von der Dimension des Sprechens und Denkens ... Heideggers Denken bestimmt sich von der Erfahrung der Wahrheit des Seins, d. h. des nicht-seienden Ur-sprungs, genauer: des nicht-feststehenden, gestaltlosen und daher auch nicht fest- oder vorstellbaren Entstehungs- und Entspringungsgeschehens aller Wirklichkeit her. Anstatt jedoch in dieses Geschehen einzutreten und sich in es zu verwinden, besteht Heidegger darauf, dieses Geschehen als solches zu denken und zur Sprache zu bringen. Heidegger möchte nicht nur sein Denken von diesem Ursprungsgeschehen bestimmen lassen und in ihm und aus ihm denken, sondern dieses selbst noch denkend und sprechend bestimmen. Wir stoßen hier in einer anderen Annäherung wieder auf die ... Ambivalenz des Heideggerschen Denkens, das einerseits die Metaphysik in das Geschehen der Wahrheit des Seins verwindet, und sie zugleich unverwunden wiederholt.« (Elmar Weinmayr, Entstellung – Die Metaphysik im Denken Martin Heideggers mit einem Blick nach Japan, München 1991, S. 311 f.).

III

[1] S. 111   Hannah Arendt, Vom Leben des Geistes, S. 193. – Was Hannah Arendt als Denken bezeichnet und in diesem durch ihren Tod nicht mehr zu Ende gebrachten Buch »Vom Leben des Geistes« gegen das Urteilen und das Wollen absetzt, meint ein reines Denken, aller äußeren Nützlichkeit abhold, in einem nie abschließbaren sich ständig erneuern-

Anmerkungen

den Fragen um das Essentielle des Menschseins kreisend und dabei, dieses gewissermaßen adelnd, selber Genüge findend – mithin etwas, das ganz in seiner Eigenzeit (der Denk-Epoché) aufgeht, diesseits oder jenseits derselben keinen Bestand hat und keine Funktion besitzt.

[2] S. 112 Das ›epochétische‹ vorübergehende Suspendieren oder Einklammern unserer praktischen Interessiertheit an der Welt und ihren Erscheinungen (die Außerkraftsetzung unserer Brauchbarkeits-, Geschmacks- und Werturteile während der Epoché) bedeutet selbstverständlich nicht, dass eben dieses Praktische, diese Interessen, unser Werten und Urteilen, dass alles dies seinerseits *qua Phänomen* nicht Gegenstand des epochétischen Denkens (desjenigen der einzelwissenschaftlichen Forschung wie auch der speziellen phänomenologischen Untersuchung) werden könnte. – Um Husserl gerecht zu werden, sollte man nicht vergessen: Er wollte unterschieden wissen – bezüglich dessen, was wir hier ganz allgemein mit Epoché des Denkens bezeichnen – zwischen der (einzel-)wissenschaftlichen Erkenntnismethodik und der sie fundierenden, transzendentalphilosophisch veranschlagten, also auf die Bedingungen der Möglichkeit von ›Erscheinungen überhaupt‹ abhebenden *phänomenologischen Methode*. Husserls *transzendentale* Phänomenologie möchte in dem Sinne als grundlegende Wissenschaft von den Phänomenen verstanden werden, als sie die Phänomene *als Phänomene* untersucht, nach dem Wesen von (Bewusstseinsphänomenalität) schlechthin fragt. Es ist ihr mit anderen Worten um die Art und Weise des In-Erscheinungs-tretens von Erscheinungen (gleich welcher lebensweltlichen Provenienz oder wissenschaftlichen Observanz) zu tun. Gerade darum wird ihre spezifische Epoché erforderlich: die Ausschaltung/Einklammerung der natürlichen Bewusstseinshaltung eines unbefragten ›an sich‹ der Welt und ihrer Erscheinungen; denn dieses so selbstverständliche ›Vorurteil‹, diese »Generalthesis« (Husserl) verhindere ein Nachdenken über die bewusstseinsmäßigen Konstitutionsbedingungen der uns erscheinenden Welt. Die typisch husserlsche Epoché wäre also die Urteilsenthaltung im Sinne eines Dahingestellt-Seinlassens der Vorhandenheit bewusstseinstranszendenter Objekte bzw. ebensolcher raumzeitlicher Gegebenheiten.

[3] S. 114 Genealogisch führt Hannah Arendt die geistige Epoché auf die Vertrautheit mit der Zuschauerrolle im gewöhnlichen Weltgeschehen zurück: »In ihrer ursprünglichen Form beruhte sie [die Distanzierung vom Handeln, H.-W. W.] auf der Entdeckung, dass nur der *Zuschauer* und nie der Schauspieler wissen und verstehen kann, was sich als Schauspiel darbietet. Diese Entdeckung trug sehr viel zu der Überzeugung der griechischen Philosophen von der Höherwertigkeit der kontemplativen, nur zuschauenden Lebensweise bei, deren elementarste Bedingung – nach Aristoteles, der sich als erster mit ihr beschäftigte – die scholé war. Das ist nicht die Muße in unserem Sinne, die nicht mit Tätigkeit ausgefüllte Freizeit nach einem Tagewerk ›zur Erfüllung der Daseinsnotwendigkeiten‹, sondern der bewusste Verzicht, das Sich-Fernhalten … von den üblichen Tätigkeiten im Dienste unserer täglichen Bedürfnisse …, um die Muße zu verwirklichen …, was wiederum das eigentliche Ziel aller anderen Tätigkeiten war …«. Die »planvolle, aktive Nichtteilnahme«, die Arendt der Zuschauerrolle im allgemeinen bescheinigt, kennzeichnet natürlich auch das denkende Betrachten, auch deren »Nichtteilnahme« kann in einem bestimmten Sinne eine »planvolle« und »aktive« genannt werden. (Vgl. Vom Leben des Geistes – Das Denken, a.a.O. S. 97 ff.).

[4] S. 116 Wenn sich Peter Sloterdijks philosophiegeschichtliches Erzählprojekt auch hier der Effekte halber gerne bei den offenkundigen Übertreibungen aufhält, sich auf die ›Ausreißer‹ in einem ansonsten weit weniger spektakulären ›Mainstream‹ kapriziert, hat dies ein mutmaßlich eher verzerrtes denn wirklichkeitsgetreues Gesamtbild zur Folge. »Wer

Anmerkungen

denkt, wie die frühen Philosophen dachten, nimmt Urlaub von der gemeinsamen Welt, er wandert in die Gegenwelt aus, die von der platonischen Metaphysik umstandslos als die Überwelt, die wahre Welt, ja geradezu als die Heimat des besseren Teils unserer Seele gedeutet wurde.« Das ist schon sprachlich schief, denn wer Urlaub nimmt, der wandert eben *nicht* aus – im Falle eines tatsächlichen Exodus aus der Welt ließen sich die weltlichen Wirkungen des Denkens und der Philosophie auf die abendländische Kultur und Mentalität, auf Wissenschaft und Technik schwerlich plausibel machen. Auch die umstandslose Gleichsetzung der epochéhaften Absonderung der Theorie mit Welt- und Lebensüberwindung und das quasi Wörtlichnehmen eines teilweise radikal verbalen Jargons werden einer vermutlich viel moderateren Lebenswirklichkeit der durchschnittlichen Theorieschaffenden nicht gerecht.»Darum stellt sich die neue Disziplin Philosophie bei ihm [Platon, H.-W. W.] von Anfang an als *ars moriendi* vor. Sie deutet den Tod des Weisen zu einer Universal-*epoché* um, durch die nicht nur die zerfallende Stadt auf Distanz gebracht wird – das gesamte soziale Dasein in seinen üblichen Formen fällt künftig unter die philosophische Geringschätzung. Diese geht so weit, die Anhänglichkeit der Menschen an das physische Leben einzuklammern und das Dasein in Fleisch und Blut als bloße Prüfung oder als Ableistung eines Schuld- und Schicksalspensums aus früheren Existenzen aufzufassen.« Das *Ungeheure* der »ungeheuren Konsequenzen« der platonischen Stilisierung des »besonnenen Lebens als Vorlauf in den schönen Tod der Theorie« dürfte sich vorderhand Sloterdijks narrativen Beschwörungsformeln verdanken: »Ungeheuer ist, was Monstren zeugt und was Epoche macht ... Wenn man den Verlauf der europäischen Geistesgeschichte bis an die Schwelle zum 20. Jahrhundert *summa summarum* als eine Prozession von imaginären Scheintoten beschreiben darf, die sich dem theoretischen Leben verschrieben haben, monastisch und laikal, professoral und zivil, ethisch und ästhetisch, dann beweist dies die unermessliche Suggestivität der platonischen Lehre von der Vorwegnehmbarkeit des Zustands, in dem die Denkseele ›desinteressiert‹, ›mortifiziert‹ und ›abgetrennt‹ wird.« (Zitiert aus: Scheintod im Denken – von Philosophie und Wissenschaft als Übung, Berlin 2010, S. 51, S. 71, S. 102 f.)

An anderer Stelle wird die Denk-Epoché zur *Kultur überhaupt* generierenden »anthropotechnischen« Initialzündung wortreich hochgeschrieben unter der Kapitelüberschrift »Erste Exzentrik – Von der Absonderung der Übenden und ihren Selbstgesprächen, Entwurzelung aus dem ersten Leben: Spiritueller Sezessionismus« (in: Du musst dein Leben ändern – Über Anthropotechnik, Frankfurt 2009, S. 338 ff.). Zitat: »Man kann diesen Vorgang nennen, wie man will – die Erfindung des inneren Menschen, den Eintritt in die Innenwelt-Illusion, die Verdoppelung der Welt durch Introjektion, die Geburt des Psychologismus aus dem Geist der Verdinglichung des Äußeren, die metakosmische Revolution der Seele oder den Triumph der höheren Anthropotechnik – in der Sache bedeutet er die Erfindung des Individuums durch die isolierende Hervorhebung seines Wirkungs- und Erlebniskreises aus dem Kreis aller anderen Weltsachen.« (ebd., S. 349). Aus der per definitionem temporären, vorübergehenden Epoché wird die *Sezession*, der »Austritt aus der gewöhnlichen Wirklichkeit« – »die Sezession vollziehen heißt die Welt spalten«. Die Menschheit teile sich in »Weltflüchter« und »In-der-Welt-Bleibern«. – Durch Pauschalisierung entwertet oder diskreditiert Sloterdijk unter seinen Beobachtungen auch diejenigen, die durchaus erhellend und reizvoll wären, solange er es dabei beließe, konkrete Sachverhalte und kontextgebundene Problemfacetten damit zu beleuchten.

[5] S. 116   Unter »circulus virtuosus« versteht Sloterdijk »das anthropotechnische Grund-

Anmerkungen

gesetz«, soll heißen »das der autoplastischen Rückwirkung aller Handlungen und Bewegungen auf den Akteur«. Bei Sloterdijk wird aus diesem Rückkoppelungsmechanismus – bezeichnend sein Stichwort »Steigerungslogik« – ein absichtlich auf Leistung und Erfolg getrimmtes Trainingsverhalten und –programm, das mit der alle meditativen Übungsformen auszeichnenden Absichtslosigkeit bzw. Gelassenheit kollidiert bzw. damit nicht vereinbar ist: »Der oberste Lehrsatz der expliziten Trainingstheorien lautet also: Können, das unter anhaltender Förderspannung steht, erzeugt gleichsam ›aus sich selbst‹ gesteigertes Können. Dank exakter Beschreibungen des circulus virtuosus wird erklärlich, wie Gelingen in höheres Gelingen mündet, Erfolg in erweiterten Erfolg.« (Du musst dein Leben ändern, a.a.O. S. 501 ff.). – Seine an sich neutrale Definition von Übung büßt also durch die Art, wie er sie verwendet, sozusagen ihre Unschuld ein: »Als Übung definiere ich jede Operation, durch welche die Qualifikation des Handelnden zur nächsten Ausführung der gleichen Operation erhalten oder verbessert wird, sei sie als Übung deklariert oder nicht« (ebd. S. 14).

[6] S. 118 Vom Leben des Geistes – Das Denken, a.a.O. S. 196. – Das, was Hannah Arendt an einem durchaus als lustvoll empfundenen, die ewigen Fragen unseres Menschseins ventilierenden und dabei niemals zu abschließenden Antworten gelangenden, so gesehen also nirgendwo hin führenden Denken als dessen Vorzüge zu preisen versteht und ihm so sein Markenzeichen verleiht, wird ihm durch den sich einer gewissen geistesaristokratischen Attitüde nicht entschlagenden ›homme de lettre‹ George Steiner als Manko angekreidet. Ein solches Denken aber, das mit so vielen Mängeln behaftet ist, nämlich: dass es unablässig vom Zweifel begleitet und unterminiert ist, dass es unkontrolliert und zwanghaft fort wuchert, dass es dabei die allergewöhnlichste und repetitivste Tätigkeit darstellt, dass es sich nur höchst unvollkommen und allzu vieldeutig in der Sprache als seinem Medium artikuliert, dass sich seine Absichten nie adäquat in äußere Wirklichkeit umsetzen lassen, dass es im je eigenen Gehirnkasten eingeschlossen bleibt und also einsam macht usw. usf., kurz, dass es nicht hält was es verspricht und im Grunde zu nichts führt – ein solches Denken macht den Denker George Steiner natürlich nicht glücklich, sondern traurig, wie er in seiner vor Jahren (Frankfurt 2006) erschienenen kleinen Denkschrift »Macht Denken traurig?« bekennt. Ein zu nichts führendes Denken als Vanitas-Phänomen statt ungetrübten geistigen Selbstgenusses und edler Seelenbefriedigung. Als Leser von Steiners Lamento empfindet man es allerdings als tröstlich, dass die dem Verfasser zufolge vom Denken verursachte Schwermut zumindest bei diesem Selbst am Ende denn wohl doch nicht in eine wirklich seelenverdüsternde Melancholie, also in die Depression führt, dass es sich eher um so etwas wie eine ›schöne Traurigkeit‹ handelt, der man in erlesener Epoché mitunter sogar lustvoll fröhnt.

[7] S. 119 Wir beziehen uns damit auf jene spezielle Entwicklungslinie innerhalb des Zen-Buddhismus, die dort unter der populären Bezeichnung »Zen der schweigenden Erleuchtung« vor allem von der *Sotho-Schule* verkörpert wird. Hier steht das meditierende Stillsitzen im Mittelpunkt der Praxis, die auf einen kontinuierlichen Reifungsprozess des Übenden durch Bewusstseinsschulung angelegt ist. Terminologisch wird diese Richtung auch als Schule der »stufenweisen Erleuchtung« im Unterschied zu derjenigen der »plötzlichen Erleuchtung« der Rinzai-Schule charakterisiert. – Nach dem Begründer des Soto-Zen in Japan Dogen Zenji soll zwischen Übungspraxis und Erleuchtung keine Mittel-Zweck-Beziehung bestehen, die praktische Methode und die Erleuchtung des Bewusstseins seien vielmehr dasselbe. In seiner »Philosophie des Zen-Buddhismus« (Reinbek bei Hamburg, 1979) schreibt Toshihiko Izutsu (S. 115): »Ein Mensch wird erleuchtet, indem er in Meditation sitzt, ob er sich dessen bewusst ist oder nicht. Denn das

Anmerkungen

Sitzen in einer solchen Haltung ist nicht nur eine Körperhaltung. Es ist viel eher die klarste Bewusstheit der höchsten Stufe der existentiellen Fülle. ›Er‹ ist ein lebendiger Kristallisationspunkt des universellen Lebens. Dogen sagt: ›Zazen besteht einzig darin, in Ruhe zu sitzen. Es ist kein Mittel, etwas zu suchen. Das Sitzen selbst ist Erleuchtung. Wenn, wie gewöhnliche Menschen glauben, die Übung verschieden wäre von der Erleuchtung, dann würde das eine sich des anderen bewusst werden (das heißt, man würde der Erleuchtung bewusst werden, während man im Zazen sitzt, und man würde sich des Prozesses der Selbstdisziplin bewusst bleiben, nachdem man den Zustand der Erleuchtung erlangt hat). Solch eine Erleuchtung, die durch diese Art von Bewusstsein befleckt wird, ist keine echte Erleuchtung‹.«

[8] S. 120   Wir würden also das ›myein‹ (die Augen schließen) der Mystik nach Maßgabe des spezifischen Rückzugsverhaltens der Übungs-Epoché deuten und nicht unbedingt wörtlich auffassen; kann es doch nicht darum gehen, schlechterdings nichts mehr sehen und hören zu wollen, um sich so in eine All-Einheits-Trance hineinzusteigern. Vielmehr geschähe die mystische Einswerdung mit allem dadurch, dass bei vollem Gewahrsein die Anhaftung eines positiven oder negativen Begehrens an einzelnen Erscheinungen im Bewusstseinsstrom unterbliebe.

[9] S. 120   Wolfgang Fasching, Phänomenologische Reduktion und Mushin – Edmund Husserls Bewusstseinstheorie und der Zen-Buddhismus, Freiburg/München 2003. – Die Nähe oder Verwandtschaft zwischen husserl'scher Phänomenologie und Zen gründet, wie Fasching eingehend darlegt, im gemeinsamen Interesse an der Phänomenalität des Wirklichen, der Konstitutionsweise des uns Erscheinenden, bewusstseinsmäßig Gegebenen. Das voneinander Abweichende beider ›Doktrinen‹ besteht darin, dass die transzendentalphänomenologische Methode Husserls das Phänomenalisierende selbst noch einmal als Erkenntnisgegenstand objektiviert (thematisiert), während die Praxis des Zen das phänomenale Sich-manifestieren der Wirklichkeit als solches zur Erfahrung bringen möchte. Weswegen vom Zen-Standpunkt aus beurteilt Husserls Unternehmen, des prinzipiell Ungegenständlichen – nur an und im Vollzug Manifesten – mittels zwangsläufig vergegenständlichender Erkenntniseinstellung doch noch theoretisch habhaft zu werden (die »Sache selbst« zu erfassen), ein letztlich zum Scheitern verurteiltes Unterfangen sein muss. Bei dieser Sachlage überrascht ansonsten nicht, dass Husserl den Buddhismus nicht nur zur Kenntnis genommen, sondern anlässlich der neumann'schen Übertragung von Originaltexten ins Deutsche sich auch anerkennend über ihn geäußert hat: dass es sich »um eine religiös-ethische Methodik seelischer Reinigung und Befriedung« handle, »durchdacht und bestätigt in einer inneren Konsequenz, einer Energie und einer edlen Gesinnung ohnegleichen ... Nur mit den höchsten Gestaltungen des philosophischen und religiösen Geistes unserer europäischen Kultur kann der Buddhismus parallelisiert werden« (so zitiert bei Wilfred Hartig [Hrsg.], Die Lehre des Buddha und Heidegger, Konstanz 1997, S. 7 f.).

[10] S. 121   Alle Zitate aus Fasching, Phänomenologische Reduktion und Mushin, a.a.O. S. 9 ff. Zur Nähe zwischen Zen und Phänomenologie hält Fasching fest: »Mushin wie phänomenologische Reduktion vollführen einen Schritt zurück hinter unsere gewöhnliche bloß auf Gegenstände gerichtete Weltverlorenheit, um das Anwesen der Gegenstände, das sonst bloß unthematisch vollbracht wird, selbst zur Gegebenheit zu bringen. Es besteht hier eine gewisse Verwandtschaft zwischen dem ›Nicht‹ des Nicht-Geistes und dem ›Reduktiven‹ der phänomenologischen Einstellung: es handelt sich in beiden Fällen um einen negativen, Ontifikationen abbauenden Schritt, wobei hier wie dort dieses Negative *produktiven* (d.h. positiven, freiliegenden) Charakter hat; man könnte von

Anmerkungen

›produktiver Rücknahme‹ sprechen. Mushin wie Reduktion sind eine sozusagen asketische Rücknahme aus dem natürlichen Weltleben. Allerdings führt die Phänomenologie in dieser Einstellung reflexive Erkenntnisakte aus, und das ist genau das, was das Samadhi *nicht* tut ... Die Ursubjektivität (das ›fungierende Bewusstsein‹) ist kein Gegenstand *für* das Bewusstsein, sie bietet sich keinem Sehen mehr dar. Sie ist nur einem ›Nicht-Sehen‹ zugänglich./ So erweist sich der Phänomenologie die Gegenwart als das Ungreifbare. Die Zen-Übung will die Gegenwart gerade in dieser ihrer Ungreifbarkeit zur Erfahrung bringen.« (ebd. S. 12 f.).

[11] S. 122 Die Zitate wiederum aus Fasching, Pänomenologische Reduktion und Mushin, a. a. O. S. 187 ff. – Nochmals, bei aller Ähnlichkeit im ›Abheben‹ auf die *Vollzugs*-Gegenwart bleibt der gravierende Unterschied zwischen transzendentalphänomenologischer Reduktionsmethode und schweigepraktischer oder Zen-Übung. Letztere praktiziert ein *unmittelbar innestehendes Gewahrsein* sich vollziehender Gegenwart (des Bewusstseins), erstere versucht eine *Vergegenwärtigung* der Vollzugs-Gegenwart, die allerdings *als vergegenwärtigte* gerade nicht mehr ihre Unmittelbarkeit, mithin keine Vollzugs-Gegenwart wäre. Zurecht weist Fasching auf diese ›Verfehlung‹ auf Seiten der Phänomenologie hin:»Da diese präreflexive Selbstbewusstsein, welches das Wesen des Bewusstseins ausmacht, zwar die Ermöglichung der phänomenologischen Reflexion darstellt, diese aber zugleich notwendig eine Vergegenständlichung des wesensmäßig Nichtgegenständlichen vollbringt (die Unmittelbarkeit des Selbstgewahrens verlässt), liegt im Herzen der Phänomenologie ein konstitutives Verfehlen ihres (Nicht-)Gegenstandes. Die Zen-Praxis zielt hingegen gerade auf Nicht-Reflexion, sie will das präobjektive Selbstinnesein des Bewusstseins, das dessen Sein ausmacht, durch Inhibierung aller Vergegenständlichung ins Bewusstsein heben. (Wesensmäßig führt dies zu keinen festhaltbaren und aussagbaren Erkenntnissen mehr.)« (ebd. S. 14).

Katsuki Sekida bringt in seinem Einführungsbuch Zen-Training – Praxis, Methoden, Hintergründe, Freiburg i. Br., 2007, den nicht uninteressanten Einwand gegen Husserl vor (S. 225 ff.), dass dessen phänomenologisches Reduktionsverfahren als empfohlene Methode, um durch den Schleier unserer psychischen Konditionierung, Vorurteile und Interessenpräokkupation zu den »Sachen selbst« vorzudringen, eine wahrscheinlich zu optimistische Erwartung sei. Realistisch würde sie womöglich erst bei solchen, die lange genug die geistigen Läuterungsprozesse der Übungspraxis des Zazen durchlaufen hätte.

[12] S. 123 In Ermangelung eines für den tiefen meditativen Geisteszustand passenden, bereits eingeführten philosophischen Begriffs oder auch nur eines der Psychologie entlehnbaren Terminus (wenn die ältere Literatur mitunter von ›Trance‹ spricht, lenkt diese Rede in aller Regel auf eine falsche Fährte) übernehmen wir den Sanskritausdruck *Samadhi* (*Zammai* im Japanischen). Mit leicht unterschiedlicher Akzentsetzung verwenden ihn alle Meditationsschulen und Bewusstseinslehren des Ostens. Nach dem Inder Patanjali und seinem »Yoga-Sutra« verkörpert Samadhi (als das letzte, abschließende Glied eines achtgliedrigen Pfades) die Vollendung des Yoga, das definitionsgemäß *das Zur-Ruhe-kommen der Gedankenbewegung (yogas citta-vrtti-nirodhah)* anstrebt. In stärker mit aufmerksamkeitstechnischen Anweisungen arbeitenden Meditationsmethoden (z. B. der altbuddhistischen *Vipassana*) wird unter Samadhi auch die »Einspitzigkeit« der gesammelten Aufmerksamkeit verstanden, wobei die Spitze der vollkommenen Aufmerksamkeit im Idealfall auf keinerlei Objekt mehr zeigte, nicht länger gegenständlich fixiert sondern ›losgelöst‹ wäre.

[13] S. 124 Das Zitat von Lin-Chi sowie die Stelle aus Shunryu Suzukis »Zen-Geist Anfänger-

Anmerkungen

Geist« haben wir von Wolfgang Fasching (a.a.O. S. 10 sowie S. 210) übernommen. – Der schweigepraktisch nicht-denkende Mitvollzug von ›Ereignis und Enteignis‹ bzw. ›Enteignis und Ereignis‹ als die Selbstkonstituierung unserer Bewusstseinsphänomenalität erübrigt gewissermaßen eine metaphysische Hypostasierung ›das Ereignis‹; wie auch das Anfängliche so vor der theoretischen Inflationierung zu einer Art Epochenbegriff des »anderen Anfangs« bewahrt bleibt. Noch einmal wird auf dieser Kontrastfolie sichtbar, wie Heideggers »Verwindung« der Metaphysik sich nicht aus der Befangenheit in ihrer philosophischen Tradition zu lösen vermocht hat.

[14] S. 125 Angemerkt sei, dass wir es vermeiden möchten, die so gern kolportierte *Erleuchtungserfahrung* – im Zen *Sartori* oder *Kensho* genannt – getrennt von der fortgesetzten Übungspraxis gleichsam zu fetischisieren, weshalb wir uns eine Thematisierung mit Bedacht versagt haben. Im Übrigen können wir uns hier ohnehin nicht, weder dokumentarisch-illustrativ noch gar analytisch-argumentativ, in das reichhaltige Reservoir der Zen-Literatur vertiefen. Und ebenso sehr fehlt der Raum, im Rahmen unserer philosophischen Annäherungsweise die mittlerweile umfängliche Forschungsliteratur zur Psychologie der Meditation zu berücksichtigen.

[15] S. 125 Mitgefühl – in der Weise eines Im-Herzen-berührt-seins vom Schicksal uns Nahestehender wie auch in der Weise einer reflektierten Betroffenheit durch das, was beliebig entfernt lebenden Anderen zustößt – wird von der schweigepraktischen Übung bzw. dem hier als Modell für sie herangezogenen Zazen nicht direkt ›angesteuert‹. Dies sei ausdrücklich angemerkt, da es unter den ›gegenständlichen Meditationspraktiken‹ auch solche gibt, die Mitgefühl zu ihrem Meditationsobjekt machen (wie etwa die buddhistische *Metta*-Meditation, Metta gleich Allgüte). Insoweit diese Meditationsform eine Art mentale Vorsatzbildung praktiziert – der Übende ruft in sich aktiv Gedanken und Bilder hervor, die ihn in die Gestimmtheit »liebender Güte« versetzen –, wird in dieser Übung gerade nicht geschwiegen und es handelt sich mithin nicht um Schweigepraxis. Je nachdem in welchem Kontext auf diese Weise geübt wird, kann eine solche Meditation leicht zu einem weiteren Verfahren den selbstmanipulativen Techniken des »positiven Denkens« geraten. Es irritiert daher, wenn Matthieu Ricard und Wolf Singer sich in ihrem Gespräch über Hirnforschung und Meditation (Hirnforschung und Meditation – Ein Dialog, Frankfurt 2008) immer wieder ausgerechnet diese Meditationstechnik als Paradigma des Meditierens vornehmen. Singer äußert denn auch unter dieser Perspektive die naheliegende Befürchtung (S. 120 f.), Meditierende könnten sich an Stelle wirklicher Problembewältigung lediglich ›gute Gefühle machen‹: »Könnte es sein, dass es sich um eine Technik handelt, mit der Konflikte dadurch bewältigt werden, dass man die aversiven Gefühle vom Problem isoliert, die Gefühle durch mentales Training gemächlich auflöst, aber sich mit dem Problem selbst nicht wirklich befasst? Sollte dies der Fall sein, würde ich vermuten, dass es sich um eine Praxis handelt, die Wohlbefinden nur in einer geschützten Umgebung oder in einer idealen Welt sichert. Sie würde zwar helfen, das eigene Wohlbefinden sicherzustellen, sie würde jedoch nicht dazu beitragen, die Konflikte zu beschwichtigen, die durch Interessenkonflikte zwischen Menschen notwendig entstehen.« Wir meinen, dass wir diesen Punkt mit unseren unten stehenden Ausführungen über Schweigepraxis und Ethik haben hinlänglich klären können. – Problematisch auch, dass sich insbesondere Wolf Singer das Prinzip der Meditation unter der kognitivistischen Formel »Introspektion als Erkenntnisquelle« zurecht legt und dabei das aufmerksamkeitstechnische Handling von Emotionen vor Augen hat: »Somit geht es um eine Verfeinerung kognitiver Leistungen, nur dass die analytischen Bemühungen auf die innere anstatt auf die äußere Welt gerichtet werden. Auch die Wissen-

Anmerkungen

schaften gewinnen ihre Erkenntnisse dadurch, dass sie die Empfindlichkeit und das Auflösungsvermögen ihrer Instrumente erhöhen und komplexe Phänomene in immer kleinere Komponenten zerlegen.« Und: »Dein Forschungsobjekt ist also der mentale Apparat selbst, und dein Analyseinstrument ist die Introspektion. Dies ist ein interessanter selbstreferentieller Ansatz zur Erforschung der Bedingtheiten mentaler Prozesse, der sich von der Hirnforschung, die ähnliche Ziele verfolgt, schon sehr deutlich unterscheidet, weil er die Erste-Person-Perspektive betont und dabei Subjekt und Objekt der Forschung vermengt. Auch der westliche Ansatz nutzt natürlich die Erste-Person-Perspektive für die Definition der zu erforschenden mentalen Phänomene, aber zur Erforschung dieser Phänomene zieht er sich dann auf die Dritte-Person-Perspektive zurück. Ich bin gespannt, ob die Ergebnisse kontemplativer, analytischer Introspektion mit denen übereinstimmen, welche die kognitiven Neurowissenschaften zutage fördern. Haben doch beide Ansätze verwandte Ziele, beide versuchen einen differenzierten und realistischen Blick auf das Wesen kognitiver Prozesse zu erlangen.« (Ebd. S. 23 f.).

[16] S. 125 Hinzuweisen wäre an erster Stelle auf Arbeiten Edmund Husserls, die erst posthum aus dem Nachlass publiziert worden sind: Edmund Husserl, Zur Phänomenologie des inneren Zeitbewusstseins (1893–1917), Hrsg. Rudolf Boehm, Husserliana X, Den Haag 1966. Unter neueren Arbeiten zum Thema sticht hervor Rolf Elberfeld, Phänomenologie der Zeit im Buddhismus – Methoden interkulturellen Philosophierens, Stuttgart 2010. Der Autor thematisiert das Phänomen Zeit im Buddhismus unter besonderer Berücksichtigung der auf der Zen-Praxis fußenden Ausführungen des japanischen Zen-Meisters Dogen, wie sie im berühmten Kapitel Uji seines Grundlagenwerks »Shobogenzo – Die Schatzkammer der Erkenntnis des Wahren Dharma« enthalten sind. – Außer dem Ansatz einer Selbstphänomenalisierung des Bewusstseins (›Nicht-Egologie‹) und anderen Aspekten wird das Phänomen des inneren Zeitbewusstseins auch in den Beiträgen eines Sammelbandes thematisiert, der Verbindungslinien herstellt zwischen Husserls Phänomenologie und der gegenwärtigen »Philosophy of Mind«: Manfred Frank/ Niels Weidmann (Hrsg.), Husserl und die Philosophie des Geistes, Berlin 2010.

[17] S. 126 In Weiterführung der nicht-egologischen Konzeptualisierungsversuche des frühen Husserl tendiert die heutige Philosophie des Geistes (Philosophy of Mind) zur Konzeption der Selbstphänomenalisierung oder des Selbstrepräsentationalismus, mit der das mit einem ›zweistelligen‹ Bewusstsein (das der Welt bewusst ist und sich reflexiv auch dieses seines Der-Welt-bewusst-seins bewusst wäre) verbundene Dilemma des infiniten Regresses vermieden werden könnte. Die bei allem Bewusst-Seienden mitlaufende Selbstrepräsentanz sei so etwas wie eine »qualitative/phänomenale Tönung«, so Manfred Frank, Probleme mit der inneren Wahrnehmung, in: Husserl und die Philosophie des Geistes, a.a.O. S. 39. Bewusstseinstheoretisch würde damit ein Konstrukt wie der »transzendentale Zuschauer« (Ludwig Landgrebe) obsolet. Nicht unbedingt jedoch in schweigepraktischer oder meditationspsychologischer Hinsicht: Wir hatten an früherer Stelle darauf aufmerksam gemacht, dass Wittgensteins Feststellung, wonach das »denkende, vorstellende Subjekt« »kein Bestandteil der Welt ist, vielmehr erst mit dieser wie ein sie sehendes Auge ›einhergeht‹, eine Nähe oder Verwandtschaft aufweist mit dem, was in der Psychologie der Meditation *die Einstellung des Zeugen einnehmen* heißt, die Haltung des die gelegentlich noch auftretenden Bilder oder Gedanken neutral registrierenden, unbeteiligten und wie selber nicht vorhandenen Beobachters. In der Schweigepraxis wird Wittgensteins ›Nullpunkt-Egologie‹ *praktisch übend* realisiert. Oder wie Wolfgang Fasching am Beispiel Zazen »das Fallenlassen des Egos« umreißt (S. 20): »Was gewöhnlich als Innerlichkeit des Ichs aufgefasst wird, wird nicht länger mit dem eigenen

Anmerkungen

Selbst identifiziert. Ich desidentifiziere mich von meinem als substanzial vorgestellten Ego. Ich bin meiner selbst zwar klar gewahr, aber dieses ›Selbst‹ ist kein gegenständliches Etwas mehr, sondern bloßes Anwesen: Anwesen der Welt und des Ichs. Hier gibt es nichts gegenständlich Fixierbares, es ist bloßer Vollzug. Ein Seiner-Gewahrwerden in *diesem* Sinn ist zugleich ein Aufgehen im Anwesen der Dinge, ein Sichverlieren.« – Das zuletzt angesprochene *Selbstvergessen* erleben auch die, welche nicht Zen üben, wenn sie ganz in einer Beschäftigung aufgehen, es handelt sich um die von dem Psychologen M. Csikszentmihalyi so genannte *Flow*-Erfahrung. Kazuki Sekida bezeichnet dieses selbstvergessene Sich-verlieren an eine Sache als »positiven Samadhi«, der Stimmungslage nach vergleichbar dem eigentlichen, dem »absoluten Samadhi« der auch intensionalen ›Entleertheit‹ (Zen-Training, a. a. O.). Unter dem emblematischen Titel »Die Transzendenz des Ego« hat im übrigen Jean-Paul Sartre eine bis heute faszinierende Beschreibung des prinzipiell ›Draußen-bei-den-Sachen-seins‹ des »denkenden, vorstellenden Subjekts« (Wittgenstein) vorgelebt (Jean-Paul Sartre, Die Transzendenz des Ego – Philosophische Essays 1931–1939, Reinbek bei Hamburg 1982).

Um bei dieser Gelegenheit ein mögliches Missverständnis auszuräumen, das unsere obige (siehe Fließtext) Rede vom ›Schauplatz des Bewusstseins‹ als dem ›Vollzugsort‹ der sei es denkenden oder schweigenden Epoché möglicherweise verursachen könnte. Aus der Innen- bzw. Erste-Person-Perspektive der epochetisch Übenden existiert natürlich kein anderer als eben dieser ›Schauplatz des Bewusstseins‹, daneben gibt es kein ›Draußen‹, man ist gewissermaßen je schon draußen im Welthaften bzw. beim Erscheinenden. Zum Charakter des Gewahrseins in der Zazen-Übung abermals Fasching (S. 20): »Es ist nicht mehr ein dem Subjekt-Pol entgegenstehendes Objekt, es ist nicht mehr da ›draußen‹, so wie ›ich‹ nicht mehr ›drinnen‹ bin – alles ist aufgehoben in der Einheit eines apersonalen und gegenstandslosen Gewahrensprozesses. Hier herrscht zwischen dem Anwesen des ›Äußeren‹ und der ›Innerlichkeit‹ des Bewusstseinsvollzuges keine Differenz mehr.«

[18] S. 127   Eine vorzügliche Analyse des Zeitphänomens, deren feine Beobachtung durch das meditative Erleben einer die krude Zeitwahrnehmung tilgenden ›nahtlosen‹ Übergänglichkeit auf seine Weise bestätigt wird, ist im Buch XI der augustinischen Confessiones enthalten. Dort ›konzeptualisiert‹ der Kirchenvater Gott bzw. das Göttliche – abweichend von der daneben auch bei ihm anzutreffenden ›schlichteren‹ Version des in einer ›zeitexternen‹ (als ein Prius der Zeit vorgestellten) Ewigkeit thronenden Gottes – als kreativen Ursprung ›in Permanenz‹ oder als Augenblick schöpferischer Gegenwart. Diese gerade nicht zeitexterne Ewigkeit des schöpferischen Augenblicks birgt in sich auch Vergänglichkeit und Endlichkeit, sie übergreift den Gegensatz von ›endlich und unendlich‹, was sie nicht als von Zeit und Endlichkeit begrenzt sein lässt. Augustinus ist dieser Augenblick schöpferischer Gegenwart als die Ewigkeit Gottes dasjenige, worauf sich unsere Aufmerksamkeit zu richten habe, um Ewigkeit in diesem Sinne von stillstehender Zeitlosigkeit zu *denken;* nämlich nicht als eine diskrete Zeitstelle, als isolierter Jetztpunkt, vielmehr als unaufhörlich fließende Übergänglichkeit mit ihrem ›Transport‹ von Ankommendem in Vorübergegangenes. Dessen gewahr zu werden ist für Augustinus gleichbedeutend mit dem Ansichtigwerden unserer Bewusstseins- bzw. Geist-Konstitution: des über das bleibend Nichtbleibende oder anhaltend Vorübergehende der Zeit ausgespannten, ›zerdehnten‹ Geistes (»distentio animi«). Das ›seiner selbst bewusste‹ Bewusstsein wäre also *Vollzugsbewusstsein,* und zwar jenseits der Qualifizierungen ›aktiv‹ oder ›passiv‹. – Augustinus' Argumentation im Buch XI der Bekenntnisse aufs Genaueste nachgezeichnet hat Johann Kreuzer, Pulchritudo, a. a. O. S. 105 ff.

Anmerkungen

[19] S. 127 Wolfgang Fasching, a. a. O. S. 202. – Das ›nunc stans‹ der Mystiker ist, da es Zeitstillstand oder gar das Ende von Zeit assoziieren lässt, so gesehen eine ungenaue, wenn nicht irreführende Wendung, die die Erfahrung des Strömenden im meditativen Zustand und damit dem unleugbar Zeithaften dieser Erfahrung nicht Rechnung trägt; eine sprachliche Ignoranz gegenüber der gerade nicht trivialen Zeitlichkeit, die schon Heidegger gegen den Ausdruck hat polemisieren lassen. Bei Fasching siehe dazu S. 202 f. und seinen Hinweis, dass »das unaufhaltsame Vergehen ... ein konstitutives Grundmotiv des gesamten Buddhismus« ist.

[20] S. 128 Was in der Epoché des Schweigens berührt wird, *leuchtet*, wie es dies in der Epoché des Denkens nicht vermag und noch weniger im alltäglichen Denken, in der Eintönigkeit des Gemurmels unserer Selbstgespräche. Wie fremd sich hier das Östlich-Meditative und das Westlich-Philosophische sind und wie weit voneinander entfernt lässt sich ermessen, wenn man Augustinus' »pulchritudo« (i. e. Glanz und Herrlichkeit) neben jenes Leuchtende bei Dogen hält. Ein, so möchte man sagen, in seiner ›Phänomenalität‹ anscheinend Identisches hängt das eine Mal vom rechten Sprechen, von den Worten ab, das andere Mal diametral entgegengesetzt vom rechten Sich-der-Worte-enthalten, dem eminenten Schweigen. Mit Blick auf den Lobpreis Gottes verlautet die berühmte Stelle aus den Bekenntnissen: »Aber wehe denen, die von Dir schweigen, wo doch die Geschwätzigen stumm sind – erbarme Dich, dass ich rede!« Wo wäre da noch Platz und Bedarf für ein außerordentliches Schweigen? Eine schärfere implizite Absage an jedwede dem Anderen des Denkens gewidmete Übung ist schwerlich vorstellbar.

[21] S. 128 Das Dogen-Zitat aus: Shobogenzo – Die Schatzkammer der Erkenntnis des Wahren Dharma, Zürich 1977 (Bd. 1, S. 91). Ebd. S. 93 auch: »Die ewige Gegenwart enthält den grenzenlosen Raum, außerhalb von ihr existiert nichts ... Alles existiert in der Gegenwart, in dir selbst.« Zur Inklusion von Vergänglichkeit und Geschichtlichkeit in diesem zeitphilosophischen Konzept (des Buddhismus) siehe Faschings Kommentierung, a. a. O. S. 202 ff. Unser Zitat im Text ebd. S. 207.

[22] S. 128 Insofern trifft – zumal wenn man ihm phänomenologische Schärfe beim Denken des Denkens nicht absprechen möchte – auch auf Heidegger zu, was Fasching an Husserls Denkepoché abschließend moniert (S. 208): »Somit entspricht die der Zen-Erfahrung zugrunde liegende Zeit-Auffassung im Wesentlichen den Ergebnissen der transzendentalphänomenologischen Überlegungen Husserls. Doch erst im Nicht-Sehen des Zen kann es zur wirklichen Erfahrung der Vor-Zeitigkeit und Absolutheit der Gegenwart kommen, wohingegen die phänomenologische Reflexion die urphänomenale Gegenwart notwendig immer schon zu einem Innerzeitlichen vergegenständlicht hat. ... Der Unterschied [auf Seiten der Zen-Übung, H.-W. W.] liegt darin, dass sie eben *zur Erfahrung bringt*, was der reflektiven Methodik der Phänomenologie nur noch ein Worüber des Sprechens sein kann, aber kein in seiner letztradikalen Dimension Erfahrenes.«

[23] S. 130 Hartmut Buchner, (Hrsg.), Japan und Heidegger, Sigmaringen 1989. Den aktuellen Forschungsstand in Sachen Heidegger und Japan (d. h. die theoretisch philosophischen Bezüge betreffend) dokumentiert der Band von Alfred Denker und Holger Zaborowski (Hrsg.), Heidegger und das Ostasiatische Denken, Heidegger Jahrbuch 7, Freiburg/München 2012.

[24] S. 131 Wie unter dieser Prämisse der ›Nicht-Substanzialität‹ und daher Unbeständigkeit aller uns erscheinenden Dinge oder Phänomene gleichwohl deren vorübergehendes Zustandekommen, ihre Kristallisation zu scheinbaren Festigkeiten, zu identifizierbaren Entitäten erklärt werden kann bzw. zu denken wäre, dies hat Elmar Weinmayr prägnant

Anmerkungen

in seiner sprach- und kulturvergleichenden Skizze die Unterschiede zwischen japanischer und westlicher Denkungsart betreffend anhand der Topoi *muyo, engi* und *ningen* im Japanischen zusammengefasst. Zunächst weist er darauf hin, dass die durch das Wortfeld *muyo* zum Ausdruck kommende »letzte Unbeständigkeit« im fernöstlichen Bewusstsein keinen Mangel (an vermeintlich wünschenswerter Beständigkeit) beschreibt und daher auch keinen Anlass zu einer pessimistischen Sicht auf die Welt gibt. Dass dem Kegon-Sutra zufolge »kein Seiendes an sich selbst, selbständig und in sich feststehend existiert«, sei »vielmehr ein gegen das ›vorstellende Denken‹ gerichteter Ausdruck der Erfahrung, dass jedes und alles Seiende nur in wechselseitiger Bezogenheit und durchgängiger Relationalität mit jedem und allen anderen Seienden das ist, was es gerade ist«. Eine Seinsweise, die buddhistisch auf den Begriff *engi* gebracht werde: *Entstehen in Abhängigkeit, Aufgehen in Beziehung.* Oder wie der Sutra-Text ausführt: »Die Seienden im ganzen Kosmos sind weder ›seiend‹ noch ›nichtig‹. Sie kommen alle von den Verbindungen (Relationen) des Wirkungszusammenhangs her ... Durch die Wirkungszusammenhänge entstehen alle Dinge. Durch die Wirkungszusammenhänge vergehen alle Dinge.« – Was genauso für den Menschen gelte: »Jedes Seiende, einschließlich des Menschen, geht je nur auf, d. h. kommt hervor und zustande in dem universalen Wirkungszusammenhang, in dem jedes mit allem zusammenhängt und zusammengehört, indem es zugleich ganz und gar aufgeht, d. h. eingeht und verschwindet in der Relationalität dieses Beziehungs- und Wirkungszusammenhangs.« Diese sozusagen anthropologische Seite von *engi* (dass nämlich »ein Setzen und Sich-durchsetzen des Menschen als Subjekt, wie es für die europäische Neuzeit typisch ist«, dadurch kaum möglich scheint) spiegele sich in *ningen*, dem japanischen Wort für Mensch: »Es setzt sich zusammen aus den Schriftzeichen für ›Mensch‹ und ›Zwischen‹ und verweist auf eine Weise des menschlichen Selbstseins, seiner Welthaftigkeit und Sozialität, in der der Mensch nicht als ein individuelles und selbständiges Subjekt mit einer situationsunabhängigen, festen, beständigen und kontinuierlichen Identität begriffen wird. Andeutungsweise könnte in dem Wort ›ningen‹ zum Ausdruck kommende Erfahrung des Selbstseins des Menschen beschrieben werden als eine Weise des Selbstseins, die sich nicht von irgendwelchen, dem Zwischen der Menschen und der Welt enthobenen und daher beständig feststehenden Sinn- oder Identitätszentren her entwirft und versteht, sondern sich jeweils (›zwischenzeitlich‹) aus dem Zwischen, den Bezügen und Umständen, in denen es sich befindet, bestimmt und nur in diesen als je bestimmtes Subjekt ist.« (Elmar Weinmayr, Entstellung – Die Metaphysik im Denken Martin Heideggers mit einem Blick nach Japan, München 1991, S. 291 ff.).

[25] S. 131 Wie man von Heideggers Seite her über die von diesem selber einmal aufgestellte Gleichung *Sein, Nichts, Selbes* zwanglos zur Konvergenz von Sein und Nichts gelangt, findet sich knapp und übersichtlich dargelegt in Reinhard Mays Arbeit »Ex Oriente Lux – Heideggers Werk unter ostasiatischem Einfluß« (Stuttgart/Wiesbaden 1989, S. 38 ff.). Eine Inspirationsquelle Heideggers den Topos des Nichts betreffend sei (wie auch hinsichtlich anderer seiner Grundgedanken) das Werk Lao tses, einschließlich der Kommentarliteratur (insb. Buber, aber auch Schelling u. a. m.). Dabei habe Heidegger ein Verfahren der »Vertextung« praktiziert, bei dem er immer wieder das Original ›unauffällig‹ in seine eigene Textur einwebt. »Aus guten Gründen können wir insoweit davon ausgehen, dass Heidegger derartige (sinngemäße und teilweise wortgleiche) Entsprechungen mit Hilfe der genannten und ihm gut bekannten Texte ... erarbeitet und in sein Werk integriert hat.«

Über das Nichts-Verständnis des Zen-Buddhismus unterrichtet in aller Kürze

Anmerkungen

Hoseki Shinichi Hisamatsu, Die Fülle des Nichts – Vom Wesen des Zen, Pfullingen 1975; freilich wäre auch hier zu beachten, dass Hisamatsu die zenbuddhistische *Theorie oder Philosophie* des Nichts darlegt und dass dies nicht eine *wirkliche Erfahrung* der »Fülle des Nichts« in der schweigepraktischen Übung (d.h. des *Zazen* im japanischen Kontext) ersetzen kann. Und wo unter modernen/postmodernen Verhältnissen von gestressten Individuen, ihrem ›erschöpften Selbst‹ diese Erfahrung tatsächlich in der Übungs-Epoché gemacht wird, dürfte für dieselben das ›Erfüllende‹, das ›Erlösende‹ des Nichts ›in ihm selbst und in nichts außer ihm‹ liegen, seiner wohltuenden Leere, seinem besänftigenden Schweigen, seiner begütigenden Stille.

Keiji Nishitani vergleicht von (zen)buddhistischer Seite aus zwei Gelegenheiten, bei denen Heidegger auf das Nichts Bezug nimmt mit der Bedeutung des Nichts im Buddhismus und speziell seiner Verwendung im Zen-Koan (Keiji Nishitani, Reflections on Two Addresses by Martin Heidegger, in: Graham Parkes, Heidegger and Asian Thought, Honolulu 1987, S. 145 ff.). Er tut dies im Rahmen eines Vergleichs unterschiedlicher Religionen (hier Christentum, da Buddhismus), von zweierlei *Glaube* (»faith«), was an sich schon eine problematische Kontextualisierung bedeutet. Vor allem aber blendet er im Falle der Zen-Koans den entschieden *nichtakademischen* (nichtphilosophisch-diskursiven) *Praxis- oder Übungskontext* aus. Wiederum werden philosophische Konzepte des Nichts, Weisen es zu *denken* zueinander in Beziehung gesetzt, anstatt den springenden Punkt zu benennen: dass es Zen und seiner Praxis des Nicht-Denkens *gerade nicht* um sprachlich vermittelbare intellektuelle Einsicht zu tun ist.

Nishitani sowohl als Hisamatsu (wie übrigens die meisten von Heideggers japanischen Gesprächspartnern) sind, wie biographischen Anmerkungen regelmäßig zu entnehmen ist, in früheren Jahren einmal durch die praktische Zen-Schulung (Zazen- und Koan-Übung bei einem anerkannten Zen-Meister) hindurchgegangen. Dass sie auf dieses den Stellenwert der Praxis im Zen einmal mehr belegende persönliche ›Detail‹ im Kontakt mit ihren westlichen Gesprächspartnern so selten Bezug nehmen, mag der sprichwörtlichen japanischen Zurückhaltung geschuldet sein; vielleicht auch, dass sie darauf bedacht sein könnten, ihr Gegenüber nicht auf einem ihm fremden Gelände in Verlegenheit zu bringen. – Um so hellhöriger wird der aufmerksame Dialogbeobachter, sobald einer der Japaner dann doch einmal in Punkto Zen und Praxis sozusagen Klartext redet. Zum Beispiel Koichi Tsujimura. Im Rahmen eines von Heidegger veranstalteten Kolloquiums referierte er über das buddhistische Nichts. In: Die Lehre des Buddha und Heidegger, Hrsg. Wilfred Hartig, Konstanz 1997, wird Tsujimura u.a. mit folgenden Worten zitiert, die statt einer philosophischen Reflexionsbestimmung des Nichts die entsprechende *Bewusstseinserfahrung* (das *Sartori* des Zen) beschreiben: Das im Zen-Buddhismus *erfahrene* Nichts »ist weder Bewusstsein noch Bewusstlosigkeit, sondern eine sehr stille Nüchternheit, sehr still, rein, durchsichtig, grenzenlose Offenheit, klarste Klarheit, die keine Trübung erlaubt«. Weiter findet man bei Hartig dazu protokolliert: »Auf die Frage Heideggers, ob das Nichts so befragt werden könne, dass es noch ein Etwas sei, erwiderte T., im Nichts gäbe es keine Subjekt-Objekt-Beziehung. Werde das Nichts in obiger Weise befragt, dann sei schon die Fragestellung vom Zen abgefallen. Sammlung hänge mit Sitzen zusammen und dies nicht nur äußerlich. Sitzen im Zen sei ›eine gründliche Verfassung des gänzlich abgeschiedenen Menschen‹. Heidegger warf ein, Ortéga y Gasset habe ihm einmal gesagt, im spanischen stamme ›sein (ser)‹ von Sitzen.« (S. 139 f.). Ferner heißt es bei Hartig in einer Zusammenfassung von Tsujimuras Die Wahrheit des Seins und das absolute Nichts: »Darin vergleicht Tsujimura Heideggers Wahrheit des Seins mit der Wahrheit des Zen. Beiden gemeinsam sei, dass sie

Anmerkungen

ein anderer Anfang gegenüber dem bloß metaphysischen Denken seien. Der wichtigste Unterschied sei, dass Heidegger durch Denken und Sprache dazu kommen wolle, dagegen Zen gerade ohne sie.« (S. 142) Das »ohne sie«, ohne »Denken und Sprache« heißt natürlich nichts anderes als *schweigend*, durch ›sitzen in Versenkung‹ (Zazen). Und noch einmal an anderer Stelle heißt es bei Tsujimura dazu passend: »Ohne diesen Rückgang in den ursprünglichen Grund zu vollziehen, findet überhaupt kein Buddhismus statt.« Dieses »Entwerden« (während des Schweigens, in die Stille hinein), symbolisiert durch einen leeren Kreis, begreift Tsujimura als eine Art buddhistisches Äquivalent zu Heideggers »Enteignis«, das bei diesem, obwohl es erklärtermaßen zum »Ereignis« gehöre, zu kurz komme. (Vgl. Ereignis und Shoki, in: Hartmut Buchner (Hrsg.), Japan und Heidegger, Sigmaringen 1989, S. 79 ff.).

Auf Seiten hiesiger Buddhisten, soll heißen einer der zahlreichen deutschen Gemeinden – dies sei abschließend noch angemerkt – hat Hellmuth Hecker eine mehr theravadabuddhistisch ausgerichtete Eingemeindungsbemühung Heideggers unternommen (und dabei interpretatorisch eine stattliche Schnittmenge an wesentlichen Gemeinsamkeiten aufgeboten). Man vergleiche dazu den von Wilfred Hartig herausgegebenen Band Die Lehre des Buddha und Heidegger, Konstanz 1997, S. 204 ff. Für unsere praxisorientierte Fragestellung erweist sich auch dieser Versuch, Heideggers Werk buddhistisch zu lesen, als enttäuschend, weil hier gleichsam zwei Philosophien, zwei Ontologien, zwei Weltanschauungen abgeglichen werden, unter Vernachlässigung der Aspekte Praxis, Übung, Erfahrung, auf die allenfalls die Unterscheidung von »Weisheitsweg« und »Gemütsweg« versteckt hindeuten. »Ein oberflächliches Buch«, so beschließt Hecker in Anspielung auf Heideggers vielbändige Werkausgabe seinen Kommentar, »zersplittert in hundert ablenkende, zerstreuende Gedanken. Aber hundert Bücher, die vom Wesentlichen handeln, sammeln in einen einzigen Gedanken auf den Weg zum Heil ...« Nur, diese über tausende von Buchseiten angestrengte ›Sammlung in dem einen Gedanken auf den Weg zum Heil‹ bleibt Sammlung in einem Heils*gedanken* – das bloß *gedachte* Heil wäre noch kein *erfahrenes*, der Heils*gedanke* nicht die Heils*erfahrung*, auf welche die östliche und fernöstliche Meditationspraxis in ihren Stilleübungen und Schweigeexerzitien abzielt. Recht haben könnte Hecker daher mit seiner Vermutung: »Es ist nicht wahrscheinlich, dass Heidegger eine Entrückung erlebt hat, eine über-intellektuelle mystische Durchbruchserfahrung, die das Gefängnis des In-der-Welt-seins sprengte.« (Vgl. Hellmuth Hecker, a.a.O. S. 250, davor S. 267)

[26] S. 132 Unter den in den vergangenen Jahrzehnten erschienen *philosophischen* Einführungen in den Zen-Buddhismus, die mit der uns vertrauten Sprache bzw. Terminologie der Philosophie, dem ›Begriffsbesteck‹ des ›metaphysischen Denkens‹ könnte man heideggerisch sagen, arbeiten – Subjekt und Objekt, Ich, Bewusstsein usw. (vgl. zur Einführung das Buch des japanischen Gelehrten Toshihiko Izutsu, Philosophie des Zen-Buddhismus, Reinbek bei Hamburg, 1979). Es hat den Vorzug, dass es mit der gängigen akademisch-philosophischen Terminologie operiert und doch deren Unzulänglichkeit für die Zwecke einer Darstellung des Zen-Geistes nicht verhehlt (insbesondere wenn es sich mit Verlegenheitsbegriffen wie »nicht-denkendes Denken«, »Nicht-Geist«, »Überbewusstsein« usw. behilft oder sich nicht klassisch philosophischer Termini wie »Feldwahrnehmung« bedient). Da der Verfasser sensibel genug ist zu bemerken, wie sein Operieren mit einer sei es metaphysisch-ontologischen oder erkenntnistheoretischen Begrifflichkeit zwangsläufig die Vorstellung von einer ›wirklicheren Wirklichkeit‹ evoziert – zumal wenn eine Kapitelüberschrift »die Feldstruktur der letzten Wirklichkeit« lautet –, fühlt er sich denn auch zu dem ausdrücklichen Hinweis veranlasst, dass Zen *nicht* von einer

Anmerkungen

unter der phänomenalen Oberfläche verborgenen, fundamentalen Wahrheit und Wirklichkeit ausgeht, *keine* mit Nietzsche zu sprechen ›metaphysische Hinterwelt‹ unterstellt. – Von den meisten gelehrt philosophischen Abhandlungen der Kyoto-Schule unterscheidet sich Izutsus Arbeit durch die angemessene Berücksichtigung der Zen-*Praxis*. Izutsu führt auf die verfängliche Entweder-Oder-Frage nach dem ›immerwährenden‹ oder ›erst noch zu verwirklichenden‹ nondualen Bewusstsein resp. ›erleuchteten Geist‹ dieselbe Antwort an, wie sie der Begründer der Soto-Schule des Zen, Meister Dogen, gegeben haben soll, die sich mit der bereits von uns erteilten Auskunft (dass sich der Scheingegensatz *performativ*, sprich praktizierend, übend von selbst erledige) deckt: »Denn das höchste Prinzip des Zen ist, so will es Dogen, dass die Erleuchtung und die Methode ein und dasselbe sind. Ein Mensch wird erleuchtet, indem er in Meditation sitzt, ob er sich dessen bewusst ist oder nicht. Denn das Sitzen in einer Solchen Haltung ist nicht nur eine Körperhaltung. Es ist viel eher die klarste Bewusstheit der höchsten Stufe der existentiellen Fülle. »Er« ist ein lebendiger Kristallisationspunkt des universellen Lebens. Dogen sagt: ›Zazen besteht einzig darin, in Ruhe zu sitzen. Es ist kein Mittel, etwas zu suchen. Das Sitzen selbst ist Erleuchtung‹.« (Ebd. S. 115)

[27] S. 135 Instruktiv hinsichtlich der denkerischen Verwandtschaft Nishida-Heidegger der Beitrag von Elmar Weinmayr, Denken im Übergang – Kitarô Nishida und Martin Heidegger, in: Hartmut Buchner (Hrgs), a. a. O., S. 39ff. Breit angelegt das Buch von Ryosuke Ohashi (Hrsg.), Die Philosophie der Kyoto-Schule – Texte und Einführung, Freiburg/München 2011. Als exemplarischer Vertreter der Kyoto-Schule lohnt das Buch des Nishida-Schülers Keiji Nishitani, Was ist Religion?, Frankfurt 1982. Einen Gesamtüberblick zur Thematik Heidegger und ostasiatisches Denken bietet Rolf Elberfeld, Heidegger und das ostasiatische Denken – Annäherungen zwischen fremden Welten, in: Dieter Thomä (Hrsg.), Heidegger-Handbuch, Stuttgart 2005

[28] S. 136 Die Vorlesung wurde Anfang der 50er Jahre gehalten. Heidegger, Was heißt Denken?, in: Ders., Vorträge und Aufsätze, Pfullingen 1954; als Einzelausgabe Stuttgart 1992.

[29] S. 137 Nachdem Tsujimura zusammenfassend die Verwandtschaft zwischen Heideggers Denken und dem im Zen-Buddhismus verwurzelten Geist Japans in ihrer beider Hinwendung zum Bereich von Wahrheit jenseits des vorstellenden Denkens konstatiert hat, macht er auf einen Mangel des Zen im Vergleich zu Heidegger aufmerksam: »Während der Zen-Buddhismus«, so die Kritik an die eigene Adresse, »noch nicht dazu kommt, den Bereich der Wahrheit beziehungsweise der Un-Wahrheit hinsichtlich seiner Wesenszüge *denkend* zu erklären«, versucht das Denken Heideggers unablässig die Wesenszüge der Aletheia (Un-Verborgenheit) ans Licht zu bringen.« Das, woran es dem Zen-Buddhismus insbesondere in seiner traditionellen Gestalt mangele, sei »ein epochales Denken und Fragen der Welt«. Diesbezüglich (und was nicht zuletzt heiße bezüglich des »Wesens der Technik«) müsse man seitens der japanischen Erben des Zen-Buddhismus »Entscheidendes von Heideggers Denken lernen« und sich »aneignen«. – Zu dieser Selbstkritik auf Seiten von Heideggers japanischem Gesprächspartner drängt sich uns aus heutiger Sicht, also aus dem historischen Abstand von bald vier Jahrzehnten, Folgendes auf: Das von Tsujimura benannte Defizit des Zen muss sich seinen weltoffenen Traditionsnachfolgern damals umso mehr als ein solches nahegelegt haben, als sie aus einer allgemeinen kulturgeschichtlichen bzw. interkulturellen Reflexionsperspektive darauf geblickt haben. Erst recht beim Schauen durch die Heidegger-Brille mussten sie einen Nachholbedarf nach der Seite eines philosophisch reflektierenden Denkens verspüren, das sich zu eben jenem von Tsujimura bei Heidegger hervorgehobenen »Den-

ken und Fragen der Welt« aufschwingt. Wie gesagt, diese Kompensationsbemühung, die das traditionelle Zen in Richtung auf ein genuin philosphisches Denken zu überschreiten und zu erweitern versucht, mag aus der geistigen Situation der Zeit heraus eine gewisse Plausibilität besessen haben. Nur, dass gerade diese Art der intellektuellen Kritik an Zen und ihre Konsequenz, seine Transformation in Philosophie, einmal mehr das Augenmerk von der Quintessenz abzieht oder ablenkt, der Praxis des Nicht-Denkens! Diesem *praktischen* Alpha und Omega des Zen gegenüber haben die seinerzeitigen japanischen Kritiker ihrer eigenen Tradition, so scheint es uns im Rückblick, den kulturellen Effekt und Nutzen der *denkenden* Anstrengung à la Heidegger überschätzt, deren überfliegender planetarischer Gestus angesichts der Herausforderungen der Gegenwart spätestens heute ebenso abstrakt wie hilflos anmutet.

[30] S. 137   Diesen Lektüreeindruck bzw. den Verdacht der Scheinauthentizität bestätigen die Nachforschungen, die Reinhard May in der schon erwähnten Arbeit Ex Oriente Lux zu diesem Thema angestellt hat. Unter anderem wertet er die nachträglichen Notizen von Heideggers damaligem Gesprächspartner T. Tezuka aus (von diesem publiziert unter dem Titel Eine Stunde mit Heidegger) und kommt zu dem Ergebnis, dass das von Heidegger in »Unterwegs zur Sprache« veröffentlichte ›Gespräch mit einem Japaner‹ kein wirklich so stattgefundenes Gespräch sondern ein *Pseudodialog* ist, wie sich May wörtlich ausdrückt. »Unter Berücksichtigung von Tezukas Darlegungen ... wird nach sorgfältigem Vergleich des Heidegger-Textes mit dem Tezuka-Bericht ohne weiteres klar, dass Heidegger unter Verwendung einer Vielzahl einschlägiger Informationen und geeigneter Textvorlagen einen stofflich anspruchsvollen Dialog *erfunden* hat. Denn bis auf ganz wenige Passagen in Heideggers Text handelt es sich nicht einmal um eine annähernd großzügige Wiedergabe des tatsächlich geführten Gesprächs mit Tezuka. Dem ›Gespräch‹ mangelt nahezu jegliche Authentizität ... Das Ergebnis, *sein* ›Gespräch‹ also, ist insoweit eine ungewöhnliche Präsentation des Heideggerschen Denkens.« Daneben muss May feststellen, dass bis dahin die Sekundärliteratur davon keine Kenntnis genommen hat, dass also »der Text vollständig Heideggers eigenes Werk darstellt, dass somit alle Textpassagen grundsätzlich Heidegger zuzurechnen sind«. An einzelnen Passagen zeigt May auf, wie ›frei‹ Heideggers Wortübertragungen aus dem Japanischen teilweise sind, also »Heidegger mehr als Dichter denn als Denker am Werk« sei und in der Summe eine Mischung aus »Dichtung und Wahrheit« entstanden ist, bei welcher das Schwergewicht auf dem Dichterischen, den »poetisierenden Formulierungen« liege (z. B. »*iki* ist das Wesen der Stille des leuchtenden Entzückens«). (Vgl. Reinhard May, Ex Oriente Lux, a. a. O. S. 27 ff. u. 32 ff.).

May – der aus dem »Gespräch von der Sprache« schließlich ein verschlüsseltes »Geständnis« Heideggers herausliest in Punkto fernöstlicher Einflüsse: nirgendwo anders liege Heideggers zentrale Inspirationsquelle – gelangt zu dem Fazit: »Aus der vorliegenden Untersuchung ... folgt, dass Heideggers Werk in einem bislang unerkannten Ausmaß ostasiatisch beeinflusst ist. Mehr noch: Heidegger hat höchstwahrscheinlich in Fällen von zentraler Bedeutung wesentliche Gedanken seines Werkes aus deutschen Übersetzungen vornehmlich taoistischer Klassiker, aber vermutlich auch zen-buddhistischer Texte, ohne Angabe der Quelle übernommen.« (Ebd. S. 71) – Heidegger ein Ideenplagiator und gewiefter Stellenverwerter? Wir müssen uns hier in der Bewertungsfrage nicht positionieren, da es sich bei dem buddhistischen und taoistischen Quellenmaterial, bei dem sich Heidegger bedient hat, ausschließlich um Theorieformationen handelt: – der Verdächtigte hat, wenn überhaupt, dann nur fernöstliche *Theorie*, nicht aber *Praxis* plagiiert, welch letzteres für uns einzig wirklich interessanter wäre.

Anmerkungen

Dass das von Heidegger projektierte Gespräch mit Japan und Ostasien dem Ziel und Inhalt nach ein *Zu-denkendes* und also *Sprachliches, Diskursives* zu ›bergen‹ beabsichtigt: dass die Begegnung eine *mit einem jeweils anderen Denken* ist und sein soll und keineswegs eine west-östlich gemeinsame Begegnung mit *dem anderen des Denkens* – dies wird unbeabsichtigt bei Elmar Weinmayrs weitgehend unkritisch Heideggers eigener Lesart folgenden Erläuterung zu Motivik und Aufgabe jenes transkulturellen Dialogs deutlich. »Mit dem Hinweis darauf, dass ›der Wesensquell der grundverschiedenen Sprachen … derselbe‹ sein könnte, dieser Wesensquell jedoch nicht in ›einem allgemeinen Begriff, in dem sich die europäischen und ostasiatischen Sprachen … unterbringen lassen‹, (U[nterwegs zur] S[prache] 115) vorgestellt werden kann, sondern als das Gewährende des Gesprächs notwendig verborgen und entzogen bleibt, scheint Heidegger die Möglichkeit eines gemeinsamen Gesprächsbereichs anzudeuten, der sich allerdings nie vor oder außerhalb des Gesprächs umreißen lässt, sondern sich nur je und je im Gespräch auftut …« (Elmar Weinmayr, Entstellung – Die Metaphysik im Denken Martin Heideggers, mit einem Blick nach Japan, a. a. O. S. 280 f.). Das »nie vor und außerhalb des Gesprächs« und das »nur je und je im Gespräch« definieren die Sache, um die es geht, als etwas *Sprachliches, der Reflexion Zugehöriges;* es geht laut Heidegger um die »Zwiesprache« der »europäischen Sprache« mit der »ostasiatischen«, ergo um die Zwiesprache zweier *Sprachen.* Heideggers Dialog- und Begegnungskonzeption bleibt damit *logozentrisch,* wiewohl sie (wie Weinmayr herausstreicht) der »Gefahr eines Euro-logozentrismus bzw. eines linguistischen Ethnozentrismus« zu entgehen beabsichtigt (ebd. S. 283). – Es entbehrt nicht einer gewissen Komik, wenn der philosophische Chefdenker Heidegger ausgerechnet einem so *praktisch* orientierten, die Praxis des Nicht-denkens an vorderste Stelle setzenden Gegenüber, wie Zen es verkörpert, eine das Denken, die Reflexion in den Mittelpunkt rückende Partnerschaft anträgt.

[31] S. 138 Die von uns mit den Worten ›singulär‹ und ›situativ‹ umschriebene Besonderheit des zen-praktischen Sprachverhaltens deutet auf einen sprachkulturellen Unterschied ums Ganze hin, den Elmar Weinmayr durch ein Wortspiel treffend charakterisiert hat: *locozentrisch* versus *logozentrisch.* »Der Sprachbezogenheit europäischer Welterschließung kontrastiert die Ortsbezogenheit ostasiatischen Sprechens: Locozentrismus statt Logozentrismus. »Die auf ihren Ort bezogene relative Signifikanz und Bedeutsamkeit der japanischen Sprache gründet weder in der Beständigkeit des Signifikats, noch in der für sich sprechenden Klarheit selbstständiger Signifikanten, sie ergibt sich jeweils aus den Bezügen des Kontextes, in dem und aus dem gesprochen wird. Der selbststandslosen Konstitution des Seienden im Wirkungszusammenhang von engi, der jeweils situativen Bestimmtheit und Identität des sprechenden Menschen (ningen) und der Eingewickeltheit des Satzsubjekts im Prädikat entspricht die Eingelassenheit der Sprache in den jeweiligen Kontext.« (Elmar Weinmayr, a. a. O. S. 307.)

[32] S. 140 Unsere Einschätzung, dass Heideggers von allem Situativen und Kontextuellen abstrahierender Sprachpurismus unverkennbar im Kontrast steht zum hier buchstäblich aufzufassenden Sprachpragmatismus und -konkretismus auf Seiten des Zen und seiner Praktiker, wird von Elmar Weinmayr offenkundig geteilt, der sich nicht darüber täuscht, wie sehr Heideggers »eigenes Sprechen und Denken« vor diesem Hintergrund betrachtet »noch ganz und gar in der Tradition der typisch europäischen Sprachbezogenheit zu stehen scheint«. Er schreibt: »Um den Unterschied zwischen Heideggers Sagen und einem vergleichbaren japanischen Sagen zu konkretisieren, genügt es, einen Blick auf die (Sprach-)Freiheit der Zen-Meister zu werfen, die, um ihr Erwachen zu erweisen bzw. andere zu diesem Erwachen zu bringen, im mono, d. h. in der gegenseitigen Frage-Er-

Anmerkungen

widerung, mal dies und mal jenes sagten, ein anderes Mal mit einer stummen Geste, wieder ein anderes Mal mit einem Schrei antworteten, – und diese unbändige Freiheit zu vergleichen mit Heideggers reflektiertem und besorgtem Bedauern darüber, dass ›das gewöhnliche Vorstellen und Meinen ... angeschrieen werden [muss], damit die Menschen erwachen‹, andererseits aber ›das Denken nie durch ein Schreien sein Gedachtes sagen‹ kann (W[as heißt] D[enken?] 70). Die hier zum Tragen kommende unterschiedliche Einstellung zur sprachlichen Artikulation – auf der einen Seite die Bindung an die Sprache als den wesentlichen Ort der Wahrheit der Wirklichkeit, auf der anderen Seite die ›Freiheit von der Sprache zur Sprache‹ [S. Ueda] – markiert eine Kluft, die Heideggers Denken bei aller Nähe von den Traditionen ostasiatischen ›Denkens‹ trennt ...«. (Elmar Weinmayr, a. a. O. S. 309).

Dass unter Heideggers japanischen Gesprächspartnern auch solche gewesen sind, die ihn ohne Umschweife davon in Kenntnis setzen, dass sich im Zen das Entscheidende nicht im Denken und nicht in der Sprache abspielt (in diametralem Gegensatz also zu Heideggers Anliegen), exemplifiziert das Gedächtnisprotokoll D. T. Suzukis nach einem Gespräch mit Heidegger. Auszug: »Als ich sagte, Sein sei dort, wo der Mensch, der dem Sein nachdenkt, sich seiner selbst gewahr werde, ohne dabei eine Trennung zwischen sich und dem Sein zu machen, fragte Professor Heidegger mich, wie dies sprachlich zum Ausdruck gebracht werde. Als ich auf diese Frage hin von Tokusan erzählte, stimmte mir der Professor ohne irgendeinen Kommentar hinzuzufügen schweigend zu.« Suzuki erzählte das mit dem Namen dieses Zenmeisters assoziierte Koan, das wie viele andere Koan den Zen-Schüler mit der paradoxen Forderung ›weder zu sprechen noch nicht zu sprechen‹ in die Enge treibt. »Vor oder nach dieser Erzählung hatte ich hinzugefügt, dass man im Zenbuddhismus die Ortschaft des Seins unter Vermeidung von Worten und Schriftzeichen aufweise, da der Versuch, sie einmal zur Sprache zu bringen, unumgänglich in einem Widerspruch endet.« (Vgl. Erinnerungen an einen Besuch bei Martin Heidegger, in: Hartmut Buchner, Japan und Heidegger, a. a. O. S. 169). – Reichlich Anschauungsmaterial zur lakonisch knappen, dem volkstümlichen Idiom entlehnten und stets spontanen sprachlichen Äußerung im Zen liefert derselbe D. T. Suzuki in seinen bekannten, für westliche Leser geschriebenen »Essays in Zen Buddhism« (die mehrbändig und mit jeweils unterschiedlicher Titelgebung [z. B. Muschin etc.] auch in deutscher Übersetzung vorgelegt wurden, Bern/München/Wien 1987 f.).

Tetsuaki Kotoh bemüht sich in seinem in Graham Parkes »Heidegger and Asian Thought« (a. a. O. S. 201 ff.) abgedruckten Beitrag »Language and Silence: Self-Inquiry in Heidegger and Zen« um eine die Positionen einander annähernde Lektüre. Liest man seine Konfrontation des Sprachverständnisses beider Seiten in ihrer bemerkenswert nuancierten Raffung indes genau, achtet man insbesondere auf die bei der Wiedergabe von Dogens Standpunkt (stellvertretend für die Sprachauffassung im Zen generell) gewählte Ausdrucksweise (hier im Englischen), dann wird man doch auch ein deutlich Auseinandergehendes zur Kenntnis nehmen müssen. Im Zen werde von der Stille gesagt: »This silence cuts into and explodes the network of ordinary language which has degenerated into mannerism. At the same time it restructures and modifies previous meanings in such a way as to create a new form of language. Ordinary language can thus be constantly questioned and nourished by silence and be reborn as a language capable of describing the liefe-breath of silence. The thread which was cut between reality and language is then retied through this silence.« – Man beachte, dass also die naturwüchsige Verbindung zwischen »reality and language« zuerst einmal gekappt werden muss (mittels der disziplinierten Schweigeübung des Zazen, des Sitzens in stiller Versen-

Anmerkungen

kung), was eine Unterscheidung von Realität und Sprache vornehmen heißt, wie dies aus Heideggers Sicht schwerlich zulässig sein dürfte, weil bei ihm die Sprache als das »Haus des Seins« die Realität, alles Wirkliche oder Seiende, ja immer schon in ihrer Seins-Allheit ›häuslich‹ in sich einschließt. Die dem Zen-Selbstverständnis nach in »pure silence« erfahrene nichtsprachliche Realität muss nach Heideggers Voraussetzungen als etwas Unmögliches betrachtet werden; bei ihm ist die Stille nicht nur *kein* Nichtsprachliches, in ihr soll vielmehr das »Wesen« der Sprache beheimatet sein. Sodass »silence« als »the source of language« mal von Heideggers Konzeption und mal von der des Zen gesagt nicht Übereinstimmendes sondern Gegensätzliches bedeutet. Anders als bei Heidegger ist im Zen-Kontext der Ausdruck ›Quelle‹ *metaphorisch* zu verstehen: In der Stille kommt der Geist so zu sich selbst und zu Kräften – erneuern sich *wie an einer unversiegbaren Quelle* nicht nur die sprachlichen sondern alle Potenzen des Mentalen –, dass auch der sprachliche Ausdruck wieder als ein spontaner und authentischer möglich wird. So muss man es unseres Erachtens verstehen, wenn Tetsuaki Kotoh schreibt, eben dieser Zustand (»state«) – in unseren Worten haben wir ihn als jenen Bewusstseinszustand gekennzeichnet, in welchen man durch die Übungspraxis des eminenten Schweigens eintritt – werde in Dogens »poem« beschrieben: »›Since there is no mind in me, when I hear the sound of raindrops from the eave, the raindrop is myself.‹ The raindrop is me because at bottom there opens up another dimension – spontaneous arising – in which we are of the same ›element‹. There is no mystery in this state; it is rather that we are facing reality as it is. However, this reality is totally different from reality as ordinarily experienced, since it is perceived without the overlay of everyday language. In the former state, life is experienced as transparently condensed combustion. The moment of combustion is pure silence beyond where language is exhausted. There the primordial reality of the world, which cannot be reached by language, keeps silently boiling up. The language of the rue self emerges from this silence. It arises from and is nourished by silence to become something which expresses this silence.« Heideggerianer könnten abermals hieran anschließend folgern, die Stille selber sei bereits Sprache, deren ureigenstes »Wesen« – und würden damit doch einer Zen-Praxis und einem Zen-Erleben Gewalt antun, für welche es *kein* von der gesprochenen Sprache ablösbares »Sprachwesen«, für die es stattdessen nur »ordinary language« gibt (und noch sprachlich Subtilstes, wie etwa Bashos Verse, sind aus keinem anderen als diesem ›ordinären Stoff‹ gewirkt).

[33] S. 142 »Nur noch ein Gott kann uns retten«, Heidegger im 1976 posthum veröffentlichten Spiegel-Gespräch, in: Neske, Günther/ Kettering, Emil (Hrsg.), Antwort – Martin Heidegger im Gespräch, Pfullingen 1988, S. 81

[34] S. 143 Sloterdijk, Peter, Absturz und Kehre – Rede über Heideggers Denken in der Bewegung, in: Ders., Nicht gerettet – Versuche nach Heidegger, Frankfurt 2001, S. 12ff.

[35] S. 144 Brück, Michael von, Zen – Geschichte und Praxis, München 2004, S. 94. Wir möchten hier die Textstelle bei von Brück in voller Länge wiedergeben, da sie aber das weiter oben zum Thema ›Zen und Sprache‹ *theoretisch* hinlänglich Ausgeführte hinaus die *übungspraktische* Seite beleuchtet und präzise zusammenfasst: »Es kommt im Zen nur auf das Erwachen an, nicht auf Erklärungen, die das Denken stimulieren und damit ablenken können. Das Erwachen aber ist ein Durchbruch durch jede Konzeptualisierung und Analyse. Die Rhetorik ist ›mystagogisch‹, nicht deskriptiv. Jedes Wort will einen Schock, ein Erschrecken, einen Zweifel erwecken, damit der Schüler Konzepte aufgeben kann, und die Zen-Sprache soll auf den Zustand des Erwachens hinweisen. Da der Inhalt des Erwachens die sich einende Bewusstheit in jedem Augenblick ist, eine nicht-dualis-

Anmerkungen

tische Wahrnehmung, kann das Erwachen nicht in Sprache erfasst werden. Infolgedessen kann eine Sprache, die auf das Erwachen verweist oder das Erlebnis ausdrückt, nur nicht-rational und paradox sein.«

[36] S. 146   Wir zitieren im Folgenden Heideggers kurzen Text »Der Feldweg« nach der nur aus wenigen Blättern bestehenden Einzelausgabe, Frankfurt 1953. – Wegmetaphorisch bedeutsam taucht das Wort Feldweg bei Heidegger auch im Anhang der kleinen Schrift »Gelassenheit« (Stuttgart 1959) auf unter der Überschrift »Zur Erörterung der Gelassenheit – Aus einem Feldweggespräch über das Denken«. In erkennbar stilisierter Form versucht dieses Gespräch – in der sprachlichen Verknappung ein hoch konzentriertes gedankliches Kondensat, verteilt auf drei Sprecher – wiederum *das Denken zu denken*. Wodurch dieses kleine ›Werkstattdokument‹ aus Heideggers Denkwerkstatt unsere eigene Bemühung, Heideggers Feldweg versuchsweise in der Perspektive eines Schweigeexerzitiums im Sinne des Nicht-Denkens oder gedanklichen Schweigens zu lesen, unwillkürlich als ›unheideggerisch‹ desavouiert.

[37] S. 148   Sein »Feldweg« belegt im übrigen einmal mehr die Affinität des späten Heidegger zum chinesischen Altmeister der Zivilisationskritik und eines naturbelassenen Daseins, dem taoistischen Dekadenzdiagnostiker Laotse. Den Topoi und der Tonlage nach könnten die folgenden und noch etliche andere Sätze genauso gut im »Tao-Te-King« stehen: »… dass wachsen heißt: der Weite des Himmels sich öffnen und zugleich in das Dunkel der Erde wurzeln; dass alles Gediegene nur gedeiht, wenn der Mensch gleich recht beides ist: bereit dem Anspruch des höchsten Himmels und aufgehoben im Schutz der tragenden Erde. … Das Einfache verwahrt das Rätsel des Bleibenden und des Großen. Unvermittelt kehrt es bei den Menschen ein und braucht doch ein langes Gedeihen. Im Unscheinbaren des immer Selben verbirgt es seinen Segen.« Passagen wie diese zeigen, wie kategorisch Heidegger die Bedingung der Möglichkeit einer Praxis des Nicht-Denkens bzw. eines Exerzitiums in »besinnlichem Denken« offensichtlich an einen ins Kosmologische und dessen Gesetzlichkeit (ins »Tao«) überhöhten Naturalismus knüpft, dem die bäuerlich-handwerkliche Produktions- und Lebensweise eingeschrieben ist. Man kann diese Entmetaphorisierung des Wegverständnisses der meditativen Übung, die die Praxis kurzerhand an die realistische Voraussetzung eines »wirklichen Feldwegs« bindet, als den Starrsinn oder die Verschrobenheit eines notorischen Antimodernismus abtun. Wir sollten dabei allerdings nicht außer Acht lassen, dass die kosmologisch-naturalistische Auffassung vom Übungsweg bis heute bei »Suchenden« keine geringe Suggestivkraft entfaltet. Das liegt an den elementaren Randbedingungen – Reizreduktion, Stille, Konzentration, Leiblichkeit, »Nähe«, Einfachheit, Gleichförmigkeit, Stetigkeit – der Praxis des Nicht-Denkens und des Schweigens selbst. Die Rahmenbedingungen individueller und sozialer Existenz im globalisierten Kapitalismus nageln uns aufs Gegenteil fest: Reizüberflutung, Dissoziation, Multitasking, permanentes »Zappen und Switchen«, Virtualisierung und »Leibferne« etc. Es ist unterdessen müßig zu fragen, welche Seite die Beweislast trägt, ob unter solchen Vorzeichen Praxis überhaupt möglich oder unmöglich ist. Wenn der Weg zurück in die Vormoderne oder das »Zurück zur Natur« versperrt sind, muss man die mit der Praxis wohl oder übel unter den gegebenen Bedingungen probieren. Außerdem soll – die kühne Erwartung verhehlen wir ja keineswegs – eine andere Weise des Denkens über das Praxisresultat sich gerade günstig auf die weitere Gestaltung unserer Lebensverhältnisse unter den Bedingungen der Moderne auswirken.

Von Heidegger jedoch einmal ganz abgesehen bedeutet dies: anders als der Zenbuddhismus, der – obwohl sein chinesischer Zweig ebenfalls eine taoistische Wurzel hat

Anmerkungen

und er sich geschichtlich überall in prämodernen, feudalistischen Verhältnissen entwickelt hat – diese unlösbare Verknüpfung seiner Praxis mit einem naturalistischen Paradigma so nicht aufweist, erscheint uns der Taoismus als östliche Inspirationsquelle der Praxis des Nicht-Denkens gerade wegen der kosmologisch-naturalistischen Hypothek heute problematisch. Zu massiv spricht aus vielen taoistischen Quellen der Generalverdacht gegen alle mit Zivilisation und technischem Fortschritt einhergehenden Lernprozesse, in denen (wie es Günter Wohlfart in seiner Einleitung zur Tao-Te-King-Ausgabe bei Reclam ausdrückt) »eine Gefährdung natürlicher Unschuld und mystischer Seligkeit« gesehen wird. – Oder gibt es doch Einzelne, Westler zumal, die heutzutage ihre denkerische oder existenzielle Bekehrung dem Taoismus verdanken? Der eben angeführte Günter Wohlfart jedenfalls hat sich in seinem selbstironischen Internet-Auftritt als ein solcher geoutet. Er sei »auf der breiten Heeresstraße der deutschen Schulphilosophie artig mitmarschiert«, bis er, bei Heraklit und damit schon einmal in Kleinasien gelandet, sich als »Denknomade« aufmachte »vom alten Griechenland ans andere Ende der Seidenstraße ins alte China«. Womit er den seiner Ansicht nach fälligen »transcultural turn« vollzog, um als »Weisheitslehrling« an der »Erschließung der philosophischen Ost-West-Passage« teilzunehmen. Und obwohl es »mit einem Gelehrten« darüber zu reden so schwierig sei wie »mit einem Brunnenfrosch über das Meer«, entdeckte er, »was die alten Chinesen *Dao* nannten, den Weg, den Lauf der Dinge und des Lebens«. Sodass er seitdem »sein Standbein in Europa und sein Spielbein in China« habe. Sein Schlüsseltext wurde Tschuangtses »Buch vom südlichen Blütenland«, worin er keine Stelle fand, die ihm nicht in Rilkes Worten bedeutet hätte: »Du musst dein Leben ändern!« Was für ihn wiederum »Auszug aus dem Haus der Gelehrten« hieß. Seither lebt der bekennende »Daoist« als »Eremit und Anachoret« auf einem Berg mit Meeresblick im südfranzösischen Midi (wo seine Frau eine Bergerie betreibt und Mohairwolle spinnt). Hier versucht der »West-Nestflüchter« Tschungtses Devise »sei leer, das alles« folgend »mehr oder weniger vergeblich vom Lehrmeister zum Leermeister« zu werden. Ohne sich deswegen – tendenziell untaoistisch, wie man einwenden möchte – die verfeinerte Lebensart des mediterranen »savoir vivre« entgehen zu lassen. Das Eigenportrait endet mit den Worten: »Und da man Philosophie eigentlich nur dichten dürfte, wie ein österreichischer Dorfschullehrer und Gärtner einmal sagte, übt er sich auch manchmal als Haikühetreiber in den verrückten Versen des wortlosen Worts. Aber am liebsten wartet er seinen Garten so: er hockt mit der Blödigkeit des Dichters in der Nachmittagssonne und döst.«

So weit die Selbstpersiflage des Emeritus/Vorruheständlers Günter Wohlfart. Es ist ja zunächst nicht unsympathisch, wenn sich einer, der das Trockendock der akademischen Philosophie verlassen hat, bei seinen Freischwimmübungen auf die Schippe nimmt. Sobald wir ihn jedoch statt als würdigen Kandidaten für den Orden wider den tierischen Ernst als zeitgenössischen Taoisten begutachten und nachdem Beispielhaften für die Praxis des Nicht-Denkens fragen, fällt unser Urteil weniger zurückhaltend aus. Leistet doch die Schrägheit der dargestellten Figur und Szenerie allzu leicht dem defätistischen Einwand Vorschub, hier werde, und sei es unfreiwillig, zugegeben, dass das Einfache, der Reizentzug etc. als das Prinzip der vorgeschlagenen Praxis mit der Einfachheit des einfachen Lebens zusammenfalle, sich also bestenfalls durch weltflüchtigen Rückzug oder die privilegierte Askese eines luxurierenden Aussteigertums realisieren lasse. Wer sich, wie wir, weigert, diesen Schluss zu ziehen und so die Idee einer Schweigepraxis oder östlich inspirierten Praxis des Nicht-Denkens von vornherein zu depotenzieren und in die Abseitigkeit eines Spleens oder einer Altersmarotte zu entsorgen, wird

Anmerkungen

auf der im Selbstversuch zu testenden »Arbeitshypothese« beharren: Dass man sich nicht in den Midi oder sonst ein ländliches Aussteiger-Idyll zurückziehen muss, um meditative Leere und »offene Weite« des Bewusstseins zu erfahren, um auf dem Übungsweg die Nondualität des Nicht-Denkens bzw. die »Kommunion mit allen Dingen« zu praktizieren. Bis zum Beweis des Gegenteils gilt, ass die spezifische Einfachheit, der spezifische Minimalismus sowie die Stetigkeit einer formellen meditativen Übungspraxis sozusagen als Versuchsanordnung sich auch unter den Bedingungen der wissenschaftlich-technischen Zivilisation und moderner, »artifizieller« Lebenswelten herstellen lassen; dass die Erfahrung nondualer Verbundenheit oder »Nähe zu den Dingen« (Heidegger) nicht prinzipiell die lebensweltliche Einbettung des Menschen in ein natürliches Biotop voraussetzt. Dies einmal klargestellt, sei Günter Wohlfart sein bukolisches Refugium gegönnt, auf dass, wie er es sich selber wünscht, »sein leerer Herz-Geist einstens zum Spiegel des heiteren Himmels des Midi werden möge«. – Und zu guter Letzt und wie zur Ehrenrettung des bemäkelten Taoismus sei noch vermerkt, dass die von uns präferierte Standardform des *spezifisch leiblich gebundenen mentalen Trainings*, die Sitzmeditation, schon bei Tschuangtse vorkommt. Wie man bei Günter Wohlfart in seinem eurodaoistischen Ratgeber-Büchlein Zhuangzi – Meister der Spiritualität, Freiburg 2002, nachlesen kann, und diesmal angenehm frei von Naturalismus und Pastorale. Unter dem Stichwort »Sitzen und Vergessen« zitiert Wohlfart bei Zhuangzi die Zeilen: »Die Gliedmaßen fallen lassen, Hören und Sehen lassen, die Form verlassen, ablassen vom Wissen, von selbst einswerden mit dem großen (offenen) Durchgang, das heißt ›sitzen und vergessen‹ (zuo wang).« Ein Vergessen, das gerade auch als »Selbstvergessen« erst die nonduale Erfahrung des »großen Durchgangs« ermöglicht. Wohlfart hebt diese Stelle zu Recht als eine zentrale Quelle für den späteren Chan- oder Zen-Buddhismus hervor und schreibt: »So erinnert die Praxis des Zazen an das ›Sitzen und Vergessen‹ (zuo wang). Zazen, das ›Sitzen (za) in Versunkenheit (zen)‹ bedeutet das Verweilen in gedankenfreier, hellwacher Aufmerksamkeit. Es gilt, jedes Denken an etwas, jedes Andenken und jede Erinnerung sein zu lassen und zu vergessen – auch das Denken an das Nicht-Denken. Entscheidend ist: Sitzen in Versunkenheit und Vergessenheit ist Sitzen in Selbstvergessenheit.« Und es folgt der Hinweis auf den berühmten Merksatz bei Dogen: »Das Selbst vergessen, heißt von allen *dharma* erleuchtet werden. Von allen *dharma* erleuchtet werden, heißt Leib und Geist des Selbst und Leib und Geist des anderen ausfallen machen [lassen].« (Vgl. das soeben Zitierte im zuletzt erwähnten Büchlein S. 105 f. und S. 108; die Zitate aus Wohlfarts Internet-Portrait sind nachzulesen unter: http://www.guenter-wohlfart.de/main.htm.)

[38] S. 152 In einem Supplementband zu diesem Buch beabsichtigen wir den Fragenkreis ›Schweigepraxis, Intersubjektivität und Ethik‹ in hinlänglicher Weise abzuschreiten.

IV

[1] S. 155 Zit. nach Gesammelte Schriften, Frankfurt 1975, Band V, S. 588.
[2] S. 156 Die Horkheimer-Notiz aus dessen »Reflexionen aus dem beschädigten Leben« nachgewiesen eben hier bei Habermas, Zu Max Horkheimers Satz: »Einen unbedingten Sinn zu retten ohne Gott, ist eitel« – Alfred Schmidt zum 60. Geburtstag, in: Ders., Texte und Kontexte, a. a. O., S. 110 ff. Wir bitten zu beachten, dass Horkeimers »absoluter Sinn« eine metaphysische Kategorie bzw. deren mögliche Akzeptanz oder Gültigkeit innerhalb der Reflexion (vor dem ›Tribunal‹ des vernünftigen Urteils) meint, während wir uns

Anmerkungen

unsererseits auf einen psychologischen oder Bewusstseinszustand beziehen, wenn wir an die *Erfahrung* absoluter Sinnhaftigkeit in Momenten erfüllter Gegenwart denken.

[3] S. 156 Warum der Religion und ihrem theoretisch-systematischen Pendant der Theologie auch nachmetaphysisch ein Platz einzuräumen bzw. ihrem Wahrheitsanspruch der Ort zu lassen ist, hat Habermas (lange vor der von ihm mit vollzogenen Wende zum Postsäkularismus) mit den gern zitierten Worten begründet: »Solange die religiöse Sprache inspirierende, ja unaufgebbare semantische Gehalte mit sich führt, die sich der Ausdruckskraft einer philosophischen Sprache (vorerst?) entziehen und der Übersetzung in begründende Diskurse noch harren, wird Philosophie auch in ihrer nachmetaphysischen Gestalt Religion weder ersetzen noch verdrängen können.« (Nachmetaphysisches Denken, Frankfurt 1988, S. 60). Eine gewisse Missverständlichkeit an Habermas' Säkularismuskonzept – »Wenn er die Autorität des Heiligen in einen Prozess der Versprachlichung des Sakralen schrittweise auf den jeweils für begründet gehaltenen Konsens übergehen sah, konnte dies so verstanden werden, als würden alle Funktionen der Religion von rationalen Einigungsprozessen restlos übernommen« rückt Hans Joas zurecht in seinem Buch: Braucht der Mensch Religion? – Über Erfahrungen der Selbsttranszendenz, Freiburg 2004, S. 122 ff.

[4] S. 157 Die geschichtsphilosophischen und theologischen Reflexionen Bernhard Weltes über das Schweigen, wie es christlich im »Gebet des Schweigens« geübt wird, sind bei Stefan Raueiser zusammengefasst (Schweigemuster – Über die Rede vom Heiligen Schweigen, Frankfurt 1996, S. 152 ff.). Raueiser erläutert: »Ein solches Denken, das von einer ›metaphysischen zu einer nachmetaphysischen Sicht Gottes‹ auf dem Weg ist, verdankt sich zum einen einer Spielart der Negativen Theologie, wie sie Welte bei den Denkern der Existenzphilosophie – vor allem bei Jaspers und Heidegger – entdeckt und bereits bei Meister Eckhart und den Mystikern vorgefunden hat.« Und weiter, Weltes negativ theologischen Gottesbegriff zitierend: »Das Nichts ist nicht leeres Nichts. Die ethische Grundentscheidung belehrt uns darüber, dass es trägt, wahrt und entscheidet, von ihr geht der Appell aus: Vertraue dich an, betritt das Bodenlose und Schweigende des Nichts, und glaube. Es trägt. Seine lautlose Macht ist größer, ohne Konkurrenz größer gegenüber allem, was sonst groß und mächtig erscheint.« – Die Verwechselbarkeit der Sprachkonventionen von theistischer und nontheistischer Mystik dokumentiert eine ebenfalls bei Raueiser zitierte Welte-Rezension Richard Schaefflers: »Der sinngebende Grund des Daseins begegnet dem Menschen in dem, was ›nicht etwas‹ ist. ›Dann aber ist das Nichts das wesentliche und notwendige ›Antlitz des Geheimnisses, (…) dem aber, was in dieser Gestalt uns anruft, entspricht zuletzt nur das Schweigen, in welchem die innere und äußere Welt versinkt ›in den namenlosen Abgrund über alle Welt hinaus‹.«

Zur Unterscheidung von theistischer und nontheistischer Mystik, einer »methodischem Atheismus« verpflichteten Mystik und derjenigen des ›methodischen Theismus‹, könnte man als grobe Regel heranziehen, dass alle die mystische Erfahrung zum Ausdruck bringenden Chiffren im Falle der religiös-theistischen Mystik einheitlich mit dem Index »Gott« versehen werden: die mystisch erfahrene sublime Positivität (von All-Einheit), ihr »Geheimnis«, das Unausdenkliche und Unaussprechliche, das Unverfügbare usw. – dem religiösen Mystiker sind dies alles göttliche Namenssynonyme (»das Unverfügbare, das wir Gott nennen« usf.). – Hüten muss man sich allerdings davor, das Verhältnis der beiden Mystiken nach dem alten erkenntnistheoretischen Standardmodell zu deuten: Die erfahrene oder erkannte Sache sei dieselbe, sie werde bloß sprachlich verschieden dargestellt, ein identisches Signifikat durch unterschiedliche

Anmerkungen

Signifikanten bezeichnet. Wenn dieses schlichte Repräsentationsmodell, einer Dualität von erfahrbarem Gegenstand und sprachlicher Bezeichnung, irgendwo am allerwenigsten etwas taugt, dann im Falle der mystischen Erfahrung (hier existiert kein ›Referent‹ des ›Sprachzeichens‹, worin denn auch die Fragwürdigkeit des letzteren besteht). Man wird sich mit der paradoxen Auskunft zufrieden geben müssen, wonach der religiöse Mystiker und der methodisch atheistische in der schweigenden Communio und ihrem Geschenk der das Dasein zum Guten wendenden Sinnerfülltheit etwas zum verwechseln Ähnliches erleben und gleichzeitig zwei voneinander durchaus deutlich abweichende Erfahrungen machen. Nur wenn man eine akademische texthermeneutische Situation voraussetzt, in der ein Leser einen sagen wir ›mystischen Erfahrungsbericht‹ studiert und interpretiert, entsteht ein kognitives Verhältnis, bei dem der Lesende ein ›Interpretament‹ auf einen nunmehr literarischen Gegenstand appliziert (welcher in diesem Fall der expressive Niederschlag einer mystischen Erfahrung wäre). Hier, im hermeneutischen Setting, kann dann nach allen Regeln der Kunst interpretiert und reinterpretiert werden: ›methodische Atheisten‹ können Zeugnisse religiöser Mystik nontheistisch, psychologisch oder anthropologisch umdeuten, wie Theologen und Gläubige ihrerseits die nicht religiös kodierten Bekundungen ›säkularer Mystiker‹, theistisch, gemäß den Koordinaten ihres theologischen ›Clusters‹, uminterpretieren mögen.

[5] S. 158   Die Zitate aus Ernst Tugendhat, Die anthropologischen Wurzeln der Mystik (Vortrag anlässlich der Verleihung des Meister-Eckhart-Preises am 5. Dezember 2005 in Berlin), als Text erhältlich über www.information-philosophie.de. – Eine »anthropologische Wurzel« anerkennt Tugendhat zunächst auch für die Religion: Als sich bewusst Ziele setzende »Tiere« seien die Menschen folglich »mit dem Problem des Zufalls und der Kontingenz konfrontiert«. In der »voraufgeklärten Geschichte der Menschheit« habe dies überall dazu geführt, »das, was in seiner Auswirkung auf uns kontingent ist, seinerseits zielhaft zu deuten als Ausfluss mächtiger, übernatürlicher Wesen, die dann auch Personal, also als Götter, gedeutet wurden«. Religion reagiert also auf die für die Conditio humana typische Konfrontation mit Zufälligkeit mittels einer »supranaturalen« Kontingenzbewältigung. Die Mystik antworte auf denselben Problemdruck, allerdings ohne Rückgriff auf Übernatürliches, worin Tugendhat eben ihre anthropologische Verwurzelung erblickt (was, da er eine »anthropologische Wurzel« auch der Religion zubilligt, unter terminologisch diskriminatorischem Gesichtspunkt nicht ganz glücklich erscheint). Am Beispiel der Darstellung des in sich ruhenden Buddha illustriert Tugendhat anhand zweier Aspekte seinen Mystikbegriff: »Erstens eine Konzentration, ein Gesammeltsein in sich, das zugleich affektiv zu verstehen ist, als Seelenruhe, zweitens scheint dieses Gesammeltsein in sich nicht einfach das ich oder das eigene Leben zum Gegenstand zu haben, sondern gleichzeitig die Welt, das ›im ganzen‹. Ich meine, es sind diese zwei Aspekte – das Gesammeltsein in sich und das ›im ganzen‹ –, die die zwei anthropologischen Wurzeln der Mystik ausmachen.« Indem Menschen durch Sammlung »eine Ausgeglichenheit und Beständigkeit in ihrer Affektivität« anstreben und dabei gleichzeitig ihr Ich dezentrierend »das meist nur am Rande und schattenhaft wahrgenommene Eigensein des vielen Anderen ins Zentrum des Sehfeldes« treten lassen, ergreifen sie nach Tugendhat die anthropologische, die »zweite Form der Kontingenzbewältigung«. Der freilich nicht unwesentliche Unterschied unserer Mystik-Aktualisierung zu derjenigen Tugendhats besteht darin, dass man bei ihm über ein durch »Reflexion« gewonnenes »Wissen« und eine diesem gemäße »Haltung« zum Mystiker wird, während wir der Auffassung sind, dass nur die durch Praxis, schweigepraktische Übung angebahnte Erfahrung (und eine allererst durch sie bewirkte und durch ihre

Anmerkungen

Vertiefung sukzessive stabilisierte Einstellungs- und Verhaltensänderung) einen Mystiker ergibt, wie er uns vorschwebt und wie wir ihn unter heutigen Verhältnissen und mehr noch in Zukunft zur Wahrung von Zivilitätsstandards fast schon für unentbehrlich halten.

[6] S. 161 Jürgen Habermas, Zwischen Naturalismus und Religion, Frankfurt 2005, S. 13. Über Habermas' Einschätzung zur Rolle der Religion im ›denkbiographischen Längsschnitt‹ unterrichtet der Überblicksartikel von Klaus Thomalla, Habermas und die Religion, in: Information Philosophie 02, 2009.

[7] S. 162 Man könnte Karl Löwiths auf die das jüdisch-christliche Versprechen der Heilsgeschichte säkularisierenden progressistischen Geschichtsphilosophien der Moderne (Condorcet, Hegel, Marx) gemünztes Kürzel von der »Weltgeschichte als Heilsgeschehen« auf Adorno und Benjamin zielend in Weltgeschichte als Unheilsgeschehen umkehren, kommt doch bei ihnen höchstens noch ein heilsgeschichtlicher Rest zum Tragen in der verzweifelten Hoffnung auf den messianischen Einschlag einer als das ›Ziehen der Notbremse‹ vorgestellten Revolution, die dem geschichtlichen Katastrophengeschehen schließlich doch noch ein Ende setzen würde.

In den Briefen Adornos an Walter Benjamins aus den 30er Jahren tauchen programmatische Formeln auf wie: »Eine Restitution der Theologie oder lieber eine Radikalisierung der Dialektik bis in den theologischen Glutkern hinein …« – eine »inverse Theologie«, die »alles an theologischem Gehalt und an Wörtlichkeit in den extremsten Thesen realisiere, was in ihr angelegt war« – »Chiffrenwesen unserer Theologie« u. a. m. (siehe Theodor W. Adorno/Walter Benjamin, Briefwechsel 1928–1940, hrsg. v. Henri Lonitz, Frankfurt 1994).

[8] S. 167 Wer nicht umhin kann, sich über Adornos ›dialektischen Eiertanz‹ zu echauffieren, mag sich Erleichterung verschaffen, indem er Habermas' Invektive gegen Heidegger (»vermurkstes Seinsdenken«) zum Vorbild nimmt und Adorno analog der ›vermurksten Dialektik‹ bezichtigt. Weniger polemisch gesagt: Die gerade noch so emphatisch postulierte Erlösungsperspektive verblasst bei Adorno nach wenigen Sätzen zur »rein kontemplativen Denknotwendigkeit«, wie es Irving Wohlfahrth in einem Beitrag zu Adornos »Minima Moralia« luzide formuliert hat (auf einer Tagung über die »Frankfurter Schule« im Jahre 1984). Seinem ernüchternden Resümee haben wir fürs erste nichts hinzuzufügen: »Die ›vollendete Negativität‹, von der das Schlussfragment der Minima Moralia spricht, ›schießt‹ zwar zum Spiegelbild ihres Gegenteils ›zusammen‹, aber das, wozu sie zusammenschießt, macht sie lediglich *als* Negativität sichtbar: Perspektiven ohne Perspektiven. Der sei's dialektische, sei's dialogische Umschlag der Extreme bleibt … innerhalb der reinen Denksphäre gebannt.« (»Das Leben lebt nicht«. Adornos Pathos – am Beispiel der *Minima Moralia*, in: Axel Honneth/Albrecht Wellmer (Hrsg.), Die Frankfurter Schule und die Folgen, Berlin/New York 1986, S. 42)

[9] S. 168 Im Zusammenhang mit diesem Postulat, das darf an dieser Stelle einmal gesagt werden, ist Adornos Unkenntnis fernöstlicher Meditationspraktiken natürlich zu bedauern. Rudolf zur Lippe, der mit Adorno befreundet gewesen ist, hatte nach eigenem Bekunden die Absicht, ihm von seinen Erfahrungen mit der Zazen-Übung bei einer nächsten Gelegenheit zu berichten und miteinander darüber zu sprechen, wozu es jedoch durch Adornos plötzlichen Tod dann leider nicht kam (vgl. das Gespräch mit zur Lippe in: J. Früchtl/M. Calloni (Hrsg.): Geist gegen den Zeitgeist – Erinnern an Adorno, Frankfurt 1991, S. 111).

Statt an der Mentalitäts- oder Bewusstseinsveränderung der Einzelnen anzusetzen, wie dies heute bis hin zum Common Sense als der am ehesten erfolgversprechende

Anmerkungen

Weg nachhaltiger kultureller und gesellschaftlicher Transformation erachtet wird, umgekehrt von einer erlösten Welt oder der befreiten Gesellschaft die Befreiung oder Erlösung der Menschen abhängig zu machen, wie es Adornos dialektisches Denken in seinen abstrakten Totalitätskategorien mehr noch als in den Minima Moralia in seinem späteren Hauptwerk, der Negativen Dialektik, insinuiert, kann gar nicht anders denn auf Perspektivlosigkeit und Verzweiflung hinauslaufen.

Auch deshalb, weil die ›vollständig‹ erlöste Welt und eine dieser Messlatte Genüge leistende Einrichtung der Gesellschaft – worunter Adorno und Horkheimer, wie aus mancherlei Andeutungen hervorgeht, auch die Abschaffung von Angst und Leiden ganz allgemein verstanden wissen wollten – eine auf Erden politisch unrealisierbare und insofern fragwürdige Utopie sein dürfte. Die Art und Weise, in der die älteren Vertreter der »Kritischen Theorie« Geschichte und Gesellschaft zum wahren Ort messianischer Erfüllung, der dann durch politisches Ungemach dennoch missglückten Erlösung, erklären, trägt Züge einer hyperbolischen Säkularisierungsidee, welche das durch die Religion in den Himmel projizierte Paradies auf die Erde herab holen möchte. – Was indes durchaus für einen Erwachsenen, für ein reifes Subjekt, an existenzieller Angstfreiheit und eine paradiesische Anmutung weckender Geborgenheit und Fülle *diesseitig* erfahrbar sein könnte, wäre zum Zwecke seiner Manifestierung wohl auf ein mystisch vertieftes Bewusstsein angewiesen; sodass dieses bescheidene Stück säkularisierten Heils in der Tat von einer Art Selbsterlösung abhängt, wie das orthodoxe Theologen missbilligend zu bezeichnen pflegen.

Das ›Herunterbrechen‹ des aufs Ganze gerichteten Erlösungsgedankens auf eine dem Ermessen des Individuums anheimgestellte ›Heilspragmatik‹ hätte wohl auch Adornos Argwohn erregt, so wie er die »Idealisten« (an erster Stelle Hegel) dem Verdacht aussetzte, sie seien Ideologen, »weil sie die Versöhnung inmitten des Unversöhnten als geleistet glorifizieren« (so in den Meditationen über Metaphysik, dem letzten Teilstück der Negativen Dialektik). Unnötig zu betonen, dass solches Sich-abfinden und Beschönigen nicht in der Konsequenz und noch weniger in der Absicht unserer Rehabilitierung mystischer Exerzitienpraxis liegt; so wenig wie eine derartige Intention dem Geist jener mahajanabuddhistischen Traditionen entspräche, auf die wir des Öfteren Bezug nehmen, allen voran Zen und dessen Praxis. Wie im Bewusstsein jedes mystisch Praktizierenden, so leuchtet auch im Geist der authentisch Übenden fernöstlicher Bewusstseinsschulen das für die intuitive metaphysische Erkenntnis von Adorno für unabdingbar erklärte »messianische Licht« und offenbart ihnen schmerzlich die Welt »als bedürftig und entstellt« – »ihre Risse und Schründe«, wie es höchst anschaulich in den Minima Moralia heißt. – Freilich: ohne dass der so mitfühlend Erkennende auch schon der Wege und Mittel kundig wäre, um im Falle komplexer und komplizierter Verhältnisse (was unter den gesellschaftlichen Bedingungen der Moderne die Regel sein dürfte) das Mögliche an Abhilfe oder Linderung in Angriff zu nehmen – die besten Erlösungsabsichten im Außen fruchten wenig, wenn ihnen die sachlich-kompetenten Lösungen abgehen. Die innere ›Erlösungspraxis‹ verhilf zunächst einmal zur ›Erleuchtung des Herzens‹ (sie hilft mit Gespür zu entscheiden, was gegebenenfalls zu verändern und was hinzunehmen ist, so wie es ist) noch nicht unbedingt zur Erleuchtung des Intellekts hinsichtlich des jeweils angemessenen strategischen Handelns.

[10] S. 171 Zu den Begriffen *Steuerung* und Steuerung über *Herrschaft/Beherrschung* sowie Steuerung über *Achtsamkeit/Achtsamkeitsübung* sollten wir eine kurze Erläuterung geben. Als ein dem Individuum zugeschriebenes Agieren verbinden wir mit Steuerung die Attribute Absichtlichkeit, bewusste Lenkung, Willkür, wie dies bei der Steuerung

Anmerkungen

über ein Herrschaftsverhältnis fraglos der Fall ist. Zumal diese herrschaftliche Steuerungsoption nur einem selbstreflexiven oder Ich-Bewusstsein offen steht, dem instinktgeleiteten Tier ist in diesem Sinne ein aus der ursprünglichen Naturbefangenheit heraustretendes Sich-bewusst-verhalten-können bzw. ein absichtsvolles Gegenüber-treten-können verwehrt. – Horkheimer und Adorno sehen (in ihrer »Dialektik der Aufklärung«) gattungsgeschichtlich die Subjektwerdung (die Genese einer Ich-Identität) des Menschen an die Ausbildung dieser Steuerungsfunktion (Herrschaft) geknüpft. Sie operieren bei ihrer Erklärung der von ihnen diagnostizierten zivilisationsgeschichtlichen Misere mit einem einzigen Begriffspaar und einer einzigen Relation: dem Begriffspaar selbstherrliches Subjekt/Natur und der darauf bezogenen Relation *Naturbeherrschung* (siehe dazu Rolf Wiggershaus, Adorno, München 1987, S. 53). Die Herausbildung dieser einzigen Relation und ihr akkumulatives Sichausagieren als ausschließliche Steuerungsfunktion im Verlauf der abendländischen Geschichte erfüllt dann den von ihnen beklagten Tatbestand der *Naturverfallenheit*, sich manifestierend als Ausbeutung und Zerstörung der äußeren Natur (der letztlich für Wissenschaft und Technik zu entrichtende Preis) wie auch als eine die innere Natur des Menschen betreffende »Selbstverstümmelung«. Eine Fatalität, ursächlich ausgehend von der Entwicklung einer schließlich autodestruktiv auf sich zurückschlagenden »instrumentellen Vernunft«, aus der sich analytisch kein Ausweg auftut, solange man sich nicht zu einer erweiterten Begrifflichkeit entschließt.

Die reduzierte Begrifflichkeit hat jedoch immerhin für sich, dass sie einer bedrohlich *reduzierten* Realität eine griffige monokausale Erklärung verleiht: herrschaftsfixierte Subjektivität/Agentilität resp. naturverfallene »instrumentelle Vernunft« – eine weniger theoretisch als praktisch/pragmatisch interessante Erklärung, die, je nachdem ob es gelingt den begrifflichen Rahmen zu erweitern, als Heuristik einer ›Exitstrategie‹ taugen könnte. Schließlich liest sich der kritische Befund der Dialektik der Aufklärung nicht viel anders als der Gefahrenhinweis, der sich mit unserer eigenen Begrifflichkeit so formulieren lässt: Dass das Begehren des Ich, so wie es als anthropologisch konstante Antriebsstruktur mit variablem historisch-gesellschaftlichem Index und naturwüchsig sich selbst überlassen in Erscheinung tritt, offensichtlich keine inhärente Sättigungsanzeige kennt, kein dem tierischen Instinkt vergleichbares inneres Regulativ, sich daher ›ohne Rücksicht auf Verluste‹ fortzeugt. Allerdings bewegen wir uns mit diesem von uns gewählten Ansatz von vornherein im erweiterten begrifflichen Rahmen einer (heils-)pragmatischen Anthropologie oder Psychologie, die sich mit anderen Worten dem Erkenntnisinteresse und der Anlage nach als eine in der entscheidenden Gefahrenabwehr *praktisch kundige* versteht. Das Kernstück dieser Pragmatik besagt: Das Subjekt – der ›Agent‹, der auf Grund seines selbstreflexiven Bewusstseins gar nicht umhin kann, sich zu sich und zur Welt *zu verhalten* – muss der (Verhaltens-)Steuerung über Herrschaft die Steuerung über Achtsamkeit (die weil absichtsfrei, nicht-intentional, nondirektiv eigentlich ›Nicht-Steuerung‹ heißen sollte) so zur Seite stellen, dass beide Steuerungsweisen sich in der Balance halten. Was, um noch einmal auf Horkheimer und Adorno zurückzukommen, hieße: Zu der am Subjekt festgemachten »naturbefangenen Naturbeherrschung« (wie Wiggershaus die bei den Autoren der Dialektik der Aufklärung alternativlos im Zentrum stehende Relation stichworthaft abkürzt) würde es sehr wohl eine Alternative geben, die eines gleichfalls das Subjekt in die Verantwortung nehmenden kooperativen Naturverhältnisses, das, über Achtsamkeit (methodische Achtsamkeitsübung) mit gesteuert, dem Steuerungsmoment über Beherrschung und Kontrolle die Spitze genommen bzw. die überschießende Energie entzogen hätte. Hork-

Anmerkungen

heimer und Adorno kannten nur die ihnen als Modellfall zwingend erscheinende, auf der Grenze von Mythos und Logos angesiedelte Figur des (in der Sirenenepisode des homer'schen Epos) sich an den Schiffsmast fesselnden, sprich sich Gewalt antuenden Odysseus; das bereits deutlich achsenzeitlich einzuordnende Modell des per meditativer Versenkung gewaltlose, herrschaftsfreie ›dés involture‹ praktizierenden Buddha lag außerhalb ihres Beobachtungsradius.

So gewiss das Kooperationsideal auf die Struktur der Achtsamkeitsübung, die Epoché des Schweigens, das mystische Exerzitium anwendbar ist, so unleugbar ist auch, dass in der technologisch hoch gerüsteten Welt von heute kaum noch irgendwo von einem vom Subjekt, dem Einzelnen, zu verantwortenden konkreten Naturverhältnis (Mitwelt- oder Umweltbezug) gesprochen werden kann, dass wir als Individuen durchweg an den Heimsuchungen einer lückenlos aus Beherrschung und Kontrolle bestehenden ›Technostrukturbefangenheit‹ leiden. – Eben dieser Schwierigkeit ist Heidegger mit seiner Empfehlung des *gelassenen Umgangs* mit den technischen Dingen (sich ihrer das eine Mal zu bedienen und sie ein andermal beiseite zu lassen) kurzerhand ausgewichen. Ebenfalls nur am Rande sei angemerkt, dass wir unser Modell der Achtsamkeitsübung (das Schweigeexerzitium) u. a. deswegen nicht unter Sloterdijks Sammelbegriff »Anthropotechnik« einsortiert sehen möchten, weil sich das anthropotechnische »Training« bei ihm gerade nicht vom problematischen Primat der Steuerung über Herrschaft absetzt.

[11] S. 171   Rolf Wiggershaus, Die Frankfurter Schule – Geschichte, Theoretische Entwicklung, Politische Bedeutung, München 1988, S. 671 ff.

[12] S. 172   Martin Seel, Adornos Philosophie der Kontemplation, Frankfurt 2004, S. 12. – Martin Seels Ausführung unterschlägt jedoch, dass es für dieses »kontemplative Innehalten« des mimetischen bzw. nichtidentifizierenden Denkens seinerseits – jedenfalls wenn man Adorno beim Wort nimmt – an »Autonomie« gebricht: eben weil Denken als ein Teil jenes »Ganzen«, welches Adorno »das Unwahre« ist, *kein* »Mentalreservat« für sich reklamieren kann. Adornos (so Seel) kontemplative Philosophie muss man streng genommen als durch ihren Verfasser selbst noch einmal unter Utopie-Vorbehalt gestellt begreifen, das von der Verkehrtheit der Verhältnisse affizierte Denken darf sich nicht im Besitz der Freiheit zur Kontemplation wähnen (worin man Adorno nach unserem Dafürhalten leider Recht geben muss).

[13] S. 172   Der Rekurs Adornos auf ein trotz allem oder auch nur unter günstigen Umständen oder privilegierten Bedingungen im Individuum ›überwinterndes‹ Reservat unschuldigen Reaktionsvermögens einer humanen Natur, ließe sich als Antwort verstehen auf das sich ergebende Konstruktionsproblem bei seinem im Ansatz nicht weiter differenzierenden Naturbegriff, auf das Kritiker verschiedentlich hingewiesen haben und auch Wiggershaus aufmerksam macht, indem er fragt: »Wenn alle Natur verstümmelt war, wenn die Lust ›im Arbeitsdruck der Jahrtausende sich hassen gelernt hatte‹ und ›gemein und verstümmelt geworden war …, wenn vor dem Hervortreten der Vorwelt alle Natur erst recht ›bloße Natur‹ war und es keine Natürlichkeit gab, auf die zurückgegriffen werden konnte – was war es dann für eine Natur, die das zum Bewusstsein seiner selbst als Naturmoment gelangende Subjekt seiner selbst mächtig machte und ihm spontan richtiges Handeln erlaubte?« (Rolf Wiggershaus, Adorno, a.a.O. S. 56). – Das noch nicht Verhärtete, Fluide im Subjekt, sein »Nichtidentisches«, das seine Beweglichkeit und Anschmiegsamkeit einem Objekt gegenüber möglich mache, sei »diffuse Natur«, so Adorno, »Regungen, die sie überwältigen« (Adorno, Negative Dialektik, Frankfurt 1975, S. 294). Dass diese Art mimetischen Reagierens stets die Weise und den Grad

Anmerkungen

von Achtsamkeit repräsentiert, wie sie insbesondere im intersubjektiven Wahrnehmungsfeld und Resonanzraum zu wünschen wäre, kann bezweifelt werden. Auch wenn der durch Freud konstatierte Sachverhalt (der bei Adorno Pate stand), wonach »das Ich nicht Herr im eigenen Haus« ist, einmal keine neurotische Symptomatik produzieren sollte, dürfte keineswegs garantiert sein, dass die ursprüngliche Dynamik des »Es« auch schon eine ›sozialverträgliche‹ und ›umweltfreundliche‹ Rezeptivität und Impulsivität an den Tag legte.

[14] S. 174 Wir hätten damit die jederzeit vorhandenen Realisierungsbedingungen jener adorno'schen Vision aufgezeigt, die laut Wiggershaus (in seiner Adorno-Monographie, a. a. O. S. 41) annahm, dass »wenn sich ein Subjekt fand, das dem Objekt ohne Gedanken an Tausch, an Wiedervergeltung seine ganze Aufmerksamkeit schenkte, dann würde sich das Objekt als eines erweisen, mit dem Zweisamkeit, wahrhafte Kommunikation, ein reicher Austausch möglich war«. – Oder Derselbe an anderer Stelle: »Wie Adornos Philosophie der neuen Musik darauf gesetzt hatte, dass das Barbarische den Geist seiner selbst mächtig machen könne gegen die ihm entfremdeten Objektivationen seines eigenen Tuns, wie die Dda [Dialektik der Aufklärung] auf das Eingedenken der Natur im Subjekt, wie Horkheimers Kritik der subjektiven, instrumentellen Vernunft auf das Bündnis von Kontemplation und Trieben gesetzt hatte, so setzte auch die ND [Negative Dialektik] darauf, dass ›das dämmernde Freiheitsbewusstsein‹ sich ›von der Erinnerung an den archaischen noch von keinem festen Ich gesteuerten Impuls‹ (221) nähre. ›Zwischen den Polen eines längst Gewesenen, fast unkenntlich Gewordenen und dessen, was einmal sein könnte, blitzt es auf‹. (228) Die Verbindungslinie aber zwischen dem vorichlichen Impuls und den Antizipationen dessen, was jenseits des Ichs und gerade wahrhafte Individualität wäre, blieb dunkel, so dunkel wie das Vertrauen darauf, dass im somatischen Impuls, im Trieb im Wilden die sanfte Stärke Vorrang vor der ungezügelten Selbsterhaltung habe.« (Rolf Wiggershaus, Die Frankfurter Schule – Geschichte, theoretische Entwicklung, politische Bedeutung, München 2001, S. 673).

Das Mehr an Subjekt der meditativen Achtsamkeit befähigte Übende auch außerhalb ihrer Übungsepoché im alltäglichen Umgang zur kultivierten Selbstvergessenheit (mindestens Hintanstellung ihres Ich-Begehrens) ohne Preisgabe der Ich-Identität und Ich-Funktion, unserer funktionalen Egozentrizität. Versöhnung auf Basis des Individuationsprinzips, nicht um den Preis seiner Auflösung, nicht um den Preis der Regression – so wäre das »mystische Potential« zu verstehen, das Habermas in seiner Adorno-Hommage (Philosophisch-politische Profile, Frankfurt 1987, S. 164) mit Recht in der Tiefendimension von dessen Versöhnungsdenken ausmacht, und dies wäre etwas anderes als die bloß melancholische Aufbewahrung eines säkular unabgegoltenen theologischen Erbes im Gedächtnisraum der Theorie. – Eine gelegentliche Tendenz, Ich-Auflösung und Rücknahme von Individuation im Zusammenhang schwärmerischer Erfüllungsphantasien vorsichtig in den Bereich des Möglichen oder gar Wünschenswerten einzulassen, also den Topos eines »an Natur zurückfallenden Ichs«, beobachtet Habermas sowohl bei Horkheimer wie bei Adorno (vgl. Habermas, Philosophisch-politische Profile, a. a. O., S. 165 f., sowie speziell zu Horkheimer, Texte und Kontexte, Frankfurt 1991, S. 115 ff.).

Die der (zen-)buddhistischen Praxislehre entlehnte Metapher vom »leeren Spiegel« des Bewusstseins bedeutet nicht, sich den ›psychosomatischen Träger‹ dieses Bewusstseins wie eine Tabula rasa vorzustellen, was schlechterdings Unsinn wäre. Der vollkommen Achtsame ist empfänglich mit dem gesamten lebensgeschichtlich akkumulierten *Hintergrund*, seiner Erfahrungen und seines Wissens – aber so, wie die Spie-

Anmerkungen

geloberfläche nicht ihre eigene Materialität, die sie zusammensetzenden chemischen Elemente, spiegelt, so wenig reflektiert das aufmerksame Bewusstsein den eigenen Hintergrund, dieser ist vielmehr transparent auf das sich (dank seiner) in ihm Spiegelnde. Im Sinne dieser Erläuterung würden wir eine Bemerkung Adornos (aus einer Vorlesung über Erkenntnistheorie) deuten, die wir bei Ute Guzzoni zitiert finden: »es ist vielfach so, dass es ganze Schichten gibt, ganze Schichten der Erfahrung, die uns eigentlich zufallen gerade vermöge unserer Individuation, und durch unsere Individuation hindurch; dass es unendlich viele Bereiche gibt, in denen wir nur dann wirklich etwas wahrnehmen können, etwas erkennen können, wenn wir uns dabei als ganze Menschen, mit allem, was wir an Erfahrung, an Trieb, an Regungen haben, in diese Erkenntnis selber einsetzten, anstatt dass wir von uns abstrahieren und uns zu solchen allgemeinen Subjekten machen.« (Zit. nach Ute Guzzoni, Sieben Stücke zu Adorno, Freiburg/München 2003, S. 47.) Interessant in diesem Zusammenhang auch ihr Hinweis auf den Gebrauch der Spiegelmetapher in Leibniz' Monadologie (ebd. S. 49).

[15] S. 175 Thomas Assheuer hat in seiner Adorno-Hommage zu dessen 100. Geburtstag 2003 in einem ZEIT-Artikel (Nr. 37) unter dem Titel »Der wahre Konservative« Adornos dialektisch-materialistische Treuhänderschaft des genuin Philosophischen, sprich der Metaphysik als menschlichem Uranliegen, unmissverständlich zum Ausdruck gebracht: »So unverständlich es klingt: Was er fürchtete wie kaum etwas sonst, das war die Neutralisierung von Überlieferungen, in denen die ersten und letzten Fragen des Menschen verhandelt werden. Adorno kritisiert die ›bürgerliche Gesellschaft‹ nicht nur, weil sie das Verhältnis der Menschen dem Tauschprinzip unterwirft; er kritisiert sie, weil sie einen schier unmenschlichen ›Druck zur Anpassung‹ ausübt und so verhindert, dass sich dem Einzelnen ein Bewusstsein von den ›letzten Dingen‹ eröffnet, ein Bewusstsein von Einsamkeit und Schuld, Krankheit und Tod. ›Die metaphysischen Interessen der Menschen bedürften der ungeschmälerten Wahrnehmung ihrer materiellen. Solange diese ihnen verschleiert sind, leben sie unterm Schleier der Maja.‹ ... Adorno, der hier ein materialistisches und ein metaphysisches Motiv zusammenbringt, beurteilt eine richtige Gesellschaft nämlich nicht danach, ob sie frei und gerecht ist; er beurteilt sie nach dem Maß, inwieweit sie dem Einzelnen die Möglichkeit gibt, sich zum ›Dringlichsten‹ zu verhalten ...«

[16] S. 176 Die Bezeichnung »Philosophie der Kontemplation«, gemünzt auf das adorno'sche Werk, stammt von Martin Seel, der eine Interpretation von Adornos Anliegen unter diesem Titel veröffentlicht hat (a. a. O., 2004). Seels Absicht ist eine wie er sagt »reformistisch« heruntergestimmte Deutung des in Adornos philosophischer Reflexion so leidenschaftlich in den Blick genommenen und theoretisch-konzeptionell stark gemachten, erkenntnistheoretisch ebenso wie praktisch bedeutsamen Moments nicht weiter reduzierbarer Unbestimmtheit, Andersheit, eben »Nichtidentität« an aller uns begegnenden Wirklichkeit – wobei er mit dem Ausdruck Kontemplation die adäquate Berücksichtigung genau dieses Moments getroffen sieht bzw. verbindlich bezeichnet wissen möchte. Der reformistische Deutungsvorschlag besteht darin, die kontemplative, dem Nichtidentischen gebührende Beachtung schenkende Weise des Welt- oder Wirklichkeitszugangs, des Erkennens und Handelns, mit der bis dato dominanten identifizierenden Denkens und instrumentellen Handelns zu kombinieren und beide als komplementäre statt einander ausschließende Strategien zu begreifen. Dem gegenüber sei Adornos intellektueller Gestus im Gebrauch des »Nichtidentischen« als Schlüsselkategorie ein »verzweifelt revolutionärer« gewesen, in metaphysisch-erkenntnistheoretischer Hinsicht wie der sozialutopisch-praktischen Stoßrichtung nach.

Anmerkungen

Dass Martin Seel mit seiner Bewertung – »verzweifelt revolutionär« nicht ganz Unrecht hat, belegt das folgende Beispiel einer von Adorno illustrativ in den Zeugenstand gerufenen Kunst. Es wird die nach unserem Urteil schlechte, wenn nicht gefährliche Abstraktion eines gesellschaftlichen Gesamtsubjekts beschworen, worin sich aller Widerstreit von Besonderem und Allgemeinem in Wohlgefallen auflösen soll. So sehr wir Adornos Plädoyer gegen »gewalttätige Integration, die dem, was sich nicht einfügt, Stimme und Lebensrecht abschneidet« beipflichten, unbehaglich wird es einem bei der hier aus dem Bereich ›großer Kunst‹ vorgenommenen gesellschaftsutopischen Extrapolation, wie sie in »Klassik, Romantik und neue Musik« aus dem Jahr 1959 angestellt wird: In der »ganz und gar in sich gefügten« Musik der Wiener Klassik von Haydn bis Schubert artikuliere sich die soziale Utopie einer »befreiten Menschheit«, die »Vorwegnahme des Bildes einer Gesellschaft, in der wahrhaft das Gesamtinteresse mit dem aller Einzelnen koinzidierte, in der es keine Gewalt und keine Unterdrückung mehr gäbe«. Diese fast möchte man sagen naive Revolutionsromantik durch eine mit Martin Seel gesprochen »entschieden reformistische Perspektive« zu ersetzen, dürfte der Impuls eines jeden sein, der hier und heute Adornos philosophische Meditationen Sympathie entgegenbringt. Doch reicht es dazu nicht aus, bloß zu konstatieren, wie Martin Seel es tut: »Ein kontemplatives Verhalten ... das ... überall zugelassen wäre – das wäre jener Zustand der Befreiung, in dessen Namen Adorno den Zustand moderner Gesellschaften unermüdlich kritisiert«. (a. a. O. S. 8 u. 12). Ohne den geringsten Anhaltspunkt, wie und wo man damit praktisch beginnen soll inmitten einer Lebenswelt und erst recht sozialer Funktionssysteme, die Denken und Handeln der Individuen jeden Rest an kontemplativem Innehalten ausgetrieben haben und stets aufs Neue austreiben – mit einem Wort, ohne die Gretchenfrage nach der (Übungs)Praxis zu beantworten, die es vielleicht vermöchte, in den Einzelnen erst die Voraussetzung für ihn heranreifen zu lassen, bleibt ein sozialphilosophischer Reformismus, der den Menschen eine kontemplative Wende empfiehlt, pures Wunschdenken und droht als ein solches abermals am Ende in Verzweiflung und Resignation umzuschlagen. Adornos verzweifelten Extremismus, den in der ›inneren Emigration‹ der Kritik und des Kritikers verkapselten theoretischen Hyperradikalismus resp. -utopismus, entschärfen zu wollen, sollte jedenfalls nicht darauf hinauslaufen, die legitimen utopischen Inhalte des Gedankens, das was zurecht den Titel des ›Ganz anderen‹ trägt, zu einer Art Binsenweisheit zu ermäßigen, dergestalt, dass Kontemplation doch auch einiges für sich habe, dass man es neben dem Sonstigen auch einmal damit versuchen möge. Das wäre verkehrte Harmlosigkeit, falsche Versöhnung.

[17] S. 177 Wittgenstein, Vermischte Bemerkungen, Werke Bd. 8, Frankfurt 1984, S. 456 – Dass die Kunst im Speziellen *wie auch* das Leben im Allgemeinen, »das gute Leben«, Betätigungsgebiet der kontemplativen Geistesbewegung sind, beide nach dem »kontemplierenden« Betrachten »sub specie aeterni« verlangen, hat schon der junge Wittgenstein im Tagebuch festgehalten: »Das Kunstwerk ist der Gegenstand sub specie aeternitatis gesehen; und das gute Leben ist die Welt sub specie aeternitatis gesehen. Dies ist der Zusammenhang zwischen Kunst und Ethik./ Die gewöhnliche Betrachtungsweise sieht die Gegenstände gleichsam aus ihrer Mitte, die Betrachtung sub specie aeternitatis von außerhalb./ So dass sie die ganze Welt als Hintergrund haben.« (Eintrag vom 7.10.1916, Werke Bd. 1, Frankfurt 1984, S. 178). Dass Kontemplation schließlich die *existenziellen Sinn generierende Geistesart* bedeutet, auch dies findet sich in einer Notiz festgehalten: »Als Ding unter Dingen ist jedes Ding gleich unbedeutend, als Welt jedes gleichbedeutend./ Habe ich den Ofen kontempliert, und es wird mir nun gesagt: jetzt kennst du aber nur den Ofen, so scheint mein Resultat allerdings kleinlich. Denn

Anmerkungen

das stellt es so dar, als hätte ich den Ofen unter den vielen, vielen Dingen der Welt studiert. Habe ich aber den Ofen kontempliert, so war *er* meine Welt, und alles Andere dagegen blass.« (Eintrag vom 08.10.1916, a.a.O.) Wenn Wittgenstein im selben Eintrag unsere gewöhnlichen Vorstellungen (von der Welt und den Dingen) im Vergleich mit deren kontemplativer In-Augenschein-nahme als »die wahre Welt unter Schatten« charakterisiert, dann möchten wir dies heute natürlich nicht im Sinne einer Beschönigung ihrer tatsächlichen Schattenseiten – z.B. der von Menschen zu verantwortenden Ungerechtigkeiten u.ä. – missdeutet sehen. Gegenüber dem für das Problematische des Sozialen und Politischen nicht sonderlich sensibilisierten Wittgenstein würde Adorno es geradezu für den ›kognitiven Mehrwert‹ der kontemplativen Einstellung angesehen haben, dass sich ihr die der Welt und den Menschen zugefügten Wundmale am allerwenigsten verbergen und sie insofern ein Stachel zum Eingedenken geschehenen Unrechts wäre und nicht zuletzt Anlass für Wiedergutmachung; ein Gräuel wäre es Adorno gewesen, das »unwahre Ganze« etwa kontemplativ »aufzuhübschen«.

[18] S. 178 Alle Zitate aus Hannah Arendt, Vita Activa oder Vom tätigen Leben, München 1967, S. 297 u. S. 21. Weiter heißt es ebd. S. 21: »So ist bis zum Beginn der Neuzeit die Vorstellung der Vita activa immer an ein Negativum gebunden; sie stand unter dem Zeichen der Un-ruhe ... Dies hielt sie in engstem Bezug zu der noch grundsätzlicheren griechischen Unterscheidung zwischen den Dingen, die aus sich selbst sind, was sie sind, und jenen anderen, die ihr Dasein den Menschen verdanken ... Das absolute Primat der Kontemplation vor jeglicher Tätigkeit ruhte letztlich auf der Überzeugung, dass kein Gebilde von Menschenhand es je an Schönheit und Wahrheit mit dem Natürlichen und dem kosmischen aufnehmen könne, das, ohne der Einmischung oder der Hilfe der Menschen zu bedürfen, unvergänglich und unveränderlich in sich selbst schwingt von Ewigkeit zu Ewigkeit. Es ist dieses Ewigsein, das sich den veränderlichen Sterblichen nur enthüllen kann, wenn sie mit allen Bewegungen und Tätigkeiten an sich halten und völlig zur Ruhe gekommen sind.«

[19] S. 178 Vita Activa oder Vom tätigen Leben, a.a.O. S. 283 f. – Dass nach griechischem Verständnis die Epoché des Denkens an den Punkt der nicht mehr denkenden bzw. gedanklichen, vielmehr nur noch anschauenden Betrachtung der Wahrheit par excellence führen soll, dies erscheint psychologisch und bewusstseinstheoretisch freilich weniger überzeugend als das, was die östliche, insbesondere die buddhistische Philosophie des Geistes über die einschlägigen Zusammenhänge ausführt. Auch kennt man hier keine schroffe Entgegensetzung von meditativem und tätigem Leben; das Handeln wird lediglich für die Dauer der formellen meditativen Übung ausgesetzt, es wird nicht als eine Lebensäußerung minderen Ranges desavouiert (jedenfalls ›den zum Mahajanabuddhismus gehörenden Richtungen).

[20] S. 179 54. Aphorismus der Minima Moralia, Frankfurt 1951, S. 111 f. – Diese indirekt für (kontemplative) Triebsublimation plädierende Nummer 54 der »Minima Moralia« widerspricht übrigens einer zentralen Prämisse der zeitlich parallel mit der Aphorismen-Sammlung gemeinsam mit Max Horkheimer verfassten »Dialektik der Aufklärung«. Dort ist die ›repressive Sublimierung‹, sprich die Beherrschung der inneren Natur qua Triebunterdrückung, der Preis der Subjektivierung, der Herausbildung eines identischen Selbst (das damit nur ein anderer Name für Selbstverleugnung wäre). Linksfreudianisch interpretiert die Dialektik der Aufklärung die natürlichen ›unsublimierten‹ Impulse, Regungen und Wünsche, die im Inneren des Individuums augenblicklich auf Befriedigung drängen, als ein vom Standpunkt eines Glücksmaterialismus oder-sensua-

Anmerkungen

lismus unbedingt zu respektierendes Positives, ein zu Bejahendes erst recht in utopischemanzipatorischer Perspektive. Während ein ebensolches Sich-ausagieren anarchischer Sinnlichkeit, folgt man der Stelle aus den »Minima Moralia«, geradezu einem barbarischen Sich-gebärden gleich käme (einhergehend mit der »Schändung« der jeweiligen Triebobjekte). Eine notwendige Korrektur – diese unter dem Vorzeichen der Kontemplation eingeforderte Sublimierung – der allzu simplen Entsagungsthese, mit der das gemeinsam verfasste Buch über die Aufklärung operiert; und ebenfalls eine Revision der allzu kruden Vorstellung von Erfüllung als postwendender Triebbefriedigung (wie sie den »Räubern« in Schillers gleichnamigem Bühnenstück anstehen mag, nicht aber den Individuen einer erlösten Menschheit).

[21] S. 180 Besonders Passagen wie die zitierte legen also auch bei Adorno den Schluss nahe, dass es einen paradoxen Zusammenhang zwischen Askese und Erfüllung gibt. Dieser schält sich aber sozusagen erst heraus, nachdem die näherliegende gegenteilige Unterstellung – dass sich enthalten bloß den Zustand von Unerfülltheit perpetuierte – geschichtlich hinlänglich zu ihrem Recht gekommen ist. Denn zunächst erschließt sich dem Adornoschen Verständnis zufolge nur indirekt, was in Umrissen Erfüllung ihrem Ziel und Inhalt nach zu bedeuten hätte, nämlich von der Beseitigung des Gegenteils her, aus der Perspektive einer Überwindung dessen, was Menschen in der Vergangenheit und bis in die Gegenwart hinein an Entsagung erlitten haben, was sie an realer Not und Entbehrung zu ertragen hatten und – global gesehen – noch immer zu ertragen haben. Ein materialistischer Denker in der Traditionslinie des historischen Materialismus von Marx wie auch des leibphysiologischen eines Nietzsche oder Freud, legte Adorno folgerichtig im Telos des ›erfüllten Zustands‹ mit Nachdruck als Erstes den Akzent auf die sinnlich-materielle Komponente. Mithin keine Erfüllung, ehe nicht der leiblichen Bedürftigkeit des Menschen Genüge getan wäre, weswegen Adorno auch (z. B. im Vortrag) ganz selbstverständlich die Worte »Triebbefriedigung und Glück« in einem Atemzug zu nennen pflegte. Allerdings wäre beim vom Pol der Mangelerfahrung seinen Ausgang nehmenden dialektischen Umkehrungsverfahren dann *im zweiten Schritt* zu beachten: dass von der Evidenz der inversen Relation – für die meisten ist die Verweigerung oder Beschneidung elementarer Bedürfnisbefriedigung (Nahrung, Sexualität etc.) gleichbedeutend mit Unglück – nicht auf eine gleich starke Korrelation im Positiven geschlossen werden kann. Vielleicht hat es der mittlerweile Jahrzehntelang andauernden Wohlstandszeiten in den nach wie vor privilegierten ›Wohlstandszonen‹ dieser Erde bedurft, um genügend empirisches Material vor Augen zu haben, dass die unter dem Eindruck von täglicher Not und Versagung, von Ausbeutung und Massenelend selbst in den hochindustrialisierten Gesellschaften einst gehegte Erwartung, mit der Abschaffung des Mangels, der Versorgung mit materiellen und kulturellen Grundgütern und also der Gewährleistung von Trieb- und Bedürfnisbefriedigung stehe menschlichem Glück eigentlich nichts mehr im Wege, sich nicht erfüllt. Mag sein, dass unter Wohlstandsbedingungen die Summe des objektivierbaren und die des subjektiv empfundenen Unglücks abgenommen hat, dass das ›Gesamtaufkommen‹ an Glück zugenommen hätte, darf in Zeiten postmaterialistischer Ernüchterung bezweifelt werden. Und die Ursache dafür wird schwerlich in einer dritten, noch nicht ausfindig gemachten Variablen liegen. Eher in dem, was wir bereits über das Begehren des Ich ausgeführt haben, dass es seiner Anlage nach (und das heißt zugleich die Triebnatur des Menschen) nicht geeignet oder gemacht ist für anderes als sporadische Befriedigung und für mehr als äußerst ephemere Glücksmomente. Nichts bleibt von dieser Seite zu erwarten, was den verheißungsvollen Namen Erfüllung verdiente, nichts, was Adornos anspruchsvol-

lem Telos der Versöhnung wirklich genügte. – Diese Gegenwartserfahrung lässt einmal mehr – ohne sich irgendwelchem Verdacht auszusetzen – den Gedanken an Askese wieder ins Blickfeld treten. Das erste Mal, so könnte man mit einer Prise Pathos behaupten, steht geschichtlich der Einsicht in das Befreiende von Askese, von Enthaltsamkeit im wohlverstandenen Sinne, nichts entgegen, keine defizitäre gesellschaftliche Realität, die deren Praxis den schalen Beigeschmack der Komplizenschaft mit ohnehin aufgenötigter Frugalität, Auszehrung und leiblicher Kasteiung verliehe, jene bemitleidenswerte ›Identifikation mit dem Aggressor‹. Diese Voraussetzung ermöglicht allererst ein Bündnis zwischen Askese – dem freien Entschluss, sie zu üben – und der Verheißung von Erfüllung. Sagen wir, indem wir an Adornos berühmtes Diktum gegen Ende der Negativen Dialektik anknüpfen, die Mittelschichtindividuen der ›Überflussgesellschaft‹ haben sich zurückliegend ›tief genug auf die Seite des Materiellen gebeugt‹, um endlich frei dem unideologischen, wahrhaft humanen Anliegen der Metaphysik gegenüberzutreten. Einer materiell rückgebundenen und den berechtigten Ansprüchen des Leiblichen nicht länger feindlich gesonnenen Metaphysik. Die aber auch gerade wegen dieser Bodenhaftung, der bleibenden Verwurzelung des Menschen im Irdischen – wozu nicht zuletzt der ›gemeinsame Hausstand‹ mit einem höchst ambivalenten Begehren des Ich rechnet – bezüglich der Idee einer *ultimativen* Erfüllung reserviert bleibt.

Noch einmal verdeutlicht sich der Zusammenhang von Kontemplation, Askese und Erfüllung in einem literaturgeschichtlichen Text Adornos. Das eine Mal, wo in seinem Eichendorff-Aufsatz von der »Idee schrankenloser Erfüllung« die Rede ist, folgen sogleich die Passagen, woraus hervorgeht, dass Erfüllung eben nicht als schlichte, unwiderrufliche Ankunft zu denken ist, dass die Vorstellung des Schrankenlosen in diesem Zusammenhang noch zu sehr am physischen Paradigma haftet. Während doch die hier eigentlich angesprochene Idee der Erfüllung bereits in ein meta-physisches Register gehört, wenn auch in ein solches, das – um es zu wiederholen – von der leiblichen Existenz des Metaphysikers abhängt. Der Kontemplierende hat bei Adorno sein Wünschen und Sehnen dergestalt sublimiert, dass ihm im sehnsuchtsvollen Geistes- und Gemütszustand selbst der Geschmack von Erfüllung zuteil wird. In der durch Goethe so bezeichneten »seeligen Sehnsucht« wird eine innere Gestimmtheit oder Bewusstseinsverfassung durch die sublime Steigerung ihres intensionalen Moments allein schon die Verwirklichung desselben – es bedarf nicht der realen Inbesitznahme äußerer Objekte, keiner materiellen Realisierung. Originalton Adorno zur letzten Strophe von Eichendorffs Gedicht, das auch im Titel seinen Gegenstand nennt: »Sehnsucht mündet in sich als in ihr eigenes Ziel, so wie, in ihrer Unendlichkeit, der Transzendenz über alles Bestimmte, der Sehnsüchtige den eigenen Zustand erfährt; so wie Liebe stets so sehr der Liebe gilt wie der Geliebten. ... das Schweigen, mit dem allerorten Eichendorff Begierde zudeckt, schlägt um in jene oberste Idee des Glücks, worin Erfüllung als Sehnsucht selber sich offenbart, die ewige Anschauung der Gottheit.« (Zum Gedächtnis Eichendorffs, in: Noten zur Literatur, Gesammelte Schriften Band 11, 1974, S. 86). – Das kontemplative Sich-einlassen auf Dichtung (Adorno spricht von »angestrengter Passivität«) führt hier zur Entschlüsselung des poetischen Bildes als eines, das seinerseits für Kontemplation steht. Unausgesprochen erhellt dabei, dass die kontemplative Einstellung selbst, die veränderte Bewusstseinshaltung zum Objekt, nicht eigentlich dieses selber, den ›erfüllten‹ Zustand‹ im Subjekt hervorruft. Es bedarf nicht der ausdrücklichen Erwähnung, dass Kontemplation zu ihrer Aktualisierung nicht einmal einer »obersten Idee« bzw. des ›obersten Objekts‹ der ›Gottheit‹ bedarf, sondern dass sich die kontemplative Bewusstseinshaltung ebenso ganz unscheinbaren Objekten gegenüber einnehmen lässt.

Anmerkungen

[22] S. 180 Theodor W. Adorno, Ästhetische Theorie, Frankfurt 1970, S. 171. – Dass der nichtsprachliche »Sprachcharakter der Kunst« auch für Sprachkunst gelte und »grundverschieden von Sprache als ihrem Medium« ist, macht Adorno im Zusammenhang mit avantgardistischen Sprachkunstwerken deutlich. »Man möchte darüber spekulieren, ob nicht jener [der Sprachcharakter der Kunst] mit diesem [Sprache als Medium] unvereinbar sei; die Anstrengung von Prosa seit Joyce, die diskursive Sprache außer Aktion zu setzen oder wenigstens den Formkategorien bis zur Unkenntlichkeit der Konstruktion unterzuordnen, fände dadurch einige Erklärung: die neue Kunst bemüht sich um die Verwandlung der kommunikativen Sprache in eine mimetische« (Ebenda). Oder ganz grundsätzlich: »Sprachähnlich wird das Kunstwerk im Werden der Verbindung seiner Elemente, eine Syntax ohne Worte noch in sprachlichen Gebilden. Was diese sagen, ist nicht, was ihre Worte sagen. In der intentionslosen Sprache erben die mimetischen Impulse an das Ganze sich fort, welches sie synthesiert.« (Ebd. S. 274)

[23] S. 181 Ästhetische Theorie, a. a. O. S. 108, davor S. 115. – Dass Adorno die transreflexiven Momente der Kontemplation, also die der schweigenden Versenkung, mit Gefangensein in einer Monade vergleicht, sagt viel über Adornos Vorbehalt gegen ein Sich-einlassen auf kontemplative Praxis als eine selbstständige, selbstzweckhafte Übung. Seine Kritik am ideologisch Scheinhaften der klassischen bürgerlichen Kunst, dass sie Versöhnung und Sinntotalität häufig genug bloß fingiere, strahlt als Generalverdacht auch auf die nicht spezifisch kunstästhetische Kontemplation und ihre Erfahrung aus. Die dabei im erfahrenden Subjekt empfundene Versöhnung und subjektiv erlebte Sinnevidenz diskreditiert sich in seinen Augen dadurch, dass sie nur um den Preis von Unterdrückung und Ausgrenzung des objektiv fortbestehenden Unversöhnten, des Verschweigens und der Verdrängung allen äußeren Widersinns in der Welt bestehen und goutiert werden könne. Was ansonsten eine Befürchtung ist, der bekennende Kontemplative und Meditierer mit Recht entgegen halten würden, dass ein nicht-zynisches, nicht-eskapistisches, nicht-parasitäres, nämlich mitfühlendes und tätig anteilnehmendes Verhalten der Kontemplation oder Meditation Praktizierenden zum realiter Unversöhnten und Sinnlosen sehr wohl möglich sei und durch zahllose Beispiele belegt werde.

[24] S. 182 Die Zitate aus dem »Fragment über Musik und Sprache«, in: Gesammelte Schriften, Bd. 16, Frankfurt 1978, S. 254. Diese Quelle verdanken wir einem Hinweis Albrecht Wellmers in seiner Aufsatzsammlung Zur Dialektik von Moderne und Postmoderne – Vernunftkritik nach Adorno, Frankfurt 1985, S. 155. – Was wir in unserer Lesart Adornos als das bei ihm anzutreffende Paradigma von Kontemplation (diese von uns verstanden als mentale Pendelbewegung im Grenzbereich des überhaupt Denkbaren und Sagbaren) ausgemacht haben, dies charakterisiert Wellmer sehr klar als die Beziehungsstruktur zwischen Philosophie und Kunst im Adorno'schen Oeuvre wie auch das ›innere Bewegungsgesetz‹ beider für sich genommen, von Adornos Philosophie wie von seiner Ästhetik. »Während ... Kunst und Philosophie beide, je auf ihre Weise, den Hiatus zwischen Anschauung und Begriff gewaltlos zu überbrücken trachten, ist ihr Verhältnis zueinander, als das zweier Bruchstücke eines nichtverdinglichenden Geistes, selbst noch einmal das Verhältnis zwischen Anschauung und Begriff.« (Ebd. S. 13)

[25] S. 183 Albrecht Wellmer, Zur Dialektik von Moderne und Postmoderne, a. a. O. S. 13. – Wellmer selber möchte weg von der adorno'schen Entgegensetzung von (nur verhängnisvoller) instrumenteller Rationalität und andererseits gewaltlos versöhnender ›ästhetischer Rationalität‹ (die außerhalb avantgardistischer Kunst auf unabsehbare Zeit utopisch bliebe) hin zur »Idee einer Öffnung der verschiedenen Diskurse mit ihren

Anmerkungen

partikularen Rationalitäten füreinander« (vgl. zu dieser postmodernen Pluralisierungsidee ebd. S. 163 ff.).

[26] S. 183 Zur Dialektik von Moderne und Postmoderne, a. a. O. S. 13 f., davor S. 154). – Beschränkt man sich auf den Spezialfall *Kunst und Kontemplation* wandelt sich natürlich rezeptionstheoretisch die Anforderungslage: Wo es um ein reflektiertes Kunstverstehen und sachgemäße Kunstinterpretation geht, kommt man ohne begriffliche Durchdringung des kontemplativ Erfahrenen, ohne dessen adäquate Versprachlichung, schwerlich aus. Hier sind daher in der Tat »die Kunstwerke, und zwar um dessen willen was in ihnen über das flüchtige Moment der ästhetischen Erfahrung *hinausweist* auf ›deutende Vernunft‹ angewiesen«. Und in Betreff Adorno besagt dies Wellmer zufolge: »Interpretation bedeutet für Adorno: *philosophische* Interpretation; das ›Bedürfnis der Werke nach Interpretation‹ (Ä[sthetische] T[heorie] 193) ist das Bedürfnis der ästhetischen Erfahrung nach philosophischer Erhellung.« (Ebd. S. 14).

[27] S. 184 »Wenn überhaupt, dann kann der ›subjektivistische Bann‹, den negative Dialektik zu brechen sich vornimmt, nur jenseits der Sprache gebrochen werden«, schreibt Udo Tietz in unserem Sinne, um damit das Unmögliche der Einlösbarkeit der Programatik Adornos Nichtidentischem – die Anstrengung, »über den Begriff durch den Begriff hinauszugelangen« (Einleitung zur Negativen Dialektik, S. 27) – zu versichern. So in seiner Arbeit Ontologie und Dialektik – Heidegger und Adorno über das Sein, das Nichtidentische, die Synthesis und die Kopula, Wien 2003, S. 103. – Trotzdem vermag Tietz Adornos Parteinahme für das Nichtidentischen (und damit auch das Nichtdiskursive und ›Nonkonsensuelle‹) einiges abzugewinnen, wenn er die theoretische Ausgangslage der Gegenwart so umreißt. Mit Habermas lassen sich zwar die Totalitätsinklinationen von Adornos Vernunftbegriff kritisieren, aber gegen dessen reaktualisiertes Einheitsdenken bieten wir Adorno auf, dessen Orientierung am Individuellen, am Abweichenden und Konfligierenden auch unter den Bedingungen des *linguistic turn* und der *hermeneutisch-pragmatischen Wende* ihre Plausibilität nicht eingebüßt hat. Ja, Adornos Kritik an allen Formen ›manifester Versöhnung‹ und der Versuch, die ›Richtung der Begrifflichkeit zu ändern‹, sie dem nichtidentisch zuzukehren‹ erscheint in dieser Perspektive sogar als die zeitgemäßere Variante Kritischer Theorie …« (Ebd. S. 84). Tietz möchte eine »Ontologie des Nichtidentischen« im Rahmen einer gegenstandsdeskriptiven »revisionären Metaphysik« retten, indem er das Konzept des Nichtidentischen aus seiner Einschließung in die Subjekt-Objekt-Dialektik bei Adorno löst und in ein intersubjektives, sprachpragmatisches Paradigma überführt. Er muss sich deshalb nicht (wie wir) gegen das Kognitivistische in Adornos Anspruch auf »unreglementierte Erfahrung« wenden, worin er dessen Gegenbegriff zu »verblendeter Theorie« sieht.

[28] S. 185 Zur Dialektik von Moderne und Postmoderne, a. a. O. S. 161. Für sein eigenes Anknüpfen an Adorno und das Weiterdenken von dessen philosophischen Motiven erblickt Wellmer darin einen »Grund, mit Kant und gegen Adorno die Verwirrung von geschichtlicher und messianischer Zeit rückgängig zu machen: d. h. die Idee einer menschenwürdigen Gesellschaft von der [utopischen, H.-W.] Hoffnung auf die Auferstehung des Leibes, von der Hoffnung auf eine erlöste Natur zu trennen.« (Ebd.) Wellmers daran anschließender Übergang zu einer pluralistischen, i. e. postmodernen Rationalitätstheorie, gegen die wir an sich nichts einzuwenden haben, überantwortet damit nur bedauerlicherweise auch das in Adornos utopisch-messianischen Spekulationen verkapselte Potential des Kontemplativen, das es unseres Erachtens zu Gunsten einer humaneren Gegenwartskultur rational freizulegen gälte, dem Vergessen.

[29] S. 186 Als anfällig für Zerstreuung und bereit zu Konzessionen an die Verwertungsimpe-

Anmerkungen

rative der »Kulturindustrie« würde Adorno wahrscheinlich auch den heutigen Literaturbetrieb beargwöhnt haben. Dabei liefe, so möchten wir vermuten, Habermas' nicht zuletzt aus Adornos Werk geschlussfolgerte Prognose eines »Ästhetischwerdens der Theorie« – und vermutlich nicht viel anders auch der von Tietz umrissene Ansatz der deskriptiv verfahrenden und sich sprachpragmatischen Regularien und hermeneutischen Kriterien unterwerfenden »revisionären Metaphysik« – im Endeffekt auf irgendeine Form von *Literarisierung* des Philosophierens hinaus. – Zu denen, die in Auseinandersetzung mit Adorno und im Rahmen der akademischen Philosophie Schritte in Richtung jenes »Ästhetischwerdens« unternommen haben, zählt u. a. Martin Seel, der seine eigenen ›Minima Moralia‹ mit der Aphorismensammlung Theorien, Frankfurt 2009, vorgelegt hat. Ästhetische Wahrnehmung sei, so der Aphorismenband, *in der bestimmbaren die unbestimmbare Welt wahrnehmen.* »Sowenig das Bestimmen alles ist, sowenig können wir alles bestimmen«, lautete schon in einem seiner vorherigen Bücher (Sich bestimmen lassen – Studien zur theoretischen und praktischen Philosophie, Frankfurt 2002, dort S. 149) bei ihm die stehende Wendung für das, was Adorno unter dem Begriffspaar Identität und Nichtidentisches umgetrieben hat. So originell und intellektuell stimulierend Seels ›Kurztexte‹ – er selber vergleicht sie mit dem filmischen Format der ›Short Cuts‹ – mitunter sind, so wenig anstößig bzw. widerständig in ihrem Ansinnen sind sie – nach etlichen Jahrhunderten philosophisch-essayistischer Moralistik *mental-gestisch zu konform(istisch).* Sie legen, jedenfalls im 21. Jahrhundert, keine Sprengsätze an das Kontinuum des Denkens und Handelns, das an so vielen Stellen dringend Unterbrechung und Neuanfang nötig hätte. Dazu müsste zur Epoché des Denkens (auch eines noch so kontemplativen) die Radikalität der Epoché des Schweigens hinzutreten.

Eindrucksvoll in die Richtung des literarisierten, ontisch-deskriptiven Philosophierens vorgestoßen sind die noch größere Beachtung verdienenden Arbeiten von Ute Guzzoni. In feinfühligen Miniaturen versucht sie auf ihre Weise Adornos Disiderat aus der Einleitung der Negativen Dialektik umzusetzen: »Philosophie hat, nach dem geschichtlichen Stande, ihr wahres Interesse dort, wo Hegel, einig mit der Tradition, sein Desinteressement bekundete: beim Begriffslosen, Einzelnen und Besonderen; bei dem, was seit Platon als vergänglich und unerheblich abgefertigt wurde und worauf Hegel das Etikett der faulen Existenz klebte. Ihr Thema wären die von ihr als kontingent zur quantité négligeable degradierten Qualitäten. Dringlich wird, für den Begriff, woran er nicht heranreicht, was sein Abstraktionsmechanismus ausscheidet, was nicht bereits Exemplar des Begriffs ist.« (a. a. O. S. 19). Und ihr dies umsetzendes eigenes Verfahren erläuternd: »… durch den *negativ dialektisch erfahrenden* Begriff reicht es über sich hinaus und zeigt in der Bezugsmannigfaltigkeit, die seinen ihm eigenen Seins- und Bewegungsspielraum ausmacht. … Ein Begreifen des Nichtidentischen … versucht, das Einzelne in der Mannigfaltigkeit seiner Bestimmungen und Bestimmtheiten aufzusuchen, in seiner Kommunikation mit anderen Einzelnen, in seinem Gewordensein in gesellschaftlicher Praxis, aus Bezügen und Intentionen, die sich zu einer Geschichte sedimentiert haben, die seine eigene ist und in der es doch zu anderem in Beziehung steht.« (Ute Guzzoni, Sieben Stücke zu Adorno, a. a. O. S. 44 f.) Anders allerdings als Guzzoni würden wir hierin nicht die »überzeugendere« Alternative zu Adornos »konkreter Utopie eines ›erlösten Zustands‹« sehen, vielmehr erscheint uns die *übungspraktisch* gewendete Utopie der Versöhnung gerade die beste Voraussetzung, sich auf jene ›angewandte Kunst‹ einzustimmen bzw. ihr das förderliche ›mentale Milieu‹ zu bereiten. (siehe unter Guzzonis Arbeiten u. a.: Identität oder nicht – Zur kritischen Theorie der Ontologie,

Anmerkungen

Freiburg/München 1981; Wendungen – Versuche zu einem nicht identifizierenden Denken, Freiburg/München 1982; Nichts – Bilder und Beispiele, Düsseldorf 1999.) Eine eigenwillige, ebenfalls ursprünglich durch Adorno inspirierte Kunst des ästhetischen Philosophierens und des Literarisch-Narrativen liegt bei Peter Sloterdijk vor. Sein ihn bekannt machender Erstling, Kritik der zynischen Vernunft, Frankfurt 1983, hat die in der älteren »Kritischen Theorie« zum Ausdruck kommende dilemmatische Konstellation von (seiner Lesart nach) *Abstraktion versus Sinnlichkeit* des ›schulmäßigen‹ philosophischen Denkens zum Anlass und Ausgangspunkt. Mit seinem wie es Sloterdijk nennt »Schmerz-Apriori« habe sich Adorno vom »notorisch gebrochenen Verhältnis zwischen Intellekt und Sinnlichkeit« absetzen wollen – und so könne künftig »nur ein Physiognomiker ein Philosoph sein, der nicht lügt«, nur ein sinnlich verkörpertes »physiognomisches Denken« habe noch die Chance zum »Ausbruch aus dem Reich abgespaltener und damit böser Köpfe«. Es gehe also darum, so Sloterdijk weiter, den lebendigen Körper als »Weltfühler« zu entdecken: »Die Kritische Theorie beruhte auf der Voraussetzung, dass wir im ›Weltschmerz‹ von dieser Welt a priori wissen. Was wir von ihr wahrnehmen, ordnet sich in einem psychosomatischen Koordinatensystem von Schmerz und Lust. Kritik ist möglich, sofern der Schmerz uns sagt, was ›wahr und falsch‹ ist. Dabei macht die Kritische Theorie die nach wie vor ›elitäre‹ Voraussetzung einer unzerstörten Sensibilität.« (ebd. S. 20). – Sloterdijks Postulat der »sensiblen Selbstbesinnung« erschöpft sich dann aber in einer hedonistisch-sensualistischen Feier der Leiblichkeit und es ist nicht zu erkennen, dass sein Desiderat einer »Kritik aus leiblicher Lebendigkeit« *praktisch* (d. h. in der Denkpraxis) über jene »seelische Reizbarkeit« und »ästhetische Schulung« bei den Vätern der »Kritischen Theorie« hinausgeht. Unverkennbar, dass Sloterdijks juvenile Ausflüge in die schillernden Welten der Körpererfahrung und ihrer Gurus damals Spuren hinterlassen haben. Den *Übungsbegriff* nimmt Sloterdijk systematisch erst ein Vierteljahrhundert später auf, in seinem Buch Du musst dein Leben ändern, Frankfurt 2009, allerdings wiederum durch einen diesmal nietzeanischen Vitalismus entstellt.

[30] S. 188 Für Adorno war mehr als irgendein anderer der in Musik verkörperte »Einstand der Zeit« sinnlich erfahrbares Gleichnis für das Ende von Vergängnis. Es ist anzunehmen, dass für ihn das Erlebnis des musikalischen Exerzitiums (gerade auch dasjenige seines eigenen morgendlichen Klavierspiels vor Aufnahme der Arbeit) dem am nächsten gekommen sein dürfte, was gemäß unserer Beschreibung die Erfahrung des meditativen Schweige-Exerzitiums ausmacht. Auf dem speziellen Feld musikalischer Kunstpraxis bzw. Übung vermochte er sich offensichtlich am weitesten in die Region des Begriffslosen und des Schweigens auch noch der Gedanken vorzuwagen. Dass die dabei statthabende Erfahrung unmöglich auf den Begriff zu bringen ist, räumt er ein: »Nichtig ist der unmittelbare Ausdruck des Unausdrückbaren; wo sein Ausdruck trug, wie in großer Musik, war sein Siegel das Entgleitende und Vergängliche, und er haftete am Verlauf, nicht am hindeutenden Das ist sein. Was er am Zen-Buddhismus« auszusetzen hatte, das »begriffslos Schweifende«, in der disziplinierten musikalischen Praxis gestattet er sich – und mit ihm den übungsmäßig im Subjekt herbeigeführten »Einstand der Zeit«. (Negative Dialektik, a.a.O. S. 76, davor S. 116)

[31] S. 189 Rolf Tiedemann, Hermann Schweppenhäuser, (Hrsg.), Walter Benjamin – Gesammelte Schriften (Bd. I–VII), Frankfurt 1972–1989, Bd. V S. 592 – Auch Adorno zufolge ließe sich mit derselben antimythologischen Stoßrichtung sagen, »der Fortschritt ereigne sich dort, wo er endet«. Vgl. Theodor W. Adorno, Fortschritt, in: Ders., Stichworte – Kritische Modelle 2, Frankfurt 1969, S. 33 ff.

Anmerkungen

[32] S. 191   Heiner Weidmann, Erwachen/Traum, in: M. Opitz/E. Wizisla (Hrsg.), Benjamins Begriffe, Band I, Frankfurt 2000, S. 341. Weidmann ebenda etwas später: »Wie alle Begriffe Benjamins ist auch Erwachen in eine komplexe begriffsgeschichtliche und begriffspolitische Situation eingesetzt und in der Verwendung des Wortes wird der Anschluss hergestellt oder aber Distanz bezogen zu verschiedenen Positionen, die man kennen muss, um Benjamins begriffliche Taktik und Strategie zu verstehen.«

[33] S. 192   Zit. nach Heiner Weidmann, a.a.O. S. 341. Der Niederschlag dieser inhomogenen Mentalzustände in Handlungen und Artefakten weitet sich bei Benjamin dadurch signifikant aus, dass er das Konstrukt des nach »Gradstufen« der Bewusstheit/Unbewusstheit gemaserten Bewusstseins »vom Individuum auf das Kollektiv« überträgt: »Ihm ist natürlich sehr vieles innerlich, was dem Individuum äußerlich ist, Architekturen, Moden, ja selbst das Wetter sind im Innern des Kollektivismus was Organempfindungen, Gefühl der Krankheit oder der Gesundheit im Innern des Individuums sind. Und sie sind, solange sie in der unbewussten, ungeformten Traumgestalt verharren genau so gut Naturvorgänge, wie der Verdauungsprozess, die Atmung etc. Sie stehen im Kreislauf des ewig Selbigen, bis das Kollektivum sich ihrer in der Politik bemächtigt und Geschichte aus ihnen wird. ([Benjamin, Gesammelte Schriften] V/I, 492).« Woran erkennbar wird, wie einschneidend sich eine wirksame »Technik des Erwachens« in unserem Tun und Lassen, mithin in Gesellschaft und Politik, niederschlagen müsste.

[34] S. 192   Zit. nach Weidmann, a.a.O., S. 345. Mit dem »Historischen« kann hier bei Benjamin ein beliebig weit Zurückliegendes gemeint sein: etwa ein vor langer Zeit begangenes namenloses Unrecht, aber genau so gut das noch von jeder Mode flüchtig und klischeehaft zitierte jüngst Vergangene.

[35] S. 193   Sigrid Weigel, Entstellte Ähnlichkeit – Walter Benjamins entstellte Schreibweise, Frankfurt 1997, S. 69. Sie kann detailliert belegen, dass Benjamins »Versuch einer Technik des Erwachens«, wo er in seinen Arbeiten ausgeführt ist, auf eine *Schreibtechnik* hinausläuft, die Technik des Erwachens bei ihm mit seiner historisch-essayistischen Schreibpraxis identisch ist.

[36] S. 194   In seiner frühen Arbeit »Zur Kritik der Gewalt« von 1920 behandelt Benjamin von einem an George Sorel angelehnten anarchosyndikalistischen Standpunkt aus die im positiven Recht und in der Politik sedimentierte mythische Gewalt. Seine mythoskritische Position konvergiert grosso modo mit der durch den jüdischen Messianismus wie durch die christliche Botschaft besiegelten Abkehr vom Mythos. Zu dieser vergleiche man auch die Publikationen von René Girard, z.B. »Das Religiöse und die Gewalt« u.a.m.

[37] S. 194   Zu Benjamins Überzeugung, das ›Muster‹ menschlicher Glückserfahrung sei in bestimmten mythischen Narrativen kodiert, erläutert Habermas: Benjamin war überzeugt, »dass das semantische Potential, aus dem die Menschen schöpfen, um die Welt mit Sinn zu belehnen und erfahrbar zu machen, zunächst im Mythos niedergelegt ist und von diesem entbunden werden muss – dass aber dieses Potential nicht erweitert, sondern immer nur transformiert werden kann«. Und: »Der Glücksanspruch kann nur eingelöst werden, wenn die Quelle jener semantischen Potentiale nicht versiegt, die wir zur Interpretation der Welt im Lichte unserer Bedürfnisse brauchen. Die Kulturgüter sind die Beute, die die Herrschenden im Triumphzug mit sich führen; darum muss der Prozess der Überlieferung dem Mythos entwunden werden.« (Jürgen Habermas, Politisch-philosophische Profile, a.a.O. S. 359f. u. S. 373).

[38] S. 195   Vgl. Sven Kramer, Walter Benjamin – zur Einführung, Hamburg 2003, S. 75: »Die Individuen begeben sich in ihn hinein; sie experimentieren mit sich selbst, mit ihrem

Anmerkungen

Weltverständnis und ihren unbewussten Potenzialen.« – »Was dabei herausspringen könnte«, kommentiert Kramer, »wäre nicht Sinn sondern Geistesgegenwart.« Der neue Aufmerksamkeitsmodus und die veränderte Zeiterfahrung sind zwei Seiten derselben Medaille: Geistesgegenwart als die Achtsamkeit des »Erwachten« nähme dem Zeitlichen die stumpfsinnige mythische Zyklizität wie auch den unaufhaltsamen Fortriss in der einmal eingeschlagenen Richtung; zugleich sorgte sie für eine unabhängig von einem diskursiv behaupteten oder bestrittenen Sinn erfahrbare Sinnfülle, bedeutet doch geistesgegenwärtig sein per se sinnerfüllte Zeit zu durchleben.

[39] S. 196 Axel Honneth, Kommunikative Erschließung der Vergangenheit – Zum Zusammenhang von Anthropologie und Geschichtsphilosophie bei Walter Benjamin, in: Internationale Zeitschrift für Philosophie, H 1/1993, S. 3–19. Sowie Norbert Bolz, Illumination der Drogenszene, in: Norbert Bolz u. Richard Faber (Hrsg.), Walter Benjamin – Profane Erleuchtung und rettende Kritik, Würzburg 1982, S. 221–240.

[40] S. Über Benjamins Kenntnisnahme entsprechender zeitgenössischer Forschungen heißt es (a. a. O., S. 5) bei Honneth: »Offenbar im Anschluss an die damals außerordentlich einflussreichen Untersuchungen von Lévy-Bruhl nennt er die ›Naturvölker‹, welche sich ›mit heiligen Tieren und Pflanzen identifizieren‹, spricht von ›Wahnsinnigen‹ und ›Kranken‹, bei denen es in der Wahrnehmung zu einer Auflösung der Ichgrenzen kommt, und verweist ausschließlich gar auf ›Hellseher, welche wenigstens behaupten, die Wahrnehmungen anderer als ihre eigenen empfangen zu können‹.« Weiter merkt Honneth die Parallele an zwischen Benjamins Interesse an einem erweiterten Erfahrungstyp und vergleichbaren Ansätzen im amerikanischen Pragmatismus der Jahrhundertwende sowie bei Bergson und dessen Lebensphilosophie.

[41] S. 197 Siegrid Weigel beanstandet, dass Honneth den Kommunikationsbegriff »zur Interpretation des Benjaminschen Erfahrungsbegriffs« heranzieht; eine Kritik, die uns nur mit Einschränkungen berechtigt erscheint und im übrigen unsere eigene Argumentationslinie nicht tangiert (vgl. Entstellte Ähnlichkeit, a. a. O., S. 14 u. 247). – Zunächst hat der junge Benjamin die nämlichen Erfahrungen auch »religiöse« oder »metaphysische« genannt, in einem frühen, ›mit Kant über Kant hinaus‹ argumentierenden Fragment ist er um ihre erkenntniskritische Rechtfertigung bemüht. Siehe dazu gleichfalls Honneth ebenda S. 6: »Aber eine solche ... Beweisführung ist wohl zu vage und zu leichtfertig gewesen, als dass sie im Werk Benjamins lange eine entscheidende Rolle hätte spielen können; alsbald nach der Niederschrift seines frühen Programms wendet er sich vielmehr von der Idee der Errichtung einer Metaphysik auf den Boden der Kantischen Erkenntnistheorie ab, ja, lässt den Plan einer erkenntnistheoretischen Begründung religiöser Erkenntnis überhaupt fallen. Von seinen ursprünglichen Entwürfen jedoch überlebt der eigentliche Kerngedanke, die Idee einer bedeutungsreicheren, unverstümmelten Erfahrung, auch die materialistische Ernüchterung der folgenden Jahre: Auf dem Weg zugleich einer Anthropologisierung und einer Historisierung macht Benjamin einen emphatischen Begriff der Erfahrung zum Leitfaden der Fortentwicklung seiner Theorie.«

[42] S. 197 Benjamin macht seine Verlustrechnung in Sachen menschlicher Erfahrung beim Übergang traditionaler zu modernen Gesellschaften dem Honnethschen Überblick zufolge entlang dreier Aspekte innerhalb der sich wandelnden Arbeits- und Kommunikationsprozesse auf: Einmal in der Produktion im Wechsel von handwerklicher Tätigkeit zu Fließbandarbeit das Erfordernis »reflexhaften Reagierens«, einer stupid fixierten Konzentration; zum zweiten in der Kommunikationssphäre die Umstellung von einem in Erzählformen eingebetteten Austausch zu bloßem Informationsaustausch; drittens

Anmerkungen

die in den ästhetischen und künstlerischen Rezeptions- und Produktionsformen statthabende historische Veränderung, die Benjamin mit dem Titel »Auraverlust« versieht (und was nach Honneth u. a. bedeutet, »dass dem Subjekt solche institutionalisierten Situationskontexte entzogen werden, in denen es zu einer selbstvergessenen Versunkenheit in einem Fremden geradezu gezwungen war«). Siehe Honneth, a.a.O., S. 9 ff. – interessant zu sehen, dass diese bei Benjamin aufgezeichnete Verlustgeschichte von den Sozial- und Kulturwissenschaften bis auf den heutigen Tag fortgeschrieben wird, man denke nur an Richard Sennett, seine Bücher »The corrosion of character« (deutsch »Der flexible Mensch«) und »The craftsman« (deutsch: »Handwerk«). Es sei daran erinnert, dass es bei Benjamin auch so etwas wie den Umschlag der wie einige sagen würden romantischen, kulturkritischen Motive in ihr Gegenteil gibt, in eine progressistisch gestimmte Affirmation und ihre Identifikation mit dem Tatbestand der Erfahrungsarmut (so in »Erfahrung und Armut« sowie »Das Kunstwerk im Zeitalter seiner technischen Reproduzierbarkeit«).

[43] S. 199 Bolz Artikel in: N. Bolz u. R. Faber (Hrsg.), Walter Benjamin – Profane Erleuchtung und rettende Kritik, Würzburg 1982. Die Originalzitate entnimmt Bolz: Walter Benjamin, Gesammelte Schriften, Frankfurt 1972 ff. – Zum soziobiographischen Kontext von Benjamins eigenen Drogenexperimenten (seine »Drogenprotokolle« wurden in die »Gesammelten Schriften« übernommen) siehe Manfred Schneider in: Burkhardt Lindner (Hrsg.), Benjamin-Handbuch, Stuttgart 2004, S. 676 f.

[44] S. 201 Was für eine Fehleinschätzung hier bei Benjamin am Werk gewesen ist, wird deutlich, wenn Bolz (S. 227) schreibt: »Denn auch im Drogenrausch des Erkennenden verschwendet sich das Dasein um des Wissens statt der Fortpflanzung willen.So beschreibt Benjamin den Haschischrausch als eine erotische, doch von der Fortpflanzungsfunktion emanzipierte ›Verschwendung des eigenen Daseins‹, dem Jugendstil verwandt in seiner Frigidität nicht sowohl, als vielmehr in seiner intensiven Ornamenterfahrung.« – Adorno ist (wie am Briefwechsel mit Benjamin ablesbar) zu derlei an die entfesselte Bilderproduktion geknüpften Hoffnungen oder Erwartungen schon früher auf Distanz gegangen.

[45] S. 201 »›Ekstase (…) säkularisiert im Nüchternen‹ ist die Bürgschaft des wirklichen Ausnahmezustandes in der Erfahrung des Subjekts«, zitiert Bolz (S. 230) Benjamin. Die halluzinogenen Drogen bannten zwar »das außerhalb der Zeit ins Innen des Einzelnen«; doch »die Droge obzwar ohnmächtig, das wirkliche Schaltloch in die Zeit zu schießen, gibt das Denken des Draußen, das erst ein Drinnensein ohne Ausschluss möglich macht … Drinnen ohne Angst ist man nur, wenn man schon Draußen war. Das gilt auch und gerade für den Philosophen, dem die Droge zur Anamnesis des vorsystematischen Lebens verhilft. Demnach stellt sich die von Benjamin geforderte Nüchternheit dem aus dem Draußen des Rauschs Zurückgekehrten ein – als Umschlag der höchsten Intensität. Der Rausch heiligt die Nüchternheit.« Und Bolz (S. 231) weiter: »Nun greift Benjamin nicht nur als Genießer sondern als Experimentator zur Droge und steigert die orgiastischen Erfahrungen des Rauschs durch die Askese der Erkenntnisorientierung: Ekstase und Askese zugleich sollen den Philosophen Bildern annähern, die das vorstellende Denken nicht antizipieren kann. Hinter dem Drogenexperiment steht der Wunsch, die Kräfte des Rauschs verfügbar zu machen. Er deckt sich mit der surrealistischen Aufgabe: ›die Kräfte des Rauschs (die an sich isolierend, abspaltend wirken) für die Revolution brauchbar zu machen‹. Der Rausch hält die dialektische Mitte zwischen zwei Aufhebungen, die Theorie und Revolution miteinander vermitteln: ›Überwindung des rationalen Individuums im Rausch – des motorischen und affektiven Individuums aber in der kol-

lektiven Aktion‹. Das Chaos, das der Rausch in die Ordnung bürgerlicher Vernunft bringt, soll als Freiheitsenergie der revolutionären Disziplin dienstbar gemacht werden. Und es ist diese Indienstnahme, die den anarchistischen Rausch zur materialistischen Inspiration profaniert.« – Die mittlerweile tatsächlich eingetretene Profanierung des zu jener Zeit den Künstlern und der Bohème vorbehaltenen und in deren Milieu mit höheren Weihen versehenen Drogenrauschs erweist sich allerdings als eine völlig andere als die von Benjamin erhoffte oder erwartete. Jahrzehnte des subkulturellen Experimentierens mit psychedelischen Drogen liefern keinerlei Anhaltspunkte für eine ›Chaotisierung der bürgerlichen Vernunftordnung‹, die irgendwelche ›Freiheitsenergien in den Dienst revolutionärer Disziplin‹ stellen würde; einmal davon abgesehen, dass die von einem linksradikalen Revolutionsdenken der Dreißiger Jahre um des radikalen historischen Bruchs willen für notwendig befundene und herbeigewünschte ›Zerstörung der bürgerlichen Psyche‹ – »die dionysische Destruktion des principium individuationis«, die »dialektische Zerreisung des Individuums in Kreatur und Klassensubjekt« (Bolz) – uns inzwischen als alles andere denn ein zweckdienliches oder wünschenswertes Projekt vor Augen stehen dürfte: Unterbrechung kann nicht um den Preis der gewaltsamen Herstellung eines seelischen Tabula-rasa-Zustands ins Werk gesetzt werden, das Exerzitium des Schweigens und seine Epoché enthalten sich jeglicher Gewaltsamkeit im Herbeiführen einer mythischem Wiederholungszwang nicht länger unterworfenen Psyche und eines wachen und freien Geistes.

[46] S. 203 Das erste Zitat aus Gesammelte Schriften, Frankfurt 1975 ff., Band I.2, S. 701; das zweite Zitat aus: Der Autor als Produzent, GS II, S. 696.

[47] S. 205 Jürgen Habermas, Die Moderne – ein unvollendetes Projekt (Philosophisch-politische Aufsätze), Leipzig 1990 (zuerst Frankfurt 1981), S. 35 f.; das Adorno-Zitat aus: Ästhetische Theorie, Frankfurt 1970, S. 41.

[48] S. 206 Zit. nach Gesammelte Schriften, Band V, S. 490 f. Rolf Wiggershaus (Die Frankfurter Schule, a. a. O., S. 231) verdolmetscht Benjamins eigene, nicht auf Anhieb eingängige Dialektikkonzeption wie folgt: »Im dialektischen Bild der Urgeschichte einer bestimmten Epoche trat die gegenwärtige Unterbrechung des Kontinuums der Geschichte in Beziehung zu einer vergangenen, trat ein gegenwärtiger Augenblick der Ankündigung eines wirklich Neuen in Beziehung zu einem Vergangenen. Die dank solcher Stillstellung zustande kommende Beziehung zwischen Gegenwärtigem und Vergangenem meinte Benjamin, wenn er von ›Dialektik im Stillstand‹ sprach. Der Ausdruck bezeichnete nicht eine Stillstellung der Dialektik, sondern eine erst im Stillstand in Funktion tretende Dialektik. Dialektisch war für Benjamin das Hervortreten des ›Jetzt‹ in den Dingen – also nicht ein Übergang oder Umschlag wie bei Adorno oder Hegel, sondern das Heraustreten aus der homogenen Zeit in die erfüllte Zeit, die Sprengung des geschichtlichen Kontinuums, des mit mythischer Unerbittlichkeit abrollenden, um entscheidende Dimensionen verkürzten Fortschritts.« – Wie der die ›Technik des Erwachens‹ handhabende Historiker à la Benjamin jenes ganz bestimmte, mit seiner Gegenwart korrespondierende ›Gewesene‹ aus der unendlichen Masse geschichtlicher Daten herausfindet – wählt er es aus? Greift er intuitiv das Richtige heraus? – bleibt einigermaßen im Unklaren. Auch die Benjamin-Interpretation vermag hier nicht weiter Klarheit zu schaffen: »Einerseits verdankt sich das dialektische Bild einer aktiv-destruktiven Operation, andererseits stellt es sich ein« schreibt beispielsweise Sven Kramer in seiner Benjamin-Monographie(a. a. O., S. 119 f.). »Sobald es vorliegt, wirkt es unterbrechend. Die Reflexion auf die Geschichte konzentriert sich auf einen entscheidenden Punkt, anstatt rastlos kausale Verkettungen in der Geschichte nachzuvollziehen. Darin

Anmerkungen

liegt die Chance, der konstitutiven Nachträglichkeit der Geschichtsbetrachtung zu entgehen ... Die Auseinandersetzung mit einem dialektischen Bild könnte ... ein Vergangenes für ein Jetzt erobern. In diesen Bildern liegt nämlich etwas gebunden, was das Subjekt oder das Kollektiv betrifft, dem sie sich zeigen.« Schließlich der wenig aussagekräftige Verweis auf das »Interesse« als jenes ›Kriterium der Auswahl‹: »... die Erfahrungen mit der Gegenwart motivieren das Interesse an einer ganz bestimmten Vergangenheit ...«.

[49] S. 206 Vgl. Entstellte Ähnlichkeit, a. a. O., S. 56 f. Dort auch ihre passende Devise für Benjamins Herangehensweise: »Was nie geschrieben wurde, lesen!«. Das Unwillkürliche der Denkbilderkenntnis unterstreicht das folgende Originalzitat: »Geschichtliche Wahrheitserkenntnis ist nur möglich als Aufhebung des Scheins: Diese Aufhebung aber soll nicht Verflüchtigung, Aktualisierung des Gegenstands bedeuten, sondern ihrerseits die Konfiguration eines schnellen Bildes annehmen. Das schnelle kleine Bild im Gegensatz zur wissenschaftlichen Gemütlichkeit. Diese Konfiguration eines schnellen Bildes fällt zusammen mit der Agnoszierung des Jetzt in den Dingen.« (Zit. nach Ausgewählte Schriften, Band I, Frankfurt 1955, S. 1034).

[50] S. 207 Anspielend darauf, dass Benjamin's Technik des Erwachens als Methode der Historik die ästhetische Praxis der Surrealisten kritisch ins revolutionär Politische hat wenden wollen, resümiert Heiner Weidmann – den wir im vorigen Kapitel zum Verhältnis von Traum und Erwachen bei Benjamin bereits zitiert haben – ironisch: »... tatsächlich erscheint das dialektische Bild bei ihm zweideutig manchmal als Form des Traums, als ›Traumbild‹ (V/I, 55), manchmal als Form des Erwachens. Und das kann kein Zufall sein, wenn doch der Traum das Erwachen präformiert, das Erwachen den Traum wiederholt. Deswegen bleibt es nicht auszuschließen, dass das Erwachen im 20. Jahrhundert, das die *Passagen*-Arbeit sucht und befördern will, zuletzt nur eine Fortsetzung des Traums des 19. Jahrhunderts geblieben sein wird. Dann wäre Benjamins Surrealismuskritik keine Abgrenzung, sondern die scharfsichtig vorweggenommene Kritik an der *Passagen*-Arbeit, die vielleicht auch nichts weiter ist als ein Träumen, wie man erwacht.« (Vgl. Erwachen/Traum, in: M. Opitz u. E. Wizisla (Hrsg.), Benjamins Begriffe, Bd. 1, a. a. O., S. 360).

[51] S. 207 Vgl. Gesammelte Schriften, Band V.1, S. 595. Adorno umschreibt den mentalen oder Aufmerksamkeitsvorgang beim Denkbild so, dass die »Reflexion künstlich ferngehalten« werde, »die Physiognomik der Dinge dem Blitzlicht überantwortet – nicht weil der Philosoph Benjamin die Vernunft verachtet hätte, sondern weil er erst durch solche Askese das Denken selber wieder herstellen zu können hoffte, das die Welt den Menschen auszutreiben sich anschickt« (vgl. Theodor W. Adorno, Benjamins ›Einbahnstraße‹, in: Ders., Noten zur Literatur, Frankfurt 1974, S. 681). – Insofern es Benjamins Denkbild- oder wie Adorno sagt Blitzlicht-Technik je noch mit materialer oder »Ding«-Erkenntnis, genauer ›Erfahrung‹, zu tun hat und ihr »künstliches« Suspendieren der Reflexion nicht in die ›Leere‹ des Schweigens durchstößt, müssen wir ihr von unserem ›Anforderungsprofil‹ her vorhalten, *nicht asketisch genug* zu sein.

[52] S. 208 Caroline Duttlinger, Studium, Aufmerksamkeit, Gebet – Walter Benjamin und die Kontemplation, in: Daniel Weidner (Hrsg.), Profanes Leben – Walter Benjamins Dialektik der Säkularisierung, Berlin 2010, S. 95 ff.

[53] S. 209 Ebenda, S. 102 f.; dort auch die Nachweise der Originalzitate aus »Über das Grauen« (GS VI) und »Ursprung des deutschen Trauerspiels« (GS I).

[54] S. 209 Dieser Auffassung ist auch Caroline Duttlinger, wenn sie (S. 108) schreibt: »In ihrer doppelten, sowohl historischen als auch methodisch selbstreflexiven Behandlung der

Anmerkungen

Kontemplation legt Benjamins Habilitationsschrift die Grundlage für die materialistische Kritik der 1930er Jahre, wie sie sich im *Passagen-Werk*, aber auch in den mediengeschichtlichen und literarischen Essays entfaltet.« Und in der Anmerkung dazu: »So schreibt Benjamin in den aus den späten 1920er Jahren datierenden ›Ersten Notizen‹: ›In der Passagenarbeit muss der Kontemplation der Prozess gemacht werden. Sie soll sich aber glänzend verteidigen und Behaupten‹ (GS V 1036).‹« Verteidigt werden soll das an sich ebenfalls genuin kontemplative Prinzip der Geistesgegenwart, »der Prozess gemacht werden« soll der im Tiefsinn versinkenden Kontemplation, zu der auch die im Kunstwerk-Aufsatz kritisierte, solipsistisch vom Sozialen sich abkapselnde ›bürgerliche Kunstbetrachtung‹ gehöre.

[55] S. 209 Die Benjamin Paraphrase aus seinem Buch über das Trauerspiel nachgewiesen bei Caroline Duttlinger, a. a. O., S. 103. Sie kommentiert: »Das tiefe Atemholen steht somit nicht nur für die intermittierende Denkbewegung, sondern vor allem auch für die (Atem-)Pause, die vor vorschnellen Schlussfolgerungen und der hastigen, ›routinierten‹ Vereinnahmung des Untersuchungsgegenstandes schützt.« – Duttlinger weist auch darauf hin, dass Benjamin dort von »Übung« spricht, dass mithin seine Denk-Epoché der philosophischen Kontemplation nach der formellen Seite hin unserer Schweige-Epoché vergleichbar ist, in beiden Fällen geht es um ein Exerzitium. Die »innere Distanz und die damit verbundene Geistesgegenwart«, schreibt Duttlinger (S. 113), »können jedoch nicht sofort erzielt werden, sondern bedürfen des wiederholten, insistierenden Kontakts: ›Die Aufgaben, welche in geschichtlichen Wendezeiten dem menschlichen Wahrnehmungsapparat gestellt werden, sind auf dem Wege der bloßen Optik, also der Kontemplation, gar nicht zu lösen. Sie werden allmählich nach Anleitung der taktilen Rezeption, durch Gewöhnung, bewältigt‹ (GS I 505). Mit dem Konzept der Gewöhnung schließt Benjamin hier an eine weitere Idee an, die er ursprünglich in der ›Vorrede‹ entwickelt hatte: an die Bedeutung der Übung …«

[56] S. 210 Zit. nach Gesammelte Schriften, Band II, S. 696. Zu Benjamins Äußerungen über die Rolle und Aufgabe des Intellektuellen vergleiche man Ch. Kambas, Positionierung des Linksintellektuellen im Exil, in: Burkhardt Lindner (Hrsg.), Benjamin Handbuch, a. a. O., S. 420 ff.

[57] S. 210 Erfahrung und Armut, in: Gesammelte Schriften, Band II, S. 215. Zum weiteren Kontext dieser Reflexionen Benjamins siehe auch Burkhardt Lindner, Erfahrungsarmut, in: Benjamin Handbuch, a. a. O., S. 451 ff.; sowie Renate Reschke, Barbaren, Kult und Katastrophen – Nietzsche bei Benjamin, in: Dies., Denkumbrüche mit Nietzsche, Berlin 2000, S. 88 ff.

[58] S. 211 Dazu Sven Kramer in seiner Benjamin-Monografie (a. a. O., S. 123 f.): »Der qualitative Umschlag wäre erst dort gegeben, wo ein Gemeinwesen gleichsam von einer Woge des Erwachens ergriffen würde, wie die Surrealisten von einer Traumwelle. Erst hier käme das nichtdelegierbare Moment in Benjamins anthropologischem Materialismus zum Tragen, durch das jeder einzelne Mensch in den Prozess der Veränderung eingebunden ist.« – Benjamin selber bemüht außerdem (in seinem Kafka-Essay) die folgende Metapher: »Sie [die bieder behäbige Kulturgeschichtsschreibung, H.-W. W.] vermehrt wohl die Last der Schätze, die sich auf dem Rücken der Menschheit häufen. Aber sie gibt ihr die Kraft nicht, diese abzuschütteln, um sie dergestalt in die Hand zu bekommen.« Zit. nach Ausgewählte Schriften, Band II, a. a. O., S. 312. Doch der benjaminsche Intellektuelle ist nicht nur beim Abschütteln behilflich, er sortiert auch aus, was sich als ›Glücksgut‹ anzueignen lohnt von Seiten der Massen. In diesem Zusammenhang gebrauchet Benjamin ein weiteres, ebenso von Heidegger verwendetes Wort,

Anmerkungen

das der »Winke« nämlich: »Mit der Romantik setzt die Jagd nach dem falschen Reichtum ein, nach der Einverleibung jeder Vergangenheit, nicht durch die fortschreitende Emanzipation des Menschgeschlechts, kraft deren es seiner eigenen Geschichte immer geistesgegenwärtiger in das Auge sieht und immer neue Winke ihr abgewinnt, sondern durch die Nachahmung, das Ergattern aller Werke aus abgelebten Völkerkreisen und Weltepochen«. (Zit. ebenda, S. 360 f.) Mit einem Vergleich der Motive und Positionen bei Heidegger und Benjamin beschäftigt sich die Arbeit von Willem van Reijen, Der Schwarzwald und Paris – Heidegger und Benjamin, München 1998; einer Verwandtschaft, ihrer sprachphilosophischen Ansätze widmet sich der Aufsatz von Martin Seel, Sprache bei Benjamin und Heidegger, in: Ders., Sich bestimmen lassen, a. a. O., S. 68 ff.

[59] S. 211 Habermas, Philosophisch-politische Profile, a. a. O., S. 347 u. S. 369. Dass das Antievolutionistische und das Unvermittelte in Benjamins Praxis der Geistesgegenwart (seiner »Technik des Erwachens«) Züge von Willkür, ja Gewaltsamkeit tragen, kann man als Relikt seiner nie völlig aufgegebenen anarchistischen Position betrachten, wie sie für den 1920 geschriebenen Text »Zur Kritik der Gewalt« bestimmend gewesen ist. Eine Kontinuität, auf die auch Habermas (ebd. S. 370) hinweist: Benjamin »belehnt gleichsam den Akt der Interpretation, die aus dem vergangenen Kunstwerk den punktuellen Durchbruch durchs naturgeschichtliche Kontinuum herausholt und für die Gegenwart aktualisiert, mit den Insignien der Praxis. Das ist dann die ›reine‹ oder die ›göttliche‹ Gewalt, die auf die ›Durchbrechung des Umlaufs im Banne der mythischen Rechtsformen‹ abzielt.«

[60] S. 212 Theodor W. Adorno, Einleitung zu Benjamins ›Schriften‹, in: Ders., Noten zur Literatur, a. a. O., S. 575. Benjamin erscheine, so Adornos Erläuterung, zu den speziell in der »Einbahnstraße« versammelten Denkbildern, »die zum entfremdeten Schicksal jedes Einzelnen gesteigerte, verblendete und doch durchschaubare Verflochtenheit der Moderne und ihrer Gesellschaft eben als der Mythos, dem das Denken sich anähneln muss, um seiner selbst mächtig zu werden und damit den Bann des Mythos zu brechen« (Theodor W. Adorno, Benjamins ›Einbahnstraße‹, in: Ders., Noten zur Literatur, a. a. O., S. 683). Der mythischen Erstarrung der Moderne im ›Hamsterrad‹ des Fortschritts, heißt dies, begegne Benjamin auf mentaler Ebene *mimetisch* mit einem ›gedanklich Eingefrorenen‹: dem Denkbild – das dann im Falle des Gelingens im darauffolgenden Augenblick eine kleine »geistige Explosion« im Kopf des Betrachters hervorrufen soll, die auf der Stelle die das Denken blockierende Macht des Mythos bräche und damit ein ›anderes Denken‹ erst wieder ermöglichte.

[61] S. 212 Benjamin, Ausgewählte Schriften, a. a. O., S. 1010. Man muss hier Benjamin so verstehen, als hätte die ›Hölle der Moderne‹ einen theatralischen Auftritt und sagte von sich selbst: ›Seht her, was hier geschieht, das ist die Hölle; Ihr werdet es doch nicht mit etwas anderem verwechseln wollen, gar mit dem Paradies …‹ Die Moderne von sich als von einer Hölle zum Sprechen zu bringen, war Benjamins Ambition, deren Ausführung, nach allem was wir heute wissen, wahrscheinlich eines grandios gescheitert wäre. – Nichtsdestoweniger kann man die Benjaminsche Weise des literarischen Exponierens von Stoffen und Materialien – wenn man nicht in unserem Sinne radikalisierend, d. h. auf die schweigepraktische Übung hinführend, an seinen »Versuch einer Technik des Erwachens« anknüpfen will – als eine literarische Arbeitsweise sui generis goutieren, welcher – Hölle hin oder her, wie wir böse zu kommentieren uns nicht enthalten können – auch Autoren der Gegenwart für ihr eigenes Schreiben einiges abzugewinnen vermögen. Sigrid Weigels Aktualisierungsbemühungen um das Werk Benjamins liegen auf dieser Linie, die dann ein Drittes zwischen Philosophie und (bel-

letristischer) Literatur beschriebe: »Die Bildlichkeit seines Schreibens bedeutet also nicht eine (zusätzliche) literarische oder ästhetische Qualität seines Stils, sondern sie ist genuin für sein Denken und seine Theoriebildung. So lässt sich an zahlreichen leitmotivischen Konstellationen seiner Schriften ausmachen, wie aus den Spannungen zwischen poetischer Sprache und begrifflichem (Meta)Diskurs eine eigene Schreibweise gewonnen wird: gleichsam ein Drittes jenseits des Gegensatzes von Literatur und Philosophie.« (Entstellte Ähnlichkeit, a. a. O., S. 60). So viel zur Art und Weise, Benjamins Philosophie des Geringfügigen *nicht* radikal praktisch, übungspraktisch, ›fortzuschreiben‹.

[62] S. 213   Siehe dazu Elke Dubbels, Zur Logik der Figuren des Messianischen in Walter Benjamins »Theologisch-politischem Fragment«, in: Daniel Weidner (Hrsg.), Profanes Leben, a. a. O., S. 39 ff. »Statt aus Benjamins Texten einen ›Messianismus‹ herauszupräparieren und ihn durch Epitheta zu spezifizieren, gehe ich von den theoretischen und sprachlich-rhetorischen Figuren des Messianischen aus, die uns in Benjamins Texten begegnen«, umreißt die Autorin (S. 40) ihre interpretatorische Position. Unsere Ausführungen halten sich an das Material dieses Aufsatzes, der auch die wichtigste Kommentarliteratur versammelt.

[63] S. 213   Der erste Absatz des Fragments legt fest, dass das Gottesreich nicht Ziel der Geschichte (und also politisch anstrebbar), sondern deren Ende sei. Sie führt weiter aus: »Jacob Taubes hat richtig bemerkt, dass mit einem ›Ende‹, das weder ein historisch immanentes noch historisch zu setzendes Telos darstellt, eine eine apokalytische Zeitvorstellung angesprochen wird. Das ›Ende‹ bezeichnet einen ›Bruch‹ mit der Geschichte.« So Dubbels (ebenda, S. 44), die damit auch die ›konkurrierenden‹ geschichtsphilosophischen Konzeptualisierungen andeutet, von denen sich Benjamin abgrenzt. Der *apokalyptischen* Konzeption des geschichtlichen Bruchs als definitivem Ende spricht Benjamin jede praktisch politische Bedeutung ab, die Apokalyptik ist für ihn (in Übereinstimmung mit der jüdischen Theologie) religiös vom Belang.

[64] S. 214   Die erst viel später in einen marxistisch revolutionären bzw. dialektisch materialistischen Interpretationsrahmen eingeordnete »Weltpolitik« soll sich noch dem Fragment zufolge an der Parole »Nihilismus« ausrichten; wobei die zu annihilierende ›nichtmessianische Natur‹ »als Chiffre für die ›Ordnung des Rechts‹« zu lesen wäre, »die Benjamin mit Schicksal, Mythos und Schuld verbindet«, wie Dubbels (a. a. O., S. 47) hinzufügt.

[65] S. 215   So Elke Dubbels, a. a. O., S. 45

[66] S. 215   Vgl. dazu wieder Elke Dubbels, ebd. S. 48 ff. Anders als bei Sholem drohe bei Benjamin zuletzt Mystik in Apokalyptik umzuschlagen, meint die Autorin S. 65: »So nähert sich Benjamin der Bloch'schen apokalyptischen Rhetorik immer weiter an, je verzweifelter die Lage und dringender die politische Aktion wird. Im Umfeld der geschichtsphilosophischen Thesen … identifiziert Benjamin im Interesse revolutionärer Politik unter apokalyptischen Vorzeichen die messianische Zeit unmittelbar mit der klassenlosen Gesellschaft.« Allerdings wäre die »messianische Zeit« der kommunistischen Zukunftsgesellschaft als nach wie vor diesseitig weltliche ›Veranstaltung‹ nicht schlankweg mit der messianisch vollendeten Zeit des theologisch gedachten Gottesreichs und dessen »religiöser restitutio in integrum« gleichzusetzen – sodass es sich, wenn schon, um eine profane Apokalyptik handeln würde.

[67] S. 216   Vgl. Habermas, Walter Benjamin – Bewusstmachende oder rettende Kritik, a. a. O., S. 364 u. S. 373 ff. Mit der kritischen Forderung, Fortschritt nicht monolitisch sondern differenziert zu betrachten und bereichsspezifisch zu qualifizieren kritisiert Habermas Benjamins Urteil über die historisch andauernde Herrschaft des Mythos, des mythi-

Anmerkungen

schen Wiederholungszwangs, als bei weitem zu pauschal. Ob Habermas überhaupt für unsere heutige Konstellation des wirtschaftlichen und technischen Fortschritts sowie der gesellschaftlichen und kulturellen Modernisierung noch so etwas wie einen mythischen Zwang des Immergleichen diagnostizieren würde und infolgedessen die Suche nach Praktiken der Unterbrechung für eine kulturell und letztendlich auch politisch relevante Frage ansehen würde, möchten wir dahingestellt sein lassen.

[68] S. 217 Die fragwürdige, weil infinite Dynamik der eingedenkenden Erinnerungsbilder ist Benjamin selber bewusst gewesen. »Jedoch bemerkt er«, schreibt Sven Kramer (a. a. O., S. 111), »auch das ›tödliche Spiel‹, auf das Proust sich eingelassen habe, indem dieser sich dem sog der Vergegenwärtigung überließ. Über die Gefahr des Erinnerns schreibt Benjamin: ›Wer einmal den Fächer der Erinnerung aufzuklappen begonnen hat, der findet immer neue Glieder, … kein Bild genügt ihm, denn er hat erkannt: es ließe sich entfalten, in den Falten erst sitzt das Eigentliche: jenes Bild, jener Geschmack, jenes Tasten um dessentwillen wir dies alles … entfaltet haben; und nun geht die Erinnerung vom Kleinen ins Kleinste … und immer gewaltiger wird, was ihr in diesen Mikrokosmen entgegentritt … (VI, 467 f.). – Hier streifte Benjamin die Notwendigkeit jenes Durchbruchs, zu dem er sich letztlich nicht verstanden hat: dem Voranschreiten vom Kleinen bzw. Geringen zum Noch Geringeren, von der dem Sprachlich-Semantischen verhaftet bleibenden »Technik des Erwachens« zu der sich dem Sprachlosen überlassenden resp. der Stille anvertrauenden Schweigeübung.

Der Gedanke einer Enthaltsamkeit vom Bildlichen und vom Sprachlich-Semantischen fände bei Benjamin einen Anknüpfungspunkt, in dessen Reflexionen über die Arbeitsweise der Fantasie (»Fragmente über Fantasie«), »Entstaltung« wäre hier das Stichwort (das Wesen der Fantasie sei diese Entstaltung des Gestalteten, vgl. GS VI, etwa S. 115). »Wenn man sich«, so Dubbels (ebd. S. 63), »von hier aus den Figuren der ›ewigen … Vergängnis‹ und des Untergangs im ›Theologisch-politischen Fragment‹ zuwendet, so wird deutlich, dass die weltliche ›restitutio in integrum‹, welche ›in die Ewigkeit eines Untergangs‹ führt, nichts mit Zerstörung und intentionaler Gewalt zu tun haben kann. Die weltliche ›restitutio in integrum‹ dient Benjamin als Bild für eine Gemeinschaft, die sich unendlich auflöst, unendlich defiguriert.« Im Falle der Schweigepraxis wäre die Entstaltung statt auf reale gesellschaftliche auf ideale, mentale ›Verfestigungen‹ bezogen. – Und die Entstaltung von Sprachlich-Semantischem beschreibt Benjamin so, als handelte es sich um ein Stadium im Prozess meditativer Versenkung, Dubbels (ebd. S. 64): »Die messianische ›Entstaltung‹ als Auflösung der denotativen Funktion der Sprache … stellt eine weltliche ›restitutio in integrum‹ dar, die den Fall der Sprache … in die Mittelbarkeit nicht in Richtung der paradiesischen Unmittelbarkeit überschreitet. Ließe diese sich als Ziel einer geistlichen ›restitutio in integrum‹ interpretieren, so verwandelt die weltliche ›restitutio in integrum‹ die Mittelbarkeit zu einer reinen Mittelbarkeit. Das Wort … als ›Träger … [der] ›Bedeutung‹ (GS II 138) löst sich aus seiner (ihrer) ›Starre‹ (GS II 140) und verwandelt sich in den Resonanzraum seines Klanges (in das Spiel ihrer Erscheinung).«

[69] S. 218 Siehe dazu Theodor W. Adorno, Vernunft und Offenbarung, in: Ders., Stichworte – Kritische Modelle 2, Frankfurt 1969, S. 20. Ferner meinen Essay »Kein Abschied vom Säkularen – Adorno und die intellektuelle Kondition in Sachen Religion«, in: Kommune – Zeitschrift für Politik, Ökonomie, Kultur 1/2012

[70] S. 218 Vgl. seine Einleitung zu Benjamins ›Schriften‹, in: Noten zur Literatur, a. a. O., S. 573; »das Motiv der rettenden Preisgabe der Theologie, ihrer rückhaltlosen Säkularisierung« heißt es ebd., S. 579.

Anmerkungen

[71] S. 219 Die zitierte Bemerkung Benjamins aus »Thesen über den Begriff der Geschichte«, Zusatz B, in: Ders., Zur Kritik der Gewalt, a.a.O. S. 94. Uns dessen bewusst, dass (wie der berühmte Schlusssatz seiner Arbeit über Goethes »Wahlverwandtschaften« ausführt) Benjamins messianische Hoffnung den Hoffnungslosen gegolten hat (denen, welchen in geschichtlicher Vergangenheit und also scheinbar unwiderruflich Unrecht geschah) – die besondere geschichtsphilosophische Note bei Benjamins ›Historik in pragmatischer Absicht‹, die wir bei unserer Relektüre bzw. deren Absicht in diesem Buch beiseite lassen konnten – möchten wir hier, vorsichtig genug, doch andeutungsweise fragen, ob man nicht auch das Schweigeexerzitium in dieser Benjaminschen Perspektive einer ›erinnernden Wiedergutmachung‹ verstehen könnte: In der ›unio mystica‹ des eminenten Schweigens wären nicht nur ›die Lebenden mit den Toten vereint‹, die mystisch Schweigenden würden mehr noch das den Toten zu Lebzeiten verwehrte ›Glück des erfüllten Augenblicks‹ *nachträglich an deren Statt und für diese stellvertretend erfahren.* Das von der positivistischen Historiographie, wie Benjamin sagt, als »abgeschlossen« deklarierte Leid würde wie bei Benjamins Eingedenken so auch im Falle der ›nicht-denkend eingedenkenden‹ schweigepraktischen ›Communio‹ wie ein »Unabgeschlossenes« wieder aufgenommen, um es unter dem Einfluss jener »schwachen messianischen Kraft« der einzig noch möglichen (nicht einfach ›symbolischen‹) Wiedergutmachung zuzuführen. Von einem »leisesten Nahen« des Messianischen in der Schweigeübung dürfte so überschwänglich, wenngleich profan überschwänglich, nur gesprochen werden, sofern in diesem Messianischen immer auch die Verheißung *erfahrbar* wäre, dass mit ihm »Hoffnung für die Hoffnungslosen« in Erfüllung ginge. – Im übrigen hat zur retrospektiven restitutiven Absicht von Benjamins Methode des Eingedenkens – soll heißen retroaktive Sühne vergangenen Unrechts von der Gegenwart aus und damit Reintegration der Opfer als »Mitglieder der moralischen Gemeinschaft« – Axel Honneth eine rational kritische Stellungnahme vorgelegt, der wir grosso modo beipflichten würden (vgl. seinen Aufsatz Kommunikative Erschließung der Vergangenheit, a.a.O., S. 16 u. 19).

[72] S. 221 Martin Heidegger, Beiträger zur Philosophie, a.a.O. S. 8. Davor Ludwig Wittgenstein, Vermischte Bemerkungen, Werke Band 8, a.a.O. S. 458 f. Das Habermas-Zitat aus Texte und Kontexte, a.a.O. S. 86. – Habermas spricht davon, dass Wittgenstein, Heidegger und Adorno ihre Adressaten in ein neues Denken zu *initiieren* suchten. Von *Initiation* sprechen bedeutet auch terminologisch Assoziationen an eine Geheimlehre wecken, die eine ›Einweihung‹ für den ›Novizen‹ vorsieht. Wir hielten es indes für unglücklich, dieses in der Tat klassische Esoterikschema mit dem (theoretischen und praktischen) Zugang zu dem in Verbindung zu bringen, was wir als die Übungspraxis des eminenten Schweigens in diesem Buch expliziert haben. Weder der intellektuellen Erfassung der ›Idee‹ Schweigepraxis noch der praktischen Aneignung ihrer ›Technik‹ ist die Initiierung in ein Geheimwissen vorgeschaltet. *Das disziplinierte Schweigen lernt man so, wie man das disziplinierte Denken lernt* – was das Konsultieren eines Lehrers wie auch die Orientierung an Vorbildern einschließt, die Unterwerfung unter sakrosankte Meister oder selbstherrliche Gurus als Agenten und Exekutoren einer Arkandisziplin aber genauso entschieden verbietet. (Erst im Falle der Forderung, Meditation an Schulen zu unterrichten, wie sie von dem Philosophen Thomas Metzinger und dem Publizisten Frank Schirrmacher und vielen anderen um unsere Zukunft Besorgten inzwischen erhoben wird, kämen auch die Bereiche Pädagogik und Didaktik ins Spiel, was unsere prinzipiell gehaltenen Erörterungen allerdings nicht tangiert).

[73] S. 222 Vgl. Hans-Willi Weis, Manifest für unmögliche Unterbrechung oder Arbeit am

Anmerkungen

Begriff des Intellektuellen, in: Kommune – Zeitschrift für Politik, Ökonomie, Kultur, 2/2010, S. 64 ff. – Zur Gruppe der *kommenden Intellektuellen* rechneten diejenigen, die zu dem Schluss gelangen, dass mit der Revolution der elektronisch-digitalen Medien – ihrer Informations- und Reizüberflutung, ihrem Imperativ der Rund-um-die-Uhr-Erreichbarkeit usw. – das ›intellektuelle Produktionsmittel‹, das Denken und seine Epoché, in Frage gestellt ist und dieser Bedrohung nur mittels der sozusagen komplementären Praxis seines Anderen, des Schweigens und dessen Epoché, wirksam begegnet werden könnte. Dass Letzteres in Anbetracht der medialen Betriebslogik sogar *noch unmöglicher* erscheint, unterstreicht einmal mehr das Grundsätzliche der Herausforderung und wie sie dem Intellektuellen, will er sich nicht selber aufgeben, zu einem neuen Dissidententum, dem des ›Unterbrechers‹, zwingt.

[74] S. 224 Wir haben an früherer Stelle unsere Einwände gegen Peter Trawnys esoterische Lektüre von Heideggers »Beiträgen zur Philosophie« vorgebracht. Rückblickend wird nochmals evident, wie Trawny bei aller hermeneutischen Akribie Heideggers Text gegenüber dennoch mit seiner Auslegung *heuristisch in eine verkehrte Richtung* deutet (sofern man ihn auch mit dem Interesse liest, daraus Schlüsse für eine gegenwartsmächtige ethisch-existenzielle Praxis zu ziehen). Wenn er etwa im Nachvollzug des heidegger'schen Verständnisses von einer »falschen Indifferenz universaler Wahrheiten« spricht und dagegen auf einer exklusiven ›Topik‹ der esoterischen Wahrheit beharrt (»was ein Mensch zum anderen sagen kann, ist diskutabel, plausibel oder überzeugend nur im rechten Rahmen und am rechten Ort«, so wird Carl Schmitt zitiert), so verhandelt er in der Tat das Problem einer Geheimlehre mit ihrem Arkan- oder Offenbarungswissen. Und geht damit Heideggers esoterischem Selbstmissverständnis (wahlweise Selbststilisierung) auf den Leim. Dieses nämlich mystifiziert, vereinfacht gesagt, eine *mentale Praktik,* die wie das disziplinierte Denken von jedermann jederzeit erlernt und ausgeübt werden kann (und deren Vorhandensein oder Nichtvorhandensein im kulturellen Repertoire nichts mit einer ihr vermeintlich inhärierenden okkulten Qualität zu tun hat). Die hier in Rede stehende mentale Praktik (das Exerzitium der Schweigepraxis) ist – was nach einem so ausgedehnten Plädoyer auf den zurückliegenden Seiten zu betonen sich erübrigt – ›kommunizierbar‹; sie sollte nicht verwechselt werden mit der sprachlich-diskursiv nicht darstellbaren Erfahrung, Einsicht, Erkenntnis, Wahrheit, die sie denjenigen schenkt, die sich ihrer in der rechten Weise bedienen.

Von ›Geschenk‹ reden bleibt für den noch nicht Beschenkten *nichtssagend,* so unmissverständlich umgekehrt die Worte der Übungsanleitung sind, die angeben, was zu tun ist, um sich beschenken zu lassen. Dieses unkompliziert Konträre – eine dem Begreifen keinerlei Schwierigkeit bereitende Differenzierung, in die es nichts ›hinein zu geheimnissen‹ gibt – muss verschwiegen bzw. verleugnet werden, damit die Esoterik und ihr ›Brimborium‹ zum Zuge kommen kann. Damit sie »eine distinkte Weise des Denkens und Lebens« begründe, Trawny zufolge der Anspruch von Heideggers esoterischem Philosophieren. Womit doch klargestellt wäre, dass das »Vordenken und Gehen der entscheidenden Pfade« (Heidegger) des (so wiederum Trawny) »Pädagogen« Heidegger niemals exemplarisch im Sinne unserer exemplarischen Intellektuellen gemeint ist, d. h. universalistisch adressiert, beispielhaft für alle. Stattdessen die esoterische Stufung der Adressaten von den »wenigen Einzelnen« über die »zahlreicheren Bündischen« zu den »vielen Zueinanderverwiesenen«. Aus dem geradezu trivialen Nexus: dass keiner eine Erfahrung macht, der nicht den Weg zu ihr (den zu dieser Erfahrung hinführenden Übungsweg) beschritten hat, wird durch verbale Verbrämung ein Einweihungsweg ins Mysterium: der Adept kann dessen Erfahrung »nicht selbst bewerkstelligen,

Anmerkungen

weil der Zuspruch in diesem ›gelichteten Inmitten‹ nicht von ihm abhängt«. Er ist auf eine jetzt *exklusive* Vorbereitung angewiesen, die ihm das Unzugängliche zugänglich macht. »Niemand betritt das Aditon, der nicht solcher ›Vorbereitung‹ teilhaftig geworden ist. Die Anerkennung des Unzugänglichen ist eins mit seiner eigentlichen Ankunft in ihm. Wer es wieder verlässt, befindet sich an einem anderen Ort.« Dieser soll der Ort der privilegierten Inhaber eines »herrschaftlichen Wissens« sein. »So gesehen ist es Zeit zu einer Rehabilitierung des ›Zirkels‹, allerdings zu unterscheiden vom sogenannten ›Netzwerk‹«, kommentiert Trawny (vgl. Peter Trawny, Aditon, a. a. O. S. 22 ff., S. 42 ff., S. 65 ff., S. 74 ff.) – Der ›Esoteriksprech‹ macht aus einer zyklischen Unterbrechung und ihrem vorübergehenden Rückzug von der Welt (der Abgeschiedenheit des schweigepraktischen Exerzitiums) die geheimnisvolle »Atopia«, den ›Unort‹ der heidegger'schen »Verhaltenheit« als dem »Stil des künftigen Menschseins«. Und aus der befreienden Erfahrung des Schweigens ein für Unbefugte Unzugängliches, ein »Aditon«, ein gegen Profanität abgeschirmtes Allerheiligstes. Wie lautete dagegen doch die nicht dualistische Auskunft des Bodhidharma auf die Frage nach dem erleuchteten Geist? – *Offene Weite, nichts Heiliges.*

[75] S. 224 Inwiefern in Bezug auf die philosophische Lebenskunst von einem Unterfangen zu sprechen angebracht erscheint, verdeutlicht u. a. Dieter Thomäs kritische Befragung dieses Projekts – »die Lebenskunst ist mit Vorsicht zu genießen – um der Kunst wie auch um des Lebens willen« – in seinem Beitrag zu dem von Wolfgang Kersting und Claus Langbehn herausgegebenen Sammelband Kritik der Lebenskunst, Frankfurt 2007, S. 237 ff. Es passt übrigens zu dem alle Lebensbereiche erfassen wollenden Komplettierungsfuror der im Umlauf befindlichen Lebenskunstkonzepte, dass sie auch die ›Technik‹ der Meditation (oder Kontemplation) im Arsenal ihrer Rezepturen aufzuführen pflegen.

[76] S. 225 Vgl. unter diesem Titel das Buch des Sinologen Jullien, Der Weise hängt an keiner Idee – Das Andere der Philosophie, München 2001. – Julliens Spurensuche verfolgt »eine andere Möglichkeit des Denkens als jene, die die Philosophie mehrheitlich entfaltet hat«. *Weisheit* (in der chinesischen Tradition) enthüllt sich ihm dabei dennoch als eine *Lehre,* deren Minimalismus als ausschließliche Praxis-Lehre (frei von aller Ontologie) nicht jenes Äußerste an Geringfügigkeit wie auch nicht die Prägnanz erreicht, die sich für uns mit dem Experiment *Transzendentalpraktik* verbindet. Sein »Anderes der Philosophie« vermag sich somit nicht aus der Befangenheit einer lediglich ›anderen‹ Philosophie‹ wirklich zu lösen. Seinem Treuebekenntnis zur Rationalität freilich können wir uns vorbehaltlos anschließen: »Meine Arbeit besteht darin, die Vernunft zu öffnen, nicht darin, auf ihren Anspruch zu verzichten … Wer in den Tiefenschichten dieses Essays zu lesen versteht, wird in ihm eine Streitschrift gegen Fluchten oder Kompensationen aller Art sowie gegen jene Flut von Irrationalismen sehen, die unserer Zukunft bedrohlich werden könnten.« (Der Weise hängt an keiner Idee, a. a. O. S. 9).

[77] S. 225 Ernst Tugendhat, in: Rolf Beyer, Mystische Ethik, SWR2 Wissens-Feature 2011. In seinem Buch »Egozentrizität und Mystik – Eine anthropologische Studie«, München 2003 hat Tugendhat den meditativ praktischen oder Übungsaskpekt des Mystischen noch weitgehend ignoriert bzw. ihm gegenüber Skepsis durchblicken lassen; seine persönliche Äußerung in jenem Rundfunkgespräch gibt zu erkennen, dass er diesbezüglich seine vorherige Ansicht revediert hat.

[78] S. 225 Tim Parks, Die Kunst stillzusitzen – Ein Skeptiker auf dem Weg zu Gesundheit und Heilung, München 2010. Die kursivierte Passage stammt von dem Intellektuellen Mathias Greffrath, der engagiert und einfühlsam Parks Buch in der Wochenzeitung DIE

Anmerkungen

ZEIT (vom 20.01.2011) unter der Überschrift: »Der wandernde Schmerz« rezensierte. Eine »Inspektion der abendländischen Aktivitätskultur«, so Greffrath, die auf der Seite der Subjekte, sobald sie sich zu spüren beginnen, einen ›einzigen Schmerz‹ zutage fördert. Erst einmal als eine gesellschaftsweite Problematik erkannt, führe dies »möglicherweise« zur Einleitung einer »größeren Politikwende«. »Bekanntlich bewegt man sich immer erst wenn es richtig weh tut«, resümiert Greffrath Parks individuelle Geschichte. »Im Großen und Ganzen aber«, so urteilt er abschließend, »ist der Schmerz noch nicht stark genug«. – Zu Parks' narrativem Zugang enthält für Leser aus dem Intellektuellenmilieu eine schöne Ergänzung das Sachbuch von Ulrich Ott, Meditation für Skeptiker – ein Neurowissenschaftler erklärt den Weg zum Selbst, München 2010.

Literaturverzeichnis

Nicht mit aufgenommen sind Titel, die im Anmerkungsteil nur beiläufige Erwähnung finden.

Adorno, Theodor W., Ästhetische Theorie, Frankfurt 1970
Adorno, Theodor W., Benjamins ›Einbahnstraße‹, in: Ders., Noten zur Literatur, Frankfurt 1974
Adorno, Theodor W., Einleitung zu Benjamins ›Schriften‹, in: Ders., Noten zur Literatur, Frankfurt 1974
Adorno, Theodor W., Fortschritt, in: Ders., Stichworte – Kritische Modelle 2, Frankfurt 1969
Adorno, Theodor W., Minima Moralia – Reflexionen aus dem beschädigten Leben, Frankfurt 1951
Adorno, Theodor W., Negative Dialektik, Frankfurt 1975
Adorno, Theodor W., Zu Subjekt und Objekt, in: Ders., Stichworte – Kritische Modelle 2, Frankfurt 1969
Adorno, Theodor W., Zum Gedächtnis Eichendorffs, in: Ders., Noten zur Literatur, Gesammelte Schriften Band 11, 1974
Arendt, Hannah, Vita Activa oder Vom tätigen Leben, München 1967
Arendt, Hannah, Vom Leben des Geistes 1 – Das Denken, München 1979
Assheuer, Thomas, Der wahre Konservative (zum 100. Geburtstag von Theodor W. Adorno), in: DIE ZEIT, Nr. 37, 2003

Benjamin, Walter, Ausgewählte Schriften (Hrsg. Gretel u. Theodor W. Adorno), 2 Bände, Frankfurt 1955
Benjamin, Walter, Das Passagenwerk [sowie weitere Aufzeichnungen und Aufsätze, aus denen zitiert oder paraphrasiert wird, H.-W. W.], in: Ders., Gesammelte Schriften, Hrsg. Rolf Tiedemann u. Hermann Schweppenhäuser, Bd. I–VII, Frankfurt 1972–1989
Benjamin, Walter, Einbahnstraße, Frankfurt 1955
Benjamin, Walter, Geschichtsphilosophische Thesen, in: Ders., Zur Kritik der Gewalt und andere Aufsätze (Mit einem Nachwort von Herbert Marcuse), Frankfurt 1965
Benjamin, Walter, Theologisch-politisches Fragment, in: Ders., Zur Kritik der Gewalt und andere Aufsätze (Mit einem Nachwort von Herbert Marcuse), Frankfurt 1965

Literaturverzeichnis

Bezzel, Chris, Wittgenstein zur Einführung, Hamburg 1988
Bolz, Norbert, Illumination der Drogenszene, in: Norbert Bolz u. Richard Faber (Hrsg.), Walter Benjamin – Profane Erleuchtung und rettende Kritik, Würzburg 1982
Brück, Michael von/Dalai Lama, Weisheit der Leere – Sutra-Texte des indischen Mahayana-Buddhismus, Zürich 1989
Brück, Michael von, Zen – Geschichte und Praxis, München 2004
Buchner, Hartmut, (Hrsg.), Japan und Heidegger, Sigmaringen 1989

Crary, A./Read, R. (Hrsg.), The New Wittgenstein, London/New York, 2000

Derrida, Jacques, Die Schrift und die Differenz, Frankfurt 1976
Derrida, Jacques, Vom Geist – Heidegger und die Frage, Frankfurt 1992
Dogen Zenji, Shobogenzo – Die Schatzkammer der Erkenntnis des Wahren Dharma, Bd 1, Zürich 1977
Dubbels, Elke, Zur Logik der Figuren des Messianischen in Walter Benjamins »Theologisch-politischem Fragment«, in: Daniel Weidner (Hrsg.), Profanes Leben – Walter Benjamins Dialektik der Säkularisierung, Berlin 2010
Duttlinger, Caroline, Studium, Aufmerksamkeit, Gebet – Walter Benjamin und die Kontemplation, in: Daniel Weidner (Hrsg.), Profanes Leben – Walter Benjamins Dialektik der Säkularisierung, Berlin 2010

Elberfeld, Rolf, Heidegger und das ostasiatische Denken – Annäherungen zwischen fremden Welten, in: Dieter Thomä (Hrsg.), Heidegger-Handbuch, Stuttgart 2005

Fasching, Wolfgang, Phänomenologische Reduktion und Mushin – Edmund Husserls Bewusstseinstheorie und der Zen-Buddhismus, Freiburg/München 2003
Figal, Günter, Heidegger zur Einführung, Hamburg 1992
Fischer, Hans Rudi, Wittgenstein und die Frage nach dem Subjekt, in: Ders. (Hrsg.), Ludwig Wittgenstein – Supplemente zum hundertsten Geburtstag, Heidelberg 1989
Frank, Manfred/Weidmann, Nils, (Hrsg.), Husserl und die Philosophie des Geistes, Berlin 2010

Geier, Manfred, Das Sprachspiel der Philosophen – Von Parmenides bis Wittgenstein, Reinbek bei Hamburg 1989
Geier, Manfred, Der Mystiker und der Mystagoge, in: Hans-Rudi Fischer (Hrsg.), Ludwig Wittgenstein, Köln 1989
Gerhardt, Volker, Der Rest ist Warten – Von Heidegger führt kein Weg in die Zukunft, in: Ders., Exemplarisches Denken, München 2009
Gessmann, Martin, Wittgenstein als Moralist – Eine medienphilosophische Relektüre, Bielefeld 2009
Greffrath, Mathias, Der wandernde Schmerz (über Tim Parks »Die Kunst stillzusitzen«), in: DIE ZEIT vom 20.01.2011

Guzzoni, Ute, Der andere Heidegger, Freiburg/München 2009
Guzzoni, Ute, Identität oder nicht – Zur kritischen Theorie der Ontologie, Freiburg/München 1981
Guzzoni, Ute, Nichts – Bilder und Beispiele, Düsseldorf 1999
Guzzoni, Ute, Sieben Stücke zu Adorno, Freiburg/München 2003
Guzzoni, Ute, Wege im Denken, Freiburg/München 1990
Guzzoni, Ute, Wendungen – Versuche zu einem nicht identifizierenden Denken, Freiburg/München 1982

Habermas, Jürgen, Der philosophische Diskurs der Moderne, Frankfurt 1985
Habermas, Jürgen, Die Moderne – ein unvollendetes Projekt, in: Ders.: Philosophisch-politische Aufsätze, Leipzig 1990 (zuerst Frankfurt 1981)
Habermas, Jürgen, Nachmetaphysisches Denken, Frankfurt 1988
Habermas, Jürgen, Theodor W. Adorno – Ein philosophierender Intellektueller, in: Jürgen Habermas, Philosophisch-politische Profile, Frankfurt 1987
Habermas, Jürgen, Urgeschichte der Subjektivität und verwilderte Selbstbehauptung, in: Jürgen Habermas, Philosophisch-politische Profile, Frankfurt 1987
Habermas, Jürgen, Walter Benjamin – Bewusstmachende oder rettende Kritik, in: Ders., Philosophisch-politische Profile, Frankfurt 1987
Habermas, Jürgen, Wittgenstein als Zeitgenosse, in: Ders., Texte und Kontexte, Frankfurt 1991
Habermas, Jürgen, Zwischen Naturalismus und Religion, Frankfurt 2005
Hartig, Wilfred, Hrsg., Die Lehre des Buddha und Heidegger, Konstanz 1997
Heidegger, Martin, Aus der Erfahrung des Denkens, Stuttgart 1954
Heidegger, Martin, Bauen, Wohnen, Denken, in: Ders., Vorträge und Aufsätze, Pfullingen 1954
Heidegger, Martin, Beiträge zur Philosophie (Vom Ereignis), Frankfurt 1989
Heidegger, Martin, Das Ende der Philosophie und die Aufgabe des Denkens, in: Ders., Zur Sache des Denkens, Tübingen 2000, 4. Aufl.
Heidegger, Martin, Der Feldweg, Frankfurt 1953
Heidegger, Martin, Der Satz vom Grund, Stuttgart 1957
Heidegger, Martin, Gelassenheit, Stuttgart 1959
Heidegger, Martin, Sein und Zeit, Tübingen 1986 (16. Auflage)
Heidegger, Martin, Über den Humanismus, Frankfurt 1949
Heidegger, Martin, Unterwegs zur Sprache, Stuttgart 1959
Heidegger, Martin, Was heißt Denken?, in: Ders., Vorträge und Aufsätze, Pfullingen 1954
Heidegger, Martin, Was ist Metaphysik?, Frankfurt 1998 (15. Auflage)
Heidegger, Martin, Wissenschaft und Besinnung, in: Ders., Vorträge und Aufsätze, Pfullingen 1954
Heidegger, Martin, Wozu Dichter? in: Ders., Holzwege, Frankfurt 1950
Heidegger, Martin, Zeit und Sein, in: Ders., Zur Sache des Denkens, Tübingen 2000, 4. Aufl.
Hisamatsu, Hoseki Shinichi, Die Fülle des Nichts – Vom Wesen des Zen, Pfullingen 1975

Literaturverzeichnis

Honneth, Axel, Kommunikative Erschließung der Vergangenheit – Zum Zusammenhang von Anthropologie und Geschichtsphilosophie bei Walter Benjamin, in: Internationale Zeitschrift für Philosophie, H 1/1993

Izutsu, Toshihiko, Philosophie des Zen-Buddhismus, Reinbek bei Hamburg 1979

Kramer, Sven, Walter Benjamin – zur Einführung, Hamburg 2003
Krass, Stefan, Mit einer Hoffnung auf ein kommendes Wort, – über ein Gespräch zwischen Paul Celan und Martin Heidegger in Todtnauberg 1967, SWR2-Archiv
Kreuzer, Johann, Es gibt allerdings Unaussprechliches, in: Der blaue Reiter – Journal für Philosophie, 2/1997
Kreuzer, Johann, Pulchritudo – Vom Erkennen Gottes bei Augustin, München 1995
Kroß, Matthias, Klarheit als Selbstzweck – Wittgenstein über Philosophie, Religion, Ethik und Gewissheit, Berlin 1993

Lindner, Burkhardt, (Hrsg.), Benjamin-Handbuch, Stuttgart 2004

Macho, Thomas, Einleitung, in: Wittgenstein – Ausgewählt und vorgestellt von Thomas H. Macho, München 1996
Marten, Rainer, Heidegger lesen, München, 1991
May, Reinhard, Ex Oriente Lux – Heideggers Werk unter ostasiatischem Einfluß, Stuttgart/Wiesbaden 1989

Ohashi, Ryosuke (Hg.), Die Philosophie der Kyoto-Schule – Texte und Einführung, Freiburg/München 2011
Ott, Ulrich, Meditation für Skeptiker – ein Neurowissenschaftler erklärt den Weg zum Selbst, München 2010
Otto, Rudolf, Das Heilige, München 1979

Parkes, Graham, Heidegger and Asian Thought, Honolulu 1987
Parks, Tim, Die Kunst stillzusitzen – Ein Skeptiker auf dem Weg zu Gesundheit und Heilung, München 2010
Pöggeler, Otto, Der Denkweg Martin Heideggers, Stuttgart 1963

Raueiser, Stefan, Schweigemuster – Über die Rede vom heiligen Schweigen, Frankfurt 1996
Rentsch,Thomas, Heidegger und Wittgenstein, Stuttgart 2003, [erweiterte Ausgabe, erstmals 1985]
Reschke, Renate, Barbaren, Kult und Katastrophen – Nietzsche bei Benjamin, in: Dies., Denkumbrüche mit Nietzsche, Berlin 2000
Rhees, R. (Hg.), Ludwig Wittgenstein: Portraits und Gespräche, Frankfurt 1987

Safranski, Rüdiger, Ein Meister aus Deutschland – Heidegger und seine Zeit, München/Wien 1994

Scheier, Claus-Artur, Bilder, Etyms, Icons – Zur Sprache der medialen Moderne, in: A. Hübener, J. Paulus, R. Stauf (Hrsg.), Umstrittene Postmoderne. Lektüren, Heidelberg 2010
Schulte, Joachim, Wittgenstein – eine Einführung, Stuttgart 2001
Singer, Wolf und Ricard, Matthieu, Hirnforschung und Meditation – Ein Dialog, Frankfurt 2008
Schweidler, Walter, Wittgensteins Philosophiebegriff, Freiburg/München 1983
Seel, Martin, Sich bestimmen lassen – Studien zur theoretischen und praktischen Philosophie, Frankfurt 2002
Seel, Martin, Adornos Philosophie der Kontemplation, Frankfurt 2004
Sekida, Katsuki, Zen-Training – Praxis, Methoden, Hintergründe, Freiburg 2007
Sloterdijk, Peter, Absturz und Kehre, in: Ders., Nicht gerettet – Versuche nach Heidegger, Frankfurt 2001
Sloterdijk, Peter, Du musst dein Leben ändern – Über Anthropotechnik, Frankfurt 2009
Sloterdijk, Peter, Scheintod im Denken – von Philosophie und Wissenschaft als Übung, Berlin 2010
Sloterdijk, Peter, Vorwort, in: Ders., Kritik der zynischen Vernunft, Band I, Frankfurt 1983
Suzuki, D. T., Leben aus Zen, Frankfurt 2003

Thomä, Dieter, Die Zeit des Selbst und die Zeit danach – Zur Kritik der Textgeschichte Heideggers, Frankfurt 1990
Tietz, Udo, Ontologie und Dialektik – Heidegger und Adorno über das Sein, das Nichtidentische, die Synthesis und die Kopula, Wien 2003
Trawny, Peter, Adyton – Heideggers esoterische Philosophie, Berlin 2010
Tsujimura, Kôichi, Martin Heideggers Denken und die japanische Philosophie – Festrede zum 26. September 1969, in: Hartmut Buchner (Hrsg.), Japan und Heidegger, Sigmaringen 1989
Tugendhat, Ernst, Die anthropologischen Wurzeln der Mystik (Vortrag anlässlich der Verleihung des Meister-Eckhart-Preises am 5. Dezember 2005 in Berlin), www.information-philosophie.de
Tugendhat, Ernst: »Egozentrizität und Mystik – Eine anthropologische Studie«, München 2003

Van Reijen, Willem, Martin Heidegger, Paderborn 2009
Vossenkuhl, Wilhelm, Ludwig Wittgenstein, München 1995
Vossenkuhl, Wilhelm (Hrsg.), Von Wittgenstein lernen, Berlin 1992

Weidmann, Heiner, Erwachen/Traum, in: M. Opitz/E. Wizisla (Hrsg.), Benjamins Begriffe, Band I, Frankfurt 2000
Weigel, Sigrid, Entstellte Ähnlichkeit – Walter Benjamins entstellte Schreibweise, Frankfurt 1997
Weinmayr, Elmar, Entstellung – Die Metaphysik im Denken Martin Heideggers mit einem Blick nach Japan, München 1991

Literaturverzeichnis

Weis, Hans-Willi, Anthropotechnik, Immunologie, Übung – Zu Sloterdijks neuem Religionsdesign, in: Theomag – Das (Internet)Magazin für Kunst, Kultur, Theologie, Ästhetik, Heft 59, 2009
Weis, Hans-Willi, Manifest für unmögliche Unterbrechung oder Arbeit am Begriff des Intellektuellen, in: Kommune – Zeitschrift für Politik, Ökonomie, Kultur, 2/2010
Weis, Hans-Willi, Spiritueller Eros – Auf den Spuren des Mystischen, Petersberg 1998
Wellmer, Albrecht, Zur Dialektik von Moderne und Postmoderne – Vernunftkritik nach Adorno, Frankfurt 1985
Werntgen, Kai, Gesten des Denkens – Heidegger after Duchamps, Stuttgart 2009, Audiodatei, (http://www.podcast.de/episode/1190035)
Wiggershaus, Rolf, Adorno, München 1987
Wiggershaus, Rolf, Die Frankfurter Schule – Geschichte, Theoretische Entwicklung, Politische Bedeutung, München 1988
Wittgenstein, Ludwig, Philosophische Untersuchungen, in: Ders., Werke Bd. I, Frankfurt 1984
Wittgenstein, Ludwig, Tagebücher 1914–1916, in: Ders., Werke Bd. I, Frankfurt 1984
Wittgenstein, Ludwig, Tractatus logico-philosophicus, in: Ders., Werke Bd. I, Frankfurt 1984
Wittgenstein, Ludwig, Vermische Bemerkungen, in: Ders., Werke Bd. 8, Frankfurt 1984
Wittgenstein, Ludwig, Vortrag über Ethik, in: Joachim Schulte (Hrsg.), Ludwig Wittgenstein Vortrag über Ethik und andere kleine Schriften, Frankfurt 1989
Wohlfart, Günter, Der Augenblick – Zum Begriff der ekstatischen Einheit der Zeitlichkeit bei Heidegger, in: Allgemeine Zeitschrift Philosophie Jg. 7 (1982)
Wohlfart, Günter, Martin Heidegger, in: Tilman Borsche (Hrsg.), Klassiker der Sprachphilosophie – Von Platon bis Noam Chomsky, München 1996
Wohlfart, Günter, Zhuangzi – Meister der Spiritualität, Freiburg 2002

Zemach, Eddy, Wittgenstein's Philosophy of the Mystical, in: The Review of metaphysics 18, 1964
Zur Lippe, Rudolf, Sozialgeschichte des Leibes, in: J. Früchtl/M. Calloni (Hrsg.), Geist gegen den Zeitgeist – Erinnern an Adorno, Frankfurt 1991